18세기 중한 문인 교류 연구

18세기 중한 문인 교류 연구

쉬이 徐毅 지음
최영화 崔英花 옮김

學古房

장보웨이張伯偉

1799년(청 가경 4년, 조선 정조 23년), 조선의 이조판서 서형수(徐瀅修)는 사은부사(謝恩副使) 자격으로 북경에 도착해 예부상서(禮部尙書) 겸 문연각(文淵閣) 직각사(直閣事) 기윤을 만났다. 훗날 서형수는 「기효람전(紀曉嵐傳)」을 통해 이번 만남에서 오갔던 대화들을 상세히 기록했다. 저서가 얼마나 되느냐는 서형수의 질문에 기윤은 이렇게 대답했다고 한다. "젊은 시절의 치기로 선인들과 높고 낮음을 겨루고자 하였습니다. 훗날 나라의 명으로 사고전서를 교감하며 고금 수천 명의 문집을 읽었습니다. 그런 뒤에 천지 사이에서 쉽게 문(文)을 말할 수 없음을 알게 되었으며, 또한 편간(編刊)에 대해서도 감히 가벼이 말하지 않게 되었습니다."[1] 기윤의 이 말은 책을 많이 읽을수록 전에는 스스로 얻었다고 자부했던 글들이 실은 옛사람들이 다 했던 이야기라는 것을 알게 되어 쉽게 저술할 수 없게 되었다는 뜻이리라. 기윤은 자신을 비롯한 중국 문인들이 조선 문인들과 나눈 필담과 척독(尺牘)이 200년 후에 정식 출간되어 동아시아 학계의 주요 연구 대상이 될 것이라고는 예상하지 못했을 것이다.

『18세기 중한 문인 교류 연구』는 바로 이런 학문적 맥락에서 탄생한 저서이다. 저자 쉬이(徐毅)와 앞서 언급한 서형수 사이에는 특별한 친연 관계가 없다. 그러나 우리 집안과 저자와의 인연은 각별하다. 중학생 시절, 쉬이는 난통시 제일중학교에서 수학했는데, 내 누이동생이 그의 역사 교사였다. 고등학생 시절에는 나의 선친께서 그에게 어문(語文)을 가르쳤다. 대학을 졸업한 후, 쉬이는 난통사범대학(후에 난통대학에 병합됨)에서 수년간 교직 생활을 하다가 다시 난징대학(南京大學) 중문과에 진학하여 나의 지도 아래 석사 과정을 마치고, 박사 학위를 취득했다. 이 저서는 그의 박사 학위 논문을 수정·보완하고, 심화 연구한 결과물이다. 쉬이가 서문 작성을 청했을 때, 나는 고염무(顧炎武)의 "사람의 근심은 남의 서문 쓰기를 좋아하는 데 있다."[2]라는

1) 서형수, 『명고전집(明皐全集)』 권14, 「紀曉嵐傳」. "少年意氣自豪, 頗欲與古人爭上下, 後奉命典校四庫, 閱古今文集數千家, 然後知天地之不敢輕易言, 文亦遂不敢輕言編刊."

말을 떠올리며 사양하려 했으나, 앞서 밝힌 중첩된 인연으로 인해 그의 청을 거절할 수 없었다.

주지하듯이 중국과 한국 두 나라 문사들의 교류는 오랜 역사를 자랑한다. 『삼국사기』에는 당나라 시기 최치원이 빈공과(賓貢科)에 급제하여 중국 문인 나은(羅隱) 및 고운(顧雲)과 교류한 사실이 기록되어 있다. 북송 원풍(元豐) 연간에는 고려 사신이 필중연(畢仲衍) 등과 함께 송 신종(神宗)의 어제시(御製詩)에 화답한 바 있다. 또한 중국에서도 널리 알려졌던 김부식(金富軾)과 박인량(朴寅亮)의 작품을 수록한 『고려시』, 『서상잡영』, 『소화집』 등이 잇달아 중국에서 간행되어 유통되었다. 고려 충선왕(忠宣王)은 원나라 수도에 만권당(萬卷堂)을 건립하였는데, 이제현(李齊賢)을 비롯한 고려 문인들과 원명선(元明善), 조맹부(趙孟頫), 우집(虞集) 등 중원의 명사들이 이곳을 드나들며 교류하였다. 명나라 정통(正統) 14년(1449) 예겸(倪謙)이 조선에 사신으로 파견되면서 『황화집』으로 대표되는 시부(詩賦) 외교의 전통을 열어 놓았다. 이와 같이 중국과 한국 양국 문인들의 교류는 시대가 흐를수록 더욱 활발해져 갔다. 그러나 교류의 폭과 깊이, 그리고 동아시아 학술계에 미친 영향을 종합적으로 평가할 때, 양국 교류의 전성기는 청나라 18세기 중엽이라 할 수 있다. 본서는 바로 이 시기를 집중적으로 조명하며, 양국 문인 교류의 다층적 양상을 입체적으로 조명하고 역사적 현장을 생동감 있게 재현하고 있다. 본서에서 활용된 원전 자료만을 놓고 보더라도 동종 연구서 중 가장 방대하고, 희귀하면서도 참신한 자료들을 포함하고 있다. 중국과 한국 문인들이 주고받은 서신과 필담 자료 대부분은 각 나라와 지역의 도서관, 박물관, 심지어 개인 소장품으로 흩어져 있었다. 저자 쉬이는 모든 방법을 동원해 이 자료들을 수집했으며, 마침내 그 모든 자료를 확보하는 데 성공했다. 그러니 그가 자신이 수집한 자료들을 하나하나 열거할 때 의기양양해했던 것도 무리는 아니었다. 일부 한국 학자들이 나에게 이 일을 언급하며 약간의 시기심을 드러낸 것도 이해할 만한 일이었다.

이런 일들이 있은 후, 나는 쉬이가 박사 학위 논문 주제를 정했던 9년 전 그날 아침의 일을 떠올리지 않을 수 없었다. 가벼운 발걸음으로 내 연구실을 찾아온 그는 논문 개요를 내밀며 속으로는 나의 칭찬을 기대하고 있었다. 그러나 나와의 격론을 마치고 난 쉬이는 긴장으로 온몸에 땀을 흘렸고, 점심 자리에서는 포조(鮑照)의 시에서처럼 '밥상을 앞에 두고도 밥을 넘기지 못할[對案不能食]' 지경이 되었다. 그때만 해도 내가 문헌 연구 측면에서 그를 도와줄 수 있었다. 그러나 얼마 지나지 않아 쉬이가 직접 한국과 일본의 문헌 보관 기관과 사적 소장가들을 찾아다니며 연구 자료를 수집한 이후로는 상황이 완전히 달라졌다. 그가 모은 문헌은 양적으로도 방대

2) 고염무, 『일지록(日知錄)』 권19, 「書不當兩序」. "人之患, 好為人序."

할 뿐만 아니라 희귀성까지 갖춘 것들이어서 그의 성장을 눈여겨보지 않을 수 없었다. 이제 만약 다시 논의를 한다면, 사마광(司馬光)의 시구대로 쉬이는 '기쁨에 겨워 큰 잔을 들게[快意浮大白]' 될 것임이 분명했다.

사실 문인 교류는 민간 외교의 한 형태이다. 쉬이는 한국에서 문헌을 수집하며 친구를 널리 사귀었는데, 이 역시 모종의 의미에서는 과거의 문인 교류가 오늘날까지 이어진 것이다. 쉬이의 고향이자 현재 그가 활발히 연구를 진행하고 있는 난퉁에는 청나라 말기와 중화민국 초기부터 중국과 한국 간의 문인 교류가 미담으로 전해지고 있다. 조선 말기 문학 대가 중 하나였던 김택영(金澤榮)[3]은 일본 제국주의의 통치 아래 망국노가 되기를 거부했다. 장젠(張謇)[4]의 거듭된 권유로 난퉁에 이주한 김택영은 안정된 환경에서 수많은 역사서와 문학서를 편찬할 수 있었다. 그는 중국 근대의 저명한 학자들인 위웨(俞樾)[5], 옌푸(嚴復)[6], 량치차오(梁啟超)[7], 뤼쓰멘(呂思

3) 역자주: 김택영(金澤榮, 1850~1927)은 조선 말기 학자로, 자는 우림(于霖), 호는 창강(滄江)이다. 고종 연간 진사(進士)에 오른 뒤 여러 관직을 거쳐 통정대부(通政大夫)에 이르러 관료 생활을 마쳤다. 1905년 을사조약(乙巳條約)이 체결되자 나라의 운명을 한탄하던 중 1908년 중국 망명을 택해 통주(通州)에 정착했다. 학문과 문장이 뛰어나 청나라의 강유위(康有爲) · 정효서(鄭孝胥) 등과 교유했으며, '여한십가(麗韓十家)'의 한 사람으로 꼽힌다.

4) 역자주: 장젠(張謇, 1853~1926)은 청말의 사상가 · 정치가 · 교육가로, 자는 계직(季直), 호는 색암(嗇庵)이다. 강소성 남통(南通) 출신이다. 1876년 오장경(吳長慶)의 참모로 들어가 원세개(袁世凱)와 두각을 나타냈으며, 1882년 임오군란 당시 오장경의 종군으로 조선에 와서 조선 지식인들과 활발히 교류했다. 1885년 순천부 향시(鄕試)에 합격하고, 1894년 과거 장원급제하여 한림원 수찬(翰林院修撰)에 임명됐다. 남경 정부에서는 실업총장, 북양 정부에서는 농상총장 겸 전국수리총장을 지냈다. 남통사범학교를 비롯해 370여 개의 학교를 세웠다.

5) 역자주: 위웨(俞樾, 1821~1906)는 자는 음보(蔭甫), 호는 곡원거사(曲園居士)이다. 청 말기의 대표적인 학자 · 문인 · 경학자 · 고문자학자 · 서예가로, 1850년(도광 30년) 진사에 오른 뒤 한림원 편수(翰林院編修)를 역임했다. 저서에 『춘재당전서(春在堂全書)』가 있다.

6) 역자주: 옌푸(嚴復, 1854~1921)는 복건성 후관(侯官) 출신으로, 양무운동 기간 설립된 복주 선정학당(船政學堂)에서 공부한 뒤 영국으로 유학해 영국황가해군학원을 졸업했다. 귀국 후 북양수사학교 총교습으로 재직하며 동성파 문인 오여륜(吳汝綸)에게 문장을 사사했다. 이후 경사대학당 역국총판과 상하이 복단공학교 교장을 지냈다. 서유럽 학술사상을 번역 · 소개하고 논진을 펼쳐 중국의 위기를 알리며, 변법운동을 비롯한 청말 개혁운동에 큰 영향을 끼쳤다. 대표 역서로는 토머스 헉슬리의 Evolution and Ethics를 번역한 『천연론(天演論)』이 있다.

7) 역자주: 량치차오(梁啓超, 1873~1929)는 자가 탁여(卓如) · 임보(任甫), 호는 임공(任公), 별호는 음빙실주인(飮冰室主人)이다. 광동성 신회현(新會縣) 출신으로, 스승 강유위(康有爲)와 함께 무술변법(戊戌變法)을 주도했다가 실패해 망명하였다. 귀국 후에는 민족혁명을 고취하고 공화제(共和制)를 선전했다. 민국 초기에는 진보당 수석이자 사법총장을 역임했으며, 원세개(袁世凱)의 제제(帝制)에 반대했다. 경학 · 사학 · 불교학에 능통했고, 대표 저서로 『음빙실전집(飮冰室全集)』, 『청대학술개론(淸代學術槪論)』 등이 있다.

勉)[8]과도 교류했으며, 훗날 난통에서 생을 마감하여 난통에 묻혔다. 김택영은 "통주는 이제 내 고향이라네, 개성을 닮고 또 한양을 닮았다네. 여기에 장씨가 있어 형제 같이 친하니, 먼 옛날의 원백(元伯)[9]과 한 마음이라네."[10]라는 시를 지어 형제처럼 믿고 의지했던 장젠(張謇)에게 주었다. 쉬이가 중국과 조선 문인 교류를 연구 주제로 선택한 것이 이러한 역사적 사례에서 영감을 받았는지는 정확히 알 수 없다. 그러나 분명한 것은, 박사 학위를 취득한 그가 즉시 난통대학(南通大学)에 중한문화연구센터를 설립하고 학술 활동에 박차를 가한 사실이다. 그는 적극적으로 학술회의를 주최하고, 연구 과제를 발굴하며 인재 양성에 전념해왔다. 또한 꾸준한 개인 연구를 통해 관련 학술 저작을 출간하기도 했다. 쉬이가 설립한 연구센터는 몇 년 사이에 학계에 이름을 알렸고, 난통대학의 국제적인 명함이 되었다. 이는 쉬이가 심혈을 기울여 이루어 낸 성과이자 그가 가진 여러 분야의 역량을 보여주기에 충분하다.

서형수가 기록한 기윤의 말은 괴테가 했던 말과도 상통한다. 괴퇴는 '무릇 사색할 가치가 있는 것 중에 사람들이 사색한 적이 없는 것은 없다.'라고 했다. 그러면서 그는 '우리가 할 것은 다만 다시 생각하는 일 뿐이다.'[11]라고 덧붙였다. 이를 공자의 말로 하면 '옛것을 익히고 그것으로 미루어 새것을 아는 것'이다. 이 책은 지난 수년간 이루어진 쉬이의 반복적인 사색과 탐색의 결과이다. 여기에는 과거의 학술적 성과에 대한 그의 '재고(再考)'가 담겨 있다. 이 책은 이 주제에 관한 최신의 저서이자 최고의 저서이다. 나는 쉬이가 지속적으로 자기 연구를 재고해 나가길 기대한다. 왜냐하면 이 책에 수록된 자료 가운데 아직 완전히 해석되지 않은 부분들이 날카로운 통찰력과 탁월한 분석을 기다리고 있기 때문이다.

2017년 9월 28일 백일연재(百一硯齋)에서

8) 역자주: 뤼쓰몐(呂思勉, 1884~1957)는 자가 성지(誠之)이며, 강소성 상주(常州) 출신이다. 민국 시대를 대표하는 '사학사대가(史學四大家)' 가운데 한 사람으로, 상해 광화대학(光華大學)과 화동사범대학교(華東師範大學) 교수를 지냈다. 대표 저서에 『백화본국사(白話本國史)』, 『여저중국통사(呂著中國通史)』, 『진한사(秦漢史)』 등이 있다.

9) 역자주: 원백(元伯)은 한나라 장소(張卲)의 자로, '계서지교(鷄黍之交)'의 전고에 나오는 인물이다. '계서지교(鷄黍之交)'는 친구인 장소(張卲)를 집으로 초대하여 닭 잡고 기장밥을 대접하겠다고 했던 범식(范式)이 서로 약속을 이행했다는 고사이다. 두 사람의 이야기는 『후한서』 권81 「독행열전(獨行列傳)·범식(范式)」에 실려 있다. 이 시에서는 '먼 곳에 사는 벗을 찾아가겠다는 약속을 이행한 사귐'을 뜻하는 '계서지교'의 전고로 김택영과 장젠의 사귐을 비유했다.

10) 김택영, 『소호당시집(韶濩堂詩集)』 권4, 「四日至通州大生紗廠贈張退翁觀察」. "通州從此屬吾鄕, 可似崧陽似漢陽. 為有張家好兄弟, 千秋元伯一肝腸."

11) 괴테, 『歌德的格言和感想集』, 중국사회과학출판사, 1982.

제1부

18세기 중한 문인 교류 연구

서론

1 해제 및 문제 제기

역외한적(域外漢籍) 연구는 본 세기 이후에 부흥하기 시작한 국제적인 현학으로 중국 문학의 관점에서 이 주제에 접근할 경우 몇 가지 중요한 연구 과제들이 파생되는데, 문인과 학자들의 교류도 그중 하나이다. 본 저서는 18세기 중한 문인의 학술 및 문학 교류를 연구 대상으로 삼아 역외한적과 중국 전적 자료들을 기반으로 중한 양국 문인 교류의 기본 맥락을 명확히 정리하고, 동시에 종합적인 분석과 비교 등의 연구 방법을 통해 교류의 내적 연관성 및 본질, 특징, 의의 등을 밝히고자 하였다. 본 저서는 18세기 중한 문인들 간의 교류를 중심으로 논의를 전개하였고, 그 이론적 근거는 다음과 같다.

먼저, 청나라 시기 중한 양국의 문인 교류는 중한 학술 교류사를 구성하는 중요한 부분으로 거시적인 시각과 심도 있는 연구가 필요하다. 그 원인은 다음의 세 가지로 요약할 수 있다. 첫째, 중한 문인 교류와 관련된 자료의 지속적인 발굴이 필요하다. 한국의 한적에는 양국 문인 교류와 관련된 많은 양의 기록이 보존되어 있지만, 해외 자료에 대한 생소함과 소홀함으로 인해 그 학술적 가치를 아직도 충분히 인정받지 못하고 있다. 둘째, '중국 중심(中國中心)', '신하는 사사로이 외교를 하지 않는다[人臣無外交]'라는 전통적인 외교 관념에 얽매여 있던 많은 청나라 문사들이 자신들의 저서에서 교류 상황에 대해 상세히 언급하는 것을 꺼려하였다. 이에 역외 자료들은 자신의 위치를 비춰주는 '제3의 눈'[1]과 같은 존재임에도 불구하고 여전히 주목받지 못하였다. 셋째, 중한 문인 교류와 관련하여 일부 의미 있는 연구가 이루어졌지만, 연구의 폭과 깊이는 여전히 부족한 실정이다. 대부분의 연구는 문인들의 개인적인 교류 현상에만 주목하여 이를 전체 교류사의 큰 배경에서 고찰하지 않았기 때문에 교류의 특징, 지위, 의의 등에 대한 객관적이면서도 심도 있는 평가를 내리기 어려웠고, 연구의 결론 또한 양국 간 학문적 우의를

1) 장보웨이(張伯偉), 『방법으로서의 한문화권(作爲方法的漢文化圈)』, 중화서국, 2011년, 4쪽.

한층 다졌다는 수준에 머물러 있다.

다음으로 당대(當代)의 교류 양상에 관한 연구는 청대 중한 학술 교류사를 정확히 이해할 수 있는 기반이다. 그러나 현재까지 교류 양상에 관한 전반적인 연구가 이루어지지 않고 있어서 많은 연구에 허점이 존재한다. 청대 중·한 학술 관계에 대한 진정성 있는 이해를 위해서는 반드시 이 시기 양국 문인 교류에 대한 깊은 학문적 연구를 통해 양국 문화 교류의 발전 양상을 우선 이해해야만 한다. 대량의 한국 한적 기록들에 의하면, 이 시기의 문인 교류는 청나라 시기 양국 문화 교류의 새로운 국면을 열었을 뿐만 아니라 그 후의 학술과 문학 교류의 지속적인 발전을 위한 견고한 토대를 마련했음을 보여주고 있다. 이 시기의 교류 양상을 명확히 정리하고, 교류의 본질을 깊이 연구하는 것은 청나라 시기 중한 문인 학술 교류의 특징 및 규칙을 객관적으로 파악하는 기초 작업이다. 해외 자료들의 지속적인 발굴에 따른 18세기 중한 문인 교류에 관한 연구는 청대 중한 학술 관계 연구의 중요한 진입점일 뿐만 아니라 양국 고대 학술 교류사를 새롭게 쓰기 위한 중요한 과제이기도 하다.

본 저서에서는 필자가 수집한 18세기 연행록, 척독 자료집, 중한 고대 문인 별집, 중한 고대 역사 문헌 등 104종의 기초 자료를 바탕으로 다음과 같은 몇 가지 문제점을 해결하고자 한다.

① 18세기 중한 문인이 함께 참여한 학술 및 문학 교류에는 어떤 것들이 있으며, 구체적인 교류 시간, 장소, 내용은 무엇인가?

② 18세기 중한 문인의 교류 방식은 무엇이며, 이러한 방식을 선택한 이유는 무엇인가? 교류 기록의 보유 현황과 수는 얼마나 되는가? 이를 통해 살펴볼 수 있는 양국 문인 교류의 특징과 의의는 무엇인가?

③ 중한 문인의 학술 및 문학 교류의 주요 내용과 배경은 무엇인가?

④ 이와 같은 문제들을 토대로 18세기 중한 문인 교류의 전체적인 맥락을 파악하고, 그 원인을 분석하여 양국 학술과 문학 교류의 18세기적 특징을 검토하고자 한다.

⑤ 18세기 중한 문인 교류에서 중요한 의미를 갖는 학술 및 문학 교류에는 어떤 것들이 있는가? 청과 조선의 명망 높은 가문 간의 교류와 유명한 학자들 간의 교류에 주목하여 그 내용과 특징을 구체적으로 분석하고, 학술 교류사에서 차지하는 지위와 의의 및 영향력을 밝히고자 한다.

⑥ 18세기 중한 문인 교류를 기록한 중요한 문헌에는 어떤 것들이 있으며, 최근에 새롭게 발굴된 자료에는 또 어떤 것들이 있는가?

이상과 같이 본 저서는 한문화권을 배경으로 역외한적과 중국 전적을 충분히 활용하여 양국 문인 교류에 대해 종합적인 분석과 평가를 내리고자 하며, 그중 중요하거나 특수한 의미를 갖는 문학과 학술 교류에 대해서는 이론적으로 접근하여 고찰하고자 한다. 이 연구의 목적은 문인들의 문학 교류에 대한 역사적 진실을 객관적으로 반영하여, 당시 양국 문인의 관계와 학술적 연관성을 더욱 깊게 이해하고, 향후 이루어질 중한 학술 교류사의 새로운 연구와 글쓰기를 위한 대담한 학문적 시도를 하는 것이다.

2 연구 의의와 가치

중국과 한국 사이의 문인 교류는 오랜 역사를 가지고 있다. 중국의 하조(夏朝) 시기부터 두 나라 간의 교류가 있었고, 최치원(崔致遠)은 당(唐)나라 시기 양국 문학 교류의 서막을 연 인물로 널리 알려져 있다. 이후 송(宋)·원(元)·명(明)·청(清) 시기까지 교류가 지속되었는데, 이는 두 나라 문화가 긴밀한 연관성을 가지고 있음을 보여준다. 이를 보편적인 연결의 철학에서 출발하든, 한문화권을 큰 배경으로 하는 문학 연구의 시각에서 접근하든, 한반도의 한문화 및 양국 문인 교류와 관련된 많은 역사 기록들을 간과해서는 안 된다. 왜냐하면 이는 참신한 연구 자료일 뿐만 아니라 중국 전통 문헌들과 서로 상호 보완하고 증명할 수 있는 자료이기 때문이다. 특히 더욱 중요한 의미에서 논하자면, 역외한적과 중국 전적으로 구성된 한문헌(漢文獻)을 전체적으로 연구하는 것 자체가 새로운 사고 방식이며, 연구 방법이라는 점이다.

전체 교류사를 살펴보면, 청나라 시기 중한 문인 교류는 중요한 위치를 차지하고 있다. 이들의 교류는 명나라의 "시부외교(詩賦外交)" 전통을 계승했을 뿐만 아니라, 교류 과정에서 풍부한 학술적 대화를 추가하여, 당시 양국 외교 관계의 발전과 전체 한문화권의 문화교류에 강력한 추진력을 발휘하였다. 18세기 양국의 문인 교류는 양국 외교사에서도 특히 두드러지는 부분으로 깊게 연구할만한 가치가 있으며, 이는 주로 다음의 세 가지 측면에서 논의된다.

첫째, 18세기에 중한 문인 교류가 특히 번성하였다.

18세기는 청과 조선의 문학·학술 발전사에서 중요한 시기이자 양국이 정치, 경제, 문화 등 여러 방면에서 가장 번성한 시기이기도 하다. 이 시기 양국 간의 교류는 전례 없는 번영기를 맞이하였다. 양국 문인 간의 교류는 매우 빈번하게 발생하여, 신사년(1701)에서 경신년(1800)까지 100년 동안 교류에 참여한 청과 조선[2]의 문사는 638명 이상이었고, 매년 교류가 이루어졌으

2) 저자주: 문장의 간결성을 위해 본문에서 언급된 '조선'은 모두 '조선조'의 약칭임.

며, 18세기 중후기에는 교류가 절정에 달하였다. 교류에 참여한 대상도 광범위하여 위로는 청나라의 기윤, 옹방강(翁方綱), 이조원(李調元), 나빙(羅聘), 완원(阮元) 등과 조선의 김창업, 홍대용, 홍양호, 박지원, 박제가, 유득공, 이덕무 등 명망 높은 문사들이 있었고, 아래로는 조선 문인들과 접촉이 빈번했던 청나라의 수재 제패련(齊佩蓮), 이미(李美) 등 일반 계층의 문사들도 있었다. 교류의 내용은 정치, 경제, 문화, 학술, 종교 등 다방면에 걸쳐 진행되었으며, 그 형식 또한 다양해져서 서로의 생각을 나누는 필담, 시문을 주고받는 증시(贈詩), 서신을 통해 의견을 교환하는 척독 왕래(尺牘往復), 서문과 발문을 청하거나 작성하는 활동, 시와 문학 작품에 대한 평가와 논의, 그리고 물건과 서적을 선물하는 등의 형태로 발전하였다. 필자의 통계에 따르면, 현존하는 18세기에 이루어진 비교적 상세한 필담 기록은 최소 206회이며, 증시는 635수, 창수시(唱酬詩)는 127조, 서문과 발문은 40편, 교류 서신은 344통 이상, 증서 행위는 최소 81차례 이상 있었던 것으로 파악된다. 이 시기 양국 문사들 간의 교류는 시간, 대상, 내용, 심도 등 여러 방면에서 청대 전기에 비해 큰 발전을 이루었다.

둘째, 18세기에 중한 문인 교류의 전형적인 사례들이 많아졌다.

18세기의 중한 문인 교류를 논할 때 빼놓을 수 없는 사례는 일찍이 청인들과 많은 교류를 한 김창업이다. 김창업은 당시 조선에서 명망이 높았던 명사로 그의 『노가재연행일기』가 널리 퍼지면서 점점 더 많은 조선 문인들이 청에 관심을 보이기 시작하였고, 이는 훗날 중한 문사들의 교류를 위한 훌륭한 기초를 마련해주었다. 홍대용과 '절항삼사(浙杭三士)' 간의 일곱 차례나 되는 필담과 대량의 시문 교류는 양국 민간 문인 교류에서 처음으로 나타난 깊이 있는 학술·문학 교류의 사례로 볼 수 있다. 홍대용은 청나라 지인들과 약 15년간 빈번하면서도 깊은 교류를 이어왔는데, 현재 발견된 서신은 150통에 이른다. 그와 엄성의 생사를 뛰어넘는 우의는 한편으로는 당시 조선 내에서 큰 파장을 불러일으키며 일부 사람들은 이를 상상할 수도 없고 용납할 수도 없는 행위로 여겼지만, 다른 한편으로는 양국 문단에서의 미담으로 전해져 이후의 중한 문인 교류에 많은 영향을 미쳤다. 동아시아 한자문화권 전체를 관통하는 역사적 맥락 속에서 홍대용과 청나라 문인들 간의 교류는 조선과 청나라 문화가 점점 가까워지고 있음을 상징하고 있지만, 이와 대조적으로 일본은 조선과 중국의 문학을 점차 경시하는 태도를 보였다. 조선과 일본의 청나라에 대한 인식은 유사했지만, 두 나라 사이에는 현격한 인식의 차이가 존재했기 때문에 홍대용과 이국(異國) 문인들의 교류는 그 의미가 더욱 두드러지게 부각되었다. 한편, 홍양호와 기윤의 교류도 청나라 시기 양국의 정부 인사들이 처음으로 진정한 의미의 깊이 있는 학술 교류를 한 것으로 볼 수 있다. 이외에 18세기 후기, 박지원, 이덕무, 박제가, 유득공 등으로 대표되는 북학파 문인들이 많은 청나라 문인들과 깊이 있는 학술·문학 교류를 진행하였는데, 이들의 교류는 여러 방면에서 개척적인 공을 세운 의미를 지니고 있다.

셋째, 18세기에 이르러 양국의 저명한 가문들 사이에 학술과 문학 등 방면에서 세대를 넘어 장기적으로 심도 있는 교류를 이어가는 현상이 나타났다. 이는 청대 전기뿐만 아니라 중한 문인 교류사 전체를 봐도 상당히 드문 현상이다. 18세기 조선의 안동 김씨 가문은 조상인 청음 김상헌이 명나라 문사와의 교류했던 전통을 계승하여 가문의 후손들인 김창업, 김익겸, 김선행(金善行), 김재행(金在行), 김이소(金履素), 김이도(金履度), 김조순(金祖淳) 등이 차례로 중국에 출사하여 엄성, 반정균(潘庭筠), 옹수배(翁樹培), 이병수(伊秉綬), 나빙(羅聘), 신종익(辛從益), 장도악(張道渥) 등 20여 명의 청나라 문사들과 필담, 한시 창화 등의 방식을 통해 교류하였다. 안동 김씨 가문은 명·청 시기에 가장 먼저 중국 문단과 긴밀하게 교류한 조선의 가문으로 가문이 가진 지위와 영향력으로 인해 이들과 청 문사들 간의 교류는 당시 조선 내에서도 큰 영향력을 발휘하며, 양국 문사 간의 왕래를 촉진했을 것으로 판단된다. 또 다른 예로 풍산 홍양호 가문은 기윤 및 그의 후손들과 학술·문학적 교류를 이어갔는데, 이는 중국과 조선 문인 교류사에서 아름다운 이야기로 전해지고 있다. 18세기 후기, 홍양호와 기윤은 "경개여고, 동기상구(傾蓋如故, 同氣相求)"의 깊은 학문적 우의를 나누었다. 이후 홍씨 후손인 홍희준(洪羲俊), 홍석모(洪錫謨), 홍경모(洪敬謨) 등은 기윤의 손자인 기수유(紀樹蕤)와 증손인 기영황(紀瑛璜) 등과 반세기에 걸친 학문적 교류를 전개하였다. 마찬가지로 두 가문의 높은 명성과 지위로 인해 당대는 물론 훗날 양국 문인 간의 교류에도 많은 영향을 미쳤다.

18세기 중한 문인 교류는 그 규모와 내용의 풍부함, 특수성, 그리고 양국 문화교류가 이루어낸 다방면에 걸친 개척적 성과로 인해 중한 학술 교류사에서 특별한 위치를 차지하고 있다. 이러한 교류는 단순한 문화적 교환을 넘어, 양국의 학문적·역사적 발전에 중요한 기여를 했으며, 그 가치와 의미는 오늘날까지도 높이 평가받고 있다. 따라서 18세기 중한 문인 교류는 학술적·역사적으로 매우 중요한 의미를 지니고 있다고 할 수 있다.

2.1. 이론적 가치

첫째, 본 저서는 해외 문헌과 중국 문헌을 기초 자료로 삼아 18세기 중한 문인의 교류 문제에 대해 깊이 있는 학문적 연구를 시도함으로써 중한 학술 교류사 연구의 공백을 메웠다. 현재까지 몇 가지 기본적인 문제점들, 예를 들어 교류에 참여한 문사의 인원수, 시간, 장소, 형식과 내용

등 구체적인 상황에 관한 연구는 아직 진행되지 않았으며, 교류 양상 전반에 대한 체계적이면서도 심층적인 분석 또한 진행되지 않았다. 그 이유는 교류와 관련된 자료들이 한국, 일본, 미국 등 세계 각지에 흩어져 있어서 문헌 자료의 수집 자체가 어렵다는 점을 언급하지 않을 수 없다. 조선사행일기를 예로 들면, 『연행록전집』 100권, 『연행록전집(일본소장편)(日本所藏編)』 3권, 『연행록선집보유(燕行錄選集補遺)』 상·중·하 3권, 『연행록속집(燕行錄續集)』 50책 등 관련 문헌들의 수량이 상당히 풍부하다. 이외에도 현재 아직 출판되지 않은 사행일기와 시독집도 있다. 18세기 중한 문사의 척독집도 여러 곳에 흩어져 소장되어 있는데, 『동문신교(同文神交)』는 한국 국립중앙도서관에, 『중사기홍대용수책첩(中士寄洪大容手札帖)』은 한국 숭실대 한국기독교박물관에, 『연항시독(燕杭詩牘)』은 미국 하버드대 연경도서관에 소장되어 있다. 세계 각지에 흩어져 있는 사료들 중 많은 문헌이 유일본이나 귀중본으로 소장되어 있어 연구를 위한 기초 자료로도 접근 자체가 어려운 상황이다. 필자는 끊임없는 노력을 통해 현재까지 70여 종의 시문집과 척독집의 복사본을 수집할 수 있었다. 이외에도 많은 자료가 양국 문인의 별집, 청인사행일기(清人使行日記) 등에 흩어져 있으며, 이러한 자료는 아직까지도 세간에 알려지지 않은 역외 문헌 자료이다. 이러한 여러 가지 원인으로 인해 현재 체계적이고 깊이 있는 연구의 결여를 초래하였고, 일부 선행연구는 아직도 문인 개인의 학술·문학 교류 양상에 대한 고찰에 머물러 있는 실정이다. 또한, 자료의 불완전성, 연구 방법의 진부함, 박제가, 유득공 등과 청인의 문학적 교류에 대한 집중 조명 등으로 인해 대부분의 결론들은 편파적이거나 얕은 수준에 그치고 있다. 이러한 연구 현황은 청나라 시기 중한 양국 학술 교류사를 전반적으로 이해하고 파악하는 데 매우 불리하다. 본 저서는 중한 양국 문인 교류라는 넓은 시야에서 교류 현상의 이면에 숨겨진 원인, 특징, 영향, 의미 등을 다각적이고, 다층적으로 분석함으로써 당시와 이후 이루어진 양국 간의 문화적 연관성을 더욱 잘 해석하고, 나아가 중한 학술 교류사의 보완과 재인식에 기여하고자 한다.

둘째, 새로운 자료, 참신한 시각, 새로운 방법을 적용하여 향후 중한 문화 교류사 연구를 위한 새로운 연구 방법론을 제시하고자 한다. 본 저서는 역외한적과 중국 문헌 속 양국 문인의 학술·문학 교류에 관한 새로운 자료들을 충분히 발굴하여 검토하였으며, 한문화권을 배경으로 18세기 양국 문인의 교류 내용과 특징, 규칙을 분석·정리하였다. 양국 문인들의 상호 교류에 관한 연구를 통해 양국 문화를 새롭게 바라보고 해석할 수 있는 참신한 시각을 모색하고, 양국 학술 교류사에 대한 보다 깊은 연구를 위한 방향을 제시하고자 한다. 역외한적에 기록된 교류 관련 자료들은 매우 귀중하다고 할 수 있다. 왜냐하면 이 자료들은 양국 문인의 구체적인 교류 과정과 내용을 기록하고 있을 뿐만 아니라 조선 문인들이 이방인과 후학자의 시각에서 중국의 학술과 문학을 바라본 평가를 담고 있으며, 중한 문학의 미묘한 차이점을 나타내고 있어서 그들의 학술관과 문학관 등을 면밀히 살펴볼 수 있기 때문이다. 또한, 이 자료들은 중국 전적의 기록들을 상당 부분 보완하고 검증할 수 있다. 그러나 최근 20년간의 연구 성과를 살펴볼 때, 아쉽게도 상기 자료들은 충분히 인용되지 않고 있다. 필자는 이 자료들을 충분히 발굴하고 수집하여, 기존 연구들과 구별되는 참신한 문헌 자료를 기반으로 양국 문인의 교류 양상을 고찰하는 동시에 교류 현상이 가져온 새로운 학술 과제들을 검토하고자 하였다.

2.2. 응용적 가치

첫째, 현대의 학문은 열린 학문이며, 중한 학자 간의 교류도 점점 더 빈번해지고 있다. 본 저서는 새로운 자료를 통해 중한 문인 교류의 전형적인 사례를 검토했는데, 이는 현대 중한 문인의 문화 교류를 해석하는 데 참고할 만한 가치가 있다.

둘째, 본 저서의 연구 성과는 역외한적에 대한 면밀한 독해와 중국 고문헌에 대한 고찰을 기반으로 문헌 수집과 정리, 고증을 통해 얻은 것이다. 이러한 기초 작업을 진행한 이유는 "문헌 기초의 재건 작업이 있어야만 선행연구를 뛰어넘는 결과를 얻을 수 있다."[3]라고 생각했기 때문이다. 동시에 이는 중한 문화 교류, 중한 관계, 국제 문화, 중국 근현대사, 아시아사 등 분야의 학술 연구를 위해 다량의 새로운 자료와 실마리를 제공하여 관련 연구의 부흥을 촉진할 것이며, 역외한적이라는 신흥 학문 영역이 문헌 정리와 연구 방면에서 신속한 발전과 심층적인 연구를 이룰 수 있도록 추진 역할을 할 것이다.

셋째, 본 연구서는 문헌 자료를 충분히 수집한 기초 위에서 18세기 중한 문인의 교류 양상을 보다 객관적인 시각에서 연구함으로써 당시 양국 문인 교류의 진상, 내용, 특징을 밝혀내고, 현재 일부 중한 국민들 사이에 존재하는 오해와 편견을 바로잡고자 한다. 따라서 본 저서는 중한 양국 외교 정상화 25주년을 맞이하는 이 시점에서 양국 민중 간의 이해를 증진하고 우의를 다지는 데 중요한 현실적 의의를 가지고 있다.

3) 張伯偉, 「今日東亞研究之問題, 材料和方法」, 『中國典籍與文化』 2012년 제1호, 25쪽.

3 국내외 연구 현황과 추세

청대 중한 문인 교류 연구는 비교적 새로운 주제로 동아시아 학계의 관심을 점점 더 받고있는 연구 분야이다. 그러나 청나라 시기 양국 문인 교류와 관련된 자료를 전면적으로 수집하는 데는 현실적인 어려움이 따른다. 그 결과, 세계적으로 이 분야 연구에 종사하는 학자는 20명 정도에 불과하며, 중국과 한국이 각각 절반씩을 차지한다. 또한 대부분의 선행연구는 고대 양국 문인 교류의 개별 사례나 어떤 한 시기의 문화적 영향 관계를 다룬 연구로 특정 시기의 전반적인 문인 교류 현상을 전면적이고 체계적으로 탐구하는 것은 여전히 그 학문적 배경이 공백으로 남아 있다.

후지츠카 치카시(藤塚鄰)는 김정희 연구의 전문가로 그는 김정희의 작품과 그가 청나라 문사들과 나눈 교류 문장, 시가, 척독, 물품 등의 원본을 수집하는 데 전념해왔으며, 그중에는 국보급 문화재도 수십 점 포함되어 있다. 후지츠카 치카시의 저서는 주로 이러한 일차적인 문헌 자료와 실물 증거를 바탕으로 작성되었으며, 김정희와 청나라 유사들 간의 학술 문화 교류 관계를 조명하였다. 이 저서는 청대 문화가 동아시아로 전파되는 경로, 내용, 특징 등을 진정성 있게 밝히고 있는데, 새로운 자료를 활용하여 새로운 문제를 해결한 전범으로 꼽히고 있다.

최근 연행록과 교류 척독첩 등의 중한 문인 교류 자료들이 끊임없이 발굴됨에 따라 한국 학자들도 청나라 시기 양국 문인 교류의 개별 사례들에 주목하기 시작하였다. 대표적인 학자로는 허경진(許敬震), 김영진(金榮鎭), 박현규(朴現圭) 등의 대학 교수들과 그 제자인 유정(劉婧), 곽미선(郭美善) 박사가 있으며, 발표한 논문으로는 『晩淸時期의 朝中文人詩社—龍喜社小考』, 「홍대용 십안에서 편집한 <연항시독(燕杭詩牘)>」, 「<중조학사서한(中朝學士書翰)>을 통해 본 김재행과 항주 문사들의 교류」, 「유득공 병세집(並世集) 연구」 등이 있다. 이 논문들은 18세기와 19세기 중한 문인 간의 교류를 정리함과 동시에 개별 문인 간의 학술적·문학적 교류의 내용과 특징을 고찰함으로써 고대 중·한 학술·문학 교류 연구에 견실한 학문적 기반을 마련하였다. 연구 현황을 보면, 서로 간의 사적 관계를 연구하는 것이 여전히 중요한 흐름을 차지하고 있다. 청나라 시기의 중한 문인 교류에 관한 연구는 이제 막 시작하는 단계로 연구 성과가 그리 많지 않다. 하지만, 고대 중한 양국의 문화와 문학적 연관성에 관한 연구는 사실상 20세기 90년대부터 중한 양국에서 이미 시작되었으며, 다양하면서도 우수한 연구 성과들이 계속해서 나오고 있다.

3.1. 중한 문화와 문학 관련 주요 저서

위욱승(韋旭升)의 『조선에서의 중국 문학(中國文學在朝鮮)』(화성출판사, 1990)은 중국에서 최초로 중국 고전문학의 조선 전파와 영향을 전면적으로 연구한 학술 저서로 훗날 한국어와 일본어로도 번역·출판되었다. 이 책은 총 네 개의 장절로 구성되어 있으며, 기본적인 네 가지 문제에 대해 논하였는데, 중국 문학이 조선에서 전파되는 과정에서 조선시대의 문학에 어떠한 영향을 주었으며, 조선시대의 문학은 중국 문학으로부터 어떠한 점들을 수용했는가를 중심으로 조선시대 중국 문학의 영향 경로와 결과, 중국 문학이 조선에서 일으킨 여파 및 공과(功過)에 대해 논하였다.

20세기 90년대에 이르러 한국 한적에 수록된 문학 교류 관련 자료들이 끊임없이 발굴됨에 따라 중한 문학의 비교 연구는 중국에서 비교적 큰 성과를 거두었다. 김병민(金柄珉)의 『조선 중세기 북학파 문학 연구—청대 문학과의 관계를 겸하여 논함(朝鮮中世紀北學派文學研究——兼論與清代文學之關係)』(연변대학출판사, 1990)은 북학파를 독립된 문학 유파로 분류하여 이 유파의 문학 활동과 문학 이념, 창작의식, 미적 표현, 청나라 문학과의 연관성, 문학사에서의 성격과 지위 등의 문제를 세심하게 정리하고 논하였다. 김병민과 김관웅(金寬雄)의 공저인 『조선문학의 발전과 중국문학(朝鮮文學的發展與中國文學)』(연변대학출판사, 1994)은 상고시기부터 근현대에 이르기까지 중국 문학이 한국 문학의 발전 과정에 끼친 영향을 논하였다. 천푸칭(陳蒲清)의 『고대 중조문학 관계 사략(古代中朝文學關係史略)』(호남인민출판사, 1999)은 주로 중국 문헌을 근거로 신화와 전설, 한문시, 조선의 민족시가 등의 문체를 실마리로 삼아 중한 문학의 관계를 논하였는데, 특히 조선의 신화 전설과 중국 문학과의 연관성을 논증 과정에서 상당히 풍부한 자료를 인용하고 있어서 주목할 만하다.

2000년 이후 중한 문학, 문화 관계 연구에 관한 대표적인 성과로는 리옌(李岩)의 『중한문학관계사론(中韓文學關係史論)』(사회과학문헌출판사, 2003)이 있다. 이 책은 총 8장으로 구성되어 있는데, 제7장까지는 조선 시기 이전의 중한 문학 관계를 논하였고, 제8장은 조선 시기 소설과 중국문화와의 관계를 논하였다. 두 편의 박사학위논문도 양국 문학의 관계를 논하였는데, 서동일(徐東日)의 『이덕무의 문학 연구—중국문학과의 비교를 통해(李德懋文學研究—兼與中國文學相比較)』(연변대학 박사학위논문, 2002)는 사상의식, 시학관, 한시 창작, 문학 특징 등 네 가지 측면에서 이덕무 문학을 전반적으로 논하였다. 한위성(韓衛星)의 『홍대용문학연구—중국 문화와의 연관성을 논함(洪大容文學研究—兼與中國文化之關聯)』(연변대학 박사학위논문, 2006)은 홍대용의 사상체계, 시론, 문학적 형상화의 함의 및 그의 문학과 중국문학의 상호작용 등 네 가지 측면에서 홍대용 문학을 전반적으로 논하였다. 이 두 편의 박사학위논문은 조선의 시인을 한문학이라는 넓은 학문적 배경 아래에 두고 연구를 진행하면서 한국의 한적과 중국의 전적 자료를 비교적 충분히 활용하였고, 연구의 시야도 넓혔다.

양위레이(楊雨蕾)의 『연행과 중한 문화 관계(燕行與中朝文化關係)』(상해사서출판사, 2011)는 조선 사신의 사행일기를 통해 명청 시기 중한 조공 관계의 발전과 변화 및 양국 문화교류의 궤적을 탐구하고, 조공 관계의 배후에 있는 문화적 요소를 논하였다. 이 저서는 한국의 한적 자료를 비교적 자세히 인용하였다. 이외에 일본 학자 후마 스스무(夫馬進)의 『조선연행사와 조선통신사(朝鮮燕行使與朝鮮通信使)』(상해고적출판사, 2010)와 두월혜(杜月慧)의 『명대 문신들의 조선 출사와 <황화집>(明代文臣出使朝鮮與<皇華集>)』(인민출판사, 2010) 등도 고대 중한 문화의 연관성을 연구한 중요한 저서로 꼽을 수 있다.

21세기 초, 중한 문학 관계 연구에서 중대한 돌파구를 마련한 저서는 장보웨이(張伯偉) 선생의 『청대 시화 동전 약론고(清代詩話東傳略論稿)』(중화서국, 2007)이다. 이 책은 고염무(顧炎武) 선생의 "산에서 구리를 캐다(采銅於山)"이라는 학문적 원칙을 계승하며 한문화권 전체를 연구 방법으로 조선과 일본의 서목, 사서, 일기, 문집, 시화, 필기, 서발, 서신, 인장, 실물 등의 원시 문헌에서 사료를 수집하였다. 이를 통해 동아시아로 전파된 청대 시화의 수량, 시간, 경로를 포괄적으로 보여주고 있으며, 조선과 일본으로 전파된 후의 반응과 결과의 차이를 비교하고 있다. 이 저서는 양국 문학 관계를 주제로 한 연구에서 "이정표"와 같은 중요한 역작으로 평가받고 있다.

3.2. 중한 문화, 문학 교류 연구 논문

20세기 80년대 이후, 중한 문학 교류 연구와 관련된 논문들이 잇달아 학술지에 발표되었다. 그중 양자오취안(楊昭全)의 『중국 고대 문학이 조선 문학에 미친 영향과 교류』(『문학 연구 동태』 1982.6)는 중국 학계에서 중한 고대 문학 관계를 연구한 시초로 평가받는다. 전반적으로 볼 때, 양국의 문학 교류에 관한 연구 논문은 주로 두 가지 내용을 포함하고 있다.

첫째, 중국 문화와 문학이 고대 한국에 미친 영향에 대한 연구로, 이 분야의 논문이 상대적으로 많다. 개괄적 연구는 양자오취안(楊昭全)의 『명청 시기 중한 문학의 교류』(『국외 문학』 1984.2), 김병민(金柄珉)의 『영향, 수용, 상호 보완——19세기 중한 시인의 문학 교류』(『연변대학 학보』 1994.2) 등이 있다. 작가의 영향에 관한 연구는 오소구(吴紹釚), 영해(寧海)의 『이백이 고려 시기 한시 발전에 미친 영향』(『연변대학 학보』 1994.2), 유기영(柳基榮)의 『소식과 한국 사문학의 관계』(『복단대학 학보』 1997.6) 등이 있다. 문체의 영향에 관한 연구는 허휘훈(許輝勛)의 『명청 소설이 조선 소설에 미친 영향 시론』(『연변대학 학보』 1987.1), 진보청(陳蒲清)의 『고조선 한문시와 중국 고전 시의 유사성』(『호남교육학원 학보』 1998.1) 등이 있다. 전통 문론 연구, 특히 고대 시론의 관계에 대한 연구는 장보웨이(張伯偉)의 『조선 고대 한시 총설』(『문학 평론』 1996.2), 서동일(徐東日)의 『조선 시인 이덕무의 시학관: 정감론』(『연변대학 학보』 1995.3) 등이 있다. 문화 사조의 영향에 관한 연구는 이현식의 『「열하일기」의 첫 번째 장관, 청중화론과 청문화 수용론』(『동방학지』 Vol.144, 2008), 허권수의 『연암의 북경 인식의 한계』(『한문학보』 Vol.19, 2008) 등이 있다.

둘째, 조선시대 문학의 중국 전파 및 영향 연구에는 김병민(金柄珉)의 『「한객건연집」과 청대 문인 이조원, 반정균의 문학 비평』(『외국문학』, 2001.6), 최웅권(崔雄權)과 김일(金一)의 『한국 소설이 중국에서의 전파와 연구』(『동강학간』, 1999.4) 등이 있다.

종합하면, 중한 문화의 연관성에 관한 연구는 이미 많은 성과를 거두었고, 다양한 내용과 분야를 아우르고 있다. 문체만 보더라도 시가, 사, 소설, 산문, 시화 등을 포함하고 있다. 전반적으로 볼 때, 각 연구의 착안점, 시각, 배경은 다르지만, 거시적 연구든 미시적 탐구든 간에 이러한 논저와 글들은 고대 양국 문화 간의 긴밀한 연관성과 상호 영향을 밝히고 있으며, 일부 연구 성과들은 특정 문인 간의 교류 사실과 특징까지도 밝혀내고 있다. 이러한 성과들은 중한 문화 교류사 연구에 기여했으며, 양국 문인 교류사 연구를 위한 중요한 단서를 제공하였다. 여기서 언급한 사례들은 수많은 연구 성과 중 극히 일부에 불과하다. 대량의 역외한적 자료가 계속해서 발굴됨에 따라 양국 문화 교류 연구는 더욱 활발히 진행되고 있다.

그러나 주목할 점은 현재 중한 문화의 연관성 연구가 어느 정도 성과를 거두었음에도 여전히 심층적인 연구가 필요한 부분이 있다는 점이다. 그 이유는 다음과 같다. 첫째, 중국 학자들은 양국 문인의 교류 자료를 포괄적으로 수집하고 활용하기 어려워서 기존의 저서와 논문에서는 한국의 문집, 일기, 시화, 사서, 서발 등 역외한적 자료를 충분히 활용하지 못했기 때문에 중국 전적과 결합한 통합적 연구가 부족하였다. 둘째, 지금까지 학자들은 중외 전적과 역사적 실물에 대한 포괄적인 조사와 분석을 통해 고대 중한 문화, 문학 또는 문인 교류의 연표를 정리하지 못했는데, 이는 교류 연구의 문헌적 기반이다. 셋째, 최근 들어 고대 중한 관계를 조명할 수 있는 새로운 자료가 끊임없이 발굴되고 있다. 새로 발견된 연행록, 왕래 시독첩, 그리고 중국에서는 유실되었으나 상대국에 전해진 고문헌 등이 있다. 이러한 자료들은 고대 중한 문화 교류 연구에 더욱 넓은 공간을 제공하고 있다.

4 기본 연구 방법과 연구 목표

본 저서에서 주로 채택한 기본 연구 방법은 다음의 세 가지이다.

4.1. 한문화권을 중심으로 한 연구

이는 본서의 가장 주요한 연구 방법이다. 현재 중국과 해외에 남아 있는 한자 자료를 하나로 묶으면, 이는 "단순히 고전학 연구의 대상일 뿐만 아니라 학문적 성장점 혹은 새로운 학문 분야이기도 하며, 더 중요한 의미에서 보자면, 이는 새로운 사고 방식 및 연구 방법"[4]이다. 이에 대한 구체적인 실행 방법은 "한적 문헌 전체를 기반으로 삼고, 한문화권으로 시야를 넓혀 종합적인 비교를 통해 그 내재적 연관성과 구조를 탐구"[5]하는 것이다.

본서는 먼저 중한 문인 교류 자료를 기록한 다량의 역외한적, 즉 서목, 사서, 일기, 문집, 시화, 필기, 서발, 서신 등을 기반으로 한다. 다음으로 중국 전적에 기록된 문인 교류 상황에 주목할 것이다. 중국 전적에 기록된 중한 문인 교류에 관한 자료는 적지만, 이는 역외 한적에 기록된 양국의 문인 교류 사료를 보완하는 중요한 역할을 한다. 마지막으로 이러한 자료를 충분히 연구한 후, 교류에 나타난 새로운 현상, 문제, 특징 등을 분석하고 연구하고자 한다. 청나라 시기 양국 문인들의 교류 자료가 대량 발굴됨에 따라 연구해야 할 일련의 새로운 문제들이 계속 등장할 것이다. 현재 가장 시급하게 해결해야 할 과제는 양국 문인 교류의 전체 문헌을 구축하는 것이다. 이를 통해 청대 중한 문화의 연관성을 재조명할 수 있을 것이다. 이는 새로운 문제이자 기초 작업이다. 그런 다음 학술 교류 현상이 반영하는 새로운 문제를 더 높은 차원에서 논의해야만 최종적으로 연구 현황의 개선을 이룰 수 있다. 이 점은 중요하며 필수적인 작업이다.

진인각(陳寅恪) 선생은 『진원(陳垣) 「돈황겁여록(敦煌劫餘錄)」 서문』에서 "한 시대의 학문에는 반드시 그 시대의 새로운 자료와 새로운 문제가 있다. 이러한 자료를 취하여 문제를 연구하는 것은 바로 그 시대 학문의 새로운 흐름이다. 학문을 연구하는 사람은 이 흐름에 미리 대비해야 하는데, 이를 '예류(預流: 불교 초과의 이름을 차용한 것)'라고 하며 그렇지 않은 사람은 '미입류(未入流)'라고 한다. 이는 고금 학술사의 보편적인 이치로 문을 닫고 혼자서만 공부하는 이들은

4) 張伯偉, 『作爲方法的漢文化圈』, 7쪽.
5) 張伯偉, 『作爲方法的漢文化圈』, 8-9쪽.

이해할 수 없는 것이다."[6]라고 지적하였다. 이를 통해 진 선생은 시대 학술의 새로운 흐름을 형성하는 데 있어 새로운 자료를 활용하여 새로운 문제를 연구하는 중요성을 강조하였다. 장보웨이(張伯偉) 선생도 "실증적"과 "종합적" 관계의 관점에서 "이 두 가지의 상호 보완적인 원칙은 실증 없이 종합하면 공허하고, 종합 없이 실증하면 평범하다."라고 명확히 지적하였다. 따라서 본서는 현재 청대 중한 문인 교류 연구의 현황을 개선하기 위해 양국 문인의 기본 교류 상황을 확인한 기초 위에서 교류 사실의 전후 관계 혹은 이면의 인과 관계 및 연관성을 발견하고자 한다. 이는 새로운 자료에만 집착하여 연구가 평범해지는 것을 방지하기 위함이다.

4.2. 비교 연구 방법론의 운용

18세기 조선 문인과 청나라 문인의 교류는 긴밀했으며, 중한 문인의 교류는 이전과는 다른 특징을 보였다. 또한 이 시기의 단계마다 보여지는 각각의 구체적인 교류 사례도 서로 다르게 나타났다. 유사한 사례의 비교를 통해 다양한 교류 사건의 성질과 특징을 보다 명확하게 보여줄 수 있으므로 비교법을 활용한 연구 수행이 필요하다. 진인각(陳寅恪) 선생은 『유숙아와 국문시제서를 논함(與劉叔雅論國文試題書)』에서 언어학에 대해 언급하며 "따라서 어떤 언어의 특수한 현상과 그 성질을 자세히 알고 확증하기 위해서는 종합적 분석과 상호 비교를 통해 연구하지 않으면 성과를 거둘 수 없다. 그리고 상호 비교의 대상은 반드시 같은 계통에서 대동소이한 언어여야 한다. 이를 지키지 않으면 그 특성을 확정할 수 없을 뿐만 아니라, 그 특성이 어디에 있는지를 잘못 인식하여 당나귀도 말도 아닌 혼돈의 괴물을 만들어낼 수 있다."[7]라고 말하였다. 언어학의 비교 연구를 본서의 비교 연구에 적용해도 그 이치는 동일하다.

4.3. 유기적인 결합을 통한 연구

본 연구는 18세기 중한 문인 교류의 전반적인 양상을 포괄적으로 고찰함과 동시에 특정한 문인의 개별적 교류 사례를 심층적으로 분석하였다. 전체 교류 현상에 대한 결론은 당시 양국 문인들의 개별적인 교유를 배경으로 도출되었으며, 전형적인 개별 사례 연구를 통해 얻은 결과는

---

6) 진인각, 『陳垣<敦煌劫餘錄>序』, 『陳寅恪集 · 金明館叢稿二編』(生活 · 讀書 · 新知三聯書店, 2001), 266쪽.

7) 진인각(陳寅恪), 『與劉叔雅論國文試題書』, 『진인각집 · 금명관총고이편(陳寅恪集 · 金明館叢稿二編)』, 251쪽.

총체적 교류의 규칙성을 보완하고 논증하였다. 이를 통해 두 관점을 유기적으로 결합하여 18세기 중한 문인 간 학술 및 문학적 연계를 보다 객관적으로 해석하고자 하였다.

본서의 연구 목표는 다음과 같다.

첫째, 18세기 중한 문인 교류의 최신 자료를 체계적으로 수집하고 정리한다.

전체 한문화권을 배경으로 다양한 자료를 적극적으로 조사·수집하여, 18세기 및 관련 시기의 중한 문인 교류 자료를 포괄적으로 확보하였다. 이를 통해 교류가 발생한 시기, 장소, 형태, 사건, 내용 등을 중심으로 해당 세기의 문화 교류를 구체적이면서도 세밀하게 기술하여 『18세기 중한 문인 교류 개관』을 완성하고자 한다.

둘째, 18세기 중한 문인 교류의 상황에 대한 이론적인 분석 및 총결을 시도한다.

현존 문헌을 체계적으로 정리·분류·통계 분석한 후, 과학적인 연구 방법을 적용하여 18세기 중한 문인 교류 현상을 객관적으로 분석·평가하였다. 이를 통해 양국 문인 간 학술 및 문학 교류의 역사적 진실을 복원하고, 그 특징과 규칙성을 도출하며, 역사적 의미와 가치를 규명하고자 한다.

셋째, 중한 학술 교류사 연구에 대한 새로운 자료 및 시사점을 제공한다. 본서의 연구 성과가 중한 학술 교류사, 문학 교류사, 한문학사, 외교사 등 관련 연구 분야에서 중요한 참고 자료로 활용되어 향후 연구에 새로운 자료와 방향성을 제시할 수 있기를 기대한다.

제1장

18세기 중한 문인 교류의 전반적 양상

제1절 중한 문인 교류의 시대 배경과 교류 원인

1 시대 배경

18세기 청나라와 조선은 사회가 안정되고 문운(文運)이 융성하던 시기였다. 당시 중국은 강희·옹정·건륭제의 치세 아래 역사상 문화가 가장 번성했던 시대를 누렸다. 조선에서는 숙종·경종·영조·정조에 이르는 시기에 사회 사조와 문학 관념, 문학 풍토가 크게 변모하였으며, 학문과 문학 분야에서 최고의 성과를 거두었다.

1.1. 18세기의 청나라

18세기 청나라는 강건성세(康乾盛世, 1684-1799)로 대표되는 시기였다. 정치·군사적으로 청나라는 수십 차례의 전쟁을 통해 몽골 각부(各部)와 회강(回疆), 티베트 등을 차례로 평정하고, 전례 없는 영토 확장과 통일을 이루며, 변방 지역의 장기적인 안정을 확립하였다. 경제적으로는 상공업이 급속히 발전하며 재정수입이 증가하였고, 백성들의 생활이 안정되어 건륭 6년(1741) 전국 인구가 약 1억 4300만 명에 달하였다. 첸무(錢穆)는 『국사대강(國史大綱)』에서 "청나라 시기에는 국부를 기준으로 건륭제 때를 가장 번성한 시기로 평가한다."[1)]라고 하였다. 조선의 박지원은 1880년대 청나라의 태평한 광경을 목격하고 "지금 100여 년간 태평하여 사방에 갑옷, 무기, 전쟁 소리가 없고, 뽕나무와 삼이 울창하며, 닭과 개가 사방으로 다닌다. 이처럼 안정된 생활은 한나라와 당나라 이후 지금까지 본 적이 없다."[2)]라고 기록하였다. 당시의 『연행록』에는 북경 심양, 통주(通州) 등 도시의 풍요로움과 번영을 묘사한 글이 다수 수록되어 있다. 전반적으로 강건(康乾) 시기의 청나라는 전역이 태평성대를 누렸다.

문화와 학술 측면에서 강희제와 건륭제는 학문과 인재를 중시하였다. 당시 문화가 크게 발전하였고, 편찬 사업에서도 전례 없는 성과를 거두었다. 강희제는 『강희자전(康熙字典)』, 『고금도서집성(古今圖書集成)』, 『패문운부(佩文韵府)』, 『청문감(清文鑑)』, 『역상고성(曆象考成)』, 『수리정온(數理精蘊)』, 『강희영년역법(康熙永年曆法)』, 『강희황여전람도(康熙皇輿全覽圖)』 등의 도서를 조

1) 첸무(錢穆), 『국사대강(國史大綱)』, 상무인서관(商務印書館), 1996년, 제865쪽. "惟以國富論 , 仍以乾隆爲最盛"
2) 박지원 저, 주서평(朱瑞平) 교점(校點), 『열하일기』, 상해서점출판사(上海書店出版社), 1997년, 제153쪽.

직·편찬하여 출판하였다. 특히 『사고전서(四庫全書)』의 편찬은 주목할 만하다. 건륭제는 전국적인 도서 수집을 명하고, 기윤을 총재로 대진(戴震), 요내(姚鼐), 왕염손(王念孫) 등 360여 명을 조직하여 9년에 걸쳐 중국 역사상 가장 방대한 총서인 『사고전서』를 편찬하였다. 이 전질에는 선진(先秦) 시대부터 청나라 건륭제 시기까지의 주요 고서(일부는 금서로 분류됨)가 대부분 수록되어 있으며, 고대 중국의 거의 모든 학술 분야를 아우르는 저술들이 포함되어 있다. 이 밖에도 건륭제가 편찬을 명한 도서로는 『속통전(續通典)』, 『속통지(續通志)』, 『속문헌통고(續文獻通考)』 등이 있다. 이러한 문화·학술의 번성 속에서 18세기에는 기윤, 옹방강(翁方綱), 대진, 요내, 완원(阮元), 이조원(李調元), 이정원(李鼎元) 등 홍학(鴻學)과 거유(巨儒)들이 배출되었으며, 이들 중 상당수는 조선 사신들과 교류하였다.

건륭·가경 시기 중국의 한학(漢學)은 정점에 올라섰다. 청나라 초기, 사상계에는 큰 변혁이 일어났다. 명말청초의 대표적 학자인 황종희(黃宗羲), 고염무(顧炎武), 왕부지(王夫之) 등은 주자학의 틀을 벗어나 공허한 담론에 그쳤던 양명심학(陽明心學)을 청산하고, 이기심성(理氣心性)에 치우친 송학(宋學)의 추상적 논의에 대해 비판을 가하였다. 특히 건륭(乾隆)과 가경(嘉慶) 시기에는 고증(考證)을 학문의 중심으로 삼고, 실사구시(實事求是)를 강조한 건가학파(乾嘉學派)가 등장하며 학문적 전환을 이끌었다. 이 학파는 학계에 지대한 영향을 미쳤으며, 유이징(柳詒徵)은 "건가(乾嘉) 시기에 한학(漢學)의 기치가 일시에 풍미하여, 수신행치(修身行治)를 강조하던 학풍보다 음운(音韻), 문자(文字), 교감(校勘), 금석(金石), 목록(目錄) 등을 연구하는 학문이 더욱 번성하였다."[3]라고 평가하였다.

전반적으로 건가학파는 고서의 진위를 판별하고 고전 문헌을 정리하는 등 중국 학술에 큰 공헌을 하였으며, 당대와 후대 학술에 지대한 영향을 끼쳤다. 이에 이 학파는 조선 사행 문인들의 관심을 받게 되었다. 당시 조선의 문인 박제가와 유득공 등은 18~19세기 건가학파의 대표적 인물인 전대흔(錢大昕), 전동벽(錢東壁), 완원(阮元) 등과 교류하였다.

1.2. 18세기의 조선

정치적으로 숙종 대의 휴양생식(休養生息) 정책을 바탕으로 영조와 정조 시기 조선의 정치체제는 더욱 청명해졌고, 백성들의 삶은 안정적이며 건실해졌다. 국가는 전례 없는 안정을 이루

3) 柳詒徵 편저, 『中國文化史』 하책, 동방출판중심(東方出版中心), 1988년, 제742쪽.

었으며, 이전 시대를 훨씬 능가하는 평화와 번영을 누렸다. 이러한 상황은 당시 인구가 급증한 것을 통해서도 확인할 수 있다. 『대동기년(大東紀年)』 권5 「영조조」에는 "무자년 44년 봄 정월, 한성부(漢城府)가 무자식년(戊子式年) 호구 수를 보고하였다. 경(京) 5부(五部)와 팔도(八道)의 호수는 167만 9,865호, 인구는 700만 6,248명이었다. 대체로 효종 8년 정유(丁酉) 판적(版籍)과 비교하여 호수는 102만 호가 증가하였고, 인구는 480만 명이 늘어났다. 이는 휴양생취(休養生聚)가 이 시기에 이르러 크게 번성하였음을 보여준다."[4]라는 기록이 있다.

사상적으로 18세기 조선은 유학을 최고의 가치로 숭상하였다. 숙종은 재위 기간 내내 유학을 강조하며 불교와 도교 사상을 배척하는 정책을 고수하였다. 이러한 경향은 유학 중심의 과거시험에서도 확인되는데, 『숙종실록』 권48에는 숙종이 과거 응시자 최도문(崔道文)과 육홍운(陸鴻運)을 합격자 명단에서 제외하도록 지시한 기록이 남아 있다. 그 이유는 이들의 시권에 "불교 관련 용어가 다수 포함되어 있었고, 극락세계나 팔백나한(八百羅漢)과 같은 불교 용어까지 등장했기 때문이다."[5] 이후 영조와 정조는 명정학(明正學)을 확립하고 경전 연구를 중시하며 인재를 적극 등용함으로써 학문과 문학이 약 80년간 두 왕조를 거치며 더욱 성숙할 수 있었다. 이 두 군주는 학식이 깊고 문장이 웅장하여, 이들이 편찬을 명하거나 직접 저술한 시문과 학술 저작들은 후대에까지 널리 유포되며 큰 영향을 끼쳤다. 영조는 『동국문헌비고』(100권)를 편찬하라는 명령을 내렸고, 정조는 『홍재전서』(184권), 『팔가수권(八家手圈)』, 『대전통편(大典通编)』 등을 저술하였다. 이러한 상황은 청나라 강희, 건륭 시기의 문치와 흡사하다. 홍양호는 정조를 "우리 임금께서는 바쁜 정무 중에도 틈틈이 고전 연구에 힘쓰시며 훌륭한 저술을 남기셨으니, 그 학문적 깊이가 남김없이 드러난다."[6]라고 극찬하였다. 홍양호의 말에 아부하는 측면이 아예 없다고 할 수는 없지만, 정조의 학문 중시 태도를 반영하고 있다.

당시 조선이 학술을 중시했다는 또 하나의 중요한 지표는 병신년(1776년)에 정조가 "규장각을 창덕궁 금원(禁苑)의 북쪽에 세우고, 제학(提學), 직제학(直提學), 직각(直閣), 대교(待教) 등의 관원을 두도록"[7] 명한 것이다. 규장각의 건립 목적은 인재를 망라하고, 퇴폐적인 문풍을 만회하기 위한 것이었다. 박지원은 "당시 임금께서는 문풍(文風)이 점차 쇠퇴하고 인재들이 침체된 것을

4) 윤기진(尹起晋), 『대동기년(大東紀年)』 권5 「영조조(英祖朝)」, 광서(光緒) 31년 상해미화서관연판(上海美華書館鉛版), 한국국립중앙도서관 소장본.

5) 『숙종실록』 권48, 숙종 36년 5월 21일」, 서울대학교 규장각 소장본.

6) 홍양호, 「오산집발(五山集跋)」, 홍양호, 『이계집』 권16, 『한국문집총간』 제241책, 제276쪽.

7) 『정조실록(正祖實錄)』 권2 「정조 즉위년 9월 25일」, 서울대학교 규장각 소장본.

염려하시며, 이를 진작하고 발탁할 방도를 강구하셨다. 영릉(英陵)의 옛 제도를 본받아 규장각을 세우고 각신(閣臣)들을 두셨다. 또 교서관을 단봉문(丹鳳門) 밖으로 옮겨 규장외각(奎章外閣)으로 삼았다. 각신들에게 물으시어, 문사 중에 문식이 있는 자를 선발해 채용하도록 명하셨다."[8]라고 기록하였다. 이에 18세기 조선 학계는 영조와 정조 두 군주의 적극적인 후원과 장려 아래, 많은 학자들이 서로 학문을 갈고닦으며 경쟁하는 가운데 학술이 날로 새롭게 발전하는 번성기를 맞이하였다. 이에 홍양호는 「풍요속선서(風謠續選序)」에서 "우리 왕조에 이르러 문치(文治)를 크게 떨치니, 전대의 누추함을 한 번에 씻어내고, 뛰어난 학자들과 재능 있는 인재들이 문학과 예술, 도덕적 수양을 두루 갖추어 그 명성을 떨치며 빛을 발하였으니, 중원의 학자들과도 어깨를 나란히 할 만하였다. 이에 비록 초가삼간에 사는 평범한 문사들일지라도 문채를 펼쳐 산수를 노래함으로써 태평성대를 찬양하는 이들이 우후죽순(雨後竹筍)처럼 일어났다."[9]라고 묘사하였다. 또한 영조와 정조 대의 인재 양성과 학문 진흥 정책은 문인들의 정치 참여를 촉진하였다. 신유한(申維翰), 홍양호, 이봉환(李鳳煥), 채제공, 이덕무, 유득공, 박제가 등은 당대의 주요 문신으로 성장했으며, 조선 사절단의 삼사(정사·부사·서장관)도 주로 이들 문신 중에서 선발되었다. 이 같은 정책적 환경은 문인들의 연행사절단 참여를 증가시켰고, 조선과 청문인 간의 교류를 위한 기반을 마련하였다.

17세기 말 조선에 실학 사조가 유입되기 시작하였다. 18세기 전반 성호 이익은 '경세치용(經世致用)'을 주장하며, 청나라와의 관계 조정을 위한 이론적 근거로 '허상을 버리고 실질에 힘쓰자(捨虛務實)'는 사상을 제시했는데, 이는 지식인들 사이에서 큰 호응을 얻었다. 18세기 중후반에 이르러 실학은 더욱 심화·확장되었으며, 박지원을 중심으로 한 북학파는 '대의명분'만을 강조하던 기존 양반 사대부를 비판하고, 청나라를 오랑캐로 보는 편견을 넘어 '이용후생(利用厚生)'을 주장하였다. 이들은 청나라와 서양의 선진 과학기술을 수용하여 부국강병을 이루고자 하였다. 이러한 배경에서 조선의 지식인들은 중국 유학을 위해 사절단에 적극적으로 참여하였으며, 이러한 현상은 건륭제 중후반에 절정에 달하였다.

요컨대, 18세기 청나라와 조선은 정치적 안정과 경제적 번영을 누렸으며, 문화와 학문이 크게 발전하는 가운데 양국 문사들의 교류에 유리한 시대적 조건이 마련되었다.

8) 박지원, 『형암행장(炯庵行狀)』, 박지원, 『연암집』 권3, 『한국문집총간』 제252책, 제68쪽.
9) 홍양호, 『이계집』 권10, 『한국문집총간』 제241책, 제183쪽.

2 18세기 중한 문인 교류의 배경

현존 문헌을 통해 확인된 양국 문인 간 교류는 총 638회에 이른다. 이들의 교류는 다양한 방식과 풍부한 내용으로 복잡한 양상을 보이는데, 이러한 교류가 발생하게 된 근본적인 원인을 분석하는 것은 그들의 교유 행위와 방식, 내용을 이해하고, 양국 문인 관계를 연구하는 데 중요한 학술적 의미를 가진다.

2.1. 중한 문인 교류의 객관적 기반

조선과 청나라 문인들의 교류는 객관적 토대와 주관적 요인이 상호작용하며 이루어졌다. 객관적 토대로는 양국 간 정기적인 사행 제도를 꼽을 수 있는데, 특히 조선의 경우 매년 정기적·비정기적으로 중국으로 파견되는 사행이 있었다. 『통문관지』 권3 「부경사행(赴京使行)」에는 다음과 같은 기록이 있다.

> 조선 초, 매년 경사에 사신을 보냈는데, 동지(冬至), 정조(正朝), 성절(聖節), 천추(千秋)의 네 가지 사행이 있었다. 사은(謝恩), 주청(奏請), 진하(進賀), 진위(陳慰), 진향(進香) 등의 사행이 있었으며, 이들은 사안에 따라 차출되어 파견되었다. ……순치 을유년에 이르러 칙유(勅諭)에 따라 세 가지 절기와 세폐(歲幣)를 하나로 통합하였는데, 반드시 정사, 부사(副使), 서장관(書狀官) 세 명을 포함한 '동지사'를 구성하고, 매년 한 번씩 파견하였다. 기타 사건에 따른 사신은 기존대로 유지되었으며, 사신들은 모두 품계를 가졌다. 당상(堂上) 이하의 관원은 정원이 정해져 있었으나, 보고 문서에서는 이를 논하지 않았다. 절행(節行)과 별행(別行)의 경우 사신 2명, 서장관 1명, 대통관(大通官) 3명, 압물관(押物官) 24명으로 구성되어 총 정관(正官) 30명을 두어 관복을 갖추고 조알(朝謁)하게 하였다.[10]

조선왕조 건국 이후 매년 최소 1회 이상, 특히 숭덕(崇德, 1636-1643) 이전에는 연 4회에 걸쳐 정기적으로 중국에 사절을 파견하였다. 일반 사행의 경우 정관(正官)만 최소 30명 규모였으며,

10) 朝鮮史編修會 편, 『통문관지(通文館志)』 권3, 民昌文化社. 1991년, 제23쪽. "國初歲, 遣朝京之使, 有冬至、正朝、聖節、千秋四行, 謝恩、奏請、進賀、陳慰、進香等使, 則隨事差送。……至順治乙酉, 因勑諭乃並三節及歲幣爲一行, 而必備使、副使、書狀官三員, 名之曰冬至使, 歲一遣之。其他有事之使並如舊, 而使皆有品。堂上以下皆有定額, 然其報單則勿論。節行、別行計開使二員、書狀官一員、大通官三員、押物官二十四員, 共正官三十員, 冠帶朝謁。"

숭덕 이전에는 종사관(從事官) 40여 명 규모로 파견하였다. 이에 따라 다수의 문인들이 삼사 또는 수행원 신분으로 중국을 방문할 수 있는 기회를 얻었으며, 연행 과정 중 북경·심양·열하 등지에서 청 문인들과 교류할 수 있었다. 문헌 기록에 의하면, 18세기 전반 조선의 청나라 사행은 『사행록』(『연행록전집』 제27책) 기준 총 259회, 청의 조선 사행은 『청실록』·『조선왕조실록』의 기록상 48회였다. 이 같은 지속적 사절 파견은 양국 문인 교류의 객관적 기반을 조성하였다.

2.2. 조선 문인이 청나라 문인과 교류한 원인

18세기 조선 사행단 소속 문인들은 중국 문사와의 교류를 희망하였으며, 연행 과정에서 청 문인들을 지속적으로 방문하였다. 사료 분석 결과, 조선 문인들이 청문인과 접촉하려는 동기는 다음의 네 가지가 주요 요인으로 확인된다.

(1) 명나라에 대한 그리움을 지닌 '연조비가지사(燕趙悲歌之士)'를 만나고자 하였다. 이는 특히 18세기 초 북경을 방문한 조선 사신단에서 두드러지게 나타난 심리적 특징이다.

이이명(李頤命)은 「신성여 석을 연경에 보내며 쓴 서문[送申聖與(晳)赴燕序]」에서 심성여가 중국으로 사행할 때 명나라 반청지사(反清志士)의 후예를 은밀히 탐방할 것을 권유하며, 그들이 만주족의 통치에 복종하지 않고 원한을 품고 있을 것이라고 추측하였다. 이와 같은 인물들을 만나 시문(詩文)을 주고받으며 교류하기를 기대하였다.[11] 당시 많은 조선 문인들은 이러한 마음을 시구로 표현하였는데, 최창대(崔昌大)의 시 「연행을 떠나는 강서장(姜書狀) 이상(履相)을 멀리서 배웅하며[遙贈姜書狀(履相)之燕]」에서 "그대 가거든 연시를 찾아보게나, 혹시나 비파를 타며 슬픈 노래를 부르는 이가 있을지 모르니."[12]라고 한 것과 임방(任埅)의 「연행을 떠나는 심시랑(沈侍郎) 여기(汝器)를 전송하며[贈別沈侍郎汝器(枰)赴燕]」에서 "그대가 연남 지역을 찾아주면, 아직도 비파를 치며 슬픈 노래를 부르는 이가 있으려나?"[13]라고 한 것이 그 예이다. 이 시구들은 모두 18세기 초 비가지사(悲歌之士)들을 만나고자 했던 조선 문인들의 기대를 드러내고 있다. 18세기 말, 홍희준이 「고양 길에서 두보의 시운을 차운하다[高陽路中次杜]」에서 "나룻배는 아직 묻지 못했으나, 연의 비파소리는 찾아볼 수 있으리"[14]라고 읊은 것에서도 알 수 있듯이 일부

---

11) 이이명(李頤命), 『소재집(疏齋集)』 권10, 『한국문집총간』 제172책, 제252쪽.
12) 최창대(崔昌大), 『곤륜집(昆侖集)』 권3, 『한국문집총간』 제183책, 제61쪽. 君行試訪幽燕市, 倘有悲歌擊筑人.
13) 임방(任埅), 『수촌집(水村集)』 권4, 『한국문집총간』 제149책, 제90쪽. 憑君爲訪燕南市, 尚有悲歌擊筑不?
14) 홍희준, 『전구(傳舊)』 2, 서울대학교 규장각 소장본. 津槎雖未問, 燕筑可相尋.

문인들은 이러한 마음을 여전히 간직하고 있었다.

조선 문인들이 '연조비가지사(燕趙悲歌之士)'를 만나고자 했던 열정은 명나라에 대한 깊은 정서적 유대에서 비롯되었다. 이 같은 감정은 두 가지 핵심적인 요인에 뿌리를 두고 있다. 첫째는 유교 문화의 동질성이며, 둘째는 조선이 명나라 초기부터 견지해온 사대주의 정책에 기초하였다. 임진왜란 이후 명나라를 생명의 은인으로 여기던 조선으로서는 청나라의 중원 점령이 명나라의 멸망에 대한 애도로 이어졌다. 조선 문인들은 청나라를 오랑캐로 간주하며 그 정통성을 부인했을 뿐 아니라 한족 통치의 부활을 간절히 소망하였다. 이러한 집단적 정서는 18세기 초 조선 문인들의 시 작품에 생생하게 투영되어 있다.

조태채(趙泰采)의 "이역(異域)의 옷차림에 놀라서, 같은 문명의 대명(大明)을 그리워하네. 하늘의 뜻은 아직 변함없는데, 언제 다시 천하가 태평해질까?"[15], 조석명(趙錫命)의 "수백 년 동안 문물과 문명을 키워왔던 땅이 탄식스럽구나, 어찌 다시 누린 냄새가 나는 황량한 땅이 되었는가."[16] 등의 시구는 명나라에 대한 그리움과 만주족에 대한 혐오, 나아가 명나라의 회복에 대한 기대를 담고 있다. 이를 통해 조선 문인들이 한문화 중심의 중국 전통 문명에 품었던 존숭을 엿볼 수 있다.

(2) 재능 있는 인사들과 교류하며 현자들을 만나 마음을 터놓고 대화를 나누고자 하였다. 대표적으로 홍대용이 '절항삼사(엄성, 반정균, 육비)'와 나눈 교류가 있다. 홍대용의 「철교와 추루에게 주다」에는 이러한 만남이 다음과 같이 기록되어 있다.

> 저는 항상 마음이 통하는 사람을 만나 마음을 털어놓는 것이 인생의 가장 큰 즐거움이라고 생각했습니다. 그래서 저는 마른 양식을 지니고 말을 타고 나라 전체를 누볐습니다. 이 일에 대한 저의 사랑은 결코 깊지 않았던 것이 아니고, 추구하는 태도도 결코 게으르지 않았습니다. 그러나 매번 말을 아끼며 속내를 털어놓아도 상대방의 노여움에 마주쳤으니, 그로 인해 슬픔이 극에 달할 때면, 저는 국경 너머에서 그런 사람을 찾고 싶어졌습니다.[17]

15) 조태채(趙泰采), 「연산관(連山關)」, 조태채(趙泰采), 『이우당집(二憂堂集)』 권1, 『한국문집총간』 제176책, 제9쪽. 左衽驚殊俗, 同文憶大明. 天心猶未厭, 那復見河淸?

16) 조석명(趙錫命), 「통주(通州)」, 조석명(趙錫命), 『묵소연행시(墨沼燕行詩)』, 임기중(林基中) 편, 『연행록속집(燕行錄續集)』 제114책, 상서원(尙書院), 2008년, 제449쪽. 堪嘆百年文物地, 如何復作酪羶場.

17) 홍대용, 「與鐵橋、秋[illegible]」, 이문조(李文藻) 편, 『일하제금집(日下題襟集)』 「홍고사(洪高士)」, 엄성 찬, 이문조(李文藻) 편, 『철교전집(鐵橋全集)』 제5책, 서울대학교 중앙도서관 소장본. "嘗竊以爲得會心人說會心事, 固是人生之至樂, 是以, 贏糧策馬足迹殆遍于國中。其好之非不切也 ; 求之非不勤也。每不免薄言往愬, 逢彼之怒, 惟憤悱之極, 乃欲求之于疆域之外。"

홍대용은 스스로를 '지기(知己)를 구하는 자'로 자처하며, 이미 국내에서 그의 명성이 널리 알려져 있었음에도 불구하고 끝내 만나지 못하자, 결국 중원에서 찾고자 하는 결의를 품게 되었다고 하였다. 그의 이러한 학문적 열망은 간절하였는데, 엄성과 반정균과의 필담에서 이러한 소회를 표출하며 이렇게 언급하였다.

> 우리는 본래 나라에서 파견한 관리가 아닙니다. 이곳에 온 것은 다른 뜻이 있어서가 아니라 다만 천하의 기사(奇士)들을 만나 흉금을 터놓고 한 번 토론하고자 함입니다. 돌아갈 날이 임박하여 장차 헛걸음으로 돌아갈 수 있었는데, 갑자기 두 분을 얻게 되었고, 일면에 오랜 사이와 같아 다행히 소망을 이루었으니, 뜻있는 자는 일이 마침내 성사된다는 말이 맞습니다. 다만 강역(疆域)이 한정되어 있고, 다음 회동에 기약이 없는 것이 원망스러울 따름입니다. 이 사모하는 정성을 어찌 잊을 수 있겠습니까?[18)]

홍대용은 국외 현사들과의 교류를 기대하며 자발적으로 사절단에 합류하였다. 천 리 길을 달려 북경에 도착한 그는 엄성, 반정균 등과 만난 후 여섯 차례나 그들의 거처를 찾아가 "붓으로 말을 대신하며 도의로 군자를 사귀었다."[19)]

홍대용 외에도 청나라의 뛰어난 문사를 만나고자 한 조선 문사들이 많았다. 18세기 연행록에는 이와 관련된 사례가 다수 기록되어 있는데, 1713년 김창업이 왕미축(王眉祝)에게 "이 성에도 학식이 풍부한 문사가 있습니까?"[20)]라고 묻거나, 1747년 윤급(尹汲)의 『연행일기(燕行日記)』에서 역관이 장흔(張昕)에게 "지금 학문으로 명성이 자자한 사람은 누구입니까?", "문장가는 누구입니까?"[21)]라고 물은 것 등이 있다.

이들은 청나라 현자를 직접 찾아가 묻기도 했을 뿐만 아니라 조선 문사들은 중국 문사들과의 교류를 갈망하는 마음을 다양한 행동으로 보여주었다.

① 조선 문인들은 청나라 문인들의 학식을 탐구하기 위해 의도적으로 관찰하고, 언어적 교류를

---

18) 홍대용, 『담헌서(湛軒書)』 외집 권2 「건정동필담」, 『한국문집총간』 제248책, 제132쪽. "鄙等初無官差。此來無他意, 祇願見天下奇士, 一討襟抱。歸期已迫, 將未免虛來虛歸。忽得兩位, 一面如舊, 幸愜大願, 真有志者事竟成也。祇恨疆域有限, 後會無期, 顧此愛慕之誠, 何日忘之？"

19) 홍대용, 『담헌서(湛軒書)』 외집 권2 「건정동필담」, 『한국문집총간』 제248책, 제153쪽.

20) 김창업, 『노가재연행일기』 권5, 임기중(林基中) 편, 『연행록전집』 제33책, 327~328쪽.

21) 윤급(尹汲), 『연행일기(燕行日記)』, 임기중(林基中), 부마진(夫馬進) 편, 『연행록전집』(일본소장편) 제1책, 동국대학교(東國大學) 한국문학연구소(韓國文學研究所), 2001년, 제232쪽.

통해 관계를 심화시켰다. 이전수(李田秀)의 『농은입심기(農隱入瀋記)』에는 이러한 양상이 다음과 같이 기록되어 있다.

> 내가 그의 나이를 묻자, 글로써 "헛되이 57세를 보냈습니다."라고 하였다. 내가 서건학(徐乾學)의 이름을 쓰며, "이 사람은 누구입니까?"라고 물으니, 그 아래에 "건암(健庵)입니다."라고 써서 답하였다. 주죽타(朱竹垞)에 대해 물으니, "이존(彝尊)입니다."라고 썼다. 고영인(顧寧人)에 대해 묻자, "염무(炎武)로 학문이 가장 박식합니다."라고 썼다. 대체로 이전에 만났던 사람들은 모두 촌학구(村學究)들이어서 엄산(弇山) 같은 유명한 이름조차 대부분 알지 못하였기에 장군(張君) 또한 우리들의 시험을 피할 수 없었던 것이다.[22]

이전수(李田秀)는 체계적인 질문을 통해 만난 인물들의 학문적 역량을 평가하고자 하였다. 이는 그가 청에서 만나고자 했던 인물이 단순한 "촌학구(村学究)"가 아닌 진정한 학식(學識)을 갖춘 지식인이라는 것을 보여주는 대목이다. 조선 사행단의 이러한 학문적 탐구 활동은 다수의 연행록에 상세히 기록되어 있다. 강호부의 『상봉록(桑蓬錄)』 권5에는 풍윤현(豐潤縣)의 수재(秀才) 곡가성(谷可成) 가문을 방문한 기록이 수록되어 있다. 강호부는 이들과의 대화를 통해 곡씨 삼형제가 내적 행실이 순수하지 못하고 학문적 성취도 미흡함을 확인하였다. 이에 그는 표면적인 예의만 차린 후 더 이상의 학문적 교류를 진행하지 않았다. 강호부는 이 경험을 바탕으로 "곡씨 후손들은 불초(不肖)하여 학문적 전통을 계승하지 못했을 뿐만 아니라 선대(先代)의 학문적 업적까지도 상실하였다"[23]고 평가하였다.

② 조선 문인들이 청나라 문인과 교류하며 보인 양가적 태도에서 그들이 중원의 우수한 인재를 발굴하고자 했던 간절한 열망을 읽을 수 있다. 조선 문인들은 학식이 탁월한 인물을 만나면 크게 기뻐하는 모습을 보였다. 이전수(李田秀)와 그의 형 이만수(李晩秀)가 장우령(張又齡)과의 두 번째 필담 후 "심양에 어찌 인재가 없다 말하는가?"[24]라고 감탄한 대목은, 재능 있는 인재를 발견한 이만수 형제의 기쁨을 생생히 전해준다. 반면 학문적 깊이가 부족한 인물을 대했을 때는

---

22) 이전수(李田秀), 『농은입심기(農隱入瀋記)』, 『연행록전집』 제30책, 제199~200쪽. 亦問其年, 書曰 : "虛度五十七歲。"余書徐乾學姓名, 問 : "是何人 ? "書其下曰 : "健庵。"書問朱竹垞, 書曰 : "彝尊。"書問顧寧人, 書曰 : "炎武, 學問最博。"蓋前此所見諸人皆是村學究, 如弇山之名字, 多不能識, 故張君亦不免吾輩之嘗試也。

23) 강호부, 『상봉록(桑蓬錄)』 권5, 『연행록선집보유(燕行錄選集補遺)』 상책, 동아세아학술원(東亞細亞學術院) 대동문화연구소(大東文化研究院), 2008년, 제562쪽.

24) 이전수(李田秀), 『농은입심기(農隱入瀋記)』, 『연행록전집』 제30책, 제221쪽.

실망을 표출하였다. 강호부의 『상봉록(桑蓬錄)』 권5에는 이러한 심경이 기록되어 있다.

> 풍윤은 기내(畿內)의 유명한 고을로, 예로부터 유향(儒鄕)이라 일컬어졌으며 훌륭한 인물이 많았으나 지금은 어리석기만 하다. 문장으로 이름난 자 역시 대의(大義)를 통달하지 못하며, 혹 독서하는 자가 있으나 모두 상인의 모습과 같다. …… 아! 풍속과 교화가 변한 것이 어찌 사람의 탓이겠는가?[25)]

"아! 풍속과 교화가 변한 것이 어찌 사람의 탓이겠는가?"라는 탄식에서, 인재를 발견하지 못한 안타까움이 드러나고 있다.

③ 조선 문인들은 상대방이 뛰어난 인물임을 인지하면, 적극적으로 마음을 열고 교유하고자 하는 의사를 표현하였다. 일례로 이상봉(李商鳳)의 『북원록(北轅錄)』 권4에는 다음과 같은 기록이 남아 있다.

> 내가 "오늘 와보니 창은 밝고, 책상은 고요하며, 사방에 사람이 없어 마음을 알아주는 이와 말하지 않고, 만나고자 하지 않는다면 어찌 조금의 의심함이라도 있겠습니까?"[26)]

또 강호부의 『상봉록』 권4에는 다음과 같은 기록이 있다.

> 내가(강호부) "이런 만남을 다시 누릴 수 있겠습니까? 오늘 나는 그대들을 이방인으로 여기지 않았고, 그대들도 진심을 보였으니, 서로를 소홀히 대하지 맙시다. 어떻습니까?"라고 말하자, 백수재가 "약속하겠습니다."라고 답했다. 이에 정환이 "형님의 말씀은 이미 형적(形迹)에 얽매이셨으니, 제들이 어찌 진심을 다 드러내지 않을 수 있겠습니까? 다만 형님이 내 마음 같지 않으실까 두렵습니다."라고 말했다. 내가 "그대가 나에게 숨기지 않는다면 나 또한 그대에게 숨기지 않겠습니다."라고 답하였다.[27)]

---

25) 강호부, 『상봉록(桑蓬錄)』 권5, 『연행록선집보유(燕行錄選集補遺)』 상책, 제563쪽. 豐潤, 即畿內名邑, 自古稱儒鄉, 多光顯者, 今則貿貿。名能文者, 不能通大義, 或有讀書者, 而皆商賈樣子云。……嗟乎！風與教移, 豈人之罪也？

26) 이상봉(李商鳳), 『북원록(北轅錄)』 권4, 위의 책, 제877쪽. 余曰："今日之來, 窗明几靜, 四顧無人, 欲與知心人無言不到, 豈有一毫疑阻乎？"

27) 강호부, 『상봉록(桑蓬錄)』 권4, 『연행록선집보유(燕行錄選集補遺)』 상책, 제544쪽. 余(按, 姜浩溥)曰："此會豈可再得？今日吾忘僉尊之爲異域人, 僉尊亦爛漫傾心, 勿便以疏外待之, 如何？"白曰："諾。"程曰："兄之此言已有拘於形迹也, 弟等豈不吐情曲而盡露之耶？但恐兄之不若我心也。"余曰："尊毋隱于我, 我亦毋隱于尊也。"

위의 두 기록에 나오는 "지기(知己)와는 어떠한 말도 숨기지 않겠다"와 "그대가 나에게 숨기지 않는다면 나 역시 그대에게 숨기지 않겠다."는 고백은 조선 문인들이 피상적인 대화로 그치지 않고 뛰어난 인재와의 소중한 만남을 소홀히 하고 싶지 않았던 마음을 잘 드러내고 있다. 그들은 뛰어난 인재를 만나길 바랐을 뿐만 아니라 진심으로 교류하기를 간절히 원하였다.

④ 조선 문인들은 청나라의 우수한 인재들과 만난 이후에도 지속적인 서신 교류를 희망하였다. 현존하는 18세기 중한 문인 간 편지 자료를 분석한 결과, 필자가 확인한 것만 343통에 달한다.[28] 이는 당시 지식인 사회의 활발한 교류 상황을 반영하는 중요한 자료이면서 동시에 조선 문인들이 중국 학자들과의 적극적인 교류를 지향했음을 보여주는 자료이기도 하다.

김창업은 각산(角山) 사찰에서 청년 학자 정홍(程洪)을 만나 학문적 교류를 진행한 후, 그의 재능을 인정하고 지속적인 서신 교류를 희망하였다. 그는 "우리나라는 매년 진공사를 보내니, 이를 통해 편지를 주고받는 것이 어떻겠습니까? 만약 그럴 생각이 있다면 그대가 사는 방이름(坊名)을 자세히 알려주시면 찾아뵙겠습니다. 저에 관해서는 우리나라 사신이라면 모두가 알 것입니다."[29]라고 말했다. 그러나 정홍은 즉각적인 답변을 주저하였다. 잠시 후, 김창업이 "왜 사는 곳을 밝히지 않습니까?"라고 재차 묻자 정홍은 "북문 안 성황묘(城隍廟) 골목에 편액이 세워진 바로 그곳입니다."[30]라고 대답했다. 이 대화는 김창업의 지속적인 학문적 교류 의지를 확인할 수 있는 대목이다.

이상의 고찰을 통해, 18세기 중국에 파견된 조선 문인들은 청나라의 우수한 인재들과의 학술적 교류를 적극적으로 모색하였음을 확인할 수 있다.

(3) 18세기에 중국에 파견된 조선 문인들은 특히 청나라의 재능있는 인재와의 교류를 기대하였다. 이들의 주요 목적은 청나라에 대한 이해를 심화하는 것과 필담, 한시 창화, 서적을 선물하는 등의 형식으로 조선의 학문과 문화를 전파함으로써 학술적 위상을 제고하는 데 있었다.

사신을 전송하는 시 작품에서 조선 문인들이 자국의 시문이 중원에 전파되기를 바라는 마음을 엿볼 수 있다. 정조의 「이판서(李判書) 휘지(徽之)가 기사대신(耆社大臣)으로 연경에 가서 천수연(千叟宴)에 참석하게 되어, 시를 지어 그를 전송하다[李判樞徽之以耆社大臣將赴燕參千叟宴, 詩以贈之]」에서는 "천수연(千叟宴)에 사해(四海)의 술잔이 모였으니, 한묵(翰墨)으로 천하에 널리 알려지

28) 본서 제1부 제1장 제4절「중한 문인 교류의 형식」중 "중한 문인의 서신 교류" 참조.
29) 위의 책, 제319쪽 참조.
30) 위의 책, 제320쪽 참조.

게 하리."[31]라고 표현하였으며, 서종태(徐宗泰)의 「부사 유참판(柳參判) 지발(之發) 어른을 전송하며(전 평안병사 역임)[別副使柳參判(之發)丈(曾任平安兵使)]」에서는 "천고의 빛나는 명성 오직 해외에 있으니, 반년의 고된 여정 천애(天涯)에서 마치네."[32]라고 읊었다.

임금에서 문사에 이르기까지 조선의 지식인들은 자국의 시문에 대한 자부심을 갖고 있었을 뿐만 아니라, 그것이 중국에 전해지기를 바랐다. 이는 청나라에 그들의 작품이 전해지면 그 이름이 천하에 영원히 남을 수 있다고 믿었기 때문이다. 홍대용은 「양허 김재행의 「절항척독」 발문[金養虛在行「浙杭尺牘」跋]」에서 김재행(金在行)이 북경에서 절항삼사(浙杭三士)와 "서로 매우 즐거워하였다."고 전하면서, 만약 김재행의 시문이 그들의 찬사를 받았다면 "이제부터 평중(平仲)의 시는 중국인들의 입에 오르내릴 것이며, 양허(養虛)의 호는 천하에 불멸할 것이다."[33]라고 말하였다.

(4) 18세기 조선 문인들이 청나라 문인들과 교류하려 했던 의도에는 특수한 배경이 있었다. 18세기 초 일부 문인들은 학문적 담론을 통해 중국 유학의 부흥을 기대하였는데, 계미년(1703)에 정사의 신분으로 사행한 서종태(徐宗泰)의 「서장관으로 연경에 가는 응교 신공헌(완) 숙부와 이별하며(3수)[別申應教公獻(琓)叔以書狀赴燕(三首)]」 제3수에서 확인할 수 있다.

> 이제 중원은 어두운 나라가 되었고, 사해는 오랑캐의 풍조에 잠겼네. 천고의 문명 교화가 하루아침에 쓸려가 버렸도다. …… 멀리서 낙양과 민중의 학문을 펼치니, 학문은 큰 올바른 길로 향하네. 한 가닥이라도 보존한다면, 계승하고 개척함에 공이 있으리. 나는 발돋움하여 헛되이 멀리 생각하니, 어찌 갈고닦을 수 있으리. 그대께서 만약 기회가 있다면, 학문을 논하여 그 이치와 차이를 비교하소서. 올바른 학문의 열매를 풍성히 거두면 동국에 돌아와 소식 전하소서.[34]

서종태(徐宗泰)는 만주족의 중원 점령으로 인해 중화(中華)의 천고(千古) 문명과 교화가 단절될 위기에 처해 있다고 보았다. 이에 그는 신완(申琓)이 중국으로 건너가 유학의 낙민지학(洛閩之旨)

---

31) 정조, 『홍재전서』 권5, 『한국문집총간』 제262책, 제75쪽. 千叟筵叅四海戹, 翰墨須教天下聞.

32) 서종태(徐宗泰), 『만정당집(晚靜堂集)』 권3, 『한국문집총간』 제163책, 제58쪽. 千古聲明唯海外, 半年征役是天涯.

33) 홍대용, 『담헌서(湛軒書)』 내집 권3, 『한국문집총간』 제248책, 제74쪽.

34) 서종태(徐宗泰), 『만정당집(晚靜堂集)』 권1, 『한국문집총간』 제163책, 제17쪽. 中陸今幽國, 四海浸夷風。千古文明化, 蕩淅一朝空。……遠闡洛閩旨, 門路趨大中。苟使存一綫, 繼開應有功。跂然徒遐想, 何繇與磨礱。請子倘有遇, 論學較異同。正學能碩果, 歸來報大東。

정신을 계승·발양함으로써 중화 학문이 대중의 길로 나아갈 수 있기를 기대하였다. 또한 그는 신완의 노력이 중화 유학의 명맥을 유지하는 데 기여한다면, 이는 유학 중흥의 초석이 될 것이라고 확신하였다. 시의 종결부에서 서종태는 신완이 청나라 문인들과 '학문을 논하며, 이치와 차이를 비교하는 것'을 통하여 중화의 정학(正學)을 확립하고 학문적 성과를 이루기를 기대하였다.

2.3. 청 문인이 조선 문인과 교류한 원인

18세기 『연행록』에 기록된 바와 같이, 일부 청나라 문사들이 자발적으로 조선 사절단의 숙소에 찾아와 사신들과 교류한 사실이 확인된다. 대릉하(大凌河)에서는 수재 왕준공(王俊公)이 김창업과 필담을 나누었고, 계주에서는 수재 강전(康田)이 김창업과 필담하였다. 사류하(沙流河)의 수재 왕화(王化) 역시 조선 사신을 방문하였다. 북경에서는 문사 우보(虞甫)와 육광악(陸光岳)이 이건명(李健命)을 만났으며, 한림교습(翰林教習) 황월(黃越)도 자발적으로 이건명을 찾아왔다. 영평부(永平府)에서는 수재 한 명이 황정(黃晸)을 방문하였고, 거인(舉人) 왕위(王渭)는 부사 김선행과 홍대용을 찾아왔다. 심양에서는 공자서원(孔子書院) 제생 김과예(金科豫) 등 7명이 삼사(三使)와 필담을 나누었으며, 유관(榆關)에서는 제패련(齊佩蓮)이 조선 사신을 방문하기도 하였다.[35]

청나라 문인들이 조선 문인들과 교류하려는 동기는 크게 세 가지로 구분된다.

(1) 상대방의 재능과 학식에 탄복하여 그들과 교류하고자 하는 욕구가 발생하였다. 홍대용의 『건정동필담속』에는 산서(山西) 출신의 문인 한(韓)씨가 홍대용과 김재행의 명성을 듣고 찾아온 사례가 기록되어 있다. 당시 반정균은 "이 분은 산서의 한(韓)씨 형님인데, 두 형님의 명성을 듣고 찾아왔습니다."[36]라고 소개하였다. 청나라 문인들이 조선 문인들과 교류한 또 다른 사례로, 유관(榆關)의 수재 제패련(齊佩蓮)을 들 수 있다. 그는 임인년(1782) 홍양호와 교유한 후 깊은 감명을 받아, 이후 10년간 기회가 있을 때마다 조선 사절단의 문인들을 찾아갔다. 경술년(1790)

---

35) 이상의 내용은 다음을 순서대로 참고하였다. 김창업, 『노가재연행일기』 권1(『연행록전집』 제32책, 제435쪽), 김창업, 『노가재연행일기』 권2(『연행록전집』 제32책, 제531~533쪽), 이건명(李健命), 『한포재사행일기(寒圃齋使行日記)』(『연행록선집보유(燕行錄選集補遺)』 상책, 제446쪽), 이건명(李健命), 『한포재사행일기(寒圃齋使行日記)』(『연행록선집보유(燕行錄選集補遺)』 상책, 제450쪽), 황정(黃晸), 『계묘연행록(癸卯燕行錄)』(『연행록전집』 제37책, 제275쪽), 홍대용, 『담헌연기(湛軒燕記)』(『연행록전집』 제42책, 제102쪽), 유득공, 『병세집(並世集)』(『연행록전집』 제57책, 제230쪽), 백경현(白景炫), 『연행록』(『연행록선집보유(燕行錄選集補遺)』 중책, 제64쪽).

36) 홍대용, 『담헌서(湛軒書)』 외집 권3 「건정동필담속」, 『한국문집총간』 제248책, 제159쪽.

백경현(白景炫)의 『연행록』에는 “(12월) 초사일 경술일…밤에 제패련이 당나귀를 타고 등불을 들고 찾아왔다. 박제가, 김종환(金宗煥), 이기원(李箕元), 이광직(李光稷)과 함께 그를 맞이하여 필담으로 교류하며 시를 창화하다 밤이 깊어 파하였다.”라는 기록이 있다. 또 “신해년 2월 3일 무신일…진사 제패련과 지난겨울 한 번 만났는데, 오늘 밤 다시 찾아왔으니 그의 진심을 알 수 있다.”[37]라고 하였다. 이후 임자년(1792) 2월 6일에는 제패련이 밤을 틈타 조선 사절단을 찾아와 김정중(金正中)과 “오랫동안 대화를 나누다 밤이 깊어 파하였다.”[38] 계축년(1793)에는 이재학(李在學)과 시를 창화하기도 하였다. 갑인년(1794)과 기미년(1799)에는 각각 홍양호와 김재찬(金載瓚)을 방문하는 등 꾸준한 교류를 이어갔다.

(2) 일부 청나라 상인들은 서화나 골동품 등을 팔기 위해 조선 사신들과 교류하였다. 김창업의 『노가재연행일기』는 조선 사절단이 산해관에 도착한 후 청나라 수재들이 장사를 목적으로 방문한 상황이 다음과 같이 기록되어 있다.

> 밤에 와서 서화를 파는 자들이 매우 많았는데, 그들은 대부분 수재이다. 그중 난정묵본(蘭亭墨本)은 꽤 괜찮았는데, 부르는 값이 너무 비쌌다. 또, 음중팔선첩(飲中八仙帖), 화조첩(花鳥帖), 산수족(山水簇)이 있었는데, 모두 저속한 필치였다. 당백호(唐白虎)의 수묵산수(水墨山水), 범봉(范鳳)의 담채산수(淡彩山水), 미불(米芾)의 수묵산수(水墨山水)는 모두 위조품이었다. 미불의 그림은 은자 서른 냥을 요구했다.[39]

현지 청나라 수재들이 조선 사신들을 찾아온 진정한 목적은 자신들의 서화 작품을 판매해 이득을 보려는 데 있었다. 이 가운데는 조선 사절단과 특히 빈번하게 교류한 곽여백(郭如柏)도 있었다. 그는 표면적으로는 학문 교류가 목적이라고 가장했지만, 사실은 서화 판매가 주된 목적이었다. 이는 김창업과 나눈 다음 대화에서도 드러난다.

> 내가 물었다. “오늘은 미처 끝내지 못했으니, 내년에 돌아가는 길에 다시 가르침을 청해도 되겠습니까?” 그가 대답하였다. “내년 봄에 우리 황제께서 만수과(萬壽科)를 열 계획이니 곧 아들

37) 백경현(白景炫), 『연행록』, 『연행록선집보유(燕行錄選集補遺)』 중책, 제64~65쪽, 제93쪽.

38) 김정중(金正中), 『연행록』, 『연행록전집』 제74책, 제286쪽. 對語良久, 夜深乃罷

39) 김창업, 『노가재연행일기』 권3, 『연행록전집』 제32책, 제476~477쪽. “夜來賣書畫者極多, 其人多是秀才。其中蘭亭墨本頗佳, 而索價過多。又有飲中八仙帖、花鳥帖、山水簇, 皆是俗筆。唐白(伯)虎水墨山水、范鳳淡彩山水、米芾水墨山水亦皆贋作。米芾畫, 討銀三十兩。”

을 데리고 상경할 예정입니다." 내가 물었다. "그렇다면 북경에서 만나 뵙는 것은 어떻겠습니까?" 그러나 그는 대답하지 않았다. 밤이 깊어 마침내 헤어졌다.[40)]

김창업은 "북경에서 다시 만나 뵙는 것은 어떻겠습니까?"라고 제안하며 곽여백과의 지속적인 교류를 희망하였다. 그러나 곽여백은 이에 대해 묵묵부답으로 일관하였다. 이는 북경에서는 김창업에게 상품을 판매할 기회가 없을 것이라 판단했기 때문으로, 그의 상인적인 심리가 여실히 드러나는 대목이다. '무답'이라는 간결한 반응 속에는 그의 장사꾼다운 계산이 고스란히 담겨있다. 이처럼 곽여백이 조선 사신들과의 교류에서 보인 상인적인 태도는 조선 문인들에게 큰 불만을 샀다. 조영복(趙榮福)은 곽씨 부자에 대해 "대개 그들의 인품이 질박하지 못하니, 대답도 이처럼 한심하다."[41)]라고 혹평할 정도였다. 당시 조선 문인들은 순수한 학문 교류 없이 오직 상업적 목적으로 접근하는 청나라 문인들을 대체로 경멸하는 시각을 가지고 있었다. 이러한 인식은 18세기 다양한 사행일기에서도 확인할 수 있다.

박지원은 『열하일기』에 풍윤현에서 만난 초나라 지역 사람 임고(林皐)와 교류한 경험을 기록하며, 그에 대해 "수염을 길게 기른 모습은 훌륭한 장로의 풍모를 지녔으나, 말을 주고받을 때면 오로지 매매(賣買) 이야기뿐이었다."[42)]라고 평하였다. 이처럼 청나라 상인들에 대한 인식으로 인해 일부 조선 문사들은 그들과의 접촉 자체를 꺼리는 경우가 많았다.

이기경(李基敬)의 『음빙행정력(飮冰行程曆)』에는 다음과 같은 기록이 있다. "범가장(范家莊)에 이르러 한 전점(廛房) 앞에서 멈추었는데, 그 문에 '벽수윤영(璧水掄英), 성균준언(成均俊彦)'이라는 편액이 걸려 있어 괴이하게 여겼다. 사람을 보내 알아본 바, 주인은 향공사(鄕貢士) 진오륜(陳五倫)으로 나이는 51세였으며, 『역경(易經)』에 통달하였다 한다. …진오륜은 비록 공생(貢生)이라 일컬어지나, 집에 전점을 차리고 직접 매매에 종사하는 모습은 볼품이 없었다."[43)] 이기경은 공사(貢士) 진오륜의 집에 전점이 있는 것을 보고 그와 일체 접촉하지 않았다.

(3) 조선 사신들의 의관을 구경하려는 호기심과 청심환, 종이, 부채 등 조선의 특산품을 얻고자 하는 욕구 역시 일부 청인들이 먼저 조선 사신들에게 접근한 주요 동기였다. 김창업의 『노가재연

40) 김창업, 『노가재연행일기』 권3, 『연행록전집』 제32책, 제478쪽. 余曰 : "今日卒卒未究, 待過年回來, 更欲請教可乎 ? "答曰 : "明春, 我皇上開萬壽科, 不日携子上京。"問 : "然則往北京相會, 如何 ? "無答。夜深遂別。

41) 조영복(趙榮福), 『연행일록(燕行日錄)』, 『연행록전집』 제36책, 제59쪽.

42) 박지원, 『열하일기』, 제95쪽. 長鬚, 休休有長者風, 但酬酢之際, 不離賣買.

43) 이기경(李基敬), 『음빙행정력(飮冰行程曆)』, 『연행록속집(燕行錄續集)』 제116책, 제204~205쪽.

행일기』에는 이와 관련된 다음과 같은 기록이 남아 있다.

> 저녁 무렵, 한 수재가 방문하니 내가 항(炕)에 앉으라 권하였다. "성함이 어떻게 되시오?" 하고 묻자, "미천한 성은 강(康), 이름은 전(田), 자는 혜창(惠蒼)입니다."라고 답하였다. 이어 내가 "여기에 무슨 일로 왔습니까?"라고 묻자 그가 "귀국(貴邦)의 인물을 보러 왔습니다."라고 답했다. …이어 내가 말했다. "방금 우리나라 인물과 문장을 보겠다고 하셨는데, 동이(東夷)라 무슨 볼만한 문물이 있겠습니까? 입는 의관(衣冠)도 대국과 달라 필시 웃음거리가 될 것입니다." 그가 대답하길, "귀국의 의관을 좋아하지만, 저는 지금의 제도를 따라야 합니다. 귀국의 필묵(筆墨)이 매우 훌륭한데, 혹시 내게 주실 수 있겠습니까?"라고 하였다. 내가 조금 기다리라고 한 뒤, 마침내 선흥(善興)에게 상자를 가져오라 하여 필묵을 각각 하나씩 주었다.[44]

강전(康田)의 방문 동기는 조선인의 의관을 관찰하고, 조선의 필묵을 구하기 위해서였다. 청나라 문인들이 조선 사신단의 의관에 특별한 관심을 보인 이유는 크게 두 가지이다. 첫째, 조선 문인의 의관은 청인의 일상복과 매우 달랐기 때문에 조선 사절단은 늘 행인들의 주의를 불러일으켰다. 박지원의 『열하일기』 권3에는 이와 관련된 구체적인 일화가 수록되어 있는데, "변관해(卞觀海)와 함께 옥전(玉田)의 한 점포에 들어가니, 수십 명이 우리를 에워싸면서 우리들의 도포(道袍)를 유심히 관찰하더니, 그 만든 모양을 보고는 크게 의아해하였다."[45]라는 기록을 찾아볼 수 있다.

둘째, 조선의 의관은 명대 복식을 계승한 형태로 일부 청인들의 명에 대한 향수를 자극하였다. 『연행록』의 기록에 의하면, 명대 유제(遺制)를 보존한 조선 사신의 의관을 접한 청대 문인들은 고국(故國)에 대한 회한(懷恨)을 드러내며, 사적 만남에서 조선인의 의관을 직접 착용해보거나, 명대 유제를 보존한 조선인의 의관에 눈물을 보이기도 하였다.

청대 일부 인사들은 공리적 목적을 지니고 조선 사절단을 방문하여 지필묵 및 청심환 등의 물품을 얻고자 하였다. 김창업의 『노가재연행일기』에는 왕준공(王俊公)이라는 인물이 자발적으로 조선 사신들을 찾아와 해적 평강왕(平康王)과 관련된 정보를 제공한 후 "지필(紙筆)과 부채를

44) 김창업, 『노가재연행일기』 권3, 『연행록전집』 제32책, 제531, 533쪽. 夕有一秀才入來, 余邀坐炕上。問姓名, 答賤姓康, 名田, 字惠蒼。問我何姓, 答賤姓金。仍問 : "你來這裏何幹 ? "答 : "看貴邦人物。"……仍問曰 : "纔設要看我人物文章, 是東夷, 有甚可觀文物 ? 穿的衣冠與大國異樣, 想必見笑。"答曰 : "心愛貴邦衣冠, 我這遵時王之制。貴邦筆墨甚妙, 不知可見賜否 ? "答少頃當副, 遂令善興取行篋至, 以筆墨各一與之。

45) 박지원, 『열하일기』, 제351쪽.

요청"한 사실이 기록되어 있다. 이에 대해 동행 역관은 "이 사람의 언행은 매우 경박하여 신뢰하기 어려운데, 지난번에 사절단이 내방했을 때에도 같은 방식으로 물품을 요구하였다."[46]라고 비판적으로 평가하였다. 조선 사절단이 북경에서 대릉하(大凌河)로 귀환하던 중, 왕준공(王俊公)은 김창업을 재방문하여 대화를 나눈 후 "글씨가 적힌 접는 작은 부채 1개, 작은 칼 1자루, 담뱃대 1개, 관모 장식 1개, 먹 1개"라고 적었는데, 김창업은 "그 뜻은 얻고 싶다는 것이다."[47]라고 기록하였다. 이 사례를 통해 왕준공이 조선 사신을 만난 목적은 사절단이 휴대한 문방구 및 청심환 등의 물품 획득에 있었음을 알 수 있다. 일부 청대 문인들은 조선 문인과의 교류를 전제로 문방사우(文房四友)나 청심환 등의 물품을 제공할 것을 요구하기도 하였다.

박지원의 『열하일기』에는 다음과 같은 기록이 수록되어 있다. 박지원이 만주족 문인 부도삼격(富圖三格)에게 책을 빌려줄 것을 요청하자 부도삼격은 "그대가 지금이라도 잠시 자리를 떠서 진품 청심환과 고려선(高麗扇) 중에서 가장 정선된 것을 예물로 가져온다면, 진정한 교우(交友)의 뜻을 보이는 것이 될 것이니, 그때 이 서목을 빌려주어도 늦지 않을 것입니다."[48]라고 대답하였다.

제2절 중한 문인 교류의 대상

본서 하편 『18세기 중한 문인 교류 장편』에 수록된 통계 자료에 따르면, 18세기 중한 양국 간 문화 교류에 참여한 청나라 문사는 최소 263명, 조선 문사는 최소 137명이다. 이들 교류 주체의 구성 양상을 분석해 보면, 조선 문사의 경우 대부분 사절단 소속의 관료 문인들이 주축을 이룬 반면에 청나라 문사들은 중앙 관료에서부터 지방 유생에 이르기까지 사회 각 계층에 걸쳐 다양하게 분포되어 있다. 조선 문사들과 교류한 청나라 문인들의 대상 범위는 광범위하지만, 일정한 규칙성을 갖고 있다.

46) 김창업, 『노가재연행일기』 권2, 『연행록전집』 제32책, 제436쪽.
47) 김창업, 『노가재연행일기』 권8, 『연행록전집』 제33책, 제340쪽.
48) 박지원, 『열하일기』, 제24쪽.

1 조선 문사와 교유한 청대 문인들은 대다수가 한족이었다.

현존하는 연행일기를 보면, 조선 문인들은 만주족 문인보다는 한족 문인과의 교류를 더 선호하였다. 18세기 동안 이루어진 조선 문사와 만주족 문사 간의 교류 중 확인된 교류 사례는 다음과 같다.

경자년(1720) 이기지(李器之)와 호세도(胡世圖)의 교류를 시작으로 정사년(1737)에는 이철보(李喆輔)와 조학령(趙鶴嶺)의 만남이 이어졌다. 경진년(1760)에는 서명신(徐命臣)이 한 만주족 가문의 다섯 아들과 교류하였고, 을유년(1765)에는 홍대용과 납영수(拉永壽)의 접촉이 있었다. 무술년(1778)에는 박제가와 박명(博明)의 교류가 기록되어 있다. 특히 경자년(1780)에 박지원은 부도삼격(富圖三格) 및 기풍액(奇豐額)과 활발히 교류하였으며, 계묘년(1783)에 이전수(李田秀)는 칠극탕아(七克湯阿), 만주족 왕씨(王姓) 감생(監生), 악(鄂)씨 성을 가진 인물 등 다양한 계층의 청인들과 접촉하였다. 병오년(1786)에는 심낙수(沈樂洙)와 경문(景文)의 만남이 있었고, 경술년(1790)에는 유득공과 완안괴륜(完顏魁倫)의 교류가 있었으며, 1790-1791년(경술-신해년)에는 박제가가 성책(成策)·흥서(興瑞)·주이갱액(朱爾賡額) 등과 교류하였다. 이상에서 확인된 16건의 교류 사례는 18세기 중한 문인 간에 이루어진 방대한 양의 문화적 접촉 중 극히 일부분에 불과하다.

조선 문사들과 한족 문인들 간의 활발한 교류 양상은 첫 만남의 인사 과정에서부터 뚜렷이 확인된다. 기록에 의하면, 조선 문사들은 본격적인 교류에 앞서 청나라 문인의 민족적 정체성과 출신 지역을 반드시 확인하였으며, 한족임이 확인된 경우에만 보다 심도 있는 학술적 교류를 진행하였다. 김창업은 『노가재연행일기』에서 "유관(榆關)에 이르러 숙소를 정하였다. …… 길 왼쪽 집으로 들어가니 주인은 오랑캐로 사납고 포악하여 힘들었다. 저녁을 먹은 후, 여러 비장(裨將)들이 묵는 곳으로 갔는데, 집은 넓고 깨끗하였으며, 집주인은 한족으로 인품이 순박하고 착하였다."[49]라고 기록하였다. 김창업의 언행 속에는 한족에 대한 친근감이 자연스럽게 드러나고 있다. 이에 그는 즉시 다른 숙소로 자리를 옮겨 한족 출신의 영종(榮琮)과 깊이 있는 필담을 나누었다. 김창업은 영종에게 가족 상황을 비롯해 조선 의관에 대한 소감, 금주(錦州) 일대 해적의 동향, 궁중 이야기 등 다양한 주제에 대해 적극적으로 질문을 던졌다.[50] 이에 대해 "(영종은) 문장이 빠르고 재치있어서 묻는 대로 즉각 답변하였다."[51]라고 기록하였는데, 이를 통해 두

49) 김창업, 『노가재연행일기』 권2, 『연행록전집』 제32책, 488쪽.

50) 위의 책, 488~491쪽.

51) 위의 책, 490쪽. "(榮琮)文章敏速, 有問即答"

사람의 대화가 매우 원활했음을 알 수 있다. 필담을 마친 김창업은 "깊이 마음에 들어 형님께 아뢴 뒤 마침내 영씨 집으로 거처를 옮겼다."[52]라고 기록했는데, 이처럼 만주족 집에서 한족 집으로 거처를 옮긴 행동은 조선 문인들이 한족과의 교류를 더욱 선호했던 심리를 단적으로 보여주는 사례라 할 수 있다. 또 황정(黃晸)의 『계묘연행록(癸卯燕行錄)』에는 황정이 청나라 문인 한 명과 나눈 필담이 실려 있다.

> 수재 한 명이 만나러 오니, 글씨로 물었다. "그대 집안은 한족입니까?" 그가 대답했다. "한족으로 이곳에서 살기 벌써 4대째입니다."[53]

황정이 청나라 문인과 처음 만나 가장 먼저 어느 민족인지 물었던 것은 한족 신분을 매우 중시했음을 보여준다. 이 두 사례를 통해 조선 문사들이 청나라 문사들과 깊은 교류를 하기 전에 반드시 만주족인지 한족인지를 엄격히 구분했음을 알 수 있다. 김창업은 『노가재연행일기』에서 인사말을 건네는 목적이 바로 상대방이 한족인지 만족인지 가리기 위함이라고 밝혔다.

> 수재 한 명이 들어왔다. 내가 글을 써서 성함을 물어보니 오정기(吳廷璣)라고 답했다. 내가 "예전부터 이곳에서 살았습니까? 아니면 다른 곳에서 이주해 왔습니까?"라고 물었는데, 이는 그가 만주족인지 한족인지 알고자 함이었다. 그 사람이 글씨로 답하기를 "원래 이곳 사람입니다. 타향 사람은 아닙니다."하였다.[54]

주목할 점은 조선 문인들이 한족과 만주족을 구분한 주요 이유는 결코 만주족 문인들이 한어(漢語)를 습득하지 못하기 때문이 아니라는 점이다. 당시 대다수의 만주족 문인들은 한어에 능통했는데, 이에 대해 김창업은 『노가재연행일기』에서 "청나라 사람들은 모두 한어를 할 줄 알지만, 한족들은 청어(淸語)를 하지 못했다. 못하는 것이 아니라 하려고 하지 않는 것이다."[55]라고 지적하였다. 만주족 중 학식이 있는 사람은 대체로 한어를 구사할 수 있었으며, 이러한 상황은 19세기

---

52) 위의 책, 491쪽. "(金昌業)深歸告伯氏, 遂移來榮家"

53) 황정(黃晸),『계묘연행록(癸卯燕行錄)』, 『연행록전집』제37책, 275쪽. 有一秀才來見, 以書問曰 : "你家是漢人麽 ? "答云 : "以漢人居此地已四世矣。"

54) 김창업, 『노가재연행일기』권2, 『연행록전집』제32책, 500쪽. 有一秀才入來。余書問姓名, 答吴廷璣。余問 : "本住此地否, 抑自他方移來乎 ? "此欲知滿漢也。其人書曰 : "原係此處人, 並非他鄕客。"

55) 김창업, 『노가재연행일기』권1, 위의 책, 322쪽.

까지 지속되었다. 김경선의 『연원직지』 역시 "청나라 사람들은 모두 한어와 한문(漢文)을 할 줄 알았지만, 한족들은 만주어(滿語)와 만주문자(滿文)를 하지 못했다."[56]라고 지적하고 있다.

이를 통해 조선 문인들과 청나라 문인의 교류가 제한적이었던 데는 보다 심층적인 원인이 존재했음을 알 수 있다. 주로 그들이 청나라, 특히 만주족에 대해 지니고 있던 편견이 주요한 원인이었다. 18세기 전체를 살펴볼 때, 후기의 북학파 문인인 박지원, 이덕무, 박제가, 유득공 등 청나라에 대해 비교적 객관적인 시각을 가진 인물들을 제외하면, 대부분의 조선 문인들은 '청나라 사람은 오랑캐(蠻夷)'라는 선입견을 가지고 있어서 그들과 교류하기를 꺼려하였다. 이에 박제가는 『북학변(北學辨)』에서 당시 많은 조선 문인들이 "단지 '호(胡)'라는 한 글자로 천하를 폄하했다."[57]라고 지적했다.

2 조선 문인들과 교류했던 청문인 중에는 남방 출신이 많았다.

조선 문인과의 교류 기록이 확인되는 청나라 남방 인사는 191명에 달한다. 이 중에서도 특히 절강·강소·강서 출신의 문인들이 다수를 차지했다. 이들은 대외 문화교류의 핵심 세력이 되었는데, 이러한 현상이 형성된 가장 큰 이유는 북경이 청나라의 정치·경제·문화 중심지로서 문인들의 주요 활동 무대였기 때문이다. 남방 문인들이 북경에 대거 모여들었기 때문에 조선 문인들은 그들과 접촉하고 교류할 기회를 얻게 되었다. 이에 본 연구는 다음과 같은 세 가지 측면에서 분석을 진행하고자 한다.

2.1. 송대와 명대 이후 중국 남방 지역은 경제·문화적 발전이 가속화되면서 수많은 인재를 배출하였고, 이들은 출세를 위해 수도로 진출하였다.

특히 강남 지역은 두터운 문화적 기반과 학문 숭상의 전통이 결합되어 인재 양성의 중심지로 부상하였다. 이에 대해 조선 후기 학자 홍대용과 이기경은 청대의 남방이 인재 배출의 주요 지역임을 기술한 바 있다. 홍대용은 "중국의 인재는 대부분 남방에서 나오고, 남방의 인재는

56) 김경선, 『연원직지』, 『연행록전집』 제72책, 345쪽.

57) 박제가, 『북학변(北學辨)』, 박장암(朴長馣) 편 『호저집(縞紵集)』, 박제가 撰, 이우성 편, 『초정전서(楚亭全書)』, 538쪽, 아시아문화사, 1992년.

또 대부분 강소(江蘇)와 절강(浙江)에서 배출된다. 산천의 빼어남과 지리의 훌륭함이 어찌 헛된 것일까."[58]라고 했다. 이기경은 "앞서 말한 송(宋)이라는 젊은이는 생김새가 뛰어나고 행동거지가 단정했다. 비록 머리카락이 없고 옷차림이 특이했지만, 여전히 문사다운 풍모를 지니고 있었다. 맹(孟) 씨 또한 점잖고 우아했으며, 그 밖에도 훌륭한 인물들이 많았다. 이 모습만 보아도 남방 지역의 뛰어난 인재들을 짐작할 수 있다."[59]라고 말하였다. 당시 다수의 남방 출신 문인들이 북경에 집결하였는데, 이들의 주요 목적은 과거에 응시하여 관직에 진출하는 것이었다. 홍대용은 북경에서 접한 수재들 중 상당수가 남방 출신임을 지적하며, "그들은 『육경(六經)』을 섭렵하고, 시문(時文)을 작성하는 자들로 수재라 불리었으며, 대다수가 남방 지역 출신이었다."[60]라고 기록했다. 이를 통해 북경은 청대 정치의 중심지로서 남방 문사(文士)들에게 정치적 포부를 실현할 수 있는 공간으로 인식되었음을 알 수 있다.

2.2. 당시 청나라 조정의 관원 중에는 상당수의 남방 출신 인사들이 포함되어 있었다.

18세기 전기에 청 조정의 고관 중에는 강남 출신이 다수 포진해 있었다. 임신년(1712)에 중국으로 출사한 최덕중(崔德中)은 『연행록』에서 "나라의 주요 직책은 모두 겸직으로 운영되었는데, 이는 우리나라의 '제조(提調)' 제도와 유사하다. …무릇 남방 출신 관료들은 대부분 높은 관직에 있었고, 높은 관직에는 특히 강남 지역 출신이 많으니, 그들이 재능으로 인재를 등용하고 문벌을 취하지 않음을 알 수 있다. 이는 능력 위주로 인재를 등용하고 가문보다 실력을 중시했기 때문이다. 그러나 우리나라의 고위 관료들은 대부분 경성 사대부이며, 지방 출신은 전혀 없으니, 이는 우리나라가 다만 문벌로만 뽑기 때문이다."[61]라고 지적했다.

청나라 조정의 고관 중에는 뛰어난 재능으로 등용된 강남 출신 인재들이 대거 자리하고 있었는데, 이와는 대조적으로 조선은 여전히 문벌 중심의 등용 제도를 유지하고 있었다. 이 같은 차이는 조선의 지식인 최덕중에게 깊은 인상을 남겼다. 특히 18세기 중후반 청나라 조정의 관료 중에 남방 출신 관료의 비중은 더욱 증가하였다. 북학파 문인 박제가가 교류한 청나라 관료들만 살펴보아도 이정원(李鼎元), 이기원(李驥元), 반정균, 당낙우(唐樂宇) 등 최소 60명에 달하는 인물

58) 홍대용, 『담헌서』外集 권3『건정록(乾淨錄)』後語, 『한국어집총간』 제248책, 173쪽
59) 이기경(李基敬), 『음빙행정력(飮氷行程曆)』,『연행록속집(燕行錄續集)』제116책, 267쪽.
60) 홍대용, 『건정필담(乾淨筆譚)』, 『연행록전집』 제43집, 12쪽.
61) 최덕중(崔德中), 『연행록』 제40책, 52쪽.

들이 남방 출신이었다.

2.3. 청대에는 많은 남방 출신 문인들이 상업 활동에 진출하였는데, 특히 북경 유리창 서점가에서 활동하는 남방 문인들이 많았다.

18세기 북경에는 강남 출신의 문상(文商)들이 적지 않았는데, 이는 북경의 관문인 통주(通州) 항구에 남방에서 온 상선들이 밀집했었던 모습으로 확인할 수 있다.

1782년(임인년) 『연행기저(燕行記著)』에 실린 "통주의 강물은 황궁의 해자(御溝)로 흐르고[通州江水御溝通]", "강남 뱃길엔 구슬로 장식한 누선이 가득하네[江南商舶盡珠樓]"라는 시구는 강남의 상선들이 북쪽으로 진출하던 당시의 풍경을 보여준다. 박지원은 『열하일기』에서 당시 북경의 시장 중 하나인 융복사(隆福寺) 시장에서 만난 상인들이 모두 남방 출신 문화인임을 지적하며, "오늘 내가 두루 찾아본 바 매매에 종사하는 자들은 모두 오중(吳中)의 명사들로서, 결코 비루하고 천한 중매상 무리가 아니다."[62]라고 기록하였다. 조선의 사절들이 꼭 들르곤 했던 유리창은 번화한 시장가로 이곳에는 남방 출신의 문상(文商)들이 집결해 있었다. 홍대용은 『담헌연기(湛軒燕記)』에서 유리창 상인들의 출신지를 언급하면서 "무릇 기완, 잡물을 파는 상인들은 대부분 남주(南州) 출신 과거 응시자나 관직을 구하는 자들이므로 그 시장을 찾는 이들 중에는 종종 명사들이 있었다."[63]라고 기술하였다. 사실상 남방 출신 문사들이 유리창 서점업의 운영을 주도하고 있었다.

또 기축년(1769)에 이문조(李文藻)도 『유리창서사기』에서 영향력 있는 서점의 주인들은 대부분 남방 출신임을 언급하면서 "서적에 밝은 서점 주인으로는 오로지 오류당(五柳堂)의 도씨(陶氏), 문수당(文粹堂)의 사씨(謝氏), 그리고 위씨(韋氏)뿐이었다. 위씨는 호주(湖州) 사람이고, 도씨와 사씨는 모두 소주 출신이었다. 그 밖의 서점 주인들은 대개 강서 금계(金溪) 사람들이었다. 정양문(正陽門) 동쪽의 타마창(打磨廠)에도 서점 몇 곳이 있었는데, 모두 금계 사람들이 운영하고 있었다."[64]라고 기록하였다. 건륭제 시대의 저명한 학자 옹방강(翁方綱)은 유리창의 서적 유통 상황을 언급하며 "이 시절 절강 출신 서적상들이 북경으로 몰려들었는데, 서점가에서는 오류거와 문수당을 최고로 여긴다."[65]라고 했다.

62) 홍대용, 『담헌연기(湛軒燕記)』, 『연행록전집』 제42책, 350쪽.

63) 홍대용, 『담헌연기(湛軒燕記)』, 『연행록전집』 제42책, 350쪽.

64) 孫殿起 輯, 『유리창소지(琉璃廠小志)』, 북경고적출판사, 1982년, 100쪽, 102쪽.

당시 북경에서는 조정과 민간을 막론하고 다수의 남방 출신 문인들이 활동하고 있었는데, 이러한 환경은 조선 사신들이 중국 남방 지식인들과 접촉하고, 학문적 교류를 진행할 수 있는 중요한 토대가 되었다.

3 조선 문인 중 청 문인과 교류한 인물들은 대부분 연행사절단의 구성원으로 조선 내에서도 상당한 지위를 지닌 인물들이었다.

조선 문인과 청 문인의 교류 유형은 접촉 방식과 경로에 따라 다음의 세 가지로 분류할 수 있다.

첫째, 중국을 직접 방문한 경험이 없이 서신이나 시문 창작을 통해 청 문인과 교류하게 된 경우이다. 대표적인 인물로는 유약(柳約), 이서구(李書九), 홍대응(洪大應), 육아선사(六娥仙史, 성명 미상), 이실선사(荑室仙史, 성명 미상), 홍신유(洪愼猷) 등이 있으며, 이들은 비교적 소수에 속한다.

둘째, 청나라 사신이 조선에 파견된 것을 계기로 교류하게 된 경우이다. 1723년(계묘년) 조선 시인 홍세태(洪世泰)가 조선을 방문한 청나라 상사(上敕)에게 4운 1수의 시를 지어 준 사례가 대표적이다. 이진휴(李震休)와 오태주(吳泰周) 등도 이 유형에 속하지만, 이러한 사례는 극히 드물었다.

셋째, 중국으로 파견된 조선 사행단(使行團)의 구성원들로 정사, 부사, 서장관(書狀官)을 비롯하여 수행 무관 자제(軍官子弟)와 기타 사행단원들이 포함된다. 본서 하편에 수록된 『18세기 중한 문인 교류 장편(長編)』과 작가 미상의 『사행록(使行錄)』에 의하면, 청나라 문인들과 교류한 삼사(三使, 정사·부사·서장관)의 구성원은 다음과 같다.

조선의 정사(正使)는 총 30명으로, 중국 사행 시기에 따라 세 그룹으로 구분된다. 먼저 1730년 경술년(庚戌年) 이전에 사행한 정사로는 강현(姜鋧), 이이명(李頤命), 정재륜(鄭載崙), 조태동(趙泰東), 김창업, 이의현(李宜顯), 이건명(李健命), 밀창군(密昌君) 이직(李樴), 윤순(尹淳) 등 총 9명이다. 다음으로, 1770년 경인년(庚寅年) 이전에 사행한 정사로는 해흥군(海興君) 이강(李橿), 조현명(趙顯命), 해운군(海運君) 이연(李槤), 홍계희(洪啓禧), 순의군(順義君) 이훤(李烜) 등 총 5명이 있다. 마지

65) 위의 책, 32쪽.

막으로 1770년 경인년 이후에 사행한 정사로는 채제공(蔡濟恭), 황인점(黃仁點), 정존겸(鄭存謙), 이복원(李福源), 홍낙성(洪樂性), 박명원(朴明源), 이휘지(李徽之), 안춘군(安春君), 이륭(李㦕), 심낙수(沈樂洙), 이성원(李性源), 김기성(金箕性), 박종악(朴宗岳), 정사현(鄭思賢), 김사목(金思穆), 김문순(金文淳), 김재찬(金載瓚) 등 총 16명이 포함된다.

조선의 부사(副使)는 총 37명으로 중국 사행 시기에 따라 세 그룹으로 구분된다. 첫째, 1730년 경술년(庚戌年) 이전에 사행한 부사로는 민진원(閔鎭遠), 윤지인(尹趾仁), 조영복(趙榮福), 이정신(李正臣), 이진유(李眞儒) 등 총 5명이다. 둘째, 1770년 경인년(庚寅年) 이전에 사행한 부사로는 조상경(趙尙絅), 이덕수(李德壽), 이광덕(李匡德), 윤급(尹汲), 윤득화(尹得和), 남태제(南泰齊), 정광충(鄭光忠), 서명신(徐命臣), 조영진(趙榮進), 김선행(金善行), 이심원(李心源) 등 총 11명이 있다. 셋째, 1770년 경인년 이후에 사행한 부사로는 엄숙(嚴璹), 이간(李柬), 이서수(李瑞修), 서호수(徐浩修), 정일상(鄭一祥), 정원시(鄭元始), 홍수보(洪秀輔), 홍양호, 오재순(吳載純), 윤승열(尹承烈), 강세황(姜世晃), 이치중(李致中), 어석정(魚錫定), 조종현(趙宗鉉), 서호수(徐浩修), 이조원(李祖源), 서용보(徐龍輔), 이재학(李在學), 유강(柳㭏), 신기(申耆), 김면주(金勉柱), 서형수(徐瀅修) 등 총 21명이 포함된다.

조선 서장관(書狀官)은 총 37명으로 중국 사행(使行) 시기에 따라 세 그룹으로 나눌 수 있다. 먼저 1730년 경술년(庚戌年) 이전에 사행한 서장관으로는 맹만택(孟萬澤), 노세하(盧世夏), 유척기(兪拓基), 황정(黃晸), 김상규(金尙奎) 등 총 5명이 포함된다. 다음으로 1770년 경인년(庚寅年) 이전에 사행한 서장관으로는 김문행(金文行), 이일제(李日躋), 이철보(李喆輔), 이장(彝章), 이기경(李基敬), 조숙(趙𢡟), 이휘중(李徽中), 이헌묵(李憲默), 홍억(洪檍) 등 총 9명이 있다. 마지막으로 1770년 경인년 이후에 사행한 서장관으로는 임희간(任希簡), 이재학(李在學), 심염조(沈念祖), 윤항(尹曭), 이정운(李鼎運), 김조순(金祖淳), 정동관(鄭東觀), 홍낙유(洪樂游), 서유문(徐有聞) 등 총 9명이 포함된다.

조선의 자제 군관은 총 16명으로 중국 사행 시점에 따라 세 그룹으로 나뉜다. 먼저 1730년 경술년(庚戌年) 이전에 사행한 자제 군관으로는 김창업, 이기지(李器之), 윤현동(尹顯東) 등 총 3명이 포함된다. 다음으로 1770년 경인년(庚寅年) 이전에 사행한 군관 자제로는 조정설(趙鼎說), 이상봉(李商鳳), 김재행(金在行), 홍대용 등 총 4명이 있다. 마지막으로 1770년 경인년 이후에 사행한 군관 자제로는 박지원, 이전수(李田秀), 이만수(李晩秀), 홍인모(洪仁謨), 이승훈(李承薰), 김재련(金載璉), 김이도(金履度), 이지원(李祉源), 홍희준 등 총 9명이 포함된다.

조선 사절단의 기타 구성원은 총 48명으로 중국 사행 시기에 따라 세 그룹으로 나눌 수 있다.

먼저 1730년 경술년 이전에 사행한 기타 구성원으로는 이동배(李東培), 최덕중(崔德中), 김덕명(金德命), 조문명(趙文命), 이시항(李時恒), 강호부, 김지남(金指南), 김순협(金舜協) 등 총 8명이 포함된다. 다음으로 1770년 경인년 이전에 사행한 기타 구성원으로는 정태현(鄭泰賢), 최수명(崔壽溟), 김익겸(金益謙), 김재현(金在鉉), 김복서(金復瑞), 이수대(李壽岱), 이정석(李廷奭), 이익(李瀷) 등 총 8명이 있다. 마지막으로 1770년 경인년 이후에 사행한 기타 구성원으로는 이언용(李彦容), 유금(柳琴), 나걸(羅杰), 노이점(盧以漸), 유경명(柳景明), 이학원(李學源), 이희경(李喜經), 이희명(李喜明), 원생(元生, 성명 불명), 이명규(李命圭), 조수삼(趙秀三), 백경현(白景炫), 박제가, 김종구(金宗九), 이기원(李箕元), 이광직(李光稷), 박종선(朴宗善), 윤인태(尹仁泰), 김중(金中), 윤봉사(尹奉事), 홍예경(洪禮卿), 김종길(金宗吉), 김성중(金成中), 조관달(趙寬達), 조학겸(趙學謙), 이광직(李光稷), 치형(致馨, 성 씨는 고증 필요), 이광식(李光植), 김춘세(金春世), 이덕무, 박제가, 유득공 등 총 32명이 포함된다.

이상 통계 자료들을 통해 다음과 같은 결론을 도출할 수 있다.

첫째, 청인들과 교류한 조선 사절단 문사들 중 고증 가능한 인원수는 154명에 달하는데, 그중 삼사(三使)가 90명으로 전체 인원수의 90%를 차지한다. 삼사 이외의 기타 구성원은 64명으로 전체 인원수의 41.6%를 차지한다. 18세기 청나라 문인들과 교제가 가장 빈번했던 박제가, 유득공, 이덕무, 박지원, 홍대용, 김창업은 모두 이 부류에 속한다. 이를 통해 당시 삼사는 청나라 문인들과의 교류를 이끈 핵심 세력이었으며, 기타 구성원들 또한 소홀히 해서는 안 되는 존재였음을 확인할 수 있었다.

둘째, 18세기 초, 중, 후기에 청나라 문인들과 왕래한 조선의 문사는 각각 30명, 37명, 87명이다. 청 문사와 교류한 조선 문사의 수가 초·중기는 대체로 비슷하지만, 후기에 이르러 비약적으로 증가했는데, 이는 초·중기에 양국 문사의 교류가 비교적 안정적으로 발전했지만, 후기에 이르러 교류가 점점 더 빈번해졌음을 의미한다. 이러한 결과를 낳게 된 이유는 두 가지로 설명이 가능하다. 우선 이 시기 대량의 군관 자제와 기타 수행인원들이 교류 활동에 활발히 참여하였다. 이에 속하는 인원은 최소 41명으로 초기의 11명, 중기의 12명과 비교해봤을 때 큰 변화라고 하지 않을 수 없다. 다음으로 초·중기와 달리 후기에 이르러서는 정사와 부사들도 교류 대열에 합류했는데, 그 인원이 최소 37명에 달하여, 초기의 14명, 중기의 16명과 비교하면 크게 증가했음을 알 수 있다.

18세기 초·중기와 후기 데이터 간의 가장 큰 차이는 18세기 후반에 왕족 후예가 아닌 조정의 문사들, 즉 박명원(朴明源), 홍낙성(洪樂性), 이휘지(李徽之), 이성원(李性源) 등이 정사(正使) 신분으로 중국에 파견되었다는 점이다.[66] 이들은 청인들과 적극적으로 교류하며 18세기 초·중기 정사들의 소극적 교류 양상을 전환시켰을 뿐만 아니라 사절단 내 다른 구성원들과 청 문사들 간의 교류도 더욱 촉진시켰다. 이와 대조적으로 18세기 초·중기에는 사절단의 정사 직책을 주로 조선 왕의 후예들이 맡았었다. 작자 미상인 『사행록』의 기록에 의하면, 신사년(1701)부터 경인년(1770)에 이르기기까지 70년간 임창군(臨昌君) 이혼(李焜), 임양군(臨陽君) 이환(李桓), 여산군(礪山君) 이방(李枋), 진평군(晉平君) 이택(李澤), 여원군(礪原君) 이주(李柱) 등 정사의 신분으로 중국으로 출사한 인물은 72명에 달한다. 그중 밀창군(密昌君) 이직(李樴), 해흥군(海興君) 이강(李橿), 해운군(海運君) 이련(李槤), 순의군(順義君) 이훤(李烜)은 청나라 문사들과의 교류가 많지 않았고, 기타 왕족 후예 신분의 정사들 역시 청인들과 교류했던 흔적을 거의 찾아볼 수 없다. 즉, 70년 동안 조선 사절단의 수장인 정사가 청인들과 별로 교류하지 않았다는 사실은 사절단의 기타 구성원들이 청인들과 접촉하고, 교류하는 데에도 영향을 끼쳤을 것이 분명하다.

결론적으로 청나라 문사들과 교류가 있었던 조선의 문사들은 절대다수가 사절단의 구성원이었으며, 일반적으로 높은 관직에 있었을 뿐만 아니라 명망이 높은 집안 출신이었다. 홍대용은 「손용주에게 보낸 편지(與孫蓉洲書)」에서 "사족(士族)으로 중국 조정에 가는 자로는 오직 과거에 합격한 관품이 높은 사람으로 사신을 삼고, 혹은 벼슬 없는 문사로서 수행하는 자는 또한 사신의 자제들일 뿐이다."[67]라고 했다. 이에 홍대용은 중국으로 출사한 조선 사절단의 정사, 부사, 서장관의 필수 신분 조건을 말하였다. 그들은 진사 출신일 뿐만 아니라 비교적 높은 관직에 있어야 했다. 수행인원 중에는 사신의 자식이나 조카 친척들이 섞여 있었던 현상을 지적했다.

조선 사절단의 삼사에 품급에 대해 서영보, 심상규 등이 편찬한 『만기요람』 "연사(燕使)" 『원액(員額)』 편에 보면 다음과 같은 기재가 있다.

> 인조 을유년(1625년)에 칙령에 따라 동지(冬至), 성절(聖節), 정조(正朝) 및 세폐(歲幣)를 하나의 사행(使行)으로 통합하였다. …… 정사(正使) 1명(정2품, 결함 종1품), 부사(副使) 1명(정3품, 결함 종2품), 서장관 1명(정5품, 결함 종4품, 품계에 따라 대함 겸임하며 일행을 감찰)으로 구성되었다.

66) 일명(佚名)『사행록(使行錄)』의 통계에 의하면 신묘년(1771)년부터 경신년(1800년)에 이르는 30여 년 간 왕족의 후예가 아닌 조정의 문인들이 중국으로 출사한 경우가 38인/차에 달했던데 비해 왕족 후예인 문인이 중국으로 출사한 경우는 오직 9인/차밖에 없었다. 임기중 편, 『연행록전집(燕行錄全集)』 제27책.

67) 홍대용, 『與孫蓉洲書』(前歲十一月書, 詩……), 홍대용, 『담헌서(湛軒書)』 외집 권1 「항전척독(杭傳尺牘)」, 『한국문집총간』 제248책, 125쪽.

만약 진하(進賀), 사은(謝恩), 진주(陳奏), 주청(奏請) 등의 사행 임무를 겸할 경우, 정사는 정1품, 부사는 종2품, 결함(結銜)은 정1품, 서장관은 4품 이상으로 임명되었다.[68)]

「연사(燕使)」의 「별사(別使)」편에는 이렇게 기록되어 있다.

> 사은사, 진하사, 주청사, 진주사는 모두 정1품이 가고, 부사는 종2품, 결함(結銜)은 정2품이다. 서장관은 정4품, 결함은 정3품이다. 진위와 진향은 종2품이 가고, 정사 결함은 정2품, 부사는 정3품, 결함은 종2품, 서장관은 정6품, 결함은 5품인데 관례에 정사와 부사는 진위와 진향을 겸하기 때문에 정사가 진위사가 되고 부사가 진향사가 된다. 만약 황제가 붕어할 경우, 정1품이 간다. 문안사는 정1품이 간다.[69)]

이상 두 편의 자료에 의하면, 삼사의 품급은 모두 아주 높았고, 정사는 일반적으로 정삼품 이상이어야 하지만, 상술한 "사은사, 진하사, 주청사, 진주사는 모두 정1품이 간다."라는 기록을 보면 실제로는 정일품이 많았음을 알 수 있다. 부사는 정삼품이 많았고, 결함 종2품 서장관의 경우는 일반적으로 정6품 이상이었다.

청나라 문인과 교류가 있었던 삼사 중에는 당시 조선의 명사들이 많았다. 일부 문사들은 명망 높은 가문의 출신으로 나라의 재상이었다. 왕실 후손으로는 이경여(李敬輿)의 자손인 이이명(李頤命), 이건명(李健命), 이관명(李觀命)이 있다. 조선시대 국상(國相)의 명부를 기록한 『황각고실(黃閣故實)』의 「선파내외손(璿派內外孫)」에는 "이이명(李頤命), 이관명(李觀命), 이건명(李健命)은 밀성군(密城君)의 8대손이다."라는 기록이 있다. 또 이정귀(李廷龜)의 후손인 이복원(李福源), 이성원(李性源), 이시수(李時秀) 등도 있다. 『황각고실(黃閣故實)』의 「일문누대(一門累代)」에는 "이정귀(李廷龜)의 삼종손(三從孫)은 손시백(孫時白), 오대손(五代孫)은 천보(天輔), 육대손(六大孫)은 복원(福源), 성원(性源)이다. …그리고 또 복원의 아들인 시수(時秀)가 있다."라고 적혀있다.[70)]

68) 서영보, 심상규 등 편, 『만기요람(萬機要覽)』 재용편(財用編) 5 "燕使", 『원액(員額)』, 순조8년(1808) 필사본, 한국국립중앙도서관 소장본.仁祖乙酉, 因敕諭, 並冬至､聖節､正朝及歲幣爲一行, ……正使一員(正二品, 結銜從一品),副使一員(正三品, 結銜從二品), 書狀官一員(正五品, 結銜從四品, 隨品兼臺銜糾檢一行)｡(若兼進賀､謝恩､陳奏､奏請等事, 則正使正一品､副使從二品, 結銜正二品､書狀官四品以上)｡

69) 서영보, 심상규 등 편, 『만기요람(萬機要覽)』 재용편(財用編) 5 "燕使", 『별사(別使)』謝恩、陳賀、奏請、陳奏並正一品行，副使從二品，結銜正二品。書狀官正四品，結銜正三品。陳慰、進香從二品行，正使結銜正二品，副使正三品，結銜從二品，書狀官正六品，結銜五品，例兼陳慰、進香，故正使爲陳慰使，副使爲進香使。若皇帝崩逝，一品行。問安，正一品行。

이외에도 『황각고실(黃閣故實)』에 기록된 청인들과 교류했던 삼사, 예를 들면 민진원, 김창집, 유척기(兪拓基), 홍낙성(洪樂性), 채제공(蔡濟恭), 정존겸(鄭存謙), 김재찬(金載瓚) 등이 차례로 국상을 지냈다.

또 일부 삼사는 학문적 지위와 영향력이 뛰어났다. 이관명(李觀命), 이의현(李宜顯), 조문명(趙文命), 이휘지(李徽之), 이복원(李福源), 심상규(沈象奎) 등은 국상(國相)으로서 과거시험을 주관한 경력을 가진 인물들이다.[71] 이이명(李頤命)은 명문가 출신으로 젊은 나이에 과거에 급제하여 재상의 기대를 받았으며, 재능과 덕망으로 당대의 추앙을 받았다.[72] 홍양호 역시 '거유(鉅儒)'와 '당대의 거장'이라는 칭호를 받으며 명성을 떨쳤다.[73]

사절단 구성원들은 대체로 삼사와 혈연 또는 지인 관계에 있었다. 김창업은 형 김창집이 사은겸삼절연공사(謝恩兼三節年貢使)로 청에 갈 때 동행했으며, 이상봉(李商鳳)은 부친 이휘중(李徽中)이 서장관으로 임명되자 그를 수행하였다. 홍대용 역시 숙부 홍억(洪檍)이 서장관으로 청에 갈 때 함께 다녀왔다.

또 이덕무는 "이에 심초재(沈蕉齋) 염조(念祖)가 사은진주사(謝恩陳奏使)로 임명되자, 서장관이 나와 오랜 친분이 있어 내가 동행할 수 있도록 청하였다. 재선 또한 채제공(蔡濟恭) 상사(上使)를 따라 중국에 들어갔다."[74]라고 하면서 자신이 서장관, 박제가 그리고 정사와 지인 관계였음을 지적했다. 이러한 친분 관계가 있었기 때문에 이들은 수행원의 신분으로 중국에 갈 수 있었으며, 청나라 문사들과도 교류할 수 있었다.

수행 자제들 중에는 유명한 인물들도 많았는데, 가령 김창업은 "천품이 고매하고 민첩하며, 식견이 뛰어나 율학(儒學)에 관한 일이라면 정통하지 않은 바가 없었다. …당대의 명공(名公)과 석학들 중 그 재능을 아는 자들은 모두 그를 왕좌(王佐)의 재목으로 추앙하였다."[75]라는 평가를 받았고, 홍대용은 "미호(渼湖) 김원행(金元行) 선생께 사사(師事)하였으며, 동문(同門) 문사들과 함께 도의(道義)를 갈고닦으며, 성명(性命)을 논하였다. 덕보(德保)의 여러 백숙부와 형제들은

---

70) 위와 같음. "李廷龜三從孫時白、五代孫天輔、六代孫福源、性源。……福源子時秀。"

71) 佚名, 『黃閣故實』, "典文衡而拜相"에 이 사람들의 이름이 기록되어 있다.

72) 安鍾和 會纂, 『국조인물지(國朝人物志)』, "이이명(李頤命)"條, 국립중앙도서관 소장 융희(隆熙) 3년판, 214쪽.

73) 이만수(李晩秀), 「大提學耳溪洪公諡狀」, 이만수(李晩秀), 『극원유고(屐園遺稿)』권10 한국문집총간 268책, 436쪽.

74) 이덕무, 『입연기(入燕記)』, 『연행록전집』 제57책, 190쪽.

75) 김조순(金祖淳) 『「老稼齋集」序』, 김창업, 『老稼齋集』, 『한국문집논총』 제175책, 3쪽.

박사업(博士業)을 닦았으며, 문사(文詞)로 이름을 날린 이들도 있었다."[76]라는 평가를 받았다. 또 18세기 후기에 이르러 청인들과 빈번하게 교류했던 이덕무, 박제가, 유득공은 모두 당시 세상에 알려진 명망 높은 인물들로 정조 초년에는 규장각 검사관으로 임명되었으며, 서이수(徐理修)와 함께 "사검서(四檢書)"로 불렸다.

18세기 청나라 문사들과 교유한 조선 문인들의 신분적 특징은 다음의 세 가지로 요약된다. 첫째, 이들 대부분은 중국에 파견된 조선 사절단의 일원이었다. 둘째, 비교적 높은 관직을 지녔거나 혹은 명문 가문 출신이었다. 셋째, 당대 조선 문단에서 이름을 떨친 인물들이었다는 점이다. 이상의 논의를 통해 이러한 특징들을 확인할 수 있었다.

4 18세기 전반기와 중후기를 거치며 조선 문인들과 교류한 청나라 문인들의 신분 구성은 시기별로 뚜렷한 차이를 보였다.

18세기에 전기 조선 문인들과 교류한 청나라 문인들은 주로 수재나 거인 등 중하층 문사들이 많았다. 대표적인 인물로는 산해관 수재 장련(張練), 강남 문인 축개(祝愷), 영원위(寧遠衛) 수재 장적성(張赤城), 봉황성 수재 명(明)씨 성의 소년 등이 있다. 신분이 비교적 높은 인물로는 『일통지(一統志)』의 편수관 이원영(李元英), 북경 한림교습 황월(黃越), 각노상명(閣老常明), 총리사무 영성공풍성액(英誠公豐盛額) 등이 있다.

18세기 중후기에 조선 문사들과 교류한 청나라 문사들은 주로 중상층의 조정 관리들이었다. 이 시기 청나라 문사들의 신분적 특징은 다음과 같다.

첫째, 조선 문사들과 교류한 청나라 문사들 중에는 예부, 이부(吏部), 호부(戶部), 형부(刑部), 공부(工部), 병부(兵部) 등 주요 부서에 관직을 둔 인물들이 많았다. 가령 예부 상서를 지낸 조수선(曹秀先), 덕보(德保), 기윤이 있었고, 예부 시랑(侍郎) 김덕영(金德瑛), 철보(鐵保), 유용(劉墉), 예부 교관(禮部教官) 유극유(劉克柔) 등이 있었다. 이부에는 한상서(漢尙書) 팽원서(彭元瑞)와 만상서(滿尙書) 상청(常靑), 호부에서는 원외랑(戶部員外郞) 당낙우(唐樂宇), 호부주사(戶部主事) 서대용(徐大榕), 탕반(湯潘), 창사승(倉斯升)이 있었다. 형부 시랑(刑部 侍郞) 옥보(玉保), 형부 주사(刑部 主事) 주문한(朱文翰), 손성연(孫星衍)이 있었으며, 공부 상서(工部 尙書) 김간(金簡), 공부 시랑 막첨록(莫

76) 이송(李淞), 「湛軒洪德保墓表」, 홍대용, 『湛軒書附錄)』, 『한국문집총간』 제248책, 321쪽.

瞻泰), 병부 원외랑(兵部員外郞) 박명(博明), 병부 낭중(兵部郞中) 주이갱액(朱爾賡額) 등이 포함되었다. 내각 학사 심초(沈初), 옹방강(翁方綱), 옥보(玉保)와 내각 중서사인(中書舍人) 고종태(顧宗泰), 강련(江漣), 군기 대신(軍機大臣) 왕걸(王杰)도 조선 문인들과 교류했다. 이외에도 청나라 성친왕(誠親王) 윤지(胤祉), 강희 황제의 증손 양혼(兩渾), 강희황제의 외손 파노회회도(破老回回圖) 등 고위 인사들이 있었다. 조선 문인들과 교류한 청나라 인사들 중 신분이 가장 높은 인물은 단연 건륭제였다. 그는 조선 사절단에게 서적을 증여하고, 시문을 주고받는 등 다양한 방식으로 문학 교류를 진행하였다.

둘째, 많은 수의 한림 서길사가 조선 문사들과의 다양한 교류에 참여하였다. 고증이 가능한 인물로는 박명(博明), 용욱민(龍煜岷), 황홍각(黃鴻閣), 황비(黃畐), 오상(吴湘), 팽관(彭冠), 구정융(邱庭漋), 허조춘(許兆椿), 철보(鐵保), 대균원(戴均元), 대구형(戴衢亨), 이정원(李鼎元), 반정균(潘庭筠), 왕성(王晟), 장문도(張問陶), 신종익(辛從益), 웅방수(熊方受), 장상지(蔣祥墀), 주후원(周厚轅), 완원(阮元), 유환지(劉鐶之), 옹수배(翁樹培), 변운룡(卞雲龍), 방사관(龐士冠), 섭대관(葉大觀) 장후(章煦) 등이 있다. 이외에도 이름이 자세히 알려지지 않은 한림 서길사들이 조선 문사들과 활발히 교류하였다. 삼절 연공 겸 사은 부사 남태제는 "최역관을 시켜 서길사들에게 가서 책 몇 권을 빌려오게 했다."[77]라고 기록했으며, 갑오년(1774) 중국에 파견된 엄숙의 『연행록』에는 "옛날 우리 사신이 숙소에 있을 때 여러 한림들과 밤낮으로 왕래하였다."[78]라는 기록이 있다. 이는 18세기 중반 이후 조선 문사들이 청나라의 많은 한림 서길사들과 교류했음을 보여준다. 이러한 교류가 가능했던 이유는 양국 문인들의 적극적인 교우 의지 외에도 당시 조선 사관이 서상관과 담장 하나를 사이에 둔 근접한 거리에 위치해 있었기 때문이다. 엄숙의 『연행록』에도 "임신년에 담정 남씨가 서길사 박명과 서로 왕래하며 친하게 지냈으니, 이는 서상관이 겨우 한 칸 벽을 사이에 두고 있었기 때문이었다."[79]라는 기록이 남아있다.

셋째, 18세기 중후기 많은 조선 문인들과 교류했던 청나라 명사들은 문학, 학술, 예술 등 각 방면에서 깊은 조예를 가지고 있었다. 박제가와 많은 교류를 했던 청나라 문인 중에는 당시의 유명한 시인이었던 축덕린(祝德麟), 이조원(李調元) 등이 있었고, 유명한 화가였던 나빙(羅聘), 서예가 철보(鐵保), 옹방강(翁方綱), 유용(劉墉)이 있었다. 또한 국내외에서 명성이 드높았던 유명

77) 남태제(南泰齊), 『초자록(椒蔗錄)』, "二月三日"條, 임기중 편 『연행록 전집(燕行錄全集)』 제116책, 122쪽.
78) 엄숙(嚴璹), 『연행록』 제40책, 242쪽.
79) 위의 책, 241쪽.

한 학자 기윤도 포함되어 있다.

조선의 문사들은 중국에 도착하여 유명한 청나라 문사들과 교류하기를 즐겼는데, 청나라 문사들도 나이에 상관없이 기꺼이 교류에 응하였다. 홍양호와 우의를 맺었던 청나라 문사들 중에는 당시 학계에서 오랫동안 명성을 떨쳤던 기윤, 덕보(德保) 등이 있었으며, 후학이었던 대구형(戴衢亨)도 있었다. 이 중 대구형은 "7세 때 시문에 능하였고, 17세 때에는 건륭 신묘년 향시에 합격"[80]한 인물이다.

또한, 청나라의 뛰어난 인물들이 모여 "한학의 본거지"라 불리는 『사고』관 중 적지 않은 문사들이 조선 문인들과의 교류를 즐겼다. 예를 들면, 총재관(總裁官) 아계(阿桂), 계황(稽璜), 부총재관(副摠裁官) 조수선(曹秀先), 유용(劉墉), 왕걸(王杰), 팽원서(彭元瑞), 김간(金簡), 심초(沈初), 총찬관(總纂官) 기윤, 제조관(提調官) 축덕린(祝德麟), 진숭본(陳崇本), 대구형(戴衢亨), 찬수관(纂修官) 평서(平恕), 옹방강(翁方綱), 왕이열(王爾烈), 막첨록(莫膽菉), 허조춘(許兆椿), 오성란(吳省蘭), 소진함(邵晋涵), 총열관(總閱官), 덕보(德保), 총교(總校) 겸 제조관(提調官) 육비지(陸費墀), 분교관(分教官) 구정융(邱庭漋), 대심형(戴心亨), 대균원(戴均元), 이정원(李鼎元), 증욱(曾燠), 고종태(顧宗泰), 홍오(洪梧), 강련(江璉), 장후(章煦), 언조표(言朝標), 진목(陳木), 무영전(武英殿) 수장관(收掌官) 아극돈(阿克敦) 등이 있다.[81]

제3절 중한 문인 교류의 장소

18세기 조선과 청 문인들의 교류는 주로 조선 사절단의 연행 경로 상의 경유지와 목적지에서 이루어졌으며, 조선 국내에서의 접촉은 상대적으로 제한적이었는데, 이는 양국 관청의 엄격한 통제 정책에 기인한 현상이다. 『통문관지』의 「중원진공노정(中原進貢路程)」에 수록된 기록에 따르면, 조선 사절단이 압록강에서 북경까지 이동하는 총 2,049리의 여정에는 책문, 성경, 산해관 등 38개 주요 관역이 포함되어 있으며, 이 과정에 약 28일이 소요되었다.[82] 문인들의 교류는

80) 오보거(吳寶炬) 등 修, 유인준(劉人俊) 등 찬(纂), 『(민국)대유현지民國大庾縣志』 권8, 민국8년 각본.

81) 「四庫館臣名錄」, 『欽定四庫全書勘閱繕校諸臣職名), 『사고전서(四庫全書)』 연구소 정리, 『欽定四庫全書總目』 卷首, 중화서국, 1997년, 15-29쪽. 이상에서 열거한 『사고(四庫)』관신 인원과 조선 문사들 간의 교류 행적은 본 저서의 제2부인 『18세기 중한 문인 교류 개관』을 참조하길 바란다.

대부분 관역에서 이루어졌는데, 그 공간적 특성은 크게 세 가지 유형으로 구분된다.

1 18세기 초 중국과 조선 문인들의 교류는 주로 풍윤(豐潤), 옥전(玉田), 영평부(永平府), 산해관(山海關) 일대에서 활발히 전개되었다.

18세기 중기 이전까지 조선과 청 문인들의 교류는 주로 사행 노정을 따라 활발히 이루어졌으며, 특히 풍윤·옥전·영평부·산해관 등지에서 발생하였다. 이중 풍윤이 가장 빈번한 교류 가 이루어진 장소였으며, 최종 목적지인 북경이나 심양에서의 교류는 상대적으로 적었다.

18세기 초반, 강현(姜鋧)·맹만택(孟萬澤)·이의현(李宜顯) 등은 사행 중 풍윤현을 경유하며, 곡응태(谷應泰)의 후손과 학술 교류를 진행하였다. 이 외에도 계묘년(1723) 황정(黃晸)과 수재(秀才) 위씨(魏氏)의 교류, 을사년(1725) 조문명(趙文命)과 수재 위씨의 교류, 정미년(1727) 강호부와 수재 곡가성(谷可成)의 교류, 무신년(1728) 이시항(李時恒)과 위씨의 교류, 같은 해 윤순(尹淳)과 서학년(徐鶴年)의 교류, 임자년(1732) 이의현(李宜顯)과 생원(生員) 왕천수(王天壽)의 교류 등이 확인된다.

옥전현에서 전개된 교류로는 임진년(1712) 민진원(閔鎭遠)과 수재 왕위(王緯)의 교류, 경자년(1720) 이기지(李器之)와 진사(進士) 정유(鄭愉)의 교류, 을사년(1725) 조문명(趙文命)과 수재 이옥림(李玉林)의 교류 등이 있다.

영평부에서의 교류 사례로는 임진년(1712) 김창업과 수재 오성기(吳廷璣)의 교류, 계사년(1713) 최덕중(崔德中)과 전씨(田氏)의 교류, 계사년(1713) 김창업과 수재 이영소(李永紹) 및 양대유(楊大有)의 교류, 계묘년(1723) 황정(黃晸)과 영평부 소속 수재의 교류, 정미년(1727) 강호부와 수재 이개(李開)의 교류 등이 있다. 또한, 무녕현에서는 매년 조선 사절단이 서학년(徐鶴年)의 저택을 정례적으로 방문한 기록이 남아있다.

산해관에서 발생한 교류로는 신사년(1701) 맹만택(孟萬澤)과 수재 장련(張璉), 임진년(1712) 유술(柳述)과 교수 정씨(井氏), 임진년(1712) 김창업과 늠상생(廩庠生) 곽여백(郭如柏), 기해년(1719) 조영복(趙榮福)과 수재 곽여백(郭如柏), 을사년(1725) 조문명(趙文命)과 수재 정홍(程洪), 정미년(1727) 강호부와 정환(程瑍) 및 백수채(白受采), 정미년(1727) 강호부와 수재 곽여백(郭如

82) 조선사편수회 편찬 『통문관지』 제40쪽.

柏)의 교류 등이 있다.

18세기 중한 문인들이 산해관, 풍윤현(豐潤縣), 옥전현(玉田縣), 영평부(永平府) 등 네 곳에서 자주 교류한 이유는 이 네 장소가 번성하여 문인들이 모여들었으며, 유서 깊은 문화적 배경을 지니고 있었기 때문이다.

먼저 이 네 장소는 당시 매우 번성한 지역이었다. 이의현(李宜顯)은 『경자연행잡지(庚子燕行雜識)』에서 조선 사절단의 사행 노선 중 가장 번화한 도시를 다음과 같이 기록하였다. "저잣거리로는 북경 정양문(正阳门) 밖이 가장 번화하고, 다음으로는 고루가(鼓樓街)이다. 통주(通州)와 북경은 서로 비슷하며, 다음은 심양과 산해관이다. 통주와 산해관은 모두 거마가 밀리고, 온갖 물건이 풍부한데, 이 두 곳은 서로 비슷하다. 사녀(士女)들의 우아함과 아름다움은 산해관이 가장 뛰어나고, 다음으로는 영평부이며, 무녕현(撫寧縣), 풍윤현, 옥전현이 그다음이다."[83]

또한, 맹만택(孟萬澤)은 『한한당연행록(閑閑堂燕行錄)』에서 풍윤현의 번성에 대해 "풍윤현의 동문(东门)에 들어서면, 이곳은 관내(关内)의 큰 고을이다. 예전에 도적의 난이 일어났을 때, 연경(燕京)이 모두 탕잔(蕩殘)되었으나, 오직 이 성만이 보전되었다. 공저(公署)와 사택(私宅)의 절반은 모두 이전에 지어졌으며, 큰 거리들은 빽빽하고, 점포들이 가득하다. 이는 산해관이나 영평과도 비슷하다."[84]라고 기록하였다. 이처럼 풍윤현은 산해관과 영평부에 버금가는 번성함을 지녔다.

다음으로 이 네 지역은 중국 역사적으로 문화와 전통이 깊고, 인재가 많이 배출된 곳으로 유명하다. 강호부는 『상봉록(桑蓬錄)』 제5권에서 "풍윤(豐潤)은 기내(畿內)의 명읍(名邑)으로 예로부터 '유학의 고장'이라 불리며 많은 명사를 배출했다."라고 기록하였다. 또한 그는 "비록 풍속과 교화가 변했지만, 연경(燕京) 이북에서 과거에 급제한 인재들은 여전히 무녕(撫寧), 풍윤(豐潤), 옥전(玉田) 이 세 개의 현에서 많이 나왔다."[85]라고 지적하며, 이 지역의 문풍이 얼마나 융성했는지를 강조하였다.

이러한 풍부한 문화적 토대는 18세기 조선 사절단에게 깊은 인상을 주었으며, 그들은 시를

83) 이의현(李宜顯), 『경자연행잡지(庚子燕行雜識)』하, 『연행록전집』 제35책, 제444쪽. "市肆, 北京正陽門外最盛, 鼓樓街次之。通州與北京幾相埒, 瀋陽、山海關又次之, 車馬輻輳, 百貨充牣, 兩處一樣。而士女都冶, 山海關爲勝, 永平府次之, 撫寧縣、豐潤縣、玉田縣又居其次。"

84) 맹만택(孟萬澤), 『한한당연행록(閑閑堂燕行錄)』, 『연행록전집』 제39책, 제238쪽. "入豐潤縣東門, 縣即關內大邑, 在昔聞賊之亂, 燕京無不蕩殘屠戮, 而獨此城保完。公第私宅半皆早時所創也。衢街填咽, 市肆盈溢, 與山海關、永平相埒。"

85) 강호부, 『桑蓬錄』권5, 『연행록선집보유(燕行錄選集補遺)』 상책, 제563쪽. "豐潤即畿內名邑, 自古稱儒鄕, 多光顯者...然而燕京以北之以科擧出類知名者, 尚多出於撫寧、豐潤、玉田三縣云."

통해 이곳에 대한 동경과 찬사를 표현하였다. 이의현(李宜顯)은 옥전의 문사들이 모이는 모습을 묘사하며, "이곳에 훌륭한 문사가 많음을 알겠으니, 이번에 와서 옛 문장을 만날 수 있을는지."[86] 라고 읊었다.

조관빈(趙觀彬)은 옥전(玉田) 문화의 유구한 역사를 찬양하며, "계한(季漢)의 고결한 기상 서릉(西陵)에 서려 있고, 황명의 아름다운 유풍 송촌(松村)에 전해지네."[87]라고 노래하였다. 홍양호(洪良浩)는 옥전의 고풍(古風)에 경의를 표하며, "골목길엔 꽃 꽂은 아가씨 사신(使臣)의 가마 바라보고, 마을 안엔 책 든 아이 시(詩) 청하는 시전(詩箋) 내미네. 중화(中華)의 옛 풍속 지금도 사랑스러우니, 아, 아쉽도다! 내 발길에 그 성대함 보지 못함이."[88]라고 읊조렸다. 18세기 조선 문인들이 무녕(撫寧)과 풍윤(豐潤) 두 고을의 문물(文物)과 문사(文事)를 찬미한 시구는 이루 다 헤아릴 수 없다. 이의현(李宜顯)은 무녕의 인재와 지형에 찬사를 보내며, "선현(先賢)의 영험함 가장 빛나는 땅이어라, 창려(昌黎)의 수려한 산봉우리 아득히 드러나네."[89]라고 노래하였다. 문학을 숭상하는 풍윤현의 우아한 기상은 19세기 조선 문사들 사이에서도 널리 회자되었는데, 홍의호(洪義浩)의 "풍윤은 웅장한 관문(關門)의 옛 도시로구나. 경기 가까이 유학의 기풍 이 고장에 남아있네."[90] 등의 시가 이를 증명한다. 이상의 기록을 통해 볼 때, 이 지역들은 그 고유한 문화적 매력으로 인해 조선 문사들이 사행 중 반드시 방문하는 곳이 되었으며, 이로 인해 다른 지역보다 문인 간의 교류가 더욱 활발히 이루어졌다.

마지막으로 이 네 지역에는 문상(文商)들이 매우 많았다. 이들은 장사가 목적이었기 때문에 자발적으로 조선 사행단과 접촉하며, 서화와 서적은 물론 조보(朝報)의 인쇄본까지 판매하였다. 윤급(尹汲)은 풍윤에 대해 "집집마다 서적이 천 첨(籤)에 날하여 사설단이 도작하면 책을 안고 와 파는 사람이 많았다."[91]라고 기록했다. 노이점(盧以漸)은 『수사록(隨槎錄)』에서 풍윤현에 대해

86) 이의현(李宜顯), 『도곡집』 권2, 『玉田』, 『한국문집총간』 제180책, 세352쪽. "仍知是處多佳士,倘可今來訪古文."

87) 조관빈(趙觀彬), 「옥전현(玉田縣)」, 『회헌집(悔軒集)』 권7, 『한국문집총간』 제211책, 제290쪽. 季漢高情徐墓在, 皇明美俗宋村傳.

88) 홍양호, 「발옥전(發玉田)」, 『이계집』 권6, 『한국문집총간』 제241책, 제101쪽. 巷女簪花看使蓋, 村童挾册乞詩箋. 中華舊俗猶堪愛, 恨未吾行睹盛年.

89) 이의현(李宜顯), 「過撫寧縣」, 『도곡집(陶谷集)』 권2, 『한국문집총간』 제180책, 제356쪽. 最是前賢炳靈地, 昌黎秀色露遥尖.

90) 홍의호(洪義浩), 「풍윤현(豐潤縣)」, 『담녕부록(澹寧瓿錄)』 제18책, 제123쪽. 豐潤雄關古浭陽, 近京儒雅説玆鄉

91) 윤급(尹汲), 『연행일기(燕行日記)』, 임기중(林基中), 후마 스스무(夫馬進) 편, 『연행록전집(일본소장편)』 제1책, 제231쪽. 家家書迹不啻千籤, 使行到此, 則抱册求賣者甚多云矣"

"명나라 시기 도읍과 가까운 지역으로 지금까지도 문사와 학자가 많으며, 생계를 꾸리지 못하는 자들은 대부분 서적 간행과 판매를 업으로 삼는다."[92]라고 기술하였다.

1719년(기해년) 청나라 문사 곽여백(郭如柏)은 산해관에서 조영복(趙榮福)과 만나고, 1727년(정미년)에는 강호부와 만났는데, 그의 진정한 목적은 상업적 거래에 있었다. 일부 조선 문인들은 중국의 도서 정보를 얻거나 서적 구매의 욕구를 충족하기 위해서 지방의 서적상들과 적극적으로 교류했는데, 이러한 태도 역시 중한 문인들의 만남과 교류에 긍정적인 효과를 발휘하였다.

2 18세기 중후기, 양국 문인들은 북경·심양·열하 등지에서 활발한 교류를 전개하였다.

이 시기 중한 문인들의 교류 장소는 뚜렷한 변화를 보였다. 18세기 전기와 비교해 보면, 북경, 심양, 열하 등 사행 목적지에서의 교류 횟수가 크게 증가하면서 사행 경로 상의 우연적 만남 횟수를 초과하였다. 특히 청나라 문사들과 적극적으로 교류한 조선 문인들의 사례들을 분석해보면 다음과 같다. 박제가는 총 168명의 청나라 인사와 교류했는데, 이조원(李調元)·포자경(鮑紫卿)·임고(林臯)·호형항(胡迥恒)·손유의(孫有義) 등 소수를 제외한 대다수를 북경이나 심양에서 만났다. 유득공은 3차례의 중국 사행 기간 중 99명의 청나라 문인과 교류했는데, 요양(遼陽)의 조학감(趙學淦)과 유대관(劉大觀)·유대균(劉大均) 형제, 그리고 서신으로만 교류한 이조원(李調元)·축덕린(祝德麟)·심심순(沈心醇) 등 6명을 제외한 93명과는 북경이나 심양에서 직접 대면하며 학문을 논하였다. 또한 박지원은 심양·열하·북경에서 체류하는 동안 박명(博明)·유세기(俞世琦)·윤가전(尹嘉銓)·왕민호(王民皥) 등 35명의 청나라 문사들과 학술 토론을 진행하였다. 이러한 교류 장소의 변화는 주로 세 가지 요인에서 기인한다.

첫째, 18세기 중기 이후 북학파 문인들과 청나라 저명 문사들의 마음가짐과 행동에 중대한 전환점이 발생하였다. 조선 문사들을 보면, 중기 이전에는 청 왕조에 대한 경멸 의식으로 인해 청나라 문사들과 적극적으로 교류할 의사가 없었다. 설사 교류가 이루어지더라도 이는 주로 군사·정치적 정보 수집이라는 실용적 목적에 한정되었다. 특히 청나라 관료들과의 공식적 교류

92) 노이점(盧以漸), 『수사록(隨槎錄)』, 『연행록전집』 제41책, 제73쪽. 明時畿輔至近之地, 而實士大夫之冀北也, 至今猶多文人碩士, 而無以資生者, 多以刊賣書册爲業云

는 제도적 제약으로 인해 사실상 불가능에 가까웠으므로 대부분은 비밀스러운 경로를 통해 정보 수집이 이루어졌다. 또한, 사행지에서 체류하는 동안 고향에 대한 그리움으로 인해 가능한 빨리 본국으로 돌아가기를 희망하였다. 1745년(을축년) 조관빈이 북경 체류 시 지은 시 "고향을 그리는 마음은 물처럼 동쪽으로 흐르고, 연주성(戀主星)은 북극을 둘러싸네. 언제나 일을 마치고 돌아가나, 고향의 산과 더불어 농사짓고 싶구나."[93]에서 드러나듯이 이들은 오로지 임무 완수 후 조속한 귀국만을 염원하였다. 또한 그가 북경을 떠나며 지은 "연경에 아침 해 떠 조양문을 나서니, 역참(驛站) 말발굽 날 듯이 빠르네. 오십일을 머무니 오랜 시간이지만, 삼천 리 길도 잊히는구나."[94]에서 볼 수 있듯이 귀국의 기쁨을 감추지 못했다. 이처럼 청나라 문인들과의 교류에 대한 부정적 심리와 제도적 한계로 인해, 조선 사신들은 북경 도착 후 현지 문사들과의 심도 있는 학문적 교류를 전개하는 경우가 극히 드물었다.

18세기 60년대 이후, 실학사상의 대두와 함께 홍대용, 홍양호, 박지원, 이덕무, 박제가, 유득공 등 북학파 문인들은 청나라 사회와 문화에 대한 심층적 이해를 위해 적극적인 교류 의지를 보였다. 이들은 북경, 심양, 열하 등의 주요 도시에서 자발적으로 청나라 문인들을 방문하였고, 이들의 추천을 통해 더 많은 청나라 문인들과 교제하면서 학술 및 문학에 대해 심도 있는 교류를 진행하였다.

청나라 문인들을 보면, 18세기 중기 이전에는 조정 관료들이 북경에서 조선 사절단의 숙소를 직접 방문하거나 문인들을 찾아오는 경우가 드물었다. 이에 1732년(임자년) 조선 사절단은 예부 상서가 사신을 보내 문안을 전한 일에 대해 깊은 인상을 받았다. 이의현(李宜顯)은 『임자연행잡지(壬子燕行雜識)』에 "예부 상서 삼해(三亥)가 정인 낭관(郎官)을 보내 문안을 전했는데, 역관들이 이는 전례가 드문 일이라고 말했다."[95]라고 기록하였다.

18세기 중기 이전에는 청나라 조정 관료들이 다른 청나라 문인들에게 조선 문인들을 적극적으로 소개하는 경우가 드물었지만, 중후기로 갈수록 이러한 교류가 빈번해졌다. 특히 북경에서는 일부 청나라 문사들이 조선 문인들을 적극적으로 소개하는 모습을 보였는데, 대표적인 사례로

93) 조관빈(趙觀彬), 「以奉使虛隨八月槎爲韵, 書古體」, 조관빈(趙觀彬), 『연행시(燕行詩)』, 『연행록전집』 제37책, 제598쪽. 思鄕水東注, 戀主星北拱. 何時竣事歸? 故山及耕種.

94) 조관빈(趙觀彬), 「早發燕館, 出朝陽門」, 위의 책, 제617쪽. 燕城初旭出朝陽, 一策郵驂迅若翔. 五十日留偏覺久, 三千里去便忘長.

95) 이의현(李宜顯), 『임자연행잡지(壬子燕行雜識)』, 『연행록전집』 제35책, 제500쪽. "禮部尙書三亥, 淸人也, 送郎屬問安否。譯輩言此乃曾所希有之事。"

이정원이 조선 지인들을 북경의 청나라 문사들과 만나도록 중개한 일을 들 수 있다. 이는 조선 문인들의 교유 관계를 크게 확장시키는 계기가 되었다. 이정원은 이덕무를 알게 된 후 그가 축덕린(祝德麟), 당낙우(唐樂宇), 이기원(李驥元), 심심순(沈心醇) 등과 교류할 수 있도록 도왔다. 또한 유득공에게는 효렴 팽혜지(彭蕙支)와 왕제(王霽) 등을 소개했으며, 홍희준을 열하의 제학사들에게 소개하여 그들이 함께 "문학의 장에서 교유"할 수 있도록 주선하였다.

1780년(경자년) 박지원이 심양을 떠나 북경으로 향할 때, 청나라의 전사가(田仕可)는 그를 북경의 태사 허태촌(許台村)에게 소개하는 편지를 써주었다. 같은 해 박지원이 북경에서 유세기와 만난 후, 유세기는 "국내의 명사들을 많이 알게 되었는데, 거인 능야(凌野), 태사 고역생(高棫生), 한림 초팽령(初彭齡), 한림 왕성(王晟), 거인 풍병건(馮秉健) 등이 모두 재능이 뛰어나고 기품이 고매하여, 그들의 말 한마디 한마디가 입에 감칠맛이 나지 않는 것이 없었다."[96]라고 기록하였다.

종합해보면, 18세기 중후기 북경의 일부 청나라 문인들은 조선 문인들과 마음을 열고, 적극적으로 교류하였으며, 이는 다양한 교류가 원활하게 진행되는 데 긍정적인 영향을 미쳤다. 동시에 박제가, 유득공, 이덕무, 박지원 등 조선 문인들은 청나라 지인들의 적극적인 소개와 지원이 없었다면 언어 장벽과 체류 기간의 제약으로 인해 북경에서 이처럼 많은 청나라 문사들과 교류하기 어려웠을 것이다.

결론적으로 18세기 중후기 조선과 청나라 문인들은 서로의 문화와 문인들을 기꺼이 수용하며, 너그러운 마음으로 상호 이해의 폭을 넓혀나감으로써 북경, 심양, 열하 등지에서 양국 문인 간의 교류가 활발히 이루어질 수 있었다.

둘째, 18세기 중후기 북경, 심양, 열하에는 수많은 인재들이 모여들었는데, 이는 중한 문인 간 교류가 이루어질 수 있는 토대를 마련해주었다. 북경은 당시 가장 중요한 정치·문화의 중심지로서 재능과 학식이 뛰어난 문사들이 대거 집결해 있었다. 여기에는 기윤, 철보(鐵保), 이조원(李調元), 이정원(李鼎元), 옹방강(翁方綱), 장문도(張問陶), 완원(阮元) 등과 같이 조정에서 관직을 맡고 있던 유명 문사들부터 나빙(羅聘)과 같이 북경 민간에 은거하던 저명한 문인들, 그리고 엄성, 반정균(潘庭筠) 등 과거시험을 보기 위해 상경한 문사들까지 포함된다.

한편, 심양은 청나라가 북경으로 천도하기 전 청나라의 수도였다가 후에 배도(陪都)로 지정되었다. 이곳은 지리적 요충지라는 전략적 가치로 인해 청나라 통치자들의 지속적인 관심을 받았

96) 박지원, 『열하일기』 제51쪽, 제284쪽.

다. 서종태(徐宗泰)는 「심양으로 가는 도중에[瀋陽途中]」에서 "예로부터 금탕(金湯) 같은 견고한 요새를 꾸준히 구축해왔으니, 이제는 든든한 보금자리가 되었네."[97]라고 표현했다.

청나라의 중시를 받은 심양은 정치·문화 등 다방면에서 수도 북경과 유사한 위상을 지녔는데, 6부와 태학 등 주요 행정·교육 기관이 북경과 동일하게 설치되어 있었다. 이에 당시 심양은 크게 번성하여 청나라 문사들이 대거 유입되었으며, 대표적으로 심양부학(瀋陽府學) 조교(助教) 납영수(拉永壽), 예부 교관 유극유(劉克柔), 봉천부(奉天府) 치중(治中) 손호(孫鎬), 심양의 명사 장유령(張又齡) 등이 활약했다.

또한, 심양 서원에서 수학한 청년 문인들도 다수 있었는데, 유득공과 교류한 왕원(王瑗), 심영신(沈映宸), 왕지기(王志騏), 김과예(金科豫), 팔십태(八十太), 명문(明文), 아융아(雅隆阿) 등 28명이 대표적이다.

열하는 청대 중한 문인 교류의 중심지 중 하나로 특히 건륭제의 칠순과 팔순 축하 행사가 열린 곳으로 유명하다. 첫 번째 행사는 1780년(경자년) 칠순 축하연으로 조선에서는 박명원(朴明源)을 정사, 정원시(鄭元始)를 부사, 조정진(趙鼎鎮)을 서장관으로 한 사절단을 파견했다. 두 번째 행사는 1790년(경술년) 팔순 축하연으로 황인점(黃仁點)을 정사, 서호수를 부사, 이백형(李百亨)을 서장관으로 한 진하사절단(進賀使團)이 참석했다. 이 기간 동안 건륭제의 생일을 축하하기 위해 청나라 조정의 문사, 거인, 수재 등이 열하로 모여들었다.

박지원의 『열하일기』와 유득공의 『난양록』에 기록된 바에 따르면, 두 차례 축하 행사에 참석한 청나라 문인은 팽원서(彭元瑞), 철보(鐵保), 옥보(玉保), 장후(章煦), 완안괴륜(完顏魁倫), 공헌배(孔憲培), 왕민호(王民皞), 학성(郝成) 등이 있다. 박지원이 열하의 태학에 도착했을 때, 이미 많은 중원 사대부들이 먼저 도착해 있었던 것을 보면, 기록되지 않은 청나라 문인들도 다수 참여했음을 알 수 있다. 박지원은 "태학(太學)을 숙소로 삼고 들어가 보니, 중국의 사대부들 또한 먼저 태학에 많이 묵고 있었는데, 이는 모두 생신 축하 행렬에 참여하기 위해 온 사람들이었다."[98]라고 전했다.

청나라 문인들은 북경·심양, 그리고 특정 기간 열하에 집중적으로 모였는데, 이는 조선 문인들과의 교류를 위한 전제 조건이 되었다.

셋째, 18세기 건륭제 시기에는 황궁과 원림에 조선 사신들을 자주 초청하여 연회에 참석하게

97) 서종태(徐宗泰), 『만정당집(晚靜堂集)』 권4, 『한국문집총간』 제163책, 제75쪽. 伊昔金湯勤布置, 即今巢窟久經營.
98) 박지원, 『열하일기』, 제161쪽.

했는데, 이는 중한 문사들이 교류할 수 있는 중요한 기회로 작용하였다. 건륭제는 연회 후에 종종 조정 대신과 조선 문인들에게 시를 지을 것을 요구했는데, 이때 주어진 유사한 시제는 양국 문인들 간의 문학적 교류를 더욱 돈독하게 만들었다. 이를 통해 북경은 중한 문인의 시적 교유를 촉진하는 주요 장소로 자리 잡게 되었다. 일반적으로 "건륭 황제 연간, 연례는 매년 정월 13일부터 (동락)원에서 열렸다. 종실 왕공과 외번(外藩), 몽골 왕공, 태길(台吉), 액부(額駙), 속국 배신 모두 명을 받고 자리에 앉아 음식을 하사받고, 노래를 들었다."99)라고 전해지는데, 당시 조선 사신은 속국 배신 반열에 올라 있었다. 건륭제는 연례적인 연회 외에도 특별 대형 연회에 조선 사신을 초청하기도 했는데, "건륭 50년 천수연을 거행할 때, 조선에 60세 이상의 배신(陪臣) 두세 명을 파견하여 정부사(正副使)로 연회에 참석할 것을 명하였다."100)라고 한 것을 예로 들 수 있다. 이때의 천수연(千叟宴) 규모는 매우 컸는데, 건청궁(乾清宮)에서 처음 열린 연회에는 "참석자가 3천 명에 이르렀고, 백량체(柏梁體)로 선발된 100명이 연구(聯句)를 지었다." 라고 전해진다. 이후 영수궁(寧壽宮)의 황극전(皇極殿)에서 열린 연회에서는 "참석자 3,056명이 3,000여 수의 시를 지었다."101)라고 전해지고 있다. 이 연회에는 조선 사절단의 정사 이휘지(李徽之)와 부사 강세황이 참석했다.

연회 기간 혹은 직후, 이휘지(李徽之)와 강세황은 예부 상서 덕보(德保)와 시문 창수를 주고받았다. 강세황은 「덕보(德保)의 「상사(上使)의 천수연 시에 차운하다」의 시운에 차운하다(次德保「次上使千叟宴詩」韵)」 등의 작품을 남겼으며, 덕보는 이에 화답하여 「조선 부사(副使) 강공(姜公)의 "천수연(千叟宴)을 공경히 기록한 시" 원운(元韻)에 봉화(奉和)하다(奉和朝鮮姜副使「恭紀千叟宴詩」元韵)」를 지었다. 천수연(千叟宴)은 조선 문사들이 청나라 중앙 관료들과 문학적 교류를 전개할 수 있는 결정적 계기가 되었으며, 이를 통해 조선 사절단이 대규모의 궁정 행사에서 청 문인들과 만나 활발히 교류했음이 확인할 수 있었다. 특히 조선 사절단이 북경·심양 등 사행 목적지에서 체류한 기간은 다른 사행지와 비교해 상대적으로 길었는데, 이는 북학파가 현지 지식층과의 교류 시간을 확보하는 데 있어 긍정적인 효과를 가져왔다. 이러한 배경은 18세기 중후반 조선 문인들이 북경, 심양, 열하 등지에서 청나라 문인들과 활발한 교류를 이어갈 수 있었던 중요한

99) 오진역(吴振棫) 찬, 동정륜(童正倫) 점교, 『양길재총록(養吉齋叢錄)』, 中華書局, 2005년, 제 184쪽. "乾隆間, 年例自正月十三日起, 在(同樂)園酬節。宗室王公及外藩、蒙古王公、台吉、額駙、屬國陪臣, 俱命入座, 賜食聽戲"

100) 오진역(吴振棫) 찬, 동정륜(童正倫) 점교, 『양길재총록(養吉齋叢錄)』, 中華書局, 2005년, 제200쪽. "乾隆五十年舉行千叟宴時, 命朝鮮國酌派年六十以上陪臣二三人充正副使與宴"

101) 오진역(吴振棫) 찬, 동정륜(童正倫) 점교, 『양길재총록(養吉齋叢錄)』, 中華書局, 2005년, 제200쪽.

조건 가운데 하나로 작용하였다.

3 18세기 조선 문인들은 사행 경로 중 청나라 문인의 고정된 거주지를 자주 왕래하며 활발한 교유 관계를 형성하였다.

3.1. 무녕현(撫寧縣)에 있는 서학년(徐鶴年)의 저택

박지원은 『열하일기』에서 다음과 같이 기록하였다.

> 서학년은 본래 손님을 좋아하여 처음 백하(白下) 윤공(尹公)을 만났을 때 흉금을 터놓고 대접하면서 소장하고 있던 서화도 많이 보여주었다. 그 이후로 무녕현 서 진사의 이름이 우리나라에 널리 알려졌고, 매년 사행 가는 길에 반드시 그의 집을 방문하는 것이 관례가 되었다.[102)]

무신년(1728년), 윤순(尹淳)은 삼절년공정사(三節年公正使)의 신분으로 중국에 출사하면서 무녕현을 지나다가 서학년의 극진한 대접을 받았다. 이때부터 조선에 서 진사라는 이름이 널리 알려지게 되었다. 이후 연행 사자가 무녕현을 지나갈 때 서 진사 집을 방문하는 것은 하나의 관례가 되었다. 박제가는 "서학령(徐鶴齡)의 집은 백하 윤순을 시작으로 해마다 방문하는 것이 관례가 되었다."[103)]라고 말하였다.

조선 문인들이 서학년의 집을 방문한 주요 원인은 다음과 같다.

먼저 서 진사의 정성과 환대 때문이다. 박지원은 그를 "서학년은 본래 손님을 좋아하여 처음 백하(白下) 윤공(尹公)을 만났을 때 흉금을 터놓고 대접하였다."라고 하였고, 홍대용은 "극진한 대접이 이어졌다"라고 말하였다. 김정중은 "사당 옆의 높은 문에 '문괴(文魁)'라는 편액이 있는 곳이 바로 서 진사 댁이다. ……우리 동절사가 왕래하면서 이 마을을 지나는 자는 반드시 가마를 멈추고 방문하였는데, 주인은 손님이 온 것을 기쁘게 여겨 차 한 잔과 술 한 잔을 들여오고, 진귀한 과실을 권하며, 책 몇 권과 족자 몇 축을 보여주면서 시화(詩話)로 마무리하니 가히

---

102) 박지원, 『열하일기』, 제86쪽. 徐鶴年性本喜客, 初逢白下尹公, 開襟款接, 多出所有書畫以示之。自此撫寧縣徐進士之名膾炙東韓, 每歲使行必爲歷訪, 遂成舊例。

103) 박제가, 「燕京雜絶贈別任恩叟姊兄, 追憶信筆, 凡得一百四十首」(제15수)의 시주(詩注), 박제가, 『정유각집(貞蕤閣集)』 「정유각사집(貞蕤閣四集)」, 『한국문집총간』 제261책, 제550쪽.

풍류를 아는 어진 주인이라 할 수 있다."[104]라고 하였다. 서학년이 세상을 떠난 뒤에도 그의 후손들은 여전히 조선에서 온 문사들을 극진하게 맞이해 주었고, 이에 이덕무는 시 「무녕현 서소분 가문을 노래하다[題抚寧縣徐紹芬家]」에서 "고려 객이 고려성에 이르니, 어진 주인이 화려한 당에서 손을 잡고 맞이하네. 아쉬운 이별에 잔 기울이며 담소 나누고, 남경의 명주인 '아황주'를 권하네."[105]라고 읊었는데, 서소분은 서학년의 맏아들이다. 이를 통해 서 진사 일가의 조선 사자들에 대한 정성이 조선 사신들에게 깊은 인상을 남겼음을 알 수 있다.

둘째, 서 진사의 집에는 서화(書畫)와 기완(器玩)이 풍부하여 조선 문인들의 관심을 끌 수 있었기 때문이다. 박지원은 "집안이 사치스럽고 집기와 골동품이 기이하다던데, 과연 소문과 같았다. ……방 안에는 과친왕(果親王), 아극돈(阿克敦), 위민중(于敏中), 악이태(鄂爾泰), 셋째 황자(皇三子), 다섯째 황자(皇五子)의 시가 새겨진 족자가 가득했으니, 모두 흥경(興京)의 제관(祭官)으로 부임하는 길에 이곳에 여러 차례 머물며 지은 시들이었다."[106]라고 기록하였다.

채제공은 시 「서 진사의 저택을 방문하다[訪徐進士家]」에서 "문미의 해가 황금 글자를 비추니, 그 절반은 친왕이 친히 쓴 것이로다."라고 읊었으며, 또 "대대로 내려온 백가의 책이 집에 가득하니, 달 아래 무지개빛 받아 밤에 마을을 비추네."[107]라고도 읊조렸다. 이 시구들은 서화와 기완이 풍부했던 서 진사 가문의 특징을 생생히 전해주고 있다.

마지막으로 조선 문인들은 서 진사 집에 대해 좋은 인상을 갖고 있어서 무녕현에서 더는 다른 집을 찾아 번거롭게 하고 싶지 않았기 때문이다. 이 점에 대해 박지원은 『열하일기』에서 "그러나 사실 읍내에는 서 진사 집보다 훌륭한 집이 많았고, 주인들의 손님 대접도 서학년 못지않았다. 다만 윤공(尹公)이 우연히 서 진사 집을 먼저 알게 되었을 뿐이며, 동국(東國) 재상의 집과는 비교할 수 없는 풍경이어서 사람들이 흥미롭게 칭송하였다. 이후 통역관들은 다른 집을 방문하면 번거로운 일이 늘어날 것을 걱정하였고, 습관적으로 서 진사 집만을 찾게 되었다."[108]라고 설명하였다. 박제가는 시에서 "무녕(撫寧) 서 진사, 동국 사신이 한 번 만났었네. 오래된 서화(書畫) 그대로 남아있으니, 대를 이어 손님 맞이하네."[109]라고 읊었는데, 이는 조선 문인들이

104) 김정중(金正中), 『연행록』, 『연행록전집』 제75책, 105~106쪽.

105) 이덕무, 『청장관전서(青莊館全書)』 권11, 『한국문집총서(韓國文集叢刊)』 제257책, 제197쪽. 高麗客到古驪城, 賢主華堂把臂迎. 惜別深杯傾細細, 鵝黃名酒出南京.

106) 박지원, 『열하일기』, 제85쪽.

107) 채제공(蔡濟恭), 『번암집(樊岩集)』 권13, 『한국문집총간』 제235책, "楣頭日照黃金字, 半是親王手自書." 제249쪽. "傳家舊有百家書, 貫月虹光夜照閭."

108) 박지원, 『열하일기』, 제86~87쪽.

서 진사 집을 방문한 이유를 가장 적절하게 요약해 주는 말이다.

3.2. 풍윤현(豊潤縣)에 있는 곡씨 가문

풍윤의 곡씨(谷氏) 가문은 18세기 조선의 연행사들이 빈번하게 방문했던 장소이다. 을해년(1695) 홍수주(洪受疇)가 지은 「곡도신에게 드리다[贈谷韜臣]」 시문에는 당시 곡도신이 조선 사신을 성대히 접대하자 "그대 참으로 풍류 남아로다, 나를 이끌고 몇 층 누각에 오르려는가? 옥전 가까이 자손 번성하니, 대를 이어 금곡 같은 부는 제후도 능가하네."[110]라고 읊으며 칭송하였다. 이때부터 풍윤 곡씨 가문을 방문하는 것은 조선 사신단의 관례로 정착되었으며, 주요한 사례는 다음과 같다.

정축년(1697년), 최석정(崔錫鼎)은 「풍윤 곡수재(谷秀才)의 '곤(鵾)' 운에 차운하다[次豐潤谷秀才鵾韵]」를 지었다.[111] 신사년(1701년), 강현(姜鋧)이 중국에 사신으로 파견되어 풍윤현의 곡씨 집안을 방문했을 때, 곡씨 가문의 인사들과 시를 주고받으며 「풍윤 곡일지(谷一支)의 운에 차운하다. 2수[次丰润谷一支韵二首]」[112]를 지었다. 무술년(1778년), 조선 사절단이 북경으로 가던 중 5월 10일 풍윤현에서 심염조(沈念祖), 이덕무 등이 곡응태(谷應泰)의 오대손 집에 머물며 필담을 나누었다.[113]

조선 사신들이 풍윤현의 곡씨 집을 자주 찾은 주된 이유는 곡씨 가문의 선조 곡응태가 저술한 『명사기사본말(明史紀事本末)』때문이다. 이 책은 조선 문단에 상당한 영향을 미쳤으며, 사신단 문인들은 이를 통해 곡씨 가문에 대해 깊은 관심을 갖게 되었다. 『명사기사본말』은 『사고진시총목』에서도 "그 배열 순서와 편성이 상세하면서도 간략하고 적당하며, 수미가 질서정연하다. 한 세대의 사실에 대해 지극히 정통하다."[114]라는 평가를 받으며, 높은 사료적 가치를 인정받았

---

109) 박제가, 「燕京雜絶贈別任恩叟姊兄, 追憶信筆, 凡得一百四十首」(제15수), 『정유각집(貞蕤閣集)』「정유각사집(貞蕤閣四集)」, 『한국문집총간』 제261책, 제550쪽. 撫寧徐進士, 東人遇一過. 猶存舊書畫, 迎送世其家.

110) 姜鋧, 『간양록(看羊錄)』, 『연행록전집』 제30책, "知君自是好風流, 携我同登第幾樓? 地近玉田生有子, 家傳金谷富傾侯."

111) 최석정(崔錫鼎), 『명곡집(明谷集)』 권5, 『한국문집총간』 제153책, 제524쪽을 참조하였다.

112) 강현(姜鋧), 『간양록(看羊錄)』, 『연행록전집』 제30책, 제39~40쪽.

113) 이덕무, 『입연기(入燕記)』, 『연행록전집』 제57책, 제262~263쪽.

114) 『사고전서(四庫全書)』 연구소 정리, 『흠정사고전서총목(欽定四庫全書總目)』, 중화서국(中華書局), 1997년, 제683쪽.

다. 이에 곡씨 집은 조선 사신단의 필수 방문지가 되었다.

이 책은 명나라의 역사를 상세히 기록하였을 뿐만 아니라 명나라의 특별한 '시대(侍大)'와 '보은'에 대한 조선의 각별한 애정도 담고 있어서 조선 문인들의 큰 관심을 끌었다. 『명사기사본말』이 조선에 유입된 이후, 18세기 조선 문인들은 저술과 논설을 집필할 때 이 책을 빈번하게 인용하였으며, 이에 따라 곡응태(谷應泰)의 이름이 조선 문단에 널리 알려지게 되었다. 김창업의 『노가재연행일기』「12월 19일」 조에는 곡응태의 『명사기사본말』 중 오삼계가 이자성을 격파한 사적이 다수 인용되어 있다.[115] 이의현(李宜顯) 또한 『경자연행잡지(庚子燕行雜識)』에서 "곡응태는 『명사기사본말』을 편찬하였으니, 이 저술로 명성을 얻었다."[116]라고 기술하였다. 이를 통해 조선 사신단의 다수 문인들이 곡응태를 인지하고 있었음을 확인할 수 있다.

상술한 인물과 저작에 대한 각별한 관심으로 인해, 연행 사신들은 풍윤현을 경유할 때마다 곡응태 가문의 후손들을 적극적으로 방문하였다.

곡응태의 후손들과 교류할 때, 조선 사신들은 일관되게 『명사기사본말』의 편찬 경위와 곡응태의 생애에 관한 세부적 사실들을 문의하였는데, 이는 조선 문인들의 곡응태에 대한 학문적 관심을 단적으로 보여주는 사례라고 할 수 있다. 이덕무의 『입연기』에는 이러한 교류 상황이 다음과 같이 상세히 기술되어 있다.

> 서장관이 또 주인을 불러 필담을 나누었는데, 이 사람은 임창(霖蒼) 곡응태의 오대손이다. 『명사기사본말』에 대해 물으니 오랫동안 찌푸리고 뜸을 들이다가 "선조께서 이 책을 쓰시다가 화를 입으셔서 판본을 없애 버렸기 때문에 이 책은 세상에 나올 수 없습니다."라고 말하였다.[117]

즉, 곡응태(谷應泰)가 편찬한 『명사기사본말』은 명말 역사와 긴밀히 연계된 저작으로 조선 문인들의 지대한 관심을 불러일으켰다. 이에 따라 그의 거처였던 풍윤의 저택과 후손들은 조선 사신단의 연행 경로상 필수적인 방문처로 자리매김하게 되었다.

---

115) 김창업, 『노가재연행일기』 권2, 『연행록전집』 제32책, 제479~480쪽.

116) 이의현(李宜顯), 『경자연행잡지(庚子燕行雜識)』, 『연행록전집』 제35책, 제362쪽.

117) 이덕무, 『입연기(入燕記)』, 『연행록전집』 제57책, 제262~263쪽. 書狀又召主人筆談, 此谷霖蒼應泰之五代孫也。問《明史紀事本末》, 則嚬蹙良久, 乃曰 : "先祖坐此書被禍, 故毁板, 不行於世。"

3.3. 삼하현(三河縣)에 있는 손유의(孫有義)의 집

삼하현에 있는 손유의 집은 조선 사절단 문인들이 자주 찾던 곳이었다. 이를 통해 손유의는 홍대용, 박제가, 박지원 등 조선 학자들과 친분을 쌓을 수 있었다. 그와 조선 사신들의 인연은 홍대용과의 교류에서 비롯된다. 1766년(병술년), 홍대용과 용주 손유의는 삼하현에서 만나 교류했다. 이별할 때, 둘은 서신으로 연락을 지키기로 약속했으며, 홍대용과 손유의가 주고받은 편지 18통이 현재까지 전해지고 있다.

홍대용(洪大容)은 「추루에게 보내는 편지」에서 "삼하현성(三河縣城)의 거인(擧人) 손유의(孫有義)와 태원(太原)의 등사민(鄧師閔) 두 분은… 저와 한 번 만나고 뜻이 통하였으며, 남은 정이 깊어 지금까지 이어지고 있습니다. 사행(使行) 때마다 꾸준히 서신을 교환하였으며, 매년 소식을 전하기로 약속하여 영원히 우의를 잊지 않기로 하였습니다."[118]라고 적었다. 이를 통해 조선 사신들이 삼하현의 손유의에게 편지를 전달하는 관행을 분명하게 알 수 있다. 더불어 홍대용이 청나라 문인들에게 보낸 서신들은 조선 사신들을 통해 먼저 손유의에게 전달된 후, 손유의가 다른 청나라 문인들에게 중계하는 방식으로 전해졌다. 엄성의 형인 엄과(嚴果)가 홍대용에게 보낸 편지에는 "금년 봄 갑자기 도문(都門)에 머물던 객이 항주로 돌아왔을 때, 삼하현의 손용주(孫蓉洲) 선생이 편지를 가지고 왔습니다. 그 안에는 족하께서 지난 겨울에 보내신 친서 한 통이 들어 있었습니다."[119]라고 기록되어 있어서 이 서신이 조선을 거쳐 손유의에게 전달된 뒤 다시 엄과에게로 전달되었음을 알 수 있다. 반대로 청나라 문인들이 홍대용에게 보낸 편지는 손유의에게 먼저 전달된 후, 손유의가 조선 사신들에게 부탁하여 조선으로 가져오는 방식이었다. 홍대용의 「손용주에게 답하는 편지[答孫蓉洲書]」에는 "용주 존우(尊友)께 아뢥니다. …늦가을에 공사(公使)가 돌아올 때 이무관(李武官)을 통해 정월 25일자 서한과 절서(浙西)에서 보낸 봉함을 모두 수령하였습니다."[120]라고 기록되어 있는데, 이를 통해 절강 지역의 편지가 손유의를 경유하여 조선 사신 이덕무(李德懋)에 의해 홍대용에게 전달되었음을 알 수 있다.

홍대용과 손유의는 밀접한 서신 교류를 나눴을 뿐만 아니라 손유의가 중간 매개자로 활약하며 홍대용이 다른 청문사들과 편지를 주고받을 수 있도록 도왔다. 이로 인해 삼하현에 있는 그의

---

118) 홍대용, 「與秋庫書」, 위의 책, 제114쪽. 三河縣城裏擧人孫有義、太原鄧師閔二人, ……與弟一見許心, 餘情戀戀。往歲使行, 各有書信。已約逐歲嗣音, 永不相忘.

119) 「嚴果與洪大容書」, 『중사기홍대용수찰첩(中士寄洪大容手札帖)』 6, 한국 숭실대학교(崇實大學) 기독교박물관 소장, 제392~393쪽.

120) 홍대용, 「答孫蓉洲書」, 홍대용, 『담헌서(湛軒書)』 외집 권1, 『한국문집총간』 제248책, 제123~124쪽.

거처는 필연적으로 조선 사절단 문인들이 자주 찾는 장소가 될 수밖에 없었다. 또한 손유의도 조선 벗들에게 편지를 보내기 위해 조선 사절단 문인들을 자주 만났다.

3.4. 북경의 유리창

18세기 중후반 북경 유리창은 중한 문인 교류의 핵심 공간으로 부상하였다. 조선 사신단은 북경 입성 후 반드시 유리창을 찾아 청나라 문인들과의 교류를 이어갔으며, 이곳에서 이루어진 양국 문인들의 교류 사례는 다음과 같다.

병술년(1766년) 홍대용은 유리창에서 감생(監生) 장본(蔣本)·주응문(周應文), 흠천감(欽天監) 박사 장경(張經), 금사(琴師) 유생(劉生) 등을 차례로 방문하였다.[121] 또한 '지기 삼우(三友)'로 불리게 될 엄성·반정균·육비와는 유리창의 건정동에서 여러 차례 필담을 나누었다. 계묘년(1783년)에는 홍인모(洪仁謨)가 청인 노훤(盧烜), 경술년(1790년)에는 박종선(朴宗善)이 풍신은덕(豐紳殷德)과 각각 유리창에서 만났다.

유리창이 양국 문인 교류의 주요 장소로 부상한 이유는 크게 두 가지이다.

첫째, 건륭·가경 시기 유리창은 청나라 수도 문화의 상징적인 장소로 청나라 문인과 조선 사신 모두가 적극적으로 방문하게 되면서 자연스럽게 중한 문인들의 만남이 이루어질 수 있는 환경이 조성되었다.

유리창은 도시 건설 초기부터 건륭제 시대에 이르기까지 점차 매우 번영한 문화 시장으로 발전했으며, 서점이 밀집해 있는 독특한 풍경이 가장 큰 특징이다. 손전기(孫殿起)는 『유리창소지(琉璃廠小志)』에서 "유리창은 본래 요나라 시절 도성 동쪽 외곽의 작은 마을이었다. 원나라 때 이곳에 유리요(琉璃窑)가 세워지면서 지금의 이름이 유래되었다. 청나라 건륭제 이후 이곳은 점차 번화한 시장으로 발전했는데, 서점을 경영하는 상인들이 많았다. 이어 골동품, 서예, 문구, 종이 등의 상품 거래가 활발했으며, 이 외의 상품은 거의 없었다. 옛날 도서관 제도가 시행되지 않았던 시절, 문인들은 필요한 책을 이곳에서 거의 다 구할 수 있었다. 또한 각지에서 도성의 과거시험에 응시하러 온 문사들도 모두 이곳으로 모여들었다. 이렇게 유리창은 자연스럽게 문화의 중심지로 자리 잡았고, 수도뿐만 아니라 전국적으로도 그 명성이 자자하게 되었다."[122]라고

121) 홍대용, 『담헌연기(湛軒燕記)』, 『연행록전집』 제42책, 제32쪽, 제128쪽, 제138쪽.

122) 孫殿起 편집, 『琉璃廠小志』, 제1쪽. "琉璃廠, 遼時京東附郭一鄉村耳。元於其地建琉璃窑, 始有今名。清乾隆後漸成喧市, 特商賈所經營者, 以書鋪爲最多, 古玩、字畫、文具、箋紙等次之, 他類商品則甚少。舊時圖書館之制未

말하면서 유리창에는 서점이 가장 많은데, 마치 민간 도서관과 같아서 문사들이 그 안을 끊임없이 왕래했다고 밝혔다.

유리창 문화의 번성은 자연히 많은 청나라 문인들의 눈길을 끌었으며, 건륭제 때에는 다양한 문인들이 많이 모여드는 장소가 되었다. 이곳을 왕래하는 사람 중에는 『사고(四庫)』의 관신(館臣)과 청나라의 서상(書商)들이 많았다. 옹방강(翁方綱)의 『복초재시주(復初齋詩注)』에는 "건륭 계사년(1773년)에 『사고전서(四庫全書)』 편찬관이 열렸다. …… 매일 아침, 여러 신하들이 관에 들어가면 큰 주방이 마련되어 차와 밥을 제공하였다. 오후에는 각자 거처로 돌아가 자신이 교열한 책과 고증이 필요한 전적에 대해 상세히 서목(書目)을 정리한 후 유리창(琉璃廠)의 서점을 찾아갔다. 당시 절강(浙江) 출신의 서적상들이 경성에 모여들었는데, 서점 중에서는 오류거(五柳居)와 문수당(文粹堂)이 가장 유명하였다."[123]라는 기록이 있다. 유리창의 서점은 장서가 풍부하여 『사고(四庫)』 관원들이 어떤 책을 교열(校閱)하거나 전적을 고증할 때 거의 꼭 들르는 곳이 되었다. 유리창은 또한 청나라의 수재들과 거인 등이 많이 머물던 장소이기도 했다. 유리창 근처에는 사천신회관(四川新會館), 안휘회관(安徽會館), 호광회관(湖廣會館) 등 많은 회관이 있었다. 이 장소들은 매년 대비과(大比)가 있을 때마다 과거시험을 보러 온 문인들에게 편리한 숙식을 제공하였다.[124] 유리창은 여러 회관과 인접해 있었기 때문에 자연히 과거를 보러 온 문인들이 학문을 교환하고, 책을 찾아보거나 구매하는 데 있어 가장 좋은 장소가 되었다. 조선의 홍대용은 『담헌연기(湛軒燕記)』 「유리창」에서 "유리창은 정양문 밖에서 서남쪽으로 5리 떨어져 있는데, 유리창과 가까운 곳의 길 양쪽에는 점포가 늘어서 있다. 동서에 여문(閭門)을 설치하고, '유리창'이라는 편액을 걸어서 이것이 시장 이름이 되었다. 시중에는 서적, 비판(碑版), 정이(鼎彝), 골동품이 많았고, 대체로 기완(器玩)과 잡동사니를 파는 사람은 대부분 과거를 보러온 남쪽 지방의 수재들이 많아서 이 시장을 돌아다니는 사람 중에는 종종 명사들이 있었다."[125]라고 기록하였다. 유득공도 『연대재유록』에서 "과거를 보는 해에는 각 성의 거인들이 도문에 운집하여 유리창 안에서

行, 文人有所需, 無不求之廠肆。外省士子入都應試, 亦皆趨之若鶩。蓋所謂琉璃廠者, 已隱然爲文化之中心, 其地不特著聞於首都, 亦且馳譽於全國也。"

123) 위의 책, 제32쪽. "乾隆癸巳開《四庫》館, ……每日清晨, 諸臣入院, 設大厨, 供茶飯。午後歸寓, 各以所校閱某書應考某典, 詳列書目, 至琉璃廠書肆訪之。是時, 浙江書賈奔輳輦下, 書坊以五柳居、文粹堂爲最。"

124) 王治秋, 『琉璃廠史話』, 三聯書店, 1963년, 제18~19쪽.

125) 홍대용, 『湛軒燕記』, 『연행록전집』 제42책, 제350쪽. "廠在正陽門外西南五里, 而近廠夾道而爲市鋪。東西設閭門, 扁曰'琉璃廠', 蓋因以爲市號云。市中多書籍、碑版、鼎彝、古董, 凡器玩雜物爲商者, 多南州秀才應第求官者, 故遊其市者, 往往有名士。"

많이 노닐었다. 그들과 말을 하다가 종종 마음이 맞는 자를 만나기도 하였다."[126]라고 기록하였다. 이를 통해 북경의 유리창 상점에는 골동품과 서적뿐만 아니라 청나라 거인(擧人)과 수재 등도 많이 있었음을 알 수 있다.

유리창의 조선에서의 미명(美名)은 조선 문인들도 매료시키며, 이곳에서 걸음을 멈추고 구경하게 만들었다. 박지원은 『열하일기』에서 유리창은 일부 조선 문사들의 마음속에 있는 "중국의 장관(中華壯觀)"[127] 중 하나라고 제기하였다. 조선의 문인들은 예전부터 줄곧 많은 글을 통해 유리창의 천태만상(世態萬象)을 마음껏 묘사해 왔는데, 이로 인해 18세기 "연행록"에는 북경의 유리창에 대한 기록이 곳곳에 많이 실리게 되었다. 이의현의 『임자연행잡지(壬子燕行雜識)』, 홍대용의 『담헌연기(湛軒燕記)』, 이갑(李坤)의 『연행기사(燕行記事)』, 이덕무의 『입연기(入燕記)』, 박지원의 『열하일기』, 서호수의 『연행기(燕行記)』, 유득공의 『난양록(灤陽錄)』, 김정중의 『연행록』 등에는 모두 유리창에 대한 다채로운 묘사가 기록되어 있다. 일부 조선 문인들은 유리창에 관한 시도 많이 썼는데, 이만수(李晩秀)의 「유리창」, 조수삼(趙秀三)의 「유리창」 등을 예로 들 수 있다.[128]

그 결과 유리창의 번성, 특히 "서가에 가득한 책들을 눈으로 밭 갈듯 읽어나가네."[129]라는 것이 조선에서 널리 알려지게 되었고, 이는 훗날 북경으로 출사하는 조선 문인들의 유리창 관람에 대한 의욕을 불러일으켰다. 18세기 중기부터 유리창은 조선 문인들에게 인기 있는 관람 장소가 되었다. 종합하면, 유리창은 중한 문사들의 동경을 받으며 문사들이 끊임없이 몰려들었고, 양국 문사들이 우연히 만날 수 있는 최적의 장소로 자리 잡게 되었다.

둘째, 18세기 북경의 유리창과 그 주변 지역은 청나라 명사들이 자주 머물던 곳이었다. 북경을 방문한 조선 문인들은 이 지역에 거주하는 청나라 사람들을 자주 찾아다녔다. 이는 유리창이 중한 문인 교류의 중요한 장소로 자리 잡을 수 있었던 주요 원인 중 하나이다.

일찍이 순치 연간에 청나라 통치자들은 만족과 한족의 잡거로 인한 갈등을 해결하기 위해 북경에서 만주족과 한족의 거처를 분리하는 정책을 취하였고, "무릇 한족 관리 및 상인 등은

126) 유득공, 『연대재유록(燕臺再遊錄)』, 臺灣廣文書局) 1968년, 제29~30쪽. "係大比之年, 各省擧人雲集都門, 多遊廠中。與之言, 往往有投合者。"

127) 박지원, 『열하일기』, 제60쪽

128) 이만수(李晩秀), 『극원유고(屐園遺稿)』 권12, 『한국문집총간』 제268책, 제551쪽과 조수삼(趙秀三), 『추재집(秋齋集)』 권5, 『한국문집총간』 제271책, 제442쪽을 참조하였다.

129) 서명응(徐命膺), 『보만재집(保晩齋集)』 권제2, 『한국문집총간』 제233책, 제104쪽. 圖書充棟可目耕

모두 남성(南城)으로 이주한다."라는 명령을 반포하였다.[130] 이로 인해 외성에 위치하고 있던 유리창과 그 주변 지역은 상업과 문화 번영 등의 이유를 들어 명성이 자자한 많은 문사들을 끊임없이 끌어들여 이곳에 정착하도록 만들었는데, 오위업(吳偉業), 공정자(龔鼎孶), 왕사정(王士禛), 주이존(朱彝尊), 고사립(顧嗣立) 등을 예로 들 수 있다. 18세기에 들어와서도 유리창과 그 주변 지역에는 한족 관리나 청나라의 유명한 한족 문인들의 거처가 여전히 많이 모여있었다. 기윤의 집은 "정양문(正陽門) 밖 유리창 뒤에 있는 회동관(會同館) 골목에 있었고"[131], "(당낙우의) 집은 유리창의 선월루(先月樓) 남쪽에 있었다."[132]. "(나빙은) 만년에 부처님을 봉양하며 아들 윤찬을 데리고 유리창의 관음각에서 지냈고"[133], "(손성연은) 처음에 유리창의 다리 서쪽에 세 들어 살았으며"[134], "축덕린의 집은 유리창 남쪽의 위염(魏染) 골목에 있었다."[135] 등이다. 또한, 상술한 청나라 문사들은 본래도 중국에 온 조선 문사들과 교류가 많았기 때문에 유리창과 그 인근 지역에 있는 이들의 거처도 자연히 조선 문인들이 자주 찾는 장소가 될 수밖에 없었다. 손성연(孫星衍)은 자신이 유리창에서 생활할 당시 박제가를 비롯한 조선 문인들이 자주 방문했었다고 언급하면서 "나는 처음에 유리창 다리 서쪽에 세 들어 살았는데, ……나중에 손공원(孫公園)으로 옮겨 집을 넓혔고, 명사들이 모이는 장소가 되었다. 매해 조선 사신들이 오면 반드시 문을 열고 맞이하였다."[136]라고 말하였다.

종합해보면, 중한 문인들이 북경 유리창을 빈번히 방문한 것과 일부 청나라 문인들이 유리창 일대에 거주한 사실로 인해 유리창은 양국 문인들이 정기적 만나는 고정된 장소 중 하나가 되었다.

한편 현존하는 자료에 따르면, 18세기 조선에서 발생한 중한 문인 간의 교류가 적은 이유는

130) 『청세조실록(清世祖實錄)』 권40 「순치 5년 8월 신해(順治五年八月辛亥)」, 『청실록(清實錄)』 제3책, 중화서국(中華書局), 2008년.

131) 서호수(徐浩修), 『연행기(燕行記)』, 『연행록전집』 제51책, 제121쪽. "正陽門外琉璃廠後會同館衚衕"

132) 박장암(朴長馣), 『호저집(縞紵集)』 상, 권1, 제47쪽. "(唐樂宇)家在琉璃廠之先月樓南"

133) 성해응(成海應), 「題羅兩峰「蘭」後」, 성해응(成海應), 『연경재전집(研經齋全集)』 「속집(續集)」 제16책, 『한국문집총간』 제279책, 제412쪽. "(羅聘)晚年奉佛, 携子允纘流寓琉璃廠之觀音閣"

134) 손성연(孫星衍), 『손연여선생전집(孫淵如先生全集)』 권6, 청 가경 각본(清嘉慶刻本). "(孫星衍)始僦居琉璃廠橋之西"

135) 이덕무, 『입연기(入燕記)』, 『연행록전집』 제57책, 제298쪽, 제305~306쪽.

136) 손성연(孫星衍), 『서당문자(書堂問字)』 시서(詩序), 손전기(孫殿起) 편집, 『유리창소지(琉璃廠小志)』 제327쪽. "予始僦居琉璃廠橋之西, ……後移寓孫公園, 小拓屋宇, 爲諸名士燕集之地。每歲朝鮮使臣至, 必款門投刺。"

크게 두 가지이다.

첫째, 조선에서 중한 문사들이 개인적으로 접촉하고 교류하는 것이 상당히 어려웠다. 이는 홍대용의 『건정동필담(續)』에 수록된 관련 기록을 통해 확인할 수 있다.

> 내가 "형님들께서 사신이 되어 우리나라에 오셔도 그 만남의 불편함은 오늘보다 열 배나 많을 것입니다. 지금부터 영원히 헤어지는 것 외에 다른 방법은 없습니다."라고 말하니, 기잠(起潛)이 "이와 같은 것은 대국을 존중하는 것인가요 아니면 본국을 방비하는 것인가요?"라고 물어서 내가 "두 가지 뜻이 모두 있습니다. 사신으로 온 자는 삼사일 동안 관사에 머물다가 바로 돌아가며, 밖에 나가 외유한 사례가 없습니다. 우리는 관리와 평민을 막론하고 모두 공적인 일이 아니면 감히 관사에 들어갈 수 없습니다."137)

홍대용은 육비에게 당시 사신으로 조선에 온 청인들이 조선 문사와 접촉하기가 쉽지 않았다고 지적하였다. 청나라에 대한 존중과 자국 방어의 필요성으로 인해, 조선을 찾은 청나라 사신들이 한가롭게 외출한 사례는 없었다. 조선의 문인들은 관원이든 일반 백성이든 공적인 일이 아니라면 청나라 사신들에게 접근하기 어려웠다. 성해응은 『초사담헌(草榭談獻)』에서 이경류(李慶流)가 청나라 부칙(副敕) 오달성(吳達聖)을 만나려 했으나 나라의 금령으로 거절된 사례를 다음과 같이 기술하였다.

> 영종(英宗) 임신(壬申)년, 청나라 부칙 오달성이 왔는데, 그의 본관은 강남(江南)이고, 또 나이가 서로 같았다. 이씨가 달성을 만나고자 했는데, 어떤 이가 그 일은 매우 기괴하며 또한 나라에서 금하는 일이라고 하니 곧 멈추었다.138)

이를 통해 조선에서 중한 문사들이 만나서 교류하는 일은 청나라에서보다 더 어려웠음을 알 수 있다.

둘째, 청나라 문인들의 조선 내 교류 활동, 즉 한시 창화 등이 청나라의 관련 규정에 의해

---

137) 홍대용, 『담헌서(湛軒書)』 외집 권3, 『한국문집총간』 제248책, 제169쪽. 余曰：“令兄輩奉使來東，其會面之非便，十倍於今日。從此永別之外，無他策矣。”起潛曰：“如此尊大國耶，抑防閑本國耶？”余曰：“兩意俱存。奉使者留館三四日即歸，無出外閑行之例。吾輩無論官人與白身，皆非公事，不敢進。”

138) 성해응(成海應), 『연경재전집(研經齋全集)』 권54, 『한국문집총간』 제275책, 제126쪽. 英宗壬申，清副敕吳達聖來，其籍江南也，又年甲相符。李氏欲見達聖，或曰其事靈怪，且邦禁也，不可而止。

금지된 것으로 추정된다. 이는 이상봉의 『북원록(北轅錄)』 권4에 다음과 같은 기록이 남아있는 점으로 미루어 알 수 있다.

> (이휘중)이 "3월에 그대가 과거시험에 합격한다면, 훗날 금인(金印)과 옥절(玉節)을 차고 압록강을 건너와 시문을 주고받으며 아름다운 일을 만들 수 있을 것입니다. 그대는 과연 그럴 뜻이 있습니까?"라고 말하니 (호소일)이 답하였다. "우리 사신이 귀국에 가면 관반(館伴)과 시문을 주고받는 것이 관례지만, 본조(本朝)에 들어와서 대개 금령에 막혀 불가능합니다."[139]

청나라 사람 호소일(胡少逸)은 중국 사절이 조선에 오면 조선에서 관반(館伴)을 보내 한시 창화를 나누었으나, 후에 청나라에서 이런 시문 교류를 금지했다고 지적했다.

이러한 두 가지 제약으로 인해 18세기 전반에 청나라가 조선에 파견한 사절단이 48차례나 있었음에도 불구하고, 조선에서 이루어진 양국 문인들의 문학·학술 교류는 극히 드물었다.

제4절 중한 문인 교류의 형식

18세기 중한 문인들의 교유 형식은 이전 양국 문인들의 교유 전통을 계승하였다. 조선의 사료인 『비변사등록』에는 양국 문인들의 주요한 교유 형식이 기록되어 있는데, 다음과 같다.

> 사신이 그 나라에 도착했을 때, 군관이나 서기 등 수행원 중에서 글을 조금이라도 아는 사람이 있다면 반드시 현지 문인을 찾아가는 것을 고상한 일로 여겼다. 혹은 필담으로 교류하거나 시를 주고받으며, 심지어는 상대방의 시와 서문을 구하기도 했다. 사신이 귀국한 후에는 사행이나 역행의 관계로 인해 빈번히 시신을 주고받았다. 상대방은 향과 차를 보내고, 이쪽에서는 종이와 붓을 보내며, 말씨에 예의를 구애받지 않고, 선물을 주고받는 것이 거의 일상적인 일이 되었다. 시간이 지나면서 이러한 풍조가 서로 모방되어 점차 관습이 되었다.[140]

---

139) 이상봉(李商鳳), 『북원록(北轅錄)』 권4, 『연행록선집보유(燕行錄選集補遺)』 상책, 제870쪽. (李徽中)曰 : "三月君倘題雁塔, 則日後可以金函玉節東渡鴨水, 唱酬從頌, 一勝事也。君果有意否 ? "(胡少逸)曰 : "我使至貴邦有館伴唱酬, 其常也。入本朝大概格於禁例, 未能也。"

140) 조선비변사(朝鮮備邊司) 편, 『비변사등록(備邊司謄錄)』 제16책, 제638쪽. 使行到彼時, 軍官、書記諸人中, 或有稍解文字者, 則必以尋訪彼人爲高致, 筆談或唱和, 甚至於求得詩稿弁首之文。及其出來之後, 必因使行、曆

이 글에서 확인할 수 있듯이, 양국 문인 간 교류 형식에는 필담, 창화(唱和), 서문 청탁, 서찰(書札), 예물 증정 등이 있었다. 또한 문학 비평도 당시 교류에서 빼놓을 수 없는 중요한 형식 중 하나였다. 다음에서는 상기 여섯 가지 교류 형식을 중심으로 상세히 고찰하고자 한다.

1 중한 문인의 필담과 구담(口談)

18세기 중한 문인 교류에서 필담은 가장 주요한 형태였으며, 이 시기 교류는 주로 필담으로 이루어졌고 구두 대화는 드물었다.

중국과 조선 문사들은 구어로 소통할 수는 없었으나, 중국 문화권의 영향을 받은 조선 문인들은 한자에 능통했다. 이에 양국 문인들은 통역보다는 필담 방식을 선호하였다. 윤순(尹淳)은 이 형식을 시로 형상화하면서 "나라는 서로 다르나 오래된 벗 같고, 글자로 통하니 가벼운 입말을 대신하네."[141]라고 읊었다. 그 까닭은 첫째, 필담은 통역을 거치는 것보다 직접적이고 매끄러운 소통이 가능했기 때문이다. 서유문은 "타인의 전언보다 내 글로 마음을 전하는 것이 낫다."[142]고 하였다. 둘째, 중국 문인과의 깊은 대화에서는 시휘(時諱)를 언급할 때 통역관의 존재가 불편하였으며, 외부인이 없으면 그들의 교유 내용을 비공개로 할 수 있었기 때문이다. 셋째, 필담지는 다른 조선 문인들에게 교유 사실을 알리는 매체로도 활용될 수 있었는데, 주문조의 『일하제금집』에는 다음과 같은 기록이 있다.

> 김군과 홍군 이 두 사람이 자주 내 처소를 찾아와 종일토록 담론하니, 흰 전지(全紙)로 일곱 여덟 장 혹은 십여 장을 다 써버리곤 하였다. 돌아갈 때면 반드시 간직해 갔는데, 물으니 "반드시 삼사의 대인께 보여드리려 합니다."라고 하였다. 그러므로 우리들이 나눈 이야기는 이른바 '세 분 대인'께서 모르시는 바가 없었다.[143]

行, 往復書札, 彼以香茶, 此以楮管, 語言不擇於忌諱, 贈遺殆同於饋問, 互相效尤, 轉輾成習。

141) 윤순(尹淳).「楡關」,『백하집(白下集)』 권1,『한국문집총간』 제192책, 제198쪽. 异類人情逢宿面, 同文筆話替輕唇.

142) 서유문(徐有聞),『무오연행록(戊午燕行錄)』,『연행록전집』 제62책, 제214쪽.

143) 주문조(朱文藻) 편,『일하제금집(日下題襟集)』「김수재(金秀才), 엄성 찬, 주문조(朱文藻) 편,『철교전집(鐵橋全集)』 제4책. 金、洪二君頻來寓舍, 每談竟日, 白全帖子盡七八紙或十餘紙。至其歸時, 必藏弆而去。問之, 則云必與三大人看也, 故凡我輩所談, 所謂三大人者無不知之。

엄성은 조선 사절단의 삼사 대인이 김재행과 홍대용이 가져간 필담지로 교류 내용을 알았다고 전했다. 조선 문인들은 통역사를 통해 청나라 문인과 교류하기도 했으나, 이때는 대개 금기시하는 주제를 피하였다.

필담과 통역 외에 중국어에 능한 조선 문인들은 구담(口談)도 사용했다. 이전수, 이만수, 장우령이 심양에서 교류할 때 구담을 필담의 보조 수단으로 삼았는데, 그들의 필담 기록인 『만천록(萬泉錄)』에는 "무릇 글로 묻고 답하는 것이 필담이다."[144]라고 적혀있다.

『만천록』을 살펴보면, 18세기 중한 문인의 구담 형식은 두 가지 특징을 갖고 있다. 첫째, 구담 내용은 대체로 인사나 간단한 대화였으며, "선생님은 민가(民家)입니까, 기하(旗下)입니까?"라고 물으니 "기하입니다."라고 대답하였고, "나머지 두 사람의 이름과 나이를 묻습니다.", "저 역시 나이를 묻습니다." 등이 있었다.[145] 중국어에 능한 조선 문인들은 청나라 문인과 구어로도 교류했다. 이전수, 이만수, 장우령이 심양에서 구담을 필담의 보조 수단으로 사용한 것이 대표적이다. 다만 학술 논의 등 복잡한 내용은 필담에 의존했다. 둘째, 조선 사신의 구담 대상은 청나라 북방 문인으로 한정되었는데, 이는 남방 문인의 사투리가 이해하기 어려웠기 때문이다.

> 나는 예전부터 외유할 뜻이 있어서 대략 번역된 여러 서적을 보면서 그 말을 익힌 지 여러 해가 되었다. ……북경에 있을 때, 거리를 돌아다니며 상황에 맞게 대응하다 보니 음운에 더욱 익숙해졌다. 그러나 문학적으로 심오한 말이나 남쪽 지방의 문사들과 대화할 때는 어리둥절하여 마치 귀머거리나 벙어리가 된 듯했다.[146]

이후 홍대용은 엄성, 반정균(潘庭筠)과의 제5차 필담에서도 남쪽의 발음이 알아듣기 어려워서 남측 인사들과 말로 대화하지 못한 것에 대한 아쉬움을 지적하면서 다음과 같이 말하였다.

> 나는 또 두 선생을 향해 "경내(북경) 사람, 그 사람들의 말은 저도 이해합니다. 그들도 제가 한 말을 이해합니다. 두 분이 하신 말씀은 정말 하나도 모르겠습니다."라고 말하였다. 두 선생이 알아듣지 못하였는데, 노복이 알아듣고 다시 내 말을 분명하게 말해줘서 두 선생이 비로소 이해하였다. 역암이 웃으며 "남만(南蠻)의 격설(鴂舌)이라네."라고 말했는데, 나도 알아듣고 웃었다.[147]

---

144) 이전수(李田秀), 『농은입심기(農隱入瀋記)』, 『연행록전집』 제30책, 제198쪽.

145) 위의 책, 제199쪽.

146) 홍대용, 『담헌연기(湛軒燕記)』, 『연행록전집』 제42책, 제242쪽. 余宿有一遊之志, 略見譯語諸書, 習其語有年矣。……其在北京, 則周行街巷, 隨事應酬, 音韻稔熟。惟至文字奧語及南邊士人, 則茫然如聾啞也。

홍대용은 북경 사람들과는 구두로 대화할 수 있었으나, 남쪽 사람인 엄성, 반정균과는 구두 교류가 불가능했음을 지적했다. 엄성이 스스로를 "남만의 격설"이라 조롱한 것도 남북 방언 차이를 잘 보여준다. 필담 기록을 종합해 볼 때 다음과 같은 결론을 내릴 수 있다.

① 18세기 조선과 청 문인 간의 교류를 보여주는 필담 기록은 총 203건에 달한다. 이 중 18세기 중반 이전의 필담은 58건(28.6%)에 불과하지만, 중반 이후에는 145건(71.4%)으로 급증하였다. 특히 1780년대 이후에는 82건(40.4%)이 확인되며, 이는 양국 문인 간 필담이 주로 18세기 중후반, 특히 1780년대 이후 더욱 활발히 전개되었음을 보여준다.

② 18세기 조선과 청나라 문인 간의 필담 기록은 연행록에 산재해 있는데, 주로 11종의 연행록에 집중적으로 기록되어 있다. 이 중 민진원(閔鎭遠)의 『연행록』, 김창업의 『노가재연행일기』, 이기지(李器之)의 『일암연기(一庵燕記)』, 남태제(南泰齊)의 『초자록(椒蔗錄)』, 이상봉(李商鳳)의 『북원록(北轅錄)』, 홍대용의 『건정필담(乾淨筆譚)』, 박지원의 『열하일기』, 이전수(李田秀)의 『농은입심기(農隱入瀋記)』, 심낙수(沈樂洙)의 『연행일승(燕行日乘)』, 서호수(徐浩修)의 『연행기(燕行記)』, 서유문(徐有聞)의 『무오연행록(戊午燕行錄)』이 대표적이다. 반면, 청나라 문인의 문집에서는 위원추(魏元樞)의 『여아주선집(與我周旋集)』 시권 1, 2에 기록된 위원추와 조선 문사 윤현동(尹顯東)의 필담 기록만을 확인할 수 있었다.

이러한 차이는 다음 두 가지 이유에서 비롯된 것으로 보인다. 첫째, 필담 기록에 청나라에서 금지된 주제가 다수 포함되어 있었기 때문이다. 청나라 사람들은 문자옥(文字獄)에 대한 두려움으로 인해 필담 기록을 보존하는 데 소극적일 수밖에 없었다. 둘째, 조선 문사들은 일반적으로 필담 후 그 내용을 수집하여 정리하는 습관이 있었기 때문이다.

③ 문자의 편폭을 기준으로 볼 때, 18세기 중한 문인 간의 필담 기록 중 가장 상세한 필담 기록 사례는 다음과 같다. 1766년(병술년) 북경에서 홍대용과 '절항삼사' 간의 7차례 필담, 1780년(경자년) 심양에서 박지원과 전사가(田仕可) 등 7인 간의 3차례 필담, 같은 해 열하(熱河)에서 박지원과 왕민호(王民皥) 등 6인 간의 13차례 필담, 1780년 북경에서 노이점(盧以漸)과 박명(博明) 간의 2차례 필담, 1783년(계묘년) 심양에서 이전수(李田秀), 이만수(李晩秀) 형제와 장우령(張又齡) 간의 11차례 필담 등이다. 이러한 사례들은 18세기 80년대 이후가 중한 문인 교류의 절정기라는 추세와 일치한다.

147) 홍대용, 『담헌서(湛軒書)』 외집 권2, 『한국문집총간』 제248책, 제148쪽. 余又向兩生曰 : "京裏的人者呢, 他說的話我懂得。我說的話, 他也是懂得。兩位說的話, 真個都不懂得。"兩生未解聽, 老僕解聽而更以吾言明說之, 兩生始知之。力闇笑曰 : "南蠻鴂舌之人。"余亦解聽而笑。

④ 조선 문인 중 박지원이 청나라 문인과 가장 활발히 필담을 나눴는데, 그는 청나라의 수재(秀才)와 거인(擧人) 18명과 총 23차례의 필담을 주고받았다. 이후 홍대용(20차례), 이휘중(李徽中)·이상봉(李商鳳) 부자(20차례), 이전수 형제(19차례), 유득공(16차례), 김창업(14차례) 순이다. 청나라 문인 중에는 장우령이 이전수 형제와 11차례 필담을 나눈 기록이 가장 두드러진다. 이어 엄성·반정균(각각 홍대용과 7차례), 이정원(이희경 등 4인과 7차례), 기윤(서호수 등 4인과 5차례) 등이 있다. 이들 다섯 명의 청 문인이 조선 문사들과 활발히 교류할 수 있었던 주요 요인은 접촉한 조선 문사가 일반 청나라 문사들보다 많았고, 조선 문인들과의 교류를 적극적으로 원했기 때문이다.

⑤ 필담 참여자들의 신분을 분석한 결과, 조선 문사들은 고위 관료와 명사(名士)가 주를 이루었다. 고위 관료에는 민진원(閔鎭遠, 사은부사), 이철보(李喆輔, 서장관), 이기경(李基敬, 서장관), 이휘중(李徽中, 서장관), 서형수(진하겸사은부사) 등이 포함된다. 명사(名士)는 김창업, 홍대용, 박지원, 서호수(徐浩修), 박제가, 유득공 등이 대표적이다. 반면, 청나라 문사들은 중하위 계층의 문사가 다수를 차지했고, 고위 관료들은 상대적으로 적었다. 주요 인물로는 기윤, 이정원, 반정균, 철보, 박명, 옹방강(翁方綱) 등이 있으며, 이들은 주로 조선의 박제가, 유득공과 필담을 나누었다.

⑥ 중한 문인들의 필담은 내용이 풍부하고, 주제가 폭넓어서 정치, 경제, 군사, 문화, 학술, 종교, 제도 등 다양한 분야를 모두 포함하였다.

2 중한 문인 간의 한시 증여(贈與)

중국 전통 시학은 조선에서 깊은 뿌리를 가지고 있어서 대부분의 문인들이 시사(詩詞) 격률에 능했다. 이들은 청나라 문인과 시문을 주고받으며 실력을 연마했다. 18세기에도 시문 교환은 양국 문인 간 주요 교류 방식으로 우호 관계 유지에 중요한 역할을 했다. 홍양호의 「대 한림에게 보내는 편지(與戴翰林書)」에 관련 기록이 남아있다.

> 임인년, 공행(貢行)에서 많은 은혜를 입었습니다. 시편들이 계속해서 오고 가지 않은 것은 아니지만, 끝내 깨끗하고 고결한 풍모를 얻지 못하여 지금까지도 여전히 마음에 맺혀 있습니다.148)

148) 홍양호, 「與戴翰林書」, 『이계집』 권15, 『한국문집총간』 제241책, 제263쪽. 壬寅貢行, 獲蒙盛眷, 詩篇往復非不聯翩, 而終未得一接淸範, 至今耿結在中。

홍양호는 임인년(1782) 공행에서 시가 왕래와 창화(唱和)가 그와 대구형(戴衢亨)의 관계를 연결하는 가장 중요한 교량이었음을 언급하였다. 또한 그는 「태사씨자서(太史氏自序)」에서 그와 대구형의 친교는 서로 시를 구하거나 증여하는 행위에서 비롯된 것이라고 언급하며, 다음과 같이 말하였다.

> 지난번 연경에 처음 들어왔을 때, 한림수찬(翰林修撰) 대구형(戴衢亨)이 (나의) 이름을 듣고 시와 글씨를 보여 달라고 청해서 기행시 두 편을 써서 보여주었다. 대구형은 "시는 맑고 강건하며, 글씨는 대체로 이북해(李北海)와 흡사합니다."라고 크게 칭찬하였다. 그가 장편의 고시를 보내주어 문방(文房)을 선물로 보냈다.[149]

홍양호가 대구형에게 기행시 2편을 보여주자, 대구형은 그의 문학적 재능을 인정하며 증시로 답했다. 이처럼 시문 증답은 양측의 이해를 깊게 하는 데 기여했다. 18세기에는 중한 문인 간의 한시 증답이 많았으며, 이러한 교류 행위는 연행록과 창화집 등에 많이 남아있다.

한시 증여와 창화가 중요한 교류 형식으로 자리 잡은 이유는 두 가지로 설명된다.

2.1. 창화(唱和)는 양국 문인들의 공통된 문학적 지향이었으며, 이를 통해 '금일의 가화(佳話)'를 이룸으로써 당세(當世)뿐 아니라 후세에까지 전하고자 하였다. 이 같은 인식이 양측 문인들의 시문 교류를 이끈 주요 동기였다. 이는 『연행록』에 다수 기록되어 있으며, 이상봉의 『북원록』 권4에도 관련 내용이 수록되어 있다.

> 호소일(胡少逸)은 또 "한가한 사람으로 더군다나 적막함을 싫어하니 틈만 나면 와서 말씀을 청하겠습니다. 손가락을 꼽아 북경에 머무를 날짜를 헤아리니 아직 한 달여 정도가 남아서 마음껏 담소를 나누고 창화할 수 있겠습니다."라고 말했다. 이휘중(李徽中)이 "족하(足下)께서는 강남(江南)에 있고, 저는 해동(海東)에 있어도 글로써는 서로 어울릴 수 있으니 소위 장자의 '상시막역(相視莫逆)'이라고 할 수 있습니다. 일, 이십일 후에 고국으로 돌아가니 모름지기 며칠 동안이라도 자주 왕래하기를 바라며, 이는 이국의 기이한 일이 되어 후세 자손들이 그 흔적을 따라 흠모하기에 충분할 것입니다."라고 말하였다.[150]

149) 홍양호, 「太史氏自序」, 『이계집』 권18, 위의 책, 제325쪽. 曩時初入燕京, 翰林修撰戴衢亨聞名, 求見詩筆, 乃書示紀行詩二篇。衢亨大加推詡曰 : "詩則清遒老健, 筆則大類李北海。"贈以古詩長篇, 乃以文房爲贄。

150) 이상봉(李商鳳), 『북원록(北轅錄)』 권4, 『연행록선집보유(燕行錄選集補遺)』 상책, 제856쪽. 胡少逸)又言 :

청나라의 호소일(胡少逸)은 이휘중에게 자주 만나 한담하며 창화(唱和)할 것을 청했다. 이휘중도 이를 이국의 특별한 일로 여기며, 후세 자손들도 이런 역사적 사실을 찾을 것이고, 이에 흠모하는 마음이 일어날 것이라고 여겼다. 또 홍양호의 「기 상서에게 보내는 편지(정사년) [與紀尚書書(丁巳)]」에는 다음과 같은 글이 있다.

> 오언절구 여러 편은 운격이 고풍스러워 낭송을 멈출 수가 없습니다. 하물며 전후의 졸필로 가르치시고 손자에게 부쳐서 작은 상자에 보관하여 대대로 전하게 하였으니, 이 얼마나 지극한 뜻이 담겨 있습니까! 나의 손자 조영(祖榮)은 겨우 스무 살로, 문장을 조금 이해하니, 이 아이에게도 이 귀중한 작품을 받아 대대로 이어가는 우호를 다지게 하겠습니다.[151]

위의 인용문에는 홍양호와 기윤이 교환한 시를 후손에게 전하겠다는 뜻과 "대대손손 우호관계"를 다지겠다는 염원이 기록되어 있다.

2.2. 시는 감정을 전달하는 훌륭한 수단이며, 특정 사유로 직접 만날 수 없는 상황에서도 지기에 대한 그리움을 전달할 수 있는 수단이다.

순의군(順義君) 이훤(李烜)의 「철교와 추루에게 드리다[與鐵橋, 秋庫]」에는 "부채에 쓴 한 수의 절구로 얼굴을 대신할 수 있겠지요?"[152], 홍억(洪檍)의 「철교에게[與鐵橋]」에도 "저는 본래 시의 율격에 익숙하지 않고, 억지로 화답할 마음도 없었으나, 간신히 세 수의 절구를 지었습니다. 감히 시라고 할 수는 없으나, 이 외에는 저의 마음을 표현할 방법이 없었기에 감히 드립니다. 묵묵히 이해해 주시고 저의 건방진 행동을 용서해 주시길 바랍니다."[153]라고 하였다. 이상봉의

"身閑, 人且嫌岑寂, 有暇即來請話。屈指駕留京尚有一月, 盡可閑談唱和。"(李徽中)曰 : "足下在江南, 僕居海東, 以文字相與, 即莊氏所謂'相視莫逆'。一兩旬便回故國, 望須間數日頻煩來枉, 以爲殊邦奇事, 則後世子孫足以按迹起慕。"

151) 홍양호, 「與紀尚書書(丁巳)]」, 『이계홍양호전서(耳溪洪良浩全書)』 권16, 제331쪽. 五絶諸篇, 韻格逼古, 莊誦不已。況教以前後拙筆付諸令孫, 使之藏篋而傳家, 此何等至意盛眷耶！賤孫祖榮, 年方弱冠, 粗解文墨, 亦使此兒擎收盛迹, 以修永世之好也。

152) 주문조(朱文藻) 편, 『일하제금집(日下題襟集)』 「순의군(順義君)」, 엄성 찬, 주문조(朱文藻) 편, 『철교전집(鐵橋全集)』 제4책.來扇書一絶, 以之替面可乎

153) 홍억(洪檍), 「與鐵橋」, 주문조(朱文藻) 편, 『일하제금집(日下題襟集)』 「홍집의(洪執義)」, 위의 책. 顧此不嫻詩律, 無心攀和, 廑構三絶, 非敢曰詩, 誠以非此莫可表情. 敢供粲, 唯默諒而恕僭焉.

『북원록』 권4에는 "(이상봉은) 한 말씀을 얻어 동쪽으로 돌아가고자 하니, 덮개를 기울이며 나눈 우정을 잊지 않을 것입니다."[154]라고 적혀있다.

현존하는 18세기 중한 문인들의 창화집(唱和集)으로는 유득공이 편찬한 『병세집(并世集)』과 주문조가 편찬한 『일하제금집』 등을 꼽을 수 있다. 『병세집(并世集)』에는 청나라 학자 44명이 조선 문인에게 선물한 증행시(贈行詩)와 창화시(唱和詩) 87편(시제 기준 통계)이 수록되어 있다. 『일하제금집』에는 청나라 문인 엄성, 육비(陸飛) 등과 조선의 문인 이훤(李烜), 김선행(金善行), 홍억(洪檍), 김재행(金在行), 홍대용 등이 주고받은 시 59편(시제로 통계)이 수록되어 있다. 나머지 중한 문인 간의 한시 교환, 한시 창수, 주고받은 서발문 등은 각각 조선의 사행 일기, 중한 문인 별집, 역사 사료 등에 산재해 있다. 현존하는 18세기 양국 문인 간의 완전한 증시는 부록 3 「18세기 중한 문인 증시 일람표」를 참조할 수 있다. 이 표의 고찰을 통해 다음과 같은 사항을 알 수 있다.

① 18세기 중한 문인 간의 시문 증답은 총 452개의 시제를 기준으로 626수의 시가 작성된 것으로 확인되었다. 이 중 조선 문인이 청 문인에게 보낸 시는 최소 371수이며, 별도로 19세기에 지어진 시 10수가 추가로 확인되었다. 또한, 청 문인이 조선 문인에게 보낸 시는 최소 255수이며, 별도로 19세기에 지어진 시 51수가 추가로 확인되었다. 통계를 통해 18세기 중한 문인 간의 시문 증답이 매우 활발했음을 알 수 있다.

② 18세기 조선 문인 중 박제가가 청 문인과 가장 많은 시문을 주고받았다. 총 236수의 시가 교환되었는데, 박제가가 청 문인에게 보낸 시는 138수, 청 문인이 박제가에게 보낸 시는 56수였다. 이들은 19세기에도 시를 주고받았는데, 19세기에는 박제가가 2수를 보냈고 청 문인은 40수를 보냈다. 홍대용은 18세기에 청 문인과 총 91수의 시를 주고받았다. 이 중 홍대용이 보낸 시는 39수, 청 문인이 보낸 시는 52수였다. 유득공은 18세기에 총 58수의 시를 주고받았는데, 그가 보낸 시는 22수, 청 문인이 보낸 시는 36수였다. 19세기에는 청 문인에게 19수를 보내는 등 지속적으로 시문을 교환하였다.

18세기 홍양호는 청 문인과 총 32수의 시를 주고받았다. 그가 보낸 시는 21수, 청 문인이 보낸 시는 11수였다. 김정중은 청 문인과 17수의 시를 주고받았는데, 그가 보낸 시는 11수, 청 문인이 보낸 시는 6수였다. 김재행은 청 문인과 15수의 시를 주고받았다. 그가 보낸 시는

154) 이상봉(李商鳳), 『북원록(北轅錄)』 권4, 『연행록선집보유(燕行錄選集補遺)』 상책, 제875쪽. (李商鳳)思得一言東歸, 不忘傾蓋之誼。

3수, 청 문인이 보낸 시는 12수였다.

박제가, 홍대용, 유득공, 홍양호, 김정중, 김재행 6명의 조선 문인과 청 문인이 서로 교환한 한시는 총 407수로, 18세기 중한 문인 간에 이루어진 한시 증답의 65% 정도를 차지한다. 이들과 청나라 문인 간의 시문 교환은 모두 을유년(1765년) 이후에 이루어졌는데, 18세기 중·후반기에 양국 문인 간의 시문 교환이 집중적으로 이루어졌음을 확인할 수 있다.

③ 18세기 조선 문인과 가장 많은 시를 주고받은 청나라 문인은 반정균이다. 그는 총 36수의 시를 주고받았는데, 그중 16수를 홍대용, 김선행, 홍억(洪檍), 김재행, 박제가, 홍역(洪櫟)에게 보냈다. 반면 홍대용, 김재행, 이서구, 이덕무, 유득공, 박제가, 순의군 이훤, 채제공은 반정균에게 총 20수의 시를 보냈다.

18세기 청나라 문인 중 엄성은 조선 문인과 32수의 시를 주고받았다. 엄성이 홍대용, 홍억, 김재행, 순의군 이훤에게 보낸 시는 16수였으며, 홍대용과 김재행이 엄성에게 보낸 시는 16수였다. 나빙은 유득공, 박제가에게 12수의 시를 보냈고, 유득공, 박제가, 홍희준이 나빙에게 보낸 시는 17수로, 총 29수를 교환했다. 기윤은 홍양호, 박제가에게 6수의 시를 보냈고, 유득공, 홍양호, 박제가, 홍희준이 기윤에게 보낸 시는 18수로, 총 24수를 주고받았다. 이정원은 유금, 유득공, 박제가, 이덕무, 이서구, 이희경에게 13수의 시를 보냈고, 유득공 등 7인이 이정원에게 보낸 시는 12수로, 총 25수를 교환했다. 이조원은 유금, 서호수에게 8수의 시를 보냈고, 유금, 유득공, 박제가가 이조원에게 보낸 시는 11수로, 총 19수를 주고받았다. 육비는 홍대용, 김선행, 김홍익, 김재행에게 10수의 시를 보냈고, 홍대용, 김선행, 박제가가 육비에게 보낸 시는 8수로, 총 18수를 교환했다.

④ 18세기 중한 문인 간의 증시는 오언율시 82수, 칠언율시 93수, 오언절구 59수(오언고절 30수 포함), 칠언절구 259수(칠언고절 3수 포함), 오언고체 90수(홍대용 24수, 박제가 56수), 칠언고체 13수, 사언시 14수 등으로 구성되었다. 또한 1801년 이후 작품으로는 육언시 1수, 잡언 7수, 사 1수, 칠언대련 2수, 가행체 5수, 소체(騷體) 1수 등이 있다.

이는 양국 문인 간 증시 형식이 매우 다양하며, 모든 한시 양식을 포괄하고 있음을 보여준다. 특히, 율시와 절구 등의 근체시 형식이 주를 이루며, 총 460수로 전체 증시의 73.48%를 차지한다. 이 중에서도 칠언절구가 가장 많아, 259수로 증시 전체의 41.37%를 차지한다. 이를 통해 18세기 중한 문인들이 근체시를 선호했으며, 특히 칠언절구를 많이 활용했음을 알 수 있다.

⑤ 18세기 중한 문인 간의 교류를 기록한 문헌에 따르면, 최초로 확인되는 증시(贈詩)는 1701년(신사년) 청나라 문인 축개(祝愷)가 조선의 문인 강현(姜鋧)에게 전한 오배십이운(五排十二韻)

한 수이다. 이는 강세황(姜世晃)의 『표암고(豹庵稿)』 권5 「화인사한첩 뒤에 제하다[題華人詞翰帖後]」에 "강희 40년 신사년(1701) 겨울, 선부군 문안공이 동지사 겸 고부사로 연경에 갔을 때, 강남의 축개(祝愷)가 오언 배율 12운 1수와 칠언 율시 1수를 지어 주었다."[155]고 기록되어 있으나, 오언 배율 12운은 현재 전하지 않아 내용을 알 수 없다. 현존 최초의 증시는 1701년 겨울 축개가 강현에게 준 칠언율시로 이 시는 강현의 『간양록(看羊錄)』에 실려 있지만, 시제는 전해지지 않고 있다.

18세기 중한 문인들은 증시 외에도 많은 창화 작품을 창작하였는데, 이들의 창수시(唱酬詩)에 대한 자세한 사항은 중국어 원서의 부록인 표4 「18세기 중한 문인들의 창수시 일람표」를 참조할 수 있다. 이 표의 고찰을 통해 다음과 같은 결론을 얻을 수 있다.

① 18세기 중한 문인 간의 창수시는 총 124조가 남아있다. 이중 조선 문인이 원창을 하고, 청 문인이 화답한 시가 62조, 청 문인이 원창을 하고, 조선 문인이 화답한 시도 62조에 이른다. 1750년 이전의 창수시는 11조에 불과한데, 김창업과 청 문인 간의 5조와 축개·풍윤곡 가인·장적성·양청·위원수·능춘 등이 조선 문인과 나눈 6조가 전부이다. 1750년 이후의 창수시는 113조가 확인되는데, 이는 중한 문인 간의 시가 창수 행위가 주로 18세기 중후반에 활발히 일어났음을 보여준다.

② 18세기 조선 문인 박제가는 청나라 문인과 창화시를 가장 많이 주고받았으며, 현재 24조가 남아있다. 다음으로는 유득공이 청나라 문인과 8조를 주고받았으며, 이외에 19세기 작품 3조가 더 있다. 이후로는 홍양호(9조), 순의군 이훤(7조), 김재행(6조), 강세황(6조) 순이다.

③ 18세기 청나라 문인 엄성은 조선 문인과 창시를 가장 많이 주고받았으며, 현재 23수가 남아있다. 다음으로 이조원(22수), 덕보(9수), 호소일(8수), 철보(5수), 기윤(5수), 박명(4수) 순이다. 특히 건륭제는 조선 문인과 지은 창수시 15조 중 8수를 지었는데, 18세기의 다른 청나라 황제들은 조선 문인과의 창수시가 없어서 건륭제가 조선 문인과의 시문 교류에 특히 적극적이었음을 알 수 있다.

④ 상술한 창수시 124조의 형식별 분포는 다음과 같다. 칠언율시 55조, 칠언절구 31조, 오언율시 20조, 오언절구 9조, 오언고시 6조, 칠언고시 1조, 가행체 1조, 기타 형식 1조이다. 이를 통해 볼 때, 18세기 중한 문인 간의 창수시는 율시와 절구가 주류를 이루었으며, 특히 칠언율시가

155) 강세황(姜世晃), 『표암고(豹庵稿)』 권5, 『한국문집총간』 제80책, 제392쪽. 康熙四十年辛巳冬, 先府君文安公以冬至正使兼告訃使赴燕, 江南祝愷呈五排十二韻一首, 又呈七律一首。

전체의 44.4%로 가장 높은 비중을 차지했음을 알 수 있다. 그 원인을 살펴보면 다음과 같다.

첫째, 조선 문인들은 당시 조선 국내 시풍의 영향을 받아 근체시(近體詩)를 더 잘 지었다. 17세기 중후반 조선 시단에서는 칠언율시가 유행했는데, 김만중은 「돌아가신 큰 백부의 『서석선생집』 발문[先伯氏瑞石先生集跋]」에서 “요즘 사람들은 겨우 평측을 구별할 줄 알면서도 지은 칠언율시가 무려 수천 수에 이른다. …… 오늘날 사람들처럼 칠언율시에만 전념하는 경우는 없었다.”156) 라고 말했다. 이처럼 근체시를 전문으로 하는 기풍은 18세기의 조선 시단에까지 이어졌다. 김선행은 서신 「철교와 추루에게[與鐵橋, 秋庫]」에서 “최근 동방의 시율(詩律)은 근체시가 특히 많으며, 가정과 만력 연간의 창화(唱和) 시와 비교할 때 그 수가 몇 배나 됩니다.”157)라고 말했다.

둘째, 칠언율시는 접대와 증별 같은 소재 표현에 특히 적합했다. 다른 시체보다 장중하고 우아하며 침착하고 완곡한 특징을 지녀 경박하지 않았다. 이는 감정을 완곡히 표현하는 데 적합한 특성으로 중한 문인들이 모두 그 장점을 인식하고 있었다. 이에 “칠언율시는 가지런하고 조화로우며, 장단이 적당하여 인사(人事)에 쓰기에 가장 적합했기 때문에 당나라 때부터 명나라에 이르기까지 갈수록 성행하였다. 초당(初唐)에서도 응수(應酬)에 사용하였으니, 이 또한 큰 인사(人事)였다.”158)라고 말하였다. 조선의 문인 장혼(張混)도 칠율의 묘미는 “그 정이 간절하고, 그 체가 완벽하여 찬란한 비단 같고, 낭랑한 금석과 같다.”159)라고 제시하였다. 오늘날 예자잉(葉嘉瑩)은 칠언율시가 교류에서 널리 사용되는 이유에 대해 “칠언율시 자체의 형식이 매우 단정할 뿐만 아니라, 격률 또한 매우 엄격하여… 이러한 형식적 엄격성은 속세를 벗어나지 못한 시인들이 ‘가짜 시’를 만드는 데 오히려 이용되기 쉬웠다. 왜냐하면 칠언율시라는 체재는 평측과 대구만 적절히 배열해도 겉보기엔 상당히 당당한 빈 껍데기를 쉽게 세울 수 있었기 때문이다. 따라서 이 형식은 봉화(奉和)·응제(應制)·증답(贈答) 등의 응수(應酬)용으로 가장 적합하였다.”160)라고 상세

---

156) 김만중(金萬重), 『서포집(西浦集)』 권9, 『한국문집총간』 제148책, 제93쪽. “今人纔辨平仄, 所作七言律動至累千首。……未有如今人之專習七律者。”

157) 주문조(朱文藻) 편, 『일하제금집(日下題襟集)』 「김재상(金宰相)」, 엄성 찬, 주문조(朱文藻) 편, 『철교전집(鐵橋全集)』 제4책. 東人詩律近尤多門, 比之嘉靖, 萬曆唱酬之作不啻倍蓰.

158) 오교(吳喬), 『圍爐詩話』 권4, 상해고적출판사(上海古籍出版社) 『청시화속편(淸詩話續編)』 본, 1983년판, 제595쪽. “七律齊整諧和, 長短適中, 最宜人事之用, 故自唐至明, 作者愈盛。初唐用以應酬, 亦是大人事也。”

159) 장혼(張混), 「唐律集英序」, 장혼(張混), 『而已广集』 권11, 『한국문집총간』 제270책, 제545쪽. 其情切, 其體完, 粲粲焉錦綉, 鏗鏗然金石”

160) 葉嘉瑩, 『杜甫「秋興八首」集說』, 河北教育出版社, 2000년 12월, 제2판, 제13쪽. “七言律詩本身的體式既極爲端整, 而格律復極爲謹嚴, ……這種體式的嚴整, 却又便於一些不能免俗的詩人利用來製造‘僞詩’, 因爲七律之爲體, 衹要把平仄對偶安排妥適, 就很容易支撑起一個看來頗爲堂皇的空架子, 所以這種體式最適於作奉和應

히 논하였다.

3 중한 문인 간의 서발문 요청

18세기 중한 문인이 서로 서문과 발문을 요청하는 행위는 교류의 중요한 형식 중 하나로 자리 잡았다. 양국 문인 간의 서문 청탁과 증문(贈文) 행위는 현존하는 『연행록』과 문집에 다수 기록되어 있다. 특히 청나라 문인이 조선 문사에게 서문을 부탁하는 사례와 조선 문사가 청나라 문인에게 서문을 요청하는 경우가 공존했는데, 후자의 기록이 조선 문헌에 더 풍부하게 남아있다. 대표적으로 18세기 초 김창업은 절강 문사 양징(楊澄)에게 『김씨연방집(金氏聯芳集)』의 서문을 부탁하였다. 이후 중한 양국 문인 교류가 심화되면서 조선 문사들이 청나라 유명 문사들에게 서문과 발문을 부탁하는 사례가 점차 증가하였다. 문헌의 기록에 따르면, 청대 문단의 석학인 기윤·이조원·옹방강 등이 조선 문사들의 요청에 응해 서문과 발문을 작성하였다.

특히 이조원과 반정균이 쓴 『한객건연집』(일명 『사가시』) 서문에 대한 평어는 중한 문인 교류사에서 널리 회자되는 미담으로 평가된다. 현존하는18세기 양국 문인들이 상대방을 위해 쓴 서발문을 취합하여 분석한 결과, 18세기 양국 문인들의 서발문은 다음과 같은 특징을 보인다.

(1) 18세기 중한 문인 간의 문집 서발문은 총 40편이 현존하며, 이중 청나라 문사의 작품이 34편, 조선 문인의 작품이 6편이다. 특히 청나라 명사 반정균, 이조원, 기윤이 주도적인 역할을 했는데, 반정균은 조선 문인을 위해 9편, 이조원은 8편, 기윤은 5편의 서발문을 썼다. 이들 세 인물이 쓴 서발문 22편은 전체의 55%를 차지한다. 이를 통해 18세기 청나라, 특히 유명 문사들이 주로 조선 문인들을 위해 서발문을 작성하는 현상이 두드러졌음을 확인할 수 있다. 이러한 현상의 원인은 크게 세 가지로 요약된다.

① 18세기 중후반 일부 조선 문인, 특히 북학파 문인들은 청나라 문사의 명성을 빌려 조선과 청나라 문단에서 자신의 지위를 공고히 하려 했다. 중화를 흠모하던 이덕무는 조선에서만 명성이 알려지는 것에 유감을 품고, 이조원에게 「『청장관집』서」와 「선귤당기」를 지어 달라고 청하며, 자신의 명성을 널리 알려져 불멸하기를 바랐다. 그는 편지에서 다음과 같이 말하였다.

制贈答等酬應之用。”

> 저의 선귤이라는 호에 선생님께서 이미 담묵으로 동그라미를 치셨으니, 이는 허락하신 것입니다. 선생님께서 직접 "선귤당"이라는 세 글자를 친필로 써 주시고, 또 「『청장관집』 서」와 「선귤당기」를 지어 주신다면 초옥의 영광이 되고 영원한 보배가 될 것이니, 선생님께서 먼 곳의 사람을 업신여기지 않으시고 배려해 주신 것입니다.……선생님과 가까운 당대의 재자(才子)들께서도 제 서문과 기(記)를 지어 주신다면, 그것 또한 불멸(不朽)의 가치가 있을 것입니다. 삼가 바라건대, 가엾게 여기시고 도모해 주십시오.[161]

이덕무는 또한 반정균에게 보내는 편지에서도 원매(袁枚)에게 서문을 부탁하였다.

> 일찍이 원자재(袁子才) 선생이 문원(文苑)의 수장임을 들었는데, 선생께서 소개해 주신다면 혹시 서문을 얻을 수 있는 방도가 있지 않을까요? 선생께서는 이를 도모해 주시길 바랍니다.[162]

이덕무는 반정균에게 자신과 자신의 문집을 청나라 문단의 수장인 원매에게 추천하여 증문이나 증서(贈序) 등을 받을 수 있기를 희망하였다. 이를 통해 자신의 명성을 널리 알리고, 후세에 전해지고자 하였다. 조선 문인들은 청나라 문인들에게 서문을 받고자 하는 강한 열망을 품고 있었으며, 이를 위해 다양한 방식으로 서문을 청했는데, 주로 세 가지 방식을 사용하였다. 첫째, 중개자를 통해 청탁하는 방식이다. 1777년(정유년) 유금이 『한객건연집』을 북경으로 가져와 이조원과 반정균에게 적극적으로 소개한 사례가 대표적이다. 둘째, 사절단을 따라가서 직접 청나라 문인들과 만나는 방식이다. 셋째, 서신 왕래를 통해 이조원·반정균·기윤 등 유명 청나라 문인들과 교류하며 서문을 청탁하는 방식이다. 이러한 다양한 접촉 방식은 청나라 문인들이 조선 문인들에게 다수의 서문을 써주게 된 주요 원인이 되었다. 조선 문인들은 청나라 문인들이 써준 서문을 귀중히 여겨 잘 보관했기에 오늘날까지 전해질 수 있었다.

한편 조선 문인들이 청나라 문인에게 서발문을 청한 이유는 단순히 명성을 높이기 위한 것만은 아니었다. 청나라 문우에 대한 깊은 정(情)을 표현하며, 그들이 써준 서발문을 영원히 간직하고자 하는 마음도 그 배경에 있었다. 정가현(程嘉賢)은 「연행일기서(燕行日記序)」에서 "(김정중이) 귀국하여 그 시들을 정리해 읽어보니 대략 수천 수에 이르러, 『연행일기』 2권으로 엮어서

---

161) 이덕무, 『청장관전서(青莊館全書)』 권19, 『한국문집총간』 제257책, 제263쪽. 不佞蟬橘之號, 先生既以澹墨圈之, 此許之也。幸手寫"蟬橘堂"三字賜之, 又製《<青莊館集>序》、《蟬橘堂記》以賜, 則當爲茅屋光華, 永世至寶, 先生不鄙遠人而圖之也。……先生所親當世才子, 幸托撰不佞序記以賜, 則亦足以不朽, 伏願憐而謀之也。

162) 위의 책, 嘗聞袁子才先生文苑主盟, 先生紹介之, 則或有序記可得之端耶? 先生其圖之。

이를 출판에 부쳤다. 이듬해, 편지로 알려오며 한 마디 말을 부탁하여 책의 첫머리에 싣고자 하였다. 그 글에 이르기를, '동국(조선)에도 문장을 잘 짓는 이가 부족하지 않으나 반드시 그대에게 글을 구하는 것은, 이를 통해 만 리 밖에서의 얼굴을 대신하고자 함이며 또 영원히 보배로 간직하고자 함입니다.'라고 하였다. 그 뜻이 정겹고 간절하며, 한없이 깊었다."[163]라고 말했는데, 이러한 의도로 서발문을 부탁한 경우는 그리 많지 않다.

② 반정균, 이조원, 기윤 세 사람은 다른 청나라 문인들보다 조선 문인들과 더 활발히 교류하였다. 그들의 명성이 열상(洌上)에 퍼지자 수많은 조선 문인들이 이들을 흠모하였으며, 이들의 서발문을 얻는 것을 '문학의 기연(奇緣)'이자 '종고(終古)의 성사(盛事)'로 여기며, 적극적으로 서발문을 요청하였다. 이는 이들이 다른 청나라 문인들보다 훨씬 많은 서발문을 남기게 된 주요 원인이 되었다.

1766년(병술년) 조선 사절단의 홍대용, 김재행 등과 처음 교류한 이후 반정균은 홍대용, 박제가 등 일부 조선 문사들과의 왕래가 거의 그의 후반생을 관통하였다. 이조원은 유득공, 유금, 서호수 등과 교류하였다. 기윤은 예부상서를 세 번이나 역임하면서 조선 사절단과 교류할 기회가 많았는데, 그와 왕래한 문인들은 서호수, 유득공, 박제가 등이 있다. 또한, 반정균, 이조원, 기윤이 세 사람은 18세기 조선에서 명성이 가장 높았기 때문에 많은 문인들이 그들이 쓴 서발문을 받을 수 있기를 희망하였다. 이들이 조선에서 높은 명성을 얻을 수 있었던 배경은 상술한 바와 같이 조선 문인들과 활발한 교류 활동을 한 것 외에도 반정균과 홍대용·김재행의 감동적인 교유 이야기가 널리 알려진 점도 크게 작용하였다. 이는 후일 조선 문인들이 중국 사절단으로 파견될 때마다 반정균을 자발적으로 찾아가 친분을 쌓는 계기가 되었다.

이조원과 기윤 역시 당시의 유명한 명사로 18세기 중후반의 조선 문사들도 그들을 잘 알고 있었다. 박지원은 『열하일기』「구외이문(口外異聞)」의 「당금명사(當今名士)」에서 이조원과 기윤을 언급하였고, 「피서록(避暑錄)」에서는 반정균, 이조원, 축덕린, 곽집환(郭執桓) 등의 "이름이 치아와 뺨처럼 뚜렷하고, 수염과 눈썹처럼 두드러진다."[164]라고 표현하였다.

③ 18세기 조선 문인들이 청나라 문인을 위해 서발문을 작성하는 경우는 드물었다. 당시 청나라 문인들은 조선 문단에 대한 이해가 부족했으며, 대국의식의 한계와 문자옥에 대한 우려,

---

163) 김정중(金正中), 『연행록』, 임기중(林基中), 『연행록전집』 제75책, 제47~48쪽. (金正中)既歸, 葺而讀之, 得詩凡略干首, 爲《燕行日記》二卷, 附諸剞劂。明年, 以書來告, 且屬一言, 以冠篇首。其辭謂東人不乏能文, 而必徵言于余者, 藉此以替萬里顔面, 且欲爲永世寶藏。其意纏綿悱惻, 一往而深.

164) 박지원, 『열하일기』, 제264쪽. 名芬牙頬, 若數鬚眉

그리고 이국 문인의 서발문이 청나라 문인의 명성에 큰 영향을 미치지 못할 것이라는 인식 등으로 인해 조선 문인들에게 서발문을 요청할 의사가 거의 없었다. 이는 조선 문인들이 청나라 문인을 위해 작성한 서발문이 극히 소수에 그친 주요 원인으로 작용하였다. 조선 문인이 청나라 문인을 위해 쓴 현존 서발문은 총 6편이며, 이를 받은 양징(楊澄), 곽집환(郭桓煥), 제패련(齊佩蓮)은 모두 당시의 평범한 청나라 문인이었다. 이는 18세기 청나라 문인들이 조선 문인에게 서발문을 요청하지 않았음을 보여준다.

(2) 현존하는 18세기 최초로 조선 문인이 청나라 문인을 위해 작성한 서문은 김창업이 청나라 문인 양징에게 지어 준 「둔암집서(鈍庵集序)」이다. 이 서문은 1717년(정유년)에 작성되었으며, 양징이 헤어진 지 5년 만에 자신의 시문 2권을 보내와 김창업이 서문을 써준 것이다. 김창업의 저술 동기는 첫째, 양징의 시문이 진실한 감정을 담고 있어 깊이 감동했기 때문이었고, 둘째는 이 특별한 만남을 문단의 아름다운 일화로 남기고자 했기 때문이었다. 김창업은 「둔암집서」에서 이를 다음과 같이 표현했다.

> 나는 이 문집에서 이미 그 참된 뜻을 얻었으니, 마땅히 말을 잊어야 할 터이나, 다만 우리가 만남이 기이하고 서로 느낀 바가 깊어 말없이 지낼 수 없었다.[165]

조선 문인들이 청나라 문인을 위해 서문을 쓴 데에는 또 다른 중요한 이유가 있었는데, 바로 자국 문화를 전파하거나 오류를 시정하기 위한 목적이었다. 1760년(경진년) 이휘중은 청나라 학자 호소일이 가져온 『광여지(廣輿志)』를 읽고 조선 풍속 기록에 다수의 오류가 있음을 발견한 후, "서문을 지어 잘못을 바로잡고자 한다."[166]라고 밝힌 바 있다.

(3) 18세기 중반 이후, 특히 정유년에서 무술년(1777-1778) 사이에 청나라 문인들이 조선 문인을 위해 서발문을 쓰는 첫 번째 붐이 일었다. 이 시기 반정균, 이조원(李調元), 축덕린(祝德麟)은 이덕무, 유득공, 박제가, 이서구, 홍대용(洪大容)의 문집에 20편의 서발문을 남겼는데, 이는 현존하는 상호 서발문 총수의 50%를 차지한다. 이 열풍은 18세기 말까지 이어졌으며, 이후 기윤, 대구형, 옹방강(翁方綱), 서대용(徐大榕) 등 청나라 명사들이 홍양호, 서호수, 이희경(李喜經) 등 조선 문인들의 저서에 15편의 서발문을 추가로 작성하였다.

165) 김신겸(金信謙), 『檜巢集』 권8, 『韓國文集叢刊(續)』 제72책, 제267 - 268쪽. 余於斯集, 既得其真, 固宜忘言, 而特以相遇之奇, 相感之深, 不能無語。

166) 『연행록신집보유(燕行錄選集補遺)』 상책, 제875쪽.

18세기 중반 이전에 청나라 문인이 조선 문인을 위해 쓴 서발문은 현재 전해지지 않는다. 이는 당시 조선 문인들의 청 문화에 대한 이해가 부족했기 때문으로 보인다. 조선 문인들은 청인을 오랑캐로 여기며 전통 중화 문화가 사라졌다는 편견을 고집했고, 청 문화를 경멸하여 서발문을 요청할 의지가 없었다. 그러나 1760년대 북학파의 등장으로 상황이 달라졌다. 이덕무, 박제가, 유득공 등 북학파들은 청 문화에 대한 편견을 점차 극복하며 조선을 넘어 청나라에서도 명성을 얻고자 했다. 이에 이들은 유금(柳琴)에게 『한객건연집(韓客巾衍集)』을 북경으로 가져가 청나라 명사들에게 서문과 평론을 요청할 것을 부탁하였고, 청인에게 서발문을 청하는 새로운 흐름을 만들었다.

18세기 중한 문인 간에 작성된 서발문은 중요한 문헌적 가치를 지닌다. 청나라 문인이 조선 문인을 위해 쓴 34편의 서발문 중 중국 문헌에 기록된 기윤의 「이참봉시초서(李參奉詩鈔序)」를 제외하면 모두 한국 문헌에만 전하고 있다. 이 서발문들은 저자의 문학 사상을 드러내는 중요한 글들로 기윤·이조원·반정균 등 저명한 학자들의 문학 사상 연구의 귀중한 자료인 동시에 양국 문인 간의 깊은 학의(學誼)를 입증하는 소중한 증거이다.

4 중한 문인 간의 서신 교류

중한 문인들은 활발한 서신 교류를 통해 깊은 교감을 나누었다. 서신은 양국 문인 교류의 핵심 매개체로 중요한 역할을 담당했다. 이들이 서신 교류를 주요 소통 수단으로 선택한 배경은 다음과 같다.

4.1. 서신 교류는 대면 교류의 연장선상으로 양국 문인들의 공통된 염원이었다. 강호부의 『상봉록(桑蓬錄)』 권10에 수록된 내용이 이를 입증한다.

정환이 말하였다. "한번 이별한 뒤에 서로 소식을 전할 방법이 있을까요?" 이에 내가 대답했다. "우리 사신이 해마다 한 번씩 오니, 소식을 전할 기회가 있을 것입니다." 환(瑍)이 다시 말했다. "서신을 주고받는다면 삼천 리 떨어진 그리움을 달랠 수 있을 터인데, 그대는 이를 허락하시겠습니까?" 내가 대답했다. "이렇게까지 간절히 생각해 주시니, 두터운 정을 어찌 잊을 수 있겠습니까?"[167]

이처럼 청나라 문인 정환은 강호부에게 이별 후에도 계속 소통할 방법을 물었고, 강호부는 매년 조선 사신단을 통해 서신을 교환할 것을 제안했다. 홍대용과 등사민의 필담에서도 서신이 대면 교류를 대체하는 효과적인 수단임이 잘 드러난다.

> (홍대용이) 말하였다. "다음에 만날 기약이 없으니, 오직 사신의 편의를 빌어 때때로 서찰을 통하여 만 리의 만남을 대신하시지요." 등사민이 크게 기뻐하며 대답했다. "글을 보는 것은 직접 만나는 것과 다름이 없습니다."168)

서신은 만남을 대체할 수 있는 중요한 수단으로 양측의 만남이 어떤 이유로 실현되지 못했을 때 그 역할이 더욱 두드러졌다. 홍대용은 「철교와 추루에게[與鐵橋、秋庫]」에서 자신의 상황을 언급하며, "서산에 무단으로 갔다가 관아에 죄를 지어 며칠 간 외출하지 못하니 삼가 알려드립니다."169)라고 말했다. 이때 그는 조선 사신단의 숙소에서 외출할 수 없는 상태였지만, 편지를 통해 엄성과 반정균에게 사절단의 귀국 일정을 알렸고, 『동국기략(東國記略)』을 전달하였다.

4.2. 중한 문인들 간의 서신 교환은 상대적으로 자유롭고 편리해서 매년 조선에서 청나라로 오는 사신들을 통해 소식을 주고받을 수 있었다. 이는 문인들이 이 방식을 선호하게 된 주요 이유 중 하나였다. 홍대용 역시 이러한 점을 언급하며 서신 교류의 중요성을 강조하였다.

> 공사(貢使)는 보통 12월 27, 28일 북경에 입경하고, 2월 중순 이후에 귀국합니다. 형님들이 편지를 보내실 때는 이때를 이용해서 낭정(朗亭)에게 전달해야 합니다. 예전에 미호(渼湖)의 종조(從祖)인 가재공(稼齋公)이 형님을 따라 입경했을 때, 관내 사람 정홍(程洪)과 하룻밤 사이에 친구가 되었고, 몇 년 동안 서신을 계속해서 주고받았습니다. 이러한 선례가 있으니 두 나라 간의 금지 규정은 없을 것입니다.170)

167) 강호부(姜浩溥), 『상봉록(桑蓬錄)』 권10, 『연행록선집보유(燕行錄選集補遺)』, 제652쪽. 伯程曰 : "一別之後或有相聞之道 ?" 余曰 : "我使歲一來, 相聞或有便矣。" 瑍曰 : "以書札往復, 足慰三千里相思之懷, 尊其肯爲之耶 ?" 余曰 : "勤念至此, 厚意豈可忘也 ?"

168) 홍대용, 『담헌연기(湛軒燕記)』, 『연행록전집』 제42책, 제165~166쪽. (洪大容)云 : "後會無期, 惟憑使便時通信札, 足替萬里顔面。" 鄧生大喜曰 : "見書無异見面。"

169) 주문조(朱文藻) 편, 『일하제금집(日下題襟集)』 「홍고사(洪高士)」, 엄성 찬, 주문조(朱文藻) 편, 『철교전집(鐵橋全集)』 제5책.

170) 홍대용, 『담헌서(湛軒書)』 외집 권2, 『한국문집총간』 제248책, 제144쪽. "貢使每於十二月二十七八入京, 二月

홍대용은 엄성과 반정균에게 양국 문인 간의 서신 교환에 대한 선례를 설명하며, 김창업과 청나라 문인 정홍이 "몇 년 동안 계속해서 서신을 주고받은 것"을 예로 들었다. 당시 청나라와 조선 사이에는 서신 왕래를 금지하는 규정이 존재하지 않았다. 현존하는 18세기 두 나라 문인들의 이별 후 서신을 분석해보면, 조선에서 매년 파견된 사절단을 통해 서신이 전달되었음을 확인할 수 있다.

4.3. 서신은 필담과 함께 양국 문인들이 학술 교류를 진행하는 매개체 역할을 하였다. 특히 당시 청나라 학계에서는 서신을 통한 문제 토론과 학술적 견해 교환이 성행하였다. 이에 대해 량치차오(梁啓超)는 『청대학술개론(清代學術概論)』에서 다음과 같이 분석하였다.

> 청나라의 유학자들은 송·명시대처럼 제자를 모아 강학하는 것을 선호하지 않았으며, 오늘날 서양의 학회나 학교와 같은 지식 교류의 장도 없었다. 이로 인해 그들은 지식을 교환할 기회가 부족할 수밖에 없었으며, 이를 보완하기 위한 수단으로 서신 교환을 활용하였다. …… 그들은 저술을 마친 후, 가까운 친구들에게 엄격한 검토를 받은 뒤에 출판하였으며, 이러한 검토 역시 주로 편지를 통해 이루어졌다. 이러한 서신들은 모두 심혈을 기울여 작성된 것으로 하나의 저작물과 같은 가치를 지녔다. 이러한 풍조는 다른 시대에서도 간혹 나타났지만, 특히 청나라 시대에 크게 성행하였다.[171]

이를 통해 청나라 학계의 학술 환경과 교류 관습 등이 당시 서신을 통해 학술 문제를 논의하고, 학문적 견해를 펼치는 기풍을 조성했음을 알 수 있다. 이는 당시의 중한 문인 교류에도 영향을 미쳤으며, 서신은 양국 문인 교류의 핵심 수단으로 자리매김했다. 홍대용과 엄성, 홍양호와 기윤이 학술적 관점을 교환하는 과정에서 서신은 결정적 역할을 수행하였다.

旬後回程。兄輩寄信, 須趁此戒人交付于朗亭也。在昔渼湖之從祖稼齋公, 隨兄入京, 與關內人程洪一夜定交, 幾年書信不絕。此有古例, 當無彼此邦禁也。"

171) 梁啓超 저, 夏曉虹 점교, 『清代學術概論』, 中國人民大學出版社, 2004년, 제187쪽. 清儒既不喜效宋明人聚徒講學, 又非如今之歐美有種種學會學校爲聚集講習之所, 則其交換知識之機會, 自不免缺乏 ; 其賴以補之者, 則函札也。……凡著一書成, 必經摯友數輩嚴勘得失, 乃以問世, 而其勘也皆以函札。此類函札, 皆精心結撰, 其實即著述也。此種風氣, 他時代亦間有之, 而清代爲獨盛。

4.4. 서신은 일면식조차 없는 양국 문인이 친교를 맺고, 지속적인 교류를 이어갈 수 있는 가장 좋은 방법이었다. 18세기 일부 중한 문인들은 직접 만난 적이 없음에도 서신 교환을 통해 '신교지기(神交知己)'가 되었다. 순의군 이훤과 항주의 육비는 처음에는 만나지 못했지만, 서신 왕래를 통해 서로를 이해하며 지기가 되었다. 이훤은 이를 다음의 시로 표현하였다.[172)]

얼굴을 보기 전 편지로 만나니,	不面先見書
정신은 이미 서로 통했네.	精神已相照
가까운 듯 천 리 길,	咫尺猶天涯
한 번 웃음을 나눌 길 없구나. (1수)	無由開一笑
비단 한 폭에 그린 초상	生綃一幅畫
그대 모습 느껴지네.	想見其人好
꿈속에서 이별하니,	夢裏有別離
시 지어도 어수선하구나. (2수)	作詩詩草草

시의 내용에서 드러나듯이 소식 전달이라는 서신의 중요한 역할 때문에 순의군 이훤과 육비는 만나기도 전에 '이역의 신교(异域神交)'를 이루었다. 이처럼 직접 만나지 않고 서신으로만 정신적 교류를 한 사례로 박제가와 청인 곽집환을 예로 들 수 있는데, 박장암은 『호저집』에서 곽집환을 "서신은 주고받았지만, 만나지 못한 자"[173)]라고 기록했다.

이덕무와 이조원의 사례도 주목할 만하다. 1777년 이덕무는 이조원에게 보낸 첫 편지에서 "신교(神交)로 맺어지면, 반드시 알 수 있다."라는 뜻을 전했고, 이후 두 사람은 직접 만나지는 못했지만, 서신과 한시 창화를 통해 깊은 우정을 나누었다. 훗날 이조원은 중국에서 이덕무의 저서 『청비록』을 출간했다. 이는 서신이 그들의 교류에서 핵심적인 역할을 했음을 보여준다.

18세기 양국 문인 간에 교환된 현존 서신 목록은 부록 표 6 「18세기 중한 문인 서신 왕래 일람표」에 정리되어 있다. 이 표의 분석을 통해, 다음과 같은 점을 확인할 수 있다.

172) 李烜, 「題扇贈篠飲二首」, 주문조(朱文藻) 편, 『일하제금집(日下題襟集)』 「순의군(順義君)」, 엄성 찬, 주문조(朱文藻) 편, 『철교전집(鐵橋全集)』 제4책. 不面先見書, 精神已相照。咫尺猶天涯, 無由開一笑。(其一)生綃一幅畫, 想見其人好。夢裏有別離, 作詩詩草草。(其二)

173) 박징암, 『호지집(縞紵集)』 상, 제4쪽.

① 18세기 중한 문인 간 교환된 서신은 현재 총 343통이 남아있다. 이중 조선 문인이 청나라 문인에게 보낸 편지는 148통, 청나라 문인이 조선 문인에게 보낸 편지는 195통이다. 만약 보낸 편지와 답장을 1:1 대응 원칙에 따라 통계를 내면, 양국 문인 간 왕래 편지는 최소 390통 이상이었을 것으로 추정할 수 있는데, 이는 유실된 편지가 적지 않음을 시사한다. 일부 조선 문인들은 서신 유실 현상을 기록하며, 이 문제를 지적하기도 했다. 홍대용은 「김양허 재행의 「절항척독」발[金養虛在行<浙杭尺牘>跋]」에서 "(김재행은) 오직 연남(燕南)의 술에 취해 세 아들의 손을 잡고, 희롱하며 웃고 욕하면서 반생(半生)의 울분을 씻어냈다. …… 그의 시찰은 본래 이뿐만이 아니었는데, 귀국 후 대부분 흩어져 잃어버렸다."[174]라고 했다.

② 현존하는 18세기 중한 문인 간 서신 중 시기적으로 가장 이른 것은 1713년(계사년) 김창업이 청나라 문인 조화(趙華)에게 보낸 편지다. 이 편지의 내용은 김창업의 『노가재연행일기』에 약 80자로 수록되어 있다. 당시 김창업은 자신의 병환과 사행 출발이 임박한 상황에서 조화와 재회하지 못한 아쉬움을 표현하며, 조화에게 부탁이나 요청 사항이 있으면 주저하지 말고 전해달라고 당부하였다.

③ 18세기 중한 문인 간 서신 중 1750년대 이전에 작성된 것은 13통에 불과하며, 나머지 329통은 모두 18세기 중후반에 집중되어 있다. 이는 18세기 중후반으로 갈수록 양국 문인 간의 교류가 더욱 활발해졌음을 반영한다.

④ 18세기 조선 문인 중 홍대용은 청나라 문인들과 가장 활발하게 서신을 교환한 인물로 현재 150통의 편지가 남아있다. 이어 박제가(42통), 홍양호(26통), 김재행(17통) 등이 청나라 문인들과 서신을 주고받았다. 이들 네 명의 조선 문인이 청나라 문인과 교환한 서신은 총 228통(18세기 기준)에 달하는데, 이는 당시 중한 문인 간에 주고받은 전체 서신의 3분의 2를 차지한다. 이같이 활발한 서신 교류가 가능했던 주요 원인은 이들의 정치적 성향이 모두 북학파 문인들이어서 청나라의 선진 문물을 배우고 수용하고자 했기 때문이다. 이에 이들은 모두 적극적으로 청나라 문인들과 관계를 맺고, 교류를 확대하고자 하였다.

⑤ 18세기 청나라 문인 중 엄성은 조선 문인들과 가장 활발하게 서신을 주고받은 인물로 현재 71통의 편지가 남아있다. 이외에도 반정균(63통), 기윤(25통), 육비(22통), 손유의(20통), 등사민(18통), 제패련(10통), 이정원(13통) 등 총 8명의 청나라 문인이 조선 문인과 교환한 서신

174) 홍대용, 『담헌서(湛軒書)』 내집 권3, 『한국문집총간』 제248책, 제74쪽. "(金在行)惟醉燕南之酒, 携三子之手, 嬉笑嫚罵, 蕩滌其半生磈礧。……其詩札固不止此, 歸後多散失。"

213통이 전해지고 있다. 이는 18세기 중한 문인 간 이루어진 전체 서신 교류량의 약 62.1%를 차지하는 수치로 당시 양국 문인 간의 활발한 교류 상황을 잘 보여준다.

⑥ 현존하는 서신은 주로 조선의 문헌인 『중사기홍대용수찰첩』, 『동화필화집(東華筆話集)』, 『계남척독』, 홍대용의 『항전척독』, 『건정필담』, 『건정동필담』, 박장암의 『호저집』, 『중조학사서한』, 『동문신교』, 홍양호의 『이계홍양호전집』, 홍희준의 『전구』, 서형수의 『명고전집』에 수록되어 있다. 또한 일본 후지츠카 치카시의 『연항시독』 초교본과 청나라 의 문헌인 주문조의 『일하제금집』에도 상당량의 척독이 보존되어 있다. 나머지 서신은 18세기 '연행록' 관련 문헌집에 산재해 있다. 반면 청나라에는 엄성의 『철교전집(鐵橋全集)』, 『기효람문집』, 위원추(魏元樞)의 『여아주선집(與我周旋集)』을 제외하면, 대부분 문집에 양국 문인 간의 서신이 거의 기록되어 있지 않다. 이는 청나라의 가혹한 문자옥과 관련이 있는데, 당시 청나라 학자들은 자신의 안위를 고려해 조선 문인과의 서신을 문집에 수록하지 못했을 것으로 보인다.

5 중한 문인 간의 문학 비평

18세기 중한 문인들은 교류 과정에서 서로의 시문(詩文)에 대한 비평을 활발히 진행했다. 이는 양국 문인 교류의 주요 형식으로 평가 대상에 따라 다음의 세 가지 유형으로 분류할 수 있다.

5.1. 총집(總集)에 대한 비평

18세기 조선의 총집 중 유금(柳琴)이 편찬한 『한객건연집(韓客巾衍集)』, 편집자 미상의 『열상주선집(洌上周旋集)』 및 홍대용이 편찬한 『해동시선(海東詩選)』 세 권이 청나라 문인의 평론을 받았다.

(1) 『한객건연집(韓客巾衍集)』은 일명 『사가시(四家詩)』로도 불리며, 이덕무, 유득공, 박제가, 이서구 네 문인의 시를 수록한 시집이다. 1777년(정유년) 유금이 연경으로 가져온 이 시집은 총 4권으로 구성되어 있으며, 각 문인 별로 약 100수의 시가 실려 있다. 유금은 먼저 이 책을 이조원에게 소개하였고, 이조원은 이 책을 위해 서문을 쓰고 평점을 첨부하였다. 이조원은 「한객건연집서(韓客巾衍集序)」에서 "담론을 나누던 중, (그가) 품에서 『건연집』을 꺼내 보였는데, 이는

이무관(李懋官), 유영재(柳冷齋), 박초정(朴楚亭), 이강산(李薑山) 네 사람의 시를 유탄소(柳彈素)가 선정하여 편집한 것이었다. 나에게 평점을 부탁해서 내가 자세히 살펴봤는데, 시학(詩學)이 아직 쇠락하지 않았음에 더욱 감탄하게 되었다. … 이에 네 시인의 작품에 평점을 달아 그의 청을 귀중히 여겼다."[175]라고 하였다. 이후에 유금은 반정균을 만나지는 못했지만, 이조원을 통해 반정균에게 『한객건연집』이 소개되었다. 반정균도 이 책의 서문을 작성하고, 평점을 진행하였다. 유득공은 『병세집(并世集)』 권1에서 "우리 작은 아버지께서 연경에 가셔서 (그를) 찾으셨다. 이우촌(李雨村)이 말하기를 '반정균(潘廷筠)은 나와 가장 친한 사이인데 지금 북경에 있다.'라고 하며 『건연집』을 전해주었다. 반향조는 기쁜 마음으로 서문을 지었다. (그러나) 약속한 만남은 이루지 못하고 돌아오게 되었다."[176]라고 하였다.

『한객건연집』은 이조원과 반정균에게 각각 서문, 평점, 발문의 세 가지 측면에서 객관적이고, 세밀한 평가를 받았다.

먼저 이정원과 반정균 두 사람은 서문에서 사가시에 대해 전반적인 평가를 내렸다. 이조원은 서문에서 "이제 네 시인의 시를 살펴보니, 침착하고 웅장한 것은 그 재주요, 울림 있는 것은 그 절개요, 넓고 큰 것은 그 기상이요, 정중한 것은 그 어휘라. 어찌 비난받던 유형과 유사점이 있겠는가?"[177]라고 하였다. 이조원은 시의 재주, 절개, 기상, 어휘 네 가지 측면에서 사가시를 평가하였다. 반정균은 서문에서 "어제 이부 이조원의 우촌재에서 탄소 유금이 편집한 해동(海東) 사가시를 읽었는데, 대부분 경물을 세밀히 묘사하고, 포부를 펼친 아름답고 기이한 작품들이었다. 여러 번 읽어도 손에서 놓을 수 없었다. 비록 네 사람의 생애를 자세히 알지는 못하나, 그 시로 인품을 상상하건대, 대체로 고결하고 담박한 문사들이었으리라 생각되었다."[178]라고

175) 이조원(李調元), 「韓客巾衍集序」, 박제영(朴濟永) 주(注), 백두건(白斗鏞) 교감(校勘), 『전주사가시(箋注四家詩)』, 한남서림출판(翰南書林出版). 1917년. 延談之際, 因探懷出其《巾衍集》, 則爲李懋官、柳冷齋、朴楚亭、李薑山四家之詩, 而爲彈素所選訂者。乞余批定, 余既細閱之, 而乃益嘆詩學之未亡也。……而并爲評騭四家, 以重其請。

176) 『연행록전집 제60책, 제73쪽. "家叔父入燕物色之。李雨村曰 : '潘與吾最相好, 見在京師。'爲致《巾衍集》。香祖喜而序之。約會未果而歸。"

177) 이조원(李調元), 「한객건연집서(韓客巾衍集序)」, 박제영(朴濟永) 주(注), 백두건(白斗鏞) 교감(校勘), 『전주사가시(箋注四家詩)』. "今觀四家之詩, 沈雄者其才 ; 鏗鏘者其節 ; 渾浩者其氣 ; 鄭重者其詞 ; 有一類于前之所譏者乎 ? "

178) 반정균, 「韓客巾衍集序」, 박제영(朴濟永) 주(注), 백두건(白斗鏞) 교감(校勘), 『전주사가시(箋注四家詩)』. "昨於李吏部雨村齋頭, 得讀柳君彈素所錄海東四家之詩, 多刻畫景物, 攄寫襟抱, 妍妙可喜之作。諷誦數四, 不忍釋手。余雖未悉四人之生平, 而因詩以想其爲人, 大抵皆高曠恬淡之士也"

하며, 시의 내용적 측면에서 사가시를 평가하였다.

다음으로 이조원과 반정균은 『한객건연집』에 수록된 시에 대해 비평을 남겼다. 이조원은 청묵(靑墨)으로, 반정균은 주묵(朱墨)으로 비평을 구분해 기록하였다. 두 사람의 비평은 총 159곳이며, 구체적으로 이덕무에 대해서는 이조원 29곳, 반정균 22곳, 유득공에 대해서는 이조원 24곳, 반정균 16곳, 박제가에 대해서는 이조원 19곳, 반정균 15곳, 이서구에 대해서는 이조원 25곳, 반정균 9곳이다. 이들의 비평은 다음의 세 가지 주요한 특징이 보인다.

① 이조원과 반정균의 평점은 네 문인의 시를 내용, 예술적 구상, 묘사 기법, 어휘 선택, 형상적 경지, 풍격과 율조, 예술적 유래, 시의 운치, 고사와 전고 활용 등 다양한 측면에서 분석하였다. 이덕무의 「벽제점(碧蹄店)」에 대해 이조원은 '사료로 활용할 만하다.'라고 평했고, 반정균은 '절창이다. 당나라 현인들과 견주어도 뒤지지 않는다.'라고 하였다. 반정균은 이덕무의 「가을 등불과 급히 내리는 비[秋燈急雨]」에 대해 '상상력이 비범하다.'라고 평가했으며, 이조원은 박제가의 배자(排字) 중 '바위에 앉으니 옷 주름이 기이하구나[衣紋坐石奇]' 구절에 대해 '제4구의 다섯 글자는 인간 세상을 거치지 않은 듯하다.'라고 평했다. 이를 통해 두 사람이 『한객건연집』을 세밀히 분석하며 네 문인의 시를 다각도로 높이 평가했음을 확인할 수 있다.

② 이조원과 반정균은 네 문인의 시를 무조건 칭찬만 한 것은 아니다. 그들은 일부 시의 운율과 기법에 대해 의문을 제기하기도 했다. 반정균은 이덕무의 「화석정을 멀리서 바라보며 임진강을 건너다[花石亭遠眺, 渡臨津]」에 대해 "오가(五歌) 운을 사용했지만, 시의 형식이 맞지 않는다."라고 평했고, 유득공의 「겨울 산속 나그네[歲暮山中客]」(1수)에 대해 "이 시는 강운(江韻) 아래에 두어야 한다."라고 평했다. 또한, 이덕무의 「광주 가는 도중에 [廣州途中]」에 대해 "의도적으로 색채를 강조했다."라고 평했다. 이조원과 반정균은 심지어 내용상의 오류도 정확히 지적했다. 이덕무의 「홍담헌 대용의 정원에서[洪湛軒(大容)園亭]」 중 "당당한 광문(廣文) 육비[磊落陸廣文]" 구절에 대해 반정균은 "육비는 효렴(孝廉)을 추천받았을 뿐 광문(廣文)은 아니다."라고 정정했다. 이를 통해 이조원과 반정균이 단순히 예의상 칭찬만 한 것이 아니라, 『한객건연집』을 진지하게 평점했음을 알 수 있다.

③ 이조원과 반정균은 네 문인의 시를 평점할 때, 중국 역사상의 유명한 시인들과 비교하는 경우가 많았다. 총 35곳의 평점에서 이러한 비교가 나타나며, 이는 전체 평점 수의 5분의 1 이상을 차지한다. 이는 그들이 네 문인의 시를 평점할 때의 큰 특징 중 하나로 다음 표와 같다.

차례	시와 저자	평점	비유된 중국시인
이덕무 시에 대한 평점			
1	『九日麻浦, 同朴(在先)宿朴穉川 (相洪)水舍』	李曰: 柳州之遺音。	唐代柳宗元
2	『凉雨夕』	李曰: 小中見大, 得梅都官之一體。	北宋梅尧臣
3	『題田舍』	潘曰: 似楊誠齋。	南宋楊萬里
4	『馳筆次袁小修集中韻』	李曰: 似白香山。	唐代白居易
5	『謁崇仁殿』	潘曰: 三四頌箕子, 典重可匹柳州一碑。	唐代柳宗元
6	『十一月十四日, 醉戲吟』	李曰: 可配微之放言詩。	唐代元稹
7	『桃花洞』	潘曰: 似香山。	唐代白居易
8	『龍仁道中』	李曰: 體物之工不減放翁。	南宋陸遊
9	『洪湛軒(大容)園亭』	李曰: 『選』意『騷』情。	南朝蕭統 戰國屈原
10	『辛卯仲冬十六夜雷時, 趙山人(衍龜)在座』	李曰: 此詩酷似山谷。	北宋黃庭堅
11	『柳惠風(得恭)前作病齒詩慰我, 今落矣, 仍步其韻以自唁』	李曰: 昌黎之擅長, 此詩足以配。	唐代韓愈
유득공 시에 대한 평점			
1	『松京雜絶』	李曰: 凄迷哀艷, 千秋絶調, 王漁洋『秦淮雜絶』不得擅美于前。	清代王士禛
2	『蟋蟀』	李曰: 摹寫入細, 得工部咏物之工。四首俱是。	唐代杜甫
3	『觀魚』	潘曰: 落筆得遠勢, 似老杜起法。	唐代杜甫
4	『熊州館, 歲暮吟』	李曰: 七律氣格真逼老杜。	唐代杜甫
5	『麻浦打魚篇』	潘曰: 才大似昌黎子。	唐代韓愈
6	『早春, 同宋記注昆季登眺鳳凰山, 鬻艾酣飮』	李曰: 前無古人, 後無來者。撫天地之茫茫, 獨悵然而泣下。	唐代陳子昂
7	『東峰精舍, 與芝浦宋子伴讀』	李曰: 古淡如淵明。	東晋陶淵明
8	『田家二首』	李曰: 冲淡似韋蘇州而新穎過之。	唐代韋應物
9	『圍爐五十韻』	潘曰: 似韓、孟聯句, 争奇炫异, 極意鼻才, 亦足以副之。	唐代韓愈、孟郊
박제가 시에 대한 평점			
1	『北漢文殊寺』	李曰: 似于鱗。	明代李攀龍
2	『白雲臺』	潘曰: 奇麗, 五六似馬第伯封禪花語中。	東漢馬第伯
3	『踰一岡, 有京中故人農莊, 相訪作, 次杜』	李曰: 此公七律多似劉賓客。	唐代劉禹錫
4	『寄炯庵李(懋官)』	李曰: 此服膺昌黎而得。	唐代韓愈
5	『舟宿廣興倉下, 二更乘潮至雲陽, 七古』	李曰: 似玉局。	北宋蘇軾

차례	시와 저자	평점	비유된 중국시인
이서구 시에 대한 평점			
1	『同金葛川夕訪流霞亭, 道上分韻得野曠天低樹五字』	李曰: 表聖嗣響。	唐代司空圖

이조원과 반정균이 언급한 중국 시인들은 전국시대부터 한·진·당·송·원·청에 이르는 대표적 시인들이며, 특히 당송(唐宋) 명가들이 다수를 차지한다. 이를 통해 이조원과 반정균이 조선 네 문인의 시적 성취를 높이 평가했음을 알 수 있고, 네 문인의 시학적 연원이 다양한 시인들의 영향을 받았음을 확인할 수 있다.

마지막으로, 이조원과 반정균은 각각 사가시에 대한 발문을 통해 네 문인의 시적 특징을 종합적으로 평가하였다. 이덕무의 시는 단어와 뜻을 오랫동안 연마하여 평범하지 않다고 평했는데, 이조원은 "『청장관집』은 문장이 굳건하고 노련하며, 뜻이 순수하고 자연스럽게 완성되었다. 마음대로 늘어놓았으나 속된 화려함이 없다."라고 평했다. 유득공의 시는 재능이 넘친다고 평가했는데, 반정균은 "영재는 재능과 정서가 풍부하며, 격률(格律)이 유독 높아 때로는 고래가 푸른 바다를 노니는 듯한 경지를 보인다."라고 평했다. 박제가의 시는 율협(律協)의 기개가 넘친다고 했는데, 이조원은 "『명농초고(明農初稿)』는 칠율(七律)에 능숙하니, 몽득(夢得) 유우석과 향산(香山) 백거이가 그 시조라 할 만하나, 기이하고 준수한 기상(嶔崎歷落之氣)은 오히려 그들을 넘어섰다고 해도 모자람이 없다."라고 평했다. 이서구의 시는 오언고시에 능하며 품격이 높다고 했는데, 반정균은 "강산(薑山)의 오언고시(五古)는 담박하고 한가로우며, 왕유와 위응물의 문파에 속한다. 왕사정(王漁洋)의 풍격과 시어(格詞)와는 더욱 근접함을 볼 수 있다."라고 평했다.[179]

종합하자면, 이조원과 반정균은 사가시를 서언(序言), 평점(評點), 발미(跋尾)의 세 가지 측면에서 분석하며 그 장단점을 균형 있게 평가하였다. 특히 이들은 『한객건연집』에 대한 치밀한 분석을 통해 깊이 있는 견해를 피력하였는데, 이러한 특성은 이덕무가 이조원과 반정균의 비평을 접한 후 "정교하고 공들여진[爾雅鄭重]" 표현과 "진정 해내의 기이한 인연이며, 영원토록 훌륭한 일이다[眞海內之奇緣, 而終古之勝事也]"라고 평한 부분과 일맥상통한다.

179) 이조원, 반정균의 발문은 박제경(朴齊景) 주(注), 백두용(白斗鏞) 교감(校勘), 『전주사가시(箋注四家詩)』. "《青莊館集》造句堅老, 立意渾成, 隨意排鋪而無俗艷。""泠齋才情富有, 格律獨高, 時露鯨魚碧海之觀。""《明農初稿》工於七律, 夢得、香山其鼻祖也, 而嶔崎歷落之氣則似過之, 無不及焉。""薑山五古冲澹閑遠, 王、韋門庭中人, 視王漁洋格詞尤近。"

유금이 편찬한 『한객건연집』은 18세기 청나라 문인들의 상세한 비평을 담은 유일한 조선 문집으로 청인들이 쓴 서문·발문·평점을 수록하고 있다. 이덕무·유득공·박제가·이서구 등이 문집에 평가된 네 시인은 조선 후기 시단의 핵심 인물로서 그들의 작품은 당시 조선 시단의 새로운 흐름을 대표한다. 특히 평가자 이조원과 반정균은 건륭제 시대에 명성을 떨친 문인들로 이들의 비평은 중한 양국 시학 이념의 교류를 보여주는 중요한 사례이다. 따라서 『한객건연집』의 비평은 18세기 중한 문인 간 한시 교류의 심화를 입증하는 중요한 상징이 되었다.

(2) 『열상주선집』은 1778년(무술년) 박제가와 이덕무가 연경으로 가져간 시집이다. 현재 전해지지 않으며 정확한 편목도 알 수 없다. 문헌 기록을 통해, 이덕무, 유득공, 박제가, 이서구의 시가 수록된 것으로 추정할 수 있다. 축덕린은 「열상주선집서(洌上周旋集序)」에서 "정유년 4월 나와 동년인 우촌 이조원 이부가 탄소 유금이 편찬한 『한객건연집』을 가져와 나에게 보여주었다. …해가 지나 박제가와 이덕무가 북경에 와서 이조원의 아우 묵장 이정원 서상을 통해 다시 『열상주선집』으로 서로 질정하였다. 내가 그것을 받아서 읽어보니 『한객건연집』과 함께 일가언(一家言)을 이루었다."[180]라고 하였다. 박제가와 이덕무는 이정원을 통해 이 시집을 축덕린에게 전달하였다. 축덕린은 이 시집의 저자가 앞서 본 『한객건연집』과 동일인임을 알아차렸다.

청나라 문인들의 『열상주선집』에 대한 평가는 축덕린의 「열상주선집서」와 이정원의 「제열상주선집」에만 남아있다. 축덕린은 네 시인(형암, 초정, 혜풍, 강산)의 시풍을 칭찬하며, "네 사람은 맹주라 해도 과언이 아닌 당당한 기상으로 기량이 서로 비슷하나, 형암은 풍부하면서도 거침없고, 초정은 힘차면서도 윤택하며, 혜풍은 부드럽고 아름답고, 강산은 조화로우면서도 막힘이 없다."라고 각자의 시적 특징을 자세히 묘사했다. 또한 그는 이들의 시가 "멀게는 황정견과 범성대를 배우고, 가깝게는 이몽양과 왕사정에 근접하며, 성정은 각기 다르고, 종파는 대체로 같다."라고 설명하며 전통과 현대의 조화를 강조했다. 더 나아가 이들의 시가 "시야를 넓히고 정성을 다해 다듬어 각자의 성령을 드러냄으로써 마음을 도야했다."[181]라고 평가하며, 네 시인이 모두 성령 묘사에 주력했음을 지적했다.

이외에 주목할 만한 점은 축덕린이 사가의 시를 무조건 칭송만 한 것이 아니라 공정하고

180) 박장암(朴長馣), 『호저집(縞紵集)』 하, 권1, 제213~216쪽. "丁酉四月, 同年李雨村吏部携柳彈素所纂《韓客巾衍集》示予, ……逾年, 朴、李來京師, 因雨村之弟墨莊庶常, 復以《洌上周旋集》相質。余受而讀之, 則與《巾衍集》爲一家言。"

181) 위의 책, 제213~216쪽. "四君者齊盟押主, 旗鼓相當。炯庵贍而肆, 楚亭蒼而潤, 惠風逸而妍, 薑山諧而暢。""其瓣香遠在山谷、石湖, 近在空同、漁洋, 性情各异, 宗派略同。""放開眼界, 雕鏤腎肝, 而能各出性靈, 以爲陶寫"

객관적인 원칙에 따라 고체시의 단점을 지적하며 “고체시(古體詩)는 재기가 호탕하고 필치가 변화무쌍하나, 다만 자구(字句)에 간혹 다듬어지지 않은 곳이 있다.”[182]라고 평가한 점이다. 이정원은 「제열상주선집」에서 절구 형식으로 “열수는 안개처럼 푸르게 엉기고, 대숲 풍취는 예나 지금이나 같네. 간곡히 시집 속 이에게 전하노니, 나를 위해 서쪽 자리 하나 더하라.”[183]라고 평했다. 그는 앞의 두 구절에서 조선의 네 시인을 중국의 ‘죽림칠현’에 비유하며, 시 작품의 고아한 품격을 드러냈고, 뒤의 두 구절에서는 이들에 대한 존경을 표현했다. 이로 미루어보아 이정원도 이 시집을 높이 평가했음을 알 수 있다.

(3) 홍대용은 『해동시선』 9권을 편찬했는데, 북경대학에 잔본이 소장되어 있다. 반정균의 요청으로 1766년(병술년)에 홍대용은 『해동시선』 한 질 네 권을 반정균에게 전달했다. 홍대용은 「추루에게 보낸 편지」에서 “『해동시선』 한 질 네 권을 보냅니다.”[184]라고 적었다. 그러나 북경대학 잔본에 수록된 반정균의 평어는 한두 줄에 불과해 학술 가치는 높지 않으며, 잔본 특성상 그의 비평 전모를 파악하기도 어렵다. 한편, 반정균은 『해동시선』을 받은 후에 홍대용에게 보내는 서신에서 『해동시선』에 수록된 시를 종합적으로 품평하면서 “『해동시선』 9권은 시문 선택이 매우 정밀하고, 고증이 상당히 확실하여, 한 나라의 아름다운 작품들이 대략 갖추어졌으리라 생각됩니다. 이를 아낌없이 주시니, 한 척의 진주 배나 산호 그물보다도 더 값집니다. 다만 선별 작업이 매우 번거롭고 필사하기도 쉽지 않았을 것인데, 친우의 수고로움에 깊이 감사히 여깁니다. 이제부터 이 책 속 시인들이 중국에 전해져 영원히 빛날 것입니다. 그대는 옛 친구의 견문을 넓혀주었을 뿐만 아니라 고향 선생들에게도 적지 않은 공을 세우셨습니다.”[185]라고 말하였다. 반정균은 시 선성의 정밀함, 상세한 고증, 풍부한 내용 등의 측면에서 이 시집을 높게 평가하였다.

182) 축덕린(祝德麟), 「열상주선집평(洌上周旋集評)」, 박장암(朴長馣), 『호저집(縞紵集)』 하, 권1, 제216쪽. “古體才氣浩瀚, 筆善變化, 惟字句偶有未揀净處。”

183) 이정원(李鼎元), 「題洌上周旋集」, 위의 책, 제157쪽. “洌水如烟凝一碧, 竹林風味無今昔。殷勤寄語集中人, 爲我西隅添一席。”

184) 홍대용, 『담헌서(湛軒書)』 외집 권1, 『한국문집총간』 제248책, 제113쪽. “外呈《海東詩選》一部四本。”

185) 『中士寄洪大容手札帖』 5, 제288~289쪽. “《海東詩選》九卷, 持擇甚精, 考據頗核, 一邦雅製, 想已略備, 惠然持贈, 不數真珠一船、珊瑚一網也。顧遴選劇繁, 書抄匪易, 良友苦心, 深爲銘感。從此, 卷中諸家流傳中土, 永永不朽。足下不特爲故人廣聞見, 并有功於鄉先生不淺也。”

5.2. 별집(別集)에 대한 비평

18세기 조선과 청나라 문인들은 주로 서문, 평점, 논시시(論詩詩) 형식으로 별집을 비평했다. 청나라 문인들이 서문을 쓴 조선 문인의 별집과 저작으로는 이서구의 『강산초집』, 홍대응의 『대동풍아』, 서형수의 『학도관』, 『명고문집』, 『서오여헌주인시문(徐五如軒主人詩文)』, 홍양호의 『연운기행(燕雲紀行)』, 『홍상서시권(洪尚書詩卷)』, 『이계시집』, 『이계문집』, 『육서경위(六書經緯)』, 조수삼의 『추재집(秋齋集)』, 서호수의 『혼개통헌도설집전(渾蓋通憲圖說集箋)』, 김정중의 『연행록』, 저자 미상의 『이참봉시초(李參奉詩鈔)』, 박제가의 『정유고략(貞蕤稿略)』, 이덕무의 『청비록』이 있다. 이 조선 문인들의 작품은 이조원, 축덕린, 진숭본, 대심형, 서대용, 주문한, 강련, 옹방강, 기윤, 진전 등 청나라 문인들이 서문을 쓰면서 다양한 관점에서 평가되었다.

조선 문인들이 비평한 청나라 별집으로는 양징(楊澄)의 『양둔암문집(楊鈍庵文集)』, 곽집환(郭執桓)의 『회성원시집(繪聲園詩集)』, 제패련의 『황애시고(黃厓詩稿)』가 있다. 이기지, 홍대용, 박지원, 홍양호 등이 이 작품들에 서발문을 썼다. 다만 이기지가 「양둔암문집」에 서문을 쓴 18세기 초를 제외하면, 위에서 언급된 중한 문인들 간의 서문 교류는 모두 18세기 후반에 집중적으로 이루어졌다. 이는 양국 문인 간 교류가 심화되었음을 보여주는 중요한 증거이다. 이 시기의 서문과 평점들은 조선과 청나라 간의 문학 교류 연구에 귀중한 자료로서 학술적 가치가 크다.

18세기에 서발문을 받은 경우를 제외하면, 비교적 상세한 평가를 받은 중한 문인 별집으로는 곽집환의 『회성원시집』과 이서구의 『강산초집』이 있다.

(1) 1773년(계사년), 등사민(鄧師閔)이 홍대용에게 곽집환의 『회성원시집』을 전달하며 조선 명사들의 비평을 요청했다. 유득공의 『중주십일가시선』에는 "계사년에 동향인 등사민이 담헌(홍대용)에게 『회성원시집』을 보내면서 조선 명사들의 평점을 청하였다. 담헌은 이덕무에게 점정(點定)을 맡겨 발문을 쓰게 하고, 박중미에게 발미(跋尾)를 짓게 하였다."[186]라고 기록하였다.

박지원의 「회성원집발」과 홍대용의 「회성원시발」은 현재까지 모두 남아있지만, 아쉽게도 이덕무의 서문은 대부분 소실되어 일부 평어만이 홍대용의 「회성원시발」에 수록되어 있다. 이광규의 회상에 따르면, 그의 아버지 이덕무는 『회성원시집』의 서문을 작성했을 뿐만 아니라 "약 160여 단락"[187]의 비평을 남겼다. 또한 이덕무는 『청비록』에서 "그의 동향인 문헌 등사민은

---

186) 유득공, 『中州十一家詩選』, 서울대학교 규장각 소장본. "歲癸巳, 因其同邑人鄧師閔, 使之寄書湛軒, 兼致《繪聲園詩集》一册, 願得朝鮮名士評騭。湛軒托李德懋點定爲弁文, 朴仲美作跋尾。"

187) 이광규(李光葵), 『선고적성현감부군연보(先考積城縣監府君年譜)』 (상), 이덕무, 『청장관전서(青莊館全書)』

홍담헌이 연경을 유람할 때 사귄 인물이다. 일찍이 곽집환의 『회성원시집』을 부쳐왔는데, 내가 일찍이 비평한 적이 있다."[188]라고 기록했다. 이는 이덕무가 『회성원시집』을 비평했음을 증명하는 중요한 기록이지만, 그의 평어는 현재 전해지지 않는다.

박지원과 홍대용의 발문을 종합해보면, 박지원은 곽집환의 작품이 형식과 내용 측면에서 매우 '아정(雅正)'하다고 높이 평가했다. 그는 "그의 장편(大篇)은 『소호(韶護)』의 정신을 발현하였고, 단편은 옥패의 울림과 같으니, 그 아름답고 온화한 품격이 여기에 있다."라고 하며, 이 시가 유가의 고악(古樂)과 『시경(詩經)』의 훌륭한 전통을 이었다고 강조했다. 이어 "아, 언어는 비록 다르나 글과 도리는 본디 통한다. 오직 그 웃음과 슬픔은 옮기지 않아도 통하니, 어찌 된 일인가? 정(情)은 겉으로 꾸미지 않으며, 소리는 마음에서 나오기 때문이다."[189]라고 말했다.

한편, 홍대용은 시의 감정적 진실성을 인정하면서도 학문적 관점에서 문사의 화려함이 유학의 시학적 본질을 가리는 문제를 지적하며, "사랑으로써 그 몸과 마음을 격려하고, 존중함으로써 주공(周公)과 공자(孔子)의 도에 나아가게 하라. 오직 화려함을 거두어 실속을 이루고, 문채(文彩)를 버려 도술(道術)을 밝히길 바라니, 내 담원(澹園)에게 기대하는 바가 대략 이에 있을 뿐이다."[190]라고 조언했다.

박지원과 홍대용 두 사람은 곽집환의 작품에 대해 다소 다른 평가를 내렸지만, 유가 시학의 "온아함"은 그들이 공통으로 추구한 목표이자 청나라 시학의 성과에 대한 기대를 담은 것이기도 하다.

(2) 이서구의 『강산초집(薑山初集)』 4권은 서울대학교 규장각 및 국립중앙도서관에 소장되어 있다. 이 문집은 이서구의 시에 대한 청나라 문인들의 비평을 수록한 정리본으로 이서구의 검열을 거쳤으며, 완전한 보존 상태로 인해 『한객건연집』과 견줄 만한 높은 문헌적 가치를 지니고 있다.

무술년(1778)에 이덕무는 이 문집을 연경으로 가지고 가서 반정균, 이조원 등에게 소개하였고, 이들로부터 진지한 평가를 받았다. 이서구는 「강산초집자서(薑山初集自序)」에서 이 일을 언급하

권70, 『한국문집총간』 제259책, 제283쪽.

188) 鄺健行 點校, 『朝鮮人著作兩種──<乾净衕筆談>、<清脾錄>』, 상해고적출판사(上海古籍出版社), 2010년, 제256쪽. "其同邑汶軒鄧師閔乃洪湛軒遊燕時所交也。嘗寄䢔圭《繪聲園詩集》, 余嘗評批。"

189) 박지원, 「繪聲園詩跋」, 박지원, 『연암집(燕岩集)』, 『한국문집총간』 제252책, 제70쪽. "其大篇發《韶護》, 短章鳴璁珩, 其窈窕温雅也。""嗟乎, 言語雖殊, 書軌攸同。惟其歡笑悲啼, 不譯而通, 何則？情不外假, 聲出由衷。"

190) 홍대용, 「繪聲園詩跋」, 홍대용, 『담헌서(湛軒書)』 내집 권3, 『한국문집총간』 제248책, 제74쪽. 愛之勉以身心, 重之進以周孔。惟口斂華而就實, 捨文藻以明道術, 吾所願於澹園者, 庶在於此矣。"

며, 영평 석모산에서 은거하던 시절 "이전과는 상당히 다른" 작품을 다수 지었고, "시가 백 편을 넘어 옛 작품 중 고상한 것을 골라 이 문집에 수록하였다. 마침 이웃의 이무관이 사절단을 따라 연경에 가게 되었고, 농암(農岩)과 삼연(三淵), 그리고 사천(槎川) 이공의 이야기를 인용하며 이 책을 요청하였다. 나는 이를 거절하지 못하고 결국 허락하였다. 이군이 절강의 반정균과 촉의 이조원을 만나 이 문집을 보여주니, 그들이 크게 칭찬하며 서문을 써주었다."[191]라고 기록하였다.

무술년 이덕무가 연경으로 가져간 이서구의 『강산초집(薑山初集)』은 그보다 1년 전 중국에 전해진 『한객건연집(韓客巾衍集)』과 내용상 일부 중복되면서도 차이점을 보인다. 『강산초집』에는 총 185수의 시가 실려 있으며, 이는 『한객건연집』에 수록된 『강산집(薑山集)』의 77수보다 훨씬 많다. 특히, 『강산초집』에는 청나라 문인 이조원, 반정균, 축덕린(祝德麟)이 이서구의 시에 남긴 평점은 총 55곳으로 각각 이조원 39곳, 반정균 12곳, 축덕린 4곳이 수록되어 있다. 이는 『한객건연집』(이조원 평점 25곳, 반정균 평점 9곳)에 수록된 이조원과 반정균의 평점 수량보다 17곳이 더 많다.

이외에 『강산초집』에는 「비 온 뒤, 서강구에서 백운계로 걸음을 옮기며 짓다[雨後, 從西岡口步至白雲溪作]」, 「저녁에 백운계에서 다시 서강구에 이르러 소나무 그늘 아래 잠시 누워서 짓다, 3수[晩自白雲溪, 復至西岡口, 少卧松陰下作, 三首]」, 「갈천 김군을 관서로 보내며, 3수[送葛川金君歸關西三首]」, 「봄날에 백고산에 머물며, 7수[春日題伯皋山居七首]」에 대한 축덕린의 평점 4곳이 추가로 수록되어 있는데, 이는 『한객건연집』에는 없는 내용이다.

한편, 『한객건연집』에 실린 이조원과 반정균의 평점이 달린 시 25수와 34곳 평점은 『강산초집』 권1과 권2에 모두 수록되어 있으며, 내용은 대체로 동일하다. 『한객건연집』에 수록되지 않은 이조원과 반정균의 평점은 『강산초집』 권3과 권4에 수록되어 있고, 축덕린의 평점은 권2와 권4에 각각 2곳씩 수록되어 있다. 『한객건연집』에 미수록된 평점이 달린 시와 그 상세 내용은 다음 표와 같다.

191) 이서구(李書九), 「薑山初集自序」, 이서구(李書九)의 『강산초집(薑山初集)』 권말, 에는 "기유년 5월 낙서의 희전당에 담는다 [己酉五月裝于駱西之希籛堂]"라는 말이 있다. 국립중앙도서관 소장본, 본연구에서 이 판본을 채택한 가장 중요한 이유는 이 판본은 1789년에 간행되었고, 서울대학교 규장각의 소장본은 간행 시기가 불분명하기 때문이다.

차례	시제	평점
1	『冬夜讀孟襄陽詩, 却山中故舊』	李雨村曰 : 清絶
2	『送李山人還鄕三首』	李雨村曰 : 自分自高(其一) ; 李雨村曰 : 無限寄托(其二)。
3	『朝爽閣詩爲金丈(用謙)作, 三首』	李雨村曰 : 古亭賞楓等句法非初唐人不辨。
4	『郭胤伯八分小帖』	潘蘭公曰 : 規橅少陵, 尤見博綜金石之學。
5	『山居春晴, 偶題絶句三首』	李雨村曰 : 似老學庵筆意。
6	『過南山下村家二首』	李雨村曰 : 風致可想。
7	『松山道中懷柳進士二首』	李雨村曰 : 二作感時撫事, 讀之輒喚奈何。
8	『山中大雪, 有懷仲牧』	李雨村曰 : 細絶 ; 李雨村曰 : 高處直接彭澤韋柳, 但可頡頏。
9	『前年春爲訪近庵金丈(尙默)』	李雨村曰 : 氣體甚高。
10	『清明在近, 寒意未已, 聊以自慰』	李雨村曰 : 新倩可知。
11	『新晴, 出漢北門』	李雨村曰 : 字字少陵。
12	『懷李雨村(調元)三首』	李雨村曰 : 見懷詩風調絶佳。
13	『秋日懷秋居士三首』	潘蘭公曰 : 清遠。
14	『雨後, 從西岡口步至白雲溪作』	祝芷塘曰 : 結構殊非草草, 五古從此路入, 問津王、韋不遠矣, 即追踪陶、謝, 何難耶 ?
15	『晩自白雲溪, 復至西岡口, 少卧松陰下作, 三首』	祝芷塘曰 : 詩好而韻不可通。
16	『送葛川金君歸關西三首』	祝芷塘曰 : 氣格雄蒼, 風調高穩, 如此詩非唯一抗衡何李, 直可追配義山矣。
17	『春日題伯皋山居七首』	祝芷塘曰 : 寫景入細。

위의 비교를 통해, 『강산초집』 권1과 권2에 수록된 이조원과 반정균의 평점은 1777년(정유) 유금이 연경을 방문했을 때 작성되었고, 권3과 권4의 평점은 1778년(무술) 이덕무가 연경에 왔을 때 완성되었음을 추측할 수 있다.

무술년에 반정균, 이조원, 축덕린이 『강산초집』을 위해 쓴 서문과 제문, 17편의 시에 대한 평점 및 이정원과 심심순(沈心醇)의 발문을 종합적으로 분석한 결과, 이들 비평의 주요 특징은 다음과 같다.

첫째, 『한객건연집』에 수록된 『강산집』과 마찬가지로 『강산초집』 역시 청나라 문인들에게 높은 평가를 받았으며, 이들은 이서구 한시의 문예적 성과를 종합적으로 정리하였다.

① 정의 바름과 깊이가 자연스럽게 드러난다.

이조원은 “시가 정(情)에서 나오는 것은 어렵지 않으나, 정에서 나와도 바름을 잃지 않는 것이 어렵다.”라고 하며, 이서구의 시는 “꾸밈을 일삼지 않으면서도 정의 바름을 얻었다.”라고 극찬하였다. 또한 “태갱(太羹)은 조미하지 않아도 되고, 태음(太音)은 소리가 희미하니, 이를 일러 이른바 정시지음(正始之音)이라 한다."[192]라며 그의 시가 최고의 경지에 올랐음을 칭송하였다.

반정균은 「강상초집제문」에서 "필묵 너머에는 자연스럽게 성정(性情)이 드러나고, 산천을 오르내린 뒤에는 특별한 깊은 뜻이 담겨 있다."라고 말하며, 그의 시작(詩作)이 지닌 자연스럽고 심원한 특징을 강조하였다.

② 이서구의 오언고시는 특히 뛰어나서 담담하고 한가로우며 고인(古人)의 경지에 가깝다. 이조원은 "강산의 오언고시는 담담하며, 글자마다 당나라의 음률을 담고 있어서 왕유(王維)와 맹호연(孟浩然)의 유풍을 이어받았다."라고 평했다. 축덕린은 「강산초집제문」에서 "오언고시는 맑고 넓으며 평담하여, 위진(魏晋) 시대 사람들의 경지에 이를 만하다."라고 평했다. 이정원(李鼎元)은 발문에서 이서구의 시풍을 "담원한 멋의 도연명"이라 칭송했고, 심심순(沈心醇)은 "좋은 구절은 백 가지의 향기보다 맑다."라고 평하며 그의 시를 『포존시화(匏尊詩話)』에 수록했다.[193]

청나라 비평가들은 이서구 시가 지닌 충담한 품격을 높이 평가했는데, 이는 바로 이조원이 표방하는 가장 높은 미학 품격인 "도연명의 시는 화평하고 담원하여, 천고 시학의 근원이 되었다."[194]와도 서로 일치한다. 이처럼 충담한 풍격이 그의 시가 중에 뚜렷하게 드러나 자 청나라 비평가들은 이서구의 시가를 높이 평가하였다. 이조원은 이석구의 시에 대한 애정이 남달라서 "나는 『강산집』을 보며 도연명이 우리와 멀지 않았음을 속으로 감탄하였다."라고 말하며, "독(獨)"이라는 한 글자로 이서구의 한시를 높이 평가했다. 반정균(潘庭筠)은 『강산집』 서문에서 이서구를 "외뿔 기린"에 비유하며 "내가 그의 시를 보니 오묘하고도 생동감이 넘쳐 평양의 외뿔 기린이라 해도 과언이 아니다."[195]라고 칭찬했다. 이를 통해 이서구의 시가 네 문인 중에서도 이조원과 반정균에게 가장 높이 평가받았음을 알 수 있다.

둘째, 위의 표를 통해 이조원, 반정균, 축덕린 세 인물이 『강산초집』에 남긴 평점을 분석해 보면, 이들의 시 평가는 『한객건연집』과 유사하게 내용, 풍격, 구조, 구법, 용자(用字), 용운(用韻) 등 다양한 측면에서 이서구의 시가 작품을 구체적으로 심도 있게 분석하고 있음을 알 수 있다.

---

192) 이조원(李調元), 「蓋山集序」, 이서구(李書九)의 『강산초집(薑山初集)』 권말에는 "기유년 5월 낙서의 희전당에 담다 [己酉五月裝于駱西之希籛堂]"라는 말이 있다. "詩非出於情之難, 出於情而不失其正之爲難""以其不事雕璱(鏤)而得乎情之正也""太羹不和, 太音聲希, 此之謂也, 所謂正始之音也。"

193) 이정원(李鼎元)의 시구는 이정원(李鼎元)의 「題薑山詩集後」, 심심순(沈心醇)의 시구는 심심순(沈心醇)의 「集中名句余已采入『匏尊詩話』, 因題」, 이서구(李書九), 『강산초집(薑山初集)』을 참조.

194) 이조원(李調元), 「강산집서(薑山集序)」, 이서구(李書九), 『강산초집(薑山初集)』. 陶靖節和平澹遠, 爲千古詩學之宗.

195) 반정균(潘庭筠), 「薑山集序」, 위의 책. "余觀其詩惟妙惟肖, 雖目爲平壤之獨角麟, 亦未爲過。"

특히 주목할 만한 점은 축덕린이 이서구가 오용한 시운에 대해 문제를 제기하면서도 그 근본 원인에 대해 깊게 고민했다는 사실이다. 이는 『한객건연집』의 비평에서는 찾아볼 수 없는 특징이다. 「백운 계곡 저녁길에 서강 어귀 다시 와, 솔 그늘 아래 잠시 누워 지은 시(3수) [晩自白雲溪, 復至西岡口, 少臥松陰下作, 三首]」의 "솔뿌리 위에서 책을 읽으니 책 안으로 솔방울 떨어지네. 지팡이 짚고서 돌아가려고 하니 산허리에 구름이 하얗게 이네."라는 시구에 대해 축덕린은 "시는 훌륭하나 운은 통하지 않는다."라고 지적하면서 "백(白)"자는 방각절(旁各切)로 음은 "박(薄)"이다. 『시경·소아』에 '빛나고 아름다운 꽃이구나. 어떤 꽃은 노랗고, 어떤 꽃은 하얗구나. 내가 당신을 만나니 네 필의 가리온을 타셨네.'라고 했는데, 이 시는 고체(古體)이므로 "낙(落)"자와 운을 맞춰야 한다. [白叶旁各切, 音薄. 『詩·小雅』: '裳裳者華, 或黃或白. 我覯之子, 乘其四駱.'此詩既是古體, 當證此叶落.]"라고 말하였다. 이서구의 시운 오용에 대해 축덕린은 "운에는 고금의 차이가 있는데, 동국(東國) 시인들은 고운(古韻)을 많이 알지 못함"에서 비롯된 것이며, 이는 이서구 개인만의 문제가 아니라고 여겼다. 이에 그는 『강산초집』의 서문을 「논운학서(論韻學序)」 저술로 대체하였는데, 이 저서에서 그는 중국 고대 운서(韻書)의 변천과 시운의 용례를 상세히 소개하고, 소장형(邵長蘅)의 『고금운략(古今韻略)』을 참고할 것을 권장했다. 또한, 시를 지을 때 고시(古詩)를 참고하여 운율 상의 오류를 피할 것을 당부하며, "소서(邵書)는 시중에서 쉽게 구할 수 있으며, 그림을 참고하여 맥락에 따라 운을 맞추면 가히 참고할 만하다. 설령 이를 그 말을 충실하게 지킬 수 없더라도 고인의 시를 읽는다면 자상(子湘)이 나를 속이지 않았음을 알 수 있을 것이며, 나의 견해도 결코 헛된 것이 아님을 알게 될 것이다."196)라고 말하였다. 이처럼 축덕린은 조선 문인들에게 중국의 시운을 소개하는 데 특별한 공헌을 했는데, 그 구체성과 깊이는 이조원, 반정균 등 다른 청나라 문인들에게서는 찾아볼 수 없는 것이다.

5.3. 특정 시문(詩文)에 대한 품평

특정 시문에 대한 품평은 18세기 중한 문인 간의 문학 비평에서 가장 흔하게 볼 수 있는 현상으로 주로 상대방의 시문을 즉석에서 평가하거나 서신을 통해 시의 절묘한 점을 지적하는 경우가 많았다. 대표적인 예로, 1701년(신사) 중국으로 출사(出使) 중이던 강현(姜鋧)은 풍윤현의

196) 축덕린(祝德麟), 「논운학서(論韻學序)」, 이서구(李書九), 『강산초집(薑山初集)』.邵書,坊間易購, 按圖尋譜, 了了可觀. 即不可得守是說. 以讀古人之詩, 可知子湘之不余欺, 而余之於唾餘者, 亦非無見.

문사 곡씨(谷氏)에게 시를 선물하며 "이역에서 이야기를 나눌 사람이 없으니, 새로 지은 시는 그대 아니면 누가 평(評)하리오?"[197]라고 하였다. 이는 18세기 중한 문인 간에 발생한 최초의 시문 비평 사례로 꼽힌다. 또한 1720년(경자) 조영복(趙榮福)은 전생(錢生)의 시문에 대해 "문사가 풍부하고 넉넉하며, 높고 민첩하여 가히 기대할 만하다."[198]라고 평가하였다.

18세기 중한 문인들의 평가를 종합해보면, 인지상정과 인사치레의 필요성으로 인해 대다수의 품평어가 찬미하는 말로 깊이 있는 감상보다는 일반적인 평어가 주를 이루었다. 청나라 이원영(李元英)은 김창업의 면전에서 그의 시에 대해 "당나라 사람의 말과 같다", "그대의 작품은 감탄할 만하니, 정말 당나라 시인들과 어깨를 나란히 하겠다."[199]라고 평하였는데, 이는 단지 당나라를 중국 시문의 절정기로 보면서 당인(唐人)에 비추어 우수성을 언급한 데 그친 것이며, 시에 대한 구체적인 분석은 이루어지지 않았다. 따라서 이러한 평어는 학술적인 가치를 지니기 어렵다.

품평 문장의 형식을 보면, 18세기 중한 문인 간 비평은 크게 산문체(散體)와 운문체(韻體)로 구분된다.

첫째, 산문체는 이조원, 반정균, 축덕린이 『영재집(泠齋集)』에 대해 평한 문장을 비롯하여, 중한 문사가 상대방을 위해 작성한 서발문 등이 이에 해당한다. 이조원과 반정균의 『한객건연집』에 대한 평점과 이조원, 반정균, 축덕린의 『강산초집』에 대한 평점 모두 산문체로 기록되었다. 양국 문인들이 직접 대면하여 작성한 품평 또한 대부분 산문체 형식을 취하였다. 이처럼 서발문과 평점에서 산문체 문장을 통해 친구들의 작품을 평가하는 것은 18세기 중한 문인 간 문학 비평의 주요 형식이라 할 수 있다.

둘째, 운문체는 주로 시가 작품을 평가하는 데 사용되었다. 논시시(論詩詩) 형식으로 친구의 문집을 품평(題評)한 사례는 18세기 전기와 중기 중한 문인 교류에서는 발견되지 않았으며, 후기에 이르러서야 등장하였다. 대표적으로 이덕무가 이조원의 『월동황화집(粤東皇華集)』을 논평한 논시절구를 그 예로 들 수 있다.

197) 강현(姜鋧), 「次豐潤谷一枝韻」, 『간양록(看羊錄)』, 『연행록전집』 제30책, 제39쪽. "异域無人堪與語, 新篇非子更誰評？"

198) 조영복(趙榮福), 『연행일록(燕行日錄)』, 『연행록전집』 제36책, 제98쪽. "文辭富贍, 高捷可期。"

199) 김창업, 『노가재연행일기』 권3, 『연행록전집』 제33책, 제56쪽, 제98쪽. "似唐人語"、"尊作佩服之極, 直與唐人并立"

매화 언덕 넘어 오양천(五羊天)에 이르니　　梅花嶺外五羊天
곳곳에서 어여쁜 아가씨의 악부 전해지네　　到處珠娘樂府傳
은하수 다리의 평판 소중히 여길진대　　珍重星橋評隲好
그 시정이 청아하여 무지개처럼 빛나네.[200]　　詩情清麗斷霞姸

이덕무는 이조원의 『월동황화집』이 맑고 환한 시정(詩情)과 청아한 시어로 구름과 노을의 아름다움을 드러냈다고 칭송하였다. 18세기 후기 청나라 사람들은 조선의 친우들과 교류하며 논시시(論詩詩)를 지었는데, 이조원의 「제『청장관집』(題『青莊館集』)」[201], 이정원의 「제『청비록』(題『清脾錄』)」, 「제『21도회고시』(題『二十一都懷古詩』)」, 「제강산시(題薑山詩)」, 「제『열상주선집』(題『洌上周旋集』)」[202], 심심순의 「유혜풍의 『가상루집』에 짓다(題柳惠風『歌商樓集』)」, 「시집 속의 명구를 내가 이미 『포준시화』에 수록하여 이에 시를 짓다[集中名句余已采入『匏尊詩話』因題]」[203], 철보(鐵保)의 「조선 공사의 시책에 제하고 아울러 정유거사에게 부치다[題朝鮮貢使詩册, 并寄貞蕤居士]」[204] 등이 대표적이다. 이들 논시시 중 이정원의 「제강산시」와 철보의 「조선 공사의 시책에 제하고 아울러 정유거사에게 부치다[題朝鮮貢使詩册, 并寄貞蕤居士]」를 제외하면 모두 칠언절구 형식이다. 이를 통해 당시 청나라 시인들이 주로 두보가 창시한 칠언절구 논시(論詩) 전통을 계승해 친우들의 시를 비평했음을 알 수 있다.

한편, 조선 문사들이 청나라 문인들과 교유하며 지은 논시시는 많지 않다. 필자는 이만수가 청 문인 해주단생(海州單生)의 요청으로 죽은 친구를 위해 지은 「제『매헌집』」을 확인하였는데, 그 시는 다음과 같다.[205]

처음에 반청원을 통해　　始因潘清遠
만천 노인을 알게 되었네.　　結識萬泉老
이제 만천과 즐기며　　今與萬泉歡

200) 이덕무, 「讀李雨村粤東皇華集」, 『青莊館全書)』 권11, 『한국문집총간』 제257책, 제189쪽.
201) 유득공, 『병세집(并世集)』 권1, 『연행록전집』 제60책, 제87쪽을 참조하였다.
202) 위의 책, 제95~96쪽.
203) 유득공, 『병세집(并世集)』 권1, 권107쪽, 이서구(李書九), 『강산초집(薑山初集)』, 한국 서울대학교(首爾大學) 규장각(奎章閣) 소장본 제64쪽.
204) 박장암(朴長馣), 『호저집(縞紵集)』 하, 권2, 제225쪽.
205) 이만수(李晚秀), 『屐園遺稿』 권12, 『한국문집총간』 제268책, 527쪽. 始因潘清遠, 結識萬泉老。今與萬泉歡, 重惜梅軒稿。秋回霞 天, 夢斷池塘草。鷄林有詩徒, 歸示袖中寶。

매헌의 원고를 다시 아끼네.	重惜梅軒稿
가을은 무지개 하늘로 돌아가고	秋回霞鶩天
꿈은 연못가 풀에서 끊어졌네.	夢斷池塘草
계림에는 시인들이 있으니	鷄林有詩徒
돌아가 소매 속 보물을 보이리.	歸示袖中寶

엄밀히 말해 이 시는 아직 논시시(論詩詩)라고 말할 수 없는데, 그 이유는 시의 내용이 시 자체의 평가를 다루지 않고, 주로 작가 반매헌(潘梅軒)의 요절에 대한 안타까움만을 표현했기 때문이다.

청나라 문인들은 주로 칠언절구 형식으로 조선 문사의 시를 품평했지만, 드물게는 고체시 형식으로도 비평을 진행하곤 했는데, 그 수는 매우 적었다. 이에 필자는 대구형의 42구 칠언고체시 「조선의 홍부사가 『육서경위』를 보여줬는데, 이해가 정밀하여 옛사람에게 뒤지지 않아서 삼가 장구 한 수를 지어 뒤에 적고, 아울러 이별의 선물로 주었다[朝鮮洪副使示『六書經緯』, 理解精到, 不讓古人. 謹作長句一首題後, 并以贈行]」 한 수만을 보았을 뿐이다. 이 시는 홍양호의 학술서 『육서경위(六書經緯)』에 대한 평가와 송별을 겸하고 있는데, 특히 문학적 가치에 대해 다음과 같이 극찬하였다.[206]

글자 부수와 점획에 깨달음이 갖춰졌고,	偏傍點畫具心得
오묘한 문자와 기이한 어휘가 사람을 놀라게 하네.	奧字奇語令人驚
서체의 원류는 언제나 전주(篆籒)에 있었으니,	書體從來首篆籒
민산과 적석의 물길처럼 맑고 깨끗한 시원이로다.	岷峨積石源流清
위로는 이양빙과 이사를 거쳐 창힐까지 거슬러 올라가니,	上考冰斯溯倉頡
산 아래에서 창영(滄瀛)의 끝까지 탐구하는 진귀함이 있도다.	貴從山下窮滄瀛

이처럼 18세기 중한 문인 간의 문학 비평 활동은 비교적 활발하게 진행되었다. 이는 양국 문인의 주요 교류 방식 중 하나였으며, 특히 두 나라 문인 관계 구축에 있어 다음과 같은 두 가지 측면에서 중요한 역할을 했다.

(1) 18세기 중한 문인들의 문학 비평 활동, 특히 중후반기에 집중적으로 이루어진 서발문과

206) 홍양호, 『이계집』 「이계외집(耳溪外集)」 권10, 『한국문집총간』 제242책, 제338쪽.

논평은 양국 문학 교류에 있어 중요한 의미를 지닌다. 이는 양국 문인 간의 문학적 이해와 학의(學誼)를 깊게 함은 물론, 시인들의 명성을 널리 알리는 데에도 크게 기여했다. 대표적인 예로 『한객건연집』은 이조원, 반정균, 축덕린 등의 평점을 받아 조선과 청나라 양국에서 큰 호응을 얻었으며, 이를 통해 시 창작자와 비평가 모두 문단 내에서의 위상을 한층 더 높일 수 있었다.

이러한 영향력은 청나라 문인들의 적극적인 관심으로 이어졌다. 박제가는 필담에서 "왕위인(王偉人) 중당(中堂)께서 경술년(庚戌年)에 동사(東使)에게 부탁하며 『사가시(四家詩)』를 구하실 때, 제가 곁에 있었으나 모수(毛遂)처럼 자천하지 못하였는데, 아마도 섭공(葉公)이 용을 좋아하는 것과 같은 경우일까 두려웠기 때문입니다."207)라고 술회하였다. 이후 이조원이 이덕무의 『청비록』과 유득공의 시 작품을 『함해(涵海)』에 수록하면서 이들 네 시인의 명성은 더욱 널리 알려졌고, 『한객건연집』은 청나라 문인들 사이에서 인기 있는 시집으로 자리 잡았다.

유득공은 『난양록』 권2에서 "이 해 봄에 연경에서 돌아온 자들이 그곳의 학자들이 모두 『사가집(四家集)』을 구한다고 떠들어댔는데, 그 문집에 실린 이는 바로 아무개와 아무개라고 하였다."208) 라고 기록하였다. 현재 한국에 남아있는 『한객건연집』 10여 종은 조선 문단에서 이들 네 시인의 시가 얼마나 큰 사랑을 받았는지를 보여준다.

(2) 문학 비평은 중한 문인 사이의 학의(學誼) 형성에 기여하였다. 조선 문인들의 청나라 학자에 대한 교류 의지는 이들의 시문 평점에서 비롯된 경우가 많았다. 유득공, 이덕무, 박제가, 이서구 등은 이조원과 직접 만난 적은 없었지만, 유금이 『한객건연집』을 연경에 가지고 들어가 이조원에게 서문을 청하면서 교류가 시작되었다. 이후 이들은 이조원과 서신 및 시문을 교환하며 문학적 유대를 형성하였다.

6 중한 문인의 선물 교환

18세기 중한 문인들의 교류에서 선물 교환은 매우 보편적이었으며, 그 이유도 다양했다. 관례

207) 박장암(朴長馣), 『호저집(縞紵集)』 상, 권1, 제27쪽. "如王偉人中堂向在庚戍, 苦向東使覓《四家詩》, 我實在旁, 不敢如毛遂自薦, 恐是葉公好龍。"

208) 유득공, 『난양록(灤陽錄)』 권2, 제57쪽. "是年春, 自燕還者藉藉言彼中學士多求《四家集》, 集中之人即某也, 某也。"

에 따라 조선 사절단은 중국에 파견될 때 선물을 지참하고 연경으로 갔다. 서영보(徐榮輔)와 심상규(沈象奎)는 『만기요람』에서 "증정 품목으로는 은자(銀子)로 지은(地銀)을 사용하는 것 외에도 종이부채, 환약(丸藥), 가죽제품, 명주(綿紬), 담뱃대 등이 있었다."[209]라고 기록했다.

이 선물의 목적은 첫째, 청나라 관리들의 요구에 부응하여 사절단의 편의를 도모하기 위함이었다. 1732년(임자년) 한덕후(韓德厚)는 『승지공연행일록(承旨公燕行日錄)』에서 "그곳에서는 탐욕의 풍조가 크게 일어나 상하가 서로 눈감아 주며 오직 이익만을 탐하니, 뇌물이 성행하고 속임수가 끊이지 않았다. 책문(柵門), 봉성(鳳城), 심양, 산해관에서 예부(禮部) 각 아문(衙門)에 이르기까지 모두 뇌물이 필요했다. ……외국인은 그들과 다툴 형세도 못 되니, 다만 그 마음에 맞추어 빨리 일을 마치고 돌아가는 것만이 급한 일이라서 중한 뇌물을 아끼지 않고, 마음 굽혀 받드는 것도 상황상 어쩔 수 없는 일이었다."[210]라고 개탄했다.

둘째, 청나라 문인들에게 선물을 전달한 것은 예의를 표하거나 감사와 우정을 표현하기 위함이었다. 18세기 "연행록"과 중한 문인들의 서신에는 이러한 내용이 많이 기록되어 있다. 이기지(李器之)의 『일암연기(一庵燕記)』 권4에는 "앞서 받은 시구(詩句)에 차운(次韻)하였으며, 각종 부채와 종이 10장(丈), 담배 2상자, 담뱃대·부싯돌·붓 3자루, 먹 3개를 보내니, 이전에 받은 물품에 대한 답례였다."[211]라는 기록이 있다.

셋째, 상대방에게 자국 문화나 자신의 작품을 소개할 목적으로 주로 시문과 서적을 선물하였다. 청나라 문인들이 조선 문인에게 선물을 줄 때는 주로 우정을 표하거나 자국 문화를 전파하기 위한 경우가 많았다.

중한 문인 간의 선물 품목으로는 환약(丸藥), 서적, 묵보(墨寶), 문방구(文房用具), 지선(紙扇) 등이 있었다.

---

209) 서영보(徐榮輔), 심상규(沈象奎) 등 찬, 『만기요람(萬機要覽)』, 『支敕』 편, 한국 국립중앙도서관(國立中央圖書館) 소장본. "贈給物種, 銀子用地銀外, 亦有紙扇、丸藥、皮物、綿紬、烟竹等種。"

210) 『연행록전집』 제50책, 제274~275쪽. 蓋彼中貪風大振, 上下相徇, 唯利是饕, 以故賂門日廣, 騙黷無厭. 自柵門, 鳳城, 瀋陽, 山海關以至禮部各衙門皆有應行之賄. ……外國之人既無與彼較卞之勢, 袛以順適其心, 早竣遄歸爲務, 則不惜重賂, 屈意陪奉亦其勢然也.

211) 李器之, 『一庵燕記』 권4, 『연행록선집보유(燕行錄選集補遺)』 상책, 제364쪽. "次前來韻, 且送各色扇子、紙十丈、烟草二匣、烟竹火鐵筆三、墨三以答前來之物。"

6.1. 조선의 문인들은 청심환(淸心丸)을 비롯한 환약(丸藥)을 선물하였다. 이는 조선 문인들이 청나라 문인에게 가장 자주 증여하는 선물로 조선 사신단은 중국 사행 길에 반드시 청심환을 휴대하였다. 그 용도에 대해 이기지(李器之)는 "심통(心痛), 곽란(霍亂), 면열(面熱) 증상 시 갈아 복용한다."[212]라고 기록하였다. 당시 시중의 청심환에는 위조품이 많아서 홍대용은 "청심환(淸心丸)은 뛰어난 효능이 있으나 품질 등급이 다양하며, 위조품이 과반수에 이른다. 진품은 오직 궁중에서 조제된 것뿐이다."[213]라고 지적했다. 조선 사행단이 휴대한 청심환은 청인들에게 인기가 높았는데, 홍대용은 "북경 사람들은 이 물건을 매우 귀히 여겨, 비록 위조품임을 알면서도 끊임없이 구하였는데, 그래도 약간의 효능은 있는 듯하다."[214]라고 기술했다. 18세기 산문체 『연행록』에는 조선 문인의 청심환 증여와 청인의 약품 요구 기록이 거의 빠짐없이 수록되어 있다.

6.2. 18세기 중한 문인 간의 증정 품목이었던 서적에는 고서뿐만 아니라 개인 또는 친구의 저작도 함께 포함되었다. 이들이 서로에게 책을 선물한 이유는 크게 세 가지로 나뉜다. 첫째는 상대방에게 자신의 저작에 필요한 서문(序文)이나 발문(跋文)을 청하기 위한 것이다. 둘째는 상대방에게 자신의 학설을 소개하거나 자국의 문화적 성과를 알리기 위한 것이다. 셋째는 상대방의 요청에 따라 특정 도서를 증정하기 위한 것이다. 18세기 양국 문인들이 주고받은 서적이 비교적 많았는데, 현존하는 문헌에 의하면 다음과 같은 서적 증정 행위가 있었음을 알 수 있다.

먼저 청나라 문인이 조선 문사에게 서적을 증정한 경우이다.

1. 임진년(1712), 주중장(周仲章)이 범승모(范承謨)의 『범충정집(范忠貞集)』을 민진원(閔鎭遠)에게 선물했다. (민진원, 『연행록』)
2. 임진년(1712), 왕녕반(王寧潘)이 김창업에게 부탁하여 『춘추(春秋)』를 송상기(宋相琦)에게 전달했다. (김창업, 『노가재연행일기』)
3. 계사년(1713), 이원영(李元英)이 자신의 저작인 시집 한 권을 김창업에게 선물했다. (김창업, 『노가재연행일기』)

212) 李器之, 『一庵燕記』 권1, 위의 책, 제256쪽. "心痛、霍亂、面熱, 磨服。"

213) 홍대용, 『담헌서(湛軒書)』 외집 권2, 『한국문집총간』 제248책, 제152쪽. "淸心丸頗有奇效而品亦多等, 假者過半, 其眞者則祇出於宮劑。"

214) 위의 책. "北京人甚珍此物, 雖明知其假而求之不已, 似亦略有效耳。"

4. 계사년(1713), 청나라 강희제(康熙帝)가 『연감류함(淵鑒類函)』 20권, 『전당시(全唐詩)』 20권, 『패문운부(佩文韻府)』 12권, 『고문연감(古文淵鑒)』 4권을 조선 사행단에게 선물했다. (김창업, 『노가재연행일기』)
5. 경자년(1720) 이전, 양징(楊澄)이 자신의 시집 2권을 김창업에게 선물했다. (이기지, 『일암집』)
6. 경자년(1720), 정유(鄭愉)가 청나라 사람의 과거 시험 답안지 필사본 5권을 이기지(李器之)에게 선물했다. (이기지, 『일암연기』)
7. 계묘년(1723), 청나라 옹정제(雍正帝)가 『어찬주역절중(御纂周易折中)』과 『어찬주자전서(御纂朱子全書)』를 조선 국왕 경종(景宗)에게 선물했다. (『통문관지』)
8. 기유년(1729), 청나라 옹정제가 『강희자전(康熙字典)』, 『성리정의(性理精義)』, 『시경전설휘찬(詩經傳說彙纂)』, 『음운천미(音韻闡微)』 등 네 종의 책을 조선 국왕 영조(英祖)에게 선물했다. (『통문관지』)
9. 임자년(1732), 청나라 건륭제(乾隆帝)가 수정된 『명사·조선열전(明史·朝鮮列傳)』 원고를 조선 국왕 영조에게 선물했다. (『영조실록』)
10. 무오년(1738), 청나라 건륭제가 확정본 『명사·조선열전』을 조선 국왕 영조에게 선물했다. (『영조실록』)
11. 경진년(1760), 이비(李斐)가 청나라 사람의 응제시(應制詩) 4권을 이휘중(李徽中)과 이상봉(李商鳳) 부자에게 선물했다. (이상봉, 『북원록』)
12. 경진년(1760), 설문유(薛文儒)가 『달생편(達生編)』 한 권을 이상봉에게 선물했다. (이상봉, 『북원록』)
13. 병술년(1766), 엄성이 왕사정(王士禛)의 『감구집(感舊集)』을 홍대용에게 선물했다. (홍대용, 『건정동필담』)
14. 병술년(1766), 반정균(潘庭筠)이 『한역자원(漢隸字源)』 한 부를 홍대용에게 선물했다. (홍대용, 『건정동필담』)
15. 병술년(1766), 반정균이 『호산편람(湖山便覽)』 2책 12권을 홍대용과 김재행(金在行)에게 선물했다. (후지츠카 치카시가 필사 교정한 『연항시독』)
16. 병술년(1766), 육비(陸飛)가 시고(詩稿)를 조선 삼사(이훤, 김선행, 홍익) 및 홍대용, 김재행에게 선물했다. (홍대용, 『건정동필담』)
17. 기축년(1769), 반정균이 『국조시(國朝詩)』 6책을 홍대응(洪大應)에게 부쳤다. (『연항시독』)

18. 기축년(1769), 등사민(鄧師閔)이 친구가 지은 『회성원팔영(繪聲園八咏)』, 『당시법(唐詩法)』 및 친구가 쓴 『자백론서(子白論書)』 각 3권을 홍대용에게 부쳤다. (『계남척독』)
19. 계사년(1773), 등사민이 곽집환(郭執桓)의 『회성원시집(繪聲園詩集)』을 홍대용에게 보냈다. (유득공, 『병세집』)
20. 갑오년(1774), 엄과(嚴果)가 철교시문(鐵橋詩文)과 『일하제금집(日下題襟集)』을 홍대용에게 부쳤다. (후지츠카 치카시가 필사 교정한 『연항시독』)
21. 갑오년(1774), 손유의(孫有義)가 『시운(詩韻)』 한 권을 홍대용에게 선물했다. (『연항시독』)
22. 병신년(1776), 숭귀(嵩貴)가 『도시본의(陶詩本義)』를 채제공(蔡濟恭)에게 선물했다. (채제공, 『번암집』)
23. 정유년(1777), 이조원(李調元)이 자신의 저작 『간운루집(看雲樓集)』과 『향시록(鄉試錄)』을 유금(柳琴)에게 부탁하여 서호수(徐浩修)에게 전달했다. (『동문신교』)
24. 정유년(1777), 이조원이 『월동황화집(粵東皇華集)』을 유금에게 선물했다. (이덕무, 『청장관전서』)
25. 정유년(1777), 이미(李美)가 자신의 시고(詩稿) 한 권을 유금에게 선물했다. (유득공, 『중주십일가시선』)
26. 정유년(1777), 축덕린(祝德麟)이 자신의 저작 『열친루집(悅親樓集)』과 『간운루집(看雲樓集)』 두 권을 유금에게 선물했다. (유득공, 『중주십일가시선』)
27. 무술년(1778), 사와보(沙窩堡)의 가씨(賈氏) 노인이 『초산집(椒山集)』을 이덕무에게 선물했다. (이덕무, 『청장관전서』)
28. 계묘년(1783), 장우령(張又齡)이 『경의고(經義考)』, 『능엄경(楞嚴經)』, 『금낭록(錦囊錄)』, 『반매헌유고(潘梅軒遺稿)』를 이전수(李田秀)에게 선물했다. (이전수, 『농은입심기』)
29. 을사년(1785), 청나라 건륭제(乾隆帝)가 『방송판오경(仿宋板五經)』 전권 12부를 조선 국왕 정조(正祖)에게 선물했다. (『정조실록』)
30. 을사년(1785), 김간(金簡)이 『흠정중각순화각첩석문(欽定重刻淳化閣帖釋文)』 전권과 『흠정쾌설당법첩(欽定快雪堂法帖)』 전부를 이휘지(李徽之)에게 선물했다. (藤塚鄰著、藤塚明直編『清朝文化東傳の研究——嘉慶・道光學壇と李朝の金阮堂』)
31. 병오년(1786), 우유광(虞友光)의 아버지가 자신이 창작한 칠율(七律) 8수를 인쇄한 책을 심낙수(沈樂洙)에게 선물했다. (심낙수, 『연행일승』)
32. 경술년(1790), 축덕린(祝德麟)이 자신의 시고(詩歌) 고금체(古今體)를 모아 한 권으로 엮어

박제가에게 선물했다. (박장암, 『호저집』)

33. 경술년(1790), 기윤이 김일추(金日追)의 『의례정와(儀禮正訛)』 17권을 유득공에게 선물했다. (유득공, 『영재집』)

34. 경술년(1790), 공헌배(孔憲培)가 조방(趙汸)의 『춘추금쇄시(春秋金鎖匙)』 1권, 대진(戴震)의 『고공기도(考工記圖)』 2권, 『성운고(聲韻考)』 4권을 유득공에게 선물했다. (유득공, 『난양록』)

35. 경술년(1790), 오조(吳照)가 『설문편방고(說文偏旁考)』 한 권을 유득공에게 선물했다. (유득공, 『난양록』)

36. 경술년(1790), 기윤이 『사기고이(史記考异)』를 박제가에게 선물했다. (유득공, 『난양록』)

37. 임자년(1792), 공협(龔協)이 『계중랑집(嵇中郎集)』 한 권을 박제가에게 선물했다. (박장암, 『호저집』)

38. 임자년(1792), 이병수(伊秉綬)가 『주매애문집(朱梅崖文集)』을 박제가와 윤인태(尹仁泰)에게 선물했다. (박장암, 『호저집』)

40. 경술년(1790), 손성연(孫星衍)이 당나라 판각 『석경(石經)』을 박제가에게 선물했다. (장소남, 『손연여선생연보』)

41. 경술년(1790), 철보(鐵保)가 『열하시(熱河詩)』 한 권을 서호수(徐浩修)에게 보내며 평어를 요청했다. (서호수, 『입연기』)

42. 경술년(1790) 경, 송보순(宋葆醇)이 아버지가 지은 『상서고변(尚書考辨)』 한 부, 『진한분운(秦漢分韻)』 한 부, 자신이 주석을 단 『음부경(陰符經)』 한 권을 박제가에게 선물했다. (박장암, 『호저집』)

43. 기미년(1799), 유대관(劉大觀)이 시집 한 권을 서형수(徐瀅修)에게 선물했다. (유득공, 『은휘당필기』)

44. 시기 미상, 이정원(李鼎元)이 『모란정기(牡丹亭記)』를 이서구(李書九)에게 선물했다. (이덕무, 『청장관전서』)

45. 신유년(1801), 전동원(錢東垣)이 가각본 『후한서보표(後漢書補表)』 등 여러 종의 책을 박제가에게 선물했다. (박장암, 『호저집』)

46. 신유년(1801), 기윤이 『주자어류(朱子語類)』 건안합각본 및 『전집』 민각본을 서형수에게 선물했다. (서형수, 『명고전집』)

47. 신유년(1801), 진전(陳鱣)이 자신의 저작 『논어고훈(論語古訓)』을 박제가에게 선물했다. (박제가, 『정유각집』)

48. 신유년(1801), 이정원이 이조원(李調元)의 『우촌시화(雨村詩話)』 4권을 유득공에게 선물했다. (유득공, 『연대재유록』)

다음으로 조선 문인이 청나라 문사에게 서적을 증정한 경우이다.

1. 병술년(1766), 홍대용이 『성학집요(聖學輯要)』를 엄성에게 선물했다. (홍대용, 『항전척독』)
2. 병술년(1766), 홍대용이 『해동시선(海東詩選)』 한 부 4권을 반정균(潘庭筠)에게 선물했다. (홍대용, 『항전척독』)
3. 무자년(1768), 홍대용이 『농암잡지(農岩雜識)』, 『삼연잡록(三淵雜錄)』 각 한 권과 철교시찰(鐵橋詩札) 필사본 한 권을 엄과(嚴果)에게 선물했다. (홍대용, 『항전척독』)
4. 무자년(1768) 경에 홍대용이 『동사총요(東事總要)』와 『복거론(卜居論)』 두 권을 반정균에게 선물했다. (후지츠카 치카시 초교본 『연항시독』)
5. 기축년(1769), 이정석(李廷奭)이 이덕무의 『선귤당농소(蟬橘堂濃笑)』 한 권을 반정균에게 선물했다. (후지츠카 치카시 초교본 『연항시독』)
6. 정유년(1777), 유금(柳琴)이 『한객건연집(韓客巾衍集)』을 이조원(李調元)에게 선물했다. (유금 편, 『한객건연집』)
7. 정유년(1777), 유금이 이조원을 통해 반정균에게 『한객건연집』 한 부를 선물했다. (유득공, 『병세집』)
8. 정유년(1777), 유금이 자신의 시집 한 권을 이미(李美)에게 선물했다. (유득공, 『병세집』)
9. 정유년(1777), 박제가가 자신의 저작 『명농초고(明農初稿)』를 이조원에게 선물했고, 이조원이 서문을 써 주었다. (박장암, 『호저집』)
10. 정유년(1777), 이덕무가 이정원(李鼎元)에게 부탁하여 자신의 저작 『청비록(清脾錄)』을 이조원에게 전달했다. (이덕무, 『청장관전서』)
11. 무술년(1778) 직전, 홍대응(洪大應)이 자신의 저작 『대동풍아(大東風雅)』 두 권을 반정균에게 선물했다. (『후지츠카 치카시 기증의 추사 자료전Ⅲ——후지츠카 치카시의 추사 연구 자료』)
12. 무술년(1778), 홍대용이 『건정필담(乾净筆譚)』 세 권을 손유의(孫有義)에게 선물했다. (홍대용, 『항전척독』)
13. 무술년(1778), 박제가와 이덕무가 이정원을 통해 『열상주선집(洌上周旋集)』을 축덕린(祝德麟)에게 선물했다. (박장암, 『호저집』)
14. 무술년(1778), 박제가와 이덕무가 유득공의 『이십일도회고시(二十一都懷古詩)』를 반정균에

게 선물했다. (유득공, 『영재집』)

15. 임인년(1782), 홍양호가 자신의 저작 『육서묘계(六書妙契)』를 대구형(戴衢亨)에게 선물했다. (홍양호, 『이계집』)
16. 계묘년(1783), 이희경(李喜經)이 서형수(徐瀅修)의 『학도관(學道關)』을 진숭본(陳崇本)에게 선물하며 서문을 요청했다. (서형수, 『명고전집』)
17. 병오년(1786), 이희경(李喜經)이 홍양호의 시 한 권을 서대용(徐大榕)에게 선물하며 서문을 요청했다. (『동문신교』)
18. 경술년(1790) 이전, 유득공이 이정원(李鼎元)에게 『세시기(歲時記)』를 소개하거나 선물한 적이 있다. (유득공, 『난양록』)
19. 경술년(1790), 서호수(徐浩修)가 『혼개통헌도설집전(渾蓋通憲圖說集箋)』 두 권을 철보(鐵保)에게 선물했다. (서호수, 『연행기』)
20. 경술년(1790), 박제가가 작품집을 철보에게 선물했으나, 책 이름은 알 수 없다. (박장암, 『호저집』)
21. 경술년(1790), 유득공이 "『영재집』을 효람(曉嵐)이 잠시 보관하며 사본을 남기겠다고 하더니 결국 돌려주지 않았다."라고 말했다. (유득공, 『난양록』)
22. 경술년(1790), 유득공이 『이십일도회고시주(二十一都懷古詩注)』를 기윤에게 선물했다. (유득공, 『난양록』)
23. 경술년(1790), 유득공이 자신의 시집을 웅방수(熊方受)에게 선물했다. (유득공, 『난양록』)
24. 경술년(1790), 조수삼(趙秀三)이 시 몇 수를 주문한(朱文翰)에게 선물하며 서문을 요청했다. (조수삼, 『추재집』)
25. 신해년(1791), 박제가가 공협(龔協)에게 책을 선물했으나, 책 이름은 알려지지 않았다. (박장암, 『호저집』)
26. 임자년(1792) 경, 김정중(金正中)이 자신의 시 여러 편을 정가현(程嘉賢)에게 선물했다. (김정중, 『연행록』)
27. 을묘년(1795), 홍양호가 자신의 저작 『이계집』을 기윤에게 선물했다. (홍양호, 『이계홍양호전서』)
28. 정사년(1797), 홍양호가 『육서경위(六書經緯)』 한 권을 대구형(戴衢亨)에게 선물했다. (홍양호, 『이계홍양호전서』)
29. 정사년(1797), 홍양호가 『육서경위』를 기윤에게 선물했다. (홍양호, 『이계홍양호전서』)

30. 시기 미상, 서형수(徐瀅修)가 자신의 시 원고를 다른 사람을 통해 서대용에게 전달하며 서문을 요청했다. (서형수, 『명고전집』)
31. 기미년(1799), 서형수가 시문 몇 편과 자신의 저술 『학도관(學道關)』 한 권을 기윤에게 선물하며 서문을 요청했다. (서형수, 『명고전집』)
32. 신유년(1801), 박제가가 하문도(夏文燾)에게 원고를 선물했다. (박장암, 『호저집』)
33. 신유년(1801), 박제가가 『정유고략(貞蕤稿略)』을 황비열(黃丕烈)에게 선물했다. (박장암, 『호저집』)
34. 신유년(1801), 박제가가 『정유고략』을 진전(陳鱣)에게 선물했다. (박장암, 『호저집』)

이외에 현존하는 문헌을 살펴보면, 서적을 공개해서 보여준 사실만 기록되어 있고, 서적의 증여 여부는 명확히 기록되어 있지 않은 경우가 있는데, 다음과 같다. 1778년(무술년) 이덕무는 이서구의 『강산초집』을 연경에 들고 가서 반정균·이조원·축덕린 등에게 보여주며 서문을 청하였고, 1790년(경술년) 조수삼은 자신의 시집을 강련(江漣)에게 보여주며 서문을 부탁했다. 1792년(임자년) 제패련은 홍양호에게 문집 『황애시고』를 보여주며, 그의 발문을 얻었고, 1794년(갑인년)에는 통문관 교수 김성중이 기윤에게 『이참봉시초』를 보여주고 서문을 요청한 기록 등을 확인할 수 있다.

18세기 중한 문인 간의 서적 교환 양상을 통해 다음과 같은 특징을 확인할 수 있다.

(1) 18세기 중한 문인 간 교류에서 서적 교환은 중요한 문화적 현상으로 자리잡았다. 청나라 문인의 조선 문인에 대한 증서 행위는 1766년(병술년) 이후 두드러지게 증가했으며, 이에 상응하여 조선 문인의 청나라 문인에 대한 증서 행위도 1766년(병술년) 이후에 본격화되기 시작했다. 이미 알려진 바에 의하면, 청나라 문인이 조선의 문인에게 처음 서적을 증정한 사례는 1712년(임진년) 북경에서 주중장이 민진원에게 『범충정집(范忠貞集)』 한 질을 전달한 것이다. 이에 비해 조선 문인이 청나라 문인에게 처음 서적을 증정한 사례는 1766년 홍대용이 엄성에게 『성학집요』를 선물한 것과 반정균에게 『해동시선』을 선물한 것으로 청나라보다 약 55년 늦은 시점에 이루어졌다.

이처럼 1766년(병술년)을 기점으로 서적 증정 양상은 뚜렷한 대비를 보인다. 이를 통해 1766년 이전 조선 문인들은 청나라 문인들과 적극적으로 교류하고자 하는 의식이 없었지만, 1766년 이후에는 자국 문화를 고양하고, 정체성을 확립하고자 하는 의식이 현저히 강화되었음을 알 수 있다. 특히 이 시기를 전후하여 양국 문인 간의 서적 교류가 급증한 것은 이들의 교류에서 양적 확장과 질적 심화가 동시에 이루어졌음을 반영한다.

(2) 18세기 중한 문인 간에 교환된 서적은 경(經)·사(史)·자(子)·집(集) 사부(四部) 전반에 걸쳐 분포하였다. 특히 청나라 문인들이 조선 문인에게 선물한 서적은 집부(集部)가 가장 많았으며, 경부(經部)가 그 뒤를 이었고, 사부(史部)와 자부(子部)는 상대적으로 적은 비중을 차지했다. 이와 유사하게 조선 문인들도 청나라 문인에게 주로 자신의 문집이나 학술 저술을 선물하였는데, 이는 양국 문인 교류의 핵심이 문학과 학술에 집중되었음을 보여준다.

(3) 재정적 한계로 인해 『연감류함(淵鑒類函)』, 『패문운부(佩文韻府)』, 『전당시(全唐詩)』 등과 같은 대형 서적들은 모두 청나라 황제가 조선 왕실에 하사(下賜)한 경우에 한정되었으며, 일반 문인들 간에는 이러한 대형 총서 교환이 이루어지지 않았다.

(4) 조선 문인들에게 서적을 증여한 청나라 인사는 황제를 비롯해 중앙 관료, 학계 저명인사부터 지방 문인에 이르기까지 다양한 계층으로 구성되었다. 현재까지 확인된 청나라 측 증여자는 총 30명에 달한다. 반면 조선 문인이 청나라 문인에게 서적을 증여한 사례는 극히 제한적이어서 홍대용, 박제가, 유득공, 홍양호, 유금 등 5명이 전부이다. 양국 문인 중 상대방에게 가장 많은 서적을 증여한 문사는 박제가로 총 16회에 걸친 서적 교류 기록이 있으며, 홍대용(13회), 유득공(10회), 반정균(9회), 기윤(7회) 등이 그 뒤를 이었다. 이러한 사실은 중한 문인 간의 지속적인 교류 상황을 입증하는 확실한 증거라고 할 수 있다.

18세기 조선과 청나라 문인들은 단순히 서적을 교환하는 데 그치지 않고, 서로의 글도 주고받았다. 이들은 주로 즉석에서 지어진 산문을 통해 소통을 이어나갔다. 이와 같은 교류에 대한 자세한 내용은 다음의 표와 같다.

18세기 중한 문인 간의 증정문 일람표

번호	작자와 작품명	저술시기	수증자	출처
朝鮮文人寫給清朝文人的贈文：共計9篇°				
1	洪大容『東國記略』	丙戌(1766)	嚴誠, 潘庭筠	洪大容『湛軒書』外集卷二“乾净衕筆談”
2	洪大容『贈贈蘭公』	丙戌年(1766)	潘庭筠	洪大容『湛軒書』外集卷三“乾净衕筆談續”
3	洪大容『贈力闇』	丙戌年(1766)	嚴誠	洪大容『湛軒書』外集卷三“乾净衕筆談續”
4	洪大容『寄書杭士嚴鐵橋誠, 又問<庸>義』	丙戌年後(時間不詳)	嚴誠	洪大容『湛軒書』内集卷一

번호	작자와 작품명	저술시기	수증자	출처
朝鮮文人寫給清朝文人的贈文：共計9篇。				
5	洪大容『忠天廟畫壁記』	丙戌年(1766)	陸飛	洪大容『湛軒書』內集卷三
6	洪大容『戊子中秋, 祭哭鐵橋文』	戊子年(1768)	嚴誠	『日下題襟集』"洪高士"條
7	金在行『鐵橋嚴先生力闇哀辭并序』	戊子年(1768)	嚴誠	『日下題襟集』"金秀才"條
8	李晚秀『裕昆真贊序』	癸卯年(1783)	張又齡	李田秀『農隱入瀋記』"附錄"
9	洪良浩『題韓昌黎書夷齊讀書處大字』	甲辰年(1784)前	李美	洪良浩『耳溪集』卷一六
清朝文人寫給朝鮮文人的贈文：共計7篇。				
10	潘庭筠『湛軒記』	丙戌年(1766)	洪大容	洪大容『湛軒書』"附錄"
11	陸飛『籠水閣記』	丙戌年(1766)	洪大容	洪大容『乾净筆譚』(『燕行錄全集』第43册)
12	嚴誠『養虛堂記』	丙戌年(1766)	金在行	『中朝學士書翰』、朱文藻編『日下題襟集』"金秀才"條
13	張又齡『贈李二君東歸序』	癸卯年(1783)	李田秀、李晚秀	李田秀『農隱入瀋記』"附錄"
14	張又齡『書巢記』	癸卯年(1783)	李晚秀	同上
15	戴衢亨『<綸庵集>序』	癸卯年(1783)	李喜經	李喜經『綸庵集』
16	程嘉賢『一翁亭序文』	壬子年(1792)	金正中	金正中『燕行錄』壬子正月二十日

18세기 중한 문인 간의 증문 교류는 다음과 같은 두 가지 특징을 가지고 있다.

첫째, 현재 18세기 양국 문인이 주고받은 증정문(贈呈文)은 총 16편이 남아있는데, 이중 조선 문인이 청나라 문인에게 쓴 글이 9편, 청나라 문인이 창작한 글이 7편이다. 이는 동시기에 이루어진 승시(贈詩)와 창화시(唱和詩) 교류 혹은 서신·필담(筆談) 교류의 규모에 비해 현저히 적은 양이다. 이는 산문 교류가 당시 중한 문인들의 주요 교류 방식으로 정착하지 못하고, 가끔 시도되는 특수한 교류 형태에 그쳤음을 시사한다. 다른 교류 형식과 비교하면, 산문은 상대적으로 번거롭고 부담스러우며, 척독이나 필담보다 편리하지 않았기 때문에 문인들이 선호하지 않았던 것으로 추정된다.

둘째, 현존하는 증정문(贈呈文) 중 홍대용·김재행과 청나라의 '절항삼사' 간에 주고받은 글이 10편으로 가장 많으며, 이는 전체 증정문의 약 3분의 2에 해당한다. 이들의 산문에는 상호 격려, 친구의 죽음에 대한 애도, 상대방의 생활 환경 묘사 등 친밀한 정서가 주로 담겨 있다. 이는 중한 문인 사이에 형성된 진정한 우정을 보여주는 결과물로 이들은 번거로움을 무릅쓰고, 자신의 진심을 담아 서로에게 글을 지어주었다.

6.3. 중한 문인이 교환한 선물은 회화, 서예 작품, 고대 비석의 탁본 등 묵보(墨寶)를 포함한다. 양국 문인들은 교류 과정에서 서화(書畫) 작품을 선물하며 우의를 다졌는데, 이들이 주고받은 묵보에는 자신의 창작품뿐만 아니라 선인(先人)의 유묵(遺墨)과 당대 명사의 필적(手迹)도 포함되었다. 유척기의 『연행록』에 기록된 "나는 「악양루」 시를 필사하여 말미에 '임인년(壬寅年) 3월 해동귀인(海東歸人)이 수재 팽탄(彭坦)에게 올립니다.'라고 기록하였다."[215]라는 내용이 이를 입증한다.

청나라 문인이 조선 문인에게 당호(堂號)를 써준 것도 당시 교류 과정에서 종종 있었던 일이다. 1777년(정유년) 박명이 유금에게 "기하실"이라는 당호를 써 주었는데, 유득공의 『중주십일가시선』에는 "정유년 봄, 숙부가 연경에서 그를 방문하였다. … 숙부의 당호가 '기하실'이었는데, (박명이) 팔분서(八分書)로 써 주었으며 필력이 굳건하고 준엄하였다."[216]라고 기록되어 있다. 또, 홍대용은 반정균(潘庭筠)에게 송문흠(宋文欽)의 예서(隸書) 황태사어(黃太史語) 8점, 이인상(李麟祥)의 전서(篆書) 2점, 윤순(尹淳)의 장폭 서첩 1점, 이광사(李匡師)의 초서(草書) 4점 등을 선물하였다. 이는 선대 및 당대 문인들의 서화 작품을 증여한 전형적인 예에 해당한다.[217]

6.4. 문방구와 지선(紙扇)은 양국 문인들이 자주 교환하던 선물이다. 특히 붓, 먹, 벼루, 종이, 연적(硯滴) 등이 이에 해당한다. 김선행은 엄성과 반정균에게 설화지(雪花紙) 두 권, 왜릉화지(倭菱花紙) 두 권, 간지(簡紙) 스무 폭, 부채 세 자루, 붓 두 자루, 먹(墨) 두 홀 등을 선물로 보냈다.[218] 또한 1798년(무오년) 기윤은 홍양호에게 단연(端硯), 단사연산(丹砂硯山), 정군방묵(程君房墨), 위두(威斗), 호박차주(葫蘆茶注) 등을 선물하기도 했다.[219]

상술한 증여 물품 외에도 다양한 물품이 선물로 오갔다. 김선행은 엄성과 반정균에게 해산물과 담뱃대를 보냈고,[220] 이조원(李調元)은 유금(柳琴)을 통해 이덕무에게 땅콩을 전달하였다. 이

215) 『연행록전집』 제38책, 제124쪽. 余書《岳陽樓》詩, 下書'壬寅三月海東歸人書奉彭坦秀才'。

216) 유득공, 『중주십일가시선(中州十一家詩選)』 「박명(博明)」. "丁酉春, 家叔父自燕因訪之, ……, 家叔父堂號'幾何室', 明以八分書贈, 頗遒峻。"

217) 홍대용, 「與秋庫書」, 홍대용, 『담헌서(湛軒書)』 외집 권1, 『한국문집총간』 제248책, 제113쪽.

218) 김선행(金善行), 「與鐵橋, 秋庫」(書後附禮單), 주문조(朱文藻) 편, 『일하제금집(日下題襟集)』 「김재상(金宰相), 엄성 찬, 주문조(朱文藻) 편 『철교전집(鐵橋全集)』 제4책.

219) 홍양호, 「與紀尚書書(戊午)」, 홍양호, 『이계 홍양호 전서(耳溪洪良浩全書) 권16, 제333쪽을 참조하였다.

덕무는 이 선물에 감동하여 「유탄소(금)이 이우촌이 보낸 낙화생을 주었다[柳彈素(琴)餽李雨村所贈落花生]」라는 시를 지었다. 종합해보면, 양국 문인이 주고받은 선물은 매우 다양했지만, 모두 친우(親友)에 대한 정을 표현하기 위한 것이었다는 공통점이 있으며, 이는 양국 문인 간의 선물 교환이 담고 있는 가장 큰 특징이다.

마지막으로 중한 문인들의 교류는 필담, 구담(口談), 한시 창화, 서발문 요청, 서신 왕래, 문학 비평(文學批評), 선물 교환 등 다양한 방식으로 이루어졌다. 이들은 단일한 교류 방식에 의존하기보다는 여러 형식을 복합적으로 활용하며 교류하였고, 이를 통해 문학적·학술적 교류가 한층 더 깊어졌다.

제5절 18세기 중한 문인 교류의 내용

18세기 중한 문인 간의 교류는 필담(筆談)·한시(漢詩)·서신 교환을 중심으로 서발문(序跋文) 청탁, 문학 비평, 서적 및 예물(禮物) 증여 등 다양한 양상으로 전개되었다. 특히 필담과 서신을 매개로 교환된 정보는 기존의 교류에서는 확인되지 않은 새로운 특징으로 이 시기 문인 교류의 다변화 현상을 잘 보여준다. 현존하는 18세기 필담 및 척독(尺牘) 자료를 분석한 결과, 정치·경제·군사에서 문화·학술·종교·제도·풍속에 이르기까지 포괄적인 주제가 다루어졌음을 확인할 수 있었다.

1 예제(禮制) 풍속

조선은 예로부터 예의로 나라를 다스리며 "소중화"를 자처했다. 18세기에도 유학을 국가의 주도적 사상으로 삼아 문교의례(文敎儀禮)를 중시했다. 이러한 문화적 전통으로 조선 문인들은 청나라 문사들과 필담이나 서신을 주고받는 과정에 중국의 의례, 풍속에 관심을 보였다. 이에 의례, 음악, 의복 등에 대한 질문과 답변이 중한 문인 교류의 중요한 내용이 되었다. 이상봉(李商鳳)

220) 김선행(金善行), 「與鐵橋, 秋庫」, 주문조(朱文藻) 편, 『일하제금집(日下題襟集)』「김재상(金宰相), 엄성 찬, 주문조(朱文藻) 편 『철교전집(鐵橋全集)』 제4책.

의 『북원록(北轅錄)』 권4에는 부사(副使) 조영진(趙榮進)과 청나라 거인 호소일(胡少逸)의 필담이 실려 있다.[221)]

> 부사가 상례와 혼례에 대해 물었다. 호소일이 대답했다. "예의는 풍속에 따라 다르며, 정해진 예의는 없습니다. 상례는 대체로 문공가례를 따릅니다. 혼례의 경우에는 풍속에 따르는 경우가 많아 각 가정마다 다르며, 통일되지 않았습니다." 부사가 다시 물었다. "혼례에 친영(親迎)의 예절이 있습니까?" 호소일이 대답했다. "친영의 예절은 북방에서는 아직도 행해지는 곳이 있지만, 우리 남방에서는 오래전부터 행해지지 않았습니다. 낮에 혼례를 치르는 경우가 많고, 본경의 기인(旗人) 중에는 저녁에 혼례를 치르는 경우도 있습니다." 부사가 이어 물었다. "3년 상제는 어떻게 진행됩니까?" 호소일이 대답했다. "상복을 입는 날은 따로 날을 정하는데, 대체로 3일을 넘기지 않습니다. 3년 상제는 어디나 같습니다." 부사가 다시 물었다. "제복은 『주자가례』를 따릅니까?" 호소일이 대답했다. "각 가정은 각자 조상이 정한 규칙을 따르며, 사계절 제사는 대체로 비슷합니다. 다만 제사를 지낼 때의 구체적인 예절은 각기 다릅니다."[222)]

위의 글에서 조영진은 청나라 문사 호소일에게 당시 혼례와 상례의 시행 상황에 대해 질문했고, 호소일은 사실대로 답변했다. 또 홍대용은 청나라 손유의(孫有義)에게 보낸 서신에서 중국 예속(禮俗)에 대한 구체적인 문제를 질문했다. 중국의 의자와 발판 사용 예절, 숟가락 사용 중단 시기, 소 코 뚫는 풍속 등이 주요 내용이었다. 손유의는 이에 대해 일일이 상세히 답변했다.[223)]

18세기 연행록에는 청나라의 예속(禮俗)과 관련된 필담 기록이 많이 보여진다. 1712년(임진년) 민진원과 청나라의 공생 정함장(丁含章)의 필담, 1720년(경자년) 조영복(趙榮福)과 전조예(錢兆豫)의 필담, 1732년(임자년) 이의현과 생원 왕천수(王天壽)의 필담, 1752년(임신년) 남태제(南泰齊)와 훈장 호상(扈湘)의 필담, 1799년(기미년) 서유문과 청나라 호부 왕낭중(王郎中)의 필담 등은 모두 명·청 시기와 조선의 의관 문제를 다루고 있다.

---

221) 이상봉(李商鳳), 『북원록(北轅錄)』 권4, 『「연행록선집(燕行錄選集)」 보유(補遺)』 상권, 제854쪽.

222) 이상봉, 『북원록』 권4, 『연행록선집보유』 상권, 854쪽. 副使問喪婚之禮。曰 : "禮從俗, 竟無一定之禮。喪禮, 大概從文公家禮。至婚禮, 則從俗居多, 各家不同不能畫一。"曰 : "婚禮, 親迎否 ? "曰 : "親迎之禮, 北方尚有行之者, 我南方不行久矣。晝行禮者甚多, 本京旗人有昏而行禮者。"曰 : "三年之制, 如何 ? "曰 : "成服擇日, 大概不出三日。至於三年之制, 則一也。"曰 : "祭服用『朱子家禮』否 ? "曰 : "各家用各人祖先自定者, 大概四時之祭一如也。祭時之禮, 則各有不同。

223) 홍대용의 『與孫蓉洲書』, 홍대용의 『담헌서(湛軒書)』 외집(外集)권1 「항전척독(杭傳尺牘)」, 『한국문집총간』 제248책, 제126쪽.

청나라가 중원을 지배한 이후, 명나라의 전통 풍속이 크게 변하면서, 조선 문인들은 예속(禮俗)과 관련된 주제를 필담에서 자주 논의하게 되었다. 특히 청나라의 복식과 남성의 머리 모양이 명나라와 현격히 달랐기 때문에 조선 문인들은 유교 예의를 중시하고, 명나라에 대한 사대(事大) 사상을 지키기 위해 의관(衣冠)과 삭발(剃髮) 문제를 집중적으로 언급하였다. 이는 청나라의 상황을 구체적으로 파악하는 한편, 상대방이 명·청 양국에 대해 어떤 태도를 보이는지 살피려는 의도에서 비롯된 것이다.

아울러 조선 문사들은 의관뿐만 아니라 청나라의 각종 풍속에 대해서도 관심을 보였다. 특히 여성의 전족(纏足) 풍습은 고대 중국부터 전해져 내려온 독특한 문화로 그 기형적인 특성이 일부 조선 문인들의 관심을 끌었다. 1766년(병술) 홍대용은 엄성과 반정균(潘庭筠)에게 "부녀자의 전족은 어느 시대부터 시작되었는가?"[224]라고 질문하기도 했다. 1783년(계묘) 장우령(張又齡)과 이전수(李田秀)가 필담을 나눌 때, 이전수는 여성이 전족이 시작된 시원(始原)과 원인을 물었다.[225] 또한, 조선 문사들은 청나라의 혼례 풍속에 대해서도 적극적으로 질문하였다. 1766년 홍대용이 엄성과 반정균에게 중국의 혼례 배법(拜法)을 물었고, 이들은 항주 한인(漢人)의 사배(四拜) 관습을 상세히 설명해주었다.[226]

2 과거와 시문(時文)

중한 양국의 문인들은 과거제도에 대해 각별한 관심을 보였는데, 특히 팔고문(八股文)에 대한 평가와 만인(滿人)·한인(漢人)의 서로 다른 과거 정책 등이 필담과 서신 교류의 주요 논제로 등장하였다. 과거제도는 중하층 사대부들이 관직에 진출할 수 있는 유일한 통로였기에 양국 문인들의 지속적인 관심을 받았다. 당시 문인들은 과거 급제를 최고의 영예로 여겼으며, 이를 평생의 과업으로 삼는 경우도 많았다. 이에 과거제도는 문인 교류에서 필수적인 화제로 자리매김할 수밖에 없었다.

특히 과거를 중심으로 한 중한 문인의 필담과 서신은 그 내용이 매우 풍부했는데, 그중에서도

224) 홍대용, 『건정필담(乾净筆譚)』, 『연행록전집』제43책, 제76쪽. "婦女小鞋始於何代?"

225) 이전수(李田秀), 『農隱入瀋記』, 『연행록전집』제30책, 제234쪽.

226) 홍대용, 『건정필담(乾净筆譚)』, 『연행록전집』제43책, 제26쪽.

청과 조선의 과거 시험 과목과 시행 횟수 등에 대한 대화가 가장 많았다. 김창업은 『노가재연행일기』에 1712년 계주(薊州)에서 수재 강전(康田)과 나눈 양국의 과거 과목, 시행 연도, 합격률 등에 대한 대화를 상세히 기록하였다.[227] 노이점(盧以漸)의 『수사록(隨槎錄)』에도 박명(博明)과의 필담에서 과거 시험에 대해 논의한 내용이 실려 있다.[228] 이는 과거제도가 양국 문인 교류의 핵심 주제였음을 반영한다.

이외에 청나라 과거제도에 대한 다양한 논의와 비판도 조선 사행단의 기록에 남아 있다. 민진원의 『연행록』에 따르면, 그는 왕씨 성을 가진 중국인에게 "최근 과거제도가 크게 문란해져 문과나 무과를 막론하고 재주가 기준에 맞더라도 뇌물이 없으면 선발에서 제외됩니다."[229]라는 말을 들었다. 1737년 이철보는 이가장(李家莊)에서 청나라의 젊은 학자 이성벽(李成璧), 이성옥(李成玉)과 과거제도에 대해 논하면서 "과거의 시문이 사람을 그릇되게 하는 것이 이 지경이다. 참으로 한탄스럽다."[230]라고 했다. 같은 해 백탑보에서 이철보는 부(符)씨와 왕씨 두 수재에게 "시험관이 인재를 뽑는 것이 과연 공정하기만 하고 사심이 없다고 할 수 있겠습니까?"[231]라고 물었다.

또한, 조선 사행단은 중국의 과거제도에 대한 실질적인 정보도 적극적으로 수집하였다. 1752년 남태제는 봉성에서 호상(扈湘)에게 "(과거) 한 번 보는 데 드는 비용이 얼마나 됩니까?"[232]라고 물었고, 1727년 강호부가 정환(程瑍)에게 "소위 팔고문이 무엇인지 듣고 싶습니다."라고 하자, 정환은 중국에서 팔고문에 능한 문인 왕세정(王世貞), 당순지(唐順之), 귀유광(歸有光)을 소개했다.[233]

일부 청나라 문인들도 조선의 과거제도에 대해 관심을 보이며, 과거 시험을 통한 인재 선발 방식에 대해 적극적으로 질문했다. 1720년 이기지(李器之)는 정유(鄭愉)에게 조선의 과거 개과(開科) 명목을 소개하며, "명경과(明經科)가 있는데, 『사서』와 『삼경』을 암기하는 것이며, 주석은

227) 김창업(金昌業), 『노가재연행일기』 권2, 『연행록전집』 제32책, 제532-533쪽.

228) 노이점(盧以漸), 『수사록(隨槎錄)』, 『연행록전집』 제41책, 제96쪽.

229) 민진원(閔鎭遠), 『연행록』, 『연행록전집』 제36책, 제218쪽. 近年來大段淆雜, 勿論文武科, 才雖入格, 無賂則拔去矣.

230) 이철보(李喆輔), 『정사연행일기(丁巳燕行日記)』, 『연행록전집』 제37책, 제445쪽. 科文之誤人, 到底如此, 可嘆.

231) 위의 책, 제446쪽. 試主之取之, 也果能一於公而無私乎?

232) 남태제(南泰齊), 『초자록(椒蔗錄)』, 『연행록속집(燕行錄續集)』 제116책, 제42쪽. "(赴擧)一科之費爲幾何?"

233) 강호부, 『상봉록(桑蓬錄)』 권3(卷三), 『「연행록선집(燕行錄選集)」 보유(補遺)』 상권, 제515쪽. "何謂八股, 願聞之。"

없습니다. 시부(詩賦), 『사서』의문(疑問), 『삼경』의(義), 표(表), 책(策), 논(論), 잠(箴), 명(銘), 송(頌) 등의 제술과(制述科)도 있지만, 그 명목이 매우 번잡하여 급히 다 말할 수 없습니다."234)라고 말했다. 1780년 청나라 박명은 노이점(盧以漸)에게 진사 시험의 초시(初試)와 복시(覆試) 문제를 구체적으로 묻기도 했다.235)

3 경의문학(經義文學)

학술과 문학에 관한 연구는 토론, 고금의 경학과 문단 학자, 문장 저술에 대한 평론을 포함하며, 서로의 장단점을 지적하고, 인품과 학문의 도를 논의하는 것을 가리키는데, 이것이 바로 중한 문인의 주요한 교류 내용이었다. 양국 문인의 교류가 깊어지면서 18세기 중후반에는 많은 조선 문인들이 고금 학계의 동향에 주목하기 시작했다. 1760년(경진년) 이상봉·이휘중·이봉환이 국자감 유구관학(琉球官學) 교습(敎習) 반상(潘相)과 나눈 필담은 조선 문인들이 청나라의 문단 상황에 대해 관심이 있음을 보여주는 예이다.

> 가군(家君)이 물었다. "경학과 문장으로는 누가 가장 뛰어납니까?" 반상이 대답했다. "경학과 문장으로 이름을 떨친 이는 너무 많아 다 열거할 수 없습니다. 국자감(國子監)의 관보(觀保), 전규(全魁), 육종해(陸宗楷) 세 사람도 그중에 포함됩니다." 다시 물었다. "서건암(徐健庵)에게 문집이 있습니까?" 반상이 대답했다. "서건암은 최근 글을 많이 쓰지 않아 그리 유명하지 않습니다. 최근 빙망계(方望溪, 방포)의 글이 매우 훌륭합니다." 성장(聖章)이 그가 온 것을 듣고 찾아와 물었다. "과거 시험을 보는 거자(擧子)와 수재(秀才) 중에서 문장과 시를 잘 쓰는 이를 한 명, 한 명 알려주십시오." 반상이 대답했다. "시문을 잘 지을 줄 아는 이는 수레에 가득 실을 만큼 많아 다 헤아릴 수 없습니다." …… 성장이 또 물었다. "심귀우(沈歸愚)가 이제 89세라고 하니, 노년의 시율(詩律)도 복재(牧齋) 등과 견줄 만합니까?" 반군(潘君)은 대답하지 않았다. …… 성장이 다시 물었다. "목재의 문장은 최근에 그리 존중되지 않습니까?" 반상이 대답했다. "별로 존중되지 않습니다." 성장이 또 물었다. "후조종(侯朝宗), 위숙자(魏叔子), 왕완(汪琬)의 글 중 우열을

234) 이기지(李器之), 『일암연기(一庵燕記)』 권2(卷二), 『「연행록선집(燕行錄選集)」 보유(補遺)』 상권, 제280쪽. "有明經科, 背誦《四書》、《三經》, 没注也。有詩賦、《四書》疑問、《三經》義、表、策、論、箴、銘、頌等制述科, 名目甚繁, 不可倉卒説盡。"

235) 노이점(盧以漸), 『수사록(隨槎錄)』, 『연행록전집』 제41책, 제97쪽.

> 가린다면 어떻게 됩니까? 그 평을 듣고 싶습니다." 반상이 대답했다. "후조종이 제일이며, 위숙자가 그다음이고, 왕완이 그다음입니다." 성장이 다시 물었다. "초중(楚中)에서 최근 시문(詩文)으로 이름을 떨친 이는 누구인가?" 반상이 대답했다. "근래 시문을 잘 지을 줄 아는 문사는 많으나, 웅(熊), 유(劉) 이후로 특별히 대가(大家)로 우뚝 선 이는 보기 드물고, 또한 현재 살아있는 이에 대해 논하기는 어려워 감히 말씀드리지 못하겠습니다." 성장이 물었다. "웅과 유의 이름을 들을 수 있습니까?" 반상이 대답했다. "유자장(劉子壯)은 호가 극유(克猷)이고, 웅백룡(熊伯龍)은 호가 차후(次侯)입니다."[236]

상술한 내용을 통해 이상봉(李商鳳), 이휘중(李徽中), 이봉환(李鳳煥) 등이 청나라 문인의 경학과 문장에 깊은 관심을 보이면서 반상(潘相)에게 확실한 학문적 정보를 얻어내기 위해 노력하고 있음을 알 수 있다. 양국 문인들은 청나라의 주요 시문 작가와 그 작품에 대해 활발한 논의를 펼치면서 총 11명의 문인을 언급하였는데, 청초의 대표 학자인 서건학(徐乾學), 전겸익(錢謙益), 후방역(侯方域), 위희(魏禧), 왕완(汪琬), 유자장(劉子壯), 웅백룡(熊伯龍), 관보(觀保), 전규(全魁), 육종해(陸宗楷), 방포(方苞) 등이 거론되었다.

18세기 중한 문인들의 필담과 서신을 보면, 유학이 양국 교류의 핵심 주제였음을 알 수 있다. 이는 유학이 양국의 공통된 사상으로 깊게 뿌리내리고 있었기 때문이다. 조선의 문인 유척기(兪拓基)는 "우리나라 유사들은 사서와 오경을 읽으며 주자를 숭상하고, 경사자집과 백가서를 두루 섭렵하며, 불법을 배척하고 무속을 물리칩니다."[237]라고 소개했다. 당시 청나라에는 한학과 송학의 논쟁이 있었지만, 이는 유학 내부의 학파 차이일 뿐 유학 자체의 지위는 흔들리지 않았다. 양국 문사들은 유학이라는 공통된 기반 위에서 다양한 학술 교류를 이어갔다.

1780년(경자년) 노이점은 박명과 여러 차례 필담을 나누면서 박명에게 유학 관련 문제들을

---

236) 이상봉(李商鳳), 『북원록(北轅錄)』 권4(卷四), 『「연행록선집(燕行錄選集)」 보유(補遺)』 상권, 제848-849쪽. 家君曰 : "在京經學文章, 以誰爲最 ?"相曰 : "以經學文章名者甚多, 不能悉數。爲國子監觀保、全魁、陸宗楷三人亦是。"問 : "徐健庵有文集否 ?"曰 : "徐文近日不甚作, 故亦不顯也。近日方望溪諱苞之文甚好。"聖章聞其來而來, 問 : "擧子、秀才中能文能詩者, 一一明告我。"曰 : "能詩文者車載斗量, 不可勝數。"……聖章曰 : "沈歸愚年今八十九云, 老境詩律亦能如牧齋諸人否 ?"潘君無所答。……聖章曰 : "牧齋之文, 近日不之尊尚麽 ?"曰 : "亦不甚見的尊尚。"曰 : "侯朝宗、魏叔子、汪琬之文, 優劣何居 ? 願聞賞鑒。"曰 : "當以侯爲第一, 魏次之, 汪又次之。"曰 : "楚中近日詩文之士煞有名稱者, 誰也 ?"曰 : "近日詩文士頗多, 但自熊、劉後, 亦少見其卓然成大家者, 且現在之人未嘗論定, 不敢以聞。"曰 : "熊、劉名號, 可聞歟 ?"曰 : "劉子壯號克猷, 熊伯龍號次侯。"

237) 유척기(兪拓基), 『연행록』, 『연행록전집』 제38책, 제123-124쪽. "本國儒士讀《四書》、《五經》, 尊尚晦庵夫子, 經史子集、百家書都有, 絀佛法, 擯巫覡。"

질문했는데, “예전에 듣기로는 □□ 도학이 둘로 나뉘어 주자와 육상산의 학문이 병행한다고 들었는데, 지금은 절충되거나 하나로 귀결되었습니까?”, “현재 학자들은 육상산·왕양명을 정학으로 삼습니까? 정자·주자를 정학으로 여깁니까?”, “현재 학자 중 정자와 주자의 정통을 계승한 이가 있습니까?”, “귀국에서 유·불·도 삼교 중 어느 것을 가장 높이 받듭니까?”, “정자와 주자 후손 중 드러나는 인물이 있습니까?”[238] 등이다.

이러한 질문들은 주자와 육상산의 학문 발전과 위상, 정주학의 전승, 유불도 삼가의 차이 등과 관련이 있다. 특히 주목할 만한 점은 노이점이 질문한 유학 관련 문제들은 대부분 마음속에 이미 정해진 답을 갖고 있었음에도 불구하고, 박명에게 질문을 했다는 점인데, 그 의도는 바로 확인과 변증에 있었다. 또한 ‘성(性)’은 유학의 핵심 주제 중 하나로 역대 대유들은 각기 다른 자신만의 견해를 갖고 있었다. 홍대용은 조선 학자들의 견해를 엄성에게 알리기 위해서 그에게 보내는 서신에 김원행의 『논성서(論性書)』 전문을 첨부했다.

이외에 유학에 대한 문제를 논할 때, 주륙의 학문적 차이점을 탐구하거나 역대 학설을 평가한 사례도 있다. 『일하제금집』에는 “2월 3일 김 군과 홍 군이 나와 난공의 숙소를 방문했는데, 이공의 말씀에 감동을 받았기 때문이었다. 종이를 펴놓고 글을 지으니 붓이 날렵하게 움직이면서 주륙의 학문적 차이점 및 백사(白沙)와 양명의 학문에 대해 수천 마디를 변론하였다.”[239]라는 기록이 있다. 양측은 유학과 상업의 구분, 빈부 차이, 양국 대유의 학문적 우열 등에 관해서도 논의한 적이 있는데, 정환(程瑍)과 강호부는 이 문제를 놓고 밤새도록 필담을 나누었다.[240] 또한, 고대 경서의 진위 문제에 대해 논의할 때, 노이점은 박명에게 “『서경』은 정사를 다루는 책이지만, 첫머리의 ‘흠’이라는 한 글자는 만세 심학의 근본입니다. 그 문장이 웅장하고 고답적이어서 앞뒤 내용과 달라 보이는데, 후인이 지어낸 것입니까?”[241]라고 질문했다. 이처럼 중한 문인들은 유학을 둘러싸고, 여러 가지 다양한 학문적 교류를 이어갔다.

---

238) 노이점(盧以漸), 『수사록(隨槎錄)』, 『연행록전집』 제41책, 제94-97쪽, 제106-109쪽. “曾聞□□道學分爲二, 朱陸并行, 今則折或歸一耶？”“當今之學者以陸、王爲正耶, 以程、朱爲正耶？”“今之學者有能得程、朱之嫡傳者耶？”“大朝所尚三教之中, 誰爲最崇耶？”“程、朱之孫有聞顯人耶？”

239) 주문조(朱文藻) 편, 『일하제금집(日下題襟集)』, 「김수재(金秀才)」조(條), 엄성 찬(撰), 주문조(朱文藻) 편, 『철교전집(鐵橋全集)』 제4권. 二月初三日, 金、洪二君訪余及蘭公于寓舍, 蓋有感于李公之言也。命紙作書, 落筆如飛, 辨論朱陸异同及白沙、陽明之學, 至數千言.

240) 강호부, 『상봉록(桑蓬錄)』 권3(卷三), 『「연행록선집(燕行錄選集)」 보유(補遺)』 상권, 제517-519쪽.

241) 노이점(盧以漸), 『수사록(隨槎錄)』, 『연행록전집』 제41책, 제108쪽. 『書經』, 通政事者也。而大道之首載者, 即欽之一字, 爲萬世心學之本也。其文灝噩, 而盤誥, 不類於前, 不類於後, 抑或後人之所述耶？

유학의 핵심적 내용은 수신(修身)과 학문(爲學)으로 양국 문인들은 필담과 서신을 통해 자주 인품과 학문의 도에 대해 논하면서 서로를 격려했다. 홍대용은 「9월 10일 철교에게[九月十日與鐵橋]」 보내는 편지 뒤에 별지(別紙)를 첨부해 고금의 인품을 6등급으로 나누고, 세속의 마음을 5가지로 분류해 평가했다. 그는 "고금의 인품은 6등급이다. 이를 나열해 순위를 정해 권장과 징계의 기준으로 삼는다."[242]라고 밝혔다. 또한 청나라의 조욱종(趙煜宗)에게 보내는 편지에서는 독서법을 소개하며, 자세히 연구할 것, 선인의 것을 참고로 삼을 것, 이의역지(以意逆志) 등의 학문 원칙을 제시했다.[243]

양국 문인들은 문학에 대해서도 활발한 교류를 펼쳤다. 이들은 한시 창화와 서발문 작성 등의 창작 활동을 벌였으며, 필담과 서신을 통해 양국의 고금 작가와 서적, 작품 등을 깊이 있게 논의했다. 이는 18세기 중후반 중한 문인 교류에서 특히 두드러지게 나타났다. 홍양호·박지원·박제가·유득공·이덕무 등의 북학파 문인들과 청나라 문사들은 문학 창작과 작가의 작품에 대해 심도 있는 토론을 진행하였다. 특히 홍양호는 기윤과 서신을 주고받으면서 문학 창작의 목적과 동기, 문파 논쟁 등을 상세히 논의하였다.[244] 이덕무는 반정균(潘庭筠)에게 장중승(張中丞)의 문집, 왕완(汪琬)의 시문, 소장형(邵長蘅)과 모기령(毛奇齡) 등에 대해 물으면서 조선의 저명한 학자인 이이(李珥)를 소개했다.[245] 유득공과 박제가는 북경에 사신으로 파견된 후에 웅방수(熊方受)와 장상지(蔣祥墀) 등의 청나라 친구들과 자주 시문을 논하며 교류하였다. 유득공은 "옥하관(玉河館) 서쪽 벽 너머에 서상관(庶常館)이 있었다. 나와 차수(次修)는 자주 가서 시를 논했다."[246]라고 기록하였다.

242) 홍대용, 『九月十日與鐵僑』, 주문조(朱文藻) 편, 『일하제금집(日下題襟集)』, 「홍고사(洪高士)」조(條), 엄성 찬(撰), 주문조(朱文藻) 편, 『철교전집(鐵橋全集)』 제5권. 古今人品概有六等, 今排定位次, 以爲勸懲之準.

243) 홍대용의 『여매헌서(與梅軒書)』, 홍대용의 『담헌서(湛軒書)』 외집 권1(外集卷一) 「항전척독(杭傳尺牘)」, 『한국문집총간』 제248책, 제120쪽.

244) 본 저서의 제1부, 제3장 제2절 『홍양호와 기윤의 교류』 참조.

245) 이덕무(李德懋)와 이조원(李調元) 서, 이덕무 『靑莊館全書』 권19, 『한국문집총간』제257책, 제267쪽, 265쪽 참조.

246) 유득공, 『난양록(灤陽錄)』 권2(卷二), 제66쪽. 玉河館西壁爲庶常館。余與次修屢往談詩.

4 청나라의 종교

예로부터 종교는 중국의 정치, 시국 등과 밀접한 관련이 있었다. 청나라 강희·건륭 시기에도 예외는 아니었다. 청나라 조정은 종교 문제에 대해 깊은 관심을 기울였고, 조선 사신단의 문인들도 시국과 관련된 종교 현상에 주목했다. 이에 종교는 중한 문인의 필담과 서신 교류의 주요 주제 중 하나가 되었다.

불교와 관련된 필담에서는 주로 유불의 차이를 논하는 데 초점이 맞춰졌다. 홍대용은 엄성, 반정균, 이전수·이만수 형제, 장우령과의 필담에서 이 문제에 대해 깊게 논의했다. 박지원은 몽골인 파로회회도(破老回回圖)와의 필담에서 인과와 윤회의 차이를 두고 격론을 벌이기도 했다.

도교와 관련된 토론도 이루어졌다. 1720년(경자년) 북경 백운관(白雲觀)에서 이기지(李器之)는 도사 이원강(李元堈)에게 도교와 관련된 여러 가지 질문을 던졌는데, "이 관에 장천사(張天師)가 있다고 들었는데, 지금 계십니까?", "용호산(龍虎山)은 귀계(貴溪)에 있습니까?", "여기에는 경전을 읽고, 도를 닦는 도사가 있습니까?", "전진교(全真教)는 수양의 술법인데, 법가(法家)의 작용은 부적과 주술입니까?", "여기에는 어떤 도교 서적이 있습니까?", "칙사(敕賜)의 책을 읽고, 어찌 신선이 될 수 있겠습니까?"[247] 등이다.

티베트 불교와 관련된 문답 기록도 다수 남아있다. 한림서길사(翰林庶吉士) 왕성(王晟)은 박지원에게 판첸 라마(班禪喇嘛)의 행적에 대해 상세히 알려준 적이 있는데,[248] 이에 박지원은 일기에서 "다음날 왕성이 천선묘(天仙廟)를 찾아와 티베트 승단(僧團)의 내력에 관해 길게 이야기했다."[249]라고 기술했다. 또한 학성(郝成)도 박지원에게 티베트 불교의 성물인 조담경(照膽鏡)과 활불(活佛) 제도의 연원에 대해 설명한 적이 있으며,[250] 경순미(敬旬彌)는 황교(黄教)의 기원과 발전 과정을 체계적으로 소개하였다.[251] 양국 학자들은 서신을 통해 티베트 종교 문제를 심도 있게 논의하기도 했는데, 홍대용이 손유의(孫有義)에게 보낸 편지에는 티베트 라마교의 교리 체계에 대한 질문이 있다.[252]

247) 이기지(李器之), 『일암연기(一庵燕記)』 권3, 『「연행록선집(燕行錄選集)」 보유(補遺)』 상권, 325쪽. "此觀聞有張天師, 今在否"、"龍虎山在貴溪否"、"此中有讀經修道的道士否"、"全真教是修養之術, 法家作用是符呪術否"、"此有何等道書"、"讀敕賜書豈可爲仙"

248) 박지원, 『열하일기』, 제179-180쪽 참조.

249) 위의 책, 제180쪽. 明日, (王晟)訪余天仙廟, 語番僧事甚詳.

250) 위의 책, 제166-167쪽.

251) 위의 책, 제182쪽.

서양 천주교와 관련된 주제도 다뤄졌다. 18세기 북경에는 서양 종교의 전파와 함께 몇몇 교회들이 등장했다. 천주교는 새로운 현상이자 학설로 자연스럽게 북경을 방문한 조선 문인들의 관심을 끌었고, 천주교 성당은 그들이 자주 찾는 장소가 되었다. 중한 문인 간 필담에서 조선 문사들은 청나라 문사들에게 천주교와 관련된 상황을 물어보기도 했다. 장원관(張元觀)과 조정설(趙鼎說)의 필담 기록에는 "서양의 논설은 심성(心性)에 대해 말하지만, 천주교만큼 황당하지 않다. 천주교는 부처를 섬기지 않고, 결코 절을 하지 않으며, 정신(正神)과 오사(五祀) 조상에게 제사도 지내지 않는다."[253]라고 기술되어 있다. 또한, 청나라의 왕민호(王民皞)는 박지원에게 천주교를 소개하며, 다음과 같이 말했다.

> 예수(耶蘇)란 명칭은 중국에서 현인을 군자(君子)라 칭하고, 번속(番俗)에서 승려를 라마(喇嘛)라 부르는 것과 같은 이치이다. 예수는 오로지 하늘만을 공경하며, 팔방에 교를 세웠는데, 삼십 살에 극형을 당하자 그 나라의 온 백성이 애도하며 예수회(耶蘇會)를 설립하고, 그 신을 천주(天主)로 받들었다. 교회에 입회(入會)하는 자는 반드시 통곡하며, 천주를 잊지 않으니, 어려서부터 네 가지 신칙(信誓)을 세워 색욕을 끊고 벼슬욕을 절제하며, 오직 팔방에 교를 펼치고자 할 뿐 고향을 그리워하지 않는다. 명목상으로는 불교를 배척하나 윤회를 독실히 믿는다. 명나라 만력(萬曆) 연간에 서양 선교사 사방제(沙方濟)가 월동(粵東)에 왔다가 사망한 후, 마테오 리치(利瑪竇) 등이 이어서 왔다. 그들이 전한 교리는 소사(昭事)를 종지로 삼고, 수신(修身)을 요무로 삼으며, 충효자애(忠孝慈愛)를 공부로 삼고, 선을 좇고 과를 고치는 것을 입문으로 삼으며, 생사의 대사를 근본으로 삼고, 준비하여 근심이 없음을 궁극의 목표로 삼았다. 서양의 여러 나라가 교를 받들어 온 지 천여 년이 지나니 국가가 안정되고 길이 다스려졌다. 그들의 말은 과장되고, 허황된 것이 많아서 중국인 중에는 믿는 이가 없었다.[254]

252) 홍대용,「與孫蓉洲書」,『湛軒書』외집권1(外集卷一)「항전척독(杭傳尺牘)」,『한국문집총간韓國文集叢刊』제248책, 제126쪽.

253) 서명신(徐命臣),『경신연행록(庚辰燕行錄)』,『연행록전집』제62책, 제150쪽. 泰西所著論說, 言及心性, 不如天主教荒唐。天主教不奉佛, 亦從不叩拜, 正神及五祀祖宗俱無祭饗.

254) 박지원,『열하일기』, 제225쪽. 耶蘇者, 如中國之語賢爲君子、番俗之稱僧爲喇嘛。耶蘇一心敬天, 立教八方, 年三十遭極刑而國人哀慕, 設爲耶蘇之會, 敬其神爲天主。入其會者必涕泣悲痛, 不忘天主, 自幼立四條信誓, 斷色念, 絶宦欲, 有敷教八方願, 無更還故土戀。名雖闢佛, 篤信輪回。明萬曆中, 西土沙方濟者, 至粵東而死, 繼有利瑪竇諸人。其所爲教, 以昭事爲宗, 修身爲要, 忠孝慈愛爲工, 務遷善改過爲入門生死大事, 有備無患爲究竟。西方諸國奉教已來千餘年, 大安長治。其言多誇誕, 中國人無信之者。

왕민호(王民皥)는 예수(耶蘇)의 성격, 천주교의 신조와 교리, 그리고 중국인들의 천주교에 대한 태도 등을 서술하였다. 일부 중한 문인들은 서신을 통해 천주교와 관련된 문제를 논의하기도 하였다. 홍대용은 손유의(孫有義)에게 "근간에 듣자니 중국에서 그 학문을 숭상하는 자가 많아, 해로움이 이단(异端)보다 심하다 하였습니다. 그러나 그들의 산술(算術)과 의상(儀象)의 정교함은 참으로 중국에서 발명하지 못한 바이니, 대방(大方)께서는 어떻게 평의(評議)하시겠습니까?"라고 질의하였다. 이에 손유의는 답신에서 "서양의 학문은 사교(邪教)로 간주되어 금지된 지 오래되었습니다. 간혹 그 교를 숭상하는 무지한 무리들이 있었는데, 지방관은 이들을 엄중히 처벌했기 때문에 그들의 책을 보지 못할 뿐만 아니라 그들의 존재조차 듣지를 못합니다. 그러나 산술과 의상 등에 대한 제작의 정교함은 실로 중국에서 포기하지 않을 것입니다."[255]라고 답변했다. 손유의는 청나라의 지방관이 천주교를 엄격히 금지하면서도 그들의 산술·의상의 장점은 조정(朝廷)에서도 인정(認定)하고 받아들였음을 지적하였다.

5 명나라의 역사

조선은 대부분의 기간 동안 명나라와 긴밀한 대외 관계를 유지해 왔다. 조선은 장기간에 걸쳐 명에 대한 사대(事大) 정책을 수행하였으며, 외교 관계 상 양국의 사신과 문인들도 끊임없이 교류하였다. 이 중 일부 문인들은 깊은 이국의 정을 나누며, 후대에 전해지는 미담(美談)을 창출하기도 하였다. 특히 명나라가 임진왜란 시기 조선을 시원하기 위해 군대를 파견하여 왜적(倭賊)을 격퇴한 사건은 조선 문사들에게 명에 대한 특별한 친근감을 형성하는 계기가 되었다. 명이 멸망한 이후, 명의 역사는 조선 사신단의 특별한 관심사가 되었으며, 이는 양국 문인들의 교류 과정에서 주요한 담론 주제가 되었다.

이철보(李喆輔)는 청나라 사람 임본유(林本裕)에게 "명나라 말기의 일은 끝내 자세히 알 수 없는데, 야사(野史)라도 볼 만한 것이 있습니까?"라고 물었다. 임본유는 "서점에 『강감직해(綱鑒直解)』라는 책이 한 부 있습니다. 명나라 말기의 일은 그리 자세히 기록되어 있지는 않지만,

255) 홍대용,「與孫蓉洲書」,『湛軒書』외집권1(外集卷一)「항전척독(杭傳尺牘)」,『한국문집총간』제248책, 제126쪽. "近聞中國多崇其學, 害甚异端。若其算術、儀象之巧, 實是中國之所未發, 大方評議云何 ? ""泰西之學, 以邪教論, 其爲例禁也久矣。間有無知之輩崇其教者, 地方官察出, 即置重法, 故不特未見其書, 抑且不聞其人。至於算術、儀象一切製作之巧, 實中國之所不廢"

그 안에 실려는 있습니다. 야사는 오래전에 이미 사라졌습니다."[256]라고 답했다.

명나라의 역사와 관련하여 가장 자주 논의된 주제는 명의 멸망과 오삼계 사건에 관한 것이다. 오삼계는 명나라의 멸망과 직접적인 연관이 있는 인물로 조선 문인들은 청인들과 접촉할 때, 그에 대해 특별한 관심을 기울였는데, 이전수와 이만수는 장우령(張又齡)과 필담을 나누며 "영력황제(永歷皇帝)의 최후를 알 수 없습니다. 혹시 안남(安南)에 있었다고 하는데, 사실입니까? 그의 죽음은 정확히 언제입니까?", "오삼계가 본조에 반기를 든 것은 명나라를 위해 한 것입니까? 아니면 스스로 할거하려 한 것입니까?", "오삼계의 국호는 무엇입니까? 처음에는 운남(雲南)에 있었는데, 후에 어느 지역에 봉해졌습니까? 그의 아들이 부마가 되었다는데, 왜 반역했습니까?" 등의 질문을 던졌다.[257] 이를 통해 이전수 형제가 오삼계라는 인물과 그의 사건에 대해 깊은 관심을 갖고 있었음을 알 수 있다.

오삼계는 청나라에서 큰 세력을 가지고 있었는데, 반란에 실패 후 그의 부하 중 일부는 북쪽으로 흩어졌다. 조선 사신들은 사행 길에 오삼계의 옛 부하를 만나게 되었고, 그들의 본래 신분을 알게 된 후에는 자연스럽게 오삼계에 관해 많은 것을 묻곤 하였다. 조선 사신단은 오삼계의 옛 부하 곽조서(郭朝瑞)에게 여러 가지 질문을 했는데, 김창업의 『노가재연행일기』에는 "신민둔(新民屯)을 지나며 부사와 서장이 곽조서를 만나 문답을 나누었다. 곽조서는 오삼계의 부하로 오삼계가 패한 후에 이곳에 유배되었다. 앞뒤로 사신들이 그를 불러 사정을 물었다. 남구만(南九萬)과 최석정(崔錫鼎)은 특히 그와 친밀하게 지내며 오랜 시간 질문을 이어갔다."[258]라는 기록이 있다. 또한, 1731년(신해년) 서장관 이일제(李日躋)는 오삼계의 막료였던 임본유(林本裕)와 필담을 나누며, 주로 오삼계의 반란과 그에 대한 평가 등을 논의했다.[259]

이외에 조선 사신단의 일부 문인들은 만주족에 대한 불만과 명나라에 대한 향수로 인해 청나라에 저항한 사건이 발생한 유적지에 대해서도 많은 관심을 가졌다. 이들은 청나라 사람들과 필담을 나눌 때, 이와 관련된 상황을 자주 물었다. 그중 송가장(宋家莊)은 청에 저항한 중요한 요새로서 줄곧 많은 조선 문인들의 주목을 받아왔다. 홍대용은 "송가성(宋家城)은 동국(東國)에서

256) 이철보, 『정사연행일기(丁巳燕行日記)』, 『연행록전집』제37책, 제450쪽. "明季事終未詳, 或有野史可觀否 ?" "書坊中有一部『綱鑒直解』, 明末事雖不甚詳, 却有載于中者。野史, 自史事一案, 久矣盡絶"

257) 이전수(李田秀), 『농은입심기(農隱入瀋記)』, 『연행록전집』제30책, 제235-236쪽.

258) 김창업(金昌業), 『노가재연행일기』권1, 『연행록전집』제30책, 제418쪽; 제532-533쪽. 過新民屯, 副使、書狀見郭朝瑞, 有問答。朝瑞以吳三桂部下人, 三桂敗後, 配于此,前後使行多招見, 問事情。南相九萬、崔相錫鼎特親厚, 問遺久不替。

259) 이전수(李田秀), 『農隱入瀋記』, 『연행록전집』제30책, 제283-284쪽.

유명하다."[260]라고 말한 적이 있다. 송가장과 관련된 상황은 조선 문인들이 송가장의 청나라 사람들과 필담을 나눌 때, 자주 언급되었다. 이철보(李喆輔)가 사행 도중 송가장을 지날 때, 송씨의 4대손에게 "당시 장객(莊客)은 몇 명이었고, 방어할 수 있었습니까?", "성과 단(壇)은 높고 견고한데, 개인의 힘으로 어떻게 이를 이루었습니까?", "세입은 얼마입니까?", "성안의 모든 마을 사람이 송씨 성을 가졌습니까?"[261]등의 질문을 던졌다. 조선 문인들이 던진 일련의 질문들은 모두 명나라에 대한 깊은 그리움을 드러내고 있다.

6 시국 정치

필담을 나눌 때, 일부 조선 문사들은 당시 청나라의 정치 상황, 사회 발전, 농업 수확, 세금 상황 등에 관심을 보였는데, 이는 주로 정보 수집을 위한 목적에서 비롯되었다. 이는 18세기 중반 이전, 중한 문인 간 필담 교류의 주요 내용 중 하나였다.

중국에 파견된 조선 사신들은 청나라의 정치 및 사회 상황을 탐색하고, 이를 국왕에게 보고할 의무가 있었다. 1745년(을축년) 정사 조관빈(趙觀彬)은 시에서 "정세와 실정을 탐색해 힘을 보태려 하니, 언제나 전석(前席)에서 우리 왕에게 아뢰겠는가?"[262]라고 읊었다. 이에 조선 사신단은 시간이 있을 때마다 청나라 사람들과의 필담을 통해 청의 정보를 수집하였다. 1712년(임진년) 사은부사(謝恩副使) 민진원이 기주(薊州)에서 공생(貢生) 정함장(丁含章)을 만났을 때, 그가 명나라 황제의 후손임을 알고는 그에게 현재 청나라의 정치 상황에 대해 물었다.[263] 같은 해, 시징관(書狀官) 유술(柳述)은 산해관에서 교수(教授) 정(井)씨와 만나 그가 명나라에 대해 깊은 정을 간직하고 있음을 알고, 그에게 사회 상황에 대해 질문했다.

> (유술이) 또 물었다. "지나온 길의 성곽은 모두 무너져 내렸는데, 단 한 군데도 수리한 곳이 없습니다. 동쪽 땅만 이러는 것인가요, 아니면 남쪽 지역의 다른 성곽들도 다 수리하지 않았습니

260) 홍대용, 『湛軒燕記』, 『연행록전집』제42책, 제183쪽.

261) 李喆輔, 『丁巳燕行日記』, 『연행록전집』제37책, 제466-467쪽. "當時莊客幾何？而能防守乎？""城與壇高且堅, 如彼私力, 何得辦此？""歲入幾何？""城内一村皆姓宋否？"

262) 조관빈(趙觀彬), 『早發燕館, 出朝陽門』, 조관빈(趙觀彬), 『연행시(燕行詩)』, 『연행록전집』제37책, 제617쪽. 探得形情思自效, 幾時前席奏吾王?

263) 민진원(閔鎮遠), 『연행록』, 『연행록전집』제36책, 제325-326쪽 참조.

까?" 정씨가 대답했다. "천하가 다 그러하여, 그냥 무너지게 내버려둡니다." 유술이 물었다. "근래 열하(熱河)에서 성을 쌓는다고 들었는데, 왜 이곳에 성을 쌓습니까?" 정씨가 대답했다. "열하는 구외(口外) 땅입니다. 황제는 구외를 본토로 여기고, 중국을 여관처럼 보기 때문에 그렇습니다." 유술이 물었다. "남쪽에 경보(警報)가 있다고 들었는데, 과연 헛소문이 아닙니까?" 정씨가 대답했다. "남쪽은 이곳에서 매우 멀어 알 수 없습니다. 그러나 외부의 경보가 없더라도, 곧 내부의 변란이 있을 것입니다." 그 이유를 묻자, 정씨가 대답했다. "황태자(皇太子)와 황장자(皇長子)가 모두 지극히 불량한 인물인데, 두 사람의 사이가 나빠 서로 용납할 리가 없으니, 이를 보고 반드시 내부의 변란이 있을 것임을 압니다."[264]라고 말했다.

정씨와 필담을 나눈 다음 날, 유술은 탐색한 정보를 민진원에게 전달했다. 민진원은 이번 사행에서 돌아온 후, 청나라 남부의 정세와 청나라 문인들과의 교류를 통해 알게 된 사회 상황을 국왕 숙종에게 보고했다. 『숙종실록』 권51에는 민진원의 보고가 다음과 같이 기록되어 있다.

정미일에 사은사(謝恩使) 박필성(朴弼成), 민진원(閔鎭遠), 유술(柳述)이 입조하니, 숙종이 인견하며 위로했다. …… 민진원은 "신이 기주(薊州)에 도착했을 때, 한 노인이 다른 호인들과 다르게 행동하는 것을 보았습니다. 신이 그를 불러 이름을 묻자, 그는 성이 주(朱)라고 대답했습니다. 또 본적을 묻자, 그는 손바닥에 '감히 말할 수 없다(不敢言)'라는 세 글자를 써 보이며, '나는 황친(皇親)이다.'라고 말했습니다. 대략 물어보니, 신황(神皇)의 네 번째 아들인 의연(毅然)이 자신의 증조부라고 여기고 있었다. …… 또 남쪽에 경보가 있다는 소문이 사실인지 물었더니, 그는 광동(廣東)의 해적이 실은 황명(皇明)의 후손이라고 대답했습니다. 장비호(張飛虎), 장만종(張萬鍾)이 모두 그의 장수라고 했습니다. 그들이 바다에 출몰하자 기세가 크게 울려 퍼졌고, 청나라의 장수 네 명이 패배하여 항복하면서 복건(福建) 땅의 절반을 차지했다고 했습니다. 호인은 한마디 하면 대가를 요구했는데, 그 사람은 대가를 요구하지 않았으며, 그의 슬픈 감정은 진심에서 나온 듯했습니다. 또 주인에게 물었더니, '그 사람은 정함장(丁含章)이다.'라고 했습니다. 이름을 바꾸었다는 말도 믿을 만해 보였습니다. …… 또 북경에 있을 때, 서반(序班)에게 들으니 장만종의 아들이 산동(山東)에서 문제를 일으키고 있다고 했고, 정원군(鄭元軍)은 해상군을 이끌고 '오랑캐

264) 위의 책, 제333-334쪽. 又問："歷路城池無不頹圮而一無修葺處。豈東土偶如此, 而南方諸處皆修城池否？"井曰："天下皆然, 一任頹圮矣。"柳曰："近聞築城熱河云, 此城何以設築耶？"井曰："熱河即口外地也。皇帝以口外爲本土, 視中國爲逆旅, 故如此矣。"柳曰："聞南方有警, 果非虛傳否？"井曰："南方距此絶遠, 不得知之。而雖無外警, 不久必有內變矣。"問其故, 對曰："皇太子、皇長子皆極不良之人也, 而兩人嫌隙至深, 决無相容之理, 以此知其必有內變矣。"

> 를 평정하고 명나라를 보좌한다[定胡扶明]'라는 네 글자를 깃발에 내걸고 무적의 기세를 보이고 있다고 했는데, 이는 주씨가 전한 말과 거의 같았습니다. 산해관으로 돌아오던 중, 교수 정(井)씨의 말을 들었는데, 그는 '외환은 걱정할 필요가 없지만, 황장자(皇長子)와 태자(太子)의 원한이 점점 깊어져 내부의 환란이 걱정된다.'라고 했습니다."[265]라고 아뢰었다.

이 보고의 내용은 바로 자신이 청나라 사람 정함장(丁含章), 서장관 유술(柳述)과 정(井)씨가 필담을 나눌 때 얻은 정치, 군사 등의 정보였다. 이는 세 사신이 청나라 사람들과 정치, 사회 등을 논의한 것은 대부분 당시 청나라의 관련 정보를 탐색하기 위함이었음을 보여준다.

또한, 농업은 고대 사회의 근본으로 사회 전체의 안정과 직결되어 있었다. 조선 사신들은 청나라 사람들의 농지 경작, 수확, 세금 상황 등에도 관심을 보였는데, 이를 청나라를 이해하는 데 필요한 중요한 내용으로 여겼다. 이심원(李心源)의 『정해연사록(丁亥燕槎錄)』에는 성암(聖岩)이 필담을 통해 요(姚)씨에게 농업 관련 상황을 묻는 내용이 기록되어 있다.

> 성암(聖岩)이 집주인과 성이 다른 사촌 형인 문필가 요씨와 필담을 나누었다. 성암이 물었다. "하루에 경작하는 땅은 몇 묘(畝)이며, 곡식을 얼마나 수확하고, 관청 땅의 세금은 얼마입니까?" 요씨가 대답했다. "하루에 다섯 묘를 경작할 수 있고, 한 묘에서 한 석(石) 정도를 수확합니다. 다섯 묘에 세금으로 은 두 냥 혹은 다섯 푼을 납부합니다. 이것이 대략적인 내용입니다." 성암이 다시 물었다. "한 묘의 크기는 얼마입니까?" 요씨가 대답했다. "주위가 140보(步)입니다."[266]

이외에 신사년(1701) 서장관 맹만택(孟萬澤)이 청나라 사람 서진명(徐振明)에게, 임진년(1712)

---

265) 『숙종실록』 권5(卷五), 「38년7월26일(三十八年七月二十六日)」. 丁未, 謝恩使朴弼成、閔鎮遠、柳述入來, 上引見慰諭。……鎮遠曰："臣到薊州, 有一老人動止异於他胡。臣招來問其姓名, 則答以朱言。又問姓貫, 則以'不敢言'三字書掌以示, 曰:'俺是皇親。'概問之, 則以爲神皇第四子名毅然爲其曾祖……又問南方有警云, 信否?答以廣東海賊實則皇明之孫。張飛虎、張萬鍾皆其將也。出沒海中, 軍聲大振, 清將四人敗降, 而福建地已有其半云。胡人一言, 便索其價, 而此人不爲索價, 其所愴感似出誠心。且問於主人, 則以爲'其人乃丁含章'云。變姓名之説, 亦似可信。……且在北京時, 聞序班所傳張萬鍾之子作梗山東, 又有鄭元軍率海上軍以'定胡扶明'四字揭旗, 所向無敵, 略與朱言所傳相同矣。還到山海關, 又聞教授井姓者言, 以爲'外患不足憂, 而皇長子與太子仇隙轉深, 蕭墻之患, 可憂也'。"

266) 이심원(李心源), 『丁亥燕槎錄』, 임기중(林基中), 후마 스스무(夫馬進) 편, 『연행록전집(燕行錄全集(일본 소장편日本所藏編)』 제1책, 제310쪽. 聖岩與主人之异姓四寸姚哥有文筆者, 作筆談。問:"一日所耕之地爲幾畝, 收穀幾許, 官地地税亦幾許?"答曰:"一日可耕五畝, 一畝可收石餘。五畝納税銀二或五分, 此其大略也。"問:"一畝之大小爲幾許?"則曰:"周回爲一百四十步云。"

김창업이 청나라 사람 영종(榮琮)에게, 기해년(1719) 부사 조영복(趙榮福)이 청나라 사람 곽여백(郭如柏)에게, 임신년(1752) 부사 남태제(南泰齊)가 청나라 사람 이성인(李成仁)에게 청나라의 정치, 군사적 방면에서 국가의 안정 및 통일과 관련된 질문을 은밀하게 던졌다. 예를 들면, "금주(錦州) 지역의 해적은 지금 어디에 있으며, 병력은 얼마나 됩니까?", "황태자가 폐위된 이유는 무엇입니까?", "최근 서쪽 변방의 승패는 어떠합니까?", "황제가 아직도 후계자를 세우지 않은 이유는 무엇 때문입니까?", "이 지역은 작년에 풍작이 어떠합니까?", "지금은 천하가 태평하여 도적이 없습니까?", "북경의 근교 지역에는 도적이 없습니까?", "황제가 늙었는데도 아직 정사를 부지런히 하십니까?", "대체로 지금은 잘 다스려지고 있습니까? 그렇지 않습니까?", "얼마 전 서쪽 정벌을 위해 군대를 보냈다고 들었는데, 서쪽 지역은 이제 평정이 되었습니까? 또 몽골이 침략하여 성읍을 점령했다고 들었는데, 과연 그런 일이 있었습니까? 심각한 우려는 없습니까?", "서쪽 지역은 무슨 일로 군대를 모읍니까?", "몽골인은 어느 지역에 살며, 병력은 어떠합니까?"267) 등의 질문이다. 이처럼 조선 문사들이 제기한 질문은 모두 청나라의 중요한 정치, 군사 사항 등과 관련되어 있다.

7 도서 편찬

일부 조선 사신들은 중국의 대형 도서 편찬 상황에 큰 관심을 보였으며, 청나라 사람들과 『고금도서집성(古今圖書集成)』, 『사고전서(四庫全書)』, 『대청회전(大淸會典)』 등에 대해 논의하였다. 청나라 강희와 건륭 시기에는 대형 도서 편찬이 활발히 이루어졌다. 강희와 옹정 연간에 관찬된 『고금도서집성』은 모두 1만 권으로 명나라의 『영락대전(永樂大典)』에 이은 또 하나의 대형 유서이다. 건륭 연간에는 중국 역사상 가장 큰 총서인 『사고전서』를 편찬했다. 이러한

267) 김창업, 『노가재연행일기』 권2(卷二), 『연행록전집』 제32책, 제489쪽, 490쪽. 조영복(趙榮福), 『연행일록(燕行日錄)』, 『연행록전집』 제36책, 제59쪽. 유척기(俞拓基), 『연행록燕行錄』, 『연행록전집』 제38책, 제120쪽, 121쪽. 강호부, 『상봉록(桑蓬錄)』 권4卷四, 『「연행록선집燕行錄選集」 보유(補遺)』 상권, 제545쪽. 남태제(南泰齊), 『초자록(椒蔗錄)』, 『연행록속집(燕行錄續集)』 제116책, 제44쪽. "錦州地方海賊今在何處, 兵衆幾何？""皇太子廢之, 因何有此？""近來西邊勝負如何？""皇帝尚不建儲何也？""此地去年豐歉如何？""見今天下太平無有盜賊否？""近京地方(盜賊)無有否？""皇帝年老尚能勤政否？""大要今日治耶, 不治耶？""仄聞年前有發兵西征之役云。西方今則已平歟？又聞蒙古或侵擾至奪據城邑云, 果然而不至有深慮耶？""西方緣何事聚兵？""㺚子居何地方？兵力何如？"

편찬 활동은 당시 청나라 사회는 물론 심지어 같은 시기의 조선에도 다양한 편찬 정보가 전해지면서 다방면으로 큰 영향을 미쳤기 때문에 일부 조선 문사들은 이러한 도서에 대해 높은 관심을 보였다. 엄숙(嚴璹)은 구정융(邱庭瀜)과 허조춘(許兆椿)에게 『고금도서집성』과 『사고전서』의 기본 상황을 물었는데, 그가 “『고금도서집성』은 어떤 책인지 모르겠습니다. 권 질은 얼마나 됩니까?”라고 물으니, 구정융과 허조춘이 “경사자집(經史子集)을 유별로 분류해 편찬한 것으로 모두 1만 수천 권입니다. 판본은 내부(內府)에 보관되어 있어서 외부에서는 볼 수 없습니다. 간혹 황제의 은총으로 하사받아 밖으로 흘러나가는 일이 있습니다.”[268]라고 답했다. 한편, 『사고전서』의 편찬 상황에 대해 엄숙이 구정융과 허조춘에게 던진 질문은 더욱 상세한데, 다음과 같다.

> (엄숙은) 먼저 적었다. “예전에 우리 사신이 관청에 있을 때는 여러 한림(翰林)들과 밤낮으로 교류했는데, 올해는 오늘에서야 처음 왔습니다. 전후의 한림원 관리 규정이 다르기 때문입니까?” 구정융이 붓을 잡고 썼다. “예전에는 서상(庶常)들이 모두 원(院)에 거주했지만, 최근에는 책을 편찬하는 일로 모두 밖에 살고 있어서 공무가 있을 때만 관청에 옵니다. 한림원 관리 규정이 다른 것은 아닙니다.” 엄숙이 물었다. “편찬 중인 책은 최근에 칙령을 받아 편찬 중인 『사서(四書)』와 관련된 것입니까?” 상대가 대답했다. “바로 『사고전서(四庫全書)』입니다.” 엄숙이 물었다. “『사고전서』는 궐에서 편찬하는 것입니까, 외부에서 편찬하는 것입니까?” 상대가 대답했다. “한림원 관청에서 편찬하는 경우도 있고, 내정(內廷) 무영전(武英殿)에서 편찬하는 경우도 있습니다. 직책이 다릅니다.” 엄숙이 물었다. “외국인들은 『영락대전(永樂大典)』을 보지 못했는데, 최근에 이 책을 기준으로 수정한다고 들었습니다. 책의 체계는 대체로 어떠합니까?” 상대가 대답했다. “책의 체계가 매우 상세하여 일일이 열거하기 어렵습니다. 대체로 고금의 유서(遺書)를 수집하고, 명산의 비장(秘藏)을 수색하는데, 역대에 없던 대업(大業)입니다.” 엄숙이 물었다. “개인 소장의 서적을 수집한다는 말도 들었는데, 또 『영락대전』은 운(韵)에 따라 편찬되어 『역경(易經)』의 몽괘(蒙卦)가 먼저 나온다고 들었습니다. 지금 편찬 중인 책도 경사자집(經史子集)을 합쳐 만드는 것입니까?” 상대가 대답했다. “『영락대전』은 운으로 책을 통일하여 번잡한 부분이 많습니다. 지금은 경사자집 네 부문으로 나누어 각각 책을 만들고, 민생 정치 및 고금을 고증하는 □□□류(類)와 관련된 내용은 모두 차례대로 편입합니다.” 엄숙이 물었다. “분명 좋은 책일 텐데, 언제 완성될 수 있습니까? 권 질은 얼마나 됩니까?” 갑자기 한 사람이 밖에서 들어오자 두 사람이 일어나고 □□도 일어나 서로 읍(揖)했다. 그 사람은 내 옆의 의자에 앉았고, 허조춘은 책상 위에 놓인

268) 엄숙(嚴璹), 『연행록』, 『연행록전집』 제40책, 제244-245쪽. [亦以經史子集成類分編, 共一萬數千卷, 板藏內府, 外間不可得見。或奉恩賞, 間有流傳。]

좌목(座目) 중 평서(平恕)라는 이름을 가리키며, 새로 온 사람을 지목했다. 그 사람은 우리를 돌아보며 시를 짓고, 얼굴을 사람에게 돌렸다. 허조춘의 붓을 빼앗아 썼다. "『사고전서』는 칙령을 받아 10년 동안 진행되고, 『영락대전』은 올해 완성됩니다." 엄숙이 물었다. "10년을 기한으로 한다는 말입니까? 『영락대전』은 『사고전서』에 포함되지 않습니까?" 상대가 대답했다. "『사고전서』에 포함되는 것은 『영락대전』 뿐만 아니라 여러 종류가 있으며, 이 종류는 올해 완성될 수 있습니다."269)

상술한 필담에서 언급된 『사고전서』에 대한 정보를 정리하면 다음과 같다. 먼저 『사고전서』의 편찬 작업으로 인해 한림원에 거주하던 서길사들이 모두 밖으로 나가 살게 되었다. 또한, 업무의 성격에 따라 『사고전서』관은 한림원과 무영전 두 곳으로 나뉘며, 각각 다른 일을 맡아 처리하였다. 『영락대전』과 『사고전서』는 서로 관련이 있지만, 동시에 차이점도 존재한다. 『영락대전』의 편찬 작업은 건륭 38년에 마무리될 수 있다. 『사고전서』는 그 분량이 매우 방대하여, 현재 남아 있는 『영락대전』은 그 일부에 불과하며, 완성까지는 10년의 기간이 소요된다. 조선의 문인들은 청나라 친구들과의 문답을 통해 『사고전서』의 편찬 상황을 현실적이면서도 객관적으로 이해할 수 있었다.

이외에 서호수, 이덕무 등의 문사들도 청나라 친구들과 『사고전서』에 관한 정보를 상세히 교류한 적이 있다. 서호수가 편지에서 이조원(李調元)에게 『사고전서』의 간행 상황을 묻자, 이조원은 편지에서 "우리 황제께서 『사고전서』를 편찬하시며 총 네 부를 필사하셨는데, 한 부는 궁정에 두고, 한 부는 원명원에 두시며, 한 부는 문연각에 두시고, 한 부는 열하에 두셨습니다. 이 네 부 외에는 필사본이 없으며, 간혹 간행된 것이 있더라도 무영전(武英殿)에 있는 귀중한 목판본 한두 부 정도로 구입할 수는 없고, 황제께서 하사하신 경우에만 사람들이 소유할 수

269) 엄숙(嚴璹), 『연행록』, 『연행록전집』제40책,, 제242-243쪽. (嚴璹)先書曰 : "昔年我使在館, 與諸翰林日夕過從, 今年則僉尊今日始來。前後院規或异而然歟 ? "邱執筆書曰 : "向日庶常皆在院居住, 近以修書皆在外住, 因有公事, 方一到館, 非院規之异也。"問 : "所修書即近來奉敕所修《四書》之役耶 ? "答 : "即《四庫全書》。"問 : "《四庫全書》修于闕中耶, 在於外處耶 ? "答 : "有在翰林院衙門者, 有在内廷武英殿者, 職司不同。"問 : "外國人不見永樂書, 今聞據此書改正云, 大抵書例何如 ? "答 : "書例周詳, 難以枚舉。大抵收古今之遺書, 搜名山之秘藏, 爲曠代未有之盛典。"問 : "收聚私藏文字之説亦得聞之, 且聞《永樂大典》以韵次第集成, 故《易》之蒙卦居先云。即今所修書, 亦合經史子集而成之耶 ? "答 : "《永樂大典》以韵統書, 多繁瑣之處。今分經史子集四部, 各自爲書, 凡有關於民生政治及考證古今□□□類, 皆得以次編入。"問 : "必是好書, 何時可以卒功 ? 卷帙當爲幾何 ? "忽有一人從外至, 兩人起, □□亦起相揖。其人來坐余傍一椅, 許指桌上所置座目中平恕之名, 又指新到人。其人回顧余輩, 略作詩, 面人耳。仍奪許筆, 以書曰 : "《四庫全書》奉旨十年, 《永樂大典》今年卒功。"問 : "以十年爲期云耶 ? 《永樂大典》不入《四庫全書》耶 ? "答 : "入《四庫全書》者, 不止《永樂大典》一種, 此種今年可畢。"

있습니다. 『사고전서』의 네 부는 모두 필사본이며, 황제께서 직접 열람하시는 책도 필사본이고, 인쇄본은 없습니다. 대체로 책의 규모가 크기 때문에 간행할 수 없었습니다. 다만 황실 도서관에는 없는 책이 없지만, 문헌을 완벽히 갖추어 두기 위함이며, 천하에 널리 유통시키기 위한 것은 아닙니다. 『회요』도 마찬가지입니다."[270]라고 상세히 답하였다. 이덕무도 청나라 사람들과 교류하면서 『사고전서』에 대해서 자세히 알게 되었는데, 그가 특별히 쓴 「사고전서」라는 글이 중요한 증거이다.[271] 이덕무는 반정균(潘庭筠)과 직접 만났을 때, 『사고전서』의 취진판(聚珍版) 서목에 관해 물었고, "반정균이 작은 종이를 꺼내어 책 목록 20여 종을 나열해 보여주었다."[272]라고 했다.

남태제(南泰齊)는 『초자록(椒蔗錄)』에서 이군칙(李君則)이 『대청회전(大清會典)』의 편찬 상황에 대해 큰 관심을 보였다고 기록하였다. 이군칙은 이 책을 주제로 청인 박명과 며칠 동안 교류하였다. 남태제의 『초자록(椒蔗錄)』에는 박명이 "이군칙(李君則)은 기이한 문사이다. 그는 관문에 들어와 『대청회전(大清會典)』 한 질을 구입하더니, 더욱 널리 문의하여 중원 문헌의 전부를 얻고자 하였다. 내가 그와 이 책을 논한 지 여러 날 만에 비로소 정식으로 교유를 맺게 되었다. 사려고 하여 널리 수소문하였으니, 대개 중원 문헌의 온전함을 얻고자 함이었다. 내가 이 책에 대해 여러 날 함께 이야기하고 나서 교분을 맺었다."라고 말한 기록이 있다. 남태제도 박명과 교류할 때, 이 책에 대해서 "『대청회전(大清會典)』은 모두 몇 권이며 또 누가 편찬했습니까?"라고 물었다.[273] 상술한 내용을 통해, 『고금도서집성(古今圖書集成)』, 『사고전서(四庫全書)』, 『대청회전(大清會典)』 등의 편찬은 청나라에서만 영향력을 발휘했던 것이 아니라 일부 조선의 문사들에게도

270) 이조원(李調元), 서호수(徐浩修) 편, 이한복(李漢福) 추제(追題), 『동문신교(同文神交)』, 한국국립중앙도서관 소장본. 至我皇上修『四庫全書』, 共抄寫四部, 一部留大内, 一部留圓明園, 一部留文淵閣, 一部留熱河。除四部外, 并無抄本。間有刻者, 不過聚珍板一二部, 在武英殿, 然不能購也, 皇上賜人, 則人有之。『四庫全書』四部皆抄本, 皇上手邊披覽之書亦抄本, 無印本。大半爲部頭大, 所以不能刻也。不過天府之藏, 無書不有, 以備文獻而已, 非以流行天下也。『薈要』亦然。

271) 이덕무, 『사고전서(四庫全書)』 이덕무, 『청장관전서(青莊館全書)』 권56을 참조. 『한국문집총간』 제258책, 제540-542쪽. "至我皇上修《四庫全書》, 共抄寫四部, 一部留大内, 一部留圓明園, 一部留文淵閣, 一部留熱河。除四部外, 并無抄本。間有刻者, 不過聚珍板一二部, 在武英殿, 然不能購也, 皇上賜人, 則人有之。《四庫全書》四部皆抄本, 皇上手邊披覽之書亦抄本, 無印本。大半爲部頭大, 所以不能刻也。不過天府之藏, 無書不有, 以備文獻而已, 非以流行天下也。《薈要》亦然。"

272) 위의 책, 제541쪽. "潘庭筠出示小紙, 列書書目二十餘種"

273) 남태제(南泰齊), 『초자록(椒蔗錄)』, 『연행록속집(燕行錄續集)』 제116책, 제103쪽. "李君則, 奇士也。自入關以來, 購『大清會典』一部, 廣加詢訪, 蓋欲得中原文獻之全。僕與談此書者屢日, 乃定交焉。" 『大清會典』爲幾册, 而何人撰成耶 ?

큰 관심거리였음을 알 수 있다.

조선 문사들이 청나라가 편찬한 도서에 대해 보인 각별한 관심은 중국 문헌에 기록된 조선 관련 내용을 적극적으로 바로잡은 데서도 드러나는데, 이는 청나라 문인들과 필담 및 서신을 교류하는 과정에서 중요한 논의 주제가 되었다. 홍대용은 반정균에게 보낸 서신에서 주린(朱璘)의 『명기집략(明記輯略)』에 기록된 “조선 왕이 술에 빠져 있다”, “간신 이덕형의 말을 듣다.”, “통제사 이순신”, “조선 국왕 이혼이 조카 이 아무개에게 왕위를 빼앗겼다.”, “혼(琿)은 어질고 유약하다”, “이 아무개가 말을 타고 검을 시험해 보며, 칙령을 주관하였다.”, “옛날에 일본을 물리친 은혜를 생각하여 중국에 보답하고자 하였으나, 오늘날의 변을 초래하였다.” 등의 내용에 대해 하나하나 변증하고 오류를 바로잡았으며, 아울러 이를 『명기집략변설(辨說)』이라는 제목으로 정리하여 오류를 바로잡고자 하는 작문의 의도를 더욱 부각시켰다.[274] 홍대용의 반박은 논리적이고 근거가 확실해 반정균의 충분한 인정을 받았는데, 그는 “헌문왕 사변에 관해 왕사정(王士禛)의 『지북우담』 중 한 편을 보니, 홍대용의 반박과 견해가 일치한다. 왕완정은 청대 최고의 인품과 덕망을 가진 인물로 학자들의 존경을 받고 있다. 그의 견해는 신뢰할 만하며, 청암의 오류를 바로잡는 데도 유용하다.”[275]라고 평했다. 이처럼 홍대용의 논변은 청대의 대학자인 왕사정의 견해와 같다는 점에서 신빙성이 있다는 평가를 받았다. 이외에 조선 문인들이 청 문사들의 오류를 지적한 전형적인 사례로는 박지원이 윤가권과 왕민호에게 『시종』에 수록된 조선 관련 기록의 오류를 바로잡은 것과 기풍액과 윤가전에게 우동의 저서 『외국죽지사』에 수록된 조선 문자의 오류를 바로잡은 것이 대표적이다.

8 청대의 금서

청나라는 통치에 불리한 사상의 유포를 차단하기 위해서 강희·옹정·건륭 연간에 출판물의 유통을 엄격히 통제하였다. 이에 반청 사상을 담은 것으로 의심되는 서적들은 대부분 금서로

274) 홍대용의 『與秋庫書』, 홍대용의 『담헌서(湛軒書)』 외집권1(外集卷一), 「항전척독(杭傳尺牘)」, 『한국문집총간』제248책, 제109-111쪽. “朝鮮王諱沉湎於酒”、“聽孌臣李德馨言”、“統制使李舜”、“朝鮮國王李琿爲其侄李諱所簒”、“琿仁柔”、“李諱走馬試劍云, 掌官誥令”、“念昔年禦倭之恩, 思報中國, 致罹今日之變”

275) 홍대용, 『與秋庫書』, 『한국문집총간』제248책, 제113쪽. 示憲文王事辨, 從王阮亭《池北偶談》中見載一疏, 亦辨此事, 與尊辨同。阮亭詩名品望爲國朝第一, 學者多宗之。其言足以徵信, 亦可破青岩訛謬之説矣。

지정되어 소각 처리되었다. 조선 문인들은 이러한 청의 금서 정책에 주목하며 적극적으로 정보를 수집하였고, 이는 중한 문인의 필담에서 중요한 논제가 되었다.

『사고전서』가 편찬되는 과정에서 다수의 서적이 금서로 지정되거나 검열 대상이 되었다. 대다수의 조선 문인들은 명에 대한 강한 향수를 갖고 있었기 때문에 금서에 대해서도 특별한 관심을 보였다. 1778년(무술) 이덕무는 북경에 도착하여 조정의 금서 목록 조서를 접한 후, 「사고전서」에 다음과 같이 기록하였다.

> 무술년(戊戌年)에 연경(燕京)을 갔을 때, 골목길에 걸린 황색 조서(詔書)에서 전겸익(錢謙益)·굴대균(屈大均)·김보(金堡) 세 사람의 유고(遺稿)를 엄금한다는 내용을 보았다. 간행물은 파기하고 소각하여 단 한 마디도 남기지 말아야 하며, 소장자는 처벌한다는 내용이었다. 전겸익은 명나라 재상으로 청나라에 항복했으면서도 시문(詩文)에서 청나라를 끊임없이 비난하였고, 굴대균과 김보는 명이 멸망한 후에 방랑객으로 지내며 청나라를 배격했기 때문이다. 한편 명말(明末)에 이미 죽은 황도주(黃道周)·유종주(劉宗周) 등의 세대에 대해서는 그들의 상소문 중 청인(清人)을 모욕하는 표현이 있어도 이는 조정을 위한 것이므로 오직 비난하는 구절만 삭제하고, 『사고전서(四庫全書)』에도 등재하였다고 한다. 이와 같은 규정들에 대해 유리창의 서점 주인인 도생(陶生)에게 물으니, "삭제된 서적은 『정림집(亭林集)』, 『삼위집(三魏集)』 등 300여 종에 이를 것이다."라고 대답하였다.[276]

청 조정이 전겸익(錢謙益), 굴대균(屈大均), 김보(金堡) 세 사람의 저작을 금지한다는 조서를 본 후, 이덕무는 이 책들의 금지 사유를 스스로 생각해 보고, 아울러 서점 오류거의 주인 도정상(陶正祥)에게 『사고전서』에서 삭제된 문헌의 종류를 물어봤는데, 도정상은 약 300여 종에 달한다고 답변하였다. 또한, 서호수도 철보(鐵保)와 금서 문제에 관해 논의했는데, 『연행기』에 다음과 같이 상세히 기술하였다.

> (서호수가 물었다.) "『목재집』이 금서(禁書)로 지정되었는데, 선생님께서는 어디서 보셨습니

---

276) 이덕무, 『사고전서(四庫全書)』, 이덕무, 『청장관전서(青莊館全書)』 권56을 참조. 『한국문집총간』 제258책, 제540쪽. 戊戌遊燕時, 見坊曲揭黃紙詔書, 嚴禁錢謙益、屈大均、金堡三人遺集。毀板焚燒, 勿遺片言, 藏者抵罪。蓋謙益則以明朝宰相, 投降清朝, 而其述詩文, 侵斥不已, 大均、堡革世後, 托迹緇流, 亦斥清朝故也。至若已死於明朝者, 如黃道周、劉宗周輩, 其於疏章間, 或有凌侮清人之語, 此係爲其本朝, 祇可抹去侵斥之句語, 亦爲謄寫『四庫全書』中。其大略如此。問琉璃廠書四(肆)陶生, 則以爲塗抹句語之書, 如『亭林集』、『三魏集』之類, 可至三百餘種云。

> 까?" 이에 철보(鐵保)가 답하였다. "무릇 금서(禁書)라는 법령이란 다만 관청(公府)의 소장본에만 적용될 뿐입니다. 천하에 사사로이 소장된 책들을 어찌 다 없앨 수 있겠습니까? 목재(牧齋)는 큰 절개를 이미 잃었으니, 사람됨은 진실로 볼 만한 것이 없지만, 그의 시문은 반드시 후세에 사라지지 않을 것입니다."[277]

철보는 조정의 금서령은 단지 관부에만 효과가 있을 뿐이며, 민간이 소장하고 있는 금서를 모두 완전히 없애는 것은 어렵다고 지적하였다. 이는 청나라 조정이 실행한 금서 정책의 실효성에 한계가 있음을 드러낸 평가로 해석된다. 조선 문인들은 금서 작가와 문자옥 사건에 대해서도 깊은 관심을 보였으며, 특히 여유량(呂留良)의 강력한 반청 사상에 대해서 청나라 문인들에게 자주 질의하였다. 이는 상대방의 반만(反滿) 여부를 확인하기 위한 것으로 조선의 문인들은 청나라를 경멸하는 마음에서 상대방도 명나라에 대해 깊은 감정을 품고 있기를 바랐다.

1746년(병인년) 윤급(尹汲)이 부녕현에서 서승립(徐升立)의 아들과 교류할 때 여유량의 문집을 소장하고 있는지 물었다. 상대방이 없다고 대답하자 윤급은 "그대는 한인(漢人)으로서 한(漢)을 그리는 마음이 있습니까?"라고 물었다. 상대방은 "옛일은 이미 오래되었고, 지금 천자(天子)께서 어짊과 성스러움을 지니셨으니, 어찌 그러한 마음이 있겠습니까?"라고 답했다. 윤급은 이 대답을 듣고도 서승립의 아들과 같은 한족들이 자기 민족을 그리워하는 마음을 잃었다는 것을 믿을 수가 없어서 "이는 혹시 기휘(忌諱)하는 뜻에서 나온 것이 아닐까 싶습니다. 그러나 더는 말할 것이 없습니다."[278]라고 말했다. 이는 윤급이 당시 강렬한 배만 정서를 가지고 있었음을 보여준다.

1760년(경진년) 이상봉은 삼하현(三河縣)의 교유(敎諭) 설문유(薛文儒)에게 "여유량은 어떠합니까?"[279]라고 질문한 적이 있다. 1799년(기미년) 서영수 역시 유대관에게 "여만촌의 학문은 근래 유학자 중 가장 순정하고 친근합니다. 그의 학맥을 계승한 자는 현재 누구이며, 저서는 몇 종입니까?"[280]라는 질문을 했다. 이는 조선 문사들이 청나라의 금서와 문자옥에 대해 지대한

277) 서호수(徐浩修), 『연행기(燕行記)』, 『연행록전집』제51책, 제59쪽.

278) 윤급(尹汲), 『연행일기(燕行日記)』, 임기중, 후마 스스무夫馬進『연행록전집 일본소장편』제1책, 제230쪽. "爾是漢人有思漢之心否？""去古已遠, 今天子仁聖, 豈有此心乎？""此或出於忌諱之意否乎而無可言矣。"

279) 이상봉(李商鳳), 『북원록(北轅錄)』 권3, 『「연행록선집(燕行錄選集)」 보유(補遺)』 상권, 제809쪽. "呂留良何如？"

280) 서영수(徐瀅修), 「劉松嵐傳」, 『명호전집(明皐全集)』 권14, 『한국문집총간』 제261책, 제305쪽. "呂晚村學術較諸近日諸儒, 最爲醇正, 最似親切。下工得其淵源者, 今有何人？而所著書亦有幾種"

관심이 있었음을 보여주는 사례들이다.

9 지리와 명소

중국의 산천 지리와 명승고적도 중한 문인의 필담 내용 중 하나였다. 이는 18세기 후반 조선의 사신 대다수가 조선의 지리적 편벽성과 협소한 영토로 인해 자신들의 시야를 크게 제한했다고 인식했기 때문이다. 이에 이들은 중국의 자연 지리와 문화 유적에 대해 깊은 호기심을 표출하였다.

1766년(병술년) 홍대용은 팔리포(八里鋪)의 손 진사(孫進士)에게 만리장성의 건축 연대를 물으며, "현재의 장성은 진시황이 쌓은 것입니까?"[281]라고 말하였다. 1780년(경자년), 노이점은 박명에게 연소왕(燕昭王)의 황금대(黃金臺) 유적지가 어디에 있는지 물었다.[282] 조선의 문사들은 중국의 자연과 인문 환경에 대해 관심을 가졌을 뿐만 아니라 그곳에서 인재들이 배출된 배경에 대해서도 관심을 보였다. 『일하제금집(日下題襟集)』「김재상(金宰相)」에는 다음과 같은 기록이 있다.

> 김재상(金宰相)은…… 중국의 산천과 명승지(名勝)를 두루 물으며, 주고받은 말이 거의 수만 마디에 이르렀다. 길이가 한 장(丈)에 이르는 견지(繭紙)로 쓴 글이 열 여섯 폭이 넘었는데, 특히 강소(江蘇)와 절강(浙江) 등지에 대해 자세히 기록하였다. 서호(西湖)의 아름다움을 듣고는 감탄을 멈추지 못하며, 그곳에서 태어나지 못한 것을 한스럽게 여겼다.[283]

엄성은 김재행과 주고받은 서신 중에 중화의 명산 명소에 관한 필담 기록이 수만 구절에 달한다고 했다. 특히 강소와 절강의 산천에 대한 기록이 가장 상세했는데, 이는 엄성이 주로 생활했던 곳이어서 김재행이 많이 물어본 결과였다.

현존하는 필담과 서신 자료를 분석하면, 조선 문사들이 중국의 남부 지역에 특별한 관심을

281) 홍대용, 『湛軒燕記』, 『연행록전집』제42책, 188쪽. 吕晚村學術較諸近日諸儒, 最爲醇正, 最似親切。下工得其淵源者, 今有何人, 而所著書亦有幾種？

282) 노이점(盧以漸), 『수사록(隨槎錄)』, 『연행록전집』제41책, 제97-98쪽.

283) 주문조(朱文藻) 편, 『일하제금집(日下題襟集)』, 「김재상(金宰相)」조條, 엄성嚴誠 찬撰, 주문조朱文藻편, 『철교전집(鐵橋全集)』 제4권. 金宰相……, 遍問中華山川名勝, 往復殆數萬言, 繭紙亘丈者, 盡十餘幅, 而尤詳于江浙等處。聞西湖之勝, 嘆羡不置, 自恨不得生其地

보였음을 확인할 수 있다. 그 이유는 조선 사신단의 활동 범위가 주로 동북부에 한정되어 있어서 북경, 심양, 산해관 등의 북방 지역은 직접 방문할 수 있었지만, 강남·절강 등의 남방 지역은 접근이 어려웠기 때문이다. 이에 조선 문인들은 남방 지역에 대한 동경이 자연스럽게 생겨났고, 아울러 당시 교류에 참여한 청나라 인사 중에 남방 출신이 많았던 점도 중국의 남방 지리가 교류의 주요 화제로 부상하는 데 큰 영향을 미쳤다.

갑오년(1774)에 청나라의 서길사인 허조춘(許兆椿)이 엄숙(嚴璹)에게 자신의 고향인 운몽택의 지리적 위치와 범위를 소개하면서 "운몽은 강남과 강북에 걸쳐있으며, 현재의 현(縣)은 그 이름만 남아 있습니다.", "(운몽택)은 현재 상양(襄陽), 형주, 무창, 악주 네 개의 땅에 걸쳐 있습니다."[284]라고 말하였다. 또, 임자년(1792)에 김정중이 강남 사람 정가현(程嘉賢)에게 "소주와 항주는 오래전부터 유명하다고 들었는데, 백성과 물자의 풍요, 누대(樓臺)의 아름다움은 연경과 비교하면 어느 쪽이 더 낫습니까?"라고 물었다. 정가현이 "연경은 천하의 요새이긴 하나, 산천의 경치는 소주, 항주와 비교할 수 없습니다. 당나라 사람의 시에 이런 말이 있습니다. '강남 사백팔십 개의 절이 무수히 많은 누대 안개비 속에 있구나.' 이 한 구절로 그 대략을 상상할 수 있을 것입니다."라고 대답했다. 이후, 정가현은 김정중에게 자신의 고향인 흡주(歙州)의 물품, 지리적 위치, 문화적 배경 등을 소개했다.[285]

10 조선의 사정

18세기 청나라 문인들은 조선에 대해 무지한 경우가 많아서 조선 문인들에게 자주 질문하였다. 18세기 중후반 북학파는 자국의 문화를 알리기 위해 조선의 상황을 적극적으로 소개했다. 예를 들면, 홍대용은 『동국기략』에서 엄성과 반정균에게 조선의 지리, 역사, 문학, 풍속, 과거제, 유적, 가옥 구조, 관직 제도 등을 상세히 설명하였다.[286]

양국의 문인들이 조선의 상황을 중심으로 나눈 교류는 주로 다음과 같은 내용을 포함한다.

---

284) 嚴璹, 『연행록』, 『연행록전집』제40책, 제244쪽. "雲夢跨江南北, 今縣虛有其名。" "(雲夢澤)今在襄陽、荊州、武昌、岳州四府地"

285) 김정중(金正中), 『연행록』, 『연행록전집』제75책, 159쪽. "燕京係是天險關防, 至於山川風光, 不可與蘇、杭較勝。唐人詩云 : '江南四百八十寺, 多少樓臺烟雨中 ? '此一句, 足想其梗概矣。"

286) 홍대용, 『湛軒書』 외집권2(外集卷二)「乾淨衕筆談續」, 『한국문집총간』제248책, 제159쪽.

10.1. 국가의 대략적인 상황에 관한 논의로 주로 산세 지형, 지리적 특성, 행정구역 등을 중심으로 이루어졌다. 팽탄(彭坦)이 유척기(俞拓基)에게 조선과 청나라 사이의 거리를 물으며 "노야(老爺)께서 여기까지 오시느라 얼마나 멀리 오셨습니까?"라고 말했다. 이에 유척기는 "3,700리입니다"라고 답하였다.[287] 또, 왕민호(王民皥)가 박지원에게 "조선의 영토는 어느 정도 됩니까?"라고 묻자, 박지원이 "전기(傳記)에 기록된 바에 따르면 5,000리라고 하나, 단군조선이 요(堯)와 동시대에 있었고, 기자조선은 무왕(武王) 때에 봉해진 나라이며, 위만조선(衛滿朝鮮)은 진(秦) 때 연(燕)의 군대를 이끌고 동쪽으로 온 것으로, 모두 한쪽 지역을 차지했을 뿐이어서 영토가 5,000리까지는 되지 않았을 것으로 보입니다. 고려 때에 이르러 고구려, 백제, 신라를 통합하였는데, 동서로는 1,000리, 남북으로는 3,000리였다."[288]라고 대답했다. 박지원은 왕민호에게 책에 기록된 내용과 역사적으로 한반도 여러 나라의 실제 영토 범위를 소개하였다.

10.2. 고대 작가와 서적 또한 주요 논제로 다루어졌다. 경자년(1720)에 진법(陳法)은 이기지에게 "동국 최치원은 어느 시대의 사람이며, 문집이 있습니까?", "고려에서 간행한 두시(杜詩)와 중국 판본의 글자가 다르게 보이는데, 언제 간행되었는지 모르겠습니다."라고 질문하였고, 이기지는 이에 대해 하나하나 대답하였다.[289] 또한, 임인년(1722)에 팽탄(彭坦)은 유척기에게 "조선에 『악경』이 보존되어 있는지"와 "조선 서적과 중국 서적의 공통점과 차이점"에 대해 "노야(老爺)가 계신 곳에 『악경』이라는 특이한 책이 있다는데, 정말 있습니까?", "노야가 계신 곳의 문장과 서적이 우리와 같습니까?" 등을 물었고, 이에 대해 유척기는 "『악기』는 『예기』에 편입되어 있는데, 별도의 『악경』이 따로 존재합니까?"라고 대답했고, 또 "우리나라의 유사들은 『사서(四書)』와 『오경(五經)』을 읽고, 주희를 존중하며, 경사자집(經史子集)과 백가(百家)의 서적을 모두 소장하고 있으며, 불법(佛法)을 배척하고 무속(巫覡)을 물리칩니다."[290]라고 대답했다.

287) 俞拓基, 『연행록』, 『연행록전집』제38책, 124쪽. "老爺到此多少路？"俞拓基答："三千七百里。"

288) 박지원, 『열하일기』, 제126-127쪽. "傳記所載稱五千里, 然有檀君朝鮮, 與堯并世；有箕子朝鮮, 武王時封國也；有衛滿朝鮮, 秦時率燕衆東來, 皆偏據一方, 其地方似未滿五千里。勝國時, 并高句麗、百濟、新羅爲高麗, 東西千里, 南北三千里。"

289) 이기지(李器之), 『一庵燕記』권3, 『燕行錄選集補遺』상권, 제328-329쪽. "東國崔致遠是何時人, 有文集乎？""曾見高麗板杜詩與中國板字有异者, 未知何時刊出"

290) 유척기(俞拓基), 『연행록』, 『연행록전집』제38책, 제123-124쪽. "老爺那邊有一種异書叫作《樂經》, 未知有

병술년(1766)에 육비는 홍대용에게 "조선의 장서(藏書) 중 전조의 실록(實錄)과 야사(野史)가 갖추어져 있는지"에 대해 물었다.[291] 경술년(1790)에는 청나라 군기청 대신 왕걸이 서호수에게 『동국비사(東國碑史)』와 『동국성시(東國盛事)』 두 책의 상황과 조선의 볼만한 책에 대해 질문했는데,[292] 이는 청나라 사람들이 조선의 서적과 장서 등에 관심을 가지고 있음을 보여준다.

(3) 조선의 역사·예의·풍속·교육 등이 논의되었는데, 성씨·의관·국가명·연호·언어 등이 포함되었다.

1783년(계묘년) 이전수는 장우령에게 조선의 예의 풍속을 자세히 설명하며 "우리 동국에는 다른 나라에는 없는 두 가지가 있습니다. 첫째, 기자(箕子) 같은 성인을 얻어 그를 왕으로 삼은 것이고, 둘째, 신라가 한선제(漢宣帝) 때 나라를 세워 후량(後梁) 때까지 지속되며 990여 년 동안 왕조를 유지한 것입니다. 이는 외국은 물론이고 중국에서도 전례가 없는 일입니다. 또한, 우리 조정의 정치와 풍속에는 다른 나라에는 없는 세 가지 특징이 있습니다. 첫째, 깊은 산골과 삼척동자도 모두 공자가 대성인임을 알고, 그의 도를 존경하며 그의 책을 읽는다는 것입니다. 둘째, 천한 신분의 노비들도 3년 상을 입는 풍습이 있다는 것입니다. 셋째, 국조 300여 년 동안 사대부 가문의 여자 중 재혼한 사람이 한 명도 없었는데, 이는 한당(漢唐) 이후로는 보기 드문 일입니다."[293] 라고 자랑스럽게 말했다. 이전수는 조선이 공자를 존경하고, 예의를 숭상하며, 명절을 경외하는 특징을 갖고 있음을 말하고자 하였다.

조선의 성씨도 논의되었는데, 서장관 김문행의 성씨를 알게 된 박명이 김씨 성의 기원을 묻자 "제가 듣기로는 옛날에는 김(金)이라는 성씨가 없었다고 합니다. 한나라 때 휴도왕의 아들과 금인(金人)이 포로로 잡히자, 한나라 황제가 그들에게 '金'이라는 성을 하사했다고 들었습니다. 그런데 귀국에는 김씨가 매우 많습니다. 이들이 모두 한나라 때 군현이 되었던 시절의 후손인지, 아니면 금나라 때의 후손인지, 아니면 다른 이유가 있는 것인지 궁금합니다. 귀하는 문학에 조예가 깊으니 이에 대한 유래를 잘 알고 계실 것입니다. 제게 명확히 설명해 주시길 바랍니

否？""老爺那邊文章書籍與我們此處同否"等, 俞拓基答云："《樂記》編在《禮記》書中, 有何別樣《樂經》也？"又答云："本國儒士讀《四書》、《五經》, 尊尚晦庵夫子, 經史子集、百家書都有, 絀佛法, 擯巫覡。"

291) 홍대용, 『湛軒書』외집권2(外集卷二), 「乾淨衕筆談續」, 『한국문집총간』제248책, 제159쪽. "東國藏書, 前朝實錄以及野史頗備否？"

292) 서호수(徐浩修), 『연행기(燕行記)』, 『연행록전집』제51책, 제59쪽.

293) 이전수(李田秀), 『農隱入瀋記』, 『연행록전집』제30책, 제296-297쪽. "我朝政教風俗又有他國所無者三焉：深山窮谷、三尺童子皆知孔子之爲大聖, 尊其道而讀其書；皂隸下賤莫不服喪三年；國朝三百餘年, 士大夫之女無一人再醮者, 此亦漢唐以後所未有也。"

다."[294]라고 말하였다. 1766년(병술년), 청나라 책문(柵門)의 세무관 희원외(希員外)는 홍대용에게 조선 왕의 성씨에 대해 물으며, "국왕의 성씨는 무엇입니까?"라고 말했다. 홍대용이 사실대로 답했다. 이후 희원외가 다시 "옛날에 국왕은 김씨와 왕씨였는데, 지금은 왜 이씨가 되었습니까?"라고 물었다. 며칠 후 홍대용이 다시 방문했을 때, 희원외는 조선의 과거제도와 풍속, 그리고 서예와 회화의 유행 등에 대해 물었다.[295]

국호와 관련된 논의도 하였다. 1783년(계묘년), 유극유는 이전수에게 '조선' 국호의 유래와 의미를 물으며, "귀국의 '조선'이라는 칭호는 혹 '조현(潮顯)'이라 하고, 혹 '조선(昭宣)'이라고도 하는데, 어느 것이 정확한지 알고 싶습니다."라고 말했다. 이에 이전수가 "조선 두 글자는 '아침 해가 빛난다(朝日光鮮)'라는 뜻입니다. 또 일설에 따르면 조수(朝水)와 선수(鮮水)라는 두 강의 이름에서 유래했다고도 합니다. 조현(潮顯)과 조선(昭宣)은 누가 말한 것인지 알 수 없고, 이는 잘못 전해진 듯합니다."라고 대답했다.[296]

조선의 교육 역시 논의되었다. 1766년(병술년), 엄성은 홍대용에게 "귀국에서는 어린아이들이 처음 어떤 책을 읽습니까?"라고 물었다. 이에 홍대용은 "처음에는 『천자문』을 읽고, 그다음은 『사략』을 읽으며, 이후 『소학』을 거쳐 경서(經書)를 공부합니다. 다만 『예기(禮記)』와 『춘추(春秋)』는 읽는 이가 드뭅니다."라고 대답했다. 또한 이 두 사람은 어린이들이 읽는 책들에 대한 평가도 나누었다.[297]

조선의 언어에 대한 논의도 보인다. 1774년(갑오년甲午年)에 엄숙(嚴璹)은 허조춘(許兆椿), 구정융(邱庭瀜)에게 "동국 사람이 처음에 중국의 발음을 배웠지만, 동국의 문자와 언어는 중국과 달랐습니다. 따라서 언어가 여러 번 변했음에도 불구하고 문자의 발음은 서적을 통해 전해져 오늘날까지 초기에 배운 발음을 유지할 수 있었습니다. 중국에서는 문자의 발음과 언어가 함께 변했기 때문에 사람들은 동국의 발음을 옛날 음이라고 부릅니다."[298]라고 이야기했다. 엄숙은

---

294) 남태제(南泰齊), 『초자록(椒蔗錄)』, 「정월이십삼일正月二十三日」 『연행록속집(燕行錄續集)』제116책, 제104쪽. 余聞古無金姓也。漢獲休屠王太子及金人, 故賜金日磾爲金姓。而貴國金姓最多, 豈皆漢？爲郡縣時之遺耶, 抑金時之遺民耶, 抑他有故耶？足下文學之儒, 必諳典故, 願明告我。

295) 홍대용, 『湛軒燕記』, 『연행록전집』제42책, 제207-208쪽 "國王何姓？""(洪大容)對以實"後, 他又問 : "在先有姓金、姓王, 今何姓李？"

296) 이전수(李田秀), 『農隱入瀋記』, 『연행록전집』제30책, 제209-210쪽. 朝鮮二字是朝日光鮮之義, 或以爲因朝水、鮮水二水而有是名。潮顯、昭宣未知誰說, 而似是訛傳矣。

297) 홍대용, 『乾淨筆譚』, 『연행록전집』제43책, 제87-88쪽. "貴處小兒始讀何書？"洪大容答 : "始讀《千字文》, 次讀《史略》, 次讀《小學》而及於經書。惟《禮記》、《春秋》罕有讀之者。"

조선어 발음이 중국의 고대 발음을 유지하고 있음을 지적했다.

상술한 열 가지의 교류 내용 외에 중한 문인들은 서신을 통해 지인들의 안부나 흠모의 정, 그리움을 전달하기도 했다. 특히 주목할 만한 점은 교류 내용이 조선 문인들이 중국에 출사할 때의 사상적 관심사, 학문적 특성 등과 밀접하게 연관되어 있다는 점이다.

박지원은 『열하일기』에서 "노이점은 나라 안에서 행실과 학문으로 명성을 얻었으며, 특히 『춘추』에서 강조하는 정통을 존중하고, 이단을 배척하는 의미에 매우 엄격했다. 그는 길에서 누구를 만나든 만주인이든 한족이든 관계없이 모두 오랑캐라고 불렀고, 지나치는 산천이나 건물들 역시 이민족의 냄새가 베어 있다고 여겨 눈길조차 주지 않았다. 반면, 황금대, 사호석, 태자하와 같은 고적에 대해서는 길의 멀고 험함 혹은 호명의 오류에 상관없이 반드시 철저히 찾아보았다."라고 말했다.[299] 1780년(경자년)에 노이점은 중국으로 출사할 당시 『수사록(隨槎錄)』을 썼는데, 그 안에는 몽골족인 병부(兵部) 원외랑(員外郎) 박명과의 두 차례 필담이 수록되어 있다. 8월 10일 박명과 처음 필담할 때, 노이점은 중국 유학의 발전과 변화 상황을 알아보고자 박명에게 일련의 질문을 했는데, "일찍이 듣건대 □□ 도학이 둘로 나누어져 주자와 육상산의 학문이 병행한다고 하던데, 지금은 절충하거나 혹 하나로 귀결이 되었습니까?", "지금의 학자들은 육상산 왕양명을 정학으로 삼습니까, 정자 주자를 정학으로 삼습니까？", "현재 학자 중에 정자와 주자의 정통을 이어받은 사람이 있습니까？", "정자 주자의 후손 가운데 드러난 인물이 있습니까？" 등을 물었다.[300] 이러한 질문들은 노이점이 "나라 안에서 경학(經學)과 행실(行實)로 명망을 얻는다."라는 원칙, 즉 자신이 논하는 유학의 치학적 특징과 관련된 것임을 분명하게 보여주고 있다. 노이점은 중국의 고적에 대해서 "연(燕)나라 소왕(昭王)의 황금대(黃金臺) 유적은 어디에 있습니까？", "악의(樂毅)가 창국군(昌國君)으로 봉해진 곳은 지금의 어느 현입니까？", "혹자는 '부녕현(撫寧縣)이 한창려(韓昌黎) 선생의 출생지'라고 하는데, 과연 사실입니까?", "연경은 전국시대에 조(趙)나라와 경계를 접하였는데 한단(邯鄲)에서 몇 리 떨어져 있습니까?"[301] 등의 질문

298) 엄숙(嚴璹), 『燕行錄』, 『燕行錄全集』제40책, 제248쪽. 東國人初學字音於中國, 而東國則文字、言語自別, 故言語雖屢變而字音則於方册上相傳, 至今能傳初學之音。中國則字音與言語同變, 故人稱字音則東國音爲古音.

299) 박지원, 『열하일기』, 제327쪽. 盧君以漸, 在國以經行稱, 素嚴於『春秋』尊攘之義。在道逢人, 無論滿漢, 一例稱胡；所過山川樓臺, 以其爲腥膻之鄉而不視也。古迹之如黃金臺、射虎石、太子河, 則不計道里之迂曲、號名之繆訛, 必窮搜乃已。

300) 노이점(盧以漸), 『수사록(隨槎錄)』, 『연행록전집』제41책, 제94, 95쪽. "曾聞□□道學分而爲二, 朱陸并行, 今則折或歸一耶？""當今之學者以陸、王爲正耶, 以程、朱爲正耶？""今之學者有能得程、朱之嫡傳者耶？""程、朱之孫有聞顯人耶？"

을 했다. 이는 박지원이 말한 바와 같이 노이점은 청나라에 대해 부정적 태도를 보이며, 역사 유적 탐구만을 중시하는 그의 사상적 관심사와도 일치한다.

1765년 중국에 출사한 홍대용은 이학(理學)에 특히 관심이 많았다. 청나라 학자 엄성은 홍대용을 "이학을 논하기 좋아하며 유학자의 기상을 갖춘 인물"302)이라고 평가했다. 홍대용이 엄성, 반정균, 육비와 나눈 필담은 주로 이학과 관련된 주제로 구성되었는데, 제1차 필담에서는 주자와 육상산의 학문에 대해 논의했고, 제3차 필담에서는 "불유지변(佛儒之辨)", 엄성과 홍대용이 '심성지학(心性之學)'을 놓고 논쟁을 벌였으며, 제6차 필담에서는 주자의 「시경」 주해에 대해 열띤 토론을 펼쳤다. 제7차 필담에서는 주자가 주석을 단 『소서』에 대한 깊이 있는 논의가 이루어졌다. 이처럼 홍대용의 필담 내용은 그의 학문적 관심 및 성향과 밀접한 관련이 있음이 분명하게 드러나고 있다.

301) 위의 책, 제97, 98쪽. "燕昭王黃金臺遺址在何處耶？""樂毅封昌國君是何縣耶？""或云撫寧縣乃昌黎韓子所生之地, 然否？""京師戰國時與趙接界, 距邯鄲幾里耶"

302) 엄성, 『養虛堂記』, 『중조학사서한(中朝學士書翰)』. 喜談理學, 具儒者氣象

제2장

안동 김씨 가문과 중국 문단의 관계

안동의 청음 김상헌(金尙憲) 가문은 조선시대의 명문가였다. 후손인 김신겸(金信謙)은 「김창업 묘표(金昌業墓表)」에서 "자는 대유(大有), 호는 가재(稼齋)이며, 본관은 안동이다. 시조는 김선평(宣平)으로 고려 태사(太師)를 지냈다. 증조부는 좌의정(左議政) 문정공(文正公) 김상헌(尙憲), 조부는 동지중추(同知中樞) 김광찬(光燦), 아버지는 영의정(領議政) 김수항(壽恒)이다."[1]라고 기록했다. 송시열은 「승지 증 영의정 김공 묘갈명(承旨贈領議政金公墓碣銘)」에서 "청음(淸陰) 선생 이후 안동 김씨의 명성이 천하에 알려졌다. 선생 가문의 사람이라면 그 관직과 능력을 세상이 다 알았다."[2]고 썼다. 이처럼 높은 권위와 사회적 위상은 김상헌 가문의 중요한 특징 중 하나이다. 이외에 중국 문인들과의 활발한 교류도 이들 가문의 중요한 특징이다. 1626년(천계 6년) 사신으로 중국에 파견된 김상헌은 장연등(張延登) 부자와 깊은 교류를 맺었다. 이후 김창업, 김익겸(金益謙), 김재행(金在行), 김선행(金善行), 김이소(金履素), 김이도(金履度), 김조순(金祖淳) 등이 18세기 동안 각각 다른 시기에 차례로 중국에 출사하여 청나라 문사들과 폭넓은 교류를 가지면서 많은 미담을 남겼고, 이에 안동 김씨 가문과 청나라 문사 간의 교류는 절정을 이루었다. 안동의 청음 김상헌 가문은 일찍부터 중국 문단과 관련이 있었으며, 이러한 현상은 한문화권 전체에서도 드문 사례에 속한다. 본 장에서는 김씨 가문과 중국 문단의 관계를 고찰하고, 특히 18세기 김씨 가문과 청나라 문인 간의 교류를 중점적으로 분석할 것이다.

제1절 청음 김상헌과 중국 문단의 관계

18세기 안동 김씨 가문은 청 문인들과 활발히 교류했으며, 이는 조청 문인 교류사에서 주목할 만한 현상이다. 그 배경에는 선조 김상헌과 중국 문단의 관계가 중요한 요인으로 작용하였다. 이는 가문의 근원이자 전통으로 청음이 청 문단에서 명성을 날렸다는 자부심은 그의 후손들이 청 문인들과 더욱 깊은 문학적 교류를 이어나가는 토대가 되었다.

1) 김창업, 『老稼齋集 』"附録", 『韓國文集叢刊 』第175册, 第115頁. "字大有, 號稼齋, 我金籍安東。鼻祖諱宣平, 高麗太師。曾祖左議政文正公, 諱尚憲。祖同知中樞, 諱光燦。考領議政, 諱壽恒。"

2) 송시열(宋時烈), 『송자대전(宋子大全)』 권177, 『한국문집총간』 제114책, 제87쪽. "自清陰先生以來, 天下皆知東國有安東金氏。凡族於先生者, 世皆知其官位、行能。"

1 김상헌과 장연등의 교류

김상헌의 자는 숙도(叔度), 호는 청음(淸陰) 또는 석실산인(石室山人)이며, 안동 출신이다. 명문 학자 집안에서 태어나 어려서부터 훌륭한 교육을 받았다. 16세 이후 각지를 여행하며 여러 스승을 만났고, 천하를 주유하며 다양한 문인들과 교류하였다.

장연등(張延登)의 자는 제미(濟美)로 추평(鄒平) 출신이며, 왕사정(王士禛) 아내의 할아버지이다. 만력(萬歷) 연간 임진(壬辰)년에 진사가 되었고, 내황현(內黃縣) 지사를 거쳐 병과급사중(兵科給事中)에 발탁되었으며, 우도어사(右都御史)에 올랐다. 후에 세자태보(世子太保)로 추증되었고, 시호는 충정(忠定)이다.[3] 그는 명망이 높았으며, 인재를 발탁하고 초빙하는 데 능하였다.

1626년에 김상헌이 중국에 사신으로 파견되었을 때, 제남(濟南)에서 장연등과 서로 알게 되었고, 시문을 탐구하면서 서로 교류하였다. 성해응은 다음과 같이 말했다.

> 천계(天啓) 6년, 조선(遼左)의 길이 막혀 선생은 바닷길을 따라 중국으로 향하였다. 등주(登州)에 이르러 오대빈(吳大斌), 척조국(戚祚國), 이형(李衡), 장일형(張一亨)과 그의 아들 제미(濟美) 장연등(延登)과 서로 알게 되었다. 오대빈의 호는 청천(晴川)이고, 월(越) 사람이며, 요동(遼東)에 오래 살았는데, 난리를 피해 등주(登州)에 머물렀다. 척조국은 남당(南塘)의 손자이다. 이형은 과거에 급제한 거인(擧人)이다. 장일형과 장연등 집안은 대대로 도어사(都御史)를 지냈으며, 집은 추평성(鄒平城) 외곽에 있다.[4]

장연등은 「조천록서」에서 김상헌과 알게 된 과정을 다음과 같이 말하였다.

> 병인(丙寅)년 겨울, 나는 거의 집 밖에 나가지 않고 『예서(禮)』를 읽고 있었다. 조선에서 사신으로 온 숙도(淑度) 김상헌이 우연히 내 집 정원인 일섭원(日涉園)을 거닐다가 나의 둘째 아들 장만선(張萬選)을 알게 되었다.[5]

---

3) 진전(陳田), 『明詩紀事』「庚籤」 권17, 淸陳氏聽詩齋刻本. 이덕무, 『청장관전서(靑莊館全書)』 권63에는 "장연등은 제(齊)나라 사람이고, 명나라의 재상이며, 왕사정(王士禛) 아내의 할아버지이다. (張延登, 齊人, 明之宰相而王阮亭士禛之妻祖也。)"라고 기록되어 있다. 『한국문집총간』 제259책, 제129쪽.

4) 성해응(成海應), 『연경재전집(研經齋全集)』「외집(外集)」 권36, 『한국문집총간』 제277책, 제76쪽. "天啓六年, 遼左路梗, 先生由海路朝天。至登州, 與吳大斌、戚祚國、李衡、張一亨及其子延登字濟美相識。大斌號晴川, 越人, 久居遼東, 避亂來住登州。祚國, 南塘之孫。衡, 擧人。一亨、延登世都御史, 家在鄒平城外。"

5) 장연등, 『朝天錄序』, 金尚憲, 『청음집(淸陰集)』, 『한국문집총간』 제77책, 제6쪽. "丙寅冬, 余方杜門讀『禮』,

이를 통해 김상헌이 장연등을 알기 전에 먼저 그의 둘째 아들 장만선을 알았다는 사실을 확인할 수 있다. 박지원은 『열하일기』에서 이렇게 기록했다.

> 숭정(崇禎) 말년, 선생이 바닷길을 따라 중국으로 갔는데, 제남(濟南)을 지나게 되었다. 이때 장충정(張忠定)은 벼슬을 그만두고 집에 있었는데, 선생은 장만종(萬鍾)을 통해 장충정(忠定)을 알게 되었고, 한 번 보고 흠모하게 되어 엿새를 머물렀으며, 장충정은 선생의 『조천록』 1권에 서(序)를 썼다.[6]

김상헌과 장연등은 첫 만남에서 깊은 유대를 형성하며 급속히 친밀해졌다. 두 사람의 교우는 주로 장연등의 관사에서 이루어졌으며, 김상헌은 「추평현(鄒平縣)의 성 외곽에 있는 장 찰원(張察院)의 어풍정(御風亭)에 제하다[題鄒平城外張察院御風亭]」, 「장 찰원(張察院) 성안의 화원에서 석가산을 보다[張察院城内花園觀石假山]」 등의 시를 지었다.[7]

제남(濟南)에서 이루어진 6일 동안의 교우 외에 이들의 문학 교류는 주로 다음의 네 가지로 구분할 수 있다.

1.1. 천계 7년, 장연등은 김상헌을 위해 『조천록』의 서문을 썼다. 장연등은 「조천록서」에서 이렇게 말했다.

> 머문 곳에서의 마음이나 비분강개를 읊은 시나 도성에 들어간 후 아침 연회를 하면서 지은 시 여러 개를 모아 한 권으로 만들어 이름을 "조천록(朝天錄)"이라고 하였다. 장만선을 통해 나에게 서문을 써달라고 청하였는데, 조선 사신의 말을 어찌 거절할 수 있겠는가? ……천계 7년 정묘(丁卯)년 초여름, 제남(濟南) 황산거사(黃山居士) 장연등(張延登) 제미보(濟美父)가 제(題)하다.[8]

使臣金子叔度偶遊余日涉園, 得識余仲子萬選。"

6) 박지원, 『열하일기』, 제278쪽, "崇禎末, 先生航海朝天, 路出濟南, 時張忠定罷官家食, 先生因萬鍾得見忠定, 一見傾倒, 爲留六日, 爲序先生『朝天錄』一卷。" 여기에 인용된 문장 중 박지원은 김상헌이 "장만종(萬鍾)을 통해 장충정(忠定)을 알게 되었다."고 말했는데, 이는 당시 박지원이 잘못 기록한 것이다. 장연등(張延登)의 『「朝天錄序』에 따르면 김상헌은 장만선(張萬選)과 먼저 만났다.

7) 이 두 수의 시는 김상헌의 『청음집』 권9에 수록되어 있다. 『한국문집총간』 제77책, 제131쪽.

8) 장연등, 『조천록서』, 김상헌, 『청음집』, 『한국문집총간』 제77책, 제6~11쪽. "(金尚憲)捃摭其廷次、憑吊、吟慨及入都後早朝宴會之什, 彙爲一册, 總名曰"朝天錄"。因萬選乞言于余, 行人有辭, 何可違也？……天啓七年歲次丁卯初夏, 濟南黃山居士張延登濟美父題。"

1.2. 장연등은 중국에서 김상헌의 『조천록』 1권을 간행했다. 왕사정(王士禛)은 다음과 같이 말했다.

추평(鄒平)의 장상서(張尙書) 화동공(華東公) (연등)은 조선 사신 숙도 김상헌의 『조천록(朝天錄)』 한 권을 간행했는데, 좋은 구절의 시들이 많아 여기에 약간 실었다.9)

장연등이 쓴 서문과 책의 간행은 김상헌의 명성이 중국에서 널리 전파되는 데 상당한 역할을 하였다.

1.3. 장연등은 김상헌의 시를 품평했는데, 장연등은 『조천록』에 수록된 시가 '성정에서 나와 의례에서 그친다.'라고 여기며, 다음과 같이 칭송하였다.

숙도(叔度)의 시는 일에 감흥을 받고, 정에 부합하며, 정신과 경물이 조화를 이룬다. 기세가 뜻에 따라 순조롭고, 지나쳐도 조화를 해치지 않으며, 억제해도 격식에서 벗어나지 않는다. 부드럽고 온화한 운을 지녔으며, 시들어 병든 음이 없다.10)

1.4. 김상헌은 장연등에게 시를 지어 보냈다. 김상헌은 「제남(濟南)의 장 찰원(張察院)에게 보내어 감사를 표하다[寄謝濟南張察院]」라는 시에서 다음과 같이 읊었다.

현안(玄晏) 선생이 서문으로 한 마디 말하고,	玄晏先生叙一言,
좌사(左思)는 「삼도부(三都賦)」를 지어 만인이 읊네.	左思『三賦』萬人喧。
백발 머리로 바다 끝에 있으니 지음은 적고,	白頭窮海知音少,
길이 황산 향하고 꿈속의 혼이 맺히네.	長向黃山結夢魂。11)

이 시는 세 가지의 중요한 의미를 담고 있다. 첫째, 장연등이 『조천록』에 서문을 써준 것에 대한 감사의 마음을 표현하며, 이 작품이 「삼도부」와 같이 천하에 널리 알려지기를 바라는 염원을 담았다. 둘째, 장연등을 자신의 절친한 벗으로 여기는 마음을 드러냈으며, 셋째, 그에 대한

9) 왕사정, 『지북우담(池北偶談)』 권15, 제360쪽. "鄒平張尚書華東公(延登), 刻朝鮮使臣金尚憲叔度『朝天錄』一卷, 詩多佳句, 略載於此。"

10) 장연등, 「조천록서」, 김상헌, 『청음집』, 『한국문집총간』 제77책, 제9-10쪽. "讀叔度詩, 見其事有所感, 情有所會, 神與景合, 氣從意暢, 亢不傷調, 抑不病格, 有優柔之韵, 無衰颯之音。"

11) 김상헌, 『청음집』, 권2, 위와 같음, 제29쪽.

깊은 그리움을 진솔하게 표현하였다.

2 김상헌과 어양 왕사정

왕사정(王士禛, 1634-1711)의 자(字)는 자진(子眞), 별칭은 이상(貽上), 호(號)는 완정(阮亭), 별호는 어양산인(漁洋山人)이다. 산동 신성(新城) 출신으로 18세에 향의 추천을 받아 순치 12년(1655)에 진사가 되었고, 이후 형부상서(刑部尙書)까지 올랐다. 사서(史書)에서는 그를 "오직 신운(神韻)만을 으뜸으로 삼았다. ……수십 년 동안 풍아(風雅)를 주도하였다."[12]라고 평하며, 그가 청나라 초기 시단에서 맹주적 지위를 차지했음을 인정하였다. 그의 시집 『대경당집(帶經堂集)』에 수록된 30여 편의 시가 현재까지 전해지고 있다.

왕사정과 김상헌은 직접적으로 만난 적은 없지만, 왕사정이 장연등의 가문과 인척 관계에 있었기 때문에 김상헌에 대해 잘 알고 있었다. 이와 관련하여 박지원은 『열하일기』에 다음과 같이 기록하였다.

> 왕이상(王貽上)의 전처는 추평(鄒平) 장씨(張氏)로 강남(江南) 진강부(鎭江府) 추관(推官) 장만종(萬鍾)의 딸이고, 도찰원(都察院) 좌도어사(左都御史) 충정공(忠定公) 장연등(延登)의 손녀이다. 숭정 말년, 선생이 바닷길을 따라 중국으로 갔는데, 제남(濟南)을 지나게 되었다. 이때 장충정(張忠定)은 벼슬을 그만두고 집에 있었는데, 선생은 장만종(萬鍾)을 통해 장충정(忠定)을 알게 되었고, ……왕이상이 선생을 잘 알게 된 것은 대개 그 처가 때문이다.[13]

왕사정이 김상헌과 친밀할 수 있었던 것은 그의 부인이 장연등의 손녀였기 때문이다. 이에 왕사정은 김상헌의 시문을 비교적 쉽게 접할 수 있었다.

왕사정이 김상헌의 시를 평가하면서 그의 명성이 중국 문단에 널리 알려지게 되었다. 그는 『지북우담(池北偶談)』「조선시(朝鮮詩)」에서 "숙도(叔度) 김상헌의 『조천록(朝天錄)』 권1에는 뛰

12) 이상 왕사정의 생평에 대한 간략한 소개는 조이손(趙爾巽) 등이 찬한 『청사고(清史稿)』 권266, 열전(列傳) 53, 제9952~9954쪽을 참조했다. "獨以神韻爲宗。……主持風雅數十年"

13) 박지원, 『열하일기』, 제278쪽. "王貽上先室鄒平張氏, 江南鎭江府推官萬鍾之女, 都察院左都御史謚忠定公延登之孫。崇禎末, 先生航海朝天, 路出濟南, 時張忠定罷官家食, 先生因萬鍾得見忠定, ……貽上所以熟習先生者, 蓋因其妻家也。"

어난 시구(詩句)가 많아 일부를 인용한다."라고 밝히며, 「새벽에 평도에서 출발하며[曉發平島]」, 「처음 등주에 이르러[初至登州]」, 「봉래각(蓬萊閣)」 등 10편의 시를 발췌 형식으로 소개했다. 이는 김상헌의 시가 중국 문단에 널리 퍼지는 데 중요한 역할을 했다. 이와 관련해 박지원은 『열하일기』에 다음과 같이 기록했다.

> 선생의 시 "깊은 가을 바닷가에 기러기가 처음 날아오고, 깊은 밤하늘에는 객성(客星)이 떠 있네." 등을 베껴 실었다. ……이들은 모두 이상(貽上)이 맑고 완곡하여 가히 읊을 만하다고 칭한 작품이다. 이상(貽上)은 천하의 시종(詩宗)으로 사대부들은 그의 척자(隻字), 편언(片言)을 다반(茶飯)과 같이 입에 스며들게 만들었고, 이에 청음(淸陰)의 이름을 모르는 이가 없었다.[14]

왕사정(王士禛)은 중국 문단에서 천하의 시종(詩宗)으로 불리던 인물로 저서 『지북우담(池北偶談)』과 『감구집(感舊集)』에 김상헌의 시를 수록하였다. 특히 왕사정은 『논시절구(論詩絶句)』에 김상헌의 "엷은 구름에 가랑비 내리는 소고사, 국화는 아름답고 난초는 시드는 팔월이라네.[淡雲微雨小姑祠, 菊秀蘭衰八月時.]"라는 시구를 직접 인용하며 높이 평가하였다. 이를 통해 김상헌은 중국 문단에서 큰 명성을 얻었다.

성해응(成海應)은 "최근 동인(東人)의 시 중 중국에 널리 알려진 것은 청음(淸陰) 김 선생의 「소고사(小姑祠)」가 유일하다."[15]라고 하였다. 이후 청나라 문인들은 연행 온 조선 문인들과의 교류 과정에서 김상헌을 자주 거론하였으며, 박지원은 『열하일기』에 이와 관련된 기록을 남겼다.

> 유(兪)와 필담을 하는 사이에 유혜풍(柳惠風)이 그의 숙부 유탄소(彈素)에게 보내는 시 '아름다운 국화 시든 난초 사신 마차 비추고, 맑은 구름에 부슬비 오는 늦가을. 한 마디 말을 중국에 전하고자 하면 지북에선 어떤 사람이 다시 글을 쓸까?'를 써서 보여줬더니, 황포(黃圃)가 "지북이 어떤 사람이란 누구를 가리킵니까?" 하고 물어서, 나는 "이것은 완정(阮亭)이 지은 『지북우담(池北偶談)』에 실린 우리나라 김청음(金淸陰)의 고사를 쓴 것입니다."라고 했다. 황포가 "『감구집(感舊集)』에도 이름은 상헌(尙憲), 자는 숙도(叔度)라는 사람이 있습니다."라고 했다.[16]

14) 박지원, 『열하일기』, 제278쪽. "其鈔載先生詩, 如"三秋海岸初賓雁, 五夜天文一客星" ; ……皆貽上所稱淸婉可誦者也。貽上爲海内詩宗, 而士大夫於貽上隻字片言, 如茶飯津津牙頰間, 故無不識淸陰姓名者。"

15) 成海應, 『연경재전집(研經齋全集)』「外集」 권36, 『한국문집총간』 제277책, 제76쪽. "近者東人詩句爲中國傳誦者, 唯淸陰金先生『小姑祠』一絶。"

16) 박지원, 『열하일기』, 제264쪽. "及與俞筆語之際, 爲寫柳惠風送其叔父彈素詩 : "佳菊衰蘭映使車, 澹雲微雨九

또 홍대용은 『건정동필담』에서 다음과 같이 기록하였다.

> 반생(潘生)이 평중(平仲)의 성을 듣고, "당신은 귀국의 김상헌(金尙憲)을 아십니까?"라고 물었다. 나는 "김상헌은 우리나라 각로(閣老)인데, 시와 글에 능하고 도학(道學)과 절의(節義)가 있습니다. 선생님께서는 8천 리 밖에 있는데, 어떻게 아셨습니까?" 엄생(嚴生)이 "중국의 시집에 시구가 들어가 있어서 알고 있습니다."라고 했다. 엄생이 바로 옆방으로 가서 책 한 권을 들고 왔는데, 제목이 『감구집(感舊集)』이었다.[17]

위의 두 자료에서 알 수 있듯이 왕사정이 김상헌을 높게 평가한 것이 청음(淸陰)의 명성이 중국에 널리 퍼지게 된 가장 중요한 이유였다. 왕사정이 김상헌의 시를 높이 평가한 이유는 두 사람의 시 창작 이념과 시풍이 일치했기 때문이다. 왕사정은 시를 논함에 있어서 "신운(神韻)"을 귀하게 여겼는데, 신운설(神韻說)의 근본적 특징은 시 창작에서 공적(空寂)하고 초월적이며, 거울 속 꽃 달빛 아래 물[鏡花水月] 같이 형적을 남기지 않는 경지를 추구하는 데 있다. 이에 그는 특히 "흥회신도(興會神到)"의 중요성을 강조하였고, 담박(沖澹)하고 온축(蘊藉)된 예술적 풍격을 중시하였다. 왕사정의 예술적 추구와 김상헌의 창작 이념은 대체적으로 일치하였다. 김상헌은 "경지(境地)를 만나 정을 써 내고, 일을 당해 사실을 기록하니, 돈후한 기운이며, 온유한 풍조이다."[18]라고 언급하였다. 이덕무는 『지북우담(池北友談)』에 수록된 김상헌의 시구들을 두고 「왕완정(王阮亭)」에서 이 시구들이 모두 맑고 완곡한 특징을 지닌다고 평가했다.

> 선생의 시를 특별히 베껴 『우담(偶談)』에 실었다. '깊은 가을 바닷가에 기러기가 처음 날아오고, 깊은 밤하늘에 객성(客星)이 떠 있네. ……다 같이 죽지사(竹枝詞)를 부르며 소매 맞잡고 함께 건너니, 온 성안의 밝은 달이 양주(揚州)와 같네.'와 같은 시들은 모두 맑고 완곡해 읊을 만한 작품들이다.[19]

秋餘。欲將片語傳中土, 池北何人更著書?"黃圃問:"池北何人是誰?"余曰:"此用阮亭著『池北偶談』載敝邦金清陰事也。"黃圃曰:"『感舊集』中有諱尚憲, 字叔度。"

17) 홍대용, 『湛軒書』 외집(外集) 권2 『건정동필담』, 『한국문집총간』 제248책, 제129쪽. "潘生聞平仲之姓, 問曰:"君知貴國金尚憲乎?"余曰:"金是我國閣老, 而能詩能文, 又有道學節義。尊輩居八千里外, 何由知之耶?"嚴生曰:"有詩句選入中國詩集, 故知之。"嚴生即往傍炕, 持來一册子示之, 題云"感舊集"。"

18) 김상헌, 『청음집(淸陰集)』 권38, 『한국문집총간』 제77책, 제580쪽. "遇境寫情, 遇事紀實, 敦厚之氣也, 溫柔之風也。"

19) 이덕무, 『청비록』 권3 「왕완정(王阮亭)」 제243쪽. "錄中特抄先生詩, 載『偶談』。如"三秋海岸初賓雁, 五夜天文

이덕무가 말한 '청완(淸婉)'의 '청(淸)'은 청기충담(淸奇冲澹)의 풍격이고, '완(婉)'은 함축된 경지를 포함하고 있는데, 이는 왕사정이 제창한 미학(美學)의 취지와도 일치한다.

3 소결

김상헌과 장연등(張延登), 장만종(張萬鍾), 장만선(張萬選) 간의 시문 교류와 문학비평, 장연등의 『조천록(朝天錄)』 간행 등은 안동 김씨 가문과 청나라 문인 간 교류의 효시가 되었으며, 이를 통해 김상헌은 중국에서 명성을 얻었다.

동일한 창작 이념과 유사한 시풍은 왕사정이 김상헌의 시를 더욱 추앙하게 만들었다. 왕사정은 『지북우담』에 김상헌의 뛰어난 시구를 소개하였고, 『논시절구(論詩絶句)』에는 '엷은 구름에 가랑비 내리는 소고사(小姑祠), 국화는 아름답고 난초는 시드는 팔월이라네. [淡雲微雨小姑祠, 菊秀蘭衰八月時.]'라는 시구를 그대로 인용하였는데, 이를 통해 김상헌의 명성은 중국 문단에서 더욱 널리 알려지게 되었다.

김상헌의 탁월한 시재(詩才)로 중국에서 명성을 얻었다는 자긍심 아래, 그의 후손인 김창업, 김익겸, 김재행, 김선행, 김이소, 김이도, 김조순 등은 그의 선조들이 대대로 중원(中原) 문화와 교류를 이어온 전통을 계승하여 선후로 청나라 문인들과의 문학 교류를 진행하면서 중한 문인 교류사에서 감동적인 시편들을 창작하였다.

제2절 18세기 안동 김씨 가문과 중국 문단의 관계

안동 김상헌 가문은 대대로 중원 문화를 흠모해 왔다. 18세기에는 가족 중 적지 않은 사람들이 중국에 다녀왔으며, 청나라 문단의 일부 문인들과 밀접한 관계를 맺었다. 이덕무는 「농암과 삼연이 중국을 사모하다[農岩, 三淵慕中國]」에서 김상헌의 후손이 중국에 사신으로 건너와 청나라 문사와 교유한 상황을 간략하게 묘사하였다.

一客星" ; ……"齊唱竹枝聯袂過, 滿城明月似揚州"之類, 皆其所謂淸婉可誦者也。"

> 가재(稼齋) 선생은 맏형 몽재(夢齋) 선생을 따라 북경에 가서 웅장한 산천(山川), 훌륭한 인물, 성(城), 누대(樓臺), 풍속, 의문(儀文)을 면밀히 기록하여 돌아왔다. 두 형제의 시를 엄선하여 『김씨연방집(金氏聯芳集)』을 간행하였고, 절강(浙江) 문인 양징(楊澄) 영수(寧水)로부터 서문을 받아 김씨 문헌을 중국에 빛내었다. ……70여 년 후 계사(癸巳)년에 증손 가재(稼齋)가 북경에서 양징(楊澄)과 재회하며 교류하였고, 용촌(榕村) 이광지(李光地)를 만났다. 그로부터 28년 뒤, 청음 선생의 현손(玄孫) 잠재(潛齋) 김일진(金日進)이 북경에 가서 치청산인(豸青山人) 이개(李鍇) 철군(鐵君)을 만나 연대(燕臺)에서 시문을 나누었다. 다시 26년 후, 청음 선생의 5대 족손 양허당(養虛堂) 김재행(金在行)은 절항(浙杭) 명사 기잠(起潛) 육비(陸飛), 역암(力闇) 엄성, 향조(香祖) 반정균(潘庭筠)과 의기투합하여 문장을 짓고, 자유롭게 토론하며, 천하의 성사(盛事)를 이루었다.[20]

김상헌이 중국에서 장연등과 교류한 후, 그의 증손 김창업, 현손 김익겸, 5대 족손 김재행 등이 잇따라 사신으로 중국을 방문했다. 이들은 청나라 문사 양징(楊澄), 이개(李鍇), 육비, 엄성, 반정균 등과 활발히 교류했다. 이덕무는 김씨 가문의 창작 활동이 동방에 널리 알려진 원인을 그들이 중원 문화를 흠모하고, 사행을 통해 중원 문사들과 교류하면서 시야를 넓히고 문학적 소양을 키운 데 있다고 분석했다.

1 양징(楊澄)과 『김씨연방집(金氏聯芳集)』

김창업은 18세기 초에 청나라 문인과의 교류가 가장 활발했던 조선 문사였다. 이들의 교류는 18세기 중한 문인 교류의 전형으로서 중요한 의미를 지닌다. 이에 본서 제2부에서 김창업과 다수의 청나라 문인과의 관계에 대해 상세히 분석할 것이며, 본 절에서는 『김씨연방집』과 양징의 관계에 대해서만 집중적으로 논하고자 한다.

이덕무의 「농암과 삼연이 중국을 그리워하다[農岩, 三淵慕中國]」는 세 가지의 중요한 정보를 담고 있다. 『김씨연방집(金氏聯芳集)』은 김창업이 엮은 시집으로 그의 형제들의 시가 수록되어

20) 이덕무, 『청장관전서(青莊館全書)』 권35, 『한국문집총간』 제258책, 제53쪽. “其弟稼齋先生則隨其伯兄夢齋先生入燕, 壯觀山河之固、人物之盛, 城池、樓臺、風俗、儀文著錄而歸。選輯昆季之詩爲『金氏聯芳集』, 屬浙士楊澄寧水評序而來, 於是金氏文獻照爛中國。……後七十餘年癸巳, 曾孫稼齋入燕, 逢楊澄證交, 望見李榕村光地。後二十有八年, 清陰先生玄孫潛齋益謙日進入燕, 逢豸青山人李鍇鐵君, 相與嘯咤慷慨於燕臺之側。後二十有六年, 清陰先生五代族孫養虛堂在行平仲逢浙杭名士陸飛起潛、嚴誠力闇、潘庭筠香祖, 握手投契, 淋漓跌宕, 爲天下盛事。”

있으며, 서문은 절강 문사 양징이 지었다. 이로써 김씨 형제의 문학작품이 중국에 널리 유포되었다. 이는 중한 문인과 문학 교류의 중요한 연구 자료로 필자는 다음의 두 가지를 심도 있게 검토할 가치가 있다고 본다 .

(1) "김씨 문헌은 중국에서 빛나게 되었다."라는 주장의 진실성 문제다. 『김씨연방집』은 비록 소실되었지만, 양징이 서문을 쓴 것은 분명하다. 김창업의 아들 김신겸(金信謙)은 「둔암집발(鈍庵集跋)」에서 "하루는 아버지가 조원외(趙員外)에게 『연벽집(聯璧集)』 서문을 청탁하던 중 어떤 사람을 만났는데, 바로 선생님(양징)이셨다. 선생님은 절강(浙江)의 기사(奇士)로 그의 서문을 읽어보면, 시를 통해 정성을 논하고, 직접 만나면 기상을 얻는다고 하셨다. 이에 선생님과 아버지는 한 번 만나고도 서로를 알 수 있었다."[21]라고 기술했다. 서문의 실존은 의심할 여지가 없지만, 김씨 작품이 중국에 널리 전파되었다는 설은 재고가 필요하다. 그 이유는 다음과 같다.

① 조선 문인들이 지은 다양한 '연행록'을 고찰해보면 김창업이 연행한 이후 약 90년 동안, 그와 그의 형제들 모두 그들의 문집이나 작품이 중국에서 전파되었다는 기록이 확인되지 않는다. 1778년(무술년), 이덕무는 조선 사절단을 따라 중국을 방문해 『입연기』를 저술했다. 사행 기간 동안, 그는 민간의 문인들뿐 아니라 이정원·이기원·반정균·축덕린·당낙우 등 저명한 관료 문인들과 교유했으며, 유리창의 서점 오류거의 주인인 도씨도 만났다. 이덕무가 그들과 교류하는 과정에서 '김씨 문헌'에 대해 언급한 사람은 아무도 없었다. 만약 '김씨 문헌이 중국에서 빛나게 되었다.'라는 주장이 사실이라면, 18세기의 '연행록'에는 김씨 문헌에 대한 평가가 적어도 어느 정도는 반영되었어야 마땅하다.

② 당시 청나라 문인들의 조선 문단에 대한 이해 정도의 상황을 살펴보자. 예부(禮部)를 세 차례나 맡았던 기윤은 조선 문인들과의 교류가 빈번했으며, 조선 문인의 시문을 많이 접했다. 그는 "동문(同文)의 나라 중…조선, 유구, 안남 뿐이다. 그러나 시문이 화려하고 풍성하여 황제의 총명한 평가를 받은 것은 조선이 가장 많았고, 시문집이 중원에 전해진 것도 조선이 가장 많았다."[22]라고 평했다. 또한 그는 「이참봉시초서(李參奉詩鈔序)」에서 "조선의 전집이 중국에 전해지는 일은 드물다."[23]라고 언급했다. '김씨 문헌이 중국에서 빛났다[金氏文獻照爛中國]」'라는 주장이

21) 김신겸(金信謙), 『檜巢集』 권9, 『한국문집총간』(속)제72책, 제283 - 284쪽. "一日, 家翁從趙員外求『聯璧集』序文而得其人, 即先生也, 先生浙中奇士。讀其序, 蓋因詩而論其情性, 又謂目擊之間得其氣象。則先生之於家翁, 亦一見而知矣。"

22) 기윤(紀昀), 「耳溪詩集序」, 洪良浩, 『이계집(耳溪集) 』, 『한국문집총간(韓國文集叢刊) 』 제241책, 3쪽. 其同文之國, ……惟朝鮮, 琉球, 安南。而篇什華贍, 上邀睿賞, 惟朝鮮爲多 ; 其詩文集傳入中原者, 亦朝鮮爲最夥。

사실이라면, 기윤이 김씨 문헌을 언급하지 않았다는 점은 설명하기 어렵다. 그러나 『연행록』이나 『기효람문집(紀曉嵐文集)』 어디에서도 김씨 작품이 중국에서 널리 유행했다는 흔적을 찾을 수 없다.

③ 김씨 작품이 중국에서 유행했을 가능성을 검토해 보자. 김창업이 양징에게 『김씨연방집』 서문을 부탁한 것은 아마도 이 시집의 유포를 촉진하기 위한 것으로 보인다. 양징이 서문을 지었지만, 문제의 핵심은 양징의 서문 완성이 과연 촉진 효과를 발휘했는가에 있다. 비록 해당 서문의 구체적인 내용은 알 수 없지만, 양징의 명성으로 미루어 보아 그의 서문은 김씨 문헌이 중원에서 유포되는 데 도움을 주지 못했을 것이다. 김창업은 『노가재연행일기』에서 양징에 대해 "오십여 세의 노인", "자는 영수(寧水), 호는 이등(二橙)이며 절강 소흥부 여요현 사람"이라고 기록했다. 또 "두 번 과거에 낙방하자 마음이 상하여 벼슬길을 끊었고", "조화(趙華)의 스승이었다."[24]라고 적었다. 이를 통해 양징은 단지 조화 집안의 스승이었던 평범한 하층 문인임을 알 수 있으며, 그가 쓴 서문의 영향력이 그리 크지 않았을 것임을 추측할 수 있다. 따라서 김씨 문헌의 광범위한 유포에 기여했다고 보기 어렵다. 이에 이덕무의 '김씨 문헌이 중국에서 빛났다.'라는 평가는 역사적 사실과 차이가 있다.

(2) 그렇다면 이덕무는 왜 이러한 발언을 했을까? 그가 사실을 과장한 진짜 의도는 다음의 두 가지 측면에서 논할 수 있다. 첫째는 중국을 흠모하는 행위가 갖는 다양한 이점을 강조하기 위함이다. 이는 단순히 견문을 넓히는 차원을 넘어, 국내외에 명성을 떨칠 수 있는 발판이기도 했다. 이는 이덕무가 말한 "김씨 문헌이 동방에서 으뜸이 된 것은 아마도 중원을 흠모하여 견문을 넓히고, 남긴 풍류와 여운이 지금까지 사라지지 않았기 때문일 것이다."[25]라는 내용과 맞닿아 있다. 둘째는 시문(詩文)을 유포하여 불멸(不滅)의 명성을 얻고자 하는 것은 대다수 유학자 문인들의 염원이었다. 이덕무가 이러한 발언을 한 것은 다른 조선 문인들도 시문으로 중원(中土)에 이름을 떨치기를 바랐기 때문이다. 이로 미루어 이덕무가 이러한 글을 쓴 진짜 의도는 조선 문인들이 중국을 유람하고, 중국 문단에 관심을 갖도록 격려하는 데 있었음을 알 수 있다.

23) 기윤, 「李參奉詩鈔序」, 기윤 찬(撰), 손치중(孫致中) 등 교점(校點) 『기효람문집(紀曉嵐文集)』 제1책, 『하북교육출판사(河北教育出版社), 1991년, 제211 - 212쪽. "全集傳於中國者, 則世罕見"

24) 김창업, 『노가재연행일기』 권4, 『연행록전집』 제33책, 제247 - 248쪽. "一老人年五十餘", "字寧水, 號二橙, 浙江紹興府餘姚人", "歷試二次未捷, 心不平即絶迹仕進", "蓋華之師也"

25) 이덕무, 『청장관전서(青莊館全書)』 권35, 『한국문집총간』 제258책, 제53쪽. "金氏文獻甲於東方者, 未必不由於世好中原, 開拓聞見, 遺風餘音, 至今未泯也。"

2 김익겸과 치청산인 이개의 교류

김익겸(金益謙)의 생애는 자세히 알려져 있지 않다. 그는 김상헌(金尙憲)의 현손(玄孫)으로 호는 잠재(潛齋), 자는 일진(日進)이다. 저작으로는 『잠재고』가 있는데, 원본은 일본 도쿄대 아가와(阿川) 문고에 소장되어 있고, 복사본은 한국 국립중앙도서관에 보관되어 있다. 이개(李鍇)는 청나라 건륭 연간의 문인으로 자는 철군(鐵君), 호는 미산(美山)이다. 그는 벼슬을 멀리하여 천봉(廌峰)에 은거하였으며, 스스로를 천청산인(廌青山人)이라 칭하였다. 저서로는 『상사(尙史)』가 전한다.[26)]

김익겸과 이개의 교류는 1740년(경신년) 김익겸이 사절단의 일원으로 연경에 갔을 때 시작되었다. 김익겸이 연경을 찾은 목적은 두 가지였다. 첫째는 "예악문물의 옛터와 호걸영현(豪杰英賢)의 유적(遺跡)을 시로 드러내어, 평소의 감회와 우수를 풀어내기 위함"이었고, 둘째는 "천하의 동정을 은밀히 살피고 오랑캐의 운세가 쇠퇴하기를 묵묵히 기다리다가, 그 귀환하는 날에 선조의 영전(靈前)에 엎드려 아뢰기 위함"[27)]이었다. 그는 청나라 문인과의 교류에는 관심이 없었지만, 이개를 만나 막역한 사이가 되었다. 이덕무는 「치청산인(豸青山人)」에서 "경신년에 잠재(潛齋) 김익겸(金益謙)이 연경(燕京)에 들어가 여관에서 철군(鐵君)을 만나 서로 막역한 사이가 되어 지음(知音)이 되었다."[28)]라고 기록했다. 그러나 김익겸의 『잠재고』와 이개의 『첩소집(睫巢集)』, 『첩소후집(睫巢後集)』, 『함중집(含中集)』에는 이들의 교류 기록이 없다. 이덕무의 「치청산인」과 「농암과 삼연이 중국을 그리워하다[農岩, 三淵慕中國]」에 김익겸과 이개의 교류 관계가 간략히 언급되어 있기는 하다. 그러나 이 기록들은 너무 간략해서 이들의 교류 상황에 대해 자세히 알기는 어렵지만, 몇 가지 교류 사실을 이해할 수 있다. 이덕무는 「치청산인」에 이들의 시 교류를 다음과 같이 기록하였다.

> 한번은 자리를 깨끗이 청소하고 향을 피운 후 한 편의 시를 꺼내 보이며 흐느껴 감탄하더니, 스스로 그 감정을 억제하지 못하였다. 그 시의 제목은 「추산구작(秋山舊作)」이었는데… 그 친필 원고는 지금 주서(注書) 송준재(俊載)의 집안에 소장되어 있다. 이사천(李槎川)이 발문을 지었는

26) 『이매산전(李眉山傳)』, 이개(李鍇), 『상사(尙史)』 권107, 청 문원각(清文淵閣) 『사고전서(四庫全書)』 본을 참고했다.

27) 김익겸(金益謙), 「奉贐李相國(宜顯)燕行序」, 김익겸, 『잠재고(潛齋稿)』 상. "禮樂文物之舊墟, 豪杰英賢之遺烈, 一於詩發之, 以攄其平日感憤憂愁之思。", "陰察天下之動静, 默伺虜運之盛衰, 迨其歸日, 敷袵於先祖之靈,"

28) 이덕무, 「豸青山人」, 이덕무, 『청장관전서(青莊館全書)』 권32, 『한국문집총간』 제258책, 제13쪽. "歲庚申, 金潛齋益謙入燕, 遇鐵君於旅次, 相視莫逆, 證爲知音。"

데, 필치가 우뚝하고 힘차게 뻗어 있어 일품(逸品)에 해당한다. 『첩소집』 몇 권 또한 동국(東國)에 전해졌다.[29]

이에 따르면, 이개(李鍇)는 일찍이 「추산구작(秋山舊作)」 한 수를 친필로 써서 김익겸(金益謙)에게 주었으며, 후에 이 글은 송준재(宋俊載)의 집에 전해져 보관되었다. 이덕무(李德懋)가 언급한 '『첩소집(睫巢集)』 몇 권이 동국(東國)에 들어왔다.'라는 기록의 『첩소집』은 김익겸을 통해 조선에 처음 전해졌을 가능성이 크다. 이로 인해 이개의 명성은 조선 문인들 사이에 퍼졌는데, 유득공(柳得恭)이 이개에 대해 전해 듣고, 그의 모든 작품을 읽고 싶어 하면서 다음과 같이 읊었다.

책 보며 눈물 흘려 천추에 젖으니	看書泪下染千秋
물가에 선 시인 마음에는 끝없는 시름이 있네.	臨水騷人無限愁
문사가 시를 엮으며 성의 없다며 탓하지만	碻士編詩嫌草草
치청의 전집을 얻으려면 어찌해야 하나.	豸青全集若爲求[30]

이개의 작품을 접할 기회가 적었던 유득공은 숙부 유금(柳琴)에게 중국에 사신으로 갈 때 이개의 시집을 구해 달라고 부탁했다.

3 김선행, 김재행 형제와 청나라 문인의 교류

김선행(金善行, 1716-1768)은 자가 숙부(述夫), 호는 휴휴선생(休休先生)이며, 영조 때 예조판서를 지냈다. 엄성(嚴誠)은 그의 의관과 모습이 이백(李白)의 초상과 비슷하다고 했으며, 도량이 넓고 의론이 높으며, 서예에도 능하다고 평가하였다.[31] 김재행(金在行)의 생졸년은 분명하지 않지만, 김선행의 아우로 자는 평중(平仲), 호는 양허(養虛)이다. 시에 뛰어났으며, 특히 초서(草書)

29) 위의 책. "嘗掃席焚香出示一詩, 噓唏感嘆, 自不能已。其題爲"秋山舊作", ……其手書者, 今藏於宋注書俊載家。李槎川作跋, 筆法磊磊勁遒, 當在逸品。『睫巢集』若干卷亦來東國。"

30) 유득공,「恭呈家叔父遊燕六首」, 유득공, 『영재집(泠齋集)』 권2, 『한국문집총간』 제260책, 제30쪽. "看書泪下染千秋, 臨水騷人無限愁。碻士編詩嫌草草, 豸青全集若爲求。"

31) 주문조(朱文藻)가 편찬한 『일하제금집(日下題襟集)』「金宰相」을 참조. 엄성 찬, 주문조(朱文藻) 편 『철교전집(鐵橋全集)』 제4책.

를 잘 썼다. 이들 형제는 김상헌(金尙憲)의 종증손(從曾孫)이다.

1765년(을유년) 11월, 김선행은 삼절연공 겸 사은행 부사(三節年貢兼謝恩行副使)로 청에 사행을 갔다. 동생 김재행은 "중화(中華)의 풍물을 보기 위해 사절단을 따라갔다."[32] 홍대용의 『담헌연기(湛軒燕記)』와 『중조학사서한(中朝學士書翰)』에 따르면, 김씨 형제가 교류한 청 문인으로는 태학조교(太學助教) 장원관(張元觀), 항주의 엄성·반정균·육비, 영원위(寧遠衛)의 두 문사(거인 왕위(王偉)와 이름 미상) 등의 문사들이 있다. 이들 중 영원위의 두 문사는 김씨 형제와 단 한 번 만났는데, 조선 사절단이 영원위를 지날 때 두 문사가 자발적으로 찾아와서 교류가 이루어졌지만, 그 시간이 짧아 인사 정도를 나누는 데 그쳤다.[33]

김씨 형제는 태학조교(太學助教) 장원관(張元觀)과 깊게 교류한 것으로 보인다. 1766년(병술) 2월 24일, 김씨 형제가 태학을 방문했을 때 장원관과 처음 만났다. 홍대용의 『건정동필담속(乾凈衕筆談續)』에는 "식후 세 사람이 모두 태학으로 갔고, 나와 평중(平仲, 김재행)도 그 뒤를 따라갔다."[34]라는 기록이 있다. 이때 김씨 형제는 태학조교 장원관과 만남을 가질 수 있었고, 장원관은 김씨 형제를 따뜻하게 맞이해 주었는데, 특히 부사(副使) 김선행과는 '반나절 동안 필담[打話半日]'을 나누었다. 그러나 아쉽게도 이들의 대화 내용은 대부분 전해지지 않으며, 홍대용의 『건정동필담속(乾凈衕筆談續)』에는 극히 일부의 내용만이 기록되어 있다. 김선행이 장원관에게 육비에 대해 묻자, 장원관은 "동향인이긴 하나 직접 만난 적은 없으며, 그는 회화에 능합니다."라고 답했다. 또 육비의 문학적 재능을 강조하며 "회화는 그의 소일거리일 뿐입니다."[35]라고 덧붙였다. 반나절 동안의 필담을 살펴보면, 그들의 대화는 상당히 풍부했으며, 두 사람의 성격도 잘 맞았다. 홍대용은 특히 장원관에 내해 "문상이 고상하고 뛰어나며, 의론이 순정하고 정직하여 여러 문사들의 수장이 될 만하다."[36]라고 극찬했다. 다음 날 "(김선행)은 평중에게 역관 한 사람과 함께 가서 필법을 배우도록 청하게 하였다."[37]라고 기록했다. 김선행이 서예에 대해 가르침을 구한

32) 주문조(朱文藻) 編, 『일하제금집(日下題襟集)』「김수재(金秀才)」, 엄성 찬, 주문조(朱文藻) 편 『철교전집(鐵橋全集)』 제4책. "因願見中華風物, 故隨使來"

33) 홍대용, 『담헌연기(湛軒燕記)』, 『연행록전집』 제42책, 제102쪽.

34) 홍대용, 『담헌서(湛軒書)』 외집(外集) 권3 『건정동필담속』, 『한국문집총간』 제248책, 제163쪽. "食後, 三行皆往太學, 余與平仲亦隨往"

35) 홍대용, 『담헌서(湛軒書)』 외집(外集) 권3 『건정동필담속』, 『한국문집총간』 제248책, 제163쪽. "同鄉未曾見也, 其人善丹青", "丹青即其餘事耳"

36) 홍대용, 『담헌연기(湛軒燕記)』, 『연행록전서(燕行錄全集)』 제42책, 제124쪽. "筆翰高妙, 議論純正, 宜其爲諸生之領袖也"

것은 계속 교유하고 싶은 뜻을 반영한 것이다.

24일 김재행(金在行)과 장원관(張元觀)의 교류는 확인되지 않는다. 홍대용(洪大容)의 『담헌연기(湛軒燕記)』 「태학제생(太學諸生)」에는 김재행이 태학 제생들과 필담(筆談)하고, 시(詩)를 지은 정황만 기록되어 있을 뿐, 두 사람의 교류에 대해서는 언급하지 않았다. 25일에 이르러서야 장원관의 재학(才學)이 김재행에게 깊은 인상을 남겼다.

홍대용은 『담헌연기(湛軒燕記)』 「태학제생(太學諸生)」에 "다음날 부사(副使)가 궁전지(宫箋紙) 여러 폭을 주면서 평중에게 역관 한 사람과 함께 가서 필법을 청하라고 하였다. ……평중은 이어 그의 시를 보기를 청하니, 사고(私稿)가 매우 풍부하고, 모두 정교하게 다듬어져 있어서 자신도 모르게 크게 놀라며 탄복하였다."[38]라고 기록했다. 26일 김재행은 절항삼사와의 필담에서 장원관에 대해 물었는데, 아마 그의 마음속에는 장원관을 더 깊게 알고자 하는 의도가 있었을 것이다. 그러나 김씨 형제가 장원관과 계속 교류했는지는 문헌 기록의 부족으로 확인할 수 없다.

김씨 형제의 주요 교류 대상은 엄성·반정균·육비 세 사람으로 이들의 교류는 중한 문인 교류사에서 중요한 의미를 지닌다. 다음 절에서는 이에 대해 상세히 논하고자 한다.

4 김이소, 김이도 형제와 청나라 문인의 교류

김이소(金履素, 1735-1798)는 조선 후기의 문신으로 자는 자안(子安), 호는 용암(勇庵)이며, 본관은 안동이다. 그는 부사(府使) 김탄행(金坦行)의 아들이자 충헌공 김창집의 증손자로 영조 갑신년(1764년)에 문과에 급제하였다. 이후 대사성을 역임하였고, 정조 임자년(1792년)에는 우의정에 올랐으며, 좌의정에 이르렀다. 무오년(1798년)에 세상을 떠났으며, 시호는 익헌(翼獻)이다. 그의 막냇동생인 김이도(1750-1813)는 송원거사(松園居士)로 알려져 있으며, 이 두 사람은 청음 김상헌의 6대손이다.

1791년(신해년) 10월, 김이소는 동지사 겸 사은사의 정사로 중국에 파견되었다. 이때 김이도는 형을 수행하며 동행했다. 김씨 형제는 사행 기간 중 다수의 청나라 문인들과 교류했으며, 이들의 구체적인 교류 행적은 『18세기 중한 문인 교류 장편』에 기록되어 있다. 특히 이들의 교류는

37) 위의 책, 제126쪽. "(金善行)使平仲同一譯往請助教筆法"

38) 위의 책, 제126쪽. "明日, 副使以宫箋紙數幅使平仲同一譯往請助教筆法。……平仲仍請觀其詩, 私稿甚富, 皆工煉, 不覺驚服云。"

선대와 비교해 두드러진 특징을 보였다.

(1) 김씨 형제는 청나라의 유명한 조정 문사들과 깊게 교류했는데, 이는 선조인 김창업이 평범한 청나라 문인들과 주로 교류한 것과는 확연한 차이가 난다. 김이도가 교류한 청나라 문인으로는 화가 장도악(張道渥), 주희(朱熹)의 후손 주경귀(朱景貴), 옹방강(翁方綱)의 아들 옹수배(翁樹培), 계축년(1793년) 진사에 급제한 주서춘(朱瑞椿), 문인 이병수(伊秉綬), 나빙(羅聘), 노훤(盧烜), 유석오(劉錫五), 한림원 서상관(庶常館)인 신종익(辛從益), 변운룡(卞雲龍), 방사관(龐士冠), 섭대관(葉大觀) 등이 있다.

이들은 청나라 문인들과 장시간 필담을 나누었는데, 김정중의 『연행록』에는 임자년(1792년) 정월 7일, 김이도와 주서춘(朱瑞春)이 열띤 필담을 나눈 내용이 기록되어 있다. 이때 주서춘은 시구에서 "맑은 말이 종이에 내려앉아 옥처럼 빛나네."[39]라고 감탄하였다. 또한, 정월 11일에는 김이도가 "한림원의 옹수배(翁樹培)를 방문하여 종일 토론하였다"[40]라고 기술하였고, 정월 23일에는 "한림(翰林) 서상관(庶常館)에 가서 균탄(均呑) 신종익(辛從益), 기전(起田) 변운룡(卞雲龍), 녹원(鹿園) 방사관(龐士冠), 동화(董華) 섭대관(葉大觀) 등 여러 한림(翰林) 학사들과 종일토록 담론을 나누며, 흥이 다한 뒤에야 헤어졌다."[41]라고 기록하였다.

이처럼 필담은 김이도와 청나라 문인의 교류에서 중요한 역할을 담당했지만, 이들의 필담 기록은 현재 전해지지 않는다.

(2) 장도악(張道渥)은 김이도와 가장 친밀하게 교류한 청나라 문인이다. 김이도가 사망한 후, 그의 조카 김조순(金祖淳)이 이 소식을 장도악에게 전하며, "삼가 생각건대 선생님은 숙부와 신교지정(神交至情)으로 사귀셨으니, 이는 천지신명께도 물올민 합니다. 갑사기 이 소식을 들으시니 통절함을 이기지 못하실 줄로 생각됩니다."[42]라고 말했다. 김조순은 이들의 관계를 '지극한 정[至情]'이라 표현했다. 김정중의 『연행록』에 따르면, 김이도는 장도악과 1791년(신해) 12월 27일을 시작으로 1792년(임자) 정월 6일, 10일, 20일, 22일, 24일, 25일 등 총 7차례에 걸쳐 만났다. 이는 김이도와 다른 청나라 문인들과의 만남 횟수를 훨씬 웃도는 수치이다. 특히 장도악은 김이

39) 주서춘(朱瑞椿), 『人日, 與朝鮮使臣金松園(履度)、李東谷(祉源)、尹遠照(仁泰)小集, 即席書贈』, 반연동(潘衍桐) 輯, 『양절유헌속록(兩浙輶軒續錄)』 권16, 제416쪽. "清言落紙玉參差。"

40) 위의 책, 제183쪽. "訪翁翰林樹培, 終日劇談。"

41) 위의 책, 제216쪽. "遊庶常館, 與辛從益均呑、卞雲龍起田、龐士冠鹿園、葉大觀董華諸翰林竟日談論, 盡歡乃罷"

42) 김조순(金祖淳), 「與張水屋道渥」(祖淳再拜水屋張刺史先生足下……), 김조순(金祖淳), 『풍고집(楓皐集)』 권10, 『한국문집총간』 제289책, 제234쪽. "竊惟先生之於叔父, 神交至情, 可質幽明。遽聞此報, 想爲慟絶。"

도에게 다수의 서화 작품을 선물했는데, 김정중의 『연행록』에는 정월 6일 김이도가 장도악을 방문했을 때 "태산을 그린 부채 세 개, 오팔경도(吳八景圖) 한 축, 강촌산사도(江村山寺圖) 한 점을 얻어 돌아왔다.", 10일에 "송원(松園)이 장수옥(張水屋)의 초당을 찾아가 그의 지두팔분(指頭八分)과 나한림(羅翰林)의 흡연(歙硯), 도장석(圖章石)을 얻어서 돌아왔다."[43]라는 기록이 있다. 두 사람은 매우 깊은 우정을 나누었으며, 이별 후에도 계속해서 연락을 주고받았다. 이러한 사실은 장도악의 『수옥승고(水屋賸稿)』 하편에 수록된 「조선의 벗 김송원에게 감사하며 기여필을 보낸다[寄謝朝鮮友人金松園遠贈騎驢筆]」라는 시에서도 확인할 수 있다.

두 사람이 이렇게 친밀한 관계를 유지할 수 있었던 이유는 서화라는 공통된 취미가 있었기 때문이다. 장도악은 당대 유명한 서화가로 김정중이 "시와 서(書)에 능하며, 특히 서체 중 지예(指隸)에 뛰어나다."[44]라고 평한 바와 같이 탁월한 실력을 지니고 있었다. 김이도 역시 서예에 조예가 깊어 청나라 사람들이 그의 작품을 끊임없이 청하였다. 김정중(金正中)은 『연행록』에서 장도악은 "송원이 초서에 능하다는 말을 듣고서 큰 분당지(粉唐紙) 한 폭을 내놓으며 열심히 청하였고, 송원이 당인(唐人)의 절구를 써 주자 매우 기뻐서 어찌할 바를 몰랐다."[45]라고 했다. 이처럼 두 사람의 관심사가 일치했기 때문에 김이도가 북경에 머무는 동안 장도악과 자주 왕래하게 되었다.

5 김조순과 장도악의 교류

김조순(金祖淳, 1765~1832)은 김상헌의 7대손이다. 자는 사원(士源), 초명은 낙순(洛淳), 호는 풍고(楓皐)이며, 안동 사람이다. 부사(府使) 김이중(金履中)의 아들이며, 승지(承旨) 김제겸(金濟謙)의 증손이다. 정조 을사년에 문과에 급제하여 대제학을 지냈고, 순조의 국구(國舅)로서 영안부원군(永安府院君)에 봉해졌으며, 시호는 문충(文忠)이다. 남병철(南秉哲)은 그에 대해 "경사(經史)와 제자백가(諸子百家)에 통달하여 박학하며, 문장을 지을 때마다 청아하고 건전하며 준아(雋雅)한

43) 김정중(金正中), 『연행록』, 『연행록전집』 제75책, 제175쪽, 182쪽. "得『泰山圖扇子三』『吳八景圖』一軸, 『江村山寺圖』一紙而歸", "松園往張水屋草堂, 得其指頭八分及羅翰林歙硯、圖章石以歸"

44) 김정중(金正中), 『연행록』, 『연행록전집』 제75책, 제175쪽. "善詩善書, 尤工指隸。"

45) 김정중(金正中), 『연행록』, 『연행록전집』 제75책, 제71~72쪽. "聞松園善草書, 出粉唐紙大一幅辛勤有求, 松園書唐人絶句, 其人喜不自勝"

필치를 보여, 스스로 대가(大家)의 규범을 이루었다."[46]라고 말했다. 장도악(張道渥)은 청나라 문인으로 자는 죽휴(竹畦), 또 다른 자는 수옥(水屋)이고, 스스로를 풍자(風子)라 칭하였으며, 부산(浮山) 사람이다. 그는 시와 서화에 능하였고, 성품이 꿋꿋하고 자유분방하여 구애됨이 없었다.[47] 저서로는 『수옥승고(水屋賸稿)』 상·하권이 있으며, 중국 국가도서관에 소장되어 있다.

1792년(건륭 57년) 10월, 김조순은 삼절연공 겸 사은행서장관(三節年貢兼謝恩行書狀官)의 신분으로 중국에 파견되었다. 이듬해, 북경에 머무는 동안 김조순은 장도악과 만나 친분을 쌓았다. 그의 시 「정사로 떠나는 담녕 홍상서(의호)를 전송하다[送澹寧洪尚書(義浩)上使]」의 주석에는 "자사 장수옥은 스스로를 '용각산(龍角山) 중의 화가'라 칭하였는데, 나와 교유를 맺은 것은 건륭 연간 계축년(1793)이었다."[48]라는 기록이 있다.

두 사람이 처음 알게 된 상황은 관련 문헌이 소실되어 알 수 없다. 김조순의 시 「붓 가는 대로 자사 장수옥 도악에게 써 주다[走筆贈水屋張刺史道渥]」 중 '첫 만남에 반가운 장수옥이여, 송원의 벽에 걸린 그대의 시를 보았네. [一見歡然張水屋, 松園壁上見君詩]'라는 시구에 따르면, 그는 출사 전 숙부 김이도로부터 장도악에 대한 정보를 얻었고, 그의 시화 작품을 접했음을 알 수 있다. 이에 김조순은 북경에 온 후 장도악에게 먼저 연락했을 가능성이 크다.

두 사람의 구체적인 교류 상황에 대해서 정확하게 알려진 것은 없지만, 김조순의 「장수옥 도악에게 준 편지[與張水屋道渥]」에 따르면, 당시 김조순은 장도악의 집을 방문한 적이 있다. 김조순은 그 일을 회고하면서 "지금 미천한 제가 선생님과는 평소 알던 사이도 아니었고, 헤어진 후로도 오랜 세월이 흘렀습니다. 그런데도 선생님의 눈썹과 수염이 제 눈에 선하고, 말소리와 웃음소리가 제 귀에 울리며, 머물렀던 집의 문과 골목, 방과 집, 그리고 진열되어 있던 기물과 도서에 이르기까지 하나하나 생생하게 기억하고 있습니다. 어찌 된 일일까요?"[49]라고 말했다. 이처럼 두 사람 사이에는 열정적인 만남이 있었고, 장도악은 김조순에게 깊은 인상을 남겼지만, 상세한 필담 내용은 전해지지 않는다.

---

46) 남병철(南秉哲)이 전각으로 기록한 「풍고(楓皐) 김조순(金祖淳) 비문(碑文)」 탁본, 한국국립중앙도서관(韓國國立中央圖書館)에 소장되어 있다. "於經史諸家博洽貫澈, 發爲文章率清健雋雅, 自成大家軌範。"

47) 박장암(朴長馣), 『호저집(縞紵集)』 상, 권2, 제93쪽을 참조했다.

48) 김조순(金祖淳), 『풍고집(楓皐集)』 권3, 『한국문집총간』 제289책, 제66쪽. "張水屋刺史自稱龍角山中畫師, 與僕定交在乾隆癸丑。"

49) 김조순(金祖淳) 서신 「與張水屋道渥」(祖淳再拜水屋張刺史先生足下……), 김조순, 『풍고집(楓皐集)』 권10, 『한국문집총간』 제289책, 제233쪽. "今不佞之於先生, 非素相識也, 別後日月, 又如是深也。先生之鬚眉森於吾目, 言笑硍於吾耳, 以至居停之門巷室宇, 羅列之器用、圖書, 無不歷歷能記, 何哉？"

김조순은 북경에 머무는 동안, 장도악에게 「붓 가는 대로 자사 장수옥 도악에게 써 주다[走筆贈水屋張刺史道渥]」라는 시를 지었는데, '우리 집 어리석은 작은아버지, 그대 알던가, 그분보다 이 몸 더욱 어리석다네. [我家痴叔君知否, 較叔須知我更痴]'라는 구절에서 장도악에 대한 그의 마음이 숙부 김이도를 넘어섰음을 알 수 있다.

이처럼 두터운 우의는 두 사람이 이별 후에도 서로를 그리워하는 마음을 품게 하였다. 김조순은 이를 회고하며 "나는 동쪽으로 돌아온 후로, 가끔 연못가를 거닐며 마음속으로 이렇게 말하곤 했다. 나와 수옥의 만남과 이별은 이 부평초와 같구나. 그러나 이 부평초는 같은 연못 안에 있어 비록 헤어져도 다시 만나지만, 나와 수옥은 중원과 외역으로 갈라져, 한번 헤어지면 다시 만날 수 없으니, 참으로 부평초만도 못하구나."[50]라고 적었다. 장도악 또한 김조순을 잊지 못해 1809년(기사년) 조선 문인 이문철을 통해 편지를 보냈는데, 편지에 그리움이 담겨 있었다. 김조순은 이를 두고 "기사년 봄, 진사 이문철이 그대의 친필 편지 한 통을 가져왔는데, 그리운 정이 글씨 사이에 넘쳐흘렀습니다."[51]라고 적었다. 1793년(계축) 이별 이후 1809년 봄까지 두 사람 사이에 서신 교환이 있었는지는 문헌 기록이 부족해 확인할 수 없다.

1809년 봄 장도악의 편지를 받은 김조순은 여러 차례 답신을 보냈지만, 답신을 받지는 못했다. 1823년(계미)에 김조순은 시 「정사로 떠나는 담녕 홍 상서 (의호)를 전송하다(送澹寧洪尚書(義浩)上使)」의 주석에 "자사 장수옥은 스스로를 '용각산 중의 화가'라 칭했으며, 나와의 교류는 건륭 연간 계축년에 시작되었다. 근래에 소식이 끊겼는데, 어떤 이는 그가 사망했다고 하고, 어떤 이는 아직 패주의 임지에 있다고 하며, 또 어떤 이는 노년에 고향으로 돌아갔다고 했다."[52]라고 기록했다. 김조순이 중국에 수소문한 결과는 모두 불확실한 소식뿐이었기 때문에 그는 홍의호가 조선에 돌아올 때 장도악에 대한 정확한 소식을 가져오길 간절히 바랐다. 이를 통해 김조순의 장도악에 대한 깊은 그리움과 진실한 마음을 알 수 있다. 김조순이 장도악에게 보낸 편지는

50) 김조순, 「與張水屋道渥」(祖淳再拜水屋張刺史先生足下……), 김조순, 『풍고집(楓皐集)』 권10, 『한국문집총간』 제289책, 제234쪽. "不佞自東還以後, 或遊池塘之上, 則輒自語于心, 吾與水屋合分蓋如此萍。然此萍同在一池之內, 雖分復合, 吾與水屋限以中外, 一分之後, 再無合理, 真萍之不若也。"

51) 金祖淳, 「與張水屋道渥」(祖淳再拜水屋張刺史先生足下……), 김조순, 『풍고집(楓皐集)』 권10, 『한국문집총간』 제289책, 제234쪽. "己巳春, 李進士文哲帶到手書一函, 眷戀之情溢于行墨。"

52) 김조순, 「送澹寧洪尚書 (義浩) 上使」, 김조순, 『풍고집(楓皐集)』 권3, 『한국문집총간』 제289책, 제66쪽. 이 시의 주석에는 "澹寧近住鄉園養閑, 而三膺專對。"라고 기록되어 있다. 그러므로 이 시는 홍의호(洪義浩)가 세 번째로 중국에 사행을 떠났을 때 쓴 것이다. 홍의호가 세 번째로 중국에 출사한 시기는 1823년(계미년)이다. "張水屋刺史自稱龍角山中畫師, 與僕定交在乾隆癸丑。近年寂不聞消息, 或傳已作故, 或傳尚在霸州任所, 或傳老歸本鄉, 幸澹寧得的耗來也。"

『풍고집(楓皐集)』 권10에 「장수옥 도악에게 드리다[與張水屋道渥]」라는 제목으로 한 통이 남아 있는데, "선생과 헤어진 지 벌써 21년이 되었습니다."라는 내용이 있다. 두 사람은 1793년(계축년)에 헤어졌으므로 이 편지는 1813년(계유년)에 작성된 것으로 보인다. 이외에 주목할 만한 점은 김조순이 다른 청나라 문인과 교류한 기록은 『풍고집』이나 관련 자료에 남아있지 않아서 오직 장도악과의 관계만이 확인된다는 점이다.

제3절 가재 김창업과 청나라 문인의 교류

김창업(1658-1721)은 자가 대유(大有), 호가 가재(稼齋)로 김상헌의 증손이다. 숙종 신유 연간에 진사가 되었지만, 당시 시국이 불안하고 당쟁이 끊이지 않자 벼슬길을 포기하였다. 이후 동쪽 교외의 송계(松溪)에 은거하며, 소나무와 국화 그림을 그리는 데 전념하였다.

1 김창업과 청나라 문인의 교류

1712년(임진년) 11월, 김창업은 맏형 김창집이 동지 겸 사은정사로 중국에 사행을 떠날 때 군관 자제 신분으로 수행했다. 그는 출사 기간과 귀국 후에 청 문사들과 활발히 교류하였다.

김원행(金元行)은 「종조부 노가재공 행장[從祖老稼齋公行狀]」에서 "공은 만난 인물들과 유사(儒士), 도사(道士)를 막론하고, 한 번 보면 모두 온 마음으로 사귀었습니다. 귀국 후에도 사신을 통해 소식을 주고받으며, 부음을 듣고 조의를 표하는 이까지 있었으니, 그를 흠모한 정도가 이와 같았습니다."[53]라고 적었다. 김창업은 18세기 초반 청나라 문인과 교류한 대표적인 조선 문인으로 그와 청나라 문인과의 교제는 다음과 같은 특징이 있다.

(1) 김창업은 청나라 문인과 적극적으로 교류할 의도가 없었다.

김창업과 만난 22명의 청나라 문인 중 자발적으로 친분을 쌓은 이는 왕준공(王俊公), 왕영반(王寧潘), 곽여백(郭如柏), 오정기(吳廷璣), 강전(康田), 이정재(李廷宰), 이정기(李廷基), 반덕여(潘德輿), 이원영(李元英), 조화(趙華), 왕화(王化), 이영소(李永紹), 양대유(楊大有) 등 13명으로 교류의 약

53) 김원행, 「從祖老稼齋公行狀」, 김원행, 『미호집(渼湖集)』 권19, 『한국문집총간』 제220책, 제374쪽. 其所遇人物, 無論儒士道流, 一見皆傾心與交。及歸, 猶因使者相問訊不絶, 至有聞公之歿而爲之寄奠者, 其見慕如此。

60%를 차지한다. 김창업과 우연히 만난 청나라 문인은 처소 주인 유씨, 영종(榮琮), 이름 미상의 악생(樂生), 왕지계(王之啓), 양징(楊澄), 청홍(程洪), 왕미축(王眉祝), 곽원(郭垣) 등 8명이다. 김창업이 먼저 만남을 청한 이는 마유병(馬維屛) 한 명뿐인데, 이는 단순히 "지항(志恒)이 늘 그(마유병)의 집에 화초가 많다고 해서 내가 지항을 시켜 그를 청해 온 것"[54]일 뿐 학문적인 교류를 위한 것은 아니었다.

김창업은 청나라 문인들과 적극적으로 교류하지 않은 이유는 다음과 같다.

① 그는 형을 돌보고, 중국의 명산대천을 구경하는 것을 연행의 주요 목적으로 삼았다. 그의 『노가재연행일기』에는 "임진년 6월 23일, 맏형이 동지 겸 사은정사로 임명되었는데, 당시 맏형은 큰 병에서 막 회복된 상태로 자제 중 한 사람의 수행이 필요한 상황이었다. 또한 우리 형제들은 모두 중국을 한번 보고 싶어 했는데, 셋째가 가려다 그만두자, 내가 대신 타각(打角)의 신분으로 가게 되었다."[55]라고 기록되어 있다.

② 김창업은 당시 청나라 문인들에 대한 정보를 거의 갖고 있지 않았다. 그가 중국으로 떠나기 전까지 조선에는 청나라 문인들에 대해 자세히 기록한 문헌이 없었다. 그의 『노가재연행일기』에는 이전의 『연행록』을 통해 알게 된 청나라 문인 단 한 명만이 기록되어 있는데, "일전에 송형(宋兄)의 일기를 보니, 한족 소년 왕영반(王寧潘)이 열네 살에 꽤 단정하고 수려하며, 이미 『사서』를 읽었다 하더라. 그가 아직 살아있는지 묻자, 한 사람이 성안에 있다고 대답했다."[56]라는 기록이다. 이처럼 김창업은 중국으로 떠나기 전 청나라 문인들에 대한 정보가 부족했기에 때문에 명확한 교유 대상을 정해두었다고 보기 어렵다.

③ 특히 주목할 만한 현상이 한 가지 있다. 『노가재연행일기』의 기록에 따르면, 김창업은 청나라 문인과 자발적으로 접촉하지 않았다. 이는 그가 명나라의 은혜를 잊지 못해 청나라의 중원 지배를 거부하며, 강한 적개심을 품었기 때문으로 보인다. 이는 18세기 초반 중국에 출사한 조선 문인들의 일반적 심리였다고 판단되며, 이러한 심리가 청나라 인물에 대한 그의 인식과 행동에 영향을 미쳐 청나라 문인들과의 적극적인 교류를 저애하는 요소로 작용했음을 추측할 수 있다.

김창업은 시에서 "어디서 포수(砲手) 천 명 얻으리오? 삼강(三江)을 막아 오랑캐 기병을 무찌르

54) 김창업, 『노가재연행일기』 권3, 『연행록전집』 제33책, 제96쪽. "志恒每言其家多花草, 故余使志恒請來"

55) 김창업, 『노가재연행일기』 권1, 『연행록전집』 제33책, 제338쪽. "壬辰六月二十三日, 政伯氏爲冬至兼謝恩使, 時伯氏大病新瘳, 子弟一人宜隨往。且吾兄弟, 皆欲一見中國, 於是叔氏欲行, 已而止, 余乃代之以打角。"

56) 위의 책 2, 제452쪽. "曾見宋兄日記, 漢兒王寧潘年十四, 頗端秀, 已讀『四書』云。試問其存否, 一人曰在城內。"

리."[57], "오랑캐 풍습 언제나 바뀔는지? 중원에서 사슴 가죽 치마 벗으리!"[58]라고 읊었는데, 만주족이 중원을 점령한 현실을 직시하는 상황에서도 여전히 적을 무찌르고 치욕을 씻고자 하는 강한 의지를 품고 있었다. 그의 반청 감정은 『연행훈지록(燕行塤篪錄)』 곳곳에 드러나 있는데, "오랑캐 먼지 다행히 오래 잠잠하네. [胡塵幸久静]", "문득 오랑캐의 산에서 병력이 나온다 전해지네. [忽報胡山出]", "때로는 오랑캐 기병이 홀연히 지나가네. [時有胡騎倏忽過]", "오랑캐 땅의 서리는 눈처럼 두껍네. [胡霜厚似雪]", "오랑캐 젊은이들 고삐 나란히 하여 서로 돌아보네. [胡兒並轡争相顧]", "눈은 오랑캐 구름과 어울려 저무네. [雪和胡雲暮]", "홀로 말 타고 오랑캐 하늘로 들어가네. [匹馬入胡天]", "들판에는 오랑캐 가축이 가득하네. [遍野知胡畜]", "헛되이 오랑캐 말로 중원을 구하려 하네. [枉教胡馬救中原]", "비린 먼지에 종일 오랑캐 수레 막히네. [腥塵盡日胡車塞]", "오랑캐 젊은이 이 행차를 알아볼까 두렵네. [恐遣胡兒識此行]", "오랑캐 먼지 하늘과 땅을 뒤덮네. [胡塵塞天地]", "오랑캐 달이 다시 굽은 모습 보이네. [胡月見重彎]", "기발과 주렴 드리운 새 가게 반은 오랑캐 집이라네. [旗帘新肆半胡家]", "오랑캐 적들이 신묘한 용맹을 떨치네. [胡虜傳神勇]"[59] 등이다.

이러한 시구들에서 김창업은 먼지를 "오랑캐 먼지(胡塵)", 산을 "오랑캐 산(胡山)", 구름을 "오랑캐 구름(胡雲)", 하늘을 "오랑캐 하늘(胡天)", 말을 "오랑캐 말(胡馬)", 수레를 "오랑캐 수레(胡車)", 거처를 "오랑캐 집(胡家)", 달을 "오랑캐 달(胡月)", 사람을 "오랑캐 기병(胡騎)", "오랑캐 아이(胡兒)", "오랑캐(胡虜)"로 칭하였다. 심지어 눈과 서리마저도 각각 "오랑캐 눈(胡雪)"과 "오랑캐 서리(胡霜)"로 표현하였다. 이를 통해 김창업이 만주족의 중원 점령에 대해 극도의 경멸과 반감을 가지고 있었음을 확인할 수 있다. 김창업의 눈에 중원의 사물이 부자연스럽게 느껴진 것은 두말할 나위 없으며, 그의 관점에서는 중원 문화가 청나라에 의해 완전히 몰락한 듯 보였기 때문에 그는 시에서 "천도를 이제 다시 논할 수 있겠는가? 온 천지가 아직도 피비린내와 추잡함으로 가득하네."[60]라고 탄식했다.

57) 김창업, 「龍灣雜咏和息庵」, 위의 책, 제103쪽. "安得砲手祇一千？把截三江殺胡騎"

58) 김창업, 「次伯氏孤家子述懷韵」, 위의 책, 제105쪽. "何日夷風變？中原脱鹿裙"

59) 이상 인용한 시구는 순서대로 김창업의 『연행훈지록』(김창업 『노가재집』 권5) 중 「謹次安州先韵」 제102쪽, 「次伯氏所串道中韵」 제102쪽, 「龍灣雜咏和息庵」 제103쪽, 「謹次湯站曉起先韵」 제103쪽, 「八渡河。借騎胡騾。騾主遼東人」 제104쪽, 「謹次會寧嶺先韵」 제104쪽, 「瀋陽感懷」 제104쪽, 「宿新廣寧」 제106쪽, 「寧遠衛。謹次先韵」 제106쪽, 「到山海關」 제107쪽, 「次伯氏山海關謹次先韵」 제 107쪽, 「訪三忠祠」 제108쪽, 「過大淩河」 제111쪽, 「入遼東謹次冒雨入遼東先韵」 제111쪽, 「金將軍祠宇」 제112쪽이다. 『연행훈지록』도 『연행록전집』 제34책에 수록되어 있고, 영인 저본은 김창집의 『노가재집』 권5 중의 『여행훈지록』이다.

④ 김창업은 연경으로 향하는 길에 나라를 걱정하는 문사를 만날 수 있기를 간절히 바라면서 시에서 "연경 가는 길에 장사(壯士)의 구슬픈 노래가 들리는 곳, 만일 만난다면 맞이하여 상좌에 앉히리라."[61]라고 읊었다. 그러나 사행 내내 이 염원은 이루어지지 않았고, 그는 크게 실망하였다. 사절단이 옥하관(玉河館)에 도착한 후에 그는 시에서 "영웅호걸이 도살장에 숨어 지내고, 그 자녀들은 규방에서 눈물 흘리네."[62]라고 읊었다. 이처럼 영웅을 만나지 못한 것에 대한 후회와 낙담은 이후 "유연(幽燕)에서 뜻 이루지 못하고, 말 타고 다시 돌아왔네."[63]라는 시로도 이어졌다. 김창업의 실망은 청나라에 대해 반감을 가진 영웅호걸을 찾을 수 없다는 것에 있었으며, 이러한 실망감은 그와 청나라 문인들의 적극적인 교류에도 영향을 미쳤을 것이 분명하다.

(2) 김창업은 청나라 문인과 많은 필담을 나누었다. 그는 금주의 해적 상황, 오삼계 사건, 청태자 폐위 등 청나라의 정치적 정세에도 깊은 관심을 기울였다.

김창업은 이러한 반청의 중요한 사건들이 중화문명의 재건에 유리하게 작용할 수 있다고 여겼다. 그는 청나라 사람들에게 조선 사신의 의관에 대한 인상, 젊은이들의 독서 상황 등을 자문하곤 했는데, 이 모두가 중화문명의 현황을 가늠하는 지표라고 여겼기 때문이다. 숙소의 주인인 유씨를 만났을 때, "우리들의 의관이 어떻습니까?"라고 물었다. 곽여백(郭如柏)과 만났을 때는 "우리의 의관이 당신이 보기에 우습지 않습니까?"라고 물었다. 영종(榮琮)을 만났을 때는 "우리의 의관과 대국의 의관이 서로 다른데, 놀랍지 않습니까？"라고 물었다. 도서 상황에 대해 물을 때는 영종(榮琮)에게 "(영랑은) 책을 몇 권 읽으셨습니까？", 강전(康田)에게도 "책을 몇 권 읽으셨습니까?", "경서는 이미 다 읽었을 것 같고, 문장은 어떤 책을 익혔습니까?"라고 물었다. 이원영(李元英)의 동생에게는 "그대는 책을 몇 권 읽었습니까?"라고 물었고, 정홍(程洪)에게는 "어떤 책을 읽었습니까?"[64]라고 물었다. 이처럼 김창업은 청나라 문인들에게 자신들의 의관(衣冠)에 대한 인상과 독서 상황을 물었는데, 이는 중화문명의 쇠락 여부를 가늠하려는 의도적

60) 김창업,「瀋陽感懷次雩沙韵」, 김창업,『노가재집(老稼齋集)』권5,『한국문집총간』제175책, 제105쪽. "天道如今可復論, 尚看腥穢滿乾坤。"

61) 김창업,「嘉平途中謹次先韵」, 위의 책, 제102쪽. "燕中壯士悲歌地, 萬一相迎坐上頭。"

62) 김창업,「次伯氏謹次人日先韵」, 위의 책, 제108쪽. "錯料英豪隱屠肆, 慢教兒女泣閨闈。"

63) 김창업,「永平途中」, 위의 책, 제111쪽. "幽燕不得意, 匹馬復歸來"

64) 이 절에서 인용한 문구는 순서대로 김창업『노가재연행일기』,『연행록전집』제32책, 제443쪽, 제477쪽, 제489쪽,『연행록전집』제32책, 제489쪽, 제535쪽,『연행록전집』제33책, 제168쪽, 제315쪽을 참조하시오. "我輩衣冠如何？", "俺們衣冠, 你見可笑否？", "我們衣冠與大國異制, 可駭不駭？", "經書想已完了, 文章曾熟何書？", "君讀幾卷書？", "讀何書？"

행보였다.

(3) 김창업은 특히 이원영(李元英)과 가장 자주 긴밀한 교류를 나누었다. 『노가재연행일기』에는 이원영과 교류한 날짜가 기록되어 있는데, 계사(癸巳)년 정월 10일, 11일, 12일, 18일, 22일, 23일, 27일, 2월 2일, 2월 3일, 2월 10일이다.[65]

김창업과 이원영이 밀접하게 교류하게 된 배경은 다음과 같다.

① 두 사람은 모두 시를 잘 지었으며, 서로의 시적 재능에 감탄하였다. 정월 10일 처음 만났을 때, 김창업이 「섣달 그믐날(除夜)」이란 시를 지었는데, 소년이 보고 기뻐하며 "당나라 사람의 시와 비슷합니다."라고 말했다. 이어서 김창업에게 "그대와 내가 벗이 되는 건 어떻습니까?"[66]라고 제안했다. 이원영이 김창업의 시적 재능을 알아보고, 흔쾌히 친구를 청한 것이다. 또 "(이원영이) 율시와 절구 수십 수를 내보이자" 김창업이 이를 읽고 "시가 정교하다."라고 평했고,[67]이원영의 시 「정월 대보름(元夕)」을 평가하면서는 "그대의 시는 더없이 아름답고, 시어 또한 우리 처지를 잘 표현하고 있다."[68]라고 말하였다. 두 사람의 시적 재능에 대한 상호 감상으로 인해 시가 교환은 그들 교류의 주요 형식이 되었다.

계사년 정월 11일, 김창업은 "이원영에게 편지를 쓰며, 절구 여섯 수와 필묵 각각 세 개씩을 동봉해 선흥(善興)에게 보냈다."[69], 정월 18일에는 "이원영에게 약속한 편지를 쓰고, 상원일(上元)에 지은 칠언율시 한 수를 적어 원건(元建)을 시켜 전했다."[70], 정월 22일에는 "시 「정월 대보름(元夕)」을 지었으면 보여주시겠는가?", "이원영 또한 내가 날마다 지은 시를 보여 달라고 요청해서 내가 「해당화를 노래하다[咏海棠]」, 「매화(梅花)」, 「지국(紙菊)」의 칠언절구 세 수와 「유리병 속의 물고기를 노래하다[咏琉璃瓶魚]」의 오언절구 한 수를 적었다."[71], 정월 23일에는 "이원영의 율시에 차운한 것을 원건을 시켜 보냈다.", 정월 30일에는 "(이원영이) 난초를 읊은 율시 한 수를 보내왔다."[72]라고 기록했다. 이처럼 한시 교환은 두 사람의 관계를 가깝게 하는 데 중요한

65) 김창업과 이원영의 구체적인 교류 정황에 대한 상세한 설명은 이 책의 하편 제2장을 참조.

66) 김창업, 『노가재연행일기』 권3, 『연행록전집』 제33책, 제56쪽. "似唐人語。", "君與我爲友何如？"

67) 김창업, 『노가재연행일기』 권3, 『연행록전집』 제33책, 제56쪽. "(李元英)出律絶數十首", "詩精工。"

68) 위의 책, 제97쪽. "貴詩極佳, 詩語亦道著吾人情境也。"

69) 위의 책, 제59쪽. "(金昌業)作書於李元英, 以其絶句六首, 同封筆墨各三, 送善興"

70) 위의 책, 제77쪽. "李元英許裁書, 並上元所題七律一首, 與元建往傳"

71) 위의 책, 제98쪽. "元夕詩如已俯和, 見示如何？", "元英又要見余比日所作, 余書示『咏海棠』、『梅花』、『紙菊』七言絶句三首, 『咏琉璃瓶魚』五言絶句一首"

72) 위의 책, 제154쪽. "以咏蘭一律寄來"

역할을 했다.

② 첫 만남에서 보여준 이원영의 진심도 김창업이 그와 계속 교류하기를 원하도록 만들었다. 먼저 이원영은 김창업에게 자발적으로 "그대와 친구가 되는 건 어떻습니까?"[73]라고 제안하면서 친분을 쌓고자 노력하였다. 『노가재연행일기』는 이원영에 대해 김창업과 친구 맺기를 자청한 처음이자 유일한 청나라 문인이라고 명확하게 기록하고 있다. 다음으로 행동에서 보인 친근함이다. 이원영이 자발적으로 "탁상의 책 한 갑(匣)을 보여주었는데, 제목은 『패문재광군방보(佩文齋廣群芳譜)』였고, 이는 바로 황제가 새로 편찬한 책"이었다. 이때 김창업이 책을 빌려 가서 읽겠다고 제안하자, 이원영은 "바로 한 갑을 주었다."[74] 등을 예로 들 수 있다. 그다음으로는 정성스러운 환대로 표현되는데, 접대용으로 차려진 음식을 예로 들 수 있다. 『노가재연행일기』에 "하나는 우리나라의 강정과 같은데, 여기서는 진미(珍者)라 불렀고, 바로 과자 종류이다. 또 하나는 우리나라의 삽산참(鈒散糝)을 만든 것과 비슷한데, 맛이 좋다. 또 하나는 얇은 종이를 말아 놓은 것 같으며, 크기는 우리나라 여과(蓼花)의 과병(果柄)만하다. ……이것은 계란이 아니고, 바로 유제품을 졸여 만든 것으로, 여기서는 '별미(異味)'로 여긴다."[75]라고 기록했다. 이원영이 김창업과 함께 나눈 음식은 맛이 좋았을 뿐 아니라 현지 음식 중에서도 '진미'이자 '별미'에 속하는 것들이었다. 이를 통해 이원영이 김창업을 극진하면서도 세심하게 대접했음을 알 수 있다. 마지막으로 이원영의 진심은 솔직하면서도 정직한 언어에서도 표현되었다. 김창업은 시에서 "해외에서 떠돌며 미친 듯이 노래한 지 오십 년, 벗들과 어울리며 흰머리만 늘어남을 한탄했네. 누가 알았으랴, 오늘 금대(金臺) 가에서 진심을 나누고 속마음을 털어놓을 벗을 만나게 될 줄을?"[76]라고 읊으면서 이원영을 "간을 꺼내고 쓸개를 쪼갤 만큼 진실한 사람"이라고 평가했다. 이를 통해 이원영이 매우 진실하게 친구를 사귀었음을 알 수 있다.

(4) 김창업이 교류한 청나라 문인은 주로 중하류 계층의 문인으로 수재(秀才)가 많았다.

문헌 기록에 따르면, 이들 청나라 문인들은 문학적 재능이 부족해 김창업과의 학술적 대화가 어려웠으며, 교류 내용도 심오한 학문적 주제까지는 미치지 못했다. 김창업의 교유 과정을 전체

---

73) 김창업, 『노가재연행일기』 권3, 『연행록전집』 제33책, 제56쪽. "君與我爲友何如？"

74) 위의 책, 제57, 58쪽. "遂與一匣"

75) 위의 책, 제58쪽. "一種似我國乾飣, 此中稱爲珍者, 即餠屬。一種似我國鈒散糝之爲, 而味好。一種如卷薄紙然, 大如我國蓼花果柄。……此非鷄卵, 乃熬酪所成, 此中所稱異味云矣。"

76) 김창업, 「次李元英韵」 其三, 김창업, 『노가재집(老稼齋集)』 권5, 『한국문집총간』 제175책, 제109쪽. "海外狂歌五十春, 交遊常恨白頭新。誰知今日金臺畔, 邂逅輸肝剖膽人？"

적으로 살펴보면, 그가 주도적으로 질문을 하고, 청나라 문인이 답하는 형태였는데, 이로 인해 김창업은 이번 연행에서 청나라 학술 문화를 깊이 이해할 기회를 얻지 못하였다. 그가 "유연(幽燕)에서 뜻을 이루지 못하고, 말을 타고 다시 돌아왔네. [幽燕不得意, 匹馬復歸來]"라고 한 것은 이러한 이유 때문일 것이다. 주목할 점은 김창업이 청나라 문인들과의 깊은 교류를 갈망하고 있었다는 사실이다. 그와 이원영 사이의 잦은 편지 및 시문 교환이 이를 증명한다. 또한 그는 정홍(程洪)과 시문을 교환하며 "방금 말씀하신 것은 시법(詩法)에 대한 일반론일 뿐입니다. 제가 지은 시가 어찌 이치에 맞고, 차례가 있다고 하겠습니까? 졸작을 부끄러움 없이 보인 것은 다만 당신처럼 학식이 높은 분께 가르침을 구하고자 함일 뿐입니다."77)라고 말한 것에서도 저명한 문인과 시법을 논하고자 했던 그의 마음이 잘 느껴진다.

한편 일부 청나라 문인들은 김창업과의 교류에서 실리적 이익을 얻고자 하는 마음이 있었다. 김창업은 다양한 청나라 인사들과 접촉하며, 각기 다른 목적의 교류를 경험했다. 이원영은 김창업의 의관을 보려고 적극적으로 다가갔다가 첫 만남을 갖게 되었다. 왕준공(王俊公)은 청심환과 지묵, 부채 등의 선물을 얻기 위해 스스로 찾아왔는데, 해적 평강왕 소식을 전한 후에 "지필과 부채"를 요구하였다. 또 곽여백(郭如柏)과 같이 서화와 골동품 판매를 목적으로 김창업에게 접근한 사례도 확인된다.

2 김창업과 청나라 문인 교류의 의의

18세기 초 김창업은 청나라 문인들과 가장 활발하게 교류한 조선 문인이다. 이들의 교류는 당시 전형적인 중한 문인 간의 교류를 보여주는 대표적인 사례이다. 당시 조선 문인들은 청나라에 대한 부정적인 인식으로 인해 적극적인 교류 의지를 갖기 어려웠다. 주로 우연한 만남이나 의례적 접촉 등에 의한 가벼운 교류가 많았으며, 문학과 학술 방면의 깊이 있고 세밀한 교류는 드물었다. 그러나 김창업의 『노가재연행일기』와 『노가재집』은 필담, 창화시, 서신 교환, 교유 관계 등을 상세히 기록하여, 청나라의 정치·풍속·서민문화 등을 생생히 담아냈다.

조선에서 명성이 높았던 김창업의 연행일기가 조선 문단에서 널리 알려지게 됨에 따라 점점

77) 김창업, 『노가재연행일기』 권5, 권8, 『연행록전집』 제33책, 제317 - 318쪽. "纔所說, 乃泛論詩法。如我所作, 安有所謂辭理次第乎？忘拙呈醜者, 不過欲質於大方之家。"

더 많은 문인들이 청나라의 역사와 현황에 관심을 갖기 시작하였다. 이는 훗날 청나라로의 출사를 준비하는 문인들이 청나라를 깊게 이해하고, 청나라 문인들과 계속 교류할 수 있는 토대를 마련하는 데 기여하였다.

제4절 김재행, 김선행 형제와 '절항삼사'의 교류

김재행(金在行)은 생졸년 미상의 18세기 조선 시인으로 자는 평중(平仲), 호는 양허(養虛)이다. 김상헌(金尙憲)의 질증손(侄曾孫)이며, 예조판서 김선행(金善行)의 이복동생이다. 그는 성격이 호방하고 소탈하여 영리를 탐하지 않았다. 또한 그는 시재(詩才)가 뛰어났고, 초서에 능하였다.[78]

'절항삼사(浙杭三士)'는 엄성, 반정균, 육비를 가리키며, 이들은 모두 절강(浙江) 인화(仁和, 현재 항저우) 출신이다.

엄성(1733-1768)은 자가 역암(力闇), 호가 철교(鐵橋)로 건륭 을유년(1765년) 거인이 되었다. 그는 성품이 고결하고 청렴하여, 세속을 초월한 인물로 성리학(性理學)에 깊은 조예가 있었으며, 육서(六書)와 성운학(聲韻學)에 능통했고, 서화(書畫)에도 뛰어났다. 또한 그는 문장에도 능해서 『철교전집(鐵橋全集)』을 남겼다.[79]

반정균(1742-?)은 자가 난공(蘭公) 또는 향조(香祖), 호는 추루(秋庫) 또는 덕원(德園)이다. 무술년(1778년) 진사에 합격하였고, 섬서도어사(陝西道御史)까지 지냈다. 홍대용(洪大容)은 그를 "시의 풍격이 뛰어나고 문장과 글씨가 일찍이 완성되었다. [風調絶人, 詞翰夙成]"라고 평하며, "마음을 열고 진실하게 사람을 대하며, 외모를 꾸미지 않는 것이 가장 사랑스럽다. [對人開心見誠, 不修邊幅, 爲最可愛也]"라고 칭찬했다. 그의 저서로는 『가서당유집(稼書堂遺集)』이 있다.[80]

육비(1719-?)는 자가 기잠(起潛), 호가 소음(篠飮)이다. 건륭 을유년(1765년) 향시(鄕試)에 수석

78) 주문조(朱文藻) 編『日下題襟集』「김수재(金秀才)」, 엄성 찬, 주성조 편, 『철교전집(鐵橋全集)』 제4책. 홍대용, 『金養虛在行浙杭尺牘跋』, 홍대용, 『담헌서(湛軒書)』 내집 권3, 『한국문집총간』 제248책, 제74쪽.

79) 이 부분은 주로 주양공(周亮工)의 『印人傳』(청 광서(光緖) 『翠琅玕館叢書』 본)권3, 이덕무, 『청장관전서(青莊館全書)』 권33, 왕계숙(汪啓淑) 찬, 『續印人傳』(청 도광(道光) 23년 해우고씨(海虞顧氏) 각본)권3, 소진함(邵晋涵) 등 엮음, 정운(鄭澐) 등 속수(續修) 『건륭(乾隆) 항주부지(杭州府志)』 권94 등을 참고했다.

80) 반연동(潘衍桐) 편집, 『兩浙輶軒續錄』 권12, 제301쪽. 양장거(梁章鉅) 찬, 주지(朱智) 속찬(續撰), 『추원기략(樞垣記略)』 권18, 청 광서(光緖) 원년 발행본. 편자 미상, 『搢紳赤牘』, 필사본, 한국 서울대학교 규장각 소장, 제15, 16쪽.

으로 합격했으며, 성품이 고상하고 시문(詩文)에 뛰어났다. 그의 저서로는 『소음재시집(篠飮齋詩集)』 네 권과 『독역상억(讀易象臆)』 등이 있다.[81]

1 김재행과 '절항삼사'의 교류

김재행이 주로 교류한 청나라 문인들은 절항삼사(浙杭三士)였다. 1765년(건륭 30년) 11월, 김재행은 중국 풍물을 구경하고자 김선행을 따라 사신의 신분으로 중국에 갔으며, 이듬해 2월 북경에서 '절항삼사'를 만났다. 『일하제금집(日下題襟集)』 「홍고사(洪高士)」에는 이들의 처음 두 차례의 교류 상황이 기록되어 있다.

> 처음 방문했을 때, 그들은 무신으로 가장하며 거짓 행세를 했었다. 그러나 다음 날에 다시 만났을 때는 유학자의 옷으로 갈아입어 공손하고 온화한 모습이었다. 식사를 준비하여 나와 난공을 대접했는데, 식사할 때는 각자 앞에 짧은 책상을 놓고, 그 위에 다양한 요리와 그릇에 담긴 밥을 올렸다. 젓가락 대신 숟가락을 사용했으며, 식사 전에 반드시 제사를 지냈다. 앉는 자세는 오늘날의 무릎 꿇는 모습과 같았는데, 모두 고대의 예법을 따르고 있었다. 저녁까지 머물며 대화를 나누었는데, 질문과 답변이 많아 모두 기억할 수 없었다.[82]

김재행은 처음 엄성과 반정균을 만나 청나라 문인의 학식을 시험하려 '군복을 차려입고 무장으로 변장한 채' 시문을 청해 시편을 교환했다. 비록 첫 만남에서 논쟁이 있었고, 엄성과 반정균도 시휘(時諱)를 언급할 때는 조심스러워했지만[83], 김재행은 이 첫 대면에 깊은 감명을 받았다.

---

81) 도원조(陶元藻) 편집, 『전절시화(全浙詩話)』 권50, 청 가경(嘉慶) 원년 이운각(怡雲閣) 각본을 참조했다. 소진함(邵晋涵) 등 엮음, 정운(鄭澐) 등 속수(續修) 『(乾隆) 杭州府志』 권 59에는 "『소음시집(篠飮詩集)』 4권, 거인(擧人) 인화(仁和) 육비(陸飛) 기잠(起潛)이 찬하다."라고 수록하고 있다. 또 권57에는 "『독역상억(讀易象臆)』, 국조(國朝) 거인(擧人) 인화(仁和) 육비(陸飛) 기잠(起潛)이 찬하다."라고 수록하고 있다.

82) 주문조(朱文藻) 편 『일하제금집(日下題襟集)』 「洪高士」, 엄성 찬, 주문조 편, 『철교전집』 제5책. "初來見訪, 亦戎衣[裝]詭託武臣, 翼日見之, 乃易儒服, 恂恂如也. 設飯相款余與蘭公, 爲之一飽飯時, 每人橫一短几上, 列衆羞一銅盂, 飯不設筯而用匙, 食必先祭, 坐則如今人之跪, 皆古禮也. 流連至暮, 問答語極多, 不能悉記."

83) 홍대용, 『담헌서(湛軒書)』 외집 권2 『건정동필담』에는 "평중이 '우리 부대인(副大人)께서 난공(蘭公)의 주권(硃卷) 중에 '망망한 우주에 주(周)를 버리고 어디로 갈까[茫茫宇宙捨周何適]'라는 글귀를 보고 옷깃을 여미었다'고 하자, 난공의 안색이 오랫동안 가라앉지 않았다. 나는 평중에게 교분이 얕은데 말이 깊다고 꾸짖었다." 첫 번째 필담 기록에는 "역암(力闇)이 '이미 좋은 사이가 되었으니 겉치레 말은 하지 맙시다.' 하며, 또 '이후에

그는 “지금 두 분의 덕의(德儀)를 직접 체험하니, 중화의 인물에 미치지 못함을 새삼 깨달았습니다.” 또한 “사관에 머물며 봄이 지나는 동안 매일 벌어지는 일들은 이익을 위한 다툼뿐이었습니다. 이제 두 분의 가르침을 받으며 어리석었던 마음을 깨끗이 닦을 수 있었습니다.”라고 말했다. 이별할 때는 “손을 잡고 서로 떨어지기 어려웠다.”84)라고 기록하며 애틋함을 드러냈다.

엄성도 김재행에게 좋은 인상을 받아 그를 ‘이인(異人)’, ‘호탕하고 소탈한 선비’라고 칭하며,85) “나는 홍군의 인품을 존경하게 되었으며, 김군을 아끼는 마음이 더욱 깊어졌다.”라고 말했다. 엄성은 홍대용에게는 존경심을, 김재행에게는 진심 어린 호감을 나타냈다. 그는 “홍군은 ......유학 문사의 기상을 지녔고, 김군은 세속을 초월한 고결함과 자유로움을 갖췄다. 두 사람은 취향은 달랐지만, 서로 잘 통하는 친구였다.”86)라고 설명했다. 또 엄성은 “그들은 멋을 부리지 않고, 행동이 소박하고 거리낌 없어서 좋았다.”87)라고 평가했다.

첫 만남 이후, 김재행은 2월 4일, 8일, 14일, 16일, 19일, 23일, 26일에 엄성, 반정균, 육비와 만남을 가졌다.

김재행과 ‘절항삼사’의 교류 특징은 다음과 같다.

(1) 홍대용은 주로 필담을 통해 절항삼사와 교류하였고, 김재행은 한시 창화를 중심으로 약간의 필담을 겸하였다. 직접 만나지 못할 때는 서신으로 소통하며 관계를 유지했다. 이들의 교류 기록은 여러 문헌에 보존되어 있는데, 김씨와 절항삼사 간 주고받은 시문과 서한은 고려대 중앙도서관 소장 『중조학사서한(中朝學士書翰)』, 서울대 중앙도서관 소장 주문조 편 『일하제금집(日下題襟集)』(엄성 찬 『철교전집(鐵橋全集)』 4권 포함), 하버드 옌칭도서관 소장 『연항시독(燕杭詩牘)』 등에 수록되어 있다. 이들의 필담 기록은 홍대용의 『건정동필담(乾凈衕筆談)』(『담헌서(湛軒書)』 외집 제1권)과 『건정필담(乾凈筆譚)』(『연행록전집』 제43권)에 실려 있다.

는 진실된 말만 합시다.[力闇曰 : ‘既成相好, 不當作客話。’且曰 : ‘此後宜祇說真話。’]’라고 말했다”는 내용도 있다. 이를 통해 양측이 첫 필담에서 사상 교류를 다소 유보했음을 알 수 있다.

84) 홍대용, 『담헌서(湛軒書)』 외집 권2 외 『건정동필담(乾凈衕筆談)』, 『한국문집총간』 제248책, 제129쪽. “今承兩位德儀, 益覺中華人物之不可企及也。”, “留館經春, 日日相接皆刀錐競利。今來承誨, 快滌茅塞。”, “握手不忍相捨”

85) 주문조(朱文藻) 편, 『일하제금집(日下題襟集)』 「김수재(金秀才)」, 엄성 찬, 주문조 편, 『철교전집』 제4책. “異人”, “豪邁倜儻之士”

86) 엄성, 『양허당기(養虛堂記)』, 『중조학사서한(中朝學士書翰)』. “洪君……, 具儒者氣象。而金君嶔崎歷落, 不可羈紲, 趣若不同, 而交相善也。”

87) 주문조(朱文藻) 편, 『일하제금집(日下題襟集)』 「김수재(金秀才)」, 엄성 찬, 주문조 편, 『철교전집』 제4책. “不修邊幅, 舉止疏放可喜”

홍대용은 '절항삼사'와 총 7회의 필담을 진행했으며, 이 중 5회에는 김재행도 동참했다. 이들이 교류할 때, 홍대용과 '절항삼사'는 주로 사상적·학술적 논의를 전개한 반면, 김재행과 '절항삼사'는 주로 한시 창화를 중심으로 한 교류에 집중하였고, 학술적 논의는 거의 이루어지지 않았다. 1차 필담에서 반정균은 육비의 그림과 엄성의 제화사(題畫詞), 자신의 제화시(題畫詩)를 공유했다. 김재행은 자신의 율시 「앵무(鸚鵡)」 3수를 제시하고, 청음의 시에 차운한 절구 한 수를 지었다. 이에 엄성과 반정균이 즉시 차운하여 화답하며 재주를 겨루었다.[88] 2차 필담에서는 김재행이 시령(詩令)을 제안했고,[89] 3차 필담 초반에 그는 엄성과 반정균의 시문을 상호 평론했다.

이어서 반정균에게 시를 청하자, 그는 아내의 시 「상부인의 운을 차운하다[次湘夫人韻]」를 제시했다. 김재행은 다시 「잠자리에서 잠 못 이루며 철교·추루를 그리워하며 전운을 사용하다[枕上不寐有懷鐵橋、秋庫, 仍用前韻]」, (금문에서 칙서를 기다리며 두 기발이 머물고 있네[金門待詔駐雙旌])를 지어 보였다.[90] 6차 필담에서 김재행은 육비와 서로 시문을 평론하며, 즉석에서 「난공과 작별하며 드리다[贈別蘭公]」(금옥 같은 인품 비단 같은 마음[金玉其人錦綉腸])을 지어 엄성·반정균·육비에게 평론을 청했다. 또한 술자리에서 "시령을 내리며 운을 띄웠다."[91] 7차 필담에서는 김재행이 다시 시를 짓고, 주령을 행하며, "천년의 주령을 누가 막을 수 있으랴! 이제 영원한 이별을 앞두었으니, 우리 네 사람은 반드시 시를 남겨야 할 것이다."[92]라고 말했다.

이 5차례에 걸친 '절항삼사'와의 시문(詩文) 교류 외에도, 2월 16일 김재행은 엄성·반정균과 단독으로 필담을 나누었다. 이 필담 역시 시론(詩論)에 집중되었고, 주륙지학(朱陸之學) 등 철리(哲理) 문제를 다루지는 않았다.[93]

김재행과 홍대용이 북경에 머물 때의 한시 교류를 비교하면 뚜렷한 차이가 있다. 홍대용은 청 문인들과 한시 창화를 거의 하지 않았으며, 청나라 사람에게 지어준 시는 반정균에게 준 소체시 「새로이 사람을 사귀는 것보다 더 큰 즐거움은 없다[樂莫樂兮新相知]」 한 수뿐이었다. 반면 김재행은 '절항삼사'와 한시 창화를 중심으로 활발하게 교류했고, 현재 6조가 남아 있는데,

88) 홍대용, 『담헌서(湛軒書)』 외집 권2 외 『건정동필담(乾凈衕筆談)』, 『한국문집총간』 제248책, 제129쪽을 참조했다.

89) 위의 책, 제133쪽.

90) 위의 책, 제136쪽.

91) 위의 책, 제156~160쪽. "發詩令分韻"

92) 위의 책, 제165쪽. "千載酒令亦誰禁之？今將永別矣, 吾四人不可無詩。"

93) 위의 책, 제146~148쪽.

이 안에는 반정균에게 준 시 두 수(「책에 부쳐 난공에게 드리다[題册贈蘭公]」, 「난공과 작별하며 드리다[贈別蘭公]」)가 포함된다. 이는 한시 교류가 김재행과 '절항삼사' 간의 주요 소통 방식이었음을 보여준다.

서신 교환은 김재행이 북경에 머물던 시절 절항삼사(浙杭三士)와 연락을 유지하는 또 다른 형태의 교류 방식이었다. 현존하는 양측 서신은 총 17통이며, 이 중 9통은 북경에 머물렀을 때 쓴 것이고, 나머지 8통은 이별 후에 주고받은 것이다.

(2) 김재행과 절항삼사의 교류는 18세기 중한 양국의 실의에 빠진 문인 교류의 전형이라 할 수 있다. 이들의 시문과 서신에는 관료 등용 제도에 대한 불만과 지음(知音)을 찾기 어려운 것에 대한 탄식이 드러나 있다. 김재행은 탄식하며 "그대는 내가 왜 '양허'라고 호칭하게 되었는지 아십니까? 우리나라는 문벌을 중시하는 풍습이 있습니다. 공을 세운 자의 후손은 쉽게 높은 벼슬을 얻지만, 가난하고 보잘것없는 문사는 비록 재능이 뛰어나도 제대로 주목받지 못합니다."[94]라고 말한 적이 있다. 김재행은 편지에서 엄성의 "분노"와 "교만"이라는 성격적 특징을 언급하며, "그러나 내가 가까이에서 관찰한 바에 따르면, 내 벗은 뜻이 높고 기개가 뛰어나며, 늘 강개한 마음을 품고 있었습니다. 어찌 고명하신 분께서 내면의 자극을 참지 못한 것이 아니겠습니까? 분노와 교만은 선악의 차이는 있으나, 사람들의 질시를 받아 해를 입는다는 점에서는 같습니다."[95]라고 말했다. 이들 모두 뜻을 이루지 못한 채 천애(天涯)에 떨어진 처지였기 때문에 서로의 우정을 각별하게 소중히 여겼다. 이처럼 김재행과 절항삼사의 교유는 진정한 지기의 사귐이었다. 김재행은 시에서 "평생의 감개가 이제 머리를 희게 만들었고, 낯선 땅에서의 만남이 갑자기 나의 눈을 번쩍 뜨이게 했다."[96]라고 말했는데, 이런 두터운 우의는 주로 다음과 같이 표현되었다.

① 이들은 재능, 학식, 도덕 등 모든 방면에서 서로를 높이 평가했다. 엄성은 김재행과 첫 만남 이후 그를 '이인(異人)', '호탕하고 소탈한 선비'[97]라고 칭하였다. 『양허당기(養虛堂記)』에서는 그를 '올바른 사람이 올바른 말을 한다.'[98]라고 칭했다. 반정균은 김재행을 "천성이 고상하며,

94) 엄성, 『양허당기(養虛堂記)』, 『중조학사서한(中朝學士書翰)』. "子亦知吾之所以號'養虛'者乎？吾國俗重門閥, 庸庸者, 或不難得高位, 而後門寒畯之士, 雖才甚良, 弗見焉。"

95) 김재행, 「與鐵橋、蘭公書」(在行臨岐拜別于力闇、蘭公……), 주문조(朱文藻) 편, 『일하제금집(日下題襟集)』「김수재(金秀才)」, 엄성 찬, 주문조 편, 『철교전집』 제4책. "然而竊觀吾友, 志氣高邁, 常懷慷慨。未知高明或無所激于中而不能容忍乎？激與驕雖美惡不同, 而見嫉于人而受其害則一也。"

96) 김재행, 「用從高祖清陰先生韵, 贈鐵橋」, 위의 책. "平生感慨頭今白, 異域逢迎眼忽青。"

97) 주문조(朱文藻) 편, 『일하제금집(日下題襟集)』「김수재(金秀才)」, 위의 책.

거문고와 문장은 흥이 넘치고 풍부하며, 시와 음주는 쓸쓸하고 한가하여 이백(李白)이나 소식(蘇軾) 같은 문인조차도 제 눈에는 그와 필적할 만한 사람으로 보이지 않습니다. 그의 시는 궁핍함 속에서 정교함이 넘치고, 인품은 빈곤 속에서 굳건함이 넘치니, 이는 오늘날의 매요신(梅堯臣)과 석연년(石延年)이라 할 만합니다."[99]라고 칭찬했다. 김재행의 소탈하고 호탕한 성격은 이백과 소식에 비유되었고, 그의 시와 인품은 매요신과 석연년에 견줄 만하다고 평가받았다.

엄성은 김재행의 시를 "한나라, 위나라, 성당 시기의 여러 시인을 깊이 사모하며 본받았으니, 그 풍격이 힘차고 굳건하며, 글씨 또한 힘차고 시원스러워 가히 칭찬할 만하다."[100]라고 칭송했다. 김재행 역시 엄성과 반정균에 대해 "두 벗의 높은 재능과 박식함은 시대를 초월했으니, ……중화에 이와 같은 군자가 있음을 모른다면 또 누가 있겠는가?"[101]라고 추앙하며, 시찬(詩贊)에서 "금문의 칙서를 기다리며 머물고 있는 두 깃발(雙旌), 강남에서 뛰어난 재주를 보이고, 구경(九經)에 능통하였네."[102]라고 했다.

② 김재행은 철항삼사와 교유할 때 진실된 언행을 보였다. 『건정동필담(乾凈衕筆談)』에 따르면, 김재행은 교류 과정에서 엄성과 반정균에게 자발적으로 화운한 시를 보여주었다. 엄성은 김재행에게 이 시를 "상자 속에 소중히 간직할 수 있도록" 직접 써달라고 청했고, 김재행은 망설임 없이 이를 받아들였다. 글을 쓴 후 김재행은 "사양하지 않고 쓴 것은 단순히 제 우직한 성격을 보여드리고 싶었을 뿐입니다."[103]라고 말했다. 김재행은 그의 모든 행동과 말에서 솔직하고 담백한 성품을 드러냈다.

③ 서로에게 진심 어린 조언을 아끼지 않았다. 반정균은 김재행에게 농사에 전념할 것을 권유하며, 편지에서 "생계를 소홀히 하여 가족의 원성을 사는 것은 현명한 사람의 중용(中庸)의 도(道)가 아닙니다. 반드시 농사를 잘 지어야 합니다."[104]라고 당부했다. 김재행도 반정균에게 "난공

98) 엄성, 『양허당기(養虛堂記)』, 『중조학사서한(中朝學士書翰)』. "正人正言"

99) 「潘庭筠與金在行書」(養虛先生安啓。庭筠再拜, 謹白養廬先生師席……), 위의 책. "天懷高妙, 琴書跌宕, 詩酒蕭閑, 如李青蓮、蘇子瞻一輩人, 目中未見其匹。顧詩以窮而益工, 品以貧而益堅, 則又今日之梅聖俞、石曼卿也"

100) 엄성, 『양허당기(養虛堂記)』, 위의 책. "於漢魏盛唐諸家, 心摹手追, 風格遒健, 而書亦俊爽可喜"

101) 김재행, 「與鐵橋、蘭公書」(在行臨岐拜别于力闇、蘭公……), 주문조(朱文藻) 편, 『일하제금집(日下題襟集)』 「金秀才」, 엄성 찬, 주문조 편, 『철교전집』 제4책. "二友之高才博識, 邁于一世, ……不知中華有如此高士者, 更有何人？"

102) 김재행, 「枕上不寐有懷鐵橋、秋庫, 仍用前韻」, 위의 책. "金門待詔駐雙旌, 江表高才擅九經。"

103) 홍대용, 『담헌서(湛軒書)』 외집 권2外 『건정동필담(乾凈衕筆談)』, 『한국문집총간』 제248책, 제136쪽. "以作篋中珍秘", "不辭而書, 聊見愚直之性耳。"

104) 「潘庭筠與金在行書」(養虛先生安啓。庭筠再拜, 謹白養廬先牛師席……), 『중주 학사 서한』. "但不治生産, 至使

아우는 겨우 스무 살을 넘겼는데, 재능이 뛰어난 사람입니다. 그러니 어리석은 내가 감히 헤아릴 수 있는 사람이 아닙니다. 하지만 어쩌면 그가 가진 뛰어난 기질이 꾸준한 덕성을 능가하는 것이 아닐까 걱정입니다. 그는 반드시 말 한마디, 행동 하나하나를 조심스러워하고 두려워해야 합니다. 뜻을 세우면 굳게 지켜야 하고, 자신을 다스릴 때는 절제하고 겸손해야 합니다. 일상과 행동거지에서 절대 마음을 놓아서는 안 되며, 이것은 한편으로는 타인에게 존중을 받기 위함이고, 다른 한편으로는 타인에게 불쾌감을 주지 않기 위함입니다."[105)]라고 말했다.

또한, 반정균에게 날카로운 기운을 수습하고 언행을 조심하도록 권면하며, 『상서 · 대우모』의 "오직 입에서는 좋은 말도 나오지만 전쟁도 일으키니 짐은 더 이상 말을 하지 않겠소.[惟口出好興戎, 朕言不再]"와 『좌전 · 희공』의 "주(邾)를 소국이라 말하지 마십시오. 벌이나 전갈도 독이 있는데, 하물며 나라는 어떻겠습니까?"라는 전고를 인용해 불필요한 문제를 일으키지 않도록 당부했다.[106)] 서로의 깊은 정은 이별에 대한 애틋함으로 잘 드러난다. 엄성은 시에서 "아쉬운 만남이 곧 이별이 되니, 고요히 앉아 깊은 생각에 잠기기 힘들다네."[107)]라고 썼다.

(3) 김재행과 육비는 성정이 잘 맞았다. 그는 육비와의 교류를 통해 깊은 기쁨을 느꼈으며, 「철교에게 준 편지[與鐵橋]」에서 "두 형님과의 만남이 이미 천고의 기이한 일인데, 육형을 만난 기쁨은 말로 표현할 수 없습니다."[108)]라고 적었다. 김재행은 엄성과 반정균과의 만남을 천고의 기이한 만남으로 평가하면서도 육비와의 만남은 그 이상의 기쁨임을 강조했다. 이후 홍대용과의 6차 필담에서 육비는 김재행, 홍대용과 금란지교를 맺었다.

이후 김재행은 육비에게 보낸 편지에서 "현제(賢弟)" 또는 "육형(陸兄)"이라 칭하며 친밀함을 드러냈다. 「소음에게 준 편지[與篠飮]」에서 그는 "이미 역암(엄성)과 난공(반정균)과 오랜 시간 마음을 터놓고 지냈는데, 이제 현제(육비)를 만난 후로는 새로움과 옛것의 기쁨이 더해져 남의 형이 되니, 평생의 기쁨이 이를 넘을 수 없네."[109)]라고 적었다.

室人交謫, 亦未爲賢士中行之道, 還宜料理園田。"

105) 蘭弟纔過弱冠, 才華絶倫, 實非愚魯之所可窺測, 而或者英拔之氣有勝于穩重之德耶? 必須一言一動克慎克畏, 立志必堅固, 持己必抑損, 起居造次毋或放心, 一以爲見重于人, 一以免見忤于人也。

106) 김재행, 「與鐵橋、蘭公書」(在行臨岐拜別于力闇、蘭公……), 주문조(朱文藻) 편, 『일하제금집(日下題襟集)』「김수재(金秀才)」, 엄성 찬, 주문조 편, 『철교전집』 제4책. 君其無謂邾小, 蠭蠆有毒, 而況國乎.

107) 엄성, 「敬次清陰韵, 和養虛」, 주문조(朱文藻) 편, 『일하제금집(日下題襟集)』「김수재(金秀才)」, 엄성 찬, 주문조 편, 『철교전집』 제4책. "惆悵相逢即相别, 不堪兀坐思冥冥。"

108) 김재행, 「與鐵橋」(與二兄邂逅, 已是千古奇事……), 주문조(朱文藻) 편, 『일하제금집(日下題襟集)』「金秀才」, 엄성 찬, 주문조 편, 『철교전집』 제4책. "與二兄邂逅, 已是千古奇事, 陸兄之遇, 何以形其樂邪?"

한편 김재행이 엄성, 반정균에게 보낸 편지에서는 두 사람을 '두 친구'라며 친근하게 호칭했다. 「철교에게 준 편지[與鐵橋]」에서 "어제 두 친구의 편지를 받았는데, 눈물이 저절로 흘러 옷깃이 젖었습니다.", "재행이 이별에 임해 역암과 난공 두 친구 족하께 삼가 작별을 고합니다."110)라고 적었다. 또한, 「철교 엄 선생 역암을 애도하는 글과 서문[鐵橋嚴先生力闇哀辭並序]」의 끝에서도 "해동의 친구 김재행 평중이 울며 삼가 고합니다."111)라고 하며 애정을 드러냈다. 김재행이 절항삼사를 부르는 사소한 호칭의 차이에서도 육비에 대한 애정이 가장 깊었음을 알 수 있다.

김재행과 육비가 각별하게 의기투합한 모습은 당시 일부 조선 문인들의 주목을 받았다. 이덕무는 "기잠과 양허는 세속의 구속에 얽매이지 않는 기개가 있어 성향이 잘 맞았고, 이로 인해 사이가 더욱 돈독해졌다."112)라고 했다. 두 사람이 친밀한 관계를 유지한 것은 결국 자유로운 성격과 진솔한 성품이 서로 닮았기 때문이었다.

2 김선행과 '절항삼사'의 교류

김선행 역시 절항삼사와 깊이 교류하였다. 1766년 2월 3일 홍대용이 엄성과 반정균과 필담한 후, 김선행에게 두 사람의 방문 계획을 알렸고, 김선행은 그들 두 사람을 알게 되었다. 2월 4일, 엄성과 반정균이 옥하관(玉河館)을 방문하여 김선행은 그들과 첫 만남을 가졌으며, 이후 시문과 서신을 주고받으며 여러 방면으로 교류하였다. 이들의 주요 교류 내용은 다음과 같다.

(1) 김선행은 '절항삼사'와 중화 산천의 명소 등에 대해 깊이 있는 필담을 나누었다. 엄성은 김선행과의 필담에 대해 "중화 산천과 명승고적에 대해 두루 묻고 답하며 수만 마디의 말을 주고받았다. 이를 견지(繭紙)에 이어 붙여 장(丈) 길이로 기록한 것이 십여 폭에 달했는데, 특히 강소와 절강 지역에 대한 내용이 상세했다."113)라고 말했다. 이를 통해 김선행과 절항삼사가

109) 김재행,「與篠飮」(羲之蘭亭, 太白桃園……), 위의 책. "既與闇、蘭披襟頗久, 今自逢賢弟之後, 又有新舊之歡而猥忝爲人之兄, 平生之樂無逾于此。"

110) 김재행, 「與鐵橋、蘭公書」(在行臨岐拜別于力闇、蘭公……), 위의 책. "昨承二友書, 祗自沾襟。", " 在行臨岐拜別于力闇、蘭公二友足下。"

111) 김재행, 「鐵橋嚴先生力闇哀辭並序」, 위의 책. "海東友人金在行平仲拜哭"

112) 이덕무, 『청비록(清脾錄)』 권1, 제183쪽. " 起潛與養虛骯髒不羈, 氣味吻合, 故尤相好云。"

113) 주문조(朱文藻) 편, 『일하제금집(日下題襟集)』「金秀才」, 엄성 찬, 주문조 편, 『철교전집』 제4책. "遍問中華山川名勝, 往復殆數萬言。繭紙亘丈者, 盡十餘幅, 而尤詳于江浙等處"

열띤 대화를 나눴음을 알 수 있다. 또한, 이들은 조선 의관과 명나라 유사(遺事)에 대해서도 논의한 바 있다. 홍대용의 『건정필담(乾凈筆譚)』에는 2월 4일 엄성, 반정균과 김선행 간의 필담이 기록되어 있는데, 이때 순의군(順義君) 이훤(李烜)과 홍억(洪檍)도 함께 참여했다. 이 자리에서 "의관과 전 조대(前朝)의 일을 논하며, 부사가 다그쳐 묻고 시휘(時諱)를 많이 범하였다."[114]라고 했지만, 안타깝게도 필담의 상세한 내용은 전해지지 않는다.

(2) 김선행과 엄성, 육비 사이에 많은 창화시가 교환되었다. 김선행이 엄성에게 준 시로는 「엄철교, 반추루에게 드리다[贈嚴鐵橋, 潘秋庫]」, 「철교에게 보내는 서신(4수)[簡鐵橋四首]」, 「주자구를 모아 철교와 추루에게 이별 선물로 주다[集朱子句, 留別鐵橋, 秋庫」 등이 있으며, 이는 모두 엄성을 위한 창화시이다. 또한 김선행은 육비만을 위해 「소음의 증조부 소미 선생 충천의 사당 벽화에 시를 짓다[題篠飮曾祖少微先生忠天廟畫壁詩]」를 지었고, 육비 역시 김선행에게 「송선(松扇)도에 제하여 김승상에게 주다[題畫松扇, 贈金丞相]」, 「또 죽선(竹扇)도에 제하여 김 승상에게 보내다[又題畫竹扇, 送金丞相]」, 「김승상이 편지를 보내 작별을 고하니, 만나지 못한 정이 만난 정보다 깊다. 심부름꾼에게 즉흥적으로 작은 시를 지어 주며, 글을 써 보냈다[金丞相書來道別, 未面之情深於既面。對來使, 率成小幅, 題詩送之]」 등의 시를 지어주었다. 이 시들은 주로 상대방에 대한 존경과 이별에 대한 애틋한 감정을 담고 있다.

(3) 김선행과 절항삼사 간의 직접 만남은 많지 않았지만, 서신을 통해 관계를 유지하였다. 김선행이 북경에 머물던 때, 엄성과 반정균에게 보낸 편지 6통이 『일하제금집』 「김재상(金宰相)」 편에 수록되어 있다. 엄성과 반정균 역시 김선행에게 다수의 편지를 보냈으나 대부분 소실된 상태이다. 김선행은 「철교와 추루에게 준 편지[與鐵橋, 秋庫]」에서 "비록 직접 가르침을 받을 수는 없으나, 끊임없이 보내주시는 편지가 저의 마음을 적잖이 위로해주었습니다."[115]라고 말했다. 이 편지는 양자의 만남이 단 한 번뿐이었다는 것과 편지 교류가 빈번했다는 것을 동시에 알려주고 있다.

현존하는 편지들만으로도 김선행과 엄성, 반정균 사이에 흐르던 감정의 교류를 엿볼 수 있다. 먼저 그들은 서로의 재능을 진심으로 흠모하며 존경했다. 김선행은 "추루의 단아함과 신중함, 철교의 시원하고 호방한 기질이 절묘하게 조화를 이룬다. 이처럼 뛰어난 재능과 풍모를 성명문물의 나라에서 마음껏 펼치지 못함이 실로 안타깝다."[116]라고 말하며, 엄성과 반정균의 발탁되지

114) 홍대용, 『乾凈筆譚』, 『연행록전집』 제43책, 제28~29쪽. 語及衣冠及前朝事, 副使故爲迫問, 多犯時諱。

115) 김선행, 「與鐵橋, 秋庫」(雖未能更承淸誨……), 위의 책. "雖未能更承淸誨, 伻書源源, 稍慰鄙懷。"

못한 재능을 안타까워했다. 엄성과 반정균 역시 김선행에게 깊은 경의를 표하며, 그를 추앙했다. 김선행의 편지에는 "두 분께서 덕장에 이름을 남기고, 과오를 중시하며 깊은 믿음을 지니니 진정 우러를 만하다."[117]라는 내용이 담겨 있다. 다음으로 이별을 아쉬워하는 감정이 애잔하게 표현되었다. 김선행은 "상봉의 기쁨은 크지만, 이별의 슬픔은 앞으로 어떻게 견뎌야 할지 모르겠습니다.", "만남과 이별이 너무 갑작스러워 그리움을 감당할 수 없습니다."[118] 등의 애틋한 감정을 글에 담았다.

이를 통해 김재행과 김선행 형제가 절항삼사와 상당히 깊은 정신적 교류를 나눴음을 확인할 수 있다. 이들의 교류는 홍대용과 절항삼사의 돈독한 우정의 후광에 다소 가려지긴 했지만, 그 자체만으로도 중요한 의미를 지닌다. 그 이유는 다음과 같다.

(1) 이들은 선조인 김상헌이 중국인들과 맺은 교류의 전통을 계승하여 절항삼사와 교제를 이어갔으며, 이는 조선에서 오랜 시간 미담으로 회자되었다. 성대중은 김재행과 절항삼사의 창화시를 읽고, 「양허 김평중(在行)의 <항사창화첩(杭士酬唱帖)>에 제(題)하며 청음(淸陰)의 운(韻)을 쓰다[題養虛金平仲(在行)<杭士酬唱帖>, 用淸陰韻]」[119]를 지었다. 또한, 현재까지 전해지는 『중조학사서한(中朝學士書翰)』은 양측의 깊은 학문적 우의를 보여주는 중요한 증거이다.

(2) 김재행과 김선행 형제는 18세기 최초로 청나라 문사들과 많은 한시를 교환한 조선 시인들이다. 이는 두 가지 측면에서 중요한 의미를 지닌다. 첫째, 이들은 청나라 문인들과 한시 창수를 통해 명나라 시절 중한 문인들이 함께 한시를 읊던 전통을 되살렸으며, 시문(詩文)을 통해 서로를 더욱 깊게 이해할 수 있도록 하였다. 둘째, 18세기 말 북학파 문인인 박제가와 유득공 등이 청나라 문인과 한시 창수를 재개할 수 있는 토대를 마련해 주었다.

116) 김선행, 「與鐵橋、秋庫」(僕不喜交遊, 同邦罕知舊……), 주문조(朱文藻) 편, 『일하제금집(日下題襟集)』 「金秀才」, 엄성 찬, 주문조 편, 『철교전집』 제4책. "然秋庫端謹, 鐵橋爽塏, 對之默然相契, 深惜以此才華風範之美, 生於聲明文物之邦不能展。"

117) 김선행, 「與鐵橋、秋庫」(東歸之轍匪久當發……), 위의 책. "兩足下德章忽至, 推重之過、相信之深可以仰想。"

118) 김선행, 「與鐵橋、秋庫」(日間兩足下德履珍重……), 위의 책. "相逢之喜既大, 相離之愁將奈何?"

119) 성대중, 『청성집(青城集)』 권2, 『한국문집총간』 제248책, 제371쪽.

제3장

풍산 홍양호 가문과 청나라 문인의 교류

풍산(豐山) 홍씨 가문은 고대 한국의 명문가로 고려와 조선에서 모두 높은 권세와 문학적 명성을 누렸다. 이들 가문의 홍낙성(洪樂性)·홍수보(洪秀輔)·홍양호 모두가 기사(耆社)에 들어갔는데, "한 가문에서 세 기사(耆社)가 나온 것은 세상에서 매우 드문 일"[1]이었다. 이에 남유용(南有容)은 "가문이 크고 현인(賢人)이 많았다."[2]라고 평했으며, 홍석주(洪奭周)도 「풍산세고발(豐山世稿跋)」에서 "우리 집안은 대대로 문학을 전수하여 지금의 십팔 대에 이르렀다."[3]라고 기록하였다.

풍산 홍씨 가문은 중국 문단과 끊임없는 교류를 이어왔다. 고려 원종(元宗) 때 이들의 선조인 홍간(洪侃)은 중국 문인들과 밀접한 관계를 유지했는데, 중국 문인 공문표(孔聞漂)는 홍간의 문집에 서문을 써 주면서 "시로 그 이름이 중국에 알려졌다."[4]라고 말하였다. 홍씨 일가의 상당수는 중국에 출사한 경험이 있으며, 이들 대부분은 중국 문인들과 교류하면서 두터운 학문적인 우의를 맺었다. 특히 18세기 후반부터 19세기 중엽까지 홍양호와 그의 자손 홍희준·홍석모·홍경모, 종친 홍낙성·홍인모 등은 많은 청나라 학자들과 밀접한 학술 교류관계를 맺었다. 이 중 홍양호와 기윤의 교류는 18세기 중한 문인 교류의 전형적인 사례라고 할 수 있으며, 처음으로 이루어진 양국의 공식적인 학술 교류로 매우 중요한 의미를 지닌다. 이들의 깊은 학문적 우의는 후대 학자들의 교류에 직접적인 영향을 미치며, 중요한 역사적 의의를 갖게 되었다. 이에 본 장에서는 풍산 홍양호 가문과 청나라 문인들의 문학과 학술 교류를 중심으로 논하고자 한다.

제1절 홍양호 가문과 청대 문인의 관계

18세기 풍산 홍씨 가문과 청나라 문인들의 교류에서 가장 주목할 만한 것은 홍양호와 홍희준 부자가 기윤, 대구형(戴衢亨), 장시(蔣詩) 등과 나눈 교류이다. 이후 홍석모(洪錫謨)와 홍경모(洪敬

1) 홍인모, 『足睡堂集』 권2, 성균관대학교 장서각 소장본. "以一門三耆堂, 世所罕有。"

2) 남유용, 「忠州牧使贈吏曹參議洪公墓志銘并序」, 남유용, 『뇌연집(雷淵集)』 권20, 『한국문집총간』 제217책, 제441쪽. "族大而多賢"

3) 홍석주, 「豐山世稿跋」, 홍석주, 『연천집(淵泉集)』 권21, 『한국문집총간』 293책, 480쪽. "吾家以文學相傳紹, 迨今十八世矣。"

4) 홍석주 편, 『풍산세고』 권1, 순조24년 활자본, 국립중앙도서관 소장. 홍석주, 「豐山世稿跋」, 홍석주, 『연천집(淵泉集)』 권21, 『한국문집총간』 293책, 480쪽. "以歌詩名聞中國."

謨)는 선대의 인연을 이어 기수유(紀樹蕤), 장술(蔣鉞), 대가회(戴嘉會) 등 청나라 문인들과 학문적 교류를 이어갔는데, 이는 중한 학술 교류사에 있어 중요한 의의를 지닌다.

1 홍양호와 청나라 문인의 교류

홍양호(1724-1802)는 초명이 홍양한(洪良漢), 자가 한사(漢師)로 후에 홍양호로 개명하고, 호(號)를 이계(耳溪)라 하였다. 풍산(豐山) 출신으로 북학파의 대표적 인물이다. 1752년(영조 28년) 생원시와 문과에 급제한 후, 검열(檢閱)·수찬(修撰)을 역임했다. 1774년(갑오년) 등준시(登俊試)에 합격하여 대제학·판의금부사(判義禁府事)에 제수되었고, 기사(耆社)에 들었으며, 시호는 문헌(文獻)이다.[5] 주요 저서로는 『이계집』, 『이계홍양호전서』 등이 있다.

홍양호는 중국에 두 차례 출사했는데, 첫 사행은 1782년(임인년) 10월로 서소신(徐紹薪), 대구형, 덕보(德保), 박명(博明), 김간(金簡), 제패련(齊佩蓮), 이미(李美) 등의 청 문사들과 교류했다. 두 번째 사행은 1794년(갑인년)으로 기윤, 철보(鐵保), 이정원(李鼎元), 석광로(釋廣老) 등과 교류했다. 귀국 후에도 대구형(戴衢亨), 대심형(戴心亨), 기윤, 제패련, 이미 등과 서신과 시문을 주고받으며, 학술 토론과 선물 교환 등을 이어갔다.

홍양호와 청 문인들의 교류를 종합적으로 고찰하였고, 이들의 교류 내용과 특징은 다음과 같다.

(1) 홍양호는 중국에 두 차례나 출사했지만, 청 문인들과 주고받은 필담은 많지 않다. 그는 주로 서신 교환을 통해 청 문인들과 장기적인 교류를 이어갔다. 현재 대구형·기윤·제패련·이미와 주고받은 편지 24통이 남아 있는데, 처음 보낸 편지는 「대 한림 구형에게 보내는 편지[與戴翰林衢亨書]」는 계묘년(1783)에 쓴 편지이며, 마지막 편지는 「기 상서에게 보내는 편지(신유)[與紀尙書書 辛酉]」는 사망 전년인 신유년(1801)에 쓴 편지이다. 이 편지들은 서로의 근황을 전하며 흠모의 정을 나누는가 하면, 문학과 학술에 관한 깊이 있는 논의까지도 모두 담고 있어서 이를 통해 청나라 문인들과의 교류 양상을 생생하게 알 수 있다. 대구형(戴衢亨)은 「육서묘계(六書妙契)」에 대해 "이해가 정교하여 고인(古人)에게 결코 뒤지지 않는다."[6]라고 평가하며 시로 칭송하였다.[7]

---

5) 安鍾和 會纂, 『국조인물지(國朝人物志)』 "홍양호(洪良浩)" 조, 294쪽.

6) 戴衢亨與洪良浩書, 이한복(李漢福) 추제 『동문신교(同文神交)』"理解精到, 不讓古人。"

7) 대구형(戴衢亨), 「戴翰林答詩」, 『耳溪洪良浩全書』 권6, 119쪽. "偏傍點畫具心得, 奥字奇語令人驚", "上考冰斯

편방과 점획에 모두 깨달음이 있으니 偏傍點畫具心得
깊은 글자 기이한 말 놀라움을 주네. 奧字奇語令人驚

이양빙(李陽冰)과 이사(李斯)를 거쳐 창힐(倉頡)에 이르니, 上考冰斯溯倉頡
산 아래에서 끝없는 바다에 닿았네. 貴從山下窮滄瀛

홍공은 글 읽어 근원 꿰뚫고, 洪公讀書究源委
새 뜻으로 선현 넘고자 하네. 欲以新意超前英
힘써 필획 찾아 기쁨 얻고, 强尋波磔欣創獲
주석 달아 정밀함을 자랑하네. 細與注釋誇研精
동산의 누에고치 바치는 이처럼, 有如園客獻獨繭
고운 음률 하늘의 이치에 부합하네. 音徽一一符天成

이를 통해 그는 홍양호의 육서(六書) 연구는 '원위(源委)'를 탐구하였고, 큰 성과를 거두었으며, 새로운 뜻(新意)이 있다는 등의 특징을 지니고 있음을 제기하였다.

(2) 홍양호는 청나라 문인들과의 교류에서 시가 증수(贈酬)를 중시하였다. 그는 "임인년(1782년) 출사에서 덕정포(德定圃) 상서(尙書) 박절재(博晰齋), 세마(洗馬) 대련사(戴蓮士) 수찬(修撰)과 차운하며 서로 화답하였다."[8]라는 기록이 있다. 현재 홍양호와 청나라 문인 간에 교환된 시는 모두 32수가 전하는데, 홍양호가 지은 시는 21수이고, 청나라 문인들이 지어준 시는 11수이다. 이는 박제가, 홍대용, 유득공이 청나라 문인들과 주고받은 증시 다음으로 많은 양이다. 홍양호가 청나라 문사들과 주고받은 시는 모두 9조(총 20수 중 16수 고증 가능)에 달하며, 교류한 모든 청나라 문사들과 증시를 주고받았다.

이들 한시의 주요 내용은 다음과 같다. 첫째, 흠모의 정을 전달하였다. 홍양호가 대구형에게 지어준 시에서 "삼소(三蘇)와 나란히 말을 달리고, 이육(二陸)과 고삐를 함께 한다."[9]라고 읊으면서 대구형을 북송의 삼소(소순·소식·소철)와 진나라 태강(太康) 시대의 육기·육운 형제에 비유

溯倉頡, 貴從山下窮滄瀛", "洪公讀書究源委, 欲以新意超前英。强尋波磔欣創獲, 細與注釋誇研精。有如園客獻獨繭, 音徽一一符天成"

8) 기윤(紀昀), 「耳溪詩集序」, 홍양호(洪良浩) 『이계집(耳溪集)』, 『한국문집총간(韓國文集叢刊)』 제241책, 3쪽. 壬寅奉使, 與德定圃尙書、博晰齋洗馬、戴蓮士修撰遞相唱和"

9) 홍양호(洪良浩), 「贈戴翰林衢亨」, 『耳溪洪良浩全書』 권6, 119쪽. "三蘇可並駕, 二陸方聯轡."

하며, 그의 재능을 극찬하였다. 제패련이 홍양호에게 지어준 시에서 “우아함과 풍류로 나의 스승이 되셨네.”10)라고 칭송한 것도 이에 해당한다. 둘째, 이별에 대한 안타까운 감정과 작별 후의 그리움을 노래하며, 홍양호와 청나라 문인 간의 깊은 우의를 진정성 있게 표현하였다. 이러한 특징은 주로 주고받은 증시에서 두드러지게 나타난다. 이에 대해서는 다음 절인 “홍양호와 기윤의 교류”에서 상세히 논하도록 하겠다.

(3) 기윤은 홍양호와 가장 가까운 청나라 문인이었다. 직접 만나 필담을 나눈 적은 없지만, 서신으로 오랜 기간 교류하며 친밀한 관계를 유지했다. 그 구체적 양상은 다음과 같다. 먼저 1795년 홍양호가 기윤과 학술 교류를 시작한 이래, 생애 마지막 시기까지 거의 매년 서신과 시를 주고받으며, 선물을 교환했다. 다음으로 홍양호와 기윤은 다른 사람들에 비해 편지와 시문을 가장 많이 주고받았다. 현존하는 편지만 10통이며, 주고받은 시는 17수, 창수시는 1조(총 4수)이다. 또, 기윤과 홍양호는 “첫 만남부터 오랜 친구처럼 뜻이 통하고 기질이 닮아 서로 끌렸던” 학문적 동반자로서 문학 창작의 목적과 동기, 문파 논쟁 등 다양한 주제에 대해 깊이 있는 대화를 나누었다. 마지막으로 이들의 교류는 양가 후손들의 지속적인 관계의 토대가 되었다. 이후 두 가문의 후손들은 반세기 동안 교류를 이어갔는데, 이는 중한 문인 간 교류사에서도 보기 드문 사례이다.

(4) 홍양호는 북학파의 핵심 인물로서 정조에게 청나라의 통치 장점을 잘 수용하여 청나라를 본받을 것을 적극적으로 건의했을 뿐만 아니라11) 청나라 문인들에게 자신의 저작을 자발적으로 소개하여 조선의 문화를 알리고자 했다. 그는 대구형에게 『육서묘계(六書妙契)』와 개정본 『육서경위(六書經緯)』를 차례로 선물하며, 자신의 학설이 청나라에 널리 알려지기를 희망하였다. 또한 기윤에게는 『이계시집』, 『이계문집』, 『육서경위』를 선물했다. 1786년(병오) 홍대용은 이희경을 통해 서대용에게 시집을 전달하며, 서문을 부탁하기도 했다.

10) 제패련(齊佩蓮), 「贈耳溪老人七律」, 이한복(李漢福) 추제(追題) 『동문신교(同文神交)』 儒雅風流是我師

11) 1783년(계묘), 홍양호는 중국 사행에서 귀국한 후 『진6조소(陳六條疏)』를 지어 청나라에서 배울 점을 구체적으로 진술하였다. 그 내용은 다음과 같다. “땅은 중화의 옛 땅이요, 사람은 선왕의 백성으로 유풍과 풍속이 오히려 살펴볼 만하며, 이용후생의 도구는 모두 법도가 있다. … 신은 삼가 나라의 계책에 도움이 되고 백성의 생활에 가장 긴요한 것들을 취하여 6조로 나누어 왼쪽에 열거하오니, 성명하신 임금께서 살펴주시기를 바랍니다.” 이는 그가 북학파 대표 인물 중 하나임을 증명하는 명백한 근거이다.(1783年(癸卯), 洪良浩出使中國歸國後撰寫了《陳六條疏》一文, 具體陳述了向清朝有所學習的主張, 有云 : “地是中華之舊, 人是先王之民, 流風餘俗尚有可徵, 至於利用厚生之具皆有法度。……臣謹取其有裨於國計, 最切於民用者, 分爲六條, 開列于左, 惟聖明垂察焉。”此是其爲北學派代表人物之一的明證.) 홍양호, 『이계집』 권19, 『한국문집총간』 제242책, 345-346쪽.

전반적으로 홍양호의 저작 소개는 비교적 성공적이었다. 기윤은 흔쾌히 「이계시집서(耳溪詩集序)」, 「이계문집서(耳溪文集序)」, 「육서경위후제(六書經緯後題)」를 써 주었고, 서대용도 「홍상서시권서(洪尚書詩卷序)」를 써 주었다. 이들의 서발문에서 홍양호의 저작은 높은 평가를 받았다. 특히 서대용은 홍양호의 시에 대해 "근본이 바르고 정서가 아름다우며 뜻이 깊다."라고 극찬했다. 구체적으로 "그 시편들을 살펴보면 천성이 활달하고, 기상이 비상하며, 그 근본을 들여다보면 대부분 『초사』와 『문선』에 깊이 뿌리내리고 있음을 알 수 있다. 특히 초당의 명가들을 본받아 기운이 맑고 골격이 준수하여 속된 기운에 물들지 않았으며, 읊조릴 때마다 그 뜻이 아득히 깊다. 『시경』 삼백 편의 정신을 찾아보면 모두 여기에 담겨 있다."[12]라고 평가했다.

기윤은 홍양호의 육서 연구에 대해 깊은 사유와 실사구시의 치학 정신을 칭송하며, "『자설』은 심오한 사색으로 글자의 본뜻을 탐구하였다. 옛사람과 같지도 않고, 다르지도 않으며, 본래의 이치를 따라 당연한 해석을 얻었다. 이 한 편을 통해 문자의 중요성을 비로소 깨달을 수 있다. 특히 이치에 맞는 해석은 다 말하지 않고, 억지로 말하지도 않는다. …고우(高郵) 왕회조(王懷祖, 왕념손)는 동원(東原, 대진)의 뛰어난 제자로 소학에 가장 정통한 인물이다. 어제 그에게 보였더니 크게 감탄하며, 나의 평가가 아첨이 아님을 확인하였다."[13]라고 평가하였다.

2 홍희준과 청나라 문인의 교류

홍희준(1761-1841)은 자가 중심(仲心), 호가 훈곡(薰谷)인데, 원래 이름은 낙준(樂浚), 자는 중심(仲深)이었으며, 후에 희준(羲俊)으로 개명하였다. 홍양호의 둘째 아들로 1794년(갑인) 정시(庭試) 병과에 급제한 후, 성균관전적·병조좌랑·사간원정언·판중추부사 등의 관직을 역임하였다.

『역경』 연구에 뛰어나 『대관』·『완역대지』·『도서연상』·『역상집설』 등 역학 저술을 남겼으

12) 徐大榕, 「洪尚書詩卷序」, 이한복 추제 『동문신교』 "然撫其篇什, 類天姿曠朗, 至性過人, 而窺其根底, 則浸淫乎騷選者居多。凡初唐諸名家, 尤力所摹仿, 故氣清而骨雋, 不落凡格, 每一吟咏, 則寄托遥深。求諸《三百篇》之遺旨, 胥於是乎在。"

13) 기윤(紀昀), 「六書經緯後題」, 홍양호(洪良浩) 『이계집(耳溪集)』 "이계외집(耳溪外集)" 권10, 『한국문집총간(韓國文集叢刊)』 제242책, 338쪽. "《字說》以深湛之思, 溯治官察民之本意。不求同於古人, 亦不求異於古人, 因所固有而得其當然。有此一編, 始知書契所繫之大。其尤當理者, 在不全爲之說, 亦不强爲之說。……高郵王給事懷祖, 東原高足也, 於小學, 最有淵源。昨以示之, 渠深佩服, 知弟非阿所好矣。"

며,[14] 문집으로 『전구』가 전한다. 그는 스스로를 "매양 북학의 뜻을 품은 자"라고 칭하였으며,[15] 청나라 학자 진용광(陳用光)은 그의 학문에 대해 "계몽사상의 맥락을 설명할 수 있으니, 송학이 동방에서 이처럼 융성하였다."[16]라고 극찬하였다.

2.1. 홍희준과 청나라 문인의 교류 개황

홍희준은 청나라에 두 차례 출사하였다. 첫 번째는 1794년(갑인) 10월로 아버지 홍양호가 동지사 겸 사은사 정사로 북경에 갈 때 군관 자제 신분으로 수행하였다. 두 번째는 1826년(병술) 10월로 이때는 스스로 동지사 정사로 북경에 갔으며, 아들 홍석모가 군관 자제로 수행하였다. 갑인년 사행 당시 홍희준이 교류한 청나라 문인은 기윤, 제패련, 이정원, 나빙, 나윤소(羅允紹), 웅방수(熊方受), 주승총(朱承寵), 석운광(釋雲光), 장시 등이 있다. 특히 이 당시 그는 기윤과 이정원, 그리고 이정원의 소개로 알게 된 낙양의 학자들과 활발하게 교류하며, 친밀한 관계를 맺었다. 주요 교류 내용은 다음과 같다.

(1) 홍희준은 기윤, 이정원과 자주 만나 필담을 나누며 서신을 교환하였다. 기윤과는 세 차례 만났는데, "세 번 말석에 앉을 영광을 누렸으니 이보다 더 영광스러울 수 없었습니다."[17]라고 편지에 적었다. 또 그는 서신을 통해 기윤과 친밀한 관계를 유지할 수 있었는데, 『전구』에는 1795년(을묘)부터 1798년(무오)까지 기윤과 주고받은 편지 6통이 수록되어 있다.

홍희준은 이정원과도 활발히 교류하였다. 그는 "지난번 상도(上都)를 유람하고, …그대의 후의로 여러 연회에 참석할 수 있었다."라고 회상하였다. 이를 통해 이정원이 홍희준과 청나라 문인들과의 인연을 중개한 역할을 했음을 알 수 있다. 홍희준은 이에 감사하며, 후일 보낸 편지에서 "학자를 후대하는 그대의 마음이 아니었다면 이런 기회를 얻을 수 있었겠는가? 인연을 맺어 주셔서 낙양의 학자들과 문장(文章)의 장(場)에서 어울릴 수 있었다."[18]라고 말하였다. 이정원은 홍희준을 지기(知己)로 여기고, 여러 차례 자기 지인들과의 만남을 주선한 것으로 보인다.

14) 홍석모, 「先考吏曹判書府君行狀」,『도애집(陶厓集)』 제8책, 한국 성균관대학교 장서각 소장본

15) 홍희준(洪羲俊), 「與李墨莊鼎元書」,『전구』 권4. "每有北學之志向者"

16) 서유구(徐有榘), 「吏曹判書文穆洪公墓志銘」, 『풍석전집(楓石全集)』 "금화지비집(金華知非集)" 권8, 『한국문집총간』 제288책, 455~458쪽 "能闡啓蒙之緒, 宋學之盛於東方如此云"

17) 홍희준(洪羲俊), 「與紀尙書昀書」, 홍희준 『전구』 권4 "三登末席, 榮耀已極。"

18) 홍희준(洪羲俊), 「與李墨莊鼎元書」, 홍희준 『전구』 권4 "僕於曩日遊覽上都, ……蒙足下之眷愛, 屢參賓筵之末席。""如非足下好士之風, 何以及此？且能因緣介紹, 得與洛下諸學士從遊於翰墨之場。"

(2) 홍희준은 이별 후에도 기윤과 이정원을 잊지 못했다. 귀국 길에 오르자마자 그는 「16일 길에서 이묵장을 그리며, 두보의 운을 따르다[十六日途中懷李墨莊, 次杜]」와 「길에서 기상서를 그리며, 두보의 운을 따르다[途中懷紀尚書, 次杜]」를 지었는데, "관외에 착한 벗 멀어졌으니, 특별한 만남 어찌 잊으리오", "용문 연회에 세 번 말석 앉았더니, 이별 꿈은 북쪽 하늘에 걸렸네." 등의 시구에는 그리움의 정이 깊게 배어있다. 조선에 돌아온 후에도 그는 이정원에게 보낸 편지에서 중원 친구들의 안부를 꾸준히 물으며, "지난날 사귀던 여러분들은 근래 어떠신지요?"라고 말하였고, 정사년(1797) 겨울에는 「이묵장 정원에게 보내는 편지[與李墨莊鼎元書]」에서 "낙양의 학사들은 안녕하신지요?"[19]라고 다시 안부를 물었다. 이에 북경에서 청나라 친구들과의 즐거운 만남이 그에게 깊은 인상을 남겼음을 알 수 있다.

1826년(병술년) 홍희준이 청나라에 두 번째로 출사했을 때, 갑인년에 만났던 청나라 문인들을 만나지 못했다. 기윤, 이정원, 나빙, 웅방수 등은 이미 세상을 떠났고, 나이가 비교적 젊은 장시(蔣詩)는 당시 북경에 없었다.[20] 홍희준은 이번 사행에서 장시를 만나지 못했지만, 후에 장시는 홍희준에게 편지를 보내 옛정을 잊지 않았음을 전했다. 또한 이 편지에는 미처 만나지 못한 아쉬움과 두 집안의 자식들이 대를 이어 우의를 이을 것이라는 기쁨이 담겨 있었다.[21] 이후 두 사람은 서신을 주고받으며 옛 친분을 이어갔다.

이번 사행에서 홍희준은 진용광(陳用光), 진연은(陳延恩), 진부은(陳孚恩), 기수유(紀樹蕤) 등과 새롭게 교류하였다. 이들 중 진씨 세 사람은 한 가문으로 진부은은 진연은의 종제(從弟)이며, 두 사람 모두 진용광의 종질손(從姪孫)이다. 홍희준이 북경에 머물 당시 이들 모두가 북경에 거주하고 있어서 활발한 교류가 이루어졌다.[22] 홍희준과 진씨 일가의 첫 만남에 관해 그의 『전구』

19) 홍희준(洪羲俊) 「十六日, 途中懷紀尚書, 次杜」, 홍희준 『전구(傳舊)』 권2, 홍희준 「途中懷紀尚書, 次杜」, 홍희준 『전구』 권2, 홍희준 「與李墨莊鼎元書」, 홍희준 『전구』 권4, 홍희준 「寄墨莊書」, 홍희준 『전구』 권4. "關外良朋遠, 奇遊詎可忘" "龍門末席曾三上, 別夢長懸薊北天" "曩者交遊諸公安否, 近何如？""洛下諸公學士安否, 亦何如？"

20) 기윤(紀昀, 1724~1805), 이정원(李鼎元, 1749~1812), 나빙(羅聘, 1733~1799), 웅방수(熊方受, 1761~1825, 황남진(黃南津), 「웅방수생평고변(熊方受生平考辨」, 『광서지방지(廣西地方志)』 1995년 제5호, 61쪽 참조). 1827년(정해년) 초 장시(蔣詩)는 북경에 없었는데, 『장추음서(蔣秋吟書)』에서 "작년 훈곡(薰谷) 선생이 사신으로 선발되었을 때, 나는 고향에 돌아가 있어 만나지 못했다"라고 하였다. 홍희준(洪羲俊), 『전구(傳舊)』 권6.

21) 『장추음서(蔣秋吟書)』, 홍희준(洪羲俊), 『전구(傳舊)』 권6.

22) 홍석모(洪錫謨), 「二十九日, 陳登之宅約陳石士來會, 又與陳子鶴叙話, 臨歸用前韵書贈登之便面」, 『연행록속집(燕行錄續集)』 제129책, 137쪽. 홍석모가 북경에 체류하던 기간 동안 진씨 삼인(三人)이 모두 진연은(陳延恩)의 집에서 홍석모와 만난 것은 진씨 삼인의 긴밀한 관계를 입증하는 중요한 증거이다.

에는 기록이 없지만, 아들 홍석모의 『유연고』에는 "운장(雲莊)의 집에서 진연은과 만나 교류를 약속하였다."[23]라는 기록이 남아 있다. 이로 미루어 보아 홍희준은 아들의 소개로 진연은을 알게 되었고, 이후 진연은의 주선으로 진용광, 진부은과도 교류하게 된 것으로 보인다. 홍희준의 「진학사 석사 용광에게 보내는 편지[與陳學士石士用光書]」에는 진용광과의 첫 만남이 묘사되어 있는데, "다행히도 선생께서 접견을 허락하시어 등지(登之)의 집에서 그대의 청아한 풍모를 뵐 수 있었습니다. 담론은 진지하였으며 술자리는 정성스러웠습니다."[24]라고 기록되어 있다. 이를 통해 진연은(登之)이 진용광과 진부은에게 홍희준과의 만남을 추천하는 주선자의 역할을 담당했음을 확인할 수 있다.

한편, 홍희준과 기수유의 교류는 홍양호와 기윤의 깊은 학의에 기반을 두고 있다. 이에 홍희준은 북경에 도착하자마자 "먼저 효람 선생 가문의 안부를 물었고", 기윤의 손자 기수유가 옛집에 홀로 있음을 알고 "아들을 보내 대를 이은 우의를 나누게 했다." 이후 두 사람은 필담, 서신을 통해 학술과 문학 등의 분야에서 심도 있는 교류를 진행하면서, 홍양호와 기윤의 '동기상구(同氣相求)'의 전통을 직접 이어갔다.

2.2. 홍희준과 청 문인의 교류 형태와 내용

홍희준의 『전구(傳舊)』에 기록된 청 문인들과의 서신 및 시문 교류 등의 내용을 고찰하면, 청 문사와의 교류 사례는 주로 다음과 같다.

(1) 청 문인들과 만나서 필담을 나누었다. 홍희준은 두 차례의 사행 동안 기윤, 이정원, 장시, 진용광, 기수유, 제패련 등과 필담을 나누었다. 첫 사행 때는 기윤, 이정원과 많은 필담 교류를 가졌을 뿐만 아니라 기윤의 집에서 장시와도 필담을 가졌다. 장시는 후에 홍희준에게 보낸 편지에서 "건륭 을묘년(1795) 봄, 기종백(紀宗伯) 효람 선생 서재에서 그대의 풍모를 보며 가르침을 받았다."[25]라고 회상했다. 두 번째 사행에서는 진용광, 진연은, 제패련, 기수유 등과 필담을 나누

23) 홍석모(洪錫謨)의 「奉贈陳登之延恩」 시주(詩注)에 "(진등지는) 대운장(戴雲莊)의 처제(妻弟)이므로 운장의 집에서 만나 교류를 약속했다"고 기록되어 있다(홍석모, 『유연고(遊燕稿)』, 『연행록속집(燕行錄續集)』 제129책, 129쪽). "約會訂交於雲莊宅"

24) 홍희준(洪羲俊), 「與陳學士石士用光書」, 홍희준, 『전구(傳舊)』 권6. "幸蒙閤下之許接, 得瞻清儀於登之之宅, 塵論曲摯, 杯酌殷勤。"

25) 장시(蔣詩), 「蔣秋吟詩答書」, 홍희준, 『전구(傳舊)』 권6. "乾隆乙卯之春, 在紀宗伯曉嵐先生齋, 得挹芳儀, 藉聆麈教。"

었다. 홍희준은 진용광에게 보낸 편지에서 "희준은 동해의 먼 곳에서 온 미천한 신분으로도 선생님의 천대하지 않는 후한 대우를 입었습니다. 지난번 약속하신 대로 찾아뵙자 친절히 가르침을 주시고 정성스럽게 대접해 주셨으니, 선생님의 학자를 사랑하는 풍모를 누가 존경하지 않겠습니까?"[26)]라고 편지에 감사를 표했다. 제패련에게 보낸 편지에서는 "지난겨울 여관에서 풍채를 뵙고 밤새 담소하며 마음을 나눴습니다."[27)]라고 전했다. 안타깝게도 이 필담 기록들은 남아 있지 않아서 구체적인 내용을 확인할 수 없다.

(2) 청 문인들과 서로 서적을 증여하였다. 홍희준은 청나라 문인들과 서적을 교환하며, 자신과 선조, 스승, 친구들의 학문적 성과를 널리 알렸다. 그는 진용광에게 홍양호의 시문 선집 2권과 『만물원시』, 자신의 저서 『대관』 등을 선물했다.[28)] 청나라 문인들도 적극적으로 화답했는데, 진용광은 그의 선조인 진도의 『집사당외집』과 그의 스승 요내의 『고문사류찬』의 목록을 보냈고,[29)] 장시는 자신의 시문집 『유서선관집(楡西仙館集)』을 선물했다.[30)] 또한 홍희준은 기수유와도 서적을 주고받았는데, 홍양호의 『이계유고』 4권, 자신의 『대관』 2권, 『기문』 4권, 『완역대지』 1권 등을 선물했다. 기수유는 기윤의 『기문달공유집』을 화답으로 전해주었다.[31)] 이러한 서적 교류는 양측의 학문적 이해를 넓히고, 양측의 우정을 깊게 만들었다.

(3) 청 문인들에게 서발문을 요청하였다. 홍희준은 두 차례의 연행에서 홍양호와 자신의 저작을 청나라 문인들에게 소개하며 서문을 요청했다. 이정원에게 보낸 편지에서 "선친의 『만상경위』의 서문을 아직 받지 못했으니, 써주신다면 책의 가치를 빛낼 뿐 아니라 가문의 보배로 전해질 것이니, 부디 관심을 기울여 주시기 바랍니다."[32)]라고 부탁했다. 진용광은 홍양호의 『만물원시』

---

26) 홍희준, 「與陳學士用光石士書」, 위의 책(同上). "羲俊以東海遐踪, 特被閣下不鄙之盛眷。向日約會枉顧, 教誨諄摯, 接待款曲。閣下愛士之風, 孰不欽仰？"

27) 홍희준, 「여유관제수재패련서(與楡關齊秀才佩蓮書)」, 홍희준, 『전구』 권4. 僕於曩冬旅舍, 幸接清儀, 半夜雅話, 傾倒心肝。

28) 홍희준 「答陳學士書」"盛惠《集思堂外集》及《古文辭類纂》目録, 頼資發蒙。謹受, 珍謝之至。"同上。

29) 홍희준의 「與陳學士用光石士書」에 "선군자(先君子)의 깊은 학문과 높은 문장…시문선본 2책을 지금 가지고 왔으니, 각하의 문단을 주도하는 청렴한 안목과 통달한 식견에 반드시 큰 기준이 있을 것이라 여겨 삼가 올립니다"라고 기록되어 있다(홍희준, 『전구』 권6).

30) 장시(蔣詩)의 「蔣秋吟詩答書」 부록 예단(禮單), 홍희준, 『전구(傳舊)』 권6. 홍석모(洪錫謨)의 「輓蔣秋吟, 用前寄三絶韵」 시주(詩注), 도애시집(陶厓詩集)』 제12책.

31) 제3절 홍양호 후손과 기윤 후손의 교류 참조.

32) 홍희준, 「與李墨莊鼎元書」, 『전구(傳舊)』 권4."家君所著《萬象經緯》, 曩請華序, 未蒙屬筆。今若肯題, 則可以發揮闡揚, 永作傳家之寶, 幸乞留神焉。"

와 홍희준의 『대관』에 발문을 써주었는데, 이는 청나라 문인들이 그들의 학문적 성취를 충분히 인정하고 있음을 보여주는 것이다.

(4) 청 문인들과 서신을 교환하였다. 홍희준은 귀국 후 기윤, 이정원, 제패련 등과 서신을 교환했고, 1795년부터 1798년까지 총 13통의 편지가 오갔다. 두 번째 사행 이후에는 장시, 진용광, 기수유 등과도 편지를 주고받으며 관계를 유지하였다. 이 시기에 교환된 편지는 모두 29통에 달하는데, 장시와 주고받은 편지는 4통, 진용광과 주고받은 편지는 6통, 기수유와 주고받은 편지는 19통이다.[33] 현재 남아 있는 홍희준과 청나라 문인들 사이의 편지는 총 42통으로 그 수량은 18세기 말 중한 문인 간의 서신 교류에서 비교적 두드러진다. 서신 교환은 홍희준이 청나라 문인들과 관계를 유지하고 교류하는 가장 중요한 형식이라고 할 수 있다.

(5) 청 문인들에게 시문을 증여하였다. 홍희준은 청나라 문인들과 다수의 시문을 주고받았는데, 1795년(을묘년) 사행 기간에 「나개인(羅介人) 윤소(允紹)의 『화매(畫梅)』첩에 쓰다[題羅介人允紹<畫梅>帖]」, 「이묵장(李墨莊) 한림(翰林) 정원(鼎元)의 『등대도(登岱圖)』첩에 쓰다[題李墨莊翰林鼎元<登岱圖>帖]」, 「이묵장에게 드리다[留贈李墨莊]」, 「나양봉(羅兩峰)(聘)에게 드리다[贈羅兩峰(聘)]」, 「웅몽암(熊夢庵) 한림(翰林) 방수(方受)에게 드리다[贈熊夢庵翰林方受]」, 「주시독(朱侍讀) 승총(承寵)의 『해시도(海市圖)』첩에 쓰다[題朱侍讀承寵<海市圖>帖]」, 「초6일 현 북쪽 15리에 영산사가 있다는 말을 듣고 찾아가 주지 스님 운광(雲光)에게 써주다[初六日聞縣北十五里有靈山寺, 往遊書贈主僧雲光]」 등의 시를 지어 나윤소, 이정원, 나빙, 웅방수에게 선물하였다.[34]

청나라 문인들과 이별한 후에 홍희준은 「16일 길에서 이묵장을 그리며, 두시(杜詩)의 운을 따르다[十六日途中懷李墨莊, 次杜]」, 「길에서 기상서(紀尚書)를 그리며, 두시의 운을 따르다[途中懷紀尚書, 次杜]」, 「삼가 효람(曉嵐) 기상서에게 부치다[奉寄曉嵐紀尚書]」, 「유관(榆關)의 제선생(齊先生) 패련(佩蓮)에게 부치다[寄榆關齊秀才佩蓮]」 등의 증시를 지었다.[35] 청나라 문인들도 홍희준에게 시를 보냈는데, 장시는 「훈곡 선생께 드리는 절구 3수[奉贈薰谷先生三絶句]」에서 "훈곡(薰谷) 선생님과 도애(陶厓) 공자님께 세 수의 절구(絶句)를 올립니다."[36]라고 하였다. 이러한 시들은 서로에 대한 흠모와 그리움을 표현한 것으로 양측의 깊은 우정을 보여주는 중요한 자료이다.

---

33) 홍희준, 『전구(傳舊)』 권5, 권6 참조.

34) 홍희준, 『전구(傳舊)』 권2. 「題羅介人允紹<畫梅>帖」, 「題李墨莊翰林鼎元<登岱圖>帖」, 「留贈李墨莊」, 「贈羅兩峰(聘)」, 「贈熊夢庵翰林方受」, 「題朱侍讀承寵<海市圖>帖」, 「初六日聞縣北十五里有靈山寺, 往遊書贈主僧雲光」

35) 홍희준, 『전구(傳舊)』 권2. 「十六日途中懷李墨莊, 次杜」, 「途中懷紀尚書, 次杜」, 「奉寄曉嵐紀尚書」

36) 홍희준, 『장추음서(蔣秋吟書)』, 홍희준, 『전구』 권6. "奉寄絶句三首塵薰谷先生, 並陶厓公子政之."

2.3. 홍희준과 청나라 문인의 교류 특징

(1) 홍희준은 청나라 문인들과의 서신 교류에서 학술적 논의를 중시했다. 1798년 겨울 기윤에게 보낸 편지에서 그는 복제(服制)와 관련된 의문을 제기하며 "매일 상제(喪祭)의 예를 읽으며 가끔 검토해 보았습니다. 사사로이 의심나는 점이 있으나, 이 변방의 나라가 본래 폐쇄적이라 바로잡을 곳이 없었습니다. 당세에 선생님을 제외하고, 그 누구에게 물을 수 있겠습니까? 감히 선생님의 후의(厚誼)를 믿고, 삼가 14조의 질문을 별도로 작성하여 올려 여쭙니다."[37]라고 말하였다. 이 내용은 『전구』 권11에 수록된 「복제의 예에서 의문 나는 점을 기 상서 윤에게 묻다[服制疑禮, 書問紀尚書昀]」에서 확인할 수 있다.

홍희준은 두 번째 사행에서 진용광과 『주역』을 논의했다. 그의 학문적 열정은 진용광에게 깊은 감명을 주었고, 진용광은 편지에서 "훈곡(薰谷) 정사 선생님께 드립니다. 어제 뵙고 선생님의 진지한 마음과 학문적 열정을 느끼니, 저도 깊이 생각하고 부지런히 공부할 마음이 저절로 생겼습니다."[38]라고 썼다. 전반적으로 홍희준은 청나라 문인들과의 학술 교류에 특히 열정적이었는데, 이는 기수유와 주고받은 8통의 『주역』 관련 편지에 집중적으로 나타나 있다. 이에 대한 자세한 내용은 제3절에서 논하도록 하겠다.

(2) 청나라 문인 중 기수유(紀樹蕤)는 홍희준과 특히 각별한 우정을 나눴다. 홍희준의 아버지 홍양호(洪良浩)와 기윤(紀昀)이 학문적 교류로 친분을 쌓았고, 홍희준은 직접 기수유에게 연락을 취한 후 서로 만나고, 서신을 교환하면서 더욱 깊은 이해를 도모하였다. 이들의 우정은 홍희준의 만년까지 변치 않고 이어졌다. 현존하는 기록에 따르면, 홍희준과 기수유 간에 교환된 서신은 총 19통에 달하며, 교류 기간도 무려 12년에 걸쳐있다. 이는 그와 다른 청나라 문인들 간의 서신 수량과 교류 기간을 훨씬 초과하는 수치로 두 사람의 특별하면서도 견고한 우정을 상징하는 중요한 증거 자료이다. 홍희준과 기수유의 학문적 교류는 후에 조카 홍경모(洪敬謨)와 기수유의 깊은 교류와 사귐에 훌륭한 밑바탕이 되었다. 특히 기수유는 홍경모와 편지를 주고받을 때마다 홍희준을 자주 회상했는데, 이는 두 사람의 관계가 그만큼 친밀했다는 중요한 증거이기도 하다.

37) 홍희준(洪羲俊), 「上紀尙書疏 (무오년 겨울)」, 『전구(傳舊)』 권4. 日讀喪祭之禮而間嘗考閱。竊有疑難者, 偏邦固陋, 無所就正, 當今之世, 捨閣下, 其誰哉? 敢恃不鄙之厚誼, 謹以十四條問, 別寫仰質。

38) 진용광(陳用光), 「陳學士書」, 『전구』 권6. 薰谷正使閣下 : 昨相見, 承勤拳之意, 好問之懷, 使人自發其覃思劬學之心。

3 홍석모와 청나라 문인의 교류

홍석모(1781-1857)는 홍희준의 장남으로 조선 후기의 대표적인 문인이다. 그의 자는 경부(敬敷)이며, 구화재(九華齋), 근와(近窩), 도애(陶厓), 망서당(望西堂), 시옹(蒔翁), 옥탄거사(玉灘居士), 일량헌(一兩軒), 자각산인(紫閣山人), 찬승자(餐勝子) 등 다양한 호를 사용했다.39) 주요 저술로는 시문집 『도애집(陶厓集)』과 중국 연행 기록 『유연고(遊燕稿)』가 있으며, 『동국세시기(東國歲時記)』를 편찬했다.

1826년 병술년, 홍희준이 동지사 정사로 청나라에 출사할 때, 홍석모는 군관 자제 신분으로 동행하였다. 홍석모는 여정 중 추유전(鄒維田)·유승겸(劉承謙)·양덕신(楊德新)·오덕기(吳德基) 등과 교유하였고, 북경에서는 장시(蔣詩)·기윤·대구형(戴衢亨)의 저택을 방문하여 그 자제들인 장술(蔣鉞)·기수유(紀樹蕤)·대가회(戴嘉會) 등과 교류하며 대를 이은 우의를 돈독히 다졌다. 장술과 대가회의 소개로 웅앙벽(熊昂碧), 장상하(張祥河), 조강(曹江), 진연은(陳延恩) 등의 청 문사들과도 교류를 진행하였다.

이번 사행에서 홍석모와 깊이 있는 교류를 한 청나라 문인은 총 20명에 달하며, 그들의 교류 관계는 [도표 1]과 같다.

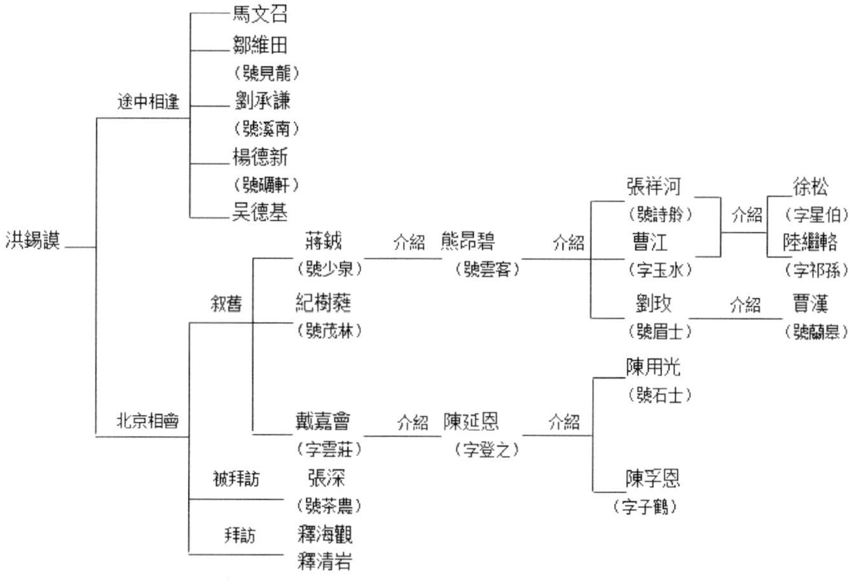

39) 서유구,「吏曹判書文穆洪公墓志銘」載云洪羲俊"擧二男。長卽錫謨，前府使。次永謨，未冠而夭"。

홍석모의 교류 사례는 다음과 같다.

(1) 청나라 문인들과 필담을 나누었다. 등주(登州)에서 이루어진 수재 추유전(鄒維田)과의 필담은 "붓으로 말을 나누며 졸음을 깨웠다."[40]라고 기록했고, 심양에서 이루어진 유승겸(劉承謙)과의 필담은 "마주 앉아 평생을 알고 지낸 듯 이야기했다."[41]라고 기록하였다. 북경에서 이루어진 진연은(陳延恩)과의 필담은 "반나절 동안 마음을 터놓고 이야기했다."[42]라고 기록하였다. 이외에 석해관(釋海觀), 석청암(釋淸岩), 장술(蔣鉥) 등과도 필담을 나눈 사실이 확인된다.

(2) 청나라 문인들과 한시를 창화(唱和)하였다. 홍석모는 청나라 문인들을 위해 다수의 시를 지어서 선물했는데, 그의 연행일기 『유연고』에 수록된 증시(贈詩)와 창화시만 집계해도 24수(시제를 기준)에 달한다. 대표적으로 「추유전 수사에게 화답하여 드리다[和贈登州秀士鄒維田]」, 「유계남 교수 승겸에게 삼가 드리다[奉贈劉溪南教授承謙]」 등의 작품들이 있다. 귀국 후에도 홍석모는 청나라 문인들과 계속 시문을 교류하면서 「앞서 부쳤던 시의 운을 따라 조옥수 중서에게 드리다[用前寄贈韻呈曹玉水中書]」, 「이전 작별시의 운을 따라 서성백 사인에게 부치다[用前別詩韻寄徐星伯舍人]」 등의 시 22수(시제 기준)를 더 남겼다.

(3) 청나라 문인들과 선물을 주고받았다. 서송(徐松)이 홍석모에게 당나라 때의 석각(石刻)을 선물하자, 그는 "당나라 석각의 아름다움을 주며 이별을 기념하니, 시인은 옛것을 사랑하는 진정을 보이는구나."라는 시를 지으며, 스스로 "당나라 석각을 선물로 받았기에 이렇게 말한 것이다."라는 주석을 적었다.[43] 장술(蔣鉥)이 그에게 자하배(紫霞杯) 한 쌍을 선물하자, "소천의 진실한 정성에 감사하니, 우리 부모님의 장수를 기원하며 자하배를 선물하네."라는 시를 남기며, "소천이 자하배 한 쌍을 주었으니, 나로 하여금 부모 봉양에 쓰게 하려 함이로다."라고 주석에서 자세히 설명하였다.[44] 진연은은 홍석모에게 옥패(玉佩), 대모합(玳瑁盒), 미앙와연(未央瓦硯), 수나라의 거울을 선물하였다.[45]

40) 홍석모(洪錫謨), 「和贈登州秀士鄒維田」, 홍석모 『유연고(遊燕稿)』, 『연행록속집(燕行錄續集)』 제129책, 31쪽. 筆話縱橫破睡魔

41) 홍석모(洪錫謨), 「奉贈劉溪南教授承謙」, 위의 책(同上), 37쪽. 相逢促膝若平生

42) 홍석모(洪錫謨), 「奉贈陳登之延恩」, 위의 책(同上), 129쪽. 半日論心傾蓋地

43) 홍석모(洪錫謨)의 「贈徐星伯即席要和」 시 주석, 위의 책(同上). "唐石墨華持贈別, 詞人好古見真情。"贈以唐時石刻, 故云。"

44) 홍석모(洪錫謨)의 「蔣少泉鉥宅, 與熊雲客、劉眉士玫會話, 和贈少泉別詩二首」, 위의 책(同上). "多謝少泉情好篤, 祝親爲贈紫霞杯。" "少泉贈紫霞杯一對, 爲我作養親之資。"

45) 홍석모(洪錫謨)의 「奉謝陳登之寄贈四物詩四首」가 있으며, 각 시 옆에는 증정품 이름이 기재됨: 옥치패(玉螭

(4) 귀국 후에도 홍석모는 청나라 문인들과 계속 서신을 교환했다. 주요 교류 대상은 장상하(張祥河), 장심(張深), 기수유, 조강(曹江), 웅앙벽(熊昂碧), 장술(蔣鉞), 진연은(陳延恩) 등이다. 그의 문집 『도애집(陶厓集)』에는 청나라 문인들에게 보낸 편지가 모두 9통 수록되어 있는데, 대표적으로 「장 시령 상하에게 보내는 편지[與張詩舲祥河書]」, 「장 다농 심에게 보내는 편지[與張茶農深書]」, 「기 무림 수유에게 답하는 편지[答紀茂林樹蕤書]」, 「조 옥수 강에게 답하는 편지[答曹玉水江書]」 등이 있다.

홍석모와 청나라 인사들과의 교류는 크게 세 가지 특징을 가지고 있다.

첫째, 홍석모는 청나라 문인들과의 교류에서 한시 증여를 특히 중시하였다. 이는 홍씨 가문과 청나라 문인들의 교류 사례에서도 매우 두드러지는 특징이다. 현존하는 자료를 기준으로 홍석모가 청나라 문인들에게 보낸 시는 46수에 달하며, 청나라 문인들이 그에게 보낸 시 역시 상당한 양이다. 그의 『유연고(遊燕稿)』에만 해도 청나라 문인들의 시가 다양한 체재로 29수나 수록되어 있는데, 이러한 시문 교류는 홍석모의 뛰어난 시 창작 능력과 깊은 관련이 있다. 현존하는 홍석모의 『도애시집(陶厓詩集)』은 무려 21권에 이르며, 수록된 시의 수량 또한 매우 방대하다. 그의 사행 일기 『유연고』는 전편이 시체(詩體)로 구성되어 있는데, 오언고시·오언절구·오언율시·칠언고시·칠언절구·칠언율시·육언절구 등의 다양한 시체를 모두 아우르는 473수의 시가 수록되어 있어서 이를 통해 그의 한시에 대한 열정을 잘 알 수 있다.

홍석모의 뛰어난 시적 재능은 청나라 문인들로부터 높은 찬사를 받았다. 기수유는 "재주 빼어나 선현을 따르고, 고아한 운치 청신하게 단편에 배어있네."라고 극찬했으며, 조강(曹江)은 "등주에서 묘한 시구 전해진 이후, 모두가 소동파의 맥을 이었다고 말하네."라고 칭송하며, 그를 소동파에 비유했다. 장상하(張祥河)는 더 나아가 그를 이백과 비견하면서 "신령스러운 재능 이장경(李長庚, 이백의 별칭)과 다름없다네."46)라고 찬사를 보냈다.

둘째, 청나라 문인 중 기수유는 홍석모와의 관계가 가장 각별했다. 북경에 머무는 동안 홍석모와 기수유는 함께 옛 논지를 되새기며 돈독한 교분을 쌓았고, 홍석모가 귀국한 후에도 서신과 시문을 주고받으면서 교류 관계를 계속 유지하였다. 문헌 기록에 따르면, 1839년 이전에는 두 사람이 자주 서신을 교환하였고, 1827년부터 1848년까지는 홍석모가 거의 매년 기수유를 향한 그리움을 시로 표현하였다. 이들의 친밀하면서도 특별한 관계는 홍석모의 조부 홍양호와 부친

佩), 대모합(玳瑁盒), 미앙와연(未央瓦硯), 수경(隋鏡). 위의 책(同上).

46) 홍석모, 『유연고』, 『연행록속집』 제129책 (서울: 민족문화추진회, 1999), 105, 129, 136쪽. "鴻才超卓追前賢, 雅韻淸新入短篇" "一自登州傳妙句, 祗今人竟接髯蘇" "仙才合是李長庚。"

홍희준이 기윤 및 기수유와 맺어온 두터운 세대 간 교류의 연장선상에서 이해될 수 있다.

셋째, 홍석모와 청나라 문인들의 교류에서 장술(蔣鉥)과 대가회(戴嘉會)는 중추적인 역할을 했다. 이들의 소개로 홍석모는 웅앙벽(熊昂碧), 진연은(陳延恩), 장상하(張祥河), 조강(曹江), 유매(劉玫), 진용광(陳用光), 진부은(陳孚恩), 서송(徐松), 육계로(陸繼輅), 가한(賈漢) 등의 문인들과 교류할 수 있었다. 이들의 인연은 홍석모의 조부 홍양호가 장술의 부친 장시(蔣詩)와 대가회의 종조부 대구형(戴衢亨)과 맺었던 친교와 밀접한 관련이 있다. 장술은 장시의 아들이고, 대가회는 대구형의 종질(從姪)로 홍석모는 선대의 인연을 바탕으로 자연스럽게 이들과 교류를 이어갈 수 있었다. 이처럼 세대를 넘어서 대대로 이어진 교유 관계를 통해 홍양호가 구축한 청나라 문인 네트워크가 후대에 얼마나 거대한 영향력을 미쳤는지를 알 수 있다.

4 홍경모와 청나라 문인의 교류

홍경모(1774-1851)는 자가 경수(敬修), 호가 관암(冠巖)이며, 풍산 홍씨 가문 출신으로 홍양호의 손자이다. 1809년(순조 9년) 문과에 급제하여 이조판서에 이르렀으며, 시호는 문정(文貞)이다. 주요 저술로는 『관암전서(冠巖全書)』, 『관암외사(冠巖外史)』, 『관암총사(冠巖叢史)』, 『관암유사(冠巖遊史)』 등이 있으며, 『중정남한지(重訂南漢志)』, 『대동장고(大東掌考)』, 『기사지(耆社志)』 등을 편찬하였다.47)

홍경모는 1830년(도광 10년) 10월 사은겸동지부사(謝恩兼冬至副使)로 1834년(도광 14년) 2월 진하겸사은정사(進賀兼謝恩正使)로 각각 중국을 방문하였다. 1830년 연행 시에는 기수유·진연은·육경이(陸慶頤) 등과 깊게 교류하였고, 조원훈(趙元勛)·제치평(齊治平)·석해관(釋海觀), 연산관의 성명 미상 주인 등 일반 문사와도 교류하였다. 1834년 연행 시에는 섭지선(葉志詵)·진근광(陳瑾光)·수방울(帥方蔚)·탁병염(卓秉恬) 등과 깊이 있는 학문적 필담을 나누었고, 진난주(陳蘭疇)·탁병음(卓秉愔)·탁연후(卓研侯)·탁운(卓橒)·조원모(趙元模) 등과도 교류하였다.

홍경모와 청나라 문인의 교류는 방식, 내용, 대상의 세 측면에서 다음과 같은 특징을 보인다.

4.1. 필담과 서신 교환은 홍경모와 청나라 문인 간 교류의 주요 방식이다. 홍경모는 청나라

47) 이두희, 박용규 외 편저, 『한국인 이름 자호 사전』(서울: 한국학중앙연구원출판부, 2010), 422쪽.

> 문인들과 심도 있는 필담을 활발히 나누었다. 그의 회상에 따르면, 진연은(陳延恩)과의 대화에서 "등지(登之)는 시예(詩禮)의 집안에서 자라 문예(文藝)에 일찍이 통달하였고, 응대에 민첩하여 종이를 펴자마자 수천 마디 글이 쏟아져 나왔다. 종횡무진(縱橫無盡)으로 논리를 펼치며 고금을 논하였고, 경사자집(經史子集)을 손 가는 대로 인용하니, 가구(佳句)와 묘게(妙偈)가 입에서 저절로 흘러나왔다. 참으로 박학다식(博學多識)한 문사라 하겠다."[48] 라고 평했는데, 이를 통해 당시 이들의 높은 필담 수준과 풍부한 교류 내용을 알 수 있다. 홍경모는 기수유(紀樹蕤)·진연은·육경이(陸慶頤)와의 필담을 『경개총화(傾蓋叢話)』로 편찬하고[49], 진근광(陳瑾光)·수방울(帥方蔚)·섭지선(葉志詵)과의 필담은 『동문기상(同文奇賞)』[50]에 정리했지만, 안타깝게도 이 자료들은 현재 전하지 않는다.

홍경모는 북경에 두 차례 머무는 동안 청나라 문인들과 자주 서신을 교환했고, 귀국 후에도 시와 편지를 계속 주고받았다. 그의 「다묵영설인(茶墨零屑引)」에는 "동쪽으로 돌아온 후에도 서신과 시로 끊임없이 안부를 나누었다. …이에 시와 편지를 함께 모아 엮었는데, 모두 다회(茶會)와 묵객(墨客)의 술자리에서 나온 글이어서 '다묵영설'이라 명명하였다."[51]라는 기록이 남아있다. 이처럼 홍경모는 기수유(紀樹蕤)·진연은(陳延恩)·육경이(陸慶頤)와 주고받은 시와 편지를 별도로 정리할 정도로 서신 교류를 중시했지만, 안타깝게도 현재 『다묵영설』은 소실되어 전하지 않고 있다.

현존 자료에 따르면, 홍경모와 청나라 문인 간 교환된 서신은 총 169통에 달한다. 이는 19세기 초 다른 중한 문인의 교류 사례를 넘어서는 방대한 수량에 해당한다. 이들 간의 서신 교류가 가장 활발했던 시기는 1831년(신묘년)부터 1836년(병신년)까지였으며, 특히 기수유와의 서신은 1849년(기유년)까지 무려 18년간 지속되었다. 이처럼 장기간에 걸친 방대한 서신 교류는 홍경모와 청나라 문인 간의 교류에서만 볼 수 있는 중요한 특징이라 할 수 있다.

---

48) 홍경모, 「斗南奇緣序」, 『冠岩山房新編耘石外史續編』 제4책. 登之生乎詩禮之家, 文藝夙就, 敏於酬答, 操紙輒下數千言, 縱橫反覆, 揚扢千古, 經史子集隨手拈來, 佳句妙偈順口輒成, 可謂宏博之士。

49) 홍경모,『傾蓋叢話』, 앞의 책.

50) 홍경모, 「同文奇賞序」"余之再奉使如燕也, 與中州士大夫遊者多。前乎紀茂林、陳登之、陸菊人, 後而陳玉士、帥石村、葉東卿諸人。……今古同情, 遂收聚詩文書話, 并粧池成帖。" 앞의 책.

51) 홍경모, 「茶墨零屑引」, 앞의 책. 及夫東還, 以書、以詩相問訊不絶。……於是乎, 並收詩牘諸篇, 合而編之。以諸篇每出於茶墨樽俎之餘, 故曰'茶墨零屑'。

4.2. 홍경모와 청나라 문인과의 교류는 문학과 학술 분야에 집중되었는데, 이러한 교류 내용의 특징은 다음의 네 가지를 통해 알 수 있다.

(1) 서적을 많이 교환하고 증정하였다. 홍경모는 청나라 문인들에게 홍양호의 시문 선집, 홍희준(洪羲俊)의 학술 저작, 자신의 저서 『경설(經說)』과 『유금강산시(遊金剛山詩)』 등을 선물했다. 처음 북경에 머물렀을 때, 홍경모는 진연은(陳延恩)에게 홍양호의 시문 선집 2권을 선물했고, 귀국 후에 경서와 시권(詩卷)을 추가로 선물하였다.52)

북경에 두 번째 머물렀을 때, 홍경모는 진근광(陳瑾光)에게 홍양호의 기행시와 자신의 작품 「기행시 뒤에 써서 옥사에게 드리다(書紀行詩後奉贈玉士)」를 선물했고, 수방울(帥方蔚)에게는 홍희준의 『기문(丌文)』·『대관(大貫)』·『도괘발온(圖卦發蘊)』·『도서연상(圖書衍象)』·『완역대지(玩易大旨)』 등을 선물하였으며53), 탁병염(卓秉恬)에게는 사행 중 지은 기행시 몇 편을 선물하였다.54)

청나라 문인들 역시 홍경모에게 요학상(姚學塽)의 『죽소재유집(竹素齋遺集)』, 진용광(陳用光)의 시권, 육경이(陸慶頤)의 『유성정재시초(有性情齋詩草)』, 탁병염의 『성오재집(省吾齋集)』과 『오경(五經)』 등을 선물했다.55)

(2) 자주 한시를 창화(唱和)하였다. 홍경모는 청나라 문인들과 주고받은 한시를 모아 시첩으로 엮었다. 그가 1801년(순조 원년) 편찬한 『두남신교집』 하첩에는 기수유와의 창화시가 수록되어 있는데, 서문에서 그는 "『두남신교집』은 순조 신유년(1801년) 여름에 완성되었다. ……문헌공과 기효람의 시편을 친필로 써서 한 첩으로 묶은 뒤, 이 문집의 이름을 따 제목을 정하고 서문을

52) 홍경모, 「寄陳登之」; 홍경모, 「여송강통판與松江通判」, 위의 책.

53) 수방울, 「홍관암추밀족하태전(洪冠岩樞密足下台展)」, 위의 책.

54) 홍경모, 「海帆先生手啓」, 위의 책.

55) 진등지(陳登之)의 스승의 유고집은 『죽소재유고(竹素齋遺集)』이다. 진등지의 「홍대인즉외(洪大人郎外)」에서 이르기를, "이에 화답한 몇 수의 시를 지어 이전에 지은 것과 합쳐 어제 밤 꼬박 새워 한 책으로 썼다. 감히 경옥으로 보답한다고 말할 수는 없으나, 다만 각별한 정을 표하고자 할 뿐이다."라고 하였다. 홍경모(洪敬謨)의 「봉복진등지(奉覆陳登之)」에 이르기를, "지난해 육국인(陸菊人) 선생이 나에게 『유성정재시초(有性齋詩草)』 한 권을 유품으로 주어 책상 위에 두고 때때로 털어 읽었다."라고 하였다. 탁병염(卓秉恬)의 「홍관암선생전(洪冠巖先生展)」에서 이르기를, "서투른 글씨로 쓴 액자와 서안사(徐安槎)의 석각, 그리고 오중(吳中)에서 작별하며 지은 서투른 시와 『성오재집(省吾齋集)』을 겸하여 편지에 동봉하였다."라고 하였다. 진근광(陳瑾光)의 「관암선생사람(冠巖先生賜覽)」에서 이르기를, "집에서 간행한 『오경(五經)』 전질을 겸하여 편지에 동봉하였을 뿐이다."라고 하였다. 이상의 편지들은 홍경모의 『운석산인문선(耘石山人文選)』에 실려 있다.

붙였다. 나와 무림이 주고받은 시를 더해 '하첩'을 만들어 세상에 둘도 없는 특별한 인연을 기록하고자 한다."[56]라고 기록하였다. 홍경모는 『다묵영설』을 편찬하며 기수유, 진용광(陳用光), 육경이(陸慶頤)와의 창화시를 수록하였고, 이 시첩들은 그가 청나라 문인들과 활발하게 시문을 주고받았음을 입증하는 중요한 자료이지만, 현재는 소실되어 전해지지 않고 있다.

(3) 많은 학술 교류를 진행하였다. 홍경모는 청나라 문인들과 경학(經學)에 대해 심도 있는 논의를 하였다. 그는 수방울(帥方蔚)에게 보낸 편지에서 "이제 평소 쌓아온 의문을 조목조목 기록해 졸렬함을 무릅쓰고, 홍종(洪鐘) 같은 큰 뜻을 두드려 봅니다. 자세히 살펴주시고 조목별로 밝혀주시어, 해우(海隅)의 좁은 소견이 미혹에서 벗어나 방향을 잡을 수 있다면 큰 다행이겠습니다."[57]라고 말하였다. 또한, 진연은(陳延恩)과는 서적을 교환하며 학문을 논의했는데, 진연은은 홍경모에게 보낸 편지에서 "대저(大著) 『경설(經說)』 한 권을 보내 주셨기에 황송히도 황급히 살펴보았습니다. …… 저도 이에 관해 약간의 소견이 있으나, 시일이 촉박하여 즉시 답변드리지 못하오니, 잠시 여유가 생기는 대로 조목별로 밝혀 드리며 함께 토론하고자 합니다. 이후에 다시 자세히 여쭙도록 하겠습니다."[58]라고 말하였다. 이처럼 홍경모는 청나라 학자들과 활발히 학문을 논하고, 의견을 교환하면서 논리적으로 검증하는 과정을 중시하였다.

(4) 서문 요청이 많았다. 홍경모는 시문을 소개하거나 사람을 기억할 목적으로 청나라 문인들에게 자신의 문집에 서문을 작성해 줄 것을 여러 차례 부탁하였다. 홍경모가 서문을 부탁한 문인들로는 육경이(陸慶頤), 기수유(紀樹蕤), 수방울(帥方蔚), 섭지선(葉志詵) 등이 있다. 처음 북경에 머물렀을 때, 홍경모는 육경이에게 『관암유사(冠岩遊史)』의 서문 작성을 요청했는데, 이때의 상황에 대해 육경이는 "연회가 채 끝나기도 전에 그의 얼굴에 슬픈 빛이 어렸다. 그는 다시 여행 중에 쓴 시 몇 권을 보여주며 종이에 '2월 9일이면 말머리를 동쪽으로 돌려야 합니다. 차라리 서문 몇 줄을 써 주셔서 헤어진 뒤의 그리움을 달래 주지 않으시겠습니까?'라고 써서 내게 주었다."[59]라고 기록하였다. 1831년(신묘년)에는 홍경모의 요청을 받은 기수유가 『관암유

56) 홍경모(洪敬謨), 「斗南神交帖序」, 『관암산방신편운석외사속편(冠巖山房新編耘石外史續編)』 제4책. 《斗南神交集》成於純宗辛酉夏。……手書文獻公、紀曉嵐詩什粧成一帖, 因以集名名之, 弁以前序, 而又書余之與茂林相和之詩附成'下帖', 以識海内之奇遇云爾。

57) 홍경모, 「帥石村御史收啓」, 홍경모, 『耘石山人文選』. 今玆以平日之所蓄疑者, 錄成諸條, 忘其拙蕪, 仰叩洪鐘之大旨。幸須細覽後, 一一逐條辨破, 使海隅局見牖迷而指南, 則豈不大幸也哉?

58) 진등지, 「冠岩好友細察」, 위의 책.

59) 육경이(陸慶頤), 「冠巖遊史序」, 홍경모(洪敬謨), 『운석외사(耘石外史)』 권수(卷首). 談宴未已, 顔色若慼, 又示以遊史數卷, 書紙告余 : '二月九日, 馬首欲東, 盍以數行弁卷之文, 副別後相思之誠?'

사』의 서문을 지어주었다.[60] 이외에 기수유는 홍경모의 시문권에도 각각 「운석시서(耘石詩序)」, 「운석산인문서(耘石山人文序)」라는 제목의 서문을 작성해주었다. 또한 홍경모는 서신을 통해 수방울과 섭지선에게도 서문을 요청했는데, 섭지신은 시권을 받고, 서문을 써주었을 뿐만 아니라 화답시까지 지어주면서 "대작을 받들어 보고, 한 장의 제사(題詞)를 지었으며, 화답시까지 지었습니다. 오직 교유하는 마음으로 자신의 졸렬함을 잊었습니다. 선생님께서 보시고 어쩌면 폭소를 터뜨리실까 두렵습니다."[61]라고 말하였다.

4.3. 교류 대상을 살펴보면, 또 하나의 중요한 특징을 발견할 수 있는데, 바로 홍경모는 청나라 문인 중 기수유와 가장 각별한 관계를 유지했다는 점이다. 홍경모는 두 차례에 걸친 연행(燕行)에서 모두 기수유를 만나 깊이 있는 대화를 나누었다. 1830년(경인년) 이들이 처음 서신을 교환한 때부터 1849년(기유년) 홍경모가 기수유에게 보낸 마지막 편지까지 20년간 무려 59통에 달하는 서신을 주고받았는데, 이는 홍경모가 다른 청나라 문인들과 교환한 편지보다 압도적으로 많은 수량이다. 또한 기수유와의 교류 기간도 다른 청나라 문인들과의 교류 기간보다 월등히 길었는데, 다른 문인들과 교환한 마지막 서신 기록은 1838년(무술년) 수방울(帥方蔚)이 그에게 보낸 「홍 관암 추밀 수계(洪冠岩樞密手啓)」이다.

홍경모와 기수유의 각별한 관계는 1794년(갑인년) 홍양호와 기윤으로부터 시작된 두 가문의 문학·학술 교류의 전통에 기반을 두고 있다. 이 시기 홍경모의 숙부 홍희준은 기윤과 교류하였고, 종제 홍석모는 기수유와 활발히 교류하며 인연을 이어갔다. 1830년(경인년) 홍경모가 사은부사 겸 동지사로 청나라에 출사하여 기수유를 방문했을 때 두 가문의 우의는 이미 반세기에 걸친 "3대 세교(世交)"의 탄탄한 토대 위에 자리하고 있었다. 이후 두 사람은 자주 연락을 취하며 만남을 가졌고, 필담, 서신 교환, 시문 증정, 서문 요청, 서적 교류 등을 통해 깊이 있는 교류를 이어가며 금석지교(金石之交)를 다져나갔다.

위의 고찰을 통해 다음과 같은 사실을 확인할 수 있다.

(1) 18세기 말부터 19세기 중반까지 풍산 홍양호 가문은 청나라 문인들과 문학·학술을 교류하는 전통을 이어왔다. 특히 홍양호와 청나라 문인들, 그중에서도 기윤과의 교류는 역사적으로

60) 기수유(紀樹蕤), 「冠岩遊史序」, 홍경모(洪敬謨), 『운석외사(耘石外史)』 권수.

61) 「耘石山人文序」, 홍경모(洪敬謨), 『운석외사(耘石外史)』 권7 수록. 大集如教, 題詞一章, 並有覆和拙句, 特以心交, 自忘醜劣, 恐先生見之, 不免噴飯。

개척(開創)적인 의의를 지니고 있다. 홍양호는 풍산 홍씨 가문 최초로 청나라 관료 문인과 민간 문인 모두와 깊이 있는 문학·학술 교류를 전개한 조선 문인이다. 그와 청나라 인사들과의 교류는 후대 홍희준, 홍석모(洪錫謨), 홍경모(洪敬謨) 등이 청나라 문인들과 교류하는 데 직접적인 영향을 미쳤다.

(2) 홍양호와 기윤, 대구형(戴衢亨), 장시(蔣詩) 간의 "세교지의(世交之誼)"는 18세기 중한 문인 간의 교류가 한층 더 깊게 발전했다는 중요한 지표로 다음에서 찾아볼 수 있다. 첫째, 홍양호, 홍희준, 홍석모, 홍경모는 필담, 서신 교환, 시문 창화(唱和), 서적 증정 등 다양한 형식으로 다수의 청나라 관료 및 민간 문인들과 학문적 교류를 나누었다. 문헌 기록에서 확인되는 교류 대상은 홍양호 12명, 홍희준 13명, 홍석모 20명, 홍경모 16명으로 총 61명에 달한다. 이처럼 교류 형식과 대상 모두에서 광범위한 중한 문인 네트워크가 구축되었다. 둘째, 이들은 청나라 문인들과 방대한 양의 서신을 교환했다. 현존하는 서신은 홍양호 26통, 홍희준 42통(19세기 29통 포함), 홍석모 9통, 홍경모 169통이다. 홍양호의 서신을 제외한 나머지 문인들과 청나라 문인들 간의 왕복 서신은 총 207통에 달하는데, 이는 19세기에 발생한 중한 문인 간의 교환 서신 총량의 10% 이상을 차지하는 상당히 큰 규모이다. 이와 같은 대량의 서신 교환은 19세기 중한 문인 교류사에서 비교적 두드러지게 나타난다. 이는 홍양호가 청나라 문인들과 쌓은 학문적 우의가 후대로 이어지며 더욱 발전했음을 보여주는 증거이자 동시에 홍씨 가문과 청나라 문인들의 교류가 역사적으로 얼마나 중요한 의의를 지니고 있는지를 보여주는 증거이다.

(3) 18세기 조선의 안동 김씨 가문과 청나라 문인 간의 교류와 비교했을 때, 홍양호 가문의 교류는 한 가지 두드러진 특징이 있는데, 바로 청나라 문인들과 시문 창화(唱和)를 한 것 외에 많은 학술 교류도 나누었다는 점이다. 홍양호는 기윤과 문학론에 관한 깊이 있는 토론을 벌였고, 홍희준은 진용광(陳用光) 및 기수유와 『역경』을 두고 학술적 논쟁을 펼쳤다. 홍경모는 진연은(陳延恩), 수방울(帥方蔚) 등과 경학(經學)에 대해 열띤 토론을 벌였다. 이는 중한 문인 간 교류의 확장을 의미할 뿐만 아니라 교류 내용도 더욱 풍부해졌음을 나타낸다. 특히 순수 문학 교류를 넘어 철학과 경학 등 학문적 토론을 본격적으로 교류 항목에 포함시킨 점은 그 의의가 매우 크다고 할 수 있다.

제2절 홍양호와 기윤의 교류

1 들어가는 말

홍양호와 기윤은 18세기 중후기의 조선과 청나라 문단에서 명성을 떨친 학자들이다. 이들의 교류는 1794년(갑인년) 10월에 홍양호가 동지 겸 사은사행(冬至兼謝恩使行)의 정사(正使)로 중국에 출사했을 때부터 시작되었다.[62] 당시 기윤은 예부상서(禮部尙書)로 있으면서 조선의 사신을 맞이하였다.

홍양호는 정조 시기에 문학으로 위상이 높아서 "공은 문장으로 천하에 이름을 떨쳤다."라는 기록이 있다.[63] 정조는 그를 '큰 문사'라고 일컬으며, '이 시대의 거장'이라고 치하하였다.[64] 홍양호의 작품과 문학 이론은 조선 문단에 지대한 공헌을 했다. 이만수(李晩秀)는 홍양호에 대해 "연국공(燕國公) 장열(張說)과 허국공(許國公) 소정(蘇頲) 덕에 당나라에서는 삼고(三古)의 대아(大雅)가 부흥했다. 구양수(歐陽脩)와 소식(蘇軾)으로 인해 송나라에서는 한 시대의 문체가 바뀌었다. 이처럼 세상에는 반드시 문권(文權)을 쥐고 문단의 수장이 되는 대종사(大宗師)가 있어야만 후대의 모범이 되고 스러지는 풍속을 일으켜 세울 수 있다. 깊고도 넓은 문장의 아름다움이 치도(治道)와 함께 높아지는 것이다. 나라에서 문치(文治)를 숭상하여 그 명성과 영광이 온 천하에 가득하니 선대의 대학자와 석학들도 따라잡기가 힘들다. 홀로 영광전(靈光殿)처럼 우뚝 솟은 공은 학문에 정진해 많이 쌓고 널리 펼친 결과, 마침내 능히 문단을 이끌며 쭉정이들을 쓸어버렸다. 천하의 저급하고 괴팍한 소리와 소품(小品)의 돌피 같은 거친 문체가 공을 만나 바로 잡힌 것이다. 이것이 선왕께서 공에게 기(夔)의 직임을 맡긴 이유이니 공은 시대의 문학을 이끄는 책임을 사양할 수 없었다. 그런데 지금 공이 죽고 없어 문장의 바른 맥이 거의 전해지지 않게 되었다."[65]

---

62) 『정조실록』 권40, 정조 18년(1794) 7월 7일에 "홍양호를 동지 겸 사은 정사로 삼았다.[以洪良浩爲冬至兼謝恩正使]"라고 기록되어 있다. 홍양호의 아들 홍희준의 저술 『전구(傳舊)』 권2에 "갑인(1794)년 10월 29일 아버지와 함께 연경으로 갔다.[甲寅十月廿九日, 陪家親赴燕離京.]"라고 기록되어 있다.

63) 이만수(李晩秀), 『극원유고(屐園遺稿)』 권10, 「대제학이계홍공시장(大提學耳溪洪公諡狀)」(『한국문집총간』 제268책, 436쪽.) "蓋公之文章, 名於天下."

64) 이만수, 『극원유고』 권10, 「대제학이계홍공시장」(『한국문집총간』 제268책, 436쪽.) "當世鴻匠."

65) 이만수, 『극원유고』 권10, 「대제학이계홍공시장」(『한국문집총간』 제268책, 436쪽.) "夫燕、許作於唐, 而三古之大雅復興. 歐、蘇倡於宋, 而一代之文體丕變. 世必有握文權, 長詞盟之大宗師, 然後方可以儀型後生, 鼓發衰俗, 渢泱灝噩之美, 與治道齊升矣. 國家右文, 聲光彌宇, 而祖宗作成之鴻儒碩學, 邈乎難追. 公獨如靈光之巋, 然績學

라고 평하였다. 이처럼 이만수는 홍양호에 대해 정조 시대의 "집이사원(執耳詞苑)"으로 옳고 그름을 분별하는 혜안을 갖고, 문장의 바른 맥을 이끈 대종사(大宗師)라고 평가했다.

기윤(1724-1805)은 자는 효람(曉嵐)·춘범(春帆), 호는 석운(石雲)으로 하북(河北) 헌현(獻縣) 사람이다. 건륭 19년(1754년)에 진사에 급제해 여러 관직을 거쳐 협판대학사(協辦大學士)를 지냈다. 기윤은 박학다식하여, 여러 방면의 학문을 두루 아울렀고, 특히 경학과 문장으로 높은 명성을 떨치며 청나라 문단의 수장으로 한 시대의 학술을 이끌었다. 그의 문하생 유권지(劉權之)[66]는 『기효람문집』의 서문에서 스승 기윤을 일컬어 "이백과 두보의 광염(光燄), 연국공(燕國公) 장열(張說)과 허국공(許國公) 소정(蘇頲)의 솜씨를 모두 가져 명실상부한 시대의 으뜸이 되었다."[67]라고 했다. 완원(阮元)은 기윤에 대해 "이 시대에는 어진 인재와 준걸이 무수히 일어나 인문(人文)이 발달하고 홍재(鴻才)와 석유(碩儒)가 잇따라 탄생하고 있다. 유가의 책을 섭렵하고 백가를 두루 통달하며, 성품을 닦아 후학을 이끌어 간 사람을 꼽는다면 하간(河間) 기윤 문달공이 족히 그 명성을 감당할 만하다."[68]라고 평가했다.

홍양호와 기윤은 사림(士林)의 존경을 받았던 문사로 이들의 교류는 매우 중요한 의미를 지닌다. 첫째, 중한 학술 대종사들 간의 교류였다는 점이다. 청나라 건국 이후, 처음으로 중국과 조선의 고위 관직자들 사이에서 높은 수준의 학술 교류가 이루어졌다. 이에 이전의 양국 문인들 간의 교류와는 다른 차별성을 갖게 되었다. 둘째, 이들의 교류는 한 번의 만남에 그치지 않고, 서신과 시문을 주고받고 선물을 교환하면서 학술 교류를 계속 이어갔다. 두 사람은 다양한 분야에서 심도 있게 교류했으며, 이 과정에서 양국의 학술과 사상은 서로 발전하며 영향을 주었다. 두 사람이 교류하며 주장한 학술적 내용은 당시 중한의 공식적인 학술 경향을 대표하는 것으로 이들의 학술 사상의 공통점과 차이점을 비교하면, 당시 양국의 학문 경향을 파악할 수 있다. 따라서 두 사람의 교류는 사적인 친교의 범주를 넘어 양국 학술 사상의 전면적인 만남과 교류라

種文, 多積博發, 卒能執耳詞苑, 下掃糠粃. 世之下里噍殺之音, 小品稊稗之體, 吹萬不同者, 得公而一切取正焉. 此我先王所以命公以一夔之任而當世文昌之責, 公不得辭也. 今公之没, 文章正脉殆將無傳."

66) 역자주: 유권지(劉權之, 1739-1818)는 청나라 사람으로 자는 덕여(德輿), 호는 운방(雲房), 시호는 문격(文恪)이며 호남성 장사(長沙)에서 태어났다. 건륭 25년(1760년)에 진사시에 급제하였고 여러 관직을 거쳐 협판대학사(協辦大學士)를 지냈다.

67) 기윤 찬, 손치중(孫致中) 등 교감, 『기효람문집(紀曉嵐文集)』 제3책, 「유권지서(劉權之序)」, 725-726쪽. "李杜之光燄, 燕許之手筆, 盡歸腕下, 裒然一代文宗也."

68) 기윤 찬, 손치중 등 교감, 『기효람문집』 제3책, 「완원서(阮元序)」, 727쪽. "我朝賢俊蔚興, 人文鬱茂, 鴻才碩學, 肩比踵接. 至于貫徹儒籍, 旁通百家, 修率情性, 津逮後學, 則河間紀文達公足以當之."

고 할 수 있다.

한국에서 홍양호와 기윤의 교류에 대해 연구한 학자는 진재교와 이군선을 들 수 있다. 진재교는 저서『이계 홍양호 문학 연구』69)에서 홍양호와 기윤의 문학 및 학술 교류에 대해 개괄적으로 논하였다. 이 책에서 그는 기윤을 통해 서양의 서적을 접한 홍양호가 서양의 학술 동향을 알게 되어 개명사상이 형성되었다고 기술하였다. 그가 연구에 인용한 자료는 1982년 민족문화사에서 영인본으로 간행한『이계홍양호전서(耳溪洪良浩全書)』 중의「비지(碑志)」 및 홍양호가 기윤과 주고받은 편지들이다. 또한 진재교는「18세기 조선조와 청조 학인의 학술교류-홍양호와 기윤을 중심으로-」70)를 통해 홍양호와 기윤의 학술 교류 및 두 사람의 두터운 우정에 대해 상세하게 기술하였으며, 두 사람의 교류가 조선의 학술과 문화에 미친 영향에 대해서도 논하였다. 이군선은「기윤과 조선 문인과의 교유와 그 의미」71)에서 홍양호와 그의 아들 홍희준이 기윤과 주고받은 시문과 척독을 토대로 두 사람이 맺었던 "신교"를 구체적으로 논하였다. 이 논문은 홍양호의 문집에 실려 있는 증시(贈詩)와 척독 및 홍희준의 저술『전구(傳舊)』에 수록된 일부 자료들을 연구 대상으로 하였다. 진재교와 이군선의 연구는 홍양호와 기윤의 교류에 관한 자료를 파악하고, 두 사람의 관계를 검토하는 데 선구적인 역할을 했다. 본 절에서는 이러한 연구 성과를 바탕으로 필자가 조사한 홍양호와 기윤의 교류에 관한 문헌들을 전면적으로 살펴보고, 이들의 교류 사례를 구체적으로 파악하여, 그 특징을 조명하고자 한다. 더 나아가 이들의 교류의 의미와 가치에 대해서도 종합적인 결론을 도출하고자 한다.

2 홍양호와 기윤의 교류 행적

1795년(을묘년), 북경에 도착한 홍양호는 예부상서 기윤과 연락이 닿아 교류를 시작했다. 하지만 두 사람이 직접 만난 것은 아니며, 당시 홍양호와 기윤 사이를 직접 오간 사람은 홍양호의 아들 홍희준이다. 그 뒤로도 두 사람은 편지와 시문을 교환하면서 "신교"를 이어갔다. 홍석모(洪錫謨)는「선고이조판서부군행장(先考吏曹判書府君行狀)」에서 조부 홍양호와 기윤의 문학 교류에

69) 진재교,『이계 홍양호 문학 연구』, 성균관대학교 대동문화연구원, 1999.

70) 진재교,「18세기 조선조와 청조 학인(學人)의 학술교류-홍양호와 기윤을 중심으로-」,『고전문학연구』 제23집, 한국고전문학회, 2003.

71) 이군선,「기윤과 조선문인과의 교유와 그 의미」,『한문교육연구』 제24호, 한국한문교육학회, 2005.

대해 “(홍희준이) 처음 연경에 들어갔을 때, 기 상서 윤이 문헌공의 시문을 구해 보고서는 크게 감탄하시고 문자로 신교(神交)를 맺었다.”[72]라고 말하였다. 당시 홍양호와 기윤은 모두 71세로 동갑이라는 사실은 두 사람에게 또 다른 친숙함을 주었던 것 같다. 이에 기윤은 “흰 머리의 두 노옹이 교유했다.”[73]라고 하였다.

본 연구에서는 민족문화출판사에서 간행한 『이계홍양호전서』와 『한국문집총간』에 수록된 『이계집』 그리고 손치중(孫致中) 등의 표점 교감본 『기효람문집(紀曉嵐文集)』을 바탕으로 홍양호와 기윤의 교류를 시간순으로 살펴보고자 한다.

(1) 1795년(을묘년) 홍양호와 기윤은 북경의 단문(端門)에서 처음 만났지만, 대화를 나누지는 않았다. 홍양호는 「조카 낙유가 연경에 가는 것을 전송하면서 지은 서문[送從子樂游赴燕序]」에서 “갑인년(1794년)에 다시 연경에 가게 되었는데, 대종백 기공(紀公)이 단문에서 상을 내렸다. 내가 제후의 조공 반열에서 그의 의용을 바라보니 맑고 파리한 노성인이었다. 멀리 떨어져 있어 자리를 넘어가 말을 하지는 못했는데, 기공 역시 나를 여러 차례 보았으니 서로 느끼는 바가 있는 것 같았다.”[74]라고 기록하였다. 「태사씨자서[太史氏自序]」에서는 “이번에 마침 대구형(戴衢亨)이 학정(學政)으로 외직에 나갔기에 중국 조정에는 아는 사람이 없었다. 오문(午門)에서 상을 받을 때에 예부상서 기윤이 상을 내리러 왔는데, 서로 좀 멀리 있어서 대화를 나눌 수가 없었고, 다만 눈만 마주치곤 했다.”[75]라고 적었다.

(2) 청 조정의 반상(頒賞)이 끝나자, 기윤은 홍양호의 처소에 사람을 보내 환영의 뜻을 표하고, 아들 홍낙준(洪樂浚)과 만나기를 청했다. 홍양호는 「조카 낙유가 연경에 가는 것을 전송하면서 지은 서문[送從子樂游赴燕序]」에서 당시의 상황에 대해 “예식을 마치고 물러난 다음 (기윤이) 사람을 보내 환영을 표했다.”[76] 또 「태사씨자서」에서는 이렇게 적었다. “물러 나온 뒤에 (기윤이)

72) 홍석모, 『도애집(陶厓集)』 권8, 「신고이조판서부군행장(先考史曹判書府君行狀)」. “(洪羲俊) 始入燕也,紀尙書勻求見文獻公詩文, 大賞之, 爲文字之神交.”

73) 기윤 찬, 손치중(孫致中) 등 교감, 『기효람문집』 제1책, 「홍양호에게 회포를 적어 부치며[寄懷洪良浩]」, 545쪽. “白首論交兩老翁”

74) 홍양호, 『이계집』 권11, 「送從子樂游赴燕序」(『한국문집총간』 제241책, 198쪽.) “及至甲寅再行, 大宗伯紀公頒賞于端門. 余在旅庭之班, 望見其儀容, 清癯秀郎老成人也. 遠不得越位語, 紀公亦數目我, 若有相感者然.”

75) 홍양호, 『이계집』 권18, 「太史氏自序」(『한국문집총간』 제241책, 328쪽.) “是行,衢亨適以學政出外, 中朝無知面者. 及領賞于午門, 禮部尙書紀昀頒賞來. 相去稍遠, 無以交話, 以時注目.”

76) 홍양호, 『이계집』 권11, 「조카 낙유가 연경에 가는 것을 전송하면서 지은 서문[送從子樂游赴燕序]」(『한국문집총간』 제241책, 198쪽.) “禮成而退, 送人致殷勤.”

역관을 보내 '오래전부터 높은 명성을 들었으나 어깨를 스치면서 만날 기회를 놓쳤는데 아마도 운수가 그러했나 봅니다. 마침 아드님인 학사가 같이 왔다고 하니 만남을 청하고 싶습니다.'라고 했다."[77]라고 기록하였다.

(3) 이에 홍양호는 기윤에게 아들 홍낙준(즉 홍희준)을 보냈다. 홍양호는 「태사씨자서」에서 "이에 낙준을 보내어 기윤의 집을 찾아가게 했다. 기윤이 중문(中門)까지 나와 그를 맞으며 윗자리에 오르게 하고, '일찍부터 존대인의 큰 이름을 들었는데 이제 만날 수 있게 되었지만 이야기를 나눌 수가 없어 안타까웠습니다.'라고 말했다."[78]라고 말하였다. 이 밖에 다른 대화는 상세하게 나와 있지 않다.

(4) 기윤은 홍양호의 시문을 청해 읽고, 그를 위해 서문을 지었다. 「조카 낙유가 연경에 가는 것을 전송하면서 지은 서문[送從子樂游赴燕序]」에서 "(기공이) 내가 쓴 글을 보기를 청하니, 아마도 동방의 문헌을 확인하고자 했던 것 같다. 내가 사양했지만 거듭되는 부탁에 사행 길에 쓴 시문 몇 편을 보여주었더니 공께서 크게 감탄하며 각각에 머리말을 써서 돌려주었다."[79]라고 했다. 「태사씨자서」에서는 "이로 인해 (기공이) 시문 보기를 청하자 예전의 원고 두 권을 보냈다. 기공이 크게 칭찬하며 시집과 문집에 각각 서문을 짓고, 문인 장시(蔣詩)에게 옮겨 쓰게 한 뒤 보내왔다."[80]라고 했다. 그러나 기윤은 「이계시집서」에서 "그(홍양호)의 시를 보여 달라고 하자 직접 쓴 『이계집』을 꺼내어 내게 서문을 부탁했다."[81]라고 적었다.

(5) 기윤은 긴 편지를 보내 홍양호에게 친교(親交)를 청하였다. 홍양호는 「태사씨자서」에서 "(기윤이) 또 긴 편지를 보내어 더불어 친교할 것을 청했다. 가히 해내의 지음(知音)이라고 이를 만하다."[82]라고 했다. 이 편지는 『기효람문집』이나 홍양호의 『이계집』에도 실려 있지 않은 것으로 보아 산실된 것으로 추측된다.

77) 홍양호, 『이계집』 권18, 「태사씨자서」(『한국문집총간』 제241책, 328쪽.) "及退出, 遣象胥致款曰: '久仰高名, 交臂而失之, 殆有數焉. 今聞令郎學士隨來, 求與相見.'"

78) 홍양호, 『이계집』 권18, 「태사씨자서」(『한국문집총간』 제241책, 328쪽.) "乃遣樂浚造門, 紀公步出中門而迎之, 延置上座曰: '夙慕尊大人盛名, 今也望見而不得接語, 可恨.'"

79) 홍양호, 『이계집』 권11, 「조카 낙유가 연경에 가는 것을 전송하면서 지은 서문[送從子樂游赴燕序]」(『한국문집총간』 제241책, 198쪽.) "求見我述作, 蓋欲知東方文獻也. 余謙讓不獲, 書示行中作詩文若干篇, 公大賞之, 各製弁卷文以還."

80) 홍양호, 『이계집』 권18, 「태사씨자서」(『한국문집총간』 제241책, 328쪽.) "因求見詩文, 以宿稿二卷贈之. 紀公大賞之, 各著詩文序, 使其門人蔣詩書而遺之."

81) 홍양호, 『이계집』 권1, 기윤, 「이계시집서」(『한국문집총간』 제241책, 3쪽.) "索其詩, 因出所著『耳溪集』, 求余爲序."

82) 홍양호, 『이계집』 권18, 「태사씨자서」(『한국문집총간』 제241책, 328쪽.) "又以長書請與定交, 可謂海內知音也."

(6) 홍양호는 기윤의 서문에 감사의 편지를 보냈고, 이에 대한 기윤의 답서도 남아있다. 홍양호는 「조카 낙유가 연경에 가는 것을 전송하면서 지은 서문[送從子樂游赴燕序]」에 "(기윤이) 내 시가 선인들의 그것에 부합하니 바른 맥 한 갈래가 홀로 동국에 전해진 것을 증명했다고 평했다. 이에 나는 편지로 감사를 표했다."[83]라고 적었다. 홍양호의 편지와 기윤의 답서는 『이계집』 권15에 수록되어 있다.[84] 『기효람문집』에도 기윤의 이 답서가 실려 있다. 이 두 사람의 편지에 정확한 날짜가 적혀 있지는 않지만, 홍양호가 북경에 머무는 동안 두 사람이 주고받은 것으로 보인다. 기윤은 답서에서 "이별할 때가 가까워 오고, 다음 만남은 기약이 없습니다. 오늘 선생님께 말을 전하지 않으면 또 언제 진심을 쏟을 수 있겠습니까?"[85]라고 말했는데, 이를 통해 두 사람이 북경에서 헤어지기 전에 교환한 편지임을 알 수 있다.

(7) 홍양호는 북경을 떠나기 전에 「예부상서 기 효람 윤에게 드리다[贈禮部尙書紀曉嵐昀]」라는 시를 지었는데, 다음과 같다.

옛날에 부사로 사행 왔던 사람이	乘槎往歲副行人
오늘은 옥을 잡은 정사가 되었소.	執玉今朝大使臣
자취는 늙은 말 같아 지난 길 기억하고	迹似老駒能識路
몸은 기러기 따라 다시 손님으로 왔네.	身隨候雁復來賓
삼천 리 산천을 건너오니	山川跋履三千里
해와 달은 육십 노인을 밝게 비추는구나.	日月貞明六十春
종백의 명성은 북두보다 높으니	宗伯聲名高北斗
맑은 풍모 화답하기 어려워 성세를 칭송하네.	淸風難和頌昌辰[86]

83) 홍양호, 『이계집』 권11, 「조카 낙유가 연경에 가는 것을 전송하면서 지은 서문[送從子樂游赴燕序]」(『한국문집총간』 제241책, 199쪽.) "謂余詩文暗合古人, 可驗正脉一支, 獨傳於東國云. 余作書以謝之."

84) 역자주: 홍양호의 문집에 실린 기효람에게 보내는 편지에 기윤의 이름은 모두 '勻'으로 표기되었다. 이는 조선 경종(景宗)의 이름자 '昀'을 피하기 위해 변을 생략한 것이다. 이때 '勻'의 독음은 '윤'이다. '勻'과 '昀'의 중국 발음은 'yún'으로 동일하다. 서호수(徐浩修) · 홍양호 · 박지원 · 김매순(金邁淳) 등의 저술에는 '勻'으로 표기되고, 이덕무 · 유득공 · 박제가 · 성해응(成海應) · 서유구(徐有榘) · 신위(申緯) · 김윤식(金允植) · 강준흠(姜浚欽) 등의 저술에는 '昀'으로 표기되는 등 동시대의 저작에도 혼용된 양상이 보인다.

85) 홍양호, 『이계집』 권15, 기윤, 「홍양호에게 답한 편지[答洪良浩書]」(『한국문집총간』 제241책, 265쪽.) "別期在邇, 後會無期, 此日不向先生一言, 又何日能傾倒情愫耶."

86) 홍양호, 『이계집』 권7, 「연운잡영(燕雲續咏)」(『연행록전집』 제41책.)

이 시는 홍양호의 『이계집』 권7 「연운속영(燕雲續咏)」에 수록되어 있다.

(8) 북경에 머물고 있던 1795년(을묘년) 정월, 홍양호는 기윤에게 편지 「양호는 동쪽 바다 너머의 비루한 사람입니다. ……을묘년 정월 조선국 정사 홍양호가 삼가 두 번 절하며[良浩東海鄙人也……乙卯正月朝鮮國正使洪良浩再拜]」를 보냈다. 이 편지는 『이계홍양호전서』 권16과 『이계집』 권15에 실려 있다. 기윤의 답서 「윤이 이계 선생께 절하고서 아룁니다. 진나라 사람이 말하기를 ……[昀拜啓耳溪先生閣下. 晉人有言……]」 또한 『이계홍양호전서』 권16과 『이계집』 권15에 수록되어 있다. 이 답서는 기윤이 친필로 작성한 것이다. 편지글 중에서 "저는 필체가 졸렬한 것이 천하에 소문이 났습니다. 그래서 대부분 사람을 시켜 문장을 쓰곤 합니다. 이 편지도 원래는 남의 손을 빌려서 쓰려고 하던 것인데, 다시 만날 기약이 없기에 그대에게 수적(手迹)을 남겨 얼굴을 대신하려고 합니다. 구구한 저의 뜻을 헤아려 비웃지 말아 주십시오. 또 시를 붙입니다."[87]라고 했다.

(9) 1795년(을묘년) 연말, 북경을 떠난 홍양호는 편지 「황도(皇都)를 떠나며……[拜辭皇都……]」와 창화시를 보내 기윤에게 시문을 청했다. 홍양호는 이 편지에 "돌아오는 길에 근체시 두 수를 지었는데, 끝내 숨길 수는 없었고 또 칠언율시 한 수를 덧붙여 그리워하고 생각하는 마음을 거듭 폅니다. 아름다운 옥 같은 답을 내려주신다면 얼마나 영광이겠습니까? 또한 공의 문장이 천하에 가득한데 보내주신 서문과 편지로는 단지 무늬 한 점만 본 셈으로 종묘백관의 풍부함을 보지 못했습니다. 각 문체별로 시문을 몇 편 보내주시어 우물 안 소라의 눈으로 광활한 강과 바다를 보게 해주신다면, 변방의 궁벽한 곳에서 본받을 만한 것이 생길 테니 어찌 크나큰 행운이 아니겠습니까?"[88]라고 적었으며, 이 편지는 『이계홍양호전서』에 수록되어 있다. 기윤은 할 일이 많았는지 답신과 창수시(唱酬詩)를 보내지 않았다. 홍양호는 「기 상서에게 보낸 편지(병진년)[與紀尙書書(丙辰)]」에서 "지난겨울 진공(進供) 행차에 편지 한 통을 보내 잘 지내시는지 물으면서 겸하여 세 편의 시를 올렸습니다. 대례를 맞이하여 일이 많으신 탓에 잘 받았다는 말씀만 하셨습

87) 홍양호, 『이계홍양호전서』 권16, 「기윤이 홍양호에게 보낸 편지[紀昀與洪良浩書]」, "윤이 이계 선생께 절하고서 아룁니다. 진나라 사람이 말하기를 ……[昀拜啓耳溪先生閣下. 晉人有言……]", 329쪽. "昀書迹之拙聞於天下, 故文章多倩人書, 此札亦本擬假手, 緣後會無期, 欲存一手迹於高齋以當面晤, 故竟自塗鴉, 希鑒區區之意, 勿以爲笑也, 昀又附題."

88) 홍양호, 『이계홍양호전서』 권16, 「기 상서에게 보낸 편지(을묘년)[與紀尙書書(乙卯)]」, "황도를 떠나며……[拜辭皇都……]", 329-330쪽. "歸路口占近體二首, 不宜終隱, 兼附七言一律, 仰申區區嚮慕之忱. 若賜瓊琚之報, 則何等榮感, 且白閣下文章滿天下, 而所贈序文與長牘, 祇窺一斑片羽而已, 未見宗廟百官之富. 如荷投示詩文各體若干篇, 俾此井蠡之眼得望江海之大, 則偏邦竅陋有所模型, 豈非曠世之厚幸耶?"

니다."[89]라고 했다. 여기서 지난겨울은 1795년(을묘년)을 말한다. 홍양호가 편지에서 말한 "돌아오는 길에 근체시 두 수를 지었는데, ……그리워하고 생각하는 마음을 거듭 폅니다. [歸路口占近體二首……仰申區區嚮慕之忱]"에서 언급한 근체시 두 수는 「기 효람 종백은 청아하고 담백한 문장으로 한 시대 문단의 수장이니, 실로 지음을 만난 것 같았다. 도성문을 나서며 정성스러운 마음을 읊었다(2수)[紀曉嵐宗伯以清白文章冠冕一世, 實有知音之感, 出都門, 聊賦惓惓之意(二首)]」라는 시를 가리키는 것으로 보인다. 그 시는 다음과 같다.

동국의 서생은 큰소리치기 좋아하지만	東國書生好大談
어디에서 녹나무 같은 기이한 재목을 보았겠는가.	奇材何處見樟柟
중국은 바다처럼 인물이 많다고 하니	中州人物稱淵海
문장으로 세상에 드문 기효람이 있구나.	稀世文章有曉嵐
지기는 천하에 한 사람도 만나기 힘든데	知己難逢天下一
성대하게도 이제 세상에서 셋을 다 보았도다.	大觀方盡域中三
만 리 길을 가고 또 가며 자주 돌아보니	行行萬里頻回首
꿈속 혼은 북두성 남쪽에 걸려 있으리.	魂夢應懸北斗南

하간에서 문장 뛰어난 호걸이 태어났으니	河間生杰富文章
박식하고 고상한 유림으로서 큰 명성을 차지했지.	博雅儒林擅大方
발은 이만 리 떨어진 황하의 근원을 밟고	足躡河源二萬里
손은 천록각의 삼천 상자의 책을 편집하네.	手翻天祿三千箱
평생의 높은 안목 거울처럼 밝으니	百年隻眼明如鏡
나루에서 헤매는 제자들을 건너게 해 주는구나.	諸子迷津涉有航
백발이 다 되어 만난 것 어찌 우연이리	白首相逢寧偶爾
한 마디 말로 의기투합해 대도(大道)를 보여주네.	一言契合示周行

이 시는 홍양호의 『이계집』 권7에 수록되어 있다. 홍양호가 편지에서 말한 칠언율시는 「기 상서에게 부치며[寄紀尚書]」로 추정된다. 그 시는 다음과 같다.

89) 홍양호, 『이계홍양호전서』 권16, 「기 상서에게 보낸 편지(병진년)[與紀尚書書(丙辰)]」, "지난겨울 진공 행차에……[前冬貢行……]", 330쪽. "前冬貢行, 修上一書, 仰訊起居, 兼呈三篇詩矣. 會值大禮事繁, 祇承領受之教."

궁궐의 뜰에서 옥을 잡고 있던 정초(正初)를 추억하니	彤庭執玉憶新年
천자께서 외국 사신에게 베푼 잔치의 말석이었지.	王會同文厠末筵
북두의 광채는 동해 밖에서도 우러러보고	北斗光瞻東海外
봄바람의 기운은 오문 앞까지 이어졌어라.	春風氣接午門前
짧은 말이 천금의 은혜를 입은 듯하니	片言遽荷千金重
서신은 만 리를 날아 전해 왔네.	尺素遥飛萬里傳
정신이 서로 비추는 곳을 알고 싶다면	欲識精神相照處
반공중에 걸린 환한 달을 보게나.	一輪明月半空懸

이 시는 홍양호의 『이계집』 권8에 실려 있다.

(10) 1796년(병진년) 여름, 홍양호는 기윤에게 편지를 보내고 답신을 기다렸다. 기윤은 답신 대신 칠언율시 한 수를 보냈다. 홍양호는 「기 상서에게 보낸 편지(병진년)[與紀尙書書(丙辰)]」에서 "올해 여름 재자관(賫咨官)의 행차에 혁제(赫蹄)를 정중하게 보내니 답신을 받을 수 있기를 바랍니다. 또 교사(郊祀)를 지낼 때가 다가와 춘관(春官)으로서 중책을 맡아 답신할 겨를이 없으실 텐데 칠언율시 한 편을 손수 써 주셨습니다. 시구의 뜻이 온후하여 정신이 맑아지고 음절이 활달하여 마치 보물을 얻은 듯 소중히 읽었습니다."[90]라고 말했다. 여기서 혁제(赫蹄)는 종이의 별칭으로 편지를 뜻한다. 기윤이 보내 준 칠언율시는 「홍양호에게 회포를 적어 부치며[寄懷洪良浩]」라는 시로 추정된다. 그 시는 다음과 같다.

금문에서 급히 악수하며 이별하였으니	金門握別惜匆匆
흰 머리의 두 노옹이 교분 맺었다네.	白首論交兩老翁
성명한 시대에는 원래 중국과 외국의 차이가 없으니	聖代原無中外別
어리석은 나는 성정이 같은 이를 만나 매우 흡족하네.	迂儒恰喜性情同
밤새 푸른 등 아래서 길이 읊조리니	長吟消夜青燈下
(홍양호가 일찍이 시문집을 남겨 주었다.)	(洪嘗以詩文集留贈)
멀리 꿈결에 발해 동쪽 사람을 그리워하누나.	遠夢懷人紫澥東
돌아오는 기러기를 두 번 만났으나 조금의 여가도 없었으니	兩遇歸鴻都少暇

90) 홍양호, 『이계홍양호전서』 권16, 「기 상서에게 보낸 편지(병진년)[與紀尙書書(丙辰)]」, "지난겨울 진공 행차에……[前冬貢行……]", 330쪽. "今夏賫咨官之行, 敬付赫蹄, 冀奉回音. 又因郊祀期迫, 春官事鉅, 未暇賜答, 而手書七律一篇, 詞旨温厚, 精神灌注, 音節疏亮, 擎讀珍玩, 如獲拱璧."

품은 정은 시 한 통을 빌어 전할 뿐이라오. 緘情惟藉一詩筒

『기효람문집』에는 기윤이 홍양호에게 보낸 시가 세 수 실려 있다. 그중 한 편은 「수와연, 연적, 등긁이, 찻주전자를 조선의 재상 홍양호에게 보내면서 물건별로 짧은 시 한 수씩 부치다[以水蛙硯、水中丞、搔背、茶注贈朝鮮國相洪良浩, 各繫小詩]」인데, 이 시는 네 수로 이루어진 오언절구이다. 또 한 편은 「조선의 홍양호를 생각하며[懷朝鮮洪良浩]」라는 칠언율시 두 수로 1797년(정사년) 10월에 쓴 것이다. 이 시의 내용은 아래의 11번에서 검토하고자 한다. 마지막은 「홍양호에게 회포를 적어 부치며[寄懷洪良浩]」라는 시로 시의 시체는 바로 편지에서 언급한 칠언율시이다. 그는 시구에서 '돌아오는 기러기를 두 번 만났으나 조금의 여가도 없었으니'라고 했는데, 이는 기윤이 홍양호에게 답장을 못 보낸 이유를 말한 것이다. 시구에서 '돌아오는 기러기를 두 번 만났다.'라고 한 것으로 보아, 이 시를 쓰기 전에 기윤은 홍양호가 귀국 후 보낸 두 통의 편지-을묘년(1795년) 편지와 병진년(1796년) 여름의 편지-를 받아보았다는 것을 알 수 있다. 이 시는 『기효람문집』 제1책 545면에 실려 있다. 홍양호가 1796년 여름에 기윤에게 쓴 편지는 산실되어 전해지지 않는다.

그해 겨울 홍양호는 다시 편지 「지난겨울 진공 행차에……[前冬貢行……]」를 기윤에게 보냈는데, 이 편지는 『이계홍양호전서』 권16과 『이계집』 권15에 실려 있다. 홍양호는 이 편지와 함께 시 두 수를 기윤에게 보냈다. 이 두 수의 시는 바로 「선덕연가(宣德硯歌)」와 「옥여의가(玉如意歌)」이다. 홍양호는 편지에 "지난번 연경에 갔을 때 이별하며 주신 두 물건은 모두 진기한 문방구입니다. 보내주신 마음이 정성스러워 감격스러운 심정을 비할 데 없습니다. 떠날 때에 감사의 마음을 나타내지 못하여, 귀국 후 장편을 지어 후대에 전할 증거로 삼고자 합니다. 감히 손으로 써서 올리니 부디 엄하게 가르쳐 주십시오."[91]라고 썼다. 작별 선물로 받은 물건이 바로 선덕연과 옥여의이다. 홍양호는 「선덕연가」의 서문에서 "기윤이 시집과 문집의 서문 두 개를 보내고, 또 선덕연 하나와 옥여의 하나를 보내주었는데 ……진기한 문방구들이어서 장편을 써서 감사를 표했다."[92]라고 했다. 홍양호가 당시에 감사를 충분히 전하지 못해 훗날 편지에서 '감히 손으로

---

91) 홍양호, 『이계홍양호전서』 권16, 「기 상서에게 보낸 편지(병진년)[與紀尙書書(丙辰)]」, "지난겨울 진공 행차에……[前冬貢行……]", 330쪽. "向者赴京時, 伏承贐行二物, 俱是文房珍品, 致意鄭重, 感佩無比, 而臨行未及仰暴謝悃, 歸後賦得長篇, 要作傳後之資. 敢此手寫以呈, 望垂斧教焉."

92) 홍양호, 『이계집』 권8, 「선덕연가(宣德硯歌)」(『한국문집총간』 제241, 144쪽.) "紀公既贈以詩文二序, 又贐以宣德硯一、玉如意一, ……俱文房之珍也. 乃作長篇以謝之."

써서 올리니 부디 엄하게 가르쳐 주십시오.'라고 했던 시가 바로 이 두 편의 시인 것으로 추측된다. 「선덕연가」와 「옥여의가」는 『이계집』 권8과 『이계홍양호전서』 권8에 실려 있다. 『이계홍양호전서』에는 이 두 수의 시가 병진년(1796년)에 지은 것이라고 기록되어 있다.

(11) 1797년(정사년) 정월에 기윤이 홍양호에게 보낸 답서에는 '정사년(1797년) 정월 24일'이라고 날짜가 명시되어 있다. 이 편지는 『이계집』 권15와 『이계홍양호전서』 권16에 실려 있다. 『기효람문집』에도 기윤의 이 답서가 실려 있는데, 1797년 정월에 기윤은 홍양호에게 편지와 함께 수와연(水蛙硯), 등긁이, 연적, 찻주전자를 보냈으며, 각각 시를 한 수씩 덧붙였다. 기윤은 이 편지에서 "정 동지(同知)가 돌아가는 편에 수와연 하나를 보냅니다. 이 벼루에 제가 지은 명문(銘文)을 새겨 넣었습니다. 그리고 백마노로 된 등긁이 하나, 낭요(郎窰)(강희 중기의 어요(御窰)입니다. 이미 백년이 되었습니다.)에서 만든 수중승(水中丞) 하나, 갈운첨 찻주전자 하나(의흥(宜興)의 명공(名工)이 만든 것입니다.)를 보내며 각기 짧은 시를 붙였습니다. 선생께서 이 몇몇 물건을 곁에 두시고 때때로 어루만지시면 또한 먼 곳을 생각할 수 있을 것입니다."[93]라고 말했으며, 네 수의 시는 『기효람문집』 제1책 545면에 수록되어 있다.

1797년(정사년)에 기윤은 홍양호에게 시를 보냈고, 홍양호는 화답시를 보냈다. 기윤의 원운(原韵) 「조선의 홍양호를 그리워하며[懷朝鮮洪良浩]」는 다음과 같다.

아득하고 큰 파도가 땅을 양쪽으로 나누니	淼漫鯨波兩地分
사람 그리워 때때로 바다 동쪽 구름 바라보네.	懷人時望海東雲
문장과 의기는 한유나 맹교가 되기를 기약하고	文章意氣期韓孟
부자와 함께 교유하니 기군[94]과 가깝구나.	父子交遊近紀群
(그의 아들도 나와 친하였다.)	(亦令似與余善)
백발이 가련하게도 모두 늙었으니	鶴髮劇憐皆已老
(나와 같은 갑진년 생이다.)	(與余同甲辰生)

93) 홍양호, 『이계홍양호전서』 권16, 「기윤이 홍양호에게 보낸 편지[紀昀與洪良浩書]」, "기윤이 머리를 조아리며 이계 선생의 편지를 받들고……[紀昀頓首, 奉書耳溪先生執事……]", 330쪽. "因鄭同知歸軺之便, 附上水蛙硯一方, 上有拙銘, 白瑪瑙搔背一件、郎窰(康熙中御窰, 今百年矣.) 水中丞一件、葛雲瞻茶注一件(宜興之名工)、各繫以小詩, 先生置之几右, 時一摩挲, 亦足關遠想也."

94) 역자주: 대를 이어 친교를 맺는 것을 말한다. 기군(紀群)은 후한(後漢)의 명사인 진기(陳紀)와 그의 아들 진군(陳群)을 가리킨다. 노(魯) 지방의 공융(孔融)이 나이가 진기와 진군의 중간이었는데, 먼저 진기와 사귀었고 나중에 또 진군과 벗하였으므로 후대에 여러 대에 걸쳐 교분을 맺는 것을 기군지교(紀群之交)라 하였다. 이 고사는 『삼국지(三國志)』의 『위지(魏志)·진군전(陳群傳)』에 실려 있다.

편지 아끼지 말고 자주 안부 묻게나.	魚書莫惜數相聞
새로 지은 시를 사신 편에 부치니	新詩能向星軺寄
그대 만나 청담 나누는 것과 다름없으리.	也抵清談一晤君

늙은 내가 다섯 번 오대를 관장하였는데	衰翁五度掌烏臺
또 예부(禮部)의 직임 맡아 관서로 왔네.	又到春卿署裏來
역관 사신은 소식 묻기가 좋고	譯使易從通問訊
(책력을 나눠줄 때 온 사신 변군(邊君)에게	
조금 근황을 물어보았다.)	(頒朔時, 見來使者邊君, 稍詢近狀)
어연에서는 전에 따르던 때 더욱 생각나네.	御庭彌覺憶追陪
사신들 행렬 막히지 않아 삼산은 멀기만 하고	梯航不阻三山遠
공물 바치러 가는 길에 구십 늙은이 되겠네.	琛贐行逢九帙開
늙어서도 씩씩하여 혹 다시 사신으로 온다면	矍鑠倘能重奉使
그대 기다려 자하주 마시고 함께 취하리.	待君同醉紫霞杯

그는 이 시에 "조그마한 시편을 이계 선생을 생각하며 부친다. 현재 74세인 하간(河間)의 기윤이 삼가 보낸다."[95]라는 주석을 붙였다. 기윤의 이 시는 『기효람문집』에 실려 있다. 『이계집』 권8에 홍양호의 화답시 「정사년(1797년) 겨울 헌서 재자관이 돌아오는 편에 효람 종백이 시를 부쳐 와서 그 시에 차운하여 화답하다[丁巳冬, 憲書賫官之回, 曉嵐宗伯寄詩, 步其韻答之.]」 두 수가 실려 있는데, 다음과 같다.

옥 잡고 단문에서 잠깐 만났다 헤어지니	端門執玉一睽分
만 리 밖에서 그리워 조각구름 바라보노라.	萬里相思有片雲
다행히도 쇠파리가 천리마의 꼬리에 매달려서	自幸蒼蠅攀驥尾

95) 기윤 찬, 손치중(孫致中) 등 교감, 『기효람문집(紀曉嵐文集)』 제3책, 455쪽; 홍양호, 『이계홍양호전서』 권16, 332쪽. "小詩寄懷耳溪先生, 時年七十四歲, 河間紀昀拜具."
손치중은 『기효람연보(紀曉嵐年譜)』에서 "가경 2년 정사년 즉 1797년에 (기윤은) 74세였다.[嘉慶二年, 丁巳, 1797年, 74歲.]"라고 하였다. 또 무오년 정월 27일, 기윤이 홍양호에게 보낸 편지[紀昀與洪良浩書] "기윤이 거듭 머리를 조아리며 이계 선생께 삼가 아룁니다. 이별한 지 오래되었습니다.……[紀昀頓首頓首, 敬啓耳溪先生閣下:闊別久矣……]"에서는 "지난해 10월 시 두 수를 보내어 해가 저물어갈 때 진공 행차가 연경에 들어오기를 삼가 기다렸습니다.[客歲十月, 曾寄小詩二首, 奉懷歲暮貢使入京.]"라고 하였다. 그러므로 「조선의 홍양호를 생각하며[懷朝鮮洪良浩]」는 1797년(정사년) 10월에 쓴 것이다.

고고한 학 다투어 보려고 닭 무리에 서 있네.　　争瞻孤鶴立鷄群
인간 세상에서 좋은 일은 벗이 멀리서 찾아오는 것이니　　人間樂事朋從遠
바다 건너 정신으로 사귀는 것은 옛날에도 드물었도다.　　海外神交古罕聞
훌륭한 문장으로 나중을 기약하나　　珍重瓊詞要後約
백발 늙은이가 어느 날에 그대를 다시 만나리오.　　白頭何日更逢君

위풍당당하게 상대(霜臺)[96]에 앉았으니　　風稜嶽嶽坐霜臺
병조와 예조를 거쳐 온 것이라네.　　司馬春卿歷颺來
길보(吉甫)[97]는 본보기가 되어 문과 무를 겸비하고　　吉甫憲邦文武並
고양에서 만난 벗은 자손이 모시고 있네.　　高陽會友子孫陪
장중한 유람 이미 멀리 곤륜산까지 올랐고　　壯遊已躡崑崙遠
특출한 기운 응당 적석산을 밀쳐 열었으리.　　奇氣應排積石開
한 번 이별한 뒤로 삼 년 동안 만나지 못하였으나　　一別三年山海隔
꿈속에서는 오히려 함께 술잔 머금을 테지.　　夢中猶復共含杯

(12) 1797년(정사년) 겨울, 홍양호는 기윤에게 답서를 보내면서 따로 쓴 서간을 첨부하였다. 이 서간에서는 주로 서양의 교화에 대해 기윤과 토론하였다. 홍양호는 편지를 부치면서 「자설(字說)」과 잡문을 함께 보냈는데, 이에 기윤은 「자설」에 발문을 지어서 돌려주었다. 기윤은 1798년(무오년) 정월 27일의 답서에서 "조카 시독을 통해 보내오신 편지, 대작 「자설」과 잡문을 받아보았습니다. 검푸른 바다 너머의 벗을 생각하니 큰 위로가 되었습니다."[98]라고 말했다. 「자설」 즉 「육서경위(六書經緯)」는 『이계집·외집』 권10에 수록되어 있으며, 이 저술에는 「앙관편(仰觀篇)」, 「부찰편(俯察篇)」, 「변명편(辨名篇)」 등의 글이 실려 있다. 기윤이 지은 발문은 『이계집·외집』 권10과 기윤이 홍양호에게 보낸 편지 「기윤이 머리를 거듭 조아리며 이계 선생께 삼가 아룁니다. 이별한 지 오래되었습니다.……[紀昀頓首頓首, 敬啓耳溪先生閣下. 闊別久矣……]」에서 모

96) 역자주: 상대(霜臺)는 사헌부(司憲府)를 지칭한다.

97) 역자주: 주(周)나라 선왕(宣王) 때 북벌(北伐)을 담당한 장군 윤길보(尹吉甫)를 가리킨다. 『시경(詩經)』 소아(小雅) 유월(六月)에 "문무를 겸비한 장군 길보여, 그야말로 만국의 법도가 되리로다.[文武吉甫, 萬邦爲憲]"라고 하였다.

98) 홍양호, 『이계홍양호전서』 권16, 332쪽. "기윤이 머리를 거듭 조아리며 이계 선생께 삼가 아룁니다. 이별한 지 오래되었습니다.……[紀昀頓首頓首, 敬啓耳溪先生閣下: 闊別久矣……]" "令侄侍讀寄到華札及大作「字說」、雜文, 喜滄溟以外尙念及故人, 深爲慰藉."

두 찾아볼 수 있다. 같은 해 홍양호의 편지에는 또다시 기윤의 문집을 받기를 청하는 내용이 보이는데, 편지에서 "또 선생께 아뢰니다. (선생의) 저술, 서문, 편지 여러 편을 얻었지만, 전집은 아직 얻어 보지 못했습니다. 비록 간행에 부치지 못한 것이라도 시문 몇 권이나 별록이 있으면 보여주시기를 바랍니다. 편벽한 곳의 지남(指南)으로 삼고자 하니 그 은혜가 클 것입니다."99)라고 했다.

(13) 1798년(무오년)에 기윤은 홍양호에게 답서를 보냈는데, 편지를 쓴 날짜를 '무오년(1798년) 정월 27일'이라고 명시해 두었다. 이 답서는 『이계집』 권15와 『이계홍양호전서』 권16에 실려 있다. 기윤은 이 답서에서 저술을 보여 달라고 하는 홍양호의 요청에 "저는 올해 75세로 학문이 거칠고 가벼워서 감히 자신할 수가 없습니다. 무릇 시문이 있으면 손이 가는 대로 내버려 두고 원고를 보존하지 않았습니다. 요즘 손자 수형(樹馨)이 대략을 모아 초록하기 시작하였는데, 장차 한 질을 이룰 수 있을지 모르겠습니다. 만약 책질을 이루게 된다면 한 본을 부칠 테니 바로잡아 주십시오."100)라고 대답하였다.

같은 해 기윤은 홍양호에게 답서를 보내면서 천주교에서 새로 간행한 책에 수록된 글 몇 편과 『사고전서총목(四庫全書總目)』의 관련 제요(提要)를 초록해서 함께 보냈다. 기윤은 이 편지에 "따로 쓴 서간에서 말한 서양 교사(敎事)의 일은……그 책들(서양 서적)이 중국에 들어온 것들은 다 비각에 있습니다. 산법서 이외에는 없애버렸으나 존목(存目)은 이미 『사고전서총목』에 들어있습니다. 인쇄본이 새로 나온 것은 선생께서 아직 보지 못했을 것이라 사료되어 지금 몇 편을 초록해서 보내드립니다. 그들의 법칙이 옛날 법칙에서 나왔다는 선생의 견해는 명백하고 틀리지 않았습니다. 또한 이 요시를 이미 『사고전서총목제요』에서 드러내어 밝혔는데, 『주비(周髀)』의 조목 아래의 내용을 함께 초록하여 보여 드립니다. 그 이치는 중국이나 외국이나 마찬가지임을 알 수 있습니다."101)라고 썼다.

99) 홍양호, 『이계홍양호전서』 권16, 「기 상서에게 보낸 편지(정사년)[與紀尙書書(丁巳)]」, "지난해 진공 행차가 돌아오면서……[昨年貢使之回……]", 331쪽. "且告先生, 著述, 序書數篇之外, 尙未得寓目全集. 雖未及印行, 如有詩文數卷別錄者, 幸乞投示, 俾作偏邦指南, 則受賜大矣."

100) 홍양호, 『이계홍양호전서』 권16, 333쪽. "기윤이 머리를 조아리며 이계 선생께 삼가 아룁니다. 이별한 지 오래되었습니다.……[紀昀頓首頓首, 敬啓耳溪先生閣下:闊別久矣……]". "弟今年七十有五, 學問粗浮, 不敢自信. 凡有詩文, 大抵隨手置之, 不甚存稿. 近小孫樹馨始略爲摭拾抄錄, 未知將來能成帙否. 倘其成帙, 定當奉寄一本, 刊正也."

101) 홍양호, 『이계홍양호전서』 권16, 333쪽. "기윤이 머리를 조아리며 이계 선생께 삼가 아룁니다. 이별한 지 오래되었습니다.……[紀昀頓首頓首, 敬啓耳溪先生閣下:闊別久矣……]". "別簡所言西洋教事, ……其書入中國者, 祕閣皆有, 除其算法書外, 餘皆闢駁, 而存目已列入『四庫總目』, 印本新出, 先生諒尙未見, 今抄錄數篇呈閱.

같은 해 기윤은 홍양호에게 답서를 보내면서 단연(端硯), 단사연산(丹砂硯山), 정군방묵(程君房墨), 위두(威斗), 조롱박 모양의 찻주전자를 함께 보냈다. 단연에는 기윤이 지은 명문(銘文)이 새겨져 있었다. 기윤은 편지에 "따로 제가 지은 명(銘)이 새겨져 있는 유우록(鈕祐禄)의 제부(制府)에서 새로 만든 단연(端硯) 한 상자, 명나라 정군방(程君房)에서 만든 먹 두 덩이 한 상자, 만력·천계 연간 신주(辰州)의 단사상연산(丹砂床硯山) 한 상자, 강희 인영(印影)이 찍혀 있는 조롱박 모양의 찻주전자와 찻잔 한 상자, 한나라의 구리 위두(威斗) 한 개를 보내드립니다."[102]라고 썼다.

(14) 1798년(무오년) 홍양호는 기윤에게 답서 「지난겨울 헌서 편에……[前冬憲書之便……]」를 보내면서 화답시도 함께 부쳤다. 홍양호는 이 편지에 "지난번에 보내주신 두 수의 율시에 삼가 차운하여 우선 헌서 재자관의 행차에 보냅니다. 다시 겨울 세공(歲貢) 편에 간절한 정성을 재차 올리겠습니다."[103]라고 썼으며, 이 편지는 『이계홍양호전서』 권16에 실려 있다. 홍양호의 화답시 제목은 「효람 기 상서에게 부치다(무오년, 2수)[寄曉嵐紀尙書(戊午, 二首)]」인데, 시 주석에 "동쪽으로 돌아온 뒤 여러 차례 시편을 보내고 귀한 문방구를 선물해 주셨다. 이에 편지를 써서 감사의 마음을 전했다."[104]라고 적혀 있다. 홍양호가 기윤에게 보낸 시는 다음과 같다.

북두의 남쪽에서 한 사람을 만났으니	北斗以南見一人
한 조각 마음 서로 비춤에 격의가 없었네.	片心相照絶畦畛
사문의 정통으로 화하에 빛나고	斯文正脉明華夏
많은 문사의 모범으로 뭇 관리의 으뜸이로다.	多士模楷冠搢紳
해내의 지음과는 부끄럽게도 동갑인데	海內知音慚後甲
황궁의 문에서 처음 만난 것은 지난 갑인년부터였네.	天門識面自前寅

至其法出於古法, 先生所見, 灼然不誣, 亦發其凡於『四庫總目』, 『周髀』條下, 一並抄錄呈閱, 見此理中外相同也."

102) 홍양호, 『이계홍양호전서』 권16, 333쪽. "기윤이 머리를 거듭 조아리며 이계 선생께 삼가 아뢰니다. 이별한 지 오래되었습니다……[紀昀頓首頓首, 敬啓耳溪先生閣下: 闊別久矣……]". "外附呈鈕祐禄制府新開端研一匣, 有拙銘, 明程君房墨二圓一匣, 萬曆天啓間人, 辰州丹砂床硯山一匣, 康熙印模壺盧茶瓶、茶碗一匣, 漢銅威斗一件."

103) 홍양호, 『이계홍양호전서』 권16, 「지난겨울 헌서 편에…[前冬憲書之便…]」, 334쪽. "前惠二律, 謹此步韵, 先付憲書賫官之行, 更待冬間歲貢便, 續伸區區之忱."

104) 홍양호, 『이계집』 권8, 「효람 기 상서에게 부치다(무오년, 두 수)[寄曉嵐紀尙書(戊午, 二首)]」(『한국문집총간』 제241책, 145쪽.) "東歸後, 屢寄詩篇, 兼贈文房珍品, 故寄書以謝云."

은근한 정 담은 선물 해마다 거르지 않으니	殷勤寵貺無虛歲
사람들은 동국의 백대의 보물을 다투어 보리라.	争睹東韓百世珍

벗은 멀리 오색구름 가에 있으니	故人遥隔五雲邊
압록강과 연산은 사천 리 길이로다.	鴨水燕山路四千
은하수 같은 문장 부질없이 눈에 들어오는데	河漢文章空入望
봉래산의 소식은 누가 있어 전하겠는가.	蓬萊消息有誰傳
꽃 보고 술잔 마주하며 응당 서로 기억할 터이니	看花對酒應相憶
밝은 달 맑은 바람 아래 홀로 잠들지 못하네.	朗月清風獨不眠
늙어서 너무 늦게 만난 것이 스스로 한스러우니	自恨白頭何見晩
정신으로 백아의 곡조를 전하노라.	精神惟寄伯牙弦

이 시는 홍양호의 『이계집』 권8에 실려 있다.

(15) 1798년(무오년) 겨울, 홍양호는 또다시 편지 「지난달 헌서의 행차에……[前月憲書之行……]」를 기윤에게 보냈다. 이 편지는 『이계홍양호전서』 권16에 실려 있다. 당시 홍양호는 편지와 함께 네 편의 명문(銘文)인 「위두명(威斗銘)」, 「단사연산명(丹砂硯山銘)」, 「호로다주명(葫蘆茶注銘)」, 「정군방묵명(程君房墨銘)」을 기윤에게 보냈다. 그는 이 편지에서 "전에 보내 주신 벼루, 위두(威斗), 조롱박 모양의 찻주전자, 먹의 네 가지 선물은 실로 보기 드문 귀한 물건들이었습니다. 편벽한 곳에서 이것들을 얻었으니, 후세에 전하여도 좋을 것 같습니다. 이에 물건별로 각각 명(銘)을 지어서 현자께서 주신 선물을 빛나게 하였습니다. 단연(端硯)은 이미 성대한 명문이 새겨져 있으므로 감히 덧붙이지 않았습니다."[105]라고 말했다. 또 「위두명시서(威斗銘詩序)」에는 "효람 기공이 선덕연, 단사연산, 정군방묵, 옥여의, 위두, 조롱박 모양의 찻주전자를 주셨는데, 모두 귀한 문방구들이다. 벼루와 여의에 대해서는 장구(長句)의 시를 지었고, 위두와 연산(硯山) 등 여러 물건에는 명문을 지어 기록하였다. 편지를 보내 감사를 드렸으니, 대개 보내주신 선물에 보답하는 뜻이다."[106]라고 적었다. 「위두명」, 「단사연산명」, 「호로다주명」, 「정군방묵명」은 『이

105) 홍양호, 『이계홍양호전서』 권16, 「지난달 헌서의 행차에…[前月憲書之行…]」, 334쪽. "前惠研山、威斗、葫蘆、程墨等四種實係希世之珍. 偏方得此, 可以傳示來後, 故一物各成一銘, 用賁賢者之貺. 端硯則既鐫盛銘, 故不敢附贅."

106) 홍양호, 『이계집』 권17, 「위두명(威斗銘)」(『한국문집총간』 제241책, 298쪽.) "曉嵐紀公贈以宣德硯, 丹砂研山, 程君房墨、玉如意、威斗、葫蘆茶注, 俱是文房佳品也. 研與如意, 賦得長句, 威斗, 研山諸品, 銘以識之. 帶書而謝, 蓋報瓜之意也."

계집』 권17에 수록되어 있다. 이 편지에 대한 기윤의 답서는 전하지 않는다. 홍양호는 「기 상서에게 보낸 편지(신유년)」에서 "연전(年前)에 편지를 보내면서 제가 지은 서툰 명문 몇 편을 함께 올렸습니다. 후에 답신을 받지 못했으니 진실로 울적한 마음이 듭니다."107)라고 했다.

(16) 1798년(무오년) 겨울부터 1801년(신유년) 2월 상순까지 홍양호와 기윤은 편지를 주고받지는 않았지만, 조선의 사절을 통해 선물을 교환하였다. 홍양호는 「기 상서에게 보낸 편지(신유년)[與紀尙書書(辛酉)]」에서 "지난 삼사 년간 감히 몇 글자로 안부를 듣지 못했으니 엎드려 바라건대 선생께서 굽어 살피시기 바랍니다."108)라고 하였다. 1800년(경신년)에 기윤은 홍양호에게 서화(書畫)를 보냈다. 홍양호는 「기 상서에게 보낸 편지(신유년)[與紀尙書書(辛酉)」에서 "지난해 우리나라 사신의 귀국 편에 명첩(名帖)을 받들어 내려주신 황산도(黃山圖)와 먹 두 상자를 받았습니다."109)라고 했다. 그간 기윤은 문팽(文彭)의 글씨 족자를 홍양호에게 보냈고 홍양호는 윤순(尹淳)의 글씨 족자를 기윤에게 선물했다. 홍양호는 「기 상서에게 보낸 편지(신유년)」에서 "지난번에 주신 문팽의 글씨 족자는 이미 삼가 받았으니, 형산의 유범(遺範)을 보는 것만 같았습니다. 우리나라 백하 윤순의 서체는 조선에서 명성이 높아서 하나를 사신 편에 보냈는데, 이미 좌우(座右)에 전해졌음을 들었습니다."110)라고 말했다.

(17) 1801년(신유년)에 홍양호는 기윤에게 편지 「지난 삼사 년간 감히 몇 글자로 안부를 듣지 못했습니다……신유년 2월 상순에[三四年來不敢以隻字相聞…… 辛酉如月上旬]」를 보냈는데, 이 편지는 『이계홍양호전서』 권16에 수록되어 있으며, 주로 기윤의 안부를 묻고, 그가 전에 보낸 선물에 감사를 표하였다.

107) 홍양호, 『이계홍양호전서』 권16, 「기 상서에게 보낸 편지(신유년)[與紀尙書書(辛酉)]」, "지난 삼사 년간 감히 몇 글자로 안부를 듣지 못했으니……[三四年來, 不敢以隻字相聞……]". "年前修書兼呈賤作諸銘, 伊後未奉答教, 殊切泄鬱."

108) 홍양호, 『이계홍양호전서』 권16, 「기 상서에게 보낸 편지(신유년)[與紀尙書書(辛酉)]」, "지난 삼사 년간 감히 몇 글자로 안부를 듣지 못했으니……[三四年來, 不敢以隻字相聞……]". "三四年來, 不敢以隻字相聞, 伏想先生有以俯諒也."

109) 홍양호, 『이계홍양호전서』 권16, 「기 상서에게 보낸 편지(신유년)[與紀尙書書(辛酉)]」, "지난 삼사 년간 감히 몇 글자로 안부를 듣지 못했으니……[三四年來, 不敢以隻字相聞……]". "昨歲賤价之還, 伏奉片幅名帖, 俯贈黃山圖墨二匣."

110) 홍양호, 『이계홍양호전서』 권16, 「기 상서에게 보낸 편지(신유년)[與紀尙書書(辛酉)]」, "지난 삼사 년간 감히 몇 글자로 안부를 듣지 못했으니…… [三四年來, 不敢以隻字相聞……]". "前惠文彭書障, 謹已領受, 宛見衡山遺範, 而本國尹白下淳書亦嘗擅名於東方, 故付呈一障於使价, 聞已得徹於座右."

3 홍양호와 기윤의 교류에 대한 고찰

홍양호와 기윤은 북경의 단문에서 처음 만났다. 당시 기윤이 예부상서로 있으면서 사신들을 맞이하며, 상을 내리고 있었기 때문에 두 사람은 이야기를 나누지 못하고 눈만 마주쳤다. 첫 만남은 아마 우연이었을 것이다. 하지만, 기윤은 예식을 마치고 물러 나온 뒤 홍양호의 처소에 사람을 보내어 환영의 뜻을 전했고, 이에 대한 응답으로 홍양호는 아들 홍낙준을 기윤의 집으로 보냈다. 두 사람 모두 교류의 의사를 보인 것이다. 두 사람이 교류하게 된 이유는 주로 다음과 같다.

우선, 첫 만남에서 홍양호와 기윤은 상대방의 풍모에 서로 끌렸다. 홍양호는 기윤의 의용을 바라보고는 그를 '수척하고 준수한 노성인'이었다고 했으며, '멀리 떨어져 있어 자리를 넘어가서 말을 하지 못한 것'을 유감스럽게 생각했다.[111] 기윤 역시 홍양호에게 여러 번 눈길을 주면서 각별한 관심을 보였다. 훗날 기윤은 그날을 회상하며 홍양호에게 보낸 편지에서 "동쪽의 사신이 공물을 올리러 들어와서 (선생의) 풍채를 가까이 접할 수 있었습니다. 기상이 깊고 순후하여 장막 사이에 우뚝 서 계시니, 서리가 내린 나무숲의 외로운 학을 보는 것 같아 그 월등한 풍채에 놀랐습니다."[112]라고 말했다. 또 기윤은 「이계시집서」에서 "기량이 뛰어나고 진중하여 군자임을 알았다."[113]라고 했다. 이렇듯 상대의 기품을 존경하고 사모한 것이 두 사람이 친구가 된 전제 조건이었다.

다음으로 두 사람은 서로의 학문적 명성을 전해 듣고서 상대와의 학술 교류를 기대하고 있었다. 이것이 바로 이들이 교류하게 된 근본적인 원인이다. 기윤은 홍양호와 교류하기 전부터 홍양호에 대해 알고 있었다. 기윤은 「이계시집서」에서 "건륭 갑인년(1794년) 겨울에 판중추부사 홍한사(洪漢師)가 직공(職貢)으로 경사에 왔는데, 기량이 넓고 진중하여 군자임을 알았다. 이윽고 그가 앞서 임인년(1782년) 사행에서 상서 양덕포(梁德圃), 세마 박명(博明), 수찬 대구형(戴衢亨)과 창수한 것을 알았다."[114]라고 했다. 홍양호와의 첫 대면 후, 기윤은 주변에 홍양호에 대해 알아보

111) 홍양호, 『이계집』 권11, 「조카 낙유가 연경에 가는 것을 전송하면서 지은 서문[送從子樂游赴燕序]」(『한국문집총간』 제241책, 198쪽.)

112) 홍양호, 『이계홍양호전서』 권16, 「기윤이 홍양호에게 보낸 편지[紀昀與洪良浩書]」, "기윤이 머리를 조아리며, 이계 선생의 편지를 받들고……[紀昀頓首, 奉書耳溪先生執事……]", 330쪽. "因東琛入獻, 得接容輝, 見道氣深醇, 峙立爻閭, 如霜林獨鶴, 已驚爲丰采迥殊."

113) 홍양호, 『이계집』 권1, 기윤, 「이계시집서」(『한국문집총간』 제241책, 3쪽.) "器宇深重, 知爲君子."

114) 홍양호, 『이계집』 권1, 기윤, 「이계시집서」(『한국문집총간』 제241책, 3쪽.) "乾隆甲寅冬, 判中樞府事洪君漢

았던 것 같다. 며칠 뒤 기윤은 홍양호의 처소에 역관을 보내 환영을 표하면서 "오래전부터 높은 명성을 들었으나 어깨를 스치면서 만날 기회를 놓쳤으니, 아마도 운수가 그러했나 봅니다."[115]라는 말을 전했다. 또 홍낙준을 만났을 때에는 "일찍부터 존대인의 큰 이름을 들어왔는데, 이제 만날 수 있게 되었지만, 이야기를 나눌 수가 없어 안타깝습니다."[116]라고 말했다. 이처럼 기윤은 중국에까지 전해진 홍양호의 명성을 익히 들어 알고 있었다. 이에 먼저 겸손한 태도로 홍양호의 시문을 청하여 교류를 시작했다. 홍양호는 「조카 낙유가 연경에 가는 것을 전송하면서 지은 서문」에서 "(기윤이) 내가 쓴 글을 보기를 청하니 아마도 조선의 문헌을 확인하고자 했던 것 같다."[117]라고 했는데, 이 또한 홍양호의 학문에 대한 기윤의 기대를 말해준다.

기윤이 사람을 보내오자 이에 대한 화답으로 홍양호는 자신의 아들을 그의 집으로 보냈다. 이는 예의 차원의 응답이었던 동시에 학술 교류에도 분명한 목적을 두고 있었다. 홍양호는 중국에 두 차례 출사했는데, 정치적인 사명감 이외에도 명확한 학술적 목적을 품고 있었다. 다음에서 홍양호의 이러한 생각을 엿볼 수 있다.

> 천하란 넓은 하늘의 아래이니 중국의 땅으로는 다할 수가 없다. 중국은 구주(九州)의 중앙이니, 한 주의 강역으로는 당할 수가 없다. 동방의 사신이 상국에 가는 것이 연경과 계주 한 지역에 그칠 뿐이니 중국을 다 보았다고 말할 수 없다. 나는 십수 년 이래로 두 번 연경에 사신으로 가서, 산천의 웅대함과 도읍의 장려함을 이미 눈으로 실컷 보았다. 그러나 선왕의 예악 문장에 이르러서는 아득하여 상고하지 못하였으므로, 오래된 명문귀족이나 중원의 명사(名士)를 보면 그들과 격앙하며 이야기를 나누고 싶었다.[118]

師, 以職貢來京師, 器宇深重, 知爲君子. 既而知其先以壬寅奉使, 與德定圃尙書, 博晰齋洗馬, 戴蓮士修撰遞相唱和."

115) 홍양호, 『이계집』 권18, 「태사씨자서」(『한국문집총간』 제241책, 328쪽.) "久仰高名, 交臂而失之,殆有數焉."

116) 홍양호, 『이계집』 권18, 「태사씨자서」(『한국문집총간』 제241책, 328쪽.) "夙慕尊大人盛名, 今也望見而不得接語, 可恨."

117) 홍양호, 『이계집』 권11, 「조카 낙유가 연경에 가는 것을 전송하면서 지은 서문[送從子樂游赴燕序]」(『한국문집총간』 제241책, 198쪽.) "求見我述作, 蓋欲知東方文獻也."

118) 홍양호, 『이계집』 권11, 「조카 낙유가 연경에 가는 것을 전송하면서 지은 서문[送從子樂游赴燕序]」(『한국문집총간』 제241책, 198쪽.) "天下者, 普天之下也, 中國之地不足以盡之. 中國者, 九土之中也, 一州之疆不足以當之. 東使之賓上國者, 止於燕薊一方, 則不足言觀中國矣. 余於十數年來, 再奉使如燕, 山川之雄偉, 都邑之壯麗, 固已目飫之耳. 至於先王之禮樂文章, 邈然無所稽. 思見衣冠舊族, 中土名士, 與之激昂談論."

일부 조선 사람들은 중국에 사신으로 가면서 연경과 계주 한 지역을 지나며 보고 들은 것으로 중국을 알았다고 생각한다. 그러나 홍양호가 보기에 이런 생각은 잘못되었다. 그는 중국을 알려면 반드시 중국의 명사와 열띤 토론을 벌여야 한다고 생각했고, 이는 그가 처음으로 중국에 사신으로 갔을 때의 경험과 관련이 있다. 임인년(1782년) 첫 번째 사행 때 홍양호는 유감을 품은 채로 귀국했는데, 그가 '선왕의 예악과 문장은 아득하여 찾을 수 없었다.'[119]라고 했던 것이 이러한 심경의 표출이라고 할 수 있다. 다음의 글에서도 홍양호의 유감스러운 심경이 드러난다.

> 임인년(1782년) 사행 때, 한림(翰林) 대구형(戴衢亨)이 젊은 나이에 과거에 장원급제하여 명성이 성대하다는 이야기를 들었으나 끝내 만나지 못하고 다만 시편을 지어 주고받았을 뿐이다.[120]

임인년(1782년) 사행에서 홍양호에게 깊은 인상을 남겼던 중국 문인은 대구형이다. 그러나 여러 가지 이유로 홍양호는 끝내 대구형과 직접 만나지 못한 채 시를 주고받는 것으로 만족해야만 했다. 위의 글에서 '끝내(終)', '다만(秖)'이라는 표현들은 대구형과 학술적으로 교류하지 못한 것에 대한 홍양호의 유감스러운 심경을 잘 보여준다. 그러다가 갑인년(1794년) 사행에서 기윤과의 만남으로 중국 학자들과의 학술 교류를 기대했던 홍양호의 소원이 이루어졌다. 홍양호는 일찍부터 기윤의 박학다식함을 들어 알고 있었다. 그래서 "이번에 다행히도 어명을 받들어 상국에 이르러 뭇사람들이 말하는 것을 곁에서 들었습니다. (그들은) 오직 공께서 나라의 예사를 주관하고 문단을 주도하시면서 천하의 학사대부들의 흠모를 받고 있으며, 그들의 기준이 되고 있다고 했습니다. 소자유(蘇子由)의 대관(大觀)이 여기에 있다고 하겠습니다. 그러나 공무가 있는 것이 아니라서 감히 사사로이 뵙지 못했습니다."[121]라고 했다. 이처럼 홍양호는 애초부터 기윤을 존경하고 흠모하는 마음을 품고 있었다. 기윤과 학술적으로 교류할 수 있다는 사실에 홍양호는

---

119) 홍양호, 『이계집』 권11, 「조카 낙유가 연경에 가는 것을 전송하면서 지은 서문[送從子樂游赴燕序]」(『한국문집총간』 제241책, 198쪽.) "先王之禮樂文章, 邈然無所稽."

120) 홍양호, 『이계집』 권11, 「조카 낙유가 연경에 가는 것을 전송하면서 지은 서문[送從子樂游赴燕序]」(『한국문집총간』 제241책, 198쪽.) "壬寅之行, 得戴衢亨翰林, 少年魁鼎甲, 聲名甚盛, 而終未得接見顔色, 秖以詩篇往復而已."

121) 홍양호, 『이계홍양호전서』 권16, 「기 상서에게 보낸 편지(을묘년)[與紀尙書書(乙卯)]」, "양호가 삼가 재배하며, 대종백 기 선생께 편지를 올립니다……[良浩謹再拜, 上書於大宗伯紀先生閣下……]", 328쪽. "今幸奉使命詣上國, 側聽於輿人之誦, 惟閣下掌邦禮尸詞盟, 凡天下之學士大夫, 皆仰之以標準. 蘇子由之大觀於是焉在, 而非有公事, 不敢私謁."

기쁨을 금치 못했다. 홍양호는 편지에서 “마침 따라온 맏아들을 통해 공께 이름을 알려 대군자께서 비루하게 여기지 않으시는 은혜를 입었습니다. 집안에 몸을 들이게 허락하시고 귀한 손님을 대하는 예의를 갖춰 자리를 내주시고 얼굴을 보여주심에 마침내 문자로 가르침을 청할 수 있었습니다. 그리하여 행장에 갖고 있던 부족한 저의 글 몇 편으로 갑작스레 가르침을 받게 되었습니다.”[122]라고 했다. 홍양호는 「옥여의가」에서도 “감히 자리를 넘어서 말을 주고받지는 못했으나, 다행히도 사람을 시켜 문자를 보낼 수 있었다.”[123]라고 했다. 홍양호는 아들을 기윤에게 보내면서 자신의 시집과 문집을 함께 보내 중국의 대학자와 교류하게 된 기쁨을 드러내었다.

이처럼 두 사람이 만남을 시작한 후, 홍양호는 북경에 머무는 동안과 조선으로 돌아온 후에도 계속 기윤과 학술 교류를 이어갔고, 이로써 두터운 학문적 우정을 다질 수 있었다. 두 사람의 교류는 서신 교환, 시문 증답 및 선물 교환의 방식으로 이루어졌다. 언어가 달라 말로 직접 소통할 수 없었으므로 홍양호는 문집과 편지를 보내어 자신의 학문적 견해를 기윤에게 전달하였다. 기윤은 「홍양호에게 회포를 적어 부치며[寄懷洪良浩]」라는 시의 주석에서 “홍양호는 예전에 시문집을 남겨 주었다.”[124]라고 했다. 한편 기윤도 서문과 발문 및 편지를 통하여 홍양호에게 자신의 학술적 견해를 전달했다. 이러한 교류가 거듭되면서 두 사람은 점차 깊게 서로를 이해했고, 마침내는 지기(知己)가 될 수 있었다.

4 홍양호와 기윤의 ‘경개여고(傾蓋如故)’[125]에 대한 고찰

홍양호와 기윤은 서로의 우정을 소중하게 여겼다. 이는 실제 사례를 통해 알 수 있는데, 이들

---

122) 홍양호, 『이계홍양호전서』 권16, 「기 상서에게 보낸 편지(을묘년)[與紀尙書書(乙卯)]」, “양호가 삼가 재배하며, 대종백 기 선생께 편지를 올립니다……[良浩謹再拜, 上書於大宗伯紀先生閣下……]”, 328쪽. “適因家督隨來, 貪緣聞名於左右, 乃蒙大君子不鄙夷之, 許以進身於門屏, 接以賓客之禮. 賜之坐, 而假以顏色, 遂得以文字請教. 行中所賫數編賤稿, 遽然仰塵崇覽矣.”

123) 홍양호, 『이계집』 권8, 「옥여의가(玉如意歌)」(『한국문집총간』 제241책, 144쪽.) “不敢越位交言語, 猶幸因人質文字.”

124) 기윤 찬, 손치중(孫致中) 등 교감, 『기효람문집(紀曉嵐文集)』 제1책, 「홍양호에게 회포를 적어 부치며[寄懷洪良浩]」, 545쪽. “洪嘗以詩文集留贈.”

125) 역자주: 『사기(史記)』 권83 「추양열전(鄒陽列傳)」에 “흰머리가 되도록 오래 사귀었어도 처음 본 사람처럼 느껴질 때가 있고, 수레의 깁 양산을 기울이고 잠깐 이야기했지만 오랜 벗처럼 느껴지는 경우도 있다.[白頭如新, 傾蓋如故]”라는 말이 나온다. 따라서 경개여고(傾蓋如故)는 한번 만나자마자 의기투합하여 서로 지기(知己)로 받아들이는 것을 가리킨다.

두 사람은 1794년(갑인년)부터 1798년(무오년)까지 해마다 인편을 통해 서신과 시문을 주고받고, 선물을 교환하면서 서로의 마음을 전했다. 두 사람이 서로를 소중한 지기로 받아들인 '경개여고'의 감정은 다음과 같은 사실에서 드러난다.

우선, 두 사람 모두 마음이 통하는 친구를 만나기 어렵다는 것을 잘 알고 있었다. 따라서 서로의 마음을 확인한 뒤, 자신의 마음과 재능을 알아주는 지기(知己)를 만났다는 사실에 무척 기뻐했다. 홍양호의 이러한 심경은 다음의 시에서 잘 드러난다.

동국의 서생은 큰소리치기 좋아하지만	東國書生好大談
어디에서 녹나무 같은 기이한 재목을 보았겠는가.	奇材何處見樟枏
중국은 바다처럼 인물이 많다고 하니	中州人物稱淵海
문장으로 세상에 드문 기효람이 있구나.	稀世文章有曉嵐
지기는 천하에 한 사람도 만나기 힘든데	知己難逢天下一
성대하게도 이제 세상에서 셋을 다 보았도다.	大觀方盡域中三
조선의 사신이 천자가 베푼 잔치에 참여하니	三韓使者赴王會
오문에서 한 번 만남에 그대가 관심을 주었네.	午門一接回英眄
예부터 문장으로 마음 맞기는 어려웠으니	文章契遇自古難
같은 기풍끼리 서로를 찾아낸 것은 내 자랑이 아니라네.	同氣相求非我衒
나의 문로가 정맥에 가깝다고 인정하였으니	許我門路近正脉
중국에서 어떻게 이런 훌륭한 문사 얻었을까.	何以得此中州彦
아, ……	嗚呼
천년에 한 번 있을 지음과 같은 세상을 사는데	千載知音今並世
산과 바다로 막혀 유독 만나지 못하는구나.	山海迢迢獨不見
다행히도 쇠파리가 천리마의 꼬리에 매달려서	自幸蒼蠅攀驥尾
고고한 학 다투어 보려고 닭 무리에 서 있네.	争瞻孤鶴立鷄群
인간 세상에서 좋은 일은 벗이 멀리서 찾아오는 것이니	人間樂事朋從遠
바다 건너 정신으로 사귀는 것은 옛날에도 드물었도다.	海外神交古罕聞
오문(午門)에서 한 번 잠깐 만나 마음을 터놓았으니	午門一接如傾蓋
만 리 밖의 지음(知音)은 북두의 남쪽에 있도다.	萬里知音在斗南[126]

기윤 역시 홍양호를 지기(知己)로 인정하였다. 그는 홍양호에게 보내는 편지에서 "(저는) 얕은 식견으로 한낱 서무당(徐無黨)[127]과 같은 꼴이 되고 말았습니다. 그런데도 선생께서는 또한 저의 마음을 받아들여 주셨습니다. 이는 우리 두 사람이 지기(知己)로 서로를 인정한 것입니다. 사람이 서로 알지 못하면 날마다 무릎을 맞대며 지내더라도 산하가 가로막은 것처럼 멀어지지만, 만약 서로를 알아준다면 천만년이 하루의 아침, 저녁과 같고 천만리가 한 뜨락과 같습니다. 맑은 바람이 불고 달이 청명한 날에 혹 서로가 그리워질 때면 다만 책을 펼치고 시를 읊기만 해도 마치 오랜 벗이 마주앉아 이야기를 나누는 것처럼 될 것입니다."[128]라고 말했다.

홍양호는 위의 시를 통해 지기를 만나기 어려웠음을 수차 토로했다. 이러한 술회(述懷)는 그의 실제 경험과 관련이 있다. 우선, 젊은 시절 홍양호는 벼슬길이 순탄하지 않았다. 이에 채제공은 "이계는 뛰어난 재능을 가졌으나 일찍이 때를 잘못 만나 여러 해 동안 세상과 서로 등진 군평[129]이 되어 울적하게 수염만 희끗희끗해졌다. 분수에 맞추어 편안히 지내며 생을 마치려는 듯하였다. 다행히도 성군께서 신하를 알아보았고, 마침내 이조판서와 대제학의 자리에서 뜻을 펼치게 되었다."[130]라고 하였다. 홍양호는 반평생 '분수에 맞추어 편안히 보내다가' 노년에 이르러서야 드디어 '이조판서와 대제학의 자리에서 뜻을 펼치게' 되었던 것이다. 홍양호는 순탄치

126) 위에서 인용한 시들은 순서 별로 다음과 같다. 홍양호, 『이계집』 권7, 「기효람 종백이 청아하고 담백한 문장으로 한 시대 문단의 수장이니, 실로 지음을 만난 것 같았다. 도성문을 나서며 정성스러운 마음을 읊었다.[紀曉嵐宗伯以清白文章冠冕一世, 實有知音之感, 出都門聊賦惓惓之意.]」, 129쪽; 홍양호, 『이계집』 권8, 「선덕연가(宣德硯歌)」, 144쪽; 홍양호, 『이계집』 권8, 「정사년(1797년) 헌서 재자관이 돌아오면서 효람 종백이 보낸 시를 가져오니, 그 운에 화답하다.[丁巳冬, 憲書賫官之回, 曉嵐宗伯寄詩, 步其韵答之]」, 145쪽; 홍양호, 『이계집』 권8, 「조 학사 석중이 서장관으로 연경에 가는 것을 전송하며[送曹學士錫中以書狀赴燕]」, 145쪽.

127) 역자주: 서무당(徐無黨, 1024-1086)은 송나라 무주(婺州) 영강(永康) 사람으로, 구양수한테 고문사(古文辭)를 배웠으며 구양수가 편찬한 『오대사(五代史)』에 주석을 했는데, 그 내용이 천박하다는 평가를 받는다.

128) 홍양호, 『이계홍양호전서』 권16, 「기윤이 홍양호에게 보낸 편지[紀昀與洪良浩書]」, "기윤이 머리를 조아리며 이계 선생의 편지를 받들고……[紀昀頓首, 奉書耳溪先生執事……]", 330쪽. "不揣弇陋, 竟爲徐無黨之續, 先生亦許以賞音. 是我二人, 彼此以知己相許也. 夫人不相知, 日接膝而邈若山河. 苟其相知, 則千萬載如朝夕, 千萬里如庭除. 清風朗月, 倘一相思, 但展卷微哦, 即可作故人對語矣."

129) 역자주: 군평(君平)은 전한(前漢) 때 사람인 엄준(嚴遵)의 자이다. 성도(成都)에서 복서(卜筮)를 일삼았으며 양웅(揚雄)이 그에게 배웠다. 저서에 『노자지휘(老子指揮)』가 있다. 이백(李白)의 「고풍오십구수(古風五十九首)」의 제13수에 "군평이 이미 세상을 버리고, 세상도 군평을 버렸네[君平既棄世, 世亦棄君平.]"라고 하였다.

130) 채제공, 『번암집(樊岩集)』 권56, 「이계 홍 상서 양호의 「연운잡영」 뒤에 쓰다[書耳溪洪尙書良浩「燕雲雜咏」後]」(『한국문집총간』, 546쪽.) "耳溪以之才之學, 嘗不利於時, 作君平之兩棄者有年, 鬱然美鬚髯蒼以白矣. 猶且素履晏晏, 若將終身. 幸荷聖主知臣, 卒能展布於冢宰文衡之位."

않았던 벼슬길 때문에 자신의 재능을 알아보고 인정해주는 사람을 만나기 어렵다고 생각했던 것 같다. 홍양호는 머리가 희끗희끗해진 다음에야 기윤과 만나 교류하면서 중국의 대학자들과 교류하고자 했던 오래된 염원을 이루었다. 갑인년(1794년) 사행에서 홍양호는 기윤, 철보, 대구형, 이정원 등 청나라의 명사들을 만나 시문을 교환하면서 학술적으로 교류했다. 특히 기윤과는 '같은 기풍을 가진 이들이 서로를 찾은 것(同氣相求)'과 같은 느낌을 받았다. 기윤 역시 홍양호를 알아보고 '문로(門路)가 정맥(正脉)에 가깝다.'라고 인정하면서 그를 지기로 여겼다. 이에 홍양호는 지기를 만난 기쁨을 느꼈다.

둘째, 두 사람 모두 서로를 존경하고 격려했다. 홍양호는 기윤이 학술을 널리 알리는 것을 소임으로 삼고 후학들이 '나루에서 헤매면 방향을 가르쳐 주고' 또 '큰길을 알려 주면서' 같은 뜻을 가진 이를 사심 없이 이끄는 것에 대해 존경심을 품고 있었다. 홍양호는 시를 통해 기윤에 대한 존경심을 드러냈다.

기효람 선생은 문단의 수장이니　　曉嵐先生文章伯
저울을 붙잡고 경연에 임하네.　　手握權衡臨講肆
단거로 멀리 은하수의 근원을 밟고　　單車遠躡星宿源
감식안으로 석거각의 비서를 두루 보네.　　隻眼遍窺石渠秘
미친 파도 몰아내어 넘치는 것 막고　　揮斥狂瀾障泛濫
바른 맥을 부지하여 사설(邪說)을 물리쳤네.　　扶持正脉辟淫詖

중국은 바다처럼 인물이 많다고 하니　　中州人物稱淵海
문장으로 세상에 드문 기효람이 있구나.　　稀世文章有曉嵐

하간에서 문장 뛰어난 호걸이 태어났으니　　河間生傑富文章
박식하고 고상한 유림으로서 큰 명성을 차지했지.　　博雅儒林擅大方
발은 이만 리 떨어진 황하의 근원을 밟고　　足躡河源二萬里
손은 천록각의 삼천 상자의 책을 편집하네.　　手翻天祿三千箱
평생의 높은 안목 거울처럼 밝으니　　百年隻眼明如鏡
나루에서 헤매는 제자들을 건너게 해 주는구나.　　諸子迷津涉有航

종백의 명성은 북두보다 높으니　　宗伯聲名高北斗
맑은 풍모 화답하기 어려워 성세를 칭송하네.　　清風難和頌昌辰

해내의 문종 기효람이　海內文宗紀曉嵐
예부와 관각(館閣)에 담담히 앉아 있네.　春官瀛閣坐潭潭

북두의 광채는 동해 밖에서도 우러러보고　北斗光瞻東海外
봄바람의 기운은 오문 앞까지 이어졌어라.　春風氣接午門前
북두에 정신으로 사귄 이 있으니　斗北有神交
예부의 장관 기공이로다.　紀公長禮部
가슴은 아홉 개의 운몽택(雲夢澤)을 삼키고[131]　胸海呑九夢
배에는 두 유산(酉山)을 저장하고 있지.[132]　腹笥貯二酉
십년 동안 속국을 맡아　十年典屬國
진퇴에 좋고 나쁨이 분명하네.　進退明好醜
우리 동방은 주례를 지켜 왔으니　東方秉周禮
예법에 많은 도움을 받으리.　旋斡多左右

예부에서 뭇 관리 위에 우뚝이 선 이는　南宮鵠立千官上
묻지 않아도 기효람인 줄 알 것이네.　不問須知紀曉嵐[133]

홍양호는 (「조 상서 이진(상진)이 연경에 가는 것을 전송하면서 지은 서문[送趙尙書爾真(尙鎭)赴燕序]」에서) "지금의 예부상서 기윤은 깊고 넓은 학문을 가진 문인이다. 춘관 전속국을 맡아 관리한 지 십여 년이 되었다."[134]라고 말했다. 종합해보면, 홍양호의 눈에 기윤은 '학자의 정통으

131) 역자주: 이 시구는 흉중이 막힘이 없어 아주 드넓었다는 뜻이다. 한나라 사마상여(司馬相如)의 「자허부(子虛賦)」에 "운몽과 같은 것 여덟아홉 개를 한꺼번에 집어삼키듯, 그 흉중이 일찍이 막힘이 없었다.[呑若雲夢者八九, 於其胸中, 曾不蔕芥.]"라는 표현이 나온다. 『문선(文選)』 권7에 실려 있다.

132) 역자주: 이 시구는 많은 서적을 읽어 학식이 매우 풍부함을 뜻한다. 중국 호남성(湖南省)에 있는 대유산(大酉山)과 소유산(小酉山)의 동굴에서 수천 권의 고서가 발견되었으므로 생긴 말이다.

133) 위에서 인용한 시들은 순서 별로 다음과 같다. 홍양호, 『이계집』 권8, 「옥여의가(玉如意歌)」, 144쪽; 홍양호, 『이계집』 권7, 「기효람 종백이 청아하고 담백한 문장으로 한 시대 문단의 수장이니, 실로 지음을 만난 것 같았다. 도성문을 나서며 정성스러운 마음을 읊었다.[紀曉嵐宗伯以清白文章冠冕一世, 實有知音之感, 出都門聊賦惓惓之意.]」, 129쪽; 홍양호, 『이계집』 권7, 「예부상서 기효람 윤에게 드림[贈禮部尙書紀曉嵐昀]」, 128쪽; 홍양호, 『이계집』 권8, 「조 학사 석중이 서장관으로 연경에 가는 것을 전송하며[送曹學士錫中以書狀赴燕]」, 145쪽; 홍양호, 『이계집』 권8, 「기 상서에게 부치며[寄紀尙書]」, 144쪽; 홍양호, 『이계집』 권8, 「주청 부사 이 시랑이 연경에 가는 것을 전송하며[送奏請副使李侍郎赴燕]」, 145쪽; 홍양호, 『이계집』 권8, 「정사인 조 상서가 연경에 가는 것을 전송하며[送正使曹尙書赴燕]」, 146쪽.

로 화하(華夏)에 빛나고, 많은 문사의 모범으로 뭇 관리의 으뜸이 된' 인물이었고,[135] 학식은 물론이고 인품으로도 중국 문인들의 모범이었다.

기윤은 주로 편지와 선물을 보내 홍양호에 대한 존경과 격려를 드러냈다. 편지에서 그는 다음과 같이 말했다.

> 선생은 바다 끝에서 태어났지만, 홀로 꼿꼿이 옛 문인들을 따랐으니 가히 호방한 문사는 유행하는 풍속을 따르지 않고, 이단의 학문에 미혹되지 않는 것이라 하지 않겠습니까? 벼슬하지 않은 한미한 문사는 문을 닫고, 옛것을 익히더라도 각자 자신이 들은 바를 높일 뿐이지만, 문병(文柄)을 쥐는 책임을 맡은 이는 마땅히 이 도(道)를 펼쳐야 할 것입니다. 선생은 나라의 재상이요 또 유학의 종주이시니 바라건대 이러한 뜻을 가지고 조선의 학자를 이끄십시오. 높은 곳에서 큰 소리를 내면 반드시 모두 호응할 것이니 오래 서로 전하고 배워서 문장의 바른 맥이 넓은 바다 밖으로도 한 갈래로 전해진다면 어찌 큰 일이 아니겠습니까?[136]

기윤은 이 편지에서 홍양호가 유가적 시문(詩文)의 도를 계승하였다고 인정했다. 또한 그는 조선의 대제학 홍양호가 유교의 의로 조선의 학자를 이끌어 문인들이 구름처럼 따르고, 모두 호응하여 문장의 바른 맥 한 갈래를 조선에서 이어갈 것을 기대하였다. 이 밖에도 기윤은 선물을 보내 홍양호를 격려하였다. 정사년(1797년) 1월, 기윤은 선물인 벼루, 연적, 등긁이, 찻주전자에 각각 짧은 시 한 수씩을 부쳐 홍양호에게 보냈다.

자줏빛 구름이 하암을 자르니	紫雲割下岩
물벌레가 좀먹은 듯 구멍이 있네.	水蛀穴如蠹
붓끝이 비록 평평하고자 하나	鋒芒雖欲平

134) 홍양호, 『이계집』 권11,「조 상서 이진(상진)이 연경에 가는 것을 전송하면서 지은 서문[送趙尙書爾真(尙鎭)赴燕序]」(『한국문집총간』 제241책, 199쪽). "今之禮部尙書紀匀, 宏博文章之士也, 掌春官典屬國, 已十餘年矣."

135) 홍양호, 『이계집』 권8, 「효람 기 상서에게 부치다(무오년, 두 수)[寄曉嵐紀尙書(戊午,二首)]」(『한국문집총간』 제241책, 145쪽). "斯文正脉明華夏, 多士模楷冠搢紳."

136) 홍양호, 『이계홍양호전서』 권16, 「기윤이 홍양호에게 보낸 편지[紀昀與洪良浩書]」, "윤이 이계 선생께 절하고서 아룁니다. 진나라 사람이 말하기를……[昀拜啓耳溪先生閣下. 晉人有言……]", 329쪽. "先生生於海隅, 獨挺然追古作者, 豈非豪杰之士不汩於流俗, 不惑於異學者哉? 然韋布寒儒, 閉門學古, 各尊所聞而已. 有主持文柄之責者, 則當爲振興斯道計. 先生身爲國相, 又爲儒宗, 願謹持此義, 以導東國之學者. 登高之呼, 必皆響應, 久而互相傳習, 使文章正脉, 別存一支於滄海之外. 豈非盛事歟?"

귀하게도 그 형태 예스럽구나.　　貴爾形模古

배가 커서 물 담기 좋은데　　哆腹水易容
입은 좁아 먼지가 들지 않는구나.　　縮口塵不染
오래 두어도 맑은 샘 같으니　　久貯仍清泉
군자는 몸단속 할 것 깨달으리.　　君子悟防檢

손톱이 마고와 닮았으니　　指爪肖麻姑
이것으로 가려운 등 긁네.　　藉以搔背癢
날카로운 것은 저의 능력이지만　　銛利彼所能
조종은 내 손에 달려 있지.　　操縱仍吾掌
노인이 일품의 옷 걸치고 있으니　　老披一品衣
문서 보면서도 능히 지치지 않는구나.　　能無勞案牘
향기로운 차 때때로 한번 부으면　　香茗時一澆
무더위도 충분히 씻어 가리라.　　亦足滌煩溽[137)]

이 네 수의 시는 모두 결구에서 그 의미가 드러난다. 기윤은 '상고(尙古)', '입신(立身)', '전도(傳道)', '계조(戒躁)' 등 여러 방면으로 홍양호가 유교 수양에 힘쓸 것을 권했다. 그의 다른 선물들에서도 이러한 의도가 자주 드러나며, 홍양호 역시 기윤의 뜻을 알고 있었다. 홍양호는 기윤에게 「현덕연가」, 「옥여의가」, 「위두명」, 「단사연산명」, 「호로다주명」, 「정군방묵명」의 글을 보냈는데, 감사의 뜻 외에도 기윤의 선물이 담고 있는 의미를 이해했다는 것을 알리고자 했다.

이별할 제 이를 준 것 특별한 뜻 있으니　　臨分贈此別有意
목표 이루기 위해 끝까지 노력하라는 당부네.　　勉我九仞加一簣
옥은 군자의 덕에 견줄 만하니　　玉兮可比君子德
군자는 정성을 한결같이 해야 하네.　　君子存誠貴無二
여의가 내 뜻과 같으니　　如意兮如我意
길이 나를 따르며 이롭지 않음이 없으리.　　長隨我兮無不利[138)]

137) 기윤 찬, 손치중(孫致中) 등 교감, 『기효람문집(紀曉嵐文集)』 제1책, 「수주연(水蛀硯), 연적(水中丞), 등긁이, 찻주전자를 조선의 재상 홍양호에게 보내면서 물건별로 짧은 시 한 수씩 부치다.[以水蛀硯、水中丞、搔背、茶注贈朝鮮國相洪良浩, 各繫小詩]」, 545쪽.

벗이 마음을 담아 보냈으므로 故人贈心
견고하고 또 오래 가리로다. 式堅且壽[139]

셋째, 마음이 통하는 벗을 그리워하는 마음을 보여주었다. 홍양호의 시 중에는 다음과 같은 시구들이 있다.

벗은 멀리 오색구름 가에 있으니 故人遥隔五雲邊
압록강과 연산은 사천 리 길이로다. 鴨水燕山路四千
은하수 같은 문장 부질없이 눈에 들어오는데 河漢文章空入望
봉래산의 소식은 누가 있어 전하겠는가. 蓬萊消息有誰傳
꽃 보고 술잔 마주하며 응당 서로 기억할 터이니 看花對酒應相憶
밝은 달 맑은 바람 아래 홀로 잠들지 못하네. 朗月清風獨不眠
늙어서 너무 늦게 만난 것이 스스로 한스러우니 自恨白頭何見晩
정신으로 백아의 곡조를 전하노라. 精神惟寄伯牙弦

만 리 길을 가고 또 가며 자주 돌아보니 行行萬里頻回首
꿈속 혼은 북두성 남쪽에 걸려 있으리. 魂夢應懸北斗南
공이 나에게 베푼 은혜 어찌 그리도 정중한가 公乎惠我何鄭重
깊은 밤에 그리워하니 공연히 애만 타네. 中夜思之空嬋媛

짧은 말이 천금의 은혜를 입은 듯하니 片言遽荷千金重
서신은 만 리를 날아 전해 왔네. 尺素遥飛萬里傳
정신이 서로 비추는 곳을 알고 싶다면 欲識精神相照處
반공중에 걸린 환한 달을 보게나. 一輪明月半空懸[140]

138) 홍양호, 『이계집』 권8, 「옥여의가(玉如意歌)」(『한국문집총간』 제241책, 145쪽.)

139) 홍양호, 『이계집』 권17, 「위두명(威斗銘)」(『한국문집총간』 제241책, 299쪽.)

140) 위에서 인용한 시들은 순서 별로 다음과 같다. 홍양호, 『이계집』 권8, 「효람 기 상서에게 부치다(무오년, 두 수)[寄曉嵐紀尚書(戊午, 二首)]」, 145쪽; 홍양호, 『이계집』 권7, 「기효람 종백이 청아하고 담백한 문장으로 한 시대 문단의 수장이니 실로 지음을 만난 것 같았다. 도성문을 나서며 정성스러운 마음을 읊었다.[紀曉嵐宗伯以清白文章冠冕一世, 實有知音之感, 出都門聊賦惓惓之意]」, 129쪽; 홍양호, 『이계집』 권8, 「선덕연가(宣德硯歌)」, 144쪽; 홍양호, 『이계집』 권8, 「기 상서에게 부치며[寄紀尚書]」, 144쪽.

홍양호가 북경을 떠나온 뒤 기윤은 「조선의 홍양호를 생각하며[懷朝鮮洪良浩]」와 「홍양호에게 회포를 적어 부치며[寄懷洪良浩]」[141]라는 시를 썼다. 이 시들 중에는 다음과 같은 시구들이 있다.

밤새 푸른 등 아래서 길게 읊조리니	長吟消夜青燈下
멀리 꿈결에 발해 동쪽 사람을 그리워하누나.	遠夢懷人紫澥東
돌아오는 기러기를 두 번 만났으나 조금의 여가도 없었으니	兩遇歸鴻都少暇
품은 정은 시통 하나에 의지해 전할 뿐이라오.	緘情惟藉一詩筒
아득하고 큰 파도가 땅을 양쪽으로 나누니	淼漫鯨波兩地分
사람 그리워 때때로 바다 동쪽 구름 바라보네.	懷人時望海東雲
새로 지은 시를 사신 편에 부치니	新詩能向星軺寄
그대 만나 청담 나누는 것과 다름없으리.	也抵清談一晤君
늙어서도 씩씩하여 혹 다시 사신으로 온다면	矍鑠倘能重奉使
그대 기다려 자하주(紫霞酒) 마시고 함께 취하리.	待君同醉紫霞杯

5 홍양호와 기윤의 '동기상구(同氣相求)'[142]에 대한 고찰

홍양호의 시에는 '예부터 문장으로 뜻이 맞기는 어려웠으니, 같은 기풍끼리 서로를 찾아낸 것은 내 자랑이 아니라네.'[143]라는 구절이 있다. 홍양호 자신과 기윤이 문장으로 뜻이 맞았으며, 두 사람의 만남은 학문적으로 소통할 수 있는 지기(知己)의 조우(遭遇)였다는 것이다. 이는 두 사람의 교류가 갖는 가장 큰 특징이며, 다른 중한 문인들의 교류와 구별되는 지점이다. 이 두

141) 이 두 수의 시는 각기 기윤 찬, 손치중(孫致中) 등 교감, 『기효람문집(紀曉嵐文集)』 제1책, 552쪽과 545쪽에 실려 있다.

142) 역자주: '동기상구(同氣相求)'는 『주역』 「건괘(乾卦) 문언(文言)」에 "같은 소리끼리는 서로 응하고, 같은 기운끼리는 서로 찾게 마련이니,……이는 각자 자기와 비슷한 것끼리 어울리기 때문이다.[同聲相應, 同氣相求……則各從其類也.]"라는 말에서 나왔다. 동류(同類)끼리 서로 기맥이 통하여 자연히 의기투합하는 것을 이르는 말이다.

143) 홍양호, 『이계집』 권8, 「선덕연가(宣德硯歌)」(『한국문집총간』 제241책, 144쪽.) "文章契遇自古難, 同氣相求非我衒"

사람의 교류는 가히 '동기상구(同氣相求)'라 할 만했는데, 이는 시문(詩文)의 도리에 대한 공통된 취향과 인격에 대한 높은 이해를 기반으로 한 것이다. 기윤은 홍양호에게 보낸 편지에서 "지금 선생의 아름다운 작품을 전체적으로 보니 진실로 마음이 흡족합니다. 지역은 달라도 취향이 같다고 하겠습니다. 저는 얕은 식견으로 한낱 서무당(徐無黨)과 같은 꼴이 되고 말았습니다. 그런데도 선생께서는 또한 저의 마음을 받아들여 주셨습니다. 이는 우리 두 사람이 지기(知己)로 서로를 인정한 것입니다."144)라고 말했다. 이처럼 기윤 역시 두 사람이 벗이 될 수 있었던 것은 문학에 대한 이해가 일치했기 때문이라고 여겼다.

홍양호는 시에서 '백발이 다 되어 만난 것 어찌 우연이랴, 한마디 말로 의기투합하여 대도(大道)를 보여주네.'145)라고 하였고, 기윤은 시에서 '어진 군주가 다스리는 시대에는 원래 중국과 외국의 차이가 없으니, 어리석은 나는 성정이 같은 이를 만나 매우 흡족하다.'146)라고 하였다. 이 두 사람의 시구는 하나같이 그들이 막역한 사이가 된 것은 우연이 아니며, 그들이 추구하는 유가(儒家)의 지선지도(至善之道)의 가치관이 일치했기 때문이라고 말하고 있다. 이 두 사람의 정신적 가치관의 일치는 다음의 사실에서 드러난다.

첫째, 문학 창작의 목적에서 두 사람 모두 '문이재도(文以載道)'의 전통이 쇠락하는 것을 안타깝게 여겼다. 두 사람 모두 문장은 반드시 도(道)를 담는 것을 근본으로 해야 하며, 세상에 도움이 되어야 한다고 여겼다.

홍양호는 "문장은 도(道)의 정화(精華)이다. 하늘에 있으면 해와 달, 별, 은하수, 바람과 구름의 상(象)이 되고, 땅에 있으면 강과 바다, 산악, 날짐승과 들짐승, 초목의 문(文)이 되며, 인간에게 있으면 사령(辭令), 위의(威儀), 예악(禮樂), 거복(車服)의 장(章)이 된다."147)라고 했다. 그러나 그는 '삼대 이후로 문과 도가 서로 갈라졌다.'148)라고 하면서 기윤에게 보낸 편지에 다음과 같이

144) 홍양호, 『이계홍양호전서』 권16, 「紀昀與洪良浩書」, "기윤이 머리를 조아리며, 이계 선생의 편지를 받들고……[紀昀頓首, 奉書耳溪先生執事……]", 330쪽. "今統觀雅製, 實愜素心, 是真異地之同調矣. 不揣弇陋, 竟爲徐無黨之續, 先生亦許以賞音, 是我二人, 彼此以知己相許也."

145) 홍양호, 『이계집』 권7, 「기효람 종백이 청아하고 담백한 문장으로 한 시대 문단의 수장이니 실로 지음을 만난 것 같았다. 도성문을 나서며 정성스러운 마음을 읊었다.[紀曉嵐宗伯以清白文章冠冕一世, 實有知音之感, 出都門聊賦惓惓之意]」, 129쪽. "白首相逢寧偶爾, 一言契合示周行"

146) 기윤 찬, 손치중(孫致中) 등 교감, 『기효람문집(紀曉嵐文集)』 제1책, 「홍양호에게 회포를 적어 부치며[寄懷洪良浩]」, 545쪽. "聖代原無中外別, 迂儒恰喜性情同."

147) 홍양호, 『이계집』 권16, 「어정팔가수권발(御定八家手圈跋)」(『한국문집총간』 제241책, 273쪽.) "文章者, 道之英華也. 在天爲日月、星斗、河漢、風雲之象, 在地爲江海、山嶽、鳥獸、草木之文, 在人則爲辭令、威儀、禮樂、車服之章."

썼다.

> 무릇 문장이라는 것은 천하의 공리(公理)입니다. 옛날에는 성인이 말을 세워서 도를 밝혀 후세에게 가르침을 남겼습니다. 그러나 삼대 이후로 학술이 분열되고, 문호(門戶)가 나뉘었습니다. 초나라 사람들의 이소(離騷)와 한나라 사람들의 부(賦)가 모두 극에 다다랐습니다. 시는 중당에 이르러서, 문은 성송에 이르러서 유독 그 묘함을 다하였으니, 각각 한 시대의 장기(長技)를 떨쳤다고 할 만합니다. 그러나 명나라 삼백 년 동안에는 그 영향을 이을 사람이 없었습니다. 사람들은 항상 '문장은 세상과 더불어 오르내린다.'라고 말하지만, 어찌 그러하기야 하겠습니까? 비록 그러하지만, 천지는 하나의 천지이며, 산하는 하나의 산하이며, 해와 달이 비춰주고 비와 이슬이 길러주는 것이 어찌 옛날에만 풍성하고 지금에는 인색하겠습니까? 하물며 문이란 것은 성(性)이 발현된 것이며 도가 깃든 것이니, 옛날이나 지금이나 하나의 도이며 현명하거나 어리석거나 성은 하나입니다. 그래서 『맹자』는 '사람마다 모두 요임금과 순임금이 될 수 있다'라고 한 것입니다. 요임금과 순임금이 되는 것도 오히려 바랄 수 있거늘 어찌하여 문장에만 안쪽과 바깥쪽, 먼 곳과 가까운 곳의 구별이 있겠습니까? 오직 사람의 뜻의 높고 낮음과 공력의 얕고 깊음에 달려있을 뿐입니다. 무릇 스스로 한계 짓고, 스스로 업신여기는 사람은 아둔한 것이 아니면 미혹되어 있는 것입니다.[149]

홍양호는 문장의 역할에 대해 '말을 세워서 도를 밝히고 후세에게 가르침을 남기는 것'이라고 하였다. 그는 또 삼대에서 송나라까지 시대별로 뛰어난 문장들이 있었지만, 명나라에 이르러서는 문장이 도를 담아내지 못하였고, 또한 장기(長技)라고 말할 수 있는 것이 없었으므로 옛사람들이 남긴 그 영향을 이을 사람이 없었다고 했다. 그러나 어찌 되었든 '문(文)이란 것은 성(性)이 발현된 것이며 도가 깃든 것'이라고 했다. 홍양호는 「문회재기(文會齋記)」, 「계고당기(稽古堂記)」,

148) 홍양호, 『이계집』 권16, 「어정팔가수권발(御定八家手圈跋)」(『한국문집총간』 제241책, 274쪽.) "三代以後, 文與道歧."

149) 홍양호, 『이계홍양호전서』 권16, 「기 상서에게 보낸 편지(을묘년)[與紀尙書書(乙卯)]」, "양호가 삼가 재배하며, 대종백 기 선생께 편지를 올립니다……[良浩謹再拜, 上書於大宗伯紀先生閣下……]", 328쪽. "夫文章, 天下之公理也, 古聖人立言明道, 垂教後人. 而三代以降, 道術分裂, 門户歧異, 惟楚人之騷, 漢人之賦, 皆造其極. 詩至於中唐, 文至於盛宋, 獨臻其妙, 可謂各擅一代之長技. 而逮夫有明三百年之間, 無人乎繼其響者. 人有恒言曰: '文章與世級升降.' 豈其然歟？雖然, 不佞嘗謂天地一天地也, 山河一山河也, 日月之所照, 雨露之所養, 夫豈有豐於古而嗇於今乎？况文者, 性之所發, 道之所寓, 古今一道, 賢愚一性. 『孟子』曰: '人皆可爲堯舜.'堯舜猶可希也, 奚有乎文章, 奚有乎内外遠邇之别哉？惟在乎其人之志之高卑功之淺深焉耳. 凡有自畫自薄者, 非愚則惑也."

「어정팔가수권발(御定八家手圈跋)」 등의 글에서 여러 번 '문이재도(文以載道)'의 의의를 강조하였다.

> 이른바 문(文)이라는 것은 장구(章句)의 송독(誦讀)을 말하는 것이 아니다. 배워서 쌓고 물어서 변별하며 수사로 이치를 밝게 하고 훌륭한 글을 후세에 남겨 도를 지키는 것이 모두 문(文)이다.150)
>
> 무릇 문장이라는 것은 도(道)의 정화(精華)이다. 도가 밖으로 드러나면 문은 이에 따라 장(章)을 이루니, 이는 마치 물이 근원이 있으면 물결이 생기며, 나무가 뿌리가 있으면 아름다운 꽃이 피는 것과 같은 것이다. 문(文)에 나아가면 도(道)는 곧 여기에 있는 것이니, 공이 사양하고 자처하지 않은 것은 아마도 장차 이것(文)을 통해 구하려고 하는 것이리라. ……아래로는 자사(子思)와 맹자의 문장이 도학(道學)으로부터 문장을 이룬 것이다. 유향(劉向), 한유(韓愈), 구양수(歐陽修)는 문장으로써 도학(道學)을 밝혔다. 굴원의 이소(離騷)와 장자(莊子)의 거침없는 말, 관중(管仲), 상앙(商鞅), 손무(孫武), 오기(吳起)의 기이한 변론, 가의(賈誼)의 높은 식견, 사마천의 뛰어난 재능은 모두 문이 지극한 것이다. 그러나 각자 그 학문을 글로 드러낸 것이니, 일찍이 도를 버리고 빈말을 한 경우는 없었다.151)

위의 글에서 홍양호는 문장의 역할에 대해 '유가의 이치를 밝게 하고, 유가의 도를 지키는 것'이라고 했다. 또한 이는 예부터 이어졌으며 뛰어난 문장가들의 문(文)은 모두 도(道)와 연관되었다고 했다. 혹자는 '도학으로부터 문장을 이루었고', 혹자는 '문장으로써 도학을 밝혔는데' 그들 모두 유가의 학문을 버리고 공허한 담론을 일삼지 않았다고 했다.

기윤 역시 문장의 역할에 대해 '문장은 도를 실어야 한다.'라고 주장하면서 「명고문집서(明皐文集序)」에서 다음과 같이 말했다.

> '문장이 도를 실어야 한다.'는 것은 염계(濂溪)가 처음 주장한 이론이 아니다. '이치가 바탕을

150) 홍양호, 『이계집』 권12, 「문회재기(文會齋記)」(『한국문집총간』 제241책, 204쪽.) "所謂文者, 非章句佔畢之謂也, 學以聚之, 問以辨之, 修辭以明理, 立言以衛道, 皆是也."

151) 홍양호, 『이계집』 권13, 「계고당기(稽古堂記)」(『한국문집총간』 제241책, 216쪽.) "夫文章者, 道之精華也. 道形於外, 文乃成章, 如水有源而波瀾生焉, 木有根而榮華發焉. 即乎文而道在, 是公之讓而不居, 蓋將由是而求之歟.……下此而子思氏, 孟軻氏之文, 由道學而成文章也. 劉向氏, 韓愈氏, 歐陽氏由文章而明道學也. 至若屈子之歌騷, 莊叟之放言, 管商孫吳之奇辯, 賈太傅之高識, 太史公之雄才, 皆文之至者, 而各以其學宣之於辭, 未嘗捨道而爲空言也."

> 부축하여 줄기를 세우고, 문이 조목에 드리워져서 무성하게 모아지다.'라는 것은 육기(陸機)가 실로 먼저 일으킨 것이다. 요지는 모두 공자가 말한 '말에 진실함이 있어야 한다.'는 것이다. …… 대저 사물에는 반드시 이치가 있으니, 그 이치를 미루어 밝히면 환하게 꿰뚫어 이해하고 분석이 명백해지며 시비득실이 정연하게 그 단서를 드러내게 되니 이것을 일러 문이라고 한다. 문이 이치에 근본을 두지 않는다면, 비록 크게 울리고 곱고 아름다워도 끝내 경솔한 말이 될 뿐이다. 이치가 문으로 펼쳐지지 않는다면, 비록 말이 엄격하고 뜻이 올바를지라도 끝내 법도에 맞지 않고 순수하고 참됨을 잃게 된다.[152]

기윤은 여기에서 '말에 진실함이 있어야 하는' 것의 중요성을 밝혀 두었다. 여기서 말하는 '진실함'은 '사물에 반드시 이치가 있어야 한다.'라는 말이다. 그 '이치를 헤아리고 밝혀야' 시비와 득실이 이치에 밝아져서 비로소 문(文)이라 할 수 있다. 문(文)과 이치는 갈라놓을 수 없으며 문장이 이치에 뿌리내리지 않으면 그 언어는 허황되기 마련이다. 반대로 이치가 문에 의해 밝혀지지 않으면 끝내는 법도에 맞지 않고 순수하고 참됨을 잃는다고 했다. 앞서 홍양호는 옛 문장의 전통이 쇠퇴하는 조짐을 지적하였는데, 기윤 역시 그와 비슷한 견해를 지니고 있었다. 기윤은 홍양호에게 보낸 편지에서 다음과 같이 말했다.

> 일찍이 '문장일도(文章一道)'에 방문(旁門)이 많고 방문으로서 스스로 정파(正派)라고 여기는 자들은 더욱 많았습니다. 그 당시에 방문들은 자신들이 이기지 못할 것을 두려워하여 반드시 여러 방면으로 서로 다투었습니다. 정파(正派)를 지키는 이들은 모두 외롭고 곧고 담백한 인사들이라 명성이 그들만큼 넓지 못했고, 작법이 그들만큼 교묘하지도 못했습니다. 그래서 방문들이 항시 이기고 정파는 늘 미약했습니다. 송대로부터 두 파가 끝내 음과 양, 낮과 밤이 함께 하는 것처럼 하나를 끊을 수 없게 되었습니다.[153]

152) 서형수, 『명고전집(明皐全集)』 권1, 기윤, 「명고문집서(明皐文集序)」(『한국문집총간』 제261책, 3쪽.) "文以載道, 非濂溪所創論也, 理扶質以立幹, 文垂條以結繁, 陸平原實先發之, 要皆孔子所謂言有物也.……夫事必有理, 推闡其理, 融會貫通, 分析別白, 使是非得失厘然具見其端緖, 是謂之文. 文而不根於理, 雖鯨鏗春麗, 終爲浮詞. 理而不宣以文, 雖詞嚴義正, 亦終病其不雅馴."

153) 홍양호, 『이계홍양호전서』 권16, 「기윤이 홍양호에게 보낸 편지[紀昀與洪良浩書]」, "윤이 이계 선생께 절하고서 아룁니다. 진나라 사람이 말하기를 ……[昀拜啓耳溪先生閣下. 晉人有言……]", 329쪽. "嘗謂文章一道, 旁門至多, 旁門自以爲正派者尤多. 其在當時, 旁門自恐其不勝, 必多方以争之. 守正派者, 大都孤直淡泊之士, 聲氣必不如其廣, 作用必不如其巧, 故旁門恒勝, 正派恒微. 自宋以來, 兩派遂如陰陽晝夜之並行, 不能絶一."

> 저는 재주가 무디고 배움이 옅어서 본래 작자의 문경(門徑)을 엿보지 못하였습니다. 다만 여러 스승과 벗들에게서 들은 것으로 말하자면, 이른바 '문장일도'는 옛사람들에게서 전해온 것으로 스스로 응당 옛사람들의 법도를 지켜 그 정신을 가지고 밝혀야 하고 이를 위반하여 바꾸어서는 안 됩니다. 그러므로 겉을 꾸며서 아름답게 하면서 한 스승의 말만 고수하며 곁 곡조와 작은 시위로 새로운 소리를 연주하려고 하지 않습니다.[154)]

기윤은 중국 문장의 연원을 열거하면서 "근세의 문장은 곁갈래들이 번창하여 정맥(正脉)이 오히려 쇠퇴해져서 일어나지 못했다."[155)]라고 말했다. 그러나 어찌 되었든 문장의 도는 변하지 않았기에 문장을 지을 때 옛사람들의 법칙을 따라서 도를 분명하게 드러내서 밝혀야 하며 도를 위배하거나 곡해해서는 안 된다고 했다. 따라서 기윤은 '한 스승의 말을 고수'할지언정 '새로운 소리를 연주'하는 것은 바람직하지 않다고 했다. 이를 통해 '문이재도'에 관한 홍양호와 기윤의 견해는 매우 비슷하였음을 알 수 있다. 이러한 이유로 기윤은 홍양호의 시와 글이 도를 담고 있다고 높이 평가했다.

> 홍군의 문장은 비록 말하고자 하는 것을 드러냈으나 그 요지는 도를 밝히는 것을 위주로 하였다. 그 도를 말함에 있어서 알맹이 없는 잡담을 하지 않고 선천의 무극(無極)에서 구한다. 새로운 논의를 만들어내어 세속을 놀라게 하지 않고, 은벽한 것을 찾고, 괴이한 짓을 행하는 것에서 구하지 않으며, 다만 육경(六經)에서 근본을 찾는다. 대개 경(經)이라는 것은 변함없는 것으로 만세의 바뀌지 않는 상도(常道)이다. 도(道)라는 것은 이치이니 일의 규범이다. 이치가 밝으면 천하의 시비가 어지럽지 않고, 백 가지 일의 나아가고 들어감에 반드시 법도가 있으며, 천만번 변화해도 그 근본을 벗어나지 않는다. 이로써 세상에 대응하면 제어함이 모두 마땅하며, 이로써 견해를 세우면 마음이 분명해져서 저절로 입에서도 분명해지니 일을 맡아서 향하는 곳마다 뜻대로 되지 않음이 없다.[156)]

154) 홍양호, 『이계홍양호전서』 권16, 「기윤이 홍양호에게 보낸 편지[紀昀與洪良浩書]」, "기윤이 머리를 조아리며, 이계 선생의 편지를 받들고……[紀昀頓首, 奉書耳溪先生執事……]", 330쪽. "昀才鈍學疏, 本未窺作者之門徑, 徒以聞諸師友者. 謂文章一道, 傳自古人, 自應守古人之規矩, 可以神而明之, 不可以偭而改之. 是以暖暖姝姝, 守一先生之言, 不欲以側調幺弦, 新聲別奏."

155) 홍경모(洪敬謨), 『관암전서(冠巖全書)』 권12, 「두남신교집서(斗南神交集序)」(『한국문집총간(속편)』 제113책, 327쪽.) "近世文章, 則旁門盛而正脉微, 寥寥乎不能大振."

156) 홍양호, 『이계집』 권1, 기윤, 「이계문집서」(『한국문집총간』 제241책, 4-5쪽.) "洪君之文, 雖暢所欲言, 而大旨則主於明道, 其言道也, 不遊談鮮實, 索之於先天無極. 不創論駭俗, 求之於索隱行怪俗, 而惟探本於『六經』. 蓋經者, 常也, 萬世不易之常道也. 道者, 理也, 事之制也. 理明, 則天下之是非不淆, 百爲之進退有率, 千變萬化不

여기서 기윤은 홍양호의 글이 육경(六經)을 근본으로 하였으며, 그의 글에 담긴 도는 만세불변하는 이치라고 했다. 이 변하지 않는 이치를 밝히면 사람들은 스스로 절제하여, 옳고 그름을 혼동하거나 나아가고 들어감에 순서를 잃거나 유도(儒道)에서 멀어지지 않을 것이다. 따라서 세상에 대응하거나 견해를 세움에 있어서 모두 행동이 자유롭고 마음을 위배하지 않게 된다고 했다.

둘째, 시의 근원과 취지에 대한 두 사람의 생각이 같았다. 두 사람 모두 '정(情)'과 '지(志)'를 시의 근원으로 생각했고, '온유돈후(温柔敦厚)'를 시의 취지로 생각했다. 홍양호는 「여송덕문논시서(與宋德文論詩書)」에서 다음과 같이 말했다.

> 이른바 시의 도라는 것은 무엇인가? 『서경』에서 '시는 뜻을 말한 것이다.'라고 했고, 공자는 '시에서 감흥을 일으킨다.'라고 했다. 또 『예기』에서는 '온유돈후한 것은 시의 가르침이다.'라고 했다. 무릇 말이라는 것은 마음에서 일어나 입으로 드러나는 것이며, 흥(興)은 외부에서 촉발되어 마음에 느껴진 것으로 그것을 말로 표출하면 온유해지고, 그것을 행하면 돈후해지니 이로써 백성을 교화할 수 있고, 정사를 살필 수 있다. 여항에서는 이를 풍(風)이라 부르고, 조정에서는 아(雅)라고 부르며, 종묘사직에서는 송(頌)이라 하였으니, 다만 이러할 뿐이다. 주나라가 쇠퇴하고 풍속이 각박해지자 말은 더욱더 많아지고 소리는 이를 따라 길어졌다. 사언(四言)이 변하여 오육칠언(五六七言)이 되었으니 이른바 '노래란 말을 길게 늘인 것이다.'이다. 한위(漢魏)의 악부라는 것은 국풍(國風)의 여향이고, 초나라 사람들의 소(騷)는 소아(小雅)가 변한 것이며, 서경(西京)의 부(賦)는 아송(雅頌)의 지류이니, 모두가 감정과 뜻을 펼쳐낼 수 있고 사람의 마음을 감동하게 할 수 있어서 풍교(風教)에 보탬이 있었다. 무릇 근체(近體)가 흥함에 이르러서는 꽃을 새기고 달을 수놓거나 붉고 흰 것을 늘어놓으며 사소한 성률의 병폐를 따지고 자태의 교졸을 다투니 인심을 거스르고 교훈을 무너뜨리기에 충분하다. 시의 도가 여기에서 사라진 것이다.157)

여기에서 홍양호는 '시는 뜻을 말한 것이다[詩言志]', '시에서 감흥을 일으킨다[興於詩]'와 '온유

離其宗. 以應世, 則操縱咸宜, 以立言, 則了了於心者, 自了了於口, 投之所向無不如志."

157) 홍양호, 『이계집』 권15, 「여송덕문논시서(與宋德文論詩書)」(『한국문집총간』 제241책, 261쪽.) "所謂詩道者, 何也? 『書』曰: '詩言志.' 子曰: '興於詩.' 『禮』曰: "温柔敦厚." 詩之教, 夫言者發於心而矢諸口. 興者觸於外而感乎中, 出之以温柔, 行之以敦厚, 可以化民, 可以觀政, 故在閭巷謂之風, 在朝廷謂之雅, 在宗廟謂之頌, 如是而已. 周衰俗漓, 言益多而聲隨長, 四言變而爲五六七言, 所謂歌永言也. 漢魏樂府者, 國風之遺也. 楚人之騷, 小雅之變也. 西京之賦, 雅頌之流也. 皆足以發舒情志, 感動人心, 有裨於風教. 及夫近體興, 而雕花鏤月, 排紅比白, 較錙銖於聲病, 鬥巧拙於態色, 適足以戕人心, 敗世教, 詩之道於是亡矣."

돈후’ 등 유가적 시론을 인용하였다. 홍양호는 시는 속마음을 털어놓은 것이고, 정감은 외부의 어떤 것에 부딪쳐서 밖으로 표출된 것이라고 했다. 다만 정에서 발현되어 반드시 예에서 멈춰야 하는데, 이렇게 해야만 무절제한 언어를 피할 수 있으며 시가 온유함에서 나와 돈독함으로 행하여지면서 백성을 교화하고 정사를 관찰하는 기능을 한다고 했다. 그의 「풍요속선서(風謠續選序)」에도 비슷한 논설이 보인다.

> 풍(風)이라는 것은 동남쪽에서 불어오는 온화한 기운이다. 그것이 땅 위로 불면 『역(易)』에서는 관괘(觀卦)가 되고, 그것이 만물을 두드리면 사람에게서는 시가 되는 것이다. ……대개 여러 나라의 국풍(國風)은 모두 마을과 골목의 노래에서 나온 것으로 그 마음과 뜻을 펴내 천기(天機)를 드러냈기에, 이로써 사방의 풍속을 살펴보고 치란의 근본을 살폈던 것이다. 공자가 말한 “시를 통해 살펴볼 수가 있다.”는 것이 이를 말한 것이다. 후세로 내려오면서 시체(詩體)가 여러 번 변하여 인위적으로 꾸미는 것이 승하게 되고, 천기가 얕아져서 본래의 참된 모습을 잃게 되었다.[158]

홍양호는 시를 논함에 있어서 ‘정(情)’과 ‘지(志)’를 강조하였다. 그는 이로부터 발현된 ‘온유돈후’한 작품은 반드시 인심을 감동하게 하는 문학적 매력을 가지고 있다고 했다. 홍양호는 특히 문학이 ‘꽃을 새기고 달을 수놓거나’, ‘붉고 흰 것을 늘어놓으며’, ‘꾸민 느낌이 지나치면 천기가 옅어져’ 과도한 수식으로 내용의 빈약함을 감추는 것을 비판하였다. 이러한 시는 자연스러운 진솔함을 상실하였으며, 이로 인해 인심을 거스르고 교훈을 무너뜨려서 시도(詩道)의 전통이 사라져 간다고 여겼다. 이 때문에 그는 ‘사람의 소리가 천기에 부합하는’ 시문을 지어야 한다고 했다.

> 그러나 인심의 영묘함과 천기(天機)의 미묘함은 만세에 걸쳐 그치지 않고 변하지 않으니 오직 자득함에 달려있을 뿐이다. 맹자가 이르기를 “즐거우면 감흥이 일어날 것이니 감흥이 일어난다면 어찌 그만들 수 있으랴. 그만둘 수 없다면 손이 춤추고 발이 뛰는 것을 알지 못하게 된다.”라고 하였으니, 이것이 천기가 사람 마음에서 움직이는 것이다. 시를 배우는 도가 모두 여기에 있다.[159]

158) 홍양호, 『이계집』 권10, 「풍요속선서(風謠續選序)」(『한국문집총간』 제241책, 183쪽.) “風者, 東南之和氣也, 其行地上, 於易爲觀, 其鼓萬物, 於人爲詩.……蓋列國之風, 皆出於村謳巷謠, 叙其情志, 發於天機, 於以見四方之俗, 審治亂之本. 孔子曰: ‘詩可以觀’, 此之謂也. 降至後世, 詩體屢變, 人工勝而天機淺, 失自然之真.”

> 시는 천기에서 발현하여, 대범하고 호탕하되 속되지 않고 온유하고 전아하되 스스로 법도에 맞는다. 문(文)은 가슴속에서 흘러나와, 넘실거리며 마르지 않는 것이 마치 태호의 물이 풍랑이 일지 않고 고요하나 온갖 사물의 형상을 구비하고 있는 것과 같다. 기원(淇園)의 대나무에 안개가 걷히고, 비가 그치면 대나무 천 그루가 저절로 자라서 화려하게 꾸미거나 교묘하게 짜 맞추는 기교를 동원하지 않아도 문채가 찬란하게 빛난다. 이로써 성정의 올바름, 재주와 품격의 고상함, 근원의 깊음을 알 수 있다.160)

위의 글에서 홍양호는 '인심의 영묘함'과 '천기의 미묘함'은 스스로 얻을 수밖에 없다고 했다. 여기서 스스로 얻는다고 함은 성정의 진실한 흐름에 기인하며, 이는 시를 배우는 도(道)이다. 그 취지는 마땅히 정에서 발현하여 예에서 멈춰야 하는데, 이것이 바로 그가 말하는 '대범하고 호탕하되 속되지 않고 온유하고 전아하되 스스로 법도에 맞는다.'는 것이다. 이렇게 지어진 시는 성정의 올바름, 재주와 품격의 높음, 근원의 깊음을 자연스레 갖추어서 조화로우면서도 깊은 운치를 갖춘다고 했다.

기윤 역시 시를 논함에 있어서 '정(情)'과 '지(志)'를 중요시하면서 뛰어난 시는 모두 '정'과 '지'에 근원을 두었다고 했다.161)

> 정이 가고 흥이 오니 곳곳마다 부드럽고 생기 넘치는 오묘함이 있는 것이 소동파의 득의의 필치이다.162)
>
> 그 시는 대체로 사물에 접하여 흥을 일으킨 것이니, 말이 자연스럽고 뜻이 여전히 성대함에 있다.163)

---

159) 홍양호, 『이계집』 권15, 「여송덕문논시서(與宋德文論詩書)」(『한국문집총간』 제241책, 261쪽.) "然人心之靈, 天機之妙, 亘萬世而不息不變, 惟在自得之耳. 『孟子』曰: '樂則生, 生則烏可已也, 烏可已則不知手之舞之足之蹈之.' 此天機之動於人心者也. 學詩之道, 盡於是矣."

160) 홍양호, 『이계집』 권10, 「춘암집서(春庵集序)」(『한국문집총간』 제241책, 186쪽.) "詩則發於天機, 疏宕而不靡於俗, 温雅而自中於軌. 文則流出胸中, 浩浩不竭, 譬如太湖之水風定浪平, 萬象俱形. 淇園之竹烟收雨斂, 千竿自茁, 不待組織之工而文采爛然. 可見性情之正, 才格之高, 本源之深也."

161) 기윤은 시의 근원은 '정(情)'과 '지(志)'에서 비롯되었다고 수차 강조하였다. 기윤이 지은 「빙구초서(冰甌草序)」, 「읍녹헌시집서(挹綠軒詩集序)」, 「학가시고서(鶴街詩稿序)」, 「시교당시집서(詩教堂詩集序)」 등 글에서 이러한 주장이 보인다. 본 연구에서는 이 중 일부만 분석하였고 나머지는 수록하지 않았다.

162) 기윤 평점, 『소문충공시집(蘇文忠公詩集)』, 대북굉업서국(臺北宏業書局), 1969, 465쪽. "情往興來, 處處有宛轉關生之妙, 東坡得意之筆."

163) 기윤·永瑢 등, 『사고전서간명목록(四庫全書簡明目錄)』(문연각원초본), 대만상무인서관(臺灣商務印書館),

이것은 천기가 이르러서 우연히 얻은 것이니 힘들게 읊어서 이를 수 있는 것이 아니다.164)

위와 같이 기윤은 여러 시평(詩評)에서 시정(詩情)은 외부 물질에서 촉발된다고 했다. 그는 문장을 쓸 때 진정을 숨기는 것을 비판하였으며, 좋은 문장은 '정이 가고 흥이 오며', '천기가 이르는' 자연스러운 작품이라고 강조했다. 이는 힘들게 생각해내거나 문을 걸어 잠그고 혼자서 고심해서 이를 수 있는 것이 아니라는 말이다. 기윤은 「이계시집서」에서 다음과 같이 말했다.

시를 안다는 것은 정(情)에서 나와서 예의(禮義)에서 그치는 것이니, 이 마음과 이 이치가 내포하는 바가 모두 같아서 소리와 문자의 차이는 막을 수 있는 것이 아니니 함께 전하고 익히는 것이다.165)

기윤은 또 「청염당시서(淸艷堂詩序)」에서 다음과 같이 말했다.

순임금은 '시는 뜻을 말하는 것이요, 노래는 말을 길게 늘인 것'이라 했다. 양웅은 '말은 마음의 소리요, 글은 마음의 그림이다.'라고 했다. 그러므로 시를 잘 짓는 사람은 그 생각이 감정에서 일어나고 그 뜻이 학문에 녹아 있다. 무릇 물색이 외물에 감응하여 희로애락과 더불어 마음에 동하며, 둘이 스스로 부딪쳐서 노래로 발현되는 것은 바람과 물이 서로 만나서 자연스럽게 무늬가 생기는 것과 같고, 샘물과 돌이 서로 찧고 빻아서 자연스럽게 소리가 나는 것과 같다.166)

이로부터 우리는 기윤이 시를 짓는 계기를 두 가지로 귀납함을 알 수 있다. 첫째는 '지(志)'로 '생각이 감정에서 일어나서 그 뜻이 학문에 녹아 있는 것'167)이다. 둘째는 '정(情)'으로 '물색이

1983, 348쪽. "其詩多觸事起興, 吐屬自然, 意格乃在繼盛上."

164) 방회원(方回原) 選, 기윤 비점(批點), 『영규율수간오(瀛奎律髓刊誤)』 제3책, 대북패문서사(臺北佩文書社), 1960, 877-878쪽. "此天機所到, 偶然得之, 非苦吟所可就也."

165) 홍양호, 『이계집』 권1, 기윤, 「이계시집서」(『한국문집총간』 제241책, 4쪽.) "知詩也者, 發乎情, 止乎禮義, 此心此理, 含識皆同, 非聲音文字之殊所能障礙, 共相傳習."

166) 기윤 찬, 손치중(孫致中) 등 교감, 『기효람문집』 제1책, 「청염당시서(淸艷堂詩序)」, 202쪽. "帝嬀有言曰: '詩言志, 歌永言.' 揚雄有言曰: '言心聲也, 文心畫也.' 故善爲詩者, 其思浚發於性靈, 其意陶熔於學問. 凡物色之感於外, 與喜怒哀樂之動於中者, 兩相薄而發爲歌咏, 如風水相遭, 自然成文, 如泉石相舂, 自然成響."

167) 기윤 찬, 손치중(孫致中) 등 교감, 『기효람문집』 제1책, 「청염당시서」, 202쪽. "思浚發於性靈, 其意陶熔於學問."

외물에 감응하여 희로애락과 더불어 마음에 동하며, 둘이 스스로 부딪쳐서 노래로 발현되는 것’[168]이다.

시에 대한 홍양호의 주장과 마찬가지로 시학에 대한 기윤의 견해 역시 ‘온유돈후’라는 시교(詩教)의 핵심에 귀결된다. 그 핵심은 시는 정에서 발현하되 예에 머물러야 하며, 이 둘 중 어느 한쪽으로 기울어져서는 안 된다는 것이다. 기윤은 「월산시집서(月山詩集序)」에서 다음과 같이 밝혔다.

> 진정으로 곤궁한 후에 시가 공교해지지만, 그렇다고 곤궁함에 얽매여서는 안 되고 쓰라림과 격정으로 공교함을 삼아서도 안 된다. 온유돈후의 시교가 이를 말하는 것이 아닐까? 삼고 이래로 방축된 신하와 들창 아래 누렇게 뜬 얼굴의 문사가 모두 얼마나 되는지 알 수 없으며, 시에 의탁해 슬픔과 원망을 펴낸 자가 또 모두 얼마나 되는지 알 수 없다. 차분한 마음으로 논해본다면, 모름지기 원망하는 마음을 건드리거나 충효의 뜻을 해쳐서는 안 되는 것이 시의 정도(正道)이다.[169]

위의 글에서 기윤은 시를 지을 때 ‘원망하는 마음을 건드리거나 충효의 뜻을 해쳐서는 안 된다.’라고 했는데, 이는 ‘즐거우면서도 지나치지 않고, 슬프면서도 마음을 상하지 않는다.’라고 했던 유교적 시교와 일맥상통한다. 기윤은 또 「운림시초서(雲林詩鈔序)」에서 다음과 같이 말했다.

> 이 중에서 정(情)에서 나와서 예의(禮義)에서 그친다는 두 말은 진실로 「풍」, 「아」의 큰 근원을 규명한 것이다. 후대의 사람들이 각기 하나의 의리만을 밝게 알아서 점차 그 본질과 멀어졌다. 한쪽은 예의에서 그치는 것은 알고 반드시 정에서 발현하지는 않은 것이니, 여기에서 김인산(金仁山)의 염락풍아(濂洛風雅)의 일파가 나와서 엄창랑(嚴滄浪) 무리를 격발하여 “이치를 말하지 말고 언어의 통발에 빠지지 말라.”는 주장을 만들어내게 하였다. 또 한쪽은 정에서 발현되었지만, 반드시 예의에서 그치지는 않는 것이니 육평원(陸平原)의 “감정에 인연하다.”라는 한마디로부터 여러 갈래로 이끌려 들어가서, 끝내 아름다운 것을 그려내기만 하는 데에 이르렀다. 그러니 진실하지 못함이 심하다 하겠다.[170]

---

168) 기윤 찬, 손치중(孫致中) 등 교감, 『기효람문집』 제1책, 「청염당시서」, 202쪽. “凡物色之感於外, 與喜怒哀樂之動於中者, 兩相薄而發爲歌咏.”

169) 기윤 찬, 손치중(孫致中) 등 교감, 『기효람문집』 제1책, 「월산시집서(月山詩集序)」, 195쪽. “斯真窮而後工, 又能不累于窮, 不以酸惻激烈爲工者, 温柔敦厚之教, 其是之謂乎 ? 三古以來, 放逐之臣, 黄馘牖下之士, 不知其凡幾. 其托詩以抒哀怨者, 亦不知其凡幾. 平心而論, 要當以不涉怨尤之懷, 不傷忠孝之旨, 爲詩之正軌.”

170) 기윤 찬, 손치중(孫致中) 등 교감, 『기효람문집』 제1책, 「운림시초서(雲林詩鈔序)」, 198쪽. “其中, ‘發乎情,

위의 글에서 기윤은 '정에서 발현하여', '예에 머무는 것'은 시를 짓는 데에 불가결한 두 가지 요소라고 강조하였다. 그렇지 않으면 시는 잘못된 길로 빠지고, 극단적으로 나아가게 되며, '온유돈후'의 취지를 위배하게 된다고 했다. 기윤은 다른 사람의 시를 평가할 때 한결같이 '온유돈후'를 그 기준으로 삼았다.

> 이 시집은 한 세상을 그릇되다 여기는 높은 재주를 가지고, 곤궁과 괴로움을 나타내고 감격과 호탕함을 펼치면서도 온유돈후의 올바름에 어긋나지 않으니 '정에서 일어나 예의에서 그쳤다.'라고 이를 만하다.[171]
>
> 공자가 시를 논한 것은 아버지를 섬기고 임금을 섬기는 것에 귀결되는 것이다. 또한 '온유돈후'가 시의 가르침이 된다고 하였다. 『가전(可典)』 이 문집은 '비'와 '흥'의 근원을 찾아서 성정의 바름을 얻었다고 이를 만하다. 글귀를 다듬고 문구를 꾸며서 문사들과 새롭고 기이함을 다투지 않았으나 새롭고 기이한 것이 끝내 여기에 미칠 수 없었다.[172]

상술한 내용을 통해 '온유돈후'는 기윤이 신봉하는 시도(詩道)임을 알 수 있다. 기윤은 자신이 시를 지을 때도 이를 목표로 했다. 홍양호는 기윤의 시를 읽고서 '온유돈후'한 기운을 읽었다고 말하며, 기윤에게 쓴 편지에서 "손수 써 주신 칠언율시 한 편은 시구의 뜻이 온후하여 정신이 맑아지고, 음절이 활달하여 마치 보물을 얻은 듯 소중히 읽었습니다."[173]라고 한 평가가 바로 그러하다.

이처럼 시학에 대한 두 사람의 견해가 비슷했기 때문에 기윤은 홍양호의 시학 이론에 대해 칭찬을 아끼지 않았다. 기윤은 "『이계문집』에서 어떤 사람과 시를 논한 글 몇 편을 보면, 종종 근저를 환히 보고 갈래를 깊이 궁구하였으며, 그 빚어낸 것이 깊고 중후하여 정수가 절로 흐르니,

止乎禮義'二語, 實探風雅之大原, 後人各明一義, 漸失具宗. 一則知'止乎禮義, 而不必其'發乎情', 流而爲金仁山'濂洛風雅'一派, 使嚴滄浪輩激而爲'不涉理路, 不落言詮'之論. 一則'發乎情', 而不必其'止乎禮義', 自陸平原'緣情'一語, 引入岐途, 其究乃至於繪畫橫陳, 不誠已甚歟！"

171) 기윤 찬, 손치중(孫致中) 등 교감, 『기효람문집』 제1책, 「검중당시서(儉重堂詩序)」, 185쪽. "是集以不可一世之才, 困頓偃蹇, 感激豪宕, 而不乖乎溫柔敦厚之正. 可謂發乎情, 止乎禮義矣."

172) 기윤 찬, 손치중(孫致中) 등 교감, 『기효람문집』 제1책, 「학정집서(鶴井集序)」, 191쪽. "孔子論詩, 歸本于事父事君, 又稱溫柔敦厚爲詩教. 『可典』是集, 可謂探比興之原, 得性情之正, 不以雕章鏤句與文士鬥新奇, 而新奇者終莫逮."

173) 홍양호, 『이계홍양호전서』 권16, 「기 상서에게 보낸 편지(병진년)[與紀尙書書(丙辰)]」, "지난겨울 진공 행차에……[前冬貢行……]", 330쪽. "而手書七律一篇, 詞旨溫厚, 精神灌注, 音節疏亮, 擎讀珍玩, 如獲拱璧."

이른바 '시인의 시는 사인의 시와 다르다.'라고 하는 것이다."[174]라고 했다. 그는 홍양호의 시가 '온유돈후'한 기운을 가지고 있음을 인정하면서 '시가 선인의 그것에 부합하니, 바른 맥 한 갈래가 홀로 조선에 전해진 것을 증명하였다.'[175]라고 높이 평가했다. 기윤은 「이계시집서」에서 다음과 같이 말했다.

> 근체시는 중당의 여향이 있고, 오언시는 말을 토해냄이 탁월하고 우뚝 솟아 빼어나서 마대와 유장경의 사이에 둘 수 있다. 칠언시는 은미한 정을 높은 소리로 드러내어 『강동집』과 『정묘집』 두 문집과 서로 겨룰 만하다. 칠언고체는 종횡으로 달리는 것이 동파와 비슷하고, 평이하며 인정에 가까워 권계의 자료로 삼을 만하니 또한 백거이와 같은 것이 많다. 대체로 화평하고 온후하여 재주나 부리는 사람이 곱게 꾸미고자 하는 모습이 없고, 또 민생과 국계(國計)를 잊지 않고 늘 생각하고 있어서 명사의 방탕한 풍류를 드러내는 기운이 없다.[176]

위의 논평을 보면 기윤은 홍양호를 당송 시대의 저명한 시인 마대(馬戴), 유장경(劉長卿), 양만리(楊萬里), 허휘(許渾), 소식(蘇軾), 백거이와 견주고 있다. 홍양호의 오언시에 대해서는 '오언시는 말을 토해냄이 탁월하고 우뚝 솟아 있다.'라고 하면서 시어가 자연의 섭리에 부합하면서 깎아 맞춘 흔적이 없다고 평가했다. '탁월하게 빼어나다.'라고 한 것은 시어가 수려하고 아름다워 깊은 인상을 남겼다는 말이다. 또 '칠언시는 은미한 정을 높은 소리로 드러내었다.'라고 하면서 홍양호의 시가 지닌 특징, 즉 정감이 바르고 사악함이 없으며 완곡하게 함축하여 감정을 표현하는 특징을 높게 평가하였다. 또 '칠언고체는 종횡으로 달리는 것이 동파와 비슷하다.'라고 하면서 홍양호의 칠언고체가 막힘이 없고 자연스러워 소동파와 견줄만 하다고 했다. 또한, '평이하며 인정에 가까워 권계의 자료로 삼을 만하고 또 백거이와 같은 것이 많다.'라고 하면서, 홍양호의 칠언고체가 인정에 가까워서 비평과 포폄, 훈계와 풍유의 교화 기능을 가지고 있다고 했다. 마지막에 기윤은 홍양호의 시의 특징을 '화평하고 온후하다.'라는 말로 마무리 지었는데, 이는

---

174) 홍양호, 『이계집』 권1, 기윤, 「이계시집서」(『한국문집총간』 제241책, 3쪽.) "觀其『耳溪文集』, 中有與人論詩數篇, 往往能洞見根柢, 深究流別, 宜其醞釀深厚, 葩采自流. 所謂詩人之詩, 異乎詞人之詩矣."

175) 홍양호, 『이계집』 권11, 「조카 낙유가 연경에 가는 것을 전송하면서 지은 서문[送從子樂游赴燕序]」(『한국문집총간』 제241책, 199쪽.) "詩文暗合古人, 可驗正脉一支, 獨傳於東國云."

176) 홍양호, 『이계집』 권1, 기윤, 「이계시집서」(『한국문집총간』 제241책, 3쪽.) "近體有中唐遺響, 五言吐詞天拔, 秀削絶人, 可位置馬戴, 劉長卿間, 七言亮節微情, 與『江東』、『丁卯』二集, 亦相伯仲. 七言古體縱橫似東坡, 而平易近人, 足資勸戒又多如白傅. 大抵和平溫厚, 無才人姸媚之態, 又民生國計念念不忘, 亦無名士放誕風流之氣."

홍양호의 시가 기윤이 제창하는 '온유돈후'의 시교(詩敎)의 전통과 일치한다고 볼 수 있다.

셋째, 두 사람 모두 문장을 평가하고, 인재를 장려하고 발탁하는 일은 공정해야 한다고 여겼다. 또 두 사람 모두 문호를 세우거나 지역적인 편견을 갖는 것을 반대하면서 '문장의 우환은 문호를 세우는 것보다 더 큰 것이 없다.'라고 했다. 기윤은 「이계시집서」에서 다음과 같이 말했다.

> 나는 성품이 괴팍해서 평소 문단에서 서로 칭송하고 선양하는 것을 좋아하지 않는다. 다만 문장의 폐단을 생각해 보건대, 문호(門戶)보다 심한 것이 없다. 원호문(元好問)은 시에서 '업하(鄴下)의 조식(曹植)과 유정(劉楨)은 기운이 호방함을 다했고, 강동(江東)의 사씨(謝氏)들은 운치가 더욱더 높네. 만약 화실(花實)을 따라 시품을 평한다면, 나는 시인의 재주에 들지 못하리.'라고 했는데, 이는 강역으로 문호를 다투는 것이다. 유극장(劉克莊)은 시에서 '문장은 축객서(逐客書)와 같아도 오히려 내침을 당하고, 사(詞)는 추풍사(秋風辭)를 취해도 오히려 비난을 받네. 세속의 음악이 어찌 아악(雅樂)과 조화를 이루겠으며, 비단옷은 원래 심의(深衣)를 알지 못한다.'라고 했는데, 이는 학술로 문호를 다투는 것이다. 붕당(朋黨)의 견해를 군자는 병폐로 여긴다. 조선은 북경과 제일 가까우니 내속(內屬)이 제일 먼저 이르고, 공물을 섬김이 가장 공경스러우며, 교화됨이 또한 제일 오래되었으니, 성조(聖朝)에 천하가 일가가 되어 마치 문을 드나들 듯하였다. 사신의 문장 가운데 또한 옛것에 뜻을 둔 작품이 있는데도 경계를 구분하여 내버려 두고 말하지 않는다면, 이는 소견이 문호와 같은 것이다. 어찌 왕도가 넓고 커서 치우침이 없어서 당파를 두지 않는 것이겠는가?[177]

위의 글에서 기윤은 문장의 가장 큰 폐단은 문호를 다투는 것에 있다고 했다. 그는 옛날에는 강역으로 문호를 다투거나 학술로 문호를 다투는 사람들이 있었는데, 군자들은 모두 이를 병통으로 여겼다고 했다. 그는 또 여기에서 한발 나아가 '문사가 기예를 논함에 있어서 중국과 외국의 구별이 없어야 한다.'[178]라고 했다. 그러면서 조선의 이참봉(李參奉)[179]의 시가 뛰어난 것은 그가

177) 홍양호, 『이계집』 권1, 기윤, 「이계시집서」(『한국문집총간』 제241책, 3쪽.) "余天性孤峭, 雅不喜文社詩壇互相標榜, 第念文章之患, 莫大乎門户. 元遺山詩曰: '鄴下曹劉氣盡豪, 江東諸謝韵尤高. 若從華實評詩品, 未便吴儂得錦袍.' 此以疆域争門户也. 劉後村詩曰: '書如逐客猶遭黜, 詞取横汾亦恐非, 筝笛安能諧雅樂, 綺羅原未識深衣.' 此以學術争門户也. 朋黨之見, 君子病焉. 朝鮮距京畿最近, 内屬最早, 奉職貢最虔, 沐浴醲化亦最久, 聖朝六合一家, 已視猶闔閾. 貢使文章又有志於古作者, 如區分畛域, 置之不道, 是所見與門户等, 豈王道蕩蕩無偏無黨之意哉?"

178) 기윤 찬, 손치중(孫致中) 등 교감, 『기효람문집』 제1책, 「이참봉시초서(李參奉詩鈔序)」, 212쪽. "文士談藝應無中外之歧."

179) 역자주: 여기서 이참봉(李參奉)은 이광려(李匡呂,1720-1783)를 말한다. 저서로 『이참봉집』이 있다. 이광려는

"검푸른 바다 밖에 살면서 문을 닫고 홀로 읊조리며, 담박하게 같은 것에 무리 짓고, 다른 것을 배격하는 견해가 없기 때문에 도리어 능히 성정을 그대로 펼쳐내어 스스로 울리는 천뢰가 되었다."[180]라고 했다.

공정한 마음과 문호에 대한 홍양호의 생각은 그가 대제학이 되어 조선 문단의 수장이 되었을 때 보여주었던 행동에서도 확인된다. 이만수는 「대제학이계홍공시장(大提學耳溪洪公諡狀)」에서 다음과 같이 말했다.

> (공은) 사람을 대함이 겸손하고 공경하고 성실하시어 항상 웃는 얼굴로 친근하게 대하였으며, 흉금이 드넓으시어 사람 수십 명을 품으셨다. 인륜을 좋아하고 후학을 이끌어주고 장려하셨다. 다른 사람이 잘하는 것을 보면 마치 자신이 그러한 것처럼 기뻐하셨다.[181]
>
> 홀로 영광전(靈光殿)처럼 우뚝 솟은 공은 학문에 정진해 많이 쌓고, 널리 펼친 결과 마침내 능히 문단을 이끌며 쭉정이들을 쓸어버렸다. 천하의 저급하고 괴팍한 소리와 소품(小品)의 돌피 같은 거친 문체가 공을 만나 바로 잡힌 것이다. 이것이 선왕께서 공에게 기(夔)의 직임을 맡긴 이유이니 공은 시대의 문학을 이끄는 책임을 사양할 수 없었다. 하지만 지금은 공이 죽고 없어 문장의 바른 맥이 거의 전해지지 않게 되었다.[182]

이만수는 위의 글에서 홍양호 또한 문호를 세우지 않고, 공정한 마음을 지녔다고 평가했는데, 홍양호의 이러한 부분은 기윤과 일치한다. 이에 홍양호는 기윤이 지역의 차이를 뛰어넘어 실사구시적으로 자신의 시문을 평가해준 것과 그가 자신의 시문집에 서문을 작성해준 것에 감사하고 있었다.

> 그 글을 펴서 읽으니, 칭찬하고 견주는 것이 실정보다 지나쳐 저도 모르게 얼굴이 붉어져 부끄

뛰어난 문장으로 중국에까지 명성을 떨쳤는데, 이광려의 문장에 대해서 이만수(李晚秀)는 "국조(國朝) 300년의 문교를 받아 이광려 선생을 낳았다."고 하며 높이 평가했다.

180) 기윤 찬, 손치중(孫致中) 등 교감, 『기효람문집』 제1책, 「이참봉시초서(李參奉詩鈔序)」, 212쪽. "居滄溟以外, 閉户孤吟, 泊然無黨同伐異之見, 故翻能直抒性情, 爲自鳴之天籟也."

181) 이만수, 『극원유고』 권10, 「대제학이계홍공시장(大提學耳溪洪公諡狀)」(『한국문집총간』 제268책, 434쪽.) "接人謙恭誠愨, 色笑可親, 襟懷坦曠, 可容人數十輩. 愛好人倫, 引獎後進, 見人之有善, 欣然若己有之."

182) 이만수, 『극원유고』 권10, 「대제학이계홍공시장」(『한국문집총간』 제268책, 436쪽.) "公獨如靈光之巋, 然績學種文, 多積博發, 卒能執耳詞苑, 下掃糠粃. 世之下里噍殺之音, 小品稊稗之體, 吹萬不同者, 得公而一切取正焉. 此我先王所以命公以一夔之任而當世文昌之責, 公不得辭也. 今公之没, 文章正脉殆將無傳."

럽고 두려워져 편치 못하였습니다. 그러나 삼가 문장을 쓰고 논의를 세우는 것이 명백하고 정확한 것을 보고서, 작자가 정신을 쏟는 곳과 공력이 도달한 곳을 엿보았으니 너그럽게 위로하는 사람처럼 하지 않는 점이 있었습니다. 그리하여 공의 큰 안목과 큰 잣대가 외물에 의해 변하지 않아, 곱고 추함을 감출 수 없고, 크고 작음이 조금도 차이가 나지 않는다는 것을 알았습니다. 이에 황홀하여 깨닫는 것이 있고, 화락하여 스스로 믿게 되었습니다. ……자신을 돌아보건대 변방의 하품(下品)으로 논할 것도 없었습니다만, 공께서 인도하여 나아가게 하시니 가르침이 있었다고 하겠습니다. 이것이 옛날 군자들의 마음을 써서 세상을 공정하게 하며, 문호와 지역에 국한되지 않는다는 것입니다. 소순(蘇洵)은 옛날 촉 지방 포의로 구양수의 한마디 말로 중시를 받아, 그들 부자가 끝내 천하에 명성을 떨쳤습니다. 지기를 만날 수 있고 없고는 대개 운수에 달렸나 봅니다. 저와 같이 부족한 사람이 어찌 옛날 현자에 자신을 비할 수 있겠습니까마는 공은 진실로 오늘날의 구양수입니다. 부족한 제가 공의 붓에 맡기어 이름을 알렸으니, 진실로 넓은 세상에 보기 드문 만남이라 하겠습니다. 어찌 이 한 몸의 영광일 뿐이겠습니까. 또한 우리나라의 학자들이 풍문을 듣고 스스로 힘쓸 것입니다. 어찌 우리나라의 학자들뿐이겠습니까? 또한 천하 사방의 문사들이 모두 공께서 문사를 좋아하는 정성을 칭송하여, 멀고 후미진 곳의 사람에 이르러서도 성대한 덕과 훌륭한 모범의 빛을 받을 수 있을 것입니다.[183]

위의 글에서 홍양호는 기윤이 뛰어난 통찰력으로 자신의 시문에 내포된 함의를 속속들이 이해했다고 했다. 그는 '곱고 추함을 감출 수 없었고, 크고 작음이 조금도 차이가 나지 않았다.'라고 하면서, 기윤의 평가는 실제에 부합하는 평가였으며 입에 발린 말을 빌린 인사치레가 아니었다고 했다. 홍양호는 기윤이 '천하 사람을 공평하게 대하는' 옛 군자의 마음으로 지역적 한계에 구속받지 않고, 자신을 '인도하여 나아가게 한 것'이라고 찬양했다. 또 기윤이 자신의 시문집에 서문을 써준 것은 구양수가 소순을 칭찬하여 그들 부자(父子)가 천하에 명성을 날리게 된 것과 견줄 수 있다고 했다.

홍양호는 기윤이 자신을 알아봐 주고 이끌어준 사실이 조선의 학자들에게 진해져 조선의

183) 홍양호, 『이계홍양호전서』 권16, 與紀尙書書(乙卯)」, "양호가 삼가 재배하며, 대종백 기 선생께 편지를 올립니다.……[良浩謹再拜, 上書於大宗伯紀先生閣下……]", 328-329쪽. "而展讀文辭, 所以奬許倫擬者, 極其過情, 不覺騂然而愧, 怵然而不寧也. 然竊觀遣辭立論, 明覈精到, 覷破作者精神所注功力所到, 有非假借慰藉之爲者, 有以見閣下大眼目大權錘, 未嘗爲物低仰, 而姸媸莫逃, 鉅纖靡差, 於是乎恍然有覺, 怡然自信也.……自顧偏邦下品, 無足與論, 而乃閣下引而進之, 謂有可教, 此古君子用心, 所以公天下, 不限於門户閫域也. 蘇明允即川蜀一布衣也, 得歐陽子一言之重, 父子遂擅名天下. 知己之遇不遇, 殆有命焉, 如不佞者何敢比擬於昔賢, 而閣下即今之歐陽子也. 不佞之托名於閣下之筆, 誠曠世一遇也. 豈惟一身之光榮? 抑海東學者胥將聞風而自勵, 豈惟海東學者而已? 抑天下四方之士, 皆稱閣下好士之誠, 至及於遐遠僻陋之人, 則亦將有光於盛德宏規矣."

학자들을 분발하게 할 것이라고 했다. 또한 이에 그치지 않고 천하 사람들이 이 미담을 전해 듣고서 끝내는 기윤의 '문사를 좋아하는 정성'을 높게 떠받들 것이라고 했다.

6 맺음말

개인적 교류의 측면에서 보았을 때, 홍양호와 기윤의 교류는 성공적이었다. 두 사람이 노년에 맺은 학문적 우정은 중한 관료 학자 간에 이루어진 교류의 전범이라 할 수 있다. 동갑이자 비슷한 지위를 가진 이들은 노년에 이르러 깊은 우정을 나누었는데, 일찍 만나지 못한 것을 아쉬워할 정도로 돈독한 관계였다. 이들의 만남은 진정 '경개여고(傾蓋如故)'의 교류였다. 비록 두 사람의 필담 기록은 전해지지 않지만, 교환한 편지와 시문, 선물 등을 통해 볼 때, 이들은 인간적인 정감을 바탕으로 학문을 객관적으로 논의하고 비평하는 심도 있는 교류를 이어갔음이 확인된다. 특히 문학적 이상과 유교적 가치관에서 정신적 공감대를 형성한 이들의 우정은 '동기상구(同氣相求)'의 진수를 보여준다.

국가 간 교류의 측면에서 보았을 때, 18세기 말 중한의 학술 경향은 일치하는 부분이 많았다. 두 나라는 모두 전통적인 유가의 도로 회귀할 것을 희망하였고, 시문은 이를 실현하기 위한 가장 중요한 수단으로 인식되었다. 홍양호와 기윤이 교류하던 시기에 두 사람은 모두 자국에서 높은 지위의 관료이자 학계의 수장으로 있었다. 그들의 학술 교류는 개인 교류의 전범이라는 의미를 넘어서 18세기 중한 양국의 첫 번째 공식적인 학술 교류였다는 점에서 그 중요성을 찾을 수 있다.

제3절 홍양호 후손과 기윤 후손의 교류

풍산 홍씨 가문과 청나라 기윤 가문의 교류는 홍양호와 기윤의 첫 만남으로 거슬러 올라간다. 홍양호와 기윤은 이 교류가 대를 이어 후손들에게까지 계승되기를 희망하였다.

홍양호는 「기 상서에게 보낸 편지(정사년)[與紀尚書書(丁巳)]에서 "하물며 처음부터 보내드린 저의 졸필을 영손(令孫)에게 주시어 상자에 보관하게 하고 전하게 한다고 하시니, 이 얼마나 지극한 성의입니까. 저의 손자 조영(祖榮)은 나이가 약관으로 문리를 조금 깨쳤습니다. 저 또한 이 아이한테 그 성대한 필적을 삼가 받들어 세대를 아우르는 만남을 맺고자 합니다."[184]라고 했다. 홍양호와 기윤이 두터운 학문적 우의를 쌓은 후, 이들의 후손들도 학문적 교류를 이어갔다. 홍양호의 아들 홍희준은 기윤과 서신을 교환했으며, 기윤의 손자 기수유와도 교류를 이어갔다. 이후 홍희준의 아들 홍석모는 기수유와 시문을 주고받았고, 조카 홍경모는 기수유와 직접 만나 교류하였으며, 서신도 교환했다.

1 홍희준과 기수유의 교류

기수유(紀樹蕤)는 자가 춘포(春圃), 호가 무림(茂林)이며, 직예성(直隸省) 하간부(河間府) 헌현(獻縣) 출신이다. 유학생원 출신으로 기윤의 손자이며, 조선 문인 홍희준, 홍석모, 홍경모와 오랫동안 학문적 교류를 이어왔다.

홍양호와 홍희준 부자는 기윤과 북경에서 작별한 후, 서신으로 연락을 이어갔다. 홍희준의 「기 무림 수유에게 보낸 편지(與紀茂林樹蕤書)」에는 "갑인년(1794)에 나는 집안 어른 이계공(耳溪公)을 따라 북경에 들어가 효람 선생을 알현하였습니다. 여러 번 그 문하에 절을 올렸고, 집안 어른의 시문집의 서문 두 편을 받았습니다. 그 후로는 편지가 끊이지 않았으며, 이는 우리 집안의 보배로 간직되었습니다."[185]라고 했다. 『전구(傳舊)』에는 1795년(을묘년)부터 1798년(무오년)까지 홍희준과 기윤이 주고받은 서신 6통이 수록되어 있다. 그러나 홍양호와 기윤이 차례로 세상을 떠나면서 양가의 교류는 일시적으로 단절되었다. 홍경모의 『두남신교첩서문(斗南神交帖引)』에는 "임술년(1802) 봄, 왕고(王考)께서 돌아가셨다. 그로부터 3년 후 을축년(乙丑年)에 기문달(紀文達) 또한 세상을 떠나시니, 두 집안의 교류는 이로써 끊어지고 말았다."[186]라고 기록되어 있다.

이로부터 22년 뒤인 1827년(정해년), 홍양호 가문은 기윤 가문과 교류를 재개했다. 이전 해

184) 홍양호, 「與紀尚書書(丁巳)」, 위의 책, 331쪽. "况教以前後拙筆, 付諸令孫, 使之藏篋而傳家, 此何等至意盛眷耶！賤孫祖榮年方弱冠, 粗解文墨, 亦使此兒擎收盛迹, 以修永世之好也."

185) 홍희준, 『전구(傳舊)』 권6, 서울대학교 규장각 소장본. 僕於甲寅隨家大人耳溪公入京得謁曉嵐先生, 屢拜床下, 獲奉家大人詩文集二序, 其後書牘聯翩往來, 作爲家中珍藏。

186) 홍경모(洪敬謨), 「斗南神交帖引」, 홍경모, 『관암산방신편운석외사속편(冠岩山房新編耘石外史續編)』 제4책. 壬戌春, 王考捐背。後三年乙丑, 紀文達亦卒。兩家之往復遂絶矣。

1826년(병술년) 10월, 홍양호의 아들 홍희준은 동지 겸 사은정사로 중국에 파견되었는데, 그는 사행 전부터 기윤의 자손을 찾기 위해 준비했다. 신위(申緯)의 「관옹이 연공사의 정사로 사행을 떠나는 것을 배웅하며(送貫翁使相年貢之行)」 시 주석에 "그대 선대의 문장이 기효람(紀曉嵐)에게 격찬을 받아 구양공(歐陽公)에 비견되기도 했다. 지금 그대는 공의 문집 한 권을 가지고 다니며 효람의 자손을 찾아 전하려 한다."[187]라고 기록되어 있다. 홍희준은 북경에서 기윤 가문을 적극적으로 찾아 나섰다. 그는 기윤의 손자 기수유(紀樹蕤)에게 보낸 편지에서 "수도에 도착해 가장 먼저 기효람 선생 댁의 안부를 물었습니다. 들으니 그대가 홀로 옛집에 계시다 해서 어제는 집안의 자식을 보내어 대면하게 하고, 대대로 이어온 친분을 나누게 하였습니다."[188]라고 전했다.

기수유는 홍희준의 편지를 받고 13일에 만날 것을 약속하며, 답장에 "13일 귀하께서 발걸음을 허락하신다면, 수유(樹蕤)는 차를 준비해 공손히 기다리겠습니다."[189]라고 적었다. 정해년 북경에 머물렀을 때, 홍희준은 기수유와 여러 차례 만나 필담을 나누었다. 그는 「기 무림 수유에게 보낸 편지(與紀茂林樹蕤書)」에서 "지난번 그대와 세교(世好)를 다시 맺고 여러 번 담소하며 마음을 터놓았으니, 참으로 인생에 다시 얻기 어려운 만남이었습니다."[190]라고 했다. 양측의 필담 내용은 전해지지 않는다.

북경에서 이별한 후 홍희준은 기수유와 꾸준히 서신을 주고받았다. 홍희준의 『전구』에는 총 19통의 서신이 수록되어 있다. 1827년(정해년) 북경에서 출발한 후부터 1839년(기해년)까지 기본적으로 서신 교환을 유지했지만, 1831년(신묘년)부터 1835년(을미년)까지는 일시적으로 중단되었다. 을미년 홍희준이 쓴 「기 무림 수유에게 보낸 편지(與紀茂林樹蕤書)」에는 "세월은 빠르게 흘러가고, 바다와 산은 아득히 멀어, 소식이 끊긴 지 어느덧 네 번이나 겨울과 여름이 지났습니다."[191]라는 기록이 있는데, 이를 통해 4년간의 서신 단절을 확인할 수 있다.

홍희준과 기수유는 이별 후, 13년간 서신으로 마음을 나누며, 학술 교류를 지속했다. 주요

---

187) 신위, 『경수당전고(警修堂全稿)』 권13, 『한국문집총간』 제291권, 286쪽. 先丈文章大爲紀曉嵐激賞, 至比歐陽公。今君行篋載公集一本, 擬博訪曉嵐子孫而贈之云。

188) 홍희준, 「與紀茂林樹蕤書」, 홍희준, 『전구(傳舊)』 권6. 入都以後, 先問紀嵐先生宅安否。仄聞足下獨在舊宅, 昨日委送家兒面叙世好。

189) 홍희준, 「與紀茂林樹蕤書」, 홍희준, 『전구(傳舊)』 권6. 十三日台駕枉顧, 蕤當烹茗恭候也。

190) 홍희준, 「與紀茂林樹蕤書」, 홍희준, 『전구(傳舊)』 권6. 向者得與足下復修世好, 屢叙清談, 傾倒心肝, 實是人生難再得之會。

191) 홍희준, 「與紀茂林樹蕤書」, 홍희준, 『전구(傳舊)』 권5. 流光迅邁, 海山悠闊, 音信阻絶居然已四更裘葛矣。

내용은 다음과 같다.

(1) 시문집을 상호 교환하며, 선대의 문집을 주고받았다. 홍희준은 「기 무림 수유에게 보낸 편지(與紀茂林樹蕤書)」에서 "선대인(先大人)의 『문달공문집(文達公文集)』은 이미 약속하신 바 있으니, 은혜를 베풀어 주시기를 바랍니다."[192]라고 청하였는데, 이는 1827년(정해년) 북경에서 기수유에게 기윤의 문집을 요청한 후, 서신으로 다시 상기시킨 내용이다. 기수유는 이에 대해 회신하며, "선친(문달공)의 시문집은 원래 올봄에 사신 편에 보낼 예정이었으나..... 간행이 완료된 후 오탈자와 오류가 적지 않아 어쩔 수 없이 다시 수정하고 잘못된 글자를 교정하고 보완하였는데, 그 수가 만여 자에 이릅니다. ....현재 장인들에게 대대적인 수정을 명하였지만, 수개월이 아니면 완료할 수 없습니다. 봄과 여름 사이가 되어야 비로소 인쇄하여 송부할 수 있겠습니다."[193]라고 답변하였다. 1830년(경인년) 홍희준은 조카 홍경모를 통해 기수유에게 『이계유고(耳溪遺稿)』와 자신의 저작을 전달하였다. 「기 무림 수유에게 보낸 편지(與紀茂林樹蕤書)」에서 "조카 홍경모(洪敬謨)가 지금 부사(副使)로서 연경에 입조(入朝)함에 …… 집안 어른의 『이계유고(耳溪遺稿)』를 초록하여 4권으로 만들어 올립니다. 또한 저의 저작인 『대관(大貫)』 2권, 『기문(丌文)』 4권, 『완역대지(玩易大旨)』 1권도 함께 보내니 고명하신 견해로써 그 득실을 가름하고자 합니다."[194]라고 하였다. 기수유는 1831년(신묘년)에 『기문달공유집(紀文達公遺集)』을 홍희준에게 송부하였는데, 이에 대해 같은 해에 작성된 답서에 "문달공(文達公) 유고집(遺稿集) 2함(函)을 올려보내오니, 수령하여 주시기 바랍니다."[195]라고 썼다. 이러한 문집 교환은 상호의 문학적 성과를 심층적으로 이해할 수 있는 기회를 제공하였으며, 문집의 유통 범위를 확대해 국경을 초월한 문학적 명성 확산의 계기를 마련하였다는 점에서 그 의의를 찾을 수 있다.

(2) 홍희준은 기수유에게 자신의 역학 연구 성과인 『도괘발온(圖卦發蘊)』을 적극적으로 소개하며 추천하였다. 그는 역학에 정통한 아버지 홍양호의 학문적 전통을 이어받아[196] 아버지처럼

192) 홍희준, 「與紀茂林樹蕤書」, 홍희준, 『전구(傳舊)』 권6. 尊先大人《文達公文集》向已留約, 幸蒙惠賜。

193) 홍희준, 「與紀茂林樹蕤書」, 홍희준, 『전구(傳舊)』 권6. "先文達公詩文集本擬今春藉使奉寄, ……刊成後, 實不免魯魚亥豕之訛, 不得已重加更正, 挖補舛錯之字, 不下萬餘。……現命工匠大加修補, 非數月不可補竣。必俟春夏之間, 始能印成寄到。"

194) 홍희준, 「與紀茂林樹蕤書」, 홍희준, 『전구(傳舊)』 권5. "從子洪敬謨今以副价執玉入都, ……家大人《耳溪遺稿》鈔錄爲四卷以呈。而僕之所著《大貫》二卷、《丌文》四卷、《玩<易>大旨》一卷亦爲付送, 以質得失於高明之見耳。"

195) 홍희준, 「與紀茂林樹蕤書」, 홍희준, 『전구(傳舊)』 권5. 文達公遺集二函呈覽, 即乞驗收。

196) 홍양호는 『역』학 연구에 몰두하여, 『역상익전(易象翼傳)』 계열 저술을 펴냈는데, 『도설(圖說)』, 『중괘(重卦)』, 『서괘(序卦)』 등을 예로 들 수 있다. 홍양호, 『이계집』 「이계외집(耳溪外集)」 권3~권7, 『한국문집총간』 제242

기윤 후손들과 깊이 있는 학술 연구를 진행하고자 했다. 홍희준은 을미년 「무림 기수유에게 보낸 편지(與紀茂林樹蕤書)」에서 "저는 일찍이 『역경』을 읽으며 오랫동안 깊이 탐구하였는데, 종종 깨달음을 얻어 그 심오한 뜻을 밝혀내곤 하였습니다. 스스로 일득(一得)의 소견이 있다고 여겼으니……, 소옹(邵雍) 선생과 주희(朱熹) 선생 등이 미처 말하지 못한 부분을 밝혀, 선인들이 밝히지 못한 것을 새롭게 제시할 수 있으리라 생각했습니다. 이제 이를 한 권의 책으로 엮어, 탁월한 식견을 지닌 분들에게 그 득실을 물으려 합니다. 중국의 저명한 학자들 중에도 『역경』 연구에 깊은 이들이 많사오니, 함께 검토하여 후세에 전한다면 참으로 아름다운 일을 이루고 후학들에게 혜택을 주는 길이 될 터이니, 어떠하시옵니까?"[197]라고 말했다. 병신년(申申年)에 그는 기수유(紀樹蕤)에게 보낸 편지에서 기수유가 중국 학자들에게 『도괘발온(圖卦發蘊)』을 추천할 수 있기를 바란다고 말했다. 정유년에도 서신을 통해 기수유(紀樹)가 중국에서 홍희준을 위해 『역(易)』학을 연구한 소회를 널리 알리기를 부탁하며, 서신에서 "(귀하께) 올려보낸 세 편의 도해[三圖]는 이전에 밝혀지지 않았던 것을 밝힌 것이며, 일부 논쟁의 여지도 있습니다. 그러나 중국의 저명한 『역경』 연구가들 중에는 반드시 이를 소장한 이들이 많을 터이니, 삼가 그대께서는 탁월한 식견을 지닌 분들에게 자문을 구하시길 바랍니다. 자세한 가르침을 받지 못해 깊이 답답함을 느낍니다. 바라건대 『역경』 연구자들 사이에 널리 전파하셔서 그 심오한 뜻을 밝혀 주시어, 동방의 학자들이 이치를 궁구하는 묘미를 깨달을 수 있게 해 주십시오. 간절히 바랍니다."[198]라고 말했다.

홍희준의 간곡한 요청에 따라 기수유는 정유년 여름 답서에서 "지난번에 보내주신 『도괘발온』을 수유(樹蕤)는 틈틈이 깊이 음미하며 그 안에 담긴 심오한 이치를 탐구하였습니다. 비단 저만이 선인들이 미처 밝히지 못한 것을 해명했다고 여길 뿐만 아니라 문사(文社)의 벗들에게 보여주어도 모두 감탄을 자아내며 찬사를 보냈고, 필사본을 전파하는 이들이 많아 이미 낙양의 지가(紙價)를 올릴 정도였습니다. 현재 동료들과 협의하여 이 책을 출판하고, 널리 유포할 계획을 세우고

권, 제180~265쪽.

197) 홍희준, 『與紀茂林樹蕤書』, 홍희준, 『전구(傳舊)』 5. 僕嘗讀習《易經》, 沉潛演繹者有年, 往往有所悟而發其蘊奧, 自以爲有一得之見……而邵、朱諸先生之所未及道者, 則可爲發前人之未發者也。今乃合成一册, 以質得失於高明之見。中華大方之家亦多有深於治《易》者, 從而審問, 俾傳於後世, 則實爲樂成其美, 嘉惠後學之一道也, 未知如何？

198) 홍희준, 『與紀茂林樹蕤書)(丁酉))』, 위의 책. 向呈三圖發前未發, 亦有所論難者, 而中華大方治《易》之家必多有之, 故竊望足下就質於高明之見矣。未承詳教, 深用紆鬱。幸爲廣布《易》家, 開示其奥旨, 俾東方學者得聞窮理之妙, 至企至企。

있으니, 중국의 사대부들이 동해(東海)를 대표하는 유학의 종장(宗匠)을 알게 된다면 더할 나위 없는 기쁨이 될 것입니다."라고 말했다. 이 편지에서 기수유는 『역(易)』학의 핵심 내용과 연구 동향 등에 대한 자신의 견해도 피력하였다.[199] 홍희준은 기수유와 교류하는 동안에도 계속해서 『도괘발온(圖卦發蘊)』을 지속적으로 수정 보완하였으며, 무술년(1838)에는 기수유에게 "지난 서신에서 『도괘발온(圖卦發蘊)』을 문사(文社)에 자문하겠다고 말씀하셨는데, ……원고에서 번잡한 부분을 삭제하고 보완하여 새로이 한 책으로 엮었습니다. 이를 보내드리니 받아주시기 바랍니다."라고 전하였다.

기수유의 역학에 대한 견해가 홍희준의 역학 연구에 영향을 미쳤음은 의심할 여지가 없으며, 이러한 수정을 거친 『도괘발온』의 내용은 더욱 정교해졌다. 1839년(기해년) 기수유는 홍희준에게 보낸 편지에서, 『도괘발온』의 수정 작업과 학문적 성과를 높이 평가하며 "『도괘발온』을 받아 열독하니, 삭제와 보완을 거친 내용이 이치 면에서 더욱 심오하고 정밀해졌습니다. 이 저서는 이론이 광활하고 심오하며 포괄적이어서 성인이 재림하셔도 쉽게 논평할 수 없을 것입니다. 선현들이 미처 밝히지 못한 점을 확실하게 해명했다는 평가는 결코 과장이 아니며, 동료 학자들 역시 이에 전적으로 동의할 것입니다."[200]라고 말했다. 상술한 바와 같이 홍희준은 기수유와 자신의 역학 연구 성과를 적극적으로 공유하며, 지속적인 학술 토론을 전개했는데, 이는 홍희준의 역학 연구가 중국에 소개되는 데 기여한 것은 물론이고, 동시에 양국 문인 간 학술 교류의 질적 심화에도 크게 이바지하였다.

2 홍석모와 기수유의 교류

홍석모와 기윤의 손자 기수유는 북경에서 만났다. 홍석모의 『도애시집』 권11 「정해(丁亥)」편에 실린 시 「기 무림 수유에게 부치다[寄紀茂林(樹蕤)]」에는 "호방교 서쪽 고택에서 이별하니(무림의 집이 호방교 어귀에 있었음), 만리 길 멀어 헤어지누나[相別橋西宅(茂林家住虎坊橋頭), 迢迢萬里分]"라는 구절이 나온다. 이를 통해 홍석모와 기수유가 1827년(정해년) 이전에 북경에서 만났

199) 기수유(紀樹蕤), 『紀茂林樹蕤答書)』, 홍희준, 『전구(傳舊)』 5. 前所寄《圖卦發蘊》, 蕤不時潛心繹玩其中奧理精思。不特侄以爲發前人之所未發, 即質之文社朋儕亦莫不嘖嘖贊美, 深爲拜服, 借抄者已洛陽紙貴矣。現有同人商確, 擬將此册付諸梨棗, 以爲廣布流傳之計, 俾中華士夫咸知東海一代儒宗亦快事也。

200) 기수유(紀樹蕤), 「紀茂林樹蕤答書)(己亥)]」, 위의 책.

다가 헤어졌음을 알 수 있다. 또한 홍석모의 『유연고』에는 「병술년 10월 27일 동지정사로 떠나는 아버지를 모시고 홍제원 역을 출발하여 회포를 읊다[丙戌十月二十七日陪家親正使之行, 出弘濟院站述懷]」라는 시가 수록되어 있다. 이를 통해 1826년(병술년) 10월 27일 홍희준이 정사로 중국을 방문할 때 홍석모가 수행했으며,[201] 이후 북경에서 기수유와 인연을 맺었음을 알 수 있다.

북경에서 홍석모와 기수유의 교류 행적은 관련 문헌이 소실되어 상세히 확인할 수 없다. 『도애집』과 『도애시집』을 고찰한 결과, 이들의 교유 상황을 대략적으로만 추정할 수 있었다. 홍석모는 북경에 도착한 후 1827년(정해년) 정월 13일 호방교(虎坊橋)의 기씨 고택에서 기수유를 만나 옛정을 나누었다.[202] 그의 「종형의 연행을 전송하며 지은 서문[拜送從兄使燕序]」에는 "지난해 아버지를 모시고 북경에 갔을 때 기상서의 자손을 먼저 찾아뵈었다. 호방교 옛 저택에서 그의 손자 수유를 만나 옛일을 회상하며 뜻을 교류하고, 삼대에 걸친 우의를 더욱 돈독히 하였다."[203]라는 기록이 있다.

이 첫 만남에서 홍석모와 기수유는 시를 주고받았는데, 홍석모의 『유연고』에는 두 사람의 창수시가 한 쌍으로 수록되어 있다. 홍석모는 원운시 「13일, 무림 기수유를 방문하여 한 수의 율시를 써주다[十三日, 訪紀茂林樹蕤, 書贈一律]」에서 다음과 같이 읊었다.

갑인년에 우리 선조와 신교를 나누었으니,	吾祖神交在甲年
우거진 나무 보며 선조 생각에 감회가 깊네.	來瞻喬木感懷先
공융(孔融)과 이응(李膺) 집안의 친밀함보다도 나은 사이,	勝如孔李通家好
하물며 순욱(荀淑)과 진식(陳寔)의 어진 후예들이라니.	況是荀陳繼世賢
하간(河間)에 새긴 책 빛나고,	光動河間新鋟梓
해외에 남은 시편 향기로우니.	香留海外舊酬篇
간략한 서간을 주고받으며 서로 위로하니,	欣披寸素聊相勉
선대의 가르침 이어 오래 지켜가리라	愼守前人一古氈

201) 미상, 『사행록(使行錄)』, 『연행록전집』 제27권, 제325쪽을 참고하였다.

202) 홍석모, 『유연고(遊燕稿)』에는 「十三日, 訪紀茂林樹蕤, 書贈一律」라는 시가 실려있는데, 이 시는 정해년 정월의 기록이다. 시 아래의 소서(小序)에서 "할아버지께서는 갑인년의 연행에서 기윤과 문자로 교류하였고, 이에 방문하여 대대로 우호있게 지냈다."라고 말했다. 『연행록속집(燕行錄續集)』 제129권, 제104쪽.

203) 홍석모, 「拜送從兄使燕序」, 홍석모, 『도애집(陶厓集)』 제6권. 弟於年前陪家君赴京師, 先訪紀尚書子孫, 見其孫樹蕤於虎坊古宅, 叙舊論志, 修三世之好。

이에 기수유는 다음과 같이 화답했다.

신교가 삼십 년을 이어오니 神交已在卅餘年
세월 속에 우정 다시 꽃 피우네 世好重來叙後先
하늘 아래 옛 맹세 다지고 日下一時敦夙契
해동 삼대의 명현을 만나네. 海東三代見名賢
뛰어난 재주 선현을 좇으니 鴻才超卓追前哲
고아한 음운 단편에 담겨있네 雅韻清新入短篇
오직 조상의 발자취를 따르지 못함이 부끄러워 愧我未能繩祖武
다만 푸른 돗자리 위에 앉아 마음 졸이네. 至今猶坐蕉青氈。

두 사람이 주고받은 창화시와 홍석모의 시 「13일, 무림 기수유를 찾아가 율시 한 수를 지어주다[十三日, 訪紀茂林樹蕤, 書贈一律]」에 담긴 내용을 통해 당시 나눈 대화의 흐름을 엿볼 수 있다.

첫 번째로 논의된 주제는 선대의 교유 관계였다. 홍석모는 시에서 "갑인년에 우리 선조와 신교를 나누었으니, 우거진 나무 보며 선조 생각에 감회가 깊네."라고 읊었고, 기수유는 이에 화답하여 "신교가 삼십 년을 이어오니, 세월 속 우정 다시 꽃 피우네."라는 대구로 응답하였다.

두 번째로 기윤의 손자 세대에 대한 논의가 이루어졌다. 홍석모는 시 주석에서 "효람(曉嵐)의 손자로는 모두 11명의 형제가 있었으니, 수정(樹庭)은 양회염운사(兩淮鹽運司) 지사(知事)로, 수형(樹馨)은 호북(湖北) 의창(宜昌) 지부(知府)로, 수교(樹喬)는 산서(山西) 대주(代州) 주판(州判)으로, 수음(樹蔭)은 산동(山東) 후보 현승(候補縣丞)으로, 수복(樹馥)은 광동(廣東) 염운사(鹽運司)로 각각 관직에 있었다."라고 상세히 기술하였다.

세 번째로 선대의 시문 정리 및 간행 상황에 대해 이야기했다. 홍석모는 시 주석에 "효람(曉嵐)은 시호가 문달(文達)이며, 하간(河間) 고향에서 『기문달공집(紀文達公集)』을 간행하였다. 특히 왕고(王考)는 효람과 시문(詩文), 서간(書簡)을 주고받았는데, 효람은 이 모든 자료를 정리하여 손자 수형(樹馨)에게 전해 보관하도록 하였다. 이에 화답하여 왕고 역시 효람의 시문과 서간을 엮어 『두남신교집(斗南神交集)』이라는 제목으로 편찬하였다."라고 기록하였다.

네 번째로 두 사람은 서로의 근황을 나누었다. 홍석모는 시에서 "간략한 서간을 주고받으며 서로를 위로하니, 선대의 가르침을 이어 오래도록 지켜가리라."라고 읊었으며, 이에 기수유는 "오직 조상의 발자취를 따르지 못함이 부끄러울 뿐, 푸른 돗자리 위에 앉아 마음 졸이네."라고 화답하였다. 이를 통해 두 사람이 서로의 근황을 묻고 답하며 정회를 나눈 것으로 추측할 수 있다.

북경에서의 첫 만남 이후 양측이 다시 교류했는지에 대한 구체적 기록은 현존 문헌에 남아있지 않다. 다만 홍석모의 부친 홍희준이 북경에서 기수유와 여러 차례 청담을 나눈 사실로 미루어 볼 때, 홍석모도 부친을 따라 기수유와 계속해서 교류했을 것이라고 추측할 수 있다. 기윤의 또 다른 손자인 기수형(紀樹馨)은 이번 교류에 참석하지 않았다. 홍석모는 『도애집』에 수록된 「종형의 연행을 전송하며 지은 서문[拜送從兄使燕序]」에 "이때 수형(樹馨)은 의창지부(宜昌知府)로 재임 중이었고, 정기 보고를 위해 상경할 예정이었으나, (나와는) 만나지 못하였다."[204]라고 기록하였다.

홍석모는 북경을 떠난 후에도 기수유와 서신 및 시문을 주고받으며 교류를 이어갔다. 『도애집(陶厓集)』 권8에 수록된 「기 무림 수유에게 답한 편지[答紀茂林樹蕤書]」는 신묘년(1831년) 경에 작성된 것으로 보인다.[205] 다른 문헌에는 양측의 서신 관련 기록이 없지만, 다음의 세 가지 근거로 이들이 빈번하게 서신을 교환했음을 추정할 수 있다. 첫째, 기해년(1839년) 기수유가 홍희준에게 보낸 편지에서 "도애(陶厓) 세형(世兄)께서 올해 한 통의 편지도 보내주지 않아 마음이 답답하기 그지없습니다. 세숙(世叔) 대인께서 보내신 편지에도 언급이 없으니, 혹시 다른 곳으로 부임하시어 편지를 쓸 겨를이 없으신 것인지요?"[206]라고 언급한 점이다. 1839년(기해년) 기수유는 홍석모의 편지가 끊기자, 그 이유를 묻기 위해 홍희준에게 직접 문의했다. 이는 기해년 이전 두 사람이 빈번히 서신을 주고받았음을 짐작할 수 있는 대목이다. 둘째, 정해년(1827)부터 무갑년(1848)까지 홍석모는 평균 1~2년 간격으로 기수유에게 시를 보냈으며, 시와 함께 편지를 동봉해 사신을 통해 전달하였다. 셋째, 정유년(1837) 홍석모의 시 「기 무림에게 보내며, 전일의 시운을 따라 쓰다[簡寄紀茂林用前日唱酬韻]」에는 "이역만리 오직 편지로 맺은 인연, 다만 글과 먹으로 교감하며 마음을 통하네.[海天異域徒憑信, 翰墨神交共感先]"라는 구절이 있으며, 을사년(1845)의 「기 무림에게 부치다[寄紀茂林]」에는 "어느 화려한 두루마리 선물인가? 오직 짧은 편지만 전해질 뿐.[是何華軸貺？祇有尺書傳]"이라는 시구가 있다. 이 시구들은 두 사람 사이에 서신 교환이 이루어졌음을 입증하는 문헌 증거이다.

204) 홍석모, 「拜送從兄使燕序」, 홍석모, 『도애집(陶厓集)』 제6권. 時樹馨以宜昌知府將報政而不獲相面。

205) 이 편지에는 "부질없이 한 살이 더해져, 장차 쉰 살에 다다르네. [而謾添一齒, 將迫五旬。]"라는 구절이 있는데, 홍석모는 1781년(신축)에 태어났기 때문에 이 편지가 대략 1831년(신묘)에 쓰여졌을 것으로 추측된다.

206) 기수유(紀樹蕤), 『紀茂林樹蕤答書(乙亥)』, 홍희준, 『전구(傳舊)』 5. 陶厓世兄今歲並無一言見寄, 殊覺悶悶然如物在喉。即世叔大人來書中亦未道及, 或出任他方, 未暇作書耶？

북경에서 이별한 후, 양측은 서신뿐 아니라 시문도 교환했다. 홍석모의 『도애시집』에는 기수유에게 보낸 시 9수가 실려 있는데, 정해년(1827) 「기 무림 수유에게 부치다[寄紀茂林(樹蕤)]」(『도애시집』 권11), 기축년(1829) 「기 무림에게 부치며, 문달공이 이계공께 드린 운을 따르다[寄紀茂林, 用文達公贈耳溪公韻]」(권12), 임진년(1832) 「기 무림이 유리 원형 거울을 보내주니, 기쁨을 담아 쓰다[紀茂林寄贈玻璃圓挂鏡, 喜題]」(권13), 정유년(1837) 「기 무림에게 간략히 부치며, 전일 창수한 운을 따라 쓰다[簡寄紀茂林用前日唱酬韻]」(권15), 기해년(1839) 「기 무림에게 부치다[寄紀茂林]」(권16), 신축년(1841) 「기 무림에게 부치다[寄紀茂林]」(권17), 을사년(1845) 「기 무림에게 부치다[寄紀茂林]」(권18), 병오년(1846) 「기 무림에게 부치다[寄紀茂林]」(권19), 무갑년(1848) 「기 무림에게 부치다[寄紀茂林]」(권21) 등이다.

가 시들의 주요 내용은 다음과 같다. 첫째, 흠모의 정을 표현하였다. 예를 들어, "때로는 달빛에 홀로 서성이니, 언제 마음 터놓고 대할까?"[207]와 같은 구절은 자연 경물을 빌려 정감을 전하며 친밀감을 드러냈다. 또한 "비록 하늘 끝이 이웃이라 하였지만, 몇 해 만에 마음 통하는 이를 만나리?"[208]라는 시구에서는 진솔한 심정을 토로하였다. 특히 '신교(神交)'라는 표현이 시 9수 중 세 번 반복되는데, 이는 두 사람의 우정이 정신적인 교감에서 비롯되었음을 보여준다.

둘째, 그리움을 표현하였다. 홍석모는 증시에서 기수유와 꿈속에서 만났음을 여러 번 밝혔는데, "꿈속에서도 삼천리 밖을 생각하고"[209], "춘포의 맑은 기상은 꿈속에서도 친근하네."[210] 등의 시구에는 꿈속 만남의 즐거움과 애틋함, 그리움 등이 담겨있다. 또한 "회(懷)", "사(思)"와 같은 한자가 9수 중 7회나 반복되면서 상대방에 대한 그리움을 강조하고 있다.

셋째, 기수유가 홍석모에게 보낸 시는 전하지 않지만, 홍석모의 작품을 통해 기수유 역시 깊은 지기(知己)의 정을 지녔음을 알 수 있다. 특히 홍석모의 「기 무림이 유리 원형 거울을 보내주니, 기쁨을 담아 쓰다[紀茂林寄贈玻璃圓挂鏡, 喜題]」라는 시제에서 드러나듯이 기수유는 정성껏 만든 유리 원경을 선물하며 우정을 다지고 재회를 바라는 마음을 전했다. 이에 홍석모는 "옛 벗 정 깊어도 바다와 산은 머니, 호교(虎橋)에 둥근 보경 홀로 비추네.[故人情重海山遥, 寶鏡團團自虎橋]"라는 시구로 답례했다.

207) 홍석모, 「寄紀茂林, 用文達公贈耳溪公韻」, 『도애시집(陶厓詩集)』 12. 有時對月神孤往, 何日論襟眼更開.

208) 홍석모, 「寄紀茂林」, 『도애시집(陶厓詩集)』 19. 縱謂天涯即比鄰, 幾年不見會心人.

209) 홍석모, 「寄紀茂林」, 『도애시집(陶厓詩集)』 18. 夢思三千里

210) 홍석모, 「寄紀茂林」, 『도애시집(陶厓詩集)』 19. 春圃清儀夢里親

3 홍경모와 기수유의 교류

홍경모(洪敬謨)는 홍양호의 손자이자 훈곡(薰谷) 홍희준의 조카이다. 1830년(경인년) 첫 사행으로 연경에 갔을 때부터 청나라 문인 기수유와 교유하기 시작하였다. 『관암전서』에 "경인년 연행시 무림(茂林), 진등지(陳登之), 육국인(陸菊人) 등과 교분을 맺었다."라는 기록이 있다.

기수유에게 보낸 첫 편지에서 홍경모는 "지난해 사촌 숙부 훈곡공(薰谷公)이 사신으로 연경에 파견되어 족하(足下)와 우호를 다지고 귀국하셨으며, 경모(敬謨) 또한 가부(家父)의 가르침을 받을 때 그 이야기를 들은 바 있습니다. 해외에 거주하는 신분으로는 고문(高門)에 참배할 길이 막혀, 한 번이라도 귀댁을 알현하고자 하는 소회를 펼치지 못했습니다. 이제 다행히 연공부사(年貢副使)의 직책으로 어제 도성에 입성하였으니, 이는 천운(天運)이 내린 기회라 여겨 공융(孔融)과 이응(李膺)의 교유를 본받아 장차 문전에 나아가 명함을 올리고자 합니다."211)라고 썼다. 이 편지를 통해 홍경모가 3대에 걸친 염원을 풀기 위해 기수유와의 만남을 간절히 소망했음을 알 수 있다.

홍경모와 기수유의 만남은 단 세 차례에 그쳤으며, 주로 서신을 통해 문학과 학술을 교류하였다. 『관암전서(冠岩全書)』, 『운석산인문선(耘石山人文選)』, 『관암산방신편운석외사속편(冠岩山房新編耘石外史續編)』, 『총사(叢史)』 등을 고찰한 결과, 양측이 교환한 척독(尺牘)의 양은 상당히 방대한 것으로 나타났다. 이를 통해 서신이 두 사람의 교류에서 핵심적인 매개체였음을 알 수 있으며, 기수유가 노년에 보낸 편지에서 "해마다 척독이 계속 오갔다.[歲歲尺素相通]"212)라고 언급한 것에서도 확인할 수 있다.

1830년(경인년) 홍경모의 첫 편지 「기 무림 수유에게 보낸 편지與紀茂林(樹蕤)書」부터 1843년(계묘년) 기수유의 「관암 인형께[冠岩仁兄啓]」까지 14년간 주고받은 57통의 서신과 답장은 완전하게 보존되어 있다. 계묘년 이후, 양측은 일시적으로 연락이 단절되었는데, 홍경모의 「무림에게 드리다[與紀茂林]」에 "소식 오래 끊기고, 계절은 거듭 바뀌었습니다."213)라는 기록이 남아있다. 1848년(무신년)과 1849년(기유년)경 홍경모가 기수유에게 보낸 편지 2통과 기영황(紀瑛璜)이

---

211) 홍경모, 「與紀茂林(樹蕤)書」, 홍경모, 『관암전서(冠岩全書)』 「서독(書牘)」, 한국 서울대학교 규장각(奎章閣)에 소장되어 있다. 年前舍叔薰谷公奉使赴京, 與足下講好而歸, 而敬謨亦曾有承聞於趨庭之時者。居在海外, 無由一登高門, 以遂識荊之願。今幸以年貢副使, 昨纔入都, 可謂天借之便, 擬效孔李通好之事, 將欲詣門而納刺。

212) 기수유, 「冠岩仁兄啓」, 홍경모, 『冠岩山房新編耘石外史續編』 권5.

213) 홍경모, 「與紀茂林」, 홍경모, 『총사(叢史)』, 서울대학교 규장각, 聲徽久斷, 穀燧屢改

아버지를 대신해 작성한 편지 1통은 아쉽게도 전하지 않는다.[214] 현존하는 총 59통의 서신을 통해 두 사람의 교류 상황을 대략적으로 확인할 수 있다.

가 편지들은 홍경모와 기수유의 교류 상황을 생생하게 보여주는 자료로 그 내용을 종합하면 다음과 같다.

(1) 두 사람은 필담을 진행하였다. 1830년(경인년) 홍경모는 북경에 머무는 동안, 기수유와 두 차례 만났다. 이후 기수유는 편지에서 "우리 삼대에 걸친 신교(神交)는 말로 다 할 수 없으나, 돌이켜보면 세형(世兄)과의 만남은 단 두 번뿐이었고, 담소도 몇 시간에 그쳤습니다."[215]라고 회상했다. 두 사람의 첫 만남은 1831년(신묘년) 정월 초 8일에 이루어졌고, 두 번째 만남은 같은 달 25일에 이루어졌다.[216] 당시의 구체적인 대화 내용은 확인할 수 없지만, 현존하는 서신을 통해 두 사람이 진솔한 마음으로 대를 이어온 교류의 의미를 강조했음을 알 수 있다. 첫 만남 직후 홍경모는 편지에서 "어제는 각별한 배려로 진심 어린 대접과 진수성찬을 베풀어 주시어, 제가 그 덕을 충분히 누릴 수 있었습니다. 비록 하루 종일은 아니었으나, 평소 간직하던 갈망을 충분히 위로받았습니다."[217]라고 밝혔다. 다음으로, 학문을 논하고 문장을 토론하였다. 홍경모는 귀국 후에도 당시의 열띤 토론 장면이 생생히 떠올랐고, 이에 기수유에게 보낸 편지에서 "신묘년(1831) 봄, 세형(世兄)과 작은 방에서 난로 옆에 둘러앉아 술잔을 기울이며 문장을 논했던 그때가 생각납니다."[218]라고 회상하였다.

1834년 갑오년, 홍경모가 중국으로 두 번째 사행을 떠나 북경에 도착하자마자 기수유를 방문하려 했지만, 아들을 잃는 비통함으로 첫날은 만남을 가지지 못했다. 그는 기수유에게 보낸 편지에서 "이번에 다시 뵙게 된 것은 하늘이 내린 인연이라 여깁니다. 본래 하차 후 즉시 문전에

214) 기유년(1849)에 홍경모는 「與紀茂林]』에서 "공사가 봄을 동반하여 돌아왔는데, 아직 가르침을 받지 못하였습니다. 아드님께서 척독으로 대신 답신을 했습니다. [貢使伴春而還, 未拜書教。令胤以尺牘替答。]"라고 말했다. 위의 책, 제471쪽.

215) 기수유, 「冠岩世兄手啓」, 홍경모, 『관암전서(冠岩全書)』. 弟與吾兄三世神交固不待言, 轉而思之, 與吾世兄晤面僅止兩度, 清談不過數時耳。

216) 기수유의 「上覆冠岩世兄」에서 "명년 정월 초 8일 제가 길을 청소하고, 차를 끓여 삼가 기다리겠습니다. [明歲新正初八日, 弟當掃路烹茗恭候也]"라고 말했고, 기수유의 「관암 세형 족하에게 [冠岩世兄閣下]」에서 "관암 인형 족하께 삼가 아룁니다 : 25일 만나고, 26일 사람을 관에 보냈습니다. [謹啓冠岩仁兄閣下 : 廿五日面證, 廿六日遣伻至館。]"라고 말했다. 위의 책.

217) 홍경모, 「茂林世兄手展」, 위의 책. 昨荷眷顧之意, 先之以賜款開懷見誠, 繼之以美羞, 俾得以飽德。縱未竟晷, 猶足慰平日渴仰之懷。

218) 홍경모, 「茂林世兄手展」, 위의 책. 既而思辛卯之春與吾世兄於斗室之中, 圍爐促膝, 尊酒論文。

나아가 오랜 정을 나누려 했으나, 초 7일 정오 회동관에 도착한 후, 아들이 소자유(蘇子由)의 대관지심(大觀之心)을 본받아 저를 따라오던 중, 그날 저녁 갑자기 아무런 병증 없이 세상을 떠났습니다. ……이로 인해 계획한 방문이 늦어지니 그 섭섭함을 이루 말할 수 없습니다. 다만 이 아픔을 견디고 무사히 돌아간다면, 귀국 전 꼭 한 번 뵙고 안부를 전하겠습니다."[219]라고 전했다.

이후 서신을 주고받으며 홍경모는 마음을 다잡았고, 기수유도 시간을 내어 마침내 4월 23일 기수유의 자택에서 재회하였다. 홍경모는 편지 「삼가 무림 세형에게 드립니다(謹啓茂林世兄)」에서 이 만남에 대해 "어제 오후의 유쾌한 만남은 마치 무언가를 깨달은 듯한 기쁜 시간이었으나, 해가 지기 전에 돌아가야 했으니, 아! 그 안타까움이여! 그 안타까움이여!"[220]라고 아쉬움을 토로했다. 다만 이번 만남에서 양측이 나눈 구체적인 대화 내용은 전해지지 않는다.

가 만남을 끝으로 두 사람은 다시 만날 기회를 얻지 못했다. 기수유는 홍경모에게 보낸 편지에서 "며칠 후 억지로 자리를 마련했으나, 형님의 쓰라린 안색을 차마 바라보기 어려웠습니다. 반나절을 함께했지만, 끝내 유쾌한 분위기로 이별하지 못했습니다. 형님의 행장(行裝)이 돌아가실 때쯤, 나 또한 병환(病患)으로 인해 기정(旗亭)에서의 전별(餞別)도 치르지 못했으니, 지금도 목에 가시가 걸린 듯 섭섭함이 이루 말할 수 없었습니다."[221]라고 말했다.

(2) 서문을 부탁하였다. 홍경모는 기수유에게 자신의 시문집 서문을 써 줄 것을 요청하면서 "예전 각지에서 공무를 보던 시절에 지은 기행시들을 함께 올리오니, 책상 위에 두시어 훗날의 얼굴을 대신하시길 바랍니다. 아울러 서문을 지어주시어 문달공(文達公)의 『이계집』 서문을 지은 전례를 잇게 해 주신다면, 이는 장차 아름다운 일화가 될 뿐만 아니라 후손들로 하여금 우리 두 가문의 대를 이은 우정을 알게 할 수 있을 것입니다."[222]라고 말했다.

기수유는 병환 중에도 홍경모의 시문을 읽고 서문을 지어 주었다. 그는 홍경모에게 보낸 편지에서 "저는 연일 병고(病苦)를 치유하며, 오로지 형님의 훌륭한 시문(詩文)으로 한가함을 달랬습니다. 이제 모두 읽고, 시문에 대한 서문을 각각 한 편씩 지었습니다."[223]라고 밝혔다.

219) 홍경모, 「拜啓茂林世兄」, 홍경모, 『운석산인문선(耘石山人文選)』.

220) 홍경모, 「謹啓茂林世兄」, 위의 책. 昨午暢歡, 如有所得, 但未竟暮而歸, 深悵！深悵！

221) 기수유, 「冠岩世兄台展」, 홍경모, 『운석산인문선(耘石山人文選)』.

222) 기수유, 「冠岩世兄台展」, 홍경모, 『관암전서(冠岩全書)』. 曾於宣力四方時, 有紀遊之作, 並此附呈, 留置案頭以替日後之顏面, 亦賜弁文追繼文達公序《耳溪集》故事, 可作將來佳話而亦使後人知吾兩家之世好也。

223) 기수유, 「冠岩世兄即覽」, 위의 책. 弟連日養痾, 全賴大作詩文以作消遣。今已讀竟, 並業經製成詩文序各一篇。

이 두 서문은 홍경모의 『운석외사(耘石外史)』에 「운석시서(耘石詩序)」, 「운석산인문서(耘石山人文序)」라는 제목으로 수록되어 있다.

기수유는 홍경모의 시문을 극찬하면서 "(그대의 시문을 보니) 화평하고 유창하며 달관(達觀)의 경지에 이르렀으니, 한유(韓愈)를 종주(宗主)로 삼고 두보(杜甫)를 스승으로 모셨습니다. 여러 경험을 절충하여 널리 수렴하면서도 정수(精髓)를 취하였으니, 이는 성정(性情)의 바름을 온전히 얻었기 때문입니다."[224]라고 평하였다. 또한 그는 관암 선생에 대해서는 "관암 선생께서는 경사(經史)에 몰두하시어 가학(家學) 연원이 깊으셨습니다. 그러므로 평생의 말씀마다 세도(世道)와 인심(人心)에 깊이 관여하셨습니다. 시세(時勢)를 분개하거나 속세(俗世)를 질시하는 언사(言辭), 민중을 애도하는 풍자(諷刺)의 문장, 억설(臆說)로 이치를 가로채는 논의(論議)들까지도 풍운월로(風雲月露)의 공론(空論)을 즐기시는 성향과는 거리가 멀었습니다. 그리하여 일필(一筆)도 헛되이 쓰신 적 없으시니, 이른바 '순수한 뜻에서 고상한 글이 나온다.' 하였습니다. 어느 것 하나 순수하지 않음이 없었습니다."[225]라고 평하였다.

홍경모가 기수유에게 서문을 청한 것은 그의 조부 홍양호와 기윤의 문학 교류 전통을 계승한 것이다. 기수유는 홍경모의 시문에 서문을 지어줌으로써 홍씨 가문의 문학적 성취에 대한 이해의 폭을 넓힐 수 있었다. 이는 그가 "선생님과 우리 집안은 삼대(三代)에 걸쳐 신교(神交)를 나눈 사이입니다. 비록 이제야 선생님의 문장을 처음으로 보았으나, 삼가 헤아려 보니 대개 일맥상통(一脈相通)하는지라, 홍씨 가문의 문장에 대해 제가 잘 알고 또 가장 상세히 알고 있습니다."[226]라고 말한 것과 궤를 같이 한다.

(3) 한시 교류가 있었다. 두 사람은 교류 과정에서 한시를 주고받았다. 홍경모는 일씩이 기수유와 주고받은 창화시(唱和詩)를 『두남신교집(斗南神交集)』 하첩(下帖)에 수록했다. 이 창화시집은 현재 전해지지 않아 그 내용을 모두 확인할 수는 없지만, 양측이 주고받은 편지 내용을 통해 시문 교류가 활발했음을 알 수 있다. 홍경모는 기수유에게 보낸 편지에서 "이제 동생은 길을 떠나 동쪽으로 향하려 합니다. 저마 끝을 바라보니 슬픔과 우수가 더욱 깊어만 가는지라, 삼가

224) 기수유, 「운석시서(耘石詩序)」, 홍경모, 『운석외사(耘石外史)』. 見其和平暢達, 莫不宗昌黎而師少陵。折衷所歷, 博而能精, 有以得乎性情之正。

225) 기수유, 『경운산인문서(耘石山人文序)』, 위의 책. 冠岩先生潛心經史, 家學淵源, 故凡生平吐屬悉有關於世道人心。無論一切憤時嫉俗之言、諷刺憫傷之句, 與夫强詞奪理之論, 大拂所好於風雲月露, 亦未嘗虛抛一筆, 所謂淳意發高文, 莫不一歸於純粹。

226) 위의 책. 先生與余家爲三世神交。今雖初睹先生之文, 覆而按之, 大抵一脉相傳, 故於洪氏之文, 余知之, 又最悉。

율시 한 수와 절구 한 편을 지어 작별의 인사를 전합니다."[227]라고 적었다.

기수유 또한 편지에서 "세형(世兄)의 화답시를 읽으니 이별의 정이 글자마다 가득해, 동생으로서 감동과 흠모의 마음을 금할 수 없었습니다."[228]라고 답했다. 기수유는 또 1836년(병신년) 편지에서는 "보내주신 편지 끝에 정을 담은 시구(詩句)가 실려 있어, 비록 짧으나 정이 더욱 깊이 와닿았습니다. 손을 씻고 정성껏 읊조리니, 감정이 북받쳐 눈물이 나려 했습니다."[229]라고 적었다. 홍경모는 만년에도 기수유에게 시를 보내며, "어리석은 동생도 이제 백발이 성성해 어느덧 팔순 노인이 되었습니다.… 붓 가는 대로 써내려가니 문득 운율을 이룬 글이 되었습니다. 전에 받으신 고체시에 차운하여 지난날을 그리워하는 마음을 담았으며, 「술회(述懷)」 두 수를 지어 무턱대고 보내오니, 한 번 웃어주시기 바랄 뿐입니다. 이를 통해 제 현재 모습을 짐작하실 수 있으리라 생각합니다."[230]라고 고백했다. 이로 미루어 홍경모가 팔순이 되었을 때, 기수유가 보낸 고시(古詩)에 화답했음을 알 수 있는데, 이 시가 바로 「무림에게 보내며[寄茂林]」(2수)이다.[231]

좌해의 천산을 넘어서	左海千山隔
중주에 한 문사의 호걸이 있다네.	中州一士豪
풍류는 준걸에 남아있고	風流餘俊及
문채는 천고를 이었네.	文藻繼遷皐
수척한 학은 신비 전하고,	癯鶴傳神逼
성긴 매화는 고상한 운치 얻었네.	疏梅得韻高
그 백 년 고택을 돌아보니,	還憐百年宅
교목만이 쓸쓸하구나.	喬木漫蕭騷
가을 산 위의 밤 달빛이여,	秋山今夜月

227) 홍경모,「拜覆冠岩世兄」, 홍경모, 『관암전서(冠岩全書)』.弟馬首欲東矣。瞻望屋角衹增黯然, 謹以一律一絶道此贈別之意。

228) 기수유, 「冠岩世兄如晤」, 위의 책. 頃讀世兄賡和之什, 依依離悰溢於言表, 使弟感佩交並。

229) 기수유, 「洪冠岩世兄覆書」, 홍경모, 『경운산인문선(耘石山人文選)』. 尊札之末, 情發爲詩句, 雖短而情愈長。盥手吟哦, 心感欲泣。

230) 홍경모, 「與紀茂林」, 홍경모, 『총사(叢史)』 제8책. 愚弟華髮種種, 居然爲八旬翁矣。……信筆隨書, 遂成韻語。又步前日見惠古體詩, 以寓瞻往之思, 繫之以《述懷》二篇, 並爲塗鴉以呈, 可博一粲, 亦可想見其鬚眉矣。

231) 홍경모, 「寄紀茂林」, 홍경모, 『총사(叢史)』 제7책.

그리운 이의 얼굴을 보는 듯하네.	如見所懷人
삼대를 이어온 옛정,	舊契仍三世
팔순(八旬)에 이른 이 늙은 몸	殘年已八旬
천애(天涯)에 마음은 통하나,	天涯心共印
꿈속 말은 실체가 없네.	夢里語非真
이생에 한스러움 한 가지 있으니,	一種此生恨
존안을 다시 뵙기 어려운 것이라네.	芝眉更難親

홍경모의 시에는 기수유에 대한 그리움이 글자마다 배어 있다. 이처럼 두 사람은 시를 주고받으면서 이별의 아쉬움과 천 리 밖 벗에 대한 간절한 마음을 고스란히 담아냈다.

(4) 서적을 주고받았다. 기수유는 가족의 저술을 홍경모에게 소개하며 선물했다. 그는 기윤의 문집을 홍씨 가문에 보낸 적이 있는데, 홍경모에게 편지를 보내면서 "(사신 편에) 선조 문달공의 유집 한 부를 부쳐 드리니 받아주시기 바랍니다."라고 썼다. 또 기수삼(紀樹森)의 저서 『치설(痴說)』을 보내면서 "이 책은 당종형 수삼(樹森)이 지은 것으로 주로 심신수양과 성리학을 다룬 내용입니다."라고 설명했다. 홍경모도 자신의 『운석시(耘石詩)』와 『문집(文集)』을 기수유에게 전달했다. 이에 기수유는 "『운석시』와 『문집』 외에 새로 지으신 저술이 또 있으신가요?"라고 물었다. 이를 통해 기수유가 홍경모의 저술 활동에 각별한 관심을 보였음을 알 수 있다.232)

북경에서의 세 차례 만남과 해마다 이어진 서신 교류를 통해 홍경모와 기수유는 두터운 학문적 우정을 다졌다. 기수유는 홍경모에게 보낸 편지에서 "소리는 같은 데서 응하고 기운은 같은 데서 모이는 법이니, 서로 통한다는 것은 거리보다 기호(嗜好)의 일치에 있습니다. 내가 다행히 중화(中華)에서 태어나 육순에 가까워지도록 문단(文壇)과 시사(詩社)에서 사귄 지기(知己)가 적지 않았습니다. 또 한 단계 낮추어서 보면, 그중에는 수레 덮개가 기울어질 만큼 가까운 사이도 있었고, 환난(患難)을 함께한 이도 있으며, 심지어 말과 의복을 아쉬움 없이 나눈 경우도 간혹 있었습니다. 그러나 때로는 마음에 두었다가도 때로는 잊어버리기 마련인 그런 관계들과는 달리, 오직 세형(世兄)에 대한 마음만은 영원히 간직할 것입니다."라고 고백했다. 홍경모도 "함산(咸山)에서 황도(皇都)까지는 오천여 리나 떨어져 있는데도, 마치 해남(海南)과 뇌주(雷州)가 마주하고

232) 기수유의 「冠岩世兄閣下」, 홍경모의 『관암전서(冠岩全書)』. 기수유, 「冠岩世兄手啓」, 홍경모, 『관암전서(冠岩全書)』. 기수유, 「冠岩仁兄拜覆」, 홍경모, 『冠岩山房新編耘石外史續編)』 권5. "先文達公遺集一部, 乞吾兄携歸轉呈。" "外寄去《痴說》一部, 此係弟從堂兄名樹森所著, 大率講身心性命之學。""《耘石詩》、《文集》而外, 復有新著作否？"

있는 것 같습니다. 그런데도 나에게 소식을 전해주시니 마치 얼굴을 마주하고 이야기하는 것 같습니다. 참으로 기이하지 않을 수 없습니다."라고 답했다.[233] 이를 통해 두 사람의 그리움은 뼈속 깊이 새겨졌고, 이러한 감정은 이미 평범한 지기(知己)의 정을 훨씬 뛰어넘었음을 알 수 있다.

홍경모는 노년에 이르러서도 기수유의 아들 기영황과 교류를 이어갔다. 기수유와의 교류 과정에서 홍경모는 기영황의 이름을 여러 번 접했지만, 처음에는 서신을 주고받을 기회가 없었다. 이에 홍경모는 기영황에게 보낸 편지에서 "그대의 훌륭한 명성을 익히 들었으나 글로 소통하지 못해 안타까웠는데, 이제 직접 편지를 보내오니 평생 뵙지 못한 아쉬움을 달랠 수 있겠습니다."라고 전했다. 기영황은 1849년(기유년)경 아버지 기수유를 대신해 홍경모에게 답장을 보냈지만, 해당 편지는 소실되어 그 내용을 확인할 길이 없다. 이후 홍경모는 기영황에게 편지를 보내 안부를 전하고, 심경을 토로하면서 "우리는 같은 하늘 아래에서 삼대에 걸친 깊은 인연을 맺었음에도, 이 늙은 몸으로 왕명을 받들어 도성에 가서 그대를 뵙지 못하니, 『시경』에서 말한 '군자를 뵙지 못하니 근심이 이만저만이 아니로다.'라는 구절이 바로 나의 심정을 대변하는 듯합니다."[234]라고 말했다. 이를 통해 풍산 홍양호 가문과 청나라 기윤 가문은 삼대에 걸친 교류 이후에도 기윤의 사대(四代) 자손들과의 지속적인 교류를 기대하고 있음을 확인할 수 있다. 또한 이를 통해 두 가문 간의 깊고 돈독한 학문적 우정의 깊이를 가늠할 수 있다.

홍희준과 기수유, 홍석모·홍경모와 기수유, 그리고 홍경모와 기영황의 교류를 분석한 결과, 홍양호 가문과 기윤 가문이 선대(先代)의 지음(知音) 관계와 학문·문학적 교류 전통을 충실히 계승했음을 알 수 있다. 이러한 두 가문의 교류는 중한 문인 교류사에서도 특별한 위상을 차지하는데, 기수유가 "삼대의 신교는 결코 쉽게 얻을 수 있는 것이 아니어서 공융과 이응 집안의 교류, 손숙과 진식 집안의 교류와 비해서도 손색이 없으며, 흔히 말하는 호저(縞紵)의 정, 금란지

233) 이 절의 인용문은 각각 기수유의 「冠岩世兄手啓」, 홍경모의 『관암전서(冠岩全書)』를 참조하였다. 홍경모, 「茂林世兄玉展」, 홍경모, 『관암산방신편운석외사속편(冠岩山房新編耘石外史續編)』 권5. "夫同聲相應、同氣相求, 聲氣之所感, 原不在遐邇, 而在臭味之相投。蕤幸生中華, 年近六袠, 文壇詩社頗不乏知己之交。等而下之, 傾蓋忘形者有之, 患難扶持者有之, 甚至共車馬、輕裘弊之無憾者亦間或有之, 然有時懷之, 有時置之, 終不若懷吾世兄之心而耿耿不已也。" "咸山之於皇都爲五千餘里, 殆如瓊雷之相望, 而懷我好音宛如面談, 寧不奇哉？"

234) 홍경모의 「與紀瑛璜」, 홍경모의 『총사(叢史)』 제8책. 홍경모는 「與紀茂林」에서 "아드님께서 척독으로 대신 답신을 했습니다 [令胤以尺牘替答。]"라고 말했다. 홍경모, 『운석산인문선(耘石山人文選)』. 홍경모, 「與紀瑛璜」, 홍경모, 『총사(叢史)』 제8책. "自夫世好之篤, 芳名灌于耳, 未有以文字往復, 手書致意, 足慰識荆之願。" "同在一天之下, 又有三世之契, 而老不能奉使命入都一瞻顏儀。《詩》所云 '未見君子, 憂心忡忡', 豈非今日道耶？"

교(金蘭之交)와 비교해서도 그 차이가 심하지 않습니다."[235]라고 평가한 것과 같다. 홍양호와 기윤에 의해 확립된 두 가문의 반세기에 걸친 교류는 두 가족 간의 깊은 이해를 촉진했을 뿐만 아니라 더 나아가 중한 문화·학술 교류 발전에도 추진력을 발휘하며 지대한 공헌을 하였다.

235) 기수유, 「冠岩世兄台展」, 홍경모, 『운석산인문선(耘石山人文選)』. "三世神交良非易得, 較之孔李通家、荀陳繼世亦未能少遜, 較之泛言金蘭縞紵者更不啻霄壤之分。"

제4장

홍대용과 청나라 문인의 교류

홍대용과 '절항삼사'의 지음지교(知音之交)는 중한 문인 교류사의 미담이다. 특히 그가 절항삼사와 나눈 필담과 청대 문인들과 주고받은 서신은 현존하는 자료 중 가장 방대할 뿐만 아니라 그 자체로 당시 중한 문인 교류를 대표한다는 점에서 그 학술적 가치가 매우 크다고 할 수 있겠다. 이에 본 장에서는 필담과 척독 자료를 중심으로 홍대용과 청대 문인 교류의 역사적 의미를 규명하고자 한다.

홍대용(1731-1783)는 자가 덕보(德保), 호가 심헌(湛軒)이며, 18세기 조선의 대표적인 철학가이자 문학가이다. 명문 세가 출신인 그는 독실하고 신중한 성품으로 영리를 탐하지 않았다. 또한 그는 중국 서적을 두루 섭렵했는데, 율법(律法)과 산법(曆律算卜)에 정통하고, 이학(理學)을 논하는 것을 즐겼으며, 유학자의 기상을 갖추었다.[1)]

1765년(기유년) 겨울, 홍대용은 서장관 홍억(洪檍)의 군관 자제 신분으로 사절단을 따라 중국으로 향했다. 그의 중국 방문 목적은 "훌륭한 재주를 가진 뜻이 통하는 문사를 만나 마음을 터놓고 이야기하는 것[得一佳秀才會心人, 與之劇談]"이었다. 북경 체류 기간 60여 일 동안 그는 다양한 계층과 활발히 교류하며 총 20여 명의 중국 문인들을 만났다. 그중에는 한림원 학자, 진사, 과거 응시자, 수재, 서당 선생 등 청나라 각계각층의 지식인들이 포함되어 있었다. 이중 이름을 고증할 수 있는 문인은 납영수(拉永壽), 왕위(王渭), 오상(吴湘), 팽관(彭冠), 양혼(兩渾), 엄성, 반정균(潘庭筠), 육비(陸飛), 장원관(張元觀), 장본(蔣本), 주응문(周應文), 팽광여(彭光廬), 장경(張經), 등사민(鄧師閔), 손유의(孫有義), 가희(賈熙) 등이 있다. 홍대용은 귀국한 후에도 청나라 문인들과 서신을 주고받았는데, 엄성, 반정균(潘庭筠), 육비(陸飛), 손유의(孫有義), 등사민(鄧師閔), 조욱종(趙煜宗) 등 15명이다. 이들 중에서도 홍대용은 '절항삼사'로 불리던 엄성, 반정균, 육비와 가장 활발하고 깊이 있는 교류를 나누었다. 이들의 교류는 18세기 중한 문인 교류의 전형적인 사례로 꼽힌다.

제1절 홍대용과 '절항삼사'의 7차례 필담

구두 언어가 통하지 않는 상황에서 홍대용과 절항삼사는 주로 필담과 서신을 통해 교류하였다.

1) 엄성, 『양허당기(養虛堂記)』, 『중조학사서한(中朝學士書漢)』, 주문조(朱文藻) 편 『일하제금집(日下題襟集)』 「홍고사(洪高士)」, 엄성이 찬, 주문조(朱文藻) 편 『철교전집(鐵橋全集)』 제5책.

1766년(병술년) 2월 1일 북경 유리창에서 처음 만난 이후 2월 29일 서로 편지로 작별을 고하는 날까지 29일 동안 양측은 총 일곱 차례의 필담을 나누었다. 이 중 여섯 번의 필담은 절항삼사가 거주하던 관사 건정동(乾净衕) 부근의 "천승점(天陞店)"에서 이루어졌고, 한 번의 필담은 조선 사절단의 숙소에서 진행되었다. 이들의 필담 기록은 18세기 중한 문인 간 교류 사례 중 그 분량이 가장 방대하다.

일곱 차례의 필담은 그 내용이 매우 풍부한데, 양국 문인은 정치, 철학, 문화, 과학기술, 문학, 종교, 도덕, 풍속 등 다양한 주제를 두루 논하며, 깊이 있는 교류를 펼쳤다.

홍대용은 "담화할 때 각자 종이와 붓을 들고 빠르게 썼으며, 서로 거의 손을 멈추지 않아 하루 동안 적은 내용이 만 마디에 이르렀다. 하지만 그 담화의 초고는 대부분 추루가 보관하고 있어서 기록된 내용은 지금 가지고 있는 초고에 의존하였고, 초고가 없이 기억에 따라 적은 부분은 십분의 일, 이 정도에 불과하다. 26일 돌아올 때, 추루가 손님을 대접하느라 밖에 나가 있어서 회수한 초고가 상당히 많았지만, 그래도 그중 삼분의 일은 유실되었다."[2]라고 회상하며 말했다. 엄성은 교류 주제의 다양함에 대해 "저녁까지 이어진 문답이 매우 많아서 모두 기억할 수 없다.", "2월 8일 내 집에 방문하여 심성지학(心性之學)에 대해 이야기했는데, 수만 마디가 되었다.", "12일 또 숙소에 왔는데, 세 번이나 방문하여 필담이 수만 마디에 달했으며, 다 기억할 수 없다."[3]라고 말했다. 훗날 박지원은 이들 사이의 필담 기록을 읽은 후에 "(그들이) 주고받은 필담은 수만 자에 이르렀으며, 모두 경전의 뜻과 천인성명(天人性命), 고금의 처사에 관한 대의(大義)를 분석하고 변론한 것이었다. 그 담론은 방대하고 탁월하여, 즐거움을 다할 수 없을 정도였다."[4]라고 하며, 그 내용의 풍부함에 감탄을 금치 못하였다. 일곱 차례의 필담은 홍대용의 『건정동필담(乾净衕筆談)』(홍대용의 『담헌서(湛軒書)』 외집 권1), 『건정필담(乾净筆譚)』(『연행록전집』 제43권), 주문조(朱文藻)가 편찬한 『일하제금집(日下題襟集)』에 상세히 기록되어 있으며, 미국 하버드대 하버드 옌칭도서관에 소장된 『연항시독(燕杭詩牘)』에도 필담의 일부 내용이 언급되어 있다.

---

2) 위의 책. "其談也, 各操紙筆疾書, 彼此殆無停手, 一日之間不啻萬言。但其談草多爲秋庫所藏, 是以錄出者, 惟以見存之草, 其無草而記得者, 十之一二。其廿六日歸時, 秋庫應客在外, 故收來者頗多, 猶逸其三之一焉。"

3) 엄성의 『철교전집』 제5책 「홍고사」는 한국 서울대학교 중앙도서관에 소장. "流連至暮, 問答語極多, 不能悉記。" "二月初八日, 過余邸舍, 談心性之學, 幾數萬言。" "十二日又來寓舍, 蓋三過矣, 談數萬言, 不可悉記。"

4) 박지원, 「洪德保墓志銘」, 홍대용, 『담헌서(湛軒書)』 「부록」, 『한국문집총간』 제248책, 제321쪽. 所與筆談累萬言、皆辨析經旨、天人性命、古今出處大義。宏肆儁杰, 樂不可勝。

1 탐색적 목적의 제1차 필담

1766년(병술) 2월 3일, 제1차 필담이 이루어졌다. 홍대용, 이기성, 김재행 세 사람이 천승점(天陞店)에 도착해 엄성과 반정균을 방문하면서 서로 교류하기 시작하였다. 이번 필담에서는 김상헌(金尙憲), 여유량(呂留良), 오영방(吳穎芳), 과거(科擧) 성시(省試)의 적책(赤冊), 주희와 육구연(陸九淵)의 학설, 항주의 풍속 등 다양한 주제를 다루었다. 또한 김재행은 엄성, 반정균과 더불어 시를 지으며 문학적 교류도 나누었다.

제1차 필담을 분석하면, 다음과 같은 특징을 발견할 수 있다.

(1) 이번 필담은 양측이 상호 탐색을 목적으로 한 초기 교류의 성격을 지닌다. 첫 대면에서 홍대용은 질문을 통해 엄성과 반정균의 인품과 학식을 가늠하고자 했다. 그는 "여만촌(呂晩村)은 어디 사람입니까? 그의 인품은 어떻습니까?", "절강의 산수가 어떠하길래 인재를 배출하는 것이 이와 같은 것입니까?", "왕양명도 절강 사람입니까?", "이곳은 어느 학자를 따릅니까?", "두 분의 선대에는 어떤 현관(顯官)이 있었습니까?", "실례지만 서림(西林) 선생의 덕행은 대략 어떻습니까?", "동정호는 귀향에서 멀지 않습니까?", "(절강성) 풍속의 깊이는 어떻습니까?" 등과 같은 질문을 던졌다. 이러한 질문들은 표면적으로는 순서나 연관성이 없어 보이지만, 심층적으로 분석해보면 엄성과 반정균의 인품, 학식, 이상 등 다양한 측면을 고찰하려는 의도가 담겨 있으며, 질문들 간에는 앞뒤로 논리적 연관성을 지니고 있다. 서로 인사를 나눈 후, 홍대용이 던진 첫 번째 질문은 "여만촌(呂晩村)은 어디 사람입니까? 그의 인품은 어떻습니까?"인데, 표면적으로는 여유량에 대한 물음처럼 보이지만, 실제로는 엄성과 반정균의 대답을 통해 그들의 인품과 민족 절개(大節)를 파악하려는 의도를 담고 있다. 홍대용이 여유량이라는 사람을 몰랐을 리가 없는데, 그 이유는 두 가지이다. 첫째, 여유량은 명말청초의 유명한 반청(反淸) 의사이다. 그가 죽은 지 49년 후인 임자년(1732), 호남(湖南) 유생 증정(曾靜)이 반청 사건에 연루되었다가 옹정황제에 의해 "대역(大逆)" 죄목으로 부관참시를 당했는데, 그의 자손, 친척, 제자들까지 모두 연루되어 모면한 이가 없었다. 이 사건은 전국을 뒤흔든 문자옥 사건으로 기록되었다. 둘째, 여유량의 민족적 절개는 조선의 많은 문인들에게도 널리 알려져 있었으며, 임신년(1752)에는 영조가 사신에게 여유량집을 구해 오라고 직접 명령하기도 했다. 유한준(兪漢雋)은 「종형 지헌공을 연경으로 보내며 쓴 서문(임신)[送從兄持憲公赴燕序(壬申)]」에는 다음과 내용이 수록되어 있다.

우리 임금(영조) 28년 가을, 종형인 지헌공이 소행인(小行人)의 신분으로 북쪽 청나라에 사신

> 으로 갔다. 출발하기 전, 세 사신이 임금을 모시고 있었다. 임금이 지헌공을 앞으로 불러 "내가 들으니 명나라 사람 여유량(呂留良)의 책이 청나라에서 금기되어 세상에 유통되지 않는다고 한다. 이번에 네가 가서 시험적으로 찾아보고, 구할 수 있다면 가지고 오너라. 내가 읽고 싶다."라고 했다.[5]

홍대용은 이후 다시 "왕양명도 절강 사람입니까?"라고 질문하였는데, 그가 왕양명의 기본적인 배경을 모를 리 없었다. 그는 이전에 "왕양명은 시대를 초월한 호걸(豪杰)로서 그의 문장(文章)과 사업(事業)은 실로 전조(前朝)의 최고봉이었다."[6]라고 평한 바 있으며, "양명의 학문은 분명히 아쉬운 점이 있으나, 후세의 단순 암기(記誦) 위주의 학문과 비교한다면 어찌 천양지차(天壤之差)가 아니겠는가?"[7]라고 논평한 적도 있다. 위의 질문에는 엄성과 반정균의 답변을 통해 그들의 학문 수준을 가늠하기 위한 의도가 숨어있었다. 이어 홍대용은 "사업(事業)은 성실함과 바름(誠正)에서 비롯된다."라고 하며, 난공(蘭公)에게 "이 한마디 말(一句語)만으로도 수신(修身)하고 군주를 섬기며, 못 할 일이 무엇이겠습니까?"라고 말하였다. 또한 그는 "두 분의 선대에는 어떤 현관(顯官)이 있었습니까?"라고 물었는데, 이는 반정균의 수신(修身), 제가(齊家), 치국(治國), 평천하(平天下)에 대한 유가적 실천 의지를 확인하기 위한 것이었다. 이를 통해 홍대용의 질문들이 사실은 면밀한 사고를 거쳐 구성된 것으로 명확한 탐색적 의도를 갖고 있었음을 알 수 있다.

(2) 이번 필담은 첫 만남이었기 때문에 양측 모두 신중하게 처신하며 속내를 드러내지 않았다. 홍대용이 여유량을 언급하자, 젊고 패기 넘치던 반정균도 간결하게 "절강 항주 석문현(石門縣) 사람으로 학문이 해박했으나 불행히도 난을 만났습니다."라고 답했다. 이때 엄성은 여유량에 대해 어떠한 평론도 하지 않았다. 작별 인사 때 홍대용이 "우연히 만나 훌륭한 대화를 나누었으니, 저의 소박한 바람이 이루어졌습니다. 그러나 이 뒤로 다시 만날 기회를 얻을 수 있을지 알 길이 없습니다."라고 말하자, 반정균은 신중하게 "신하는 외교를 맡을 수 없는 처지이니, 다시 좋은 만남을 기대하기는 어려울 듯합니다."라고 대답했다. 그러나 이는 필담 후반부에서 알 수 있듯이, 반정균의 진심이 아니었는데, 그는 "천애의 지기를 그리워하는 마음은 끝이 없으

5) 유한준(兪漢雋), 「送從兄持憲公赴燕序(壬申)」, 유한준, 『자저집(自著集)』, 『한국문집총간』 제249권, 제510쪽. 上之二十八年秋, 從父兄持憲公以小行人北聘于清。將行, 三使臣侍上, 上進公而前,教曰 : "予聞明人呂留良書爲虜所忌諱, 不行於世。今汝往試求之, 可求而得取而來, 予欲觀焉。"

6) 홍대용, 『담헌서』 외집 권2 『건정동필담』, 『한국문집총간(韓國文集總刊)』 제248책, 제130쪽. 陽明間世豪杰之士也, 文章事業實爲前朝巨擘。

7) 위의 책. 陽明之學儘有餘憾, 但比諸後世記誦之學, 豈非霄壤乎 ?

니, 어찌 중화와 외국의 차이로 경계를 나누겠습니까? 훗날 작은 벼슬을 얻어 동방에 사신으로 갈 기회가 있다면 반드시 댁을 찾아 문안드리겠습니다. 이 마음을 간직한 채 어찌 잊을 수 있겠습니까?"라고 진심을 털어놓았다. 또 김재행이 청나라의 시휘(時諱)를 언급했을 때는 "난공의 안색이 오랫동안 어두웠다."라고 했는데, 이에 홍대용은 "평중을 꾸짖어 '교제가 얕은데 말이 너무 깊었다.'"라고 말하였으며, "평중에게 더 말하지 말라."라고 권고하였다.[8] 이 같은 표현들은 양측의 신중한 태도를 잘 보여준다.

(3) 첫 교류를 통해 양측은 서로에 대한 이해를 넓혔고, 상대방의 학식에 탄복하며 재회를 희망하였다. 홍대용은 "우리들의 귀국 일정은 아직 며칠 남았는데, 어찌 갑작스러운 이별을 차마 하겠습니까?"라고 말했고, 난공은 "우리들의 돈독한 우정은 깊이 각인되었으며, 영원히 잊지 못하겠습니다. 만약 편히 들르실 수 있거든 다시 찾아주시어 종일토록 담소를 나눌 수 있다면 더할 나위 없이 다행이겠습니다."라고 대답하며 재회의 소망을 나타냈다. 홍대용은 "관아에서 오가는 것을 막는다면 우리는 미리 문밖에서 기다리겠습니다. 깨끗한 장소를 골라 하루 더 만남을 가져도 무방해 보입니다."라고 말하며, '문금(門禁)' 같은 제약 속에서도 만남을 추구하는 의지를 보였다. 이번 필담에서 양측은 서로에 대한 깊은 존경을 표했는데, 동행한 김재행은 "두 분의 덕스러운 풍모를 보니, 중화 인물에 미칠 수 없다는 것을 새삼 깨달았습니다."[9]라고 감탄하였다.

2 중화 의례에 대해 토론한 제2차 필담

제2차 필담은 2월 4일에 엄성과 반정균 두 사람이 옥하관을 직접 방문하여 홍대용과 김재행 등을 만나면서 이루어졌다. 이번 교류는 더욱 깊이 있는 내용으로 진행되었고, 양측의 관계도 한층 더 진전되면서 제1차 필담과는 또 다른 특징을 보였다.

---

8) 이 절의 인용문은 모두 홍대용의 『담헌서』 외집 권2 『건정동필담』, 『한국문집총간』 제248권, 제131쪽. "浙江杭州石門縣人, 學問深邃, 惜罹于難。""邂逅良晤, 深愜鄙願, 未知繼此而可得見耶？""人臣無外交, 恐難再圖良會。""天涯知己愛慕無窮, 寧以中外遂分彼此耶？或他時得邀微官, 奉使東方, 當詣府叩謁, 中心藏之, 何日忘之？""蘭公色變良久""咎平仲以交淺言深""勸平仲勿復言"

9) 위의 책, 제130쪽. "鄙等回期, 尚有餘日, 豈忍遽作永別耶？" "交情古誼令人銘感不忘。倘枉駕容易, 乞再過我, 作竟日談, 幸甚。" "衙門如有阻搪之弊, 鄙等當先期出待于門外, 擇乾净去處, 更爲一日之會無妨。"今承兩位德儀, 益覺中華人物之不可企及也。"

(1) 주제가 상당히 집중되어 있으며, 주로 중국의 예의(禮儀)를 논제로 삼았다. 조선은 예부터 고대 유교 예속을 엄격히 준수하는 것으로 유명하여 '소중화(小中華)'라는 칭호를 얻었다. 만주족이 중원을 지배하게 되면서 조선 사신들은 중화 전통 의례의 보존 상태에 대해 특히 깊은 관심을 보였다. 이에 홍대용은 중국과 조선의 의관 제도 차이, 중국의 배례(拜禮) 방식, 중국에서 음악으로 시(尸)를 즐겁게 하는 풍속, 그리고 청나라의 변발 제도 등에 대해 질문하였다.

(2) 이번 필담은 처음보다 더 솔직하고 편안한 분위기 속에 진행되었다. 『건정동필담』의 기록에 의하면, 작별을 앞둔 자리에서 반정균은 "비록 (중국) 남방에 머물렀으나 진심을 터놓을 만한 인연을 만나지 못했는데, 뜻밖에 두 분 형님을 뵙게 되어 이보다 더 다행한 일이 없습니다."[10]라고 감회를 토로하였다. 평중(平仲) 또한 "옛사람들도 여인숙에서 우연히 지기가 된 사례는 있으나, 우리 넷처럼 서로 마음을 털어놓고 서로를 비춰주는 경우는 없었을 것입니다."[11]라고 대답했다. 이들은 교류 중에 청나라의 시사(時事)에 대한 논의도 더 이상 꺼리지 않고, 신중하게 각자의 견해를 나누었는데, 그 대표적 사례는 다음과 같다.

> 내가 말하였다. "중국 무대극에서는 오로지 옛날의 의관을 사용하니, 이미 익숙하게 보셨을 터입니다." 이에 난공이 물었다. "여기 와서 무대극을 보신 적이 있습니까?" 내가 "보았습니다."라고 답하니, 난공이 "무대극은 어떤 좋은 점이 있었습니까?"라고 물었다. 내가 답했다. "비록 경박한 연극이지만, 나는 속으로는 배울 점이 있다고 생각했습니다."이에 난공이 또 물었다. "어떤 점을 취하겠습니까?" 나는 웃으며 대답하지 않았다. 난공은 "한나라 관원의 위엄을 다시 본 것이 아니겠습니까?"라고 말하며, 바로 지워버렸다. 나는 웃으며 고개를 끄덕였다.[12]

> 내가(홍대용) 다시 말했다. "내가 중국에 들어와 보니, 땅이 넓고 풍물이 번성하여 일마다 기쁘고 하나하나가 정교합니다. 오직 삭발하는 법만은 보고 있으면 마음이 답답합니다." 양쪽 모두 말없이 서로를 바라보았다. 내가 말했다. "내가 두 분과 정이 없었다면 어찌 이런 말을 감히 하겠습니까?" 그들은 고개를 끄덕였다.[13]

---

10) 위의 책, 제133쪽. "即在南方, 亦未嘗有披肝瀝膽者, 不意相逢兩兄, 萬幸之至。'"

11) 홍대용, 『담헌서』 외집 권2 『건정동필담』, 『한국문집총간(韓國文集總刊)』 제248책, 제132쪽. "古亦有逆旅相逢便作知己者, 豈有如我四人之披肝相照？"

12) 위의 책, 제132쪽. 余曰 : "中國戲臺專用古時衣帽, 想已習見之也。"蘭公曰 : "來此見場戲乎？"余曰 : "見之。"蘭公曰 : "場戲有何好處？"余曰 : "雖是不經之戲, 余則竊有取焉。"蘭公曰 : "取何事？"余笑而不答。蘭公曰 : "豈非復見漢官威儀耶？"即塗抹之。余笑而頷之。

13) 위의 책, 제132쪽. "余入中國, 地方之大、風物之盛, 事事可喜, 件件精好, 獨剃頭之法看來令人抑塞。……兩生相

역암은 "북음(北音)은 오랑캐 음악이 섞여 있어 모두 쇠붙이 소리처럼 쇠퇴한 음악이오."라고 말하고, 바로 지워버렸다.[14)]

의관 제도와 삭발법에 대해 양측은 모두 자신의 견해를 명확히 밝혔고, 항상 침착했던 엄성조차 북음(北音)에 대한 불만을 직접적으로 드러냈지만, 답변 이후 "바로 지워버린" 것은 엄성과 반정균 두 사람이 여전히 홍대용을 다소 경계하며 청대의 문자옥에 두려움을 가지고 있음을 말해준다. 이번 필담은 제1차 필담보다 더 편안한 분위기에서 이루어졌고, 그 대화 중에는 익살스러운 언어가 포함되어 있는데, 이는 첫 만남에서는 보이지 않았던 특징이다.

내가 "제안례(奠雁禮)가 있습니까?"라고 말하자 역암이 "항주만이 이 예를 폐기하니 정말 우습습니다."라고 말했다. 또 농담으로 "직접 마중 나갈 필요 없이도 아내를 얻을 수 있습니다."라고 말했다.[15)]

여기서 '희(戲)' 한 글자는 필담의 편안한 분위기를 보여준다.

(3) 첫 만남과는 달리 이번 필담에서 특히 주목할 만한 점은 양측 모두 헤어지기 아쉬운 마음을 진정성 있게 토로했다는 점이다. 이는 이들 사이에 이미 학의가 싹트기 시작했음을 보여준다.

내가 말했다. "저희는 본래 직책이 없었으며, 단지 천하의 기인을 만나고 그들과 포부를 나누고자 했을 뿐입니다. 돌아갈 날이 다가와 헛되이 돌아갈까 걱정했는데, 두 분을 만나 한 번의 만남이 오랜 친구 같아 큰 소원을 이뤘으니, 뜻이 있으면 이루어진다는 말이 맞습니다. 다만 국경이 막혀 다시 만나기 어려움이 아쉬울 뿐입니다. 이 애모(愛慕)하는 마음을 어찌 잊을 수 있겠습니까?" 난공(蘭公)은 글을 다 읽고는 슬픔을 이기지 못하였다. 역암(力闇) 또한 감정에 복받쳐 말하였다. "우리는 진솔한 성품을 가진 사람으로 일찍이 진정한 지기를 만나지 못했습니다. 오늘의 만남에서 이별을 앞두니, 코끝이 시큰하고 마음이 아픕니다. 이로써 더욱 중국의 박절함과 귀국의 후덕함을 알게 되니, 참으로 사람을 움직이는 바가 있습니다."[16)]

顧無語。余曰 : "吾於兩位苟無情分, 豈敢爲此言乎 ?"皆頷之。

14) 위의 책, 제132쪽. 力闇云 : "北音雜以胡樂, 皆是金石噍殺之聲。"即塗抹之。

15) 위의 책, 제132쪽. 余曰 : "有奠雁禮耶 ?"力闇曰 : "杭州獨廢此禮, 可笑。"又戲曰 : "不親迎, 竟得妻。"

16) 홍대용, 『담헌서』 외집 권2 『건정동필담』, 『한국문집총간』 제248권, 제132~133쪽. 余曰 : "鄙等初無官差, 此來

3 '심성지학'에 대해 토론한 제3차 필담

제3차 필담은 2월 8일 홍대용과 김재행이 천승점(天陞店)을 방문하여 엄성과 반정균을 만나며 이루어졌다. 먼저 시를 지어 서로 평론한 후, 엄성은 조선에서 『감구집(感舊集)』을 간행해 달라고 부탁하였다. 이후 필담에서는 부인의 시 창작, 오영방(吳穎芳) 선생의 덕행, 불교와 유교의 차이, 동국의 풍속 등 다양한 주제를 다루었다. 필담 과정에서 홍대용을 제외한 참가자들은 각자 시를 지어 서로 선물하였다.

제3차 필담의 특징은 다음과 같다.

(1) 화제는 다방면에 걸쳤지만, 가장 많이 논의된 주제는 '심성지학'이었다. 주문조가 편찬한 『일하제금집』의 「홍고사(洪高士)」 편에는 이와 관련된 내용이 상세히 기록되어 있다.

> 2월 8일, 내 집을 방문해 심성지학(心性之學)에 대해 논하였는데, 수만 마디의 말을 보니 진정한 유학자였다. 재능은 본래 지역에 국한되지 않는다.17)

'심성지학(心性之學)'에 대한 논의는 주로 엄성과 홍대용 사이에서 전개되었으며, 크게 네 가지 측면에서 논하였다. ① 불경, 특히 『능엄경』과 유학의 관계에 대한 논의이다. 엄성은 "『능엄경』의 마음을 논한 부분에는 진실로 좋은 점이 있다."라고 주장한 반면, 홍대용은 "우리 유가는 마음을 논함에 있어 저절로 즐거운 점이 있는데, 구태여 외도(外道)를 구할 필요가 있겠습니까?"라고 하였다.

② 유가의 '신독(愼獨)'이라는 개념에 대한 견해를 밝혔다. 엄성은 "혼자 있을 때를 삼가기 전에 일정한 공부를 거치지 않으면, 마음이 처음 발할 때 옳고 그름을 어찌 알 수 있겠습니까?"라고 하였고, 홍대용은 이에 동의하며 "이는 손을 대서는 안 되지만, 손을 대지 않으면 힘이 미치지 못하는 일입니다.[此是著手不得, 然不著手力不可]"라고 말했다. 엄성(嚴誠)은 '신독(愼獨)'과 '여사(餘事)'의 관계에 대해 "공력(工力)을 깊이 연마한 연후에야 비로소 여사(餘事)를 논할 수 있다."라

無他意, 祇願見天下奇士, 一討襟抱。歸期已迫, 將未免虛來虛歸。忽得兩位, 一面如舊, 幸愜大願, 真有志者事意成也。祇恨疆域有限, 後會無期。顧此愛慕之誠, 何日忘之？"蘭公看畢, 不禁淒傷。力闇亦傷感不已曰："鄙等至性之人, 未遇真正知己。今日之會, 臨歧不覺酸鼻傷心。以此愈見中土之薄, 而貴國之厚, 足以感人矣。"

17) 주문조 편, 『일하제금집』 「홍고사」, 엄성 찬, 주문조 편 『철교전집(鐵橋全集)』 제5책. 二月初八日, 過余邸舍, 談心性之學, 幾數萬言, 真醇儒也。才固不以地限哉。

고 여겼다.

③ '반궁자성(反躬自省)'의 도리를 논하였다. 엄성은 "마음을 구하는(求放心) 일은 시시각각 경계하며 붙들어야 한다."라고 말하면서 "외부를 다스려 내면을 안정시킨다."라고 강조했다. 이에 반해 홍대용은 "말로 표현하는 것은 어렵지 않으나 실천이 진정 어렵다. 말만 하고 실행하지 않는다면 차라리 말을 모르는 자의 우직함만 못하다. 이것이 가장 경계할 점이다."라고 주장했다.

④ '주경(主敬)'에 대한 관점을 피력하였다. 엄성은 "경(敬)이란 글자는 이미 유자(儒者)의 근본 교훈이 되었다.", "이 경(敬) 자는 평생을 다해도 다할 수 없다."라고 역설하면서도 이를 진정으로 깨닫는 이가 드물다고 탄식했다. 홍대용은 이에 동의하며 "속된 자들은 더 말할 것도 없거니와, 스스로 학문을 좋아한다는 이들 역시 단지 경서를 논하고 성리(性理)를 말함에만 그쳐, 전인이 미처 발명하지 못한 것을 꼭 드러내고자 하다 보니, 저도 모르는 사이에 그 마음의 경계가 인륜과 도리로부터 점점 멀어져 갑니다. 본분을 다하지 못하는 것이야말로 실로 통탄할 만합니다."[18]라고 말했다. '심성지학'에 대한 논의를 거친 후, 엄성은 홍대용을 높이 평가하며, 그를 "진정한 유학자"[19]라고 불렀다.

(2) 앞선 두 차례의 필담을 통해 기반이 확립되면서 양측의 대화는 더욱 직설적으로 변했고, 이는 상호 관계가 한 단계 더 발전했음을 보여준다. 김재행과 엄성의 대화에서 이를 확인할 수 있다.

> 평중이 "여행으로 경성에 도착한 지 몇 달이 지났는데, 문인과 재사 중에 서로 왕래하며 사귀는 자가 있습니까?"라고 말하니, 역암은 "없습니다."라고 대답했다. 평중이 "경성은 사림들이 모이는 곳인데 어찌 없다고 하십니까? 혹 듣지 못했습니까, 아니면 두 형이 응대하지 않아서 그런 것입니까?"라고 말하니, 역암이 "여기에서 교유하는 것도 부족하지 않습니다. 그러나 대개 관직이 높은 문사는 예의 바르게 대할 뿐입니다. 마음을 논할 문사를 어찌 쉽게 얻을 수 있겠습니까?"라고 말했다.[20]

---

18) 이 단락의 인용문은 모두 홍대용의 『담헌서』 외집 권2 「건정동필담」에 기재된 2월 8일 필담이다. 『한국문집총간』 제248권, 제137~138쪽. "俗者不足說。自謂好學者, 袛是談經說性, 務發前人所未發, 不覺其心界日荒於倫理有多少。不盡分處, 極可痛悶。"

19) 주문조 편, 『일하제금집』 「홍고사」, 엄성 찬, 주문조 편 『철교전집』 제5책.

20) 홍대용, 『담헌서』 외집 권2 『건정동필담』, 『한국문집총간』 제248권, 제136쪽. 平仲曰 : "旅遊到京洛, 幾過一月, 有文人才士之相從者耶 ? "力闇曰 : "無之。"平仲曰 : "京城乃士林之所聚, 豈曰無之 ? 或未及相聞, 抑二兄不肯接應而然耶 ? "力闇曰 : "此處交遊亦不乏矣。然大率冠蓋之士, 以文貌相與而已。至于可與論心之士, 豈易得耶 ? "

김재행은 엄성에게 다른 문인과 재사를 아는지를 직설적으로 물었고, 엄성은 단호하게 “없다.”라고 답했다. 이에 김재행은 불만스러운 어투로 “어찌 없다 하십니까?”라며 반문하였는데, 엄성이 재사를 몰라서인지 만나려 하지 않아서인지 추궁하는 투로 물었다. 이 대화에서 보이는 직설적이고 단도직입적인 어조는 두 사람이 더 이상 형식적인 예의를 차리는 관계가 아닌 솔직하고 친밀한 관계로 발전했음을 보여준다. 또한 간혹 서로 농담을 주고받을 정도로 즐거운 교류를 나누었는데, ‘빠진 이’를 둘러싼 다음 대화가 이를 증명한다.

> 내가 말했다. “엄 형은 아직 늙지 않았는데, 이가 왜 이렇게 듬성듬성하십니까?” 엄성이 대답했다. “어릴 때 단 음식을 즐겨 먹어서 이렇게 되었습니다. 그리고 김 형의 이 또한 일찍 빠졌습니다.” 평중이 말했다. “비록 머리는 희어졌으나 이는 흔들리지 않습니다. 이번에 당을 내려올 때, 조심하지 않아서 상처를 입은 것이지, 사혼(谢鲲)이 담을 넘거나 범숙(范叔)이 매를 맞아 다친 것과는 다릅니다.” 난공이 말했다. “그래도 그대의 휘파람과 노래에는 지장이 없어 보입니다.” 평중이 말했다. “훗날 진나라 재상이 될 수 있겠습니까?” 난공이 말했다. “이렇게 궁색한데 말입니다.” 평중이 말했다. “도보로 저택에 이른 것이 우연히 비슷합니다.” 역암이 말했다. “나는 다행히 수가(須賈)는 아닙니다.”[21]

먼저, 외모상의 ‘빠진 이’라는 결함을 화제로 삼은 점으로 보아 그들의 관계가 매우 친밀했음을 알 수 있다. 둘째, 양측의 대화는 전반적으로 해학적인 어조로 진행되었다. 김재행이 웃으며 자신의 빠진 이에 대해 “사곤(謝鯤)이 담을 넘다 다친 것도 아니요, 범숙(范叔)이 매를 맞아 상한 것도 아니다.”라고 말했는데, 이 중 ‘사곤이 담을 넘는다.’라는 표현은 『진서(晉書)』 권49 「사곤전(謝鯤傳)」에 나오는 고사에서 유래한 것이다. 김재행은 이 역사적 일화를 인용해 자신의 이가 빠진 것이 부녀자를 희롱한 벌로 인한 것이 아님을 해학적으로 표현하였다.

“범숙이 매를 맞다(范叔彼笞)”는 『사기』 권79 「범저채택열전(范雎蔡澤列傳)」에 기록된 고사이다. 김재행은 이를 인용해 자신의 이 빠짐이 남의 모함으로 인한 형벌 때문이 아님을 농담조로 표현했다. 반정균은 이를 받아 장난스럽게 이 일이 김재행의 한시 창수에는 지장을 주지 않는다고 말했다. 뒤에 이어진 “너무 궁색하다”, “걸어서 저택에 이른 모습이 우연히 비슷하다.”라는

21) 위의 책, 제136쪽. 余曰 : “嚴兄未老, 齒疏何也？”答曰 : “兒時愛喫甜物致之, 而金兄齒落亦早。”平仲曰 : “髮雖白而齒不搖。今行不能戒下堂, 非謝鯤踰墻, 范叔彼笞而致傷。”蘭公曰 : “還不損君嘯歌。”平仲曰 : “後能爲秦相乎？”蘭公曰 : “一寒如此。”平仲曰 : “徒步之邸偶相似。”力闇曰 : “僕幸非須賈。”

표현 역시 모두 『사기』 「범저채택열전」에서 차용한 것으로 모두 해학적인 대화의 일환이다. 이번 필담에서 오간 기타 유머러스한 화제 역시 이와 같은 맥락이다.

> 난공이 밖에서 들어와 역암에게 "이 『능엄경』은 제가 손을 씻고 외우며, 불경을 쓰는 걸 좋아합니다."라고 말하자, 내가 "두 분은 내세에 반드시 천국에 가실 겁니다."라고 농담을 던졌다. 모두 크게 웃으며 난공이 옆에 "아학(雅謔)."이라고 적었다.[22]

> 이어 두 사람이 "승소(僧梳)"라는 글자를 물었다. 내가 중국어로 "스님은 머리가 없는데, 참빗을 어디에 쓸 수 있겠습니까?"라고 대답하자, 모두 크게 웃으며 머리를 가리키며 "우리 머리도 빛이 납니다."라고 말했다.[23]

> 평중이 종이를 가져다가 글씨와 그림을 청하니 역암이 말했다. "짐승의 발자국과 새의 흔적이 동국(東國)에 가득하였습니다." 내가 말했다. "이전에 이목은(李牧隱) 선생이 중국에 들어와 사람들과 시를 주고받으셨는데, 어떤 사람이 농담으로 '짐승과 새의 발자국이 중국(中國) 곳곳에 가득합니다.'라고 하니, 이 선생이 즉시 대답하기를 '닭 울음소리와 개 짖는 소리가 사방 경계까지 닿았습니다.'라고 하였다. 그 사람이 탄복하였는데, 오늘의 말은 이와 반대되는 것이다."라고 하였다. 이에 두 사람이 모두 웃었다.[24]

(3) 제1차, 제2차 만남과 비교해 이번 필담에서는 양측이 논변을 시작하며 점차 각자의 학술사상을 표출하기 시작했는데, 이는 심도 있는 필담이 이루어졌음을 보여주는 지표라고 할 수 있다. 그 예로 상술한 문장에서 논의된 '심성지학(心性之學)'에 대한 변론을 들 수 있다. 또한 엄성, 반정균, 홍대용이 여류시(女流詩)에 대해 논의한 것 역시 이에 해당한다.

> 난공이 물었다. "동방(東方)의 부인 중에 시를 지을 줄 아는 이가 있습니까?" 내가 대답했다.

22) 홍대용, 『담헌서』 외집 권2 『건정동필담』, 『한국문집총간』 제248권, 제137쪽. 蘭公自外入來, 見力闇"喜觀楞嚴"之語曰 : "此經, 弟沐手誦之, 並好手寫佛經。"余戲之曰 : "兩兄來世必登天堂。"皆大笑, 蘭公書于傍曰 : "雅謔。"

23) 위의 책, 제136쪽. 兩人問"僧梳"二字。余以漢語答曰 : "和尚頭髮没有, 篦子那里使得 ? "皆大笑, 指其頭曰 : "我們亦光光的。"

24) 홍대용, 『담헌서』 외집 권2 『건정동필담』, 『한국문집총간』 제248권, 제136쪽. 平仲以紙請書畫, 力闇曰 : "獸蹄鳥迹交東國。"余曰 : "前有李牧隱先生入中國, 與人唱酬。有人戲曰 : '獸蹄鳥迹之道交於中國。'李即對曰 : '鷄鳴犬吠之聲達于四境。'其人嘆服。今日言, 與此相反。"兩人皆笑。

"우리나라 부인들은 언문(諺文)으로 소식을 전할 뿐, 일찍이 글을 읽게 하지는 않습니다. 하물며 시는 부인에게 마땅한 바가 아니니, 비록 간혹 있는 경우라도 안에서만 하고 밖으로 내지 않습니다." 이에 난공이 말했다. "중국에서도 드물지만 간혹 있습니다. 그러한 이를 상서로운 별과 구름(慶星景雲)처럼 우러러봅니다." 이에 역암이 말했다. "저분의 부인이 시를 잘 짓습니다." 난공은 역암을 나무라는 듯한 표정을 지었지만, 역암은 대수롭지 않게 여기며 나를 향해 "그를 것도 없고 의로운 것도 없으며, 오직 술 빚고 밥 짓는 것을 의논합니다."라고 했다. 난공이 "그렇다면 「관저(關雎)」, 「갈담(葛覃)」은 성녀(聖女)의 시가 아닙니까?"라고 반문하자, 나는 대답했다. "성녀의 덕이 있으면 가능하나, 성녀의 덕이 없으면 방탕함으로 흐르기 쉽습니다. 이 점에 있어 역암의 논의가 매우 올바르니, 군자의 좋은 배필이 되어 금슬이 화창하고 즐겁다고 해도, 이를 상서로운 별과 구름에 비유하는 것은 지나칩니다." 난공이 말하였다. "귀국의 경번당(景樊堂) 허봉(許葑)의 여동생이 시를 잘하여 『중국시선(中國詩選)』에 실렸습니다." 내가 대답하였다. "여자의 본분을 다한 후 여가에 서사와 역사를 익히고, 여계(女誡)를 따르며, 행실의 규범을 지키는 것이 부녀자의 도리입니다. 만약 문채(文彩)를 꾸미어 시로 이름을 얻으려 한다면 끝내 바른길이 아닙니다."[25]

반정균은 여류시인을 추앙하며, 상서로운 별과 구름에 비유하였다. 반면 엄성은 여성이 시를 쓰는 것에 찬성하지 않았고, 그것이 여자의 본분이 아니라고 보았다. 이에 반정균은 『시경』의 여성 작품인 「관저」와 「갈담」을 예로 들며 엄성의 주장을 반박하였다. 그러나 홍대용은 엄성의 입장에 동의하며, 반정균이 여류시인을 숭상하는 것은 지나치다고 지적하였다. 이를 통해 18세기 중한 학계의 여성 문학에 대한 관점을 엿볼 수 있다.

(4) 이번 필담에 처음 등장한 훈계적 언급은 양측의 관계가 한층 깊어졌음을 보여주는 지표이다. 홍대용은 엄성에게 불경에 빠져서는 안 된다며 조언하였다.

(역암이) 또 말하였다. "제가 감히 거짓말을 할 수는 없으니, 사실 불경에서 취할 점이 없는 것도 아닙니다. 다만 불경에 지나치게 집착하여 인과를 말하는 것은 속된 승려들의 소행인데, 서림(西林) 선생께서도 이에 빠지시니 안타깝습니다." 내가 대답하였다. "그 장점을 취해 마음을

25) 위의 책, 제136쪽. 蘭公曰 : "東方婦人有能詩乎 ? "余曰 : "我國婦人惟以諺文通訊, 未嘗使之讀書。況詩非婦人之所宜, 雖或有之, 内而不出。"蘭公曰 : "中國亦少而或有之, 仰之若慶星景雲。"力闇曰 : "他之夫人能詩。"蘭公視力闇頗有侵嘖, 力闇不應, 向余誦"無非無儀, 惟酒食是議"。蘭公曰 : "然則《關雎》、《葛覃》, 非聖女之詩乎 ? "余曰 : "有聖女之德則可, 無聖女之德則或歸於蕩。此則力闇之論甚正, 君子好逑, 琴瑟和鳴, 樂則樂矣, 比之慶星景雲則過矣。"蘭公曰 : "貴國景樊堂許葑之妹以能詩入於中國詩選。"余曰 : "女紅之餘, 傍通書史, 服習女誡, 行修閨範, 是乃婦女事。若修飾文藻以詩得名, 終非正道。"

다스리는 공부에 보탠다면 무슨 해로움이 있겠습니까? 다만 음란한 소리와 미색처럼 점차 그 속으로 점차 빠져들까 두려울 뿐입니다." …… 내가 말하였다. "제가 감히 아첨을 하려는 것이 아닙니다. 형의 재능과 학문이 매우 뛰어나니, 우리 유도(儒道)의 희망이라 생각합니다. 『근사록(近思錄)』을 즐겨 읽으시는 것을 보니, 이미 마음이 저쪽(불교)에 있지 않음을 알겠습니다. 그러나 만약 작은 실수가 있다면 유문(儒門)은 반드시 강적 하나를 얻게 될 터이니, 어찌 두렵지 않겠습니까? 도를 위해 스스로 노력하기를 바랍니다."라고 하였다.26)

엄성이 자신의 사상이 불경에서 벗어나기 어렵다고 말하자, 홍대용은 불경을 활용하여 마음을 다스리는 데는 큰 문제가 없지만, 불경이 음란한 소리와 미색처럼 심성을 빠르게 타락시킬 위험이 있으므로 경계해야 한다고 경고하였다. 이에 엄성이 미혹되지 않을 것이라 확신 어린 태도로 답하자, 홍대용은 조금도 소홀히 해서는 안 되며, 작은 실수조차 용납되지 않으므로 도를 위해 스스로 꾸준히 노력해야 한다고 다시 한번 강조하였다. 이러한 대화를 통해 홍대용이 엄성을 마음속 깊이 진심으로 아끼고 있음을 알 수 있다.

4 '지기지정(知己之情)'의 기초를 확립한 제4차 필담

제4차 필담은 2월 12일에 진행되었는데, 홍대용이 홀로 건정동에 가서 엄성과 반정균을 방문하여 서로 교류하였다. 필담 내용은 청나라의 변발 풍속, 부인의 꼭 끼는 신발, 관기 제도의 실태, 임진왜란, 김원행의 『논성서』, 김상헌의 『청음집』, 『기아』, 『여만촌문집』, 율력과 병법 서적, 혼상(婚喪)의 풍속, 조선의 교육 등에 이르기까지 다양한 주제를 아울렀다. 필담 내용의 사이사이에는 지기의 정이 깊게 배어 있었다.

제4차 필담의 주요 특징은 다음과 같다.

(1) 세 사람은 "모든 말을 거리낌 없이 터놓는다.(極言無諱)"라는 약속 아래 필담을 진행했다. 이는 제3차 만남에 비해 상호 신뢰가 더욱 깊어졌음을 보여준다. 그러나 정치적으로 예민한 사안에 대해서 홍대용은 적극적으로 문제를 제기하는 반면, 엄성과 반정균은 신중한 태도를

---

26) 위의 책, 제137쪽. (力闇)又曰 : "弟不敢作謊話, 其實亦不能不有取于佛經也。但佞佛而談因果, 則俗僧之所爲, 而不圖西林先生亦出于此。"余曰 : "取其長以補吾治心之功, 亦何傷乎 ? 但恐如淫聲美色之駸駸然入其中矣。"…… 余曰 : "弟非敢爲佞也。看兄之才學甚高, 深爲吾道望焉。好看《近思錄》, 已見所安之不在彼也。雖然, 若有少差失, 必令儒門得一强敵, 豈非可畏乎 ? 幸爲道自勉。"

유지하며 뚜렷한 입장을 내비치지 않았다. 『건정동필담』에는 다음과 같이 기록되어 있다.

> 내가 말했다. "이제 곧 헤어지니, 거리낌 없이 솔직히 말해도 되겠습니까?" 모두가 답했다. "좋습니다."[27)]

이번 필담은 처음부터 시휘(時諱) 문제를 거론했다. 홍대용은 엄성과 반정균의 변발을 안타까워하며 "형님의 위엄 있는 모습을 볼 때마다 늘 안타깝습니다."라고 썼다. 이를 읽은 엄성과 반정균은 서로를 바라보며 침묵했다. 홍대용은 자신의 망건 착용에 대해 "오래된 습관이 편안하고, 차마 명나라 제도를 잊지 못해서입니다."[28)]라고 설명했다. 이어 "중국의 삭발과 변복을 생각하면 그 참혹함이 금·원 시대의 패망보다 더 큰 비극입니다. 중국을 생각하면 눈물이 나옵니다."라고 덧붙이자, 엄성과 반정균은 다시 침묵했다.[29)] 홍대용이 종친의 시 "대명 천하는 집 없는 나그네요, 태백산엔 머리 긴 중이 있네."를 인용하자, 엄성은 "시를 읽고 몸을 돌리며 슬픈 표정으로 몇 번이나 되뇌었지"만 말은 하지 않았다. 반정균은 대화의 주제를 돌리면서 조선의 『기아』에 대해 물었다.[30)] 엄성과 반정균의 침묵은 양측 관계가 아직 모든 것을 터놓을 만큼 깊지 않았음을 보여준다.

(2) 이번 필담에서 홍대용의 의론은 실질적이지만, 지나치게 격렬하지 않은 태도를 보여주었다. 그는 명나라에 대한 그리움을 지니되 그 문제점도 인식했으며, 청나라의 지배에 대한 불만 속에서도 그 정치적 성과를 점차 인정하는 모습을 보였다. 엄성과 반정균에게 『여만촌문집』과 홍광이 남도한 이후의 사적을 기록한 서적에 대해 물어보면서 "우리나라는 명나라에 재조의 은혜를 입었다."라고 말한 것 역시 명나라에 대한 추모의 정에서 비롯된 것이다.

그는 명나라의 멸망이 시대적 필연이었음을 냉철히 인식하며 "전조 말년에 환관이 전횡하고, 유적(流賊)이 창궐하니, 매산에서 사직을 위해 순절하셨으니, 이는 실로 천명(天命)이라, 이를 어찌할 수 있겠습니까!"[31)]리고 말했다. 또한, 홍대용은 강희제의 일부 정책에 대해 긍정적으로 평가하

27) 홍대용, 『담헌서』 외집 권2 『건정동필담』, 『한국문집총간』 제248권, 제141쪽. 余曰 : "行將別矣, 極言無諱可乎？"皆曰 : "善。"

28) 위의 책, 제141쪽. "安於故常, 且不忍忘明制耳"

29) 위의 책, 제142쪽. "惟中國之剃頭變服、淪陷之慘甚於金元時, 爲中國不勝哀涕"時, "兩人皆相顧無言"

30) 위의 책, 제142쪽. "大明天下無家客, 太白山中有髮僧""看畢, 轉身而坐, 再三諷誦, 頗有愴感之色"

31) 홍대용, 『담헌서』 외집 권2 『건정동필담』, 『한국문집총간』 제248권, 제141~142쪽. "前朝末年, 太監用事, 流賊闖發, 煤山殉社, 天實爲之, 謂之何哉！"

며 "강희황제에 대해 우리 동국에서도 영걸(英杰)의 군주라 칭송합니다. 특히 관기(官妓)를 모두 철폐한 일은 역대 왕조들이 미치지 못한 업적입니다."[32]라고 말했다. 이러한 그의 발언은 강희제의 정치적 업적에 대한 인정과 함께, 역사적 상황에 대해 합리적인 인식을 하고 있음을 보여준다.

(3) 이번 필담을 통해 양측의 감정은 더욱 깊어졌다. 엄성과 반정균 두 사람은 홍대용의 학식에 탄복하였다. 제3차 필담 당시, 엄성은 여전히 홍대용에게 오만한 태도를 보였는데, 홍대용은 이에 대해 회고하며 "철교는 처음에 내가 왕양명과 육구연의 학설 및 불교를 비판하는 것을 듣고 불쾌한 기색을 보였다. 당시 그는 질문을 받아도 대답을 꺼렸고, 대답하더라도 자세히 설명하지 않았으며, 간혹 현실을 조롱하는 듯한 말을 하기도 했다. 그의 태도를 보건대, 세상 사람들이 진상을 알지도 못하면서 함부로 남의 말을 따라하는 것을 경멸하는 마음에서 나온 것으로 나에게도 다소 거만한 태도를 보였다. …… 그러나 이후 내가 평이하고 실질적인 논리를 펼치며 경박하거나 과격한 태도를 보이지 않자, 비로소 나를 일반적인 무리들과는 다른 인물로 여기게 되었고, 점차 친밀한 관계를 맺게 되었다."[33]라고 말하였다.

이번 필담에서 엄성은 "동생은 이제 마음으로 깊이 감복한 이후로, 형님을 마치 신명(神明)처럼 받들게 되었으니, 이는 지나친 처사가 아닌지 염려됩니다."라고 하였고, 또한 "한스러운 점이라면, 제가 형님의 학설을 처음 접한 후로 생애 이토록 뛰어난 분을 만난 적이 없음을 깨달았다는 것입니다. 앞으로 만날 사람들 중 비록 사치스러운 벗은 되지 않더라도, 이와 같이 옛 도의(道義)로 서로 격려하며 자주 독려해줄 인물을 다시 찾기 어려울 터이니, 이는 단순히 이별의 슬픔 때문만이 아닙니다."라고 표명하였다. 홍대용 역시 "제가 두 형님께 품은 마음은 재능을 흠모한 것이 아니라 학문을 배우고자 함이었으며, 학문을 취한 것도 아니라 그 마음을 사모한 것입니다. 다만 언어가 통하지 않고 만남과 이별이 너무 급해 깊은 뜻을 다 물을 수 없었음이 한스러울 뿐입니다."[34]라고 말했다. 이에 제4차 필담에서 양측 모두 서로를 이해하고 아끼는 마음이 굳게 자리했음을 알 수 있다.

32) 위의 책, 제141쪽. "康熙皇帝, 我東亦稱以英杰之君。此一事(按, 指康熙盡去官妓一事), 亦歷朝之所不及。"

33) 홍대용, 『담헌서』 외집 권3 「『乾净錄後語)」, 『한국문집총간』 제248권, 제173~174쪽. 鐵橋始聞余論斥王陸及佛學, 頗有不悅之色。當其時有問而多不肯答, 有答而多不肯詳, 間以玩世不恭之語。觀其意, 蓋嫉世之不識何狀而徒人云亦云者也, 是以於余頗有傲色。……其後見余之議論平淡務實而不事浮躁矯激之習, 然後亦以余爲異於紛紛之輩而情好日密矣。"

34) 홍대용, 『담헌서』 외집 권2 『건정동필담』, 『한국문집총간』 제248권, 제144쪽. "弟於二兄, 非愛其才也, 取其學也 ; 非取其學也, 慕其心也。祇恨言語不通, 逢別太忙, 未能盡叩深奥。"

5 양국의 과거제도에 대해 토론한 제5차 필담

제5차 필담은 2월 17일 홍대용이 엄성과 반정균 두 사람을 방문하며 이루어졌다. 이때 엄성은 홍대용을 위해 "애오려(愛吾廬)"의 8경을 주제로 지은 「팔영(八咏)」 시를 보여주었는데, 이 시는 『담헌서』 「부록」 「애오려제영(愛吾廬題咏)」에 수록되어 있다. 필담 내용은 주로 서양의 가르침, 전겸익, 양국의 과거제도, 의관 등을 다루고 있다.

이번 필담의 주요 특징은 다음과 같다.

(1) 이번 필담에서 가장 자주 논의된 주제는 양국 과거제도에 관한 것이다. 필담에서 응시자들의 재능, 과장의 폐단, 중국 과거 시험 체계, 장원의 거리 행렬, 진사의 관직 진출 등 다양한 주제들에 대해 논의했다. 홍대용은 과거에 관한 화제를 처음 제기했는데, "절강의 과거 동년생은 모두 몇 명입니까?"[35]라고 질문한 것이 그 시작이다. 그가 중국의 과거에 관심을 가지게 된 계기는 주로 엄성과 반정균의 과거 수험 경력과 인생 궤적에 대한 깊은 관심에서 비롯된 것이다. 이에 그는 다른 성이나 전국적 상황보다는 먼저 절강의 현황에 대해 질문하였다. 엄성은 홍대용의 진심 어린 마음을 느껴서 "우리의 행적은 세속의 사람들과 크게 다릅니다. 과거 공부조차 입에 올리지 않으니 동년배들이 모두 괴이하게 여기더군요. 그러나 합격 여부는 운명에 달렸으니, 이는 공자의 가르침이옵니다. 분분한 무리들은 스스로 가시덤불을 만드는 것이니, 군자의 행적을 속인들이 어찌 알겠습니까?"[36]라고 말했다.

홍대용은 엄성과 반정균과의 4차례에 걸친 필담을 통해 두 인물의 학문적 재능을 긍정적으로 평가했으며, 이들이 진사로서의 요건을 충족한다고 판단하였다. 특히 홍대용은 엄성의 과거 경험에 깊은 관심을 보였는데, 이는 중국 과거제도의 폐단에 대한 논의로 심화시킬 수 있었다. 그는 이러한 질문을 통해 과거 시험장의 폐단이 엄성의 과거 진로에 대한 낙담으로 이어졌는지를 파악하고자 하였다. 엄성 또한 홍대용의 질문 의도를 이해하고, 과거 시험의 어려운 점을 설명하었으며, 이 내용은 『건정동필담』에 다음과 같이 기록되어 있다.

(역암이 말했다.) "중국에선 무릇 향시(鄕試)를 치를 때, 첫 번째 시험으로는 사서(四書)의 글

35) 위의 책, 제149쪽. 浙省同年凡幾人?

36) 홍대용, 『담헌서』 외집 권2 『건정동필담』, 『한국문집총간』 제248권, 제149쪽. "弟輩擧動, 大異紛紛之輩, 即如擧業, 已絶口不談, 而同輩人皆以爲怪。然得之不得有命, 此孔子家法也, 紛紛者自生荆棘耳。所謂君子之所爲, 衆人固不識也。"

세 편과 성리론(性理論) 한 편을 치르는데, 하루 밤낮으로 마쳐야 합니다. 이 시험이 가장 고되니, 정신력을 갈고닦지 않으면 버티기 어렵습니다."라고 말했다. 내가 물었다. "시험 보는 이들이 종종 피를 토한다 하던데, 사실입니까?" 역암이 대답했다. "며칠 동안 잠을 잘 수 없으니 고통스러울 수밖에 없습니다. 두 번째 시험은 경문(經文) 네 편과 배율시(排律詩) 한 수를 하루 안에 마치고, 세 번째 시험은 책문(策問) 다섯 편을 하루 혹은 하루 밤낮으로 완성합니다. 이 시험 또한 매우 고되니, 매번 칠팔 백 말이나 천 개의 말을 써야 합니다. 회시(會試)도 전시(殿試)와 마찬가지로 대책문 한 편을 하루 밤낮 동안 작성하되, 반드시 만 자 이상을 써야 하니 가장 어려운 시험입니다. 또 형식에 조금이라도 오류가 있으면 한림원(翰林院)에 들어갈 수 없습니다. 이후에도 조정 시험(朝考)이 있어 조서(詔), 고문(誥), 논설(論), 시(詩)를 하루 안에 마쳐야 합니다. 향시(鄕試)는 백 명 중 한 명을 뽑고, 회시(會試)는 삼십 명 중 한 명을 선발하나, 전시(殿試)는 모두 합격시키되 다만 일갑(一甲), 이갑(二甲), 삼갑(三甲)으로 나눌 뿐입니다."[37)]

엄성은 과거 시험 응시의 네 가지 어려움에 대해 설명하였다. 첫째, 시험 횟수가 많다. 향시는 세 차례의 시험을 거쳐야 하며, 이를 통과해도 회시, 전시, 조고(朝考) 등이 남아 있다. 둘째, 모든 시험은 밤낮을 가리지 않고 치러야 하며 잠을 잘 수 없다. 셋째, 시험 내용이 복잡해『사서(四書)』, 성리론(性理論), 경문(經文), 배율(排律), 고책(古策), 시무(時務) 등 다양한 과목을 평가한다. 넷째, 향시는 3년에 한 번만 열려 응시 기회가 극히 제한적이다.

엄성은 "평생 생원(秀才)으로 머무는 건 참으로 안타까운 일이며, 향시에 합격해 거인이 되더라도, 10여 년을 기다려야 겨우 현령(知縣)이 될 수 있으니, 그래도 가난한 유생(儒生)의 한을 조금이나마 풀어줄 뿐입니다."라고 탄식했다. 또한 그는 과거 합격에 대해 "떨어지는 건 당연하고, 합격은 예상 밖의 일"[38)]이라며 냉정하게 평가했다. 청나라의 과거에서 삼갑(三甲)에 오르는 것은 지극히 어려운 일이었기 때문에 이후의 이야기는 자연스럽게 삼갑의 영예, 즉 장원의 거리 행렬과 진사 출신의 관직 진출 등으로 이어졌다.

---

37) 위의 책, 제150쪽. (力闇曰) : "中國凡鄕試, 則第一場, 試以《四書》文三篇, 性理論一篇, 一晝夜而畢進。此等場最爲辛苦, 先要精神爲主, 否則不能支矣。"余曰 : "經試者往往吐血云, 然否 ? "力闇曰 : "連日連夜不能睡, 即苦矣。"第二場, 試以經文四篇, 排律一首, 一日而畢。第三場, 試以策五道, 或一日或一晝夜而畢。此一場亦極苦, 每必七八百言或千言。會試, 亦同殿試, 試策一道, 亦一晝夜, 然必至萬餘言, 此最難。又必格式無一差誤, 乃可入翰林。而此後, 又有朝考。試以詔、誥、論、詩, 亦袛許一日而畢。鄕試百人取一, 會試三十取一, 殿試則無不取者, 但分一、二、三甲耳。"

38) 위의 책, 제151쪽. "終身爲秀才, 乃真可憐。若已中鄕試, 爲舉人, 則待至十餘年, 得爲一知縣, 亦差足慰窮儒之願矣""不中乃意中事, 中則意外耳"

(2) 엄성은 홍대용에게 진심을 털어놓으며 모든 것을 나눴지만, 반정균은 자신을 보호하며 여지를 남겼다. 반정균은 조선 문인과의 교류가 청 관리들에게 발각될 것을 우려해 홍대용과 첫 만남에서 조선관 문지기에게 그들의 만남이 알려졌는지를 확인했다. 그는 "출입 시마다 반드시 아뢰어야 여기까지 이르렀는데, 그도 알고 있습니까?"[39]라고 물었다. 또 홍대용이 "근래 궁중에 큰일이 있어 온 조정이 술렁인다더니, 형님도 들으셨습니까?"[40]라고 묻자, 반정균은 다음과 같이 반응하였다.

> 난공이 얼굴을 변하며 말했다. "어떻게 그 사실을 아셨습니까?" 내가 대답했다. "어찌 들은 바 없겠습니까?" 난공이 말했다. "우리 조정의 가법에는 폐립 같은 일이 없습니다. 황태후께서는 성덕이 있으시니, 덕분에 무사할 수 있었습니다. 만주인 아영아(阿永阿)가 극간(極諫)하다 거의 죽을 뻔했으나, 한인 중에는 감히 말하는 자 하나 없었으니, 참으로 부끄럽습니다!" 난공은 글을 쓰자마자 종이를 찢으며 몹시 당황한 모습을 보였다.[41]

'실색(失色)'이라는 표현에서 반정균의 두려움이 선명하게 드러나고 있다. 그는 조정이 "가법(家法)"과 "황태후(皇太后)" 덕분에 "무사하다."라고 말하며, "한인 중에는 감히 말하는 자가 없었다."라고 강조해 홍대용의 추궁을 막고자 했다. 반정균은 글을 쓰자마자 종이를 찢었고, 홍대용은 이에 불쾌감을 표했다. 반정균은 "국조의 법령이 매우 엄하니, 이 말이 새어나가면 반드시 죽을 것입니다. 아우는 죽음이 두려워 저도 모르게 이랬습니다."[42]라고 변명하였다. 이에 홍대용이 "아닙니다. 같은 중국 사람이라면 이런 사소한 왕래가 무슨 문제가 있겠습니까? 다만 제가 형님들과 비록 친밀하다 하더라도 중국과 외국의 구별은 자연히 있는 법이니, 형님께서 놀라신 것도 무리는 아닙니다."[43]라고 말했다. 홍대용은 중국인들 사이에서 이 주제를 논의하는 것이 큰 문제가 아니라고 했다. 이는 당시 청인 중에도 이 주제를 언급하는 이들이 있었음을

39) 홍대용, 『담헌서』 외집 권2 『건정동필담』, 『한국문집총간』 제248권, 제148쪽. "出入必告則至此, 渠亦知之耶？"

40) 위의 책, 제151쪽. "近聞宮中有大事, 擧朝波蕩云, 兄輩亦聞之乎"

41) 위의 책. 蘭公失色曰："何以知之？"余曰："豈無所聞乎？"蘭公曰："我朝家法, 無廢立事, 且皇太后有聖德, 故賴以無事。滿人阿永阿極諫幾死, 漢人無一人敢言者, 可愧！"此時, 蘭公隨書隨裂, 擧措慌忙。

42) 홍대용, 『담헌서』 외집 권2 『건정동필담』, 『한국문집총간』 제248권, 제152쪽. "國朝法令甚嚴, 此言一出必死, 弟怕死故自不覺如此"

43) 위의 책, 제152쪽. "不然, 同是中國之人, 則此等酬酢亦何妨乎？但弟於兄輩, 雖曰密交, 其中外之別自在也, 兄之驚動, 亦無足怪也。"

시사하며, 조선 사신들이 민간의 대화를 통해 이를 접했을 가능성을 암시한다. 홍대용은 반정균이 이 주제를 피하려고 한 이유가 "중국과 외국의 구별" 때문이라고 생각했다. 반정균의 두려움은 이 문제를 논의함으로써 자신의 관직 진출에 악영향을 미칠까 우려한 데서 비롯되었다. 엄성 역시 반정균의 이러한 행동에 불만을 표했는데, 『건정동필담』에는 다음과 같은 기록이 있다.

> 역암은 화를 내며 말했다. "하늘이 알고 땅이 알고, 그대도 알고 나도 아노니, 노형은 어찌 두려워하여 이런 꾸며낸 말을 하십니까? 담헌은 독실한 군자인데, 그대는 그를 어떠한 사람으로 여기는 것입니까?" 그는 또 난공을 향해 큰 소리로 말하였다. …… 역암이 다시 화를 내며 말했다. "'밝고 또 지혜로워 그 몸을 보전한다.'라는 두 구절이 천하의 선령한 사람들을 그르치게 하였습니다."[44]

또한, 홍대용이 과장의 폐단을 묻자 반정균은 "그 또한 별다를 것이 없습니다."라며 회피하였다. 그는 또 과거 응시자 중 "평범한 사람은 많지만, 기이한 사람은 천 명 중 하나도 없다."[45]라고 말하며 대수롭지 않게 넘기고, 과장의 폐단에 대해서는 언급하지 않았다. 이에 반해 엄성은 홍대용에게 진지하게 답하며, 과장의 폐단을 상세히 설명하였다. "과장에 폐단이 많습니다. 품속에 숨기는 자, 대신 시험을 보는 자, 답안을 전달하는 자들이 있으니, 시험장 입장 시에는 반드시 수색하여 검사하고, 호사(號舍)로 돌아간 후에는 반드시 자물쇠를 엄격히 잠그며, 답안을 제출한 후에는 반드시 봉인하고 등록하는 등 온갖 조치가 모두 부정행위를 막기 위함입니다."[46]라고 말했다. 엄성과 반정균의 대답을 비교해보면, 반정균은 여전히 홍대용과 거리를 두고 있었던 반면, 엄성은 이때 이미 홍대용을 진정한 지기로 여겼음을 알 수 있다. 이번 필담에서 엄성이 홍대용을 처음으로 '우리 담헌(吾湛軒)'이라 칭한 것에서도 두 사람의 친밀한 관계가 잘 드러난다.[47]

44) 위의 책, 제152쪽. 力闇奮然曰 : "天知地知, 子知我知, 老兄何畏而有此粧撰 ! 湛軒篤實君子, 汝以渠爲何等人耶 ? "又向蘭公大言之。……力闇又奮然曰 : "既明且哲以保其身二句, 誤盡天下好人。"

45) 홍대용, 『담헌서』 외집 권2 『건정동필담』, 『한국문집총간』 제248권, 제150쪽. "庸人多而奇人千無一人"

46) 위의 책, 제150쪽. "科場之弊多矣。有懷挾、有代倩、有傳遞, 故于入場時, 必行搜驗, 而歸號舍後, 必嚴其鎖鑰。繳卷後, 必彌封謄錄種種, 皆以防作奸者也。"

47) 이번 필담에서 엄성은 "만약 때때로 우리 담헌이 옆에서 독책(督責)하는 것과 같다면 아마도 약간의 성과가 있을 것이다."라고 했다. 홍대용, 『담헌서』 외집 권2 『건정동필담』, 『한국문집총간』 제248권, 제153쪽. 반정균은 홍대용을 "우리 담헌"이라고 부르는 행동을 한 적이 없다.

6 열정적이면서도 편안한 분위기의 제6차 필담

제6차 필담은 2월 23일에 이루어졌다. 홍대용과 김재행은 엄성과 반정균의 숙소를 찾아 방문하였고, 이후 육비와 문인 한씨가 합류하여 필담을 나누며 술을 마셨다. 이날의 주요 논의 주제는 조선의 금주 정책, 동국의 장서, 조선의 의관, 그리고 주자와 육상산(陸象山)의 학문이었다. 또한 이들은 주자의 『시경』 주석을 둘러싸고 논쟁을 벌이기도 했다.

이번 필담의 특징은 다음과 같다.

(1) 육비는 이번 만남에서 홍대용, 김재행과 교류 관계를 맺었다. 이들은 필담을 통해 서로에 대한 흠모의 정을 표현하며 교류 의사를 밝혔다. 『건정동필담』에 기록된 내용은 다음과 같다.

> 내가 말하였다. “그대의 명성은 익히 들었습니다만, 뜻밖에도 이렇게 직접 뵙게 되니, 놀라우면서도 기쁘기 그지없습니다. 다만 허물없는 사랑을 받고도 답례할 길 없음이 부끄럽습니다.” 평중(平仲)이 말하였다. “바닷가의 미천한 사람이 우연히 중국에 들어와 두 벗을 만나 지기(知己)가 되었습니다. 그대의 훌륭한 글을 보았을 때 한번 뵙고 싶었는데, 뜻밖에 오늘 아름다운 모습을 뵙게 되니, 이는 반드시 귀신의 도움일 것입니다.” 해원(解元)이 말을 이었다. “어제 이곳에 도착하자마자 기쁨에 겨워 미칠 지경이었습니다. 사실 만나지 못할 줄 알았는데, 이렇게 직접 뵙게 되니 참으로 특별한 행운입니다.”[48]

엄성, 반정균과의 첫 만남에서 홍대용과 김재행은 육비의 작품을 감상하며 육비에 대해 알게 되었고, 깊은 인상을 받았다. 두 사람은 이번에 육비와 직접 만나게 된 것을 기뻐하며 뜻밖의 행운이라 여겼다. 『건정동필담』에는 홍대용과 김재행이 육비를 처음 알게 된 경위가 기록되어 있다.

> 난공(蘭公)이 말하였다. “세속에 치여 바쁘게 지내며 아무런 성취도 이루지 못했습니다. 올 때, 같은 과거 급제자 중 수석인 육비(陸飛)가 그림에 우연히 작은 시를 붙여 가르침을 청합니다.” 이에 한 폭의 그림을 보여주었는데, 수묵으로 그린 연꽃 한 송이였으며 필치가 기이하고 힘이 넘쳤다. 그림 위에는 육비의 칠언절구 한 수가 적혀 있었고, 아래에는 역암(力闇)의 사(詞)와 난공

48) 홍대용, 『담헌서』 외집 권3 『건정동필담속』, 『한국문집총간』 제248권, 제156쪽. 余曰 : “仰聲久矣, 幸此承顔, 驚喜之極, 第蒙謬愛, 愧無以仰答。” 平仲曰 : “海隅鯫生偶入中國, 獲拜二友, 遂爲知己。頃覽瓊篇, 願一見之, 不意今日瞻望雅儀, 此必有神鬼之助也。” 解元曰 : “昨日一到, 即傾倒欲狂, 自分不得相見, 得見實屬非常之幸。”

의 시가 적혀 있었는데, 모두가 훌륭하였으나, 육비의 시가 특히 뛰어났다.[49]

홍대용은 육비의 제화시(題畫詩)가 엄성과 반정균보다 뛰어나다며, 직접 만난 자리에서 "명성은 익히 들었으나 이렇게 뵙게 될 줄은 몰랐습니다."라고 말했다. 이는 단순한 예의를 넘어 깊은 존경을 담은 표현이었다. 김재행은 한시에 뛰어난 조선 문인으로서 "훌륭한 작품을 보고 꼭 뵙고 싶었습니다."라며 진심을 전했다. 이러한 교류는 육비가 홍대용과 김재행의 필담을 엄성과 반정균을 통해 접한 후, 두 사람을 존경하게 된 계기가 되었고, 결국 밤새 그림을 그려 만남의 선물로 준비하기까지 했다. 이들은 서로에 대한 진심 어린 마음이 있었기 때문에 실제 만난 후에도 더 깊은 교류를 다지고자 하는 마음을 직설적으로 드러냈다.

(2) 이번 필담은 열정적이면서도 편안한 분위기에서 진행되었다. 그 배경은 두 가지로 요약된다. 첫째, 앞선 다섯 차례 필담을 통해 서로를 이해하게 되면서 경계심이 사라진 상태여서, 모든 이야기를 자유롭게 나누며 즐겁게 술잔을 기울일 수 있었다. 이덕무는 『청비록(清脾錄)』에서 이번 모임에 대해 "팔을 끌어당기며 술잔을 들었고, 기쁨과 웃음이 넘쳐흘렀다."[50]라고 표현했다. 필자의 통계에 따르면, 『건정동필담』에서 "여러 사람이 모두 크게 웃었다."라는 내용은 17곳, 개인이 "웃으며 말했다."라는 내용은 15곳에 달하는데,[51] 이는 모임의 즐겁고 유쾌한 분위기를 잘 보여준다. 둘째, 육비의 참여로 필담 분위기가 더욱 화기애애해졌다. 육비는 "연장자로서 성긴 수염에 배가 나온 모습이 기품 있는"[52] 인물로 그의 낙관적이고 쾌활한 성격이 이번 필담의 화합에 중요한 역할을 하였다.

(3) 이번 필담에서 엄성과 반정균을 향한 홍대용의 감정이 더욱 깊어졌다. 이는 그가 두 사람에게 보낸 권면의 글에서 잘 드러나는데, 진심 어린 조언과 거침없는 훈계 속에는 이들을 향한 우정이 고스란히 담겨 있다. 홍대용은 "저는 두 형님을 지극히 사랑하는 까닭에 바라는바 또한 큽니다. 의리로써 충고를 드리는 것이지, 함부로 아첨하는 말로 칭찬을 올리지 않겠습니다. 비록

49) 홍대용, 『담헌서』 외집 권2 『건정동필담』, 위의 책, 제129쪽. 蘭公曰 : "風塵碌碌, 未有所成。來時, 同榜解元陸飛作畫, 偶題小詩呈教。"乃出示一幅畫, 水墨蓮花一朵, 筆畫奇勁, 上有陸詩七絶一首, 下有力闇詞及蘭公詩, 皆佳, 而陸詩尤高。

50) 이덕무, 『청비록(清脾錄)』 권1 「육소음(陸篠飮)」, 제182쪽. "把臂引觴, 歡笑淋漓"

51) "여러 사람이 모두 웃는다", "온 좌석에 앉은 사람들이 모두 웃는다.", "한 사람이 크게 웃는다.", "웃으며 말하다." 등의 문자는 홍대용, 『담헌서』 외집 권3 『건정동필담속』, 『한국문집총간』 제248권, 제156~161쪽에서 찾아볼 수 있다.

52) 이덕무, 『청비록(清脾錄)』 권1 「육소음(陸篠飮)」, 제182쪽. "爲人長者, 疏髯皤腹, 磊砢可觀"

말은 졸렬하고 서투르나 그 뜻은 근거가 있사오니, 사람을 보시고 말을 버리지 마시길 바랍니다."[53] 라고 하며, 엄성과 반정균에 대한 자신의 '깊은 사랑과 기대'를 드러냈다.

홍대용은 반정균에게 준 글에서 수신(修身)의 도를 논하면서 "가장 뛰어난 이는 자신을 닦아 남을 편안하게 하고, 그다음은 훌륭한 도를 펴 가르침을 세우며, 가장 하위에 있는 이는 책을 저술하여 불멸을 꾀합니다. 이 외의 자는 이익과 출세만을 추구할 뿐입니다."라고 말했다. 또한 그는 반정균에게 "재주는 믿을 바 못 되니 덕을 게을리하지 마시기를 바랍니다. 욕심을 줄이지 않으면 마음을 기를 수 없고, 위엄과 중후함이 없으면 학문을 닦을 수 없습니다. 책임은 무겁고 갈 길은 멉니다. 우리처럼 같은 뜻을 가진 이들끼리 어찌 서로 공경하지 않을 수 있겠습니까? 선악은 마음속에서 싹트고 길흉은 밖으로 드러나니, 덕을 쌓고 업을 닦고자 한다면, 오직 스스로에게 돌이켜 구할 따름입니다."[54]라고 충고했다.

홍대용은 반정균에 대한 통찰이 매우 날카로웠는데, 자신의 재주를 믿는 교만함과 여색을 좋아하는 경솔함, 성급한 성품 등의 부족한 점을 정확히 꿰뚫었다. 이런 점을 극복하기 위해, 홍대용은 반정균에게 '경(敬)'과 '잘못을 자신(自身)에게서 찾는다.(反求諸己)'의 자세로 덕을 기르고 학문을 닦을 것을 권고했다. 반정균은 이 글을 읽고는 잠시 '놀란 듯(憮然)'한 표정을 지으며, "이 가르침은 진정 나의 병증에 맞는 약이니, 평생토록 마음에 새기겠습니다."[55]라고 말했다. '놀란 듯'이라는 표현은 홍대용의 말이 반정균의 마음 깊이 울림을 주었음을 보여준다. 엄성도 이를 보고 감개무량해 하며, "그런데 난형에게 주신 말씀은 깊고 간절하며 명확해서 난형의 증상에만 맞는 약이 아니라 제가 읽어도 송구스럽고 두렵습니다."[56]라고 하였다. 기잠(起潛) 역시 다 읽고 난 후, "한 장을 써서 저에게 주시면 끝까지 몸에 지니고 다니며 스스로를 경계하겠습니다."[57]라고 말했다. 엄성과 육비의 반응을 통해 홍대용의 훈계가 얼마나 큰 설득력과 전달력을 가졌는지를 확인할 수 있다.

53) 홍대용, 『담헌서』 외집 권3 『건정동필담속』, 『한국문집총간』 제248권, 제159쪽. "弟於二兄, 愛之切, 故望之深, 義在納誨, 不敢爲遊辭贊嘆。言雖蕪拙, 其義則有稽, 幸勿以人廢言。"

54) 위의 책, 제157~158쪽. "太上修己而安人；其次善道而立教；最下者著書而圖不朽, 外此者求利達而已。" "才不可恃而德不可緩也。非寡欲無以養心, 非威重無以善學, 任重而道遠。凡我同志, 奈何不敬？善惡萌於中而吉凶著於外, 如欲進德而修業, 蓋亦反求諸己而已矣。"

55) 위의 책, 제158쪽. "大訓真乃對症之藥, 當終身敬佩。"

56) 위의 책, 제158쪽. "但見贈蘭兄語, 深切著明, 不特爲蘭兄對症之藥, 而弟亦讀之悚然。"

57) 위의 책, 제157쪽. "寫一張與我, 作座右銘常目。"

7 가장 풍부한 내용과 애절한 정서의 제7차 필담

제7차 필담은 26일에 이루어졌다. 홍대용과 김재행은 아침 식사를 마친 뒤 엄성, 반정균, 육비가 묵고 있는 건정동의 천승점을 찾아가 교류를 나누었다. 이번 필담의 특징은 다음과 같다.

(1) 7차례의 필담 중 이번 필담이 가장 방대한 분량과 풍부한 내용을 자랑하며, 참여 인원도 최다를 기록했다. 조선 측에선 홍대용과 김재행, 청나라 측에선 엄성·반정균·육비와 반정균의 계부(繼父) 및 한생(韓生)이 참여했으며(계부와 한생은 중도 퇴장), 논의한 주제는 『농수각기(籠水閣記)』의 자구(字詞) 해석, 중국의 계부(繼父) 호칭, 절동과 절서의 지역적 차이, 청나라 장원관(張元觀)과 교류한 사실, 달해(達海)와 고이전(庫爾纏)의 한인(漢人) 의복 제도 건의, 『시경』 주석의 주자 완성 여부, 주자 『소서』 폐기의 적절성, 청군의 입관 전 동방의 전란, 관동 지역의 조청 무역 상황, 권계의 말, 이별의 슬픈 감정 등이다. 이외에 짚고 넘어가야 할 점은 당시 실제로 이루어진 교류에 비해, 현존하는 필담 기록이 완전하지 않다는 점이다. 홍대용은 필담록에서 응답이 너무 많거나 시휘에 관련된 문제라서 기억할 수 없다고 두 번이나 언급했는데, "이때 답변이 많았으나 모두 기록하지 못했다", "이번에도 답변이 많았으나 즉시 찢어버려 기록하지 못했다."[58]라고 고백했다. 또한 "난공이 작은 종이에 써 보였으나 곧바로 삼켰다", "내가 즉시 종이를 찢어버렸다"[59]라는 기록도 남겼다. 『건정록』 후어에는 이 필담 기록의 수집 과정이 상세히 언급되어 있는데, "대화 초본은 대부분 추루가 보관했고, 기록은 소장 초본을 바탕으로 했으며, 초본이 없어서 기억하여 쓴 것은 십 분의 일 혹은 이에 불과하다. 26일 귀환 시 추루가 외출 중이어서 상당량을 수거했음에도 약 삼분의 일은 유실되었다."[60]라고 기록하였다. 현존 기록에 따르면, 이번 필담에서는 청나라 복식과 만력 동정 등 당시에 금기하던 주제가 부분적으로 다뤄졌다. 그러나 청군의 입관 전 동방의 전란이나 구왕(九王), 용마(龍馬) 두 장군에 관한 내용 등 주요 시휘(忌諱)와 관련된 주제는 대부분 누락되었다. 제7차 필담에서는 지난 여섯 차례 필담과 비교해 금기 사항이 가장 많이 논의되었다.

(2) 홍대용과 엄성의 필담은 직설적이고 진솔했다. 이 특징은 이번 회동에서 두드러지게 나타

58) 위의 책, 제167쪽. "此時酬酢頗多而皆不能記。" "此時亦多酬酢而隨書隨裂, 故不能記。"

59) 홍대용, 『담헌서』 외집 권3 『건정동필담속』, 『한국문집총간』 제248권, 제167쪽. "蘭公以小紙書示, 隨即吞而嚼之", "余即裂去其紙"

60) 위의 책, 제174쪽. "談草多爲秋庫 所藏, 是以錄出者, 惟以見存之草, 其無草而記得者, 十之一二。其廿六日歸時, 秋庫 應客在外, 故收來者頗多, 猶逸其三之一焉。"

났는데, 그 배경은 두 가지다. 첫째, 여섯 차례의 필담과 서신을 통해 이미 형제 같은 정을 쌓은 상태였기 때문이다. 둘째, 이번이 마지막 만남임을 인식하고, 진심을 다했기 때문이다. 필담 초반 홍대용은 엄성의 칭찬에 불만을 표하면서 "제가 형님을 존경하는 마음이 간절하지 않은 것은 아니나, 감히 조금이라도 찬양하는 말을 삼가는 것은 오직 우의의 도리를 지키고자 함입니다. 그러나 형님께서는 제게 자주 어울리지 않는 말씀을 하시며, 예컨대 '시중(時中)'이나 '순수(純粹)' 같은 호칭으로 저를 일컫습니다. 이는 어찌 된 호칭이기에 갑자기 이런 말로 칭하십니까? 이는 형님이 저를 친구로 대하시는 것이 아니라, 단지 눈앞의 장난감으로 삼으시는 것과 같습니다. 이는 과연 제가 형님께 바라던 바입니까?"[61]라고 말하기도 했다. 이후 홍대용은 엄성에게 반정균의 약점을 솔직히 지적하며, 엄성이 그를 잘 이끌어주기를 당부하면서, "난형의 성품은 사랑스럽지만, 수명을 누리기 어려운 면이 있으니, 형님이 그를 잘 이끌어 방탕함에 빠지지 않도록 해주셨으면 합니다."[62]라고 말했다. 홍대용이 이 말을 반정균에게 직접 전하지 않고, 엄성에게만 전한 이유는 그에 대한 깊은 믿음 때문이었다. 그는 엄성에게 "저는 형님께 이런 깊은 정을 품고 있지만, 난형에게는 말해도 소용이 없을 듯하여 따르기 어려운 것을 강요하지 않았을 뿐입니다. 그래서 난공에게는 주로 출세하는 법을 말해주었습니다."[63]라고 털어놓았다.

홍대용은 엄성과 반정균에게 각기 다른 감정을 품고 있었다. 『건정동필담(속)』에 따르면, "난공은 평소 겸손한 태도를 보였지만, 반드시 역암처럼 진심에서 우러나온 것은 아니었기 때문에 오직 역암에게만 형님이라 불렀다."[64]고 기록되어 있다. 이를 통해 홍대용이 엄성은 동생으로 대하고, 반정균은 친구로 대했음을 알 수 있다.

(3) 이번이 마지막 만남이었기 때문에 일곱 차례의 필담 중 가장 무거운 분위기 속에서 진행된 필담에는 애틋한 이별의 정서가 담겼으며, 평소 차분하던 엄성조차 감정을 주체하지 못하였다. 『건정동필담』에서 "역암이 '28일이나 29일 이틀 동안 시간이 되면 다시 오십시오.'라고 말하며, '참담하기 그지없다[慘極]'라는 두 글자를 크게 썼고, 그 아래에 무수히 많은 점을 찍었다. 이때

61) 위의 책, 제163~164쪽. 弟於兄欽仰非不切, 不敢爲一毫贊嘆語, 乃將以友道自處也。惟兄於弟, 多以不倫之語加之, 如時中純粹等字, 此何等題目而遽以此稱之, 是兄不是相處以友, 乃以此爲眼前一玩戲之物。此豈所望於吾兄者耶?

62) 위의 책, 제164쪽. 蘭兄爲人甚可愛, 但其人少壽法, 兄須隨事提掇, 勿令至浪蕩也。

63) 위의 책, 제169쪽. 弟之於吾兄, 實有此至情, 於蘭兄則恐言之無益, 不必責之以所不可從耳。是以贈蘭公語, 多從出世上說去耳。

64) 위의 책, 제171쪽. 蘭公終多客氣, 未必如力闇之出於中心, 故但於力闇稱兄焉。

역암은 목메어 울며, 얼굴이 어두워져 안색을 잃었고, 우리 또한 서로 처연히 바라보며 슬픔을 이기지 못하였다. …… 소음(篠飮)과 난공이 들어와서는 서로 마주 보며, 비참해하고 낙담할 따름이었다. …… 문 안에서 작별할 때, 역암은 눈물을 머금고 얼굴을 찡그리며 손으로 가슴을 가리켰다."[65]라는 기록이 있다. 앞서 여섯 차례의 필담 뒤 헤어질 때마다 엄성은 비록 슬퍼하긴 했지만, 눈물을 보이지는 않았다. 그러나 이번 이별에서 그는 "목메어 울며 얼굴이 어두워져 안색을 잃는" 지경에 이르렀다. 또한, 그가 손으로 가슴을 가리키는 행동은 첫째, 자신의 아픔이 극에 달했음을 나타내는 것이고, 둘째 홍대용과의 깊은 정신적 교감을 나타내는 것이다. 이러한 행동들은 엄성과 홍대용이 비록 혈육은 아니지만, 그 이상의 깊은 형제애를 나누고 있었음을 분명하게 보여주고 있다.

상술한 7차례의 필담 분석을 통해 다음과 같은 점을 확인할 수 있다.

① 홍대용과 엄성, 반정균, 육비 간의 깊은 우정은 단번에 이루어진 것이 아니라 점진적인 발전 과정을 거쳤다. 제1차 필담은 서로를 탐색하는 단계였다. 제2차와 제3차 필담을 거치면서 양측의 경계심이 사라지기 시작하였고, 점차 신뢰와 솔직함, 열정, 편안함, 실질적인 교류를 나누는 분위기로 발전하면서 서로를 더욱 이해하고 존중하는 학문적 유대 관계를 형성하게 되었다. 제4차 필담에서는 서로 간에 진정한 벗의 관계가 맺어졌다. 제5차, 제6차, 제7차 필담을 거치며, 그들의 관계는 더욱 공고히 다져졌다.

② 엄성, 반정균, 육비는 홍대용과 교유 관계를 맺었지만, 그 정감의 깊이는 각기 달랐다. 홍대용과 엄성은 혈육보다도 돈독한 형제와 같은 깊은 정을 나누었던 반면, 반정균, 육비와의 관계는 재능과 학문적 측면에서 서로를 흠모하는 지음(知音)의 교우 관계였다.

③ 제7차 필담의 내용은 방대하지만, 양측은 여전히 주요한 교류 지점을 명확히 두고 있었다. 홍대용은 특히 중국의 예의, 심성지학(心性之學), 중국의 과거(科擧)제도, 『「시」 소서(小序)』, 주자(朱子)의 『시경』 주석 등에 깊은 관심을 보였다.

특히 그와 엄성 사이의 학문적 논쟁은 18세기 중한 문인 간 학술 교류의 심화를 보여주는 동시에, 한문화권이라는 큰 틀 속에서 두 나라의 학술적 기풍과 발전 방향의 차이를 반영하고 있다.

65) 위의 책, 제170쪽. "力闇曰 : '八、九二日, 暇可再來。'大書慘極二字, 又無數打點於其下。此時力闇嗚咽慘黯無人色, 吾輩亦相顧愴然不自勝。……篠飮、蘭公入來, 衹相對慘沮而已。……至門內而別, 力闇含泪顰蹙, 以手指心而示之而已。"

제2절 홍대용과 청나라 문인의 서신 교류

홍대용과 청나라 문인, 특히 '절항삼사'와의 교류는 중한 문인 교류의 대표적인 사례로 평가받고 있다. 이 과정에서 서신 교환은 양측 소통의 중요한 연결고리 역할을 했으며, 홍대용은 18세기에 청나라 문인과 서신을 가장 활발히 주고받은 조선 문인이다.

1 홍대용과 청 문인이 주고받은 서신의 현존 상황

현재 홍대용이 청나라 문인과 주고받은 편지의 정확한 수량과 관계에 대해서는 학계에서도 아직 정설이 없다. 이러한 서신들은 『중사기홍대용수찰첩(中士寄洪大容手札帖)』, 『계남척독(薊南尺牘)』, 『항전척독(杭傳尺牘)』, 『건정동필담』, 『건정동필담(속)』, 『건정필담』, 홍대용의 『담헌연기(湛軒燕記)』, 후지즈카 치카시(藤塚鄰)가 초교(鈔校)한 『연항시독(燕杭詩牘)』, 주문조(朱文藻)가 편찬한 『일하제금집(日下題襟集)』, 『중조학사서한(中朝學士書翰)』, 『진신적독(搢紳赤牘)』 등의 서적에 남아 있다. 본 연구는 이들 문헌에 수록된 편지 자료를 체계적으로 분석하여, 홍대용과 청나라 문인 간의 서신 교환 실태와 그 역사적 의의를 규명하고자 한다. 구체적인 서신 교환 내역은 (중국어 원서) 부록 표9 「홍대용-청나라 문인 서신 교환 일람표」에 상세히 정리하였다. 다음은 그중 표1에 대한 고찰이다.

(1) 홍대용이 북경에 머물렀을 때, 청나라 문인과 주고받은 서신 중 현존하는 서신은 총 59통이다. 이 중 가장 많은 비중을 차지하는 것은 엄성, 반정균, 육비와 주고받은 서신으로 모두 51통이다. 구체적으로, 홍대용이 엄성과 반정균에게 보낸 편지는 총 14통이며, 엄성과 반정균이 공동으로 서명하여 홍대용에게 보낸 편지는 1통이다. 또한 홍대용이 엄성에게 보낸 편지는 3통이고, 엄성이 홍대용에게 보낸 서신은 14통이다. 반정균의 경우, 홍대용이 반정균에게 보낸 편지는 2통이고, 반정균이 홍대용에게 보낸 서신은 7통이다. 육비와는 10통의 서신을 주고받았는데, 홍대용이 쓴 서신이 5통, 육비가 보낸 서신이 5통이다. 나머지 8통 중 3통은 홍대용이 팽관(彭冠), 장본(蔣本), 주응문(周應文)에게 각각 1통씩 보낸 것이고, 5통은 양혼(兩渾)과 주고받은 서신이다. 이를 통해 홍대용이 북경에 머물렀던 때, 엄성, 반정균, 육비, 특히 엄성과의 서신 교류가 가장 활발했음을 확인할 수 있다. 이는 또한 홍대용과 엄성 간의 학문적 우정이 매우 깊었음을 반영한다. 이외에 양혼 역시 홍대용이 북경에 머물던 동안 두터운 교류를 나눈 청나라 문인 중 한

명이었음을 알 수 있다.

(2) 홍대용이 북경에 머물던 시절 엄성, 반정균, 육비와 주고받은 편지들은 여러 문헌에 산재되어 있다. 필자가 이를 정리한 결과, 홍대용이 사신으로 중국에 있을 때 청나라 문인들과 주고받은 편지들은 모두 21개 조로 분류할 수 있으며, 이 편지들은 각각 독립적인 체계를 갖추어 온전히 보존되어 있음을 확인하였다. 먼저, 날짜를 통해 편지 교환의 완전성을 살펴보면, 1766년(병술년) 2월 5일부터 29일까지 이들이 편지를 주고받지 않은 날은 8일, 12일, 13일, 17일, 18일, 20일, 23일, 26일이다. 이 중 8일, 12일, 17일, 23일, 26일은 홍대용이 엄성, 반정균, 육비와 직접 만나 필담을 나눈 날로, 이날에는 편지를 교환하지 않았다. 2월 13일은 편지가 오가지 않은 날인데, 『건정필담(乾净筆譚)』에도 해당 날짜의 기록이 없다. 이는 2월 12일 만남 후에 양측이 각자 거처에서 휴식을 취했던 것으로 보인다. 2월 18일 역시 편지가 오가지 않았는데, 그날 비가 내려서 전달자가 이동하기 어려웠기 때문이다. 홍대용은 병술년 2월 19일 엄성과 반정균에게 보낸 편지 "이전에 늦게 가서 일찍 돌아와[日者, 晩去早來……]"에서 이 사실을 언급했는데, "어제는 비에 막혀 심부름꾼을 보내 문안을 드리지 못해서 매우 안타깝고 답답했습니다."[66]라고 적었다. 2월 20일에 소식이 없는 것은 출입문의 경비가 매우 삼엄했기 때문이다. 『건정필담』 「2월 19일」에 의하면 "이날부터 20일까지 문금(門禁)이 매우 엄격하여, 하급자들도 문을 나가지 못하였다."[67]라고 기록하고 있다. 따라서 1766년(병술년) 2월 3일과 4일, 양측의 첫 번째와 두 번째 필담 이후부터 2월 29일까지, 2월 13일, 18일, 20일처럼 객관적으로 소식 교환이 어려웠던 3일을 제외한 나머지 22일 동안, 홍대용은 엄성, 반정균, 육비와 꾸준히 소식을 주고받았다. 이 기간 동안 편지는 중요한 연결 고리 역할을 했다. 다음으로는 보낸 편지와 답장의 상호 구성 양상을 통해 각 편지 그룹의 완전성을 살펴보고자 한다. 표 1에서 확인할 수 있듯이, 제1조, 제3조, 제4조, 제5조(표 상의 11번째 편지 포함), 제6조, 제16조, 제19조, 제20조, 제21조 편지는 모두 보낸 편지와 답장이 완벽하게 짝을 이루어 구성되어 있지만, 짝을 이루지 못한 경우도 있는데, 다음과 같다. 제2조 편지인 병술년 2월 6일의 편지에 반정균이 홍대용에게 답장을 보내지 않았다. 홍대용은 『건정필담』 「병술 2월 6일」에 "심부름 한 사람이 돌아왔다. 난공(蘭公)은 밖에 나가 아직 돌아오지 않았고, 역암(力闇)의 편지뿐이었다."[68]라고 기록하였다. 1766년(병술년) 2월 9일,

66) 홍대용, 『건정필담(乾净筆譚)』, 『연행록전집』 제43책, 제134쪽. "昨者阻雨, 不得伻候, 悵鬱, 悵鬱 ! "
67) 위의 책, 제142쪽. "自是日至二十日, 門禁至嚴, 下輩亦不得出門。"
68) 위의 책, 제42쪽. "伻回。蘭公出外未還, 衹有力闇書。"

반정균은 홍대용에게 답신을 보내지 않았다. 이날 홍대용은 『건정필담』 「병술 2월 9일」에 "심부름꾼이 돌아왔는데, ……역암의 답신뿐이었다."[69]라고 기록하였다. 2월 10일, 반정균은 홍대용이 2월 9일 보낸 서신에 대한 답신을 보냈다. 병술년 2월 14일(제7조), 반정균은 홍대용에게 답신하지 않았고, 홍대용은 『건정필담』 「병술 2월 14일」에 "심부름꾼이 돌아왔는데, 역암이 또 한 통의 편지를 보냈다. 편지에서……"[70]라고 적었다. 병술년 2월 15일(제8조), 반정균은 다시 답신을 보내지 않았고, 홍대용은 『건정필담』 「병술 2월 15일」에 "심부름꾼이 돌아왔고, 역암의 편지에는……"[71]이라고 기록하였다. 1766년(병술년) 2월 16일(제9조), 반정균은 답신을 하지 않았으며, 홍대용은 『건정필담』 「병술 2월 16일」에 "심부름꾼이 돌아왔고, 역암은 편지에서……"[72]라고 적었다.

1766년(병술년) 2월 19일(제10조), 반정균은 홍대용에게 답신을 하지 않았다. 이날 반정균은 손님 방문으로 답신할 겨를이 없었다. 홍대용은 『건정필담』 「병술 2월 19일」에 "심부름꾼이 돌아와 말하길, '또 다른 손님의 방해로 인해 급히 답장을 썼다.'라고 하였다. 역암은 편지에서…"[73]라고 기록했다. 병술년 2월 21일(제11조), 홍대용이 엄성과 반정균에게 편지를 보낸 후 엄성이 두 통의 편지를 보냈다. 홍대용은 『건정필담』 「병술 2월 21일」에 "심부름꾼이 돌아왔다. 역암이 편지를 두 통 보냈다."[74]라고 기록했다. 1766년(병술년) 2월 22일(제12조) 육비가 홍대용과 김재행에게 편지를 보냈다. 엄성과 반정균이 2월 23일 그들을 만나 편지를 보여주었고, 후에 육비와 다시 만남을 가졌기 때문에 답장을 보내지 않았다. 1766년(병술년) 2월 24일(제13조), 엄성은 홍대용에게 별도의 답장을 보내지 않았는데, 이는 반정균이 보낸 답장 안에 엄성이 하고 싶은 말을 포함했기 때문일 것으로 추측된다.

1766년(병술년) 2월 25일(제14조), 엄성과 반정균 모두 홍대용에게 답장을 보내지 않았다. 이는 홍대용이 두 사람에게 보낸 편지에서 "내일 마땅히 함께 모여 이야기할 터이니, 모든 것을 바로 알게 될 것입니다."[75]라고 했기 때문으로 답장을 보내지 않은 것이 도리에 부합하다고

69) 위의 책, 제67쪽. "伻回。……衹有力闇答書。"

70) 위의 책, 제93~94쪽. "伻回, 力闇又送一帖, 書曰……。"

71) 위의 책, 제105쪽. "伻回, 力闇書曰……"

72) 홍대용, 『건정필담(乾净筆譚)』, 『연행록전집』 제43책, 제105쪽. "伻回, 力闇書曰……"

73) 위의 책, 제142쪽. "伻回, 言又有客擾, 草草裁答云。力闇書曰……。"

74) 위의 책, 제143~146쪽. "伻回。力闇有兩度書。"

75) 홍대용, 「與鐵橋、秋庫」(容頓首, 上兩兄足下……), 주문조(朱文藻) 편 『일하제금집(日下題襟集)』 「洪高士」, 엄성 찬, 주문조 편, 『철교전집(鐵橋全集)』 제5책. "明當就叙, 都在默會。"

볼 수 있겠다. 병술년 2월 27일(제15조), 엄성과 반정균은 홍대용에게 답신을 보내지 않았는데, 그 구체적인 상황은 알 수 없다. 병술년 2월 29일(제17조), 육비는 홍대용에게 답신을 하지 않았다. 이는 홍대용이 육비에게 보낸 편지에 "미소를 머금고 수레에 올랐으니 아쉬울 것 없습니다. 다시 오지 않아도 된다는 말씀을 하셨는데, 저 역시 진심으로 그러한 뜻이 있었습니다."[76]라고 언급했기 때문으로 육비가 답장을 보내지 않은 것이 도리에 맞다고 할 수 있겠다. 제18조의 편지에서 팽관(彭冠)은 홍대용에게 답신을 쓰지 않았다. 홍대용의 『담헌연기(湛軒燕記)』「오팽문답(吳彭問答)」에 "덕유(德裕)가 돌아와 말하였다. '처음 문에 도착했을 때 먼저 보고하니, 나와서 '노야께서는 집에 계시지 않습니다.'라고 말하였습니다. 강권하니 개봉하여 편지만 가지고 들어갔습니다. 잠시 후 나와서 돌려주며, 여러 번 부탁해도 끝내 듣지 않아, 부득이 가지고 돌아왔습니다.'"[77]라고 기록하였다. 팽관(彭冠)은 홍대용이 쓴 편지를 받지 못했기 때문에 답장하지 않았다.

상기 고증을 통해 확인할 수 있듯이, 홍대용이 북경에 머물렀을 때, '절항삼사'와 주고받은 51통의 편지는 이들의 서신 교류 상황을 완벽하게 담아내고 있다. 이 서신들이 온전히 보존될 수 있었던 배경은 양측의 적극적인 정리 덕분이다. 홍대용은 귀국 직후 편지의 내용을 정리하여 『건정동회우록(乾净衕會友錄)』이라는 제목으로 '절항삼사'에게 송부하였으며,[78] 박지원은 "손수 항주 사람들의 서화, 편지, 여러 시문을 정리했는데, 모두 10권이었다."[79]라고 기록하였다. 홍대용이 북경에 머물던 중 주고받았던 편지와 필담은 대부분 홍대용 본인, 지우(知友) 및 후손들의 지속적인 수집과 정리 과정을 거쳐 그의 문집 『담헌서』에 수록되어 지금까지 비교적 완전하게 전해지게 되었다. 엄성도 마찬가지로 홍대용이 북경에 머물렀던 당시에 주고받았던 편지들을 제때에 정리하였다. 그는 홍대용, 김재행에게 쓴 편지에서 "남겨주신 친필 편지를 보배처럼 소중히 여기며, 삼가 한 첩(帖)으로 장정해 두었습니다. 틈날 때마다 펼쳐 보노라면, 마치 옛 친구와 마주 앉아 이야기하는 듯합니다."[80]라고 하였다. 엄성이 세상을 떠난 지 얼마 되지 않았

76) 홍대용, 「洪大容與陸飛書」, 홍대용, 『건정필담』, 『연행록전집』 제43책, 제233쪽. 含笑登車, 無所恨矣。承諭不必更來, 弟等實有此意。"

77) 홍대용, 『담헌연기(湛軒燕記)』, 『연행록전집』, 제42책, 제25쪽. "德裕歸言 : 始至門者先報, 出言老爺不在家, 强而後開封, 秖以書入。少頃, 出以還給, 累請之, 終不聽, 不得已持歸。"

78) 홍대용, 「與潘秋庫庭筠書」, 홍대용, 『담헌서(湛軒書)』 외집 권1 「항전척독(杭傳尺牘)」, 『한국문집총간』 제248책, 제103쪽을 참조하였다.

79) 박지원, 『洪德保墓志銘』, 홍대용, 『湛軒書』 「부록(附錄)」, 『한국문집총간』 제248책, 제321쪽. "手自檢其杭人書畫尺牘諸詩文共十卷

80) 엄성, 「嚴誠與洪大容､金在行書」, 『中士寄洪大容手札帖]』 5, 제259쪽. "所遺手翰, 寶如拱璧, 謹已裝成一帖, 暇

을 때, 주문조(朱文藻)도 엄성의 시문과 왕래한 서신을 정리하여 홍대용에게 보내주었다. 주문조는 홍대용에게 보낸 편지에서 "철교가 평생 지은 시문을 문조(文藻)가 전부 베껴 여덟 권으로 만들고, 제목을 '소청량실유고(小清凉室遺稿)'라 하였습니다. 철교와 제공들이 주고받은 시문과 편지는 따로 한 책으로 모아 '일하제금합집(日下題襟合集)'이라 이름 붙이고, 본집 뒤에 붙였습니다."[81]라고 말했는데, 홍대용은 무술년(1778) 엄성의 유고집(遺稿集)을 받았다.[82] 엄성 본인과 그의 지기들도 양측이 교류한 척독, 시문 등을 신속하게 정리했는데, 이는 이 편지들이 지금까지 남아 있게 된 또 다른 중요한 이유이다.

다음은 그중의 표2에 대한 고찰이다.

(1) 홍대용이 귀국 후에 청나라 문인들과 주고받은 서신은 모두 91통으로 '절항삼사'와 22통, 등사민(鄧師閔)과 19통, 손유의(孫有義)와 18통, 조욱종(趙煜宗)과 7통, 엄과(嚴果)와 6통, 엄앙(嚴昂)과 3통, 서광정(徐光庭)과 3통, 삼하 관염점에서 익명의 인물과 4통, 주문조(朱文藻)와 2통, 양혼(兩渾)과 1통, 엄성 부친과 1통, 반기상(潘其祥)과 1통, 주덕홰(朱德翽), 적윤덕(翟允德)과 1통, 안여지(安汝止)와 1통, 주보선(周步仙)과 1통, 서충(徐忠)과 1통 등이다.

이 편지들은 주로 『항전척독(杭傳尺牘)』, 『일하제금집(日下題襟集)』, 『연항시서(燕杭詩牘)』, 『진신적독(搢紳赤牘)』, 『계남척독(薊南尺牘)』, 『중사기홍대용수찰첩[中士寄洪大容手札帖]』에 수록되어 있는데, 그중 홍대용이 보낸 편지는 39통이고, 청나라 문인들이 보낸 편지는 52통이다.

이 편지들의 수량은 상당히 많지만, 비교적 산발적으로 전해져서 체계를 갖추지 못한 상태이다. 홍대용이 조선으로 돌아온 뒤, 양측 간에 주고받은 서신 가운데 상당 부분이 유실된 것으로 추정된다. 그 이유는 홍대용이 조선에 돌아온 후 청나라 친구들과 주고받은 편지들은 모두 조선 사신단을 통해서만 전달할 수 있었는데, 이러한 과정을 거치는 동안 편지는 쉽게 분실될 수밖에 없었다.

홍대용이 손유의에게 보낸 편지에서 "반삭(頒朔)의 사신이 돌아왔을 때 답신을 받지 못했습니다. 남쪽 땅에 있어 남을 부탁해 편지를 부치니, 중간에 유실되기 쉽습니다. 참으로 안타깝습니다."[83]라고 말했는데, 홍대용도 편지의 분실에 대해서는 어쩔 수가 없었다. 손유의도 홍대용에게

輒展觀, 如與故人晤語。"

81) 주문조, 「朱文藻與洪大容書」, 『中士寄洪大容手札帖』 6, 제385~386쪽. 鐵橋生平所作詩文, 文藻爲鈔其全, 得八卷, 題曰'小清凉室遺稿', 其與足下及諸公贈答詩文、尺牘, 別彙爲一册, 題曰'日下題襟合集', 附于本集之後。"

82) 홍대용, 「與嚴九峰書」, 홍대용, 『담헌서(湛軒書)』 외집 권1 「항전척독(杭傳尺牘)」, 『한국문집총간』 제248책, 제122~123쪽.

보낸 편지에서 "지난가을에 보내주신 편지는 이미 유실된 터라, 하명하신 관복(冠服)에 관한 일을 답해드리지 못하게 되었사오니 안타깝습니다."[84]라고 언급한 것 역시 이와 같은 맥락에서 이해할 수 있다. 이외에 현존하는 이 시기의 청인(淸人) 척독(尺牘)이 비교적 많은데, 이는 홍대용이 원첩(原帖) 수집을 중시했던 것과 관련이 있을 수 있다. 반면, 청인들은 '신하는 외국과 사적으로 교류해서는 안 된다.'라는 원칙에 얽매여 홍대용의 편지 원첩을 보관하는 것이 어려웠을 것이고, 이에 그의 편지는 상당수가 유실되었다. 이러한 문화적 배경의 차이가 양측 편지의 현존 수량의 불균형을 초래한 것으로 보인다.

(2) 홍대용이 귀국 후에 청나라 문인들과 주고받은 편지 중 가장 많은 수량은 '절항삼사'와의 서신으로 모두 23통이다. 특히 1766년(병술년)부터 1768년(무자년) 엄성의 사망까지 3년간 홍대용과 엄성이 교환한 편지는 모두 7통인데, 이는 홍대용과 엄성이 깊은 학문적 우의를 나눈 사이였기 때문이며, 또한 생사를 함께 할 정도로 가까운 친분이 있었기 때문이다.

주문조는 홍대용에게 보낸 편지에서 엄성의 임종 상황에 대해 "병세가 위독해지던 그날 밤, 문조(文藻)가 침상 곁에 앉아 있었습니다. 그는 이불 속에서 그대의 편지를 꺼내 읽으라 하였습니다. 문조가 편지를 다 읽자 그는 눈물을 흘렸습니다. 또 이불 속에서 그대가 보내준 먹을 찾아서 그 오래된 먹 향기를 좋아하여 이를 만져보다가 다시 이불 속에 간직했습니다. 그러나 그때 이미 손이 떨리고 숨은 가쁘며, 눈은 감기고 입은 비틀어져 버려 견디기 힘든 상태였습니다. 아아, 그 마지막 순간에도 이토록 깊은 정을 보였습니다."[85]라고 묘사하였다. 『건정필담』에서도 홍대용은 스스로 "난공은 끝까지 겉치레가 많아서 역암과 같은 진심은 아니었으므로, 오직 역암에게만 형이라 불렀습니다.[86]"라고 기록했듯이 홍대용이 교류한 청나라 문인 중 오직 엄성만이 그와 혈육 같은 형제애를 나눴음을 알 수 있다.

(3) 병술년부터 기축년까지 홍대용은 주로 절항삼사와 서신을 주고받았지만, 1769년(기축년)

83) 홍대용, 「與蓉洲書」, 위의 책, 제124쪽. 「答孫蓉洲書」. "惟頒朔便回, 未承覆書。身在南方, 倩人托附, 易致浮沉, 甚可嘆也。"

84) 손유의, 「孫有義與洪大容書」(「湛軒尊兄啓 : 臘底仵來……」), 『계남척독(薊南尺牘)』, 한국 한림대학교 박물관 소장. "客秋賜札已屬浮沉, 是以所諭冠服, 無從報命。"

85) 주문조, 「朱文藻與洪大容書」, 『中士寄洪大容手札帖』 6, 제385쪽. 疾革之夕, 文藻坐床側, 被中出足下書, 令讀之, 讀竟泪下。又于被中索得足下所惠墨, 愛其古香, 取而臭之, 仍藏之被中。而其時已手戰氣逆, 目閉口斜, 不能支矣。嗚呼, 其彌留之情深如此。

86) 홍대용, 『건정필담(乾净筆譚)』, 『연행록전집』 제43책, 제221~222쪽. "蘭公終多客氣, 未必如力闇之出於中心, 故但於力闇稱兄焉。"

이후에는 손유의, 등사민, 조욱종 등과 서신을 주고받았으며, 사실상 반정균, 육비와의 연락은 끊어졌다고 볼 수 있다. 1777년(정유년)에 반정균은 홍대용에게 쓴 편지에서 "작별한 지 어느덧 십여 년이 흘렀습니다.……그간 여러 사정이 겹쳐 조심스러운 마음이 많아, 편지를 올리지 못했습니다."[87]라고 말했는데, 이를 통해 그가 조선 문인들과의 교류가 자신의 관직 생활에 영향을 미칠까 우려했음을 알 수 있다. 이에 1769년(기축년) 과거에 급제해 관직에 오른 후, 반정균은 홍대용의 연락을 여러 차례 거절하며, 여러 핑계를 댔다. 처음에 손유의는 그의 이런 행동을 이해하지 못했으나, 후에는 상당한 불만을 품게 되었다. 1774년(갑오년), 손유의는 홍대용에게 보내는 편지에서 "추루 반공은 신묘년 늦은 봄에 한 차례 만난 후 소춘(小春)에 편지를 주고받았고, 그 뒤로 지금까지 만나거나 글을 주고받은 적이 없습니다. 제가 도성에 간 것은 일 년에 한두 번뿐이었고, 형의 답장을 받지 못해 반드시 방문하려 했으나, 문지기가 세 번이나 '입직(入直) 중'이라며 거절했습니다. 지난가을에 다시 갔을 땐 '절강으로 돌아갔다.'라는 답변만 들었습니다. 이게 사실일까요? 아닐까요? 저는 알 길이 없습니다."[88]라고 말했다. 이를 통해 반정균은 당직 근무나 절강행 등을 핑계로 손유의를 통해 홍대용과 연락하는 것을 거절했음을 알 수 있다. 1777년(정유년) 홍대용이 백방으로 노력하여, 반정균과 다시 연락을 취한 후에도 반정균은 여전히 그에게 서신을 보내지 않았다. 이에 홍대용은 1780년(경자년) 손유의에게 보낸 편지에서 탄식하듯이 "추루는 근밀(近密)한 자리에 있어서 두려워하는 것이 당연하며, '각자는 각자의 길을 따른다.'라는 말과 공자의 말을 인용하신 내용은 고명하고도 시원하며, 대의가 탁월하여 읽는 사람으로 하여금 가슴이 시원하게 합니다. 천하는 한 집안이고, 사해는 형제이니, 의리로 근거를 삼을 수 있고, 행적에 의심할 바 없으며, 마음을 같이하는 교류와 학문의 즐거움을 함부로 버릴 수 있겠습니까?"[89]라고 말했다.

이들 사이에 오간 서신에 대해 종합적으로 분석해보면 다음과 같은 사실을 알 수 있다.

---

87) 반정균, 「潘庭筠與洪大容書」, 『중사기홍대용수찰첩[中土寄洪大容手札帖]』 4, 제218쪽. "判袂以來, 忽忽十餘載, ……中間復因人事錯迕, 動多顧忌, 未獲修函。"

88) 손유의(孫有義), 「與湛軒」(8년이 奉違八載……), 후지즈카 치카시(藤塚鄰) 鈔校 『연항시독(燕杭詩牘)』, 미국 하버드대학교 옌칭도서관 소장. 秋庫 潘公自辛卯暮春一晤。小春一札, 而後迄今總未相見, 亦並無隻字相通。蓋弟之赴都, 歲不過一二次。以未有回字寄兄, 故必往謁, 而閽人以入直辭者三次。及去秋復往, 則又以歸浙辭矣。然乎？否也？非弟所知。

89) 홍대용, 「與孫蓉洲書」, 홍대용, 『담헌서(湛軒書)』 외집 권1 「항전척독(杭傳尺牘)」, 『한국문집총간』 제248책, 제124쪽. 秋庫 身居近密, 畏葸固然, 來教各行其是云云及引孔聖云云, 高明爽快, 大義卓爾, 讀之令人胸次灑然。天下一家, 四海兄弟, 義有可據, 迹無可嫌。同心之交, 麗澤之樂, 其可以徒然而捨之乎？

현존하는 홍대용과 청나라 문인 간의 서신은 총 150통이다. 1766년(병술년) 정월 13일 청나라 문인 양혼에게 첫 편지를 보낸 이후로 1780년(경자년)까지, 그는 청 문인과 끊임없이 긴밀한 서신 교류를 이어왔다. 홍대용은 18세기에 청나라 문인과 서신 왕래가 가장 많았던 조선 문인으로 일생동안 "천하의 기이한 문사를 찾는다."라는 이상을 실천해 왔는데, 이에 18세기 중한 문인 교류의 전형이라 해도 전혀 손색이 없을 것이다.

특히 『계남척독』과 『중사기홍대용수찰첩』은 최근 몇 년간 새롭게 발굴된 홍대용과 청 문인 교류의 자료로 모두 척독 원본을 수록하고 있다. 이 자료들은 당시의 교류를 생생하게 보여주는 기록으로 다른 전사(轉寫)된 척독 자료와 비교해 그 문헌적 가치가 더 크다고 할 수 있다.

『계남척독』에 수록된 척독 원본은 총 18통이며, 홍대용에게 보낸 편지는 양혼(兩渾) 3통, 주응문(周應文) 1통, 등사민 2통, 손유의 7통, 서광정(徐光庭) 1통, 조욱종(趙煜宗) 2통, 주덕홰(朱德翽)·적윤덕(翟允德) 1통, 유송령(劉松齡)·포우관(鮑友管) 1통이다. 이 중 14통은 『담헌연기』와 『연항시독』에 재수록 되었다.

한편, 다른 문집이나 시독집에 수록되지 않은 편지는 모두 4통으로 양혼의 「이별한 이래로(分袂以來……)」, 등사민의 「무자년 정해 두 편지(戊子丁亥兩函……)」, 손유의의 「담헌 홍선생님께 삼가 아룁니다. 제가 추루의 안부를 묻는 편지는… [洪湛軒先生啓：弟因候秋之信……]」이며, 서양인 유송령과 포우관이 공동으로 홍대용에게 보낸 편지는 표지만 전해졌을 뿐 본문은 남아 있지 않다.

최근에 발굴된 『중사기홍대용수찰첩』에는 홍대용, 홍억, 홍대응과 청나라 문인 사이에 주고받은 편지 원본 52통이 수록되어 있다. 이 중 홍대용과 청나라 문인 간의 편지는 33통이고, 나머지 25통의 편지는 후에 『일하제금집』, 『연항시독』, 『항전척독(杭傳尺牘)』에 수록되었으며, 미수록된 8통은 손유의가 홍대용에게 보낸 편지 「귀국에서 문사를 선발하는 방법에 대과, 소과라는 명칭이 있는 것은...... [貴邦取士有大小科之號……]」, 등사민이 홍대용에게 보낸 편지 「정월 15일 천진 여관...... [正月十五日天津旅館……]」, 등사민이 홍대용에게 보낸 편지 「존형의 애오려 8경을 읊은 졸작은...... [貴廬八景拙作……]」, 등사민이 홍대용에게 보낸 편지 「계사년 음력 섣달 초 4일...... [癸巳臘月初四日……]」, 주보선(周步仙)이 홍대용에게 보낸 편지 「아룁니다. 매헌 조공께서는 이미...... [啓者：梅軒趙公業有……]」, 삼하관염점(三河官鹽店)이 홍대용에게 보낸 편지 「지난해 섣달 존찰을 받았습니다...... [客臘接見尊札……]」, 등사민이 홍대용에게 보낸 편지 「편지를 읽으니...... [讀書者……]」, 서충(徐忠)이 홍대용에게 보낸 편지 「손 선생님은 올해...... [孫先生今歲……]」이다.

『중사기홍대용수찰첩』은 등사민과 삼하관염점이 홍대용에게 보낸 미공개 서신을 수록하여, 기존에 알려지지 않았던 교류 내용을 더욱 상세히 밝혀주었다. 특히 홍대용과 교류했던 주보선

(周步仙), 서충(徐忠) 등 미확인된 인물들의 존재를 최초로 확인시켜주었으며, 삼하관염점이 중한 문인 간의 서신 전달에서 핵심적 역할을 담당했음을 명확하게 보여주었다.

2 홍대용과 청문인 사이의 서신 전달자

홍대용이 북경에 머물던 기간에 청나라 문인과의 편지 왕래는 주로 양측의 하인을 통해 이루어졌고, 이별한 후에는 조선의 연공 사절단을 통해 편지를 주고받았다. 홍대용은 편지를 사절단 내 친구에게 부쳐 삼하현(三河縣)으로 전달했고, 청나라 측 수신자는 주로 손유의(孫有義) 또는 등사민이었으며, 편지가 전달된 장소는 주로 삼하관염점(三河官鹽店)이었다. '절항삼사' 외에 손유의와 등사민은 홍대용과 가장 빈번하게 편지를 주고받은 청나라 문사이다.

홍대용이 편지를 직접 북경으로 보내지 않은 이유는 북경에 정해진 전달 장소가 없었을뿐더러, 안정적이고 신뢰할 만한 전달자 역시 부족했기 때문이다. 그가 교류한 청나라 친구들 중 북경에 자주 머물던 사람은 반정균과 그의 사촌 서광정뿐이었다.

반정균은 신뢰할 만한 인물이었지만, 1769년 이후 5, 6년간 공명을 얻기 위해 주변을 경계하며 행동했다. 그는 편지에서 "신중할 일이 많다"[90], "근밀(近密)한 곳에 있어서 두려워하는 것이 당연하다."[91]라고 말하며, 홍대용과의 연락을 더 이상 이어가지 않았다. 홍대용이 반정균을 통해 절강 항주의 엄성 가문에 보낸 편지도 감감무소식이었다. 서광정은 홍대용의 편지를 반정균에게 몇 번 전달하다가 외국인과 교류했다는 사실이 발각되어 자신에게 피해가 올 것을 우려해 더 이상 편지를 전달하지 않으려 했다. 이에 그는 "도착한 사자가 가게에 오면 반드시 반복해서 질문을 하며 지나치게 신중한 태도를 보이는데, 이는 오히려 비밀스러운 것처럼 보입니다. 게다가 하인이 성문 밖으로 나가면 반드시 관리가 뒤따라 감시합니다. 이 작은 가게는 경영하는 곳이라 사람들의 시선이 많아, 그다지 적당하지 않습니다. 아울러 앞으로 편지도 드물게 보내는 것이 좋을 듯하여 간청드립니다."[92]라고 말했다. 또한, 반정균도 홍대용에게 보낸 편지에서 "편

90) 반정균, [潘庭筠與洪大容書], 『中士寄洪大容手札帖』 4, 제218쪽. 動多顧忌

91) 홍대용, 「與孫蓉洲書」, 홍대용, 『담헌서』 외집 권1 「항전척독(杭傳尺牘)」, 『한국문집총간』 제248책, 제124쪽. 身居近密, 畏葸固然.

92) 서광정, 「徐光庭與洪大容書」(陽回初轉, 物序維新……), 『계남척독(薊南尺牘)』. "而來使到店, 必盤問諄諄, 過爲愼密之狀, 似覺反涉於私。且盛价出城, 必有番役跟隨伺察。小店又屬經營之地, 耳目昭著, 大非所宜。並懇向後

지를 보내는 일에 대해 낭정(朗亭)은 이미 단호히 거절하셨으니, 앞으로는 삼하현의 손유의와 등사민 두 분께서 적절한 방법을 찾아 주시기를 바랄 뿐입니다. 제가 가르침대로 그분들을 찾아가 뵙도록 하겠습니다."[93]라고 말했다. 이처럼 북경은 홍대용의 편지를 청나라 문인들에게 전달하기 위한 장소로 적합하지 않았기 때문에 홍대용은 청나라 문인들과의 교류를 이어가기 위해서 그 대안으로 손유의와 긴밀한 관계가 있는 삼하관염점(三河官鹽店)에 주목하게 되었다.

삼하관염점은 등사민과 그의 친구들이 생계를 위해 운영하던 관영 소금 가게였다. 이 가게는 백성들의 생활과 밀접한 관련이 있어서 현지인들에게 널리 알려져 있었기 때문에 조선 사절단도 쉽게 찾을 수 있는 장소였다. 이에 삼하관염점은 편지 전달을 위한 최적의 고정 장소로 자리 잡았다. 『중사기홍대용수찰첩』에 수록된 삼하관염점에서 홍대용에게 보낸 저자 미상의 편지 3통은 이 가게가 홍대용의 편지를 전달했다는 직접적인 증거이다. 이 편지의 구체적인 내용은 가게 관계자가 홍대용에게 부탁받은 임무를 완료했다는 것, 편지와 물품이 청나라 수신자에게 전달되었다는 것, 청나라 수신자가 다시 편지나 물품을 보냈다는 것 등이다. 이를 통해 이 가게가 편지 전달의 중간 역할을 담당했음을 확인할 수 있다.

이외에 주보선(周步仙)이 홍대용에게 보낸 편지, 『계남척독』 중 주덕홰(朱德翽)·적윤덕(翟允德)의 편지, 그리고 『항전척독』 중 안여지(安汝止)의 편지를 통해서도 삼하관염점의 중개 역할이 명확하게 드러난다. 특히 주보선, 주덕홰, 적윤덕은 등사민과 함께 염점을 운영한 동업자였다. 등사민이 자주 외출하여 점포에 부재한 상황에서, 홍대용과 등사민 간의 편지는 삼하염점 동료들이 주로 전달하였으며, 일부 청나라 문인에게 전달해야 할 편지 역시 그들이 대신 처리하였다.

손유의는 가장 신뢰하는 편지 전달자였다. 그는 삼하현에 거주했는데, 이곳은 연행노선의 필수 경유지이자 북경과 가까운 지리적 이점으로 인해 신뢰할 만한 서신 교류의 중심지 역할을 할 수 있었다. 또한, 손유의는 삼하현에 장기 체류하며 외출이 잦지 않았다. 등사민이 홍대용에게 보낸 편지에서 "용주(蓉洲)가 삼하(三河)에 오랫동안 머물고 있어 편지 부치기가 매우 편리한데, 어째서 답장이 없는 것입니까?"[94]라는 언급이 이를 뒷받침한다. 이외에도 손유의는 홍대용의 깊은 신뢰를 받으며, 1766년부터 1780년까지 거의 매년 서신을 주고받으며 밀접한 관계를 유지했다. 그는 편지 전달에 큰 책임감을 보였는데, 홍대용이 귀국한 후에 반정균과 주고받은 편지는

書函亦以稀疏爲妙。"

93) 반정균, 「潘庭筠與洪大容書」, 『中士寄洪大容手札帖』 5, 제291쪽. "寄札之事, 朗亭已峻拒之, 將來惟有從三河縣孫、鄧兩公處謀一良法。弟當如教, 往覓其人也。"

94) 등사민, 「鄧師閔與洪大容書」, 『中士寄洪大容手札帖』 2, 제118쪽. "蓉洲長寓三河, 寄札極便, 何以並無回音？"

주로 그의 중개를 통해 이루어졌다.

홍대용과 반정균 사이의 연락이 두절된 지 5, 6년이 지난 후에도 손유의가 계속해서 홍대용을 도와 반정균을 찾아주었기 때문에 두 사람은 다시 소식을 이어갈 수 있었다. 엄과(嚴果), 엄앙(嚴昂), 등사민, 조욱종(趙煜宗) 등과 홍대용 사이의 서신도 대부분 손유의에게 의존하는 경우가 많았다. 손유의라는 전달자가 있어서 편지는 늘 확실하게 전달되었다. 이에 홍대용은 손유의에 대한 두터운 신뢰를 나타냈는데, 그는 반정균에게 보내는 편지에서 "우리의 서신 왕래는 ……오직 깊이 신뢰할 수 있고, 일을 처리함에 치밀하고 민첩한 사람이 아니면 안 됩니다.…… 손유의와 태원(太原)의 등사민 두 사람은 모두 문학적 소양을 갖추었는데, …… 이 두 사람을 주축으로 삼는다면, 비난이나 어려움을 염려할 필요가 없으며, 편지를 뜯어보거나 지연될 우려도 사라질 것입니다."[95]라고 말했다.

손유의는 자신이 직접 편지 전달자로 활동했을 뿐만 아니라 제자들도 이 일에 참여시켰다. 『중사기홍대용수찰첩』에 수록된 서충(徐忠)의 편지는 스승이 외출 중일 때 제자가 편지를 대신 전달했음을 보여준다. 손유의가 홍대용과 청대 문인 간 서신 전달의 주요 역할을 맡게 된 것은 삼하현 거주의 지리적 이점, 편지 전달에 대한 확고한 책임감, 그리고 홍대용의 그에 대한 두터운 신뢰 등과 직접적인 관련이 있다.

3 홍대용과 청나라 문인이 교환한 서신의 내용

홍대용과 청대 문인 간의 서신은 단순한 인사, 축하, 그리움, 근황 소개를 넘어 심도 있는 다양한 내용을 담고 있다.

3.1. 유가(儒家) 정학(正學)을 권장

홍대용과 청나라 문인이 서로 주고받은 서신은 주로 유가 정학을 권장하는 내용으로 이루어졌으며, 이는 세 가지 측면에서 구체화되었다.

95) 홍대용, 「與秋庫書」, 홍대용, 『담헌서』 외집 권1 『항전척독(杭傳尺牘)』, 『한국문집총간』 제248책, 제114쪽. 吾輩通信, ……苟非情知之素孚而處事之詳敏者, 不可。……孫有義、太原鄧師閔二人俱有文學……, 若得此二人而爲之主, 既無譏議狼狽之憂, 又無開坼沈滯之慮。"

(1) 주자학에 대한 추앙과 이에 관한 학술적 토론을 진행했다. 홍대용과 손유의가 『주자가훈』의 진위를 두고 논의할 때, 홍대용은 "『가훈』 한 편은 일상의 지침으로 적합하나, 문구가 다소 피상적이고 경박하여 대현의 말투와는 거리가 있습니다. 어떻게 생각하십니까?"[96]라고 질문했다. 이에 손유의는 "『주자가훈』의 진위를 판단하기는 어렵습니다. 그 뜻이 피상적인 부분은 아마도 하층 사람들이 쉽게 이해할 수 있도록 의도한 것인지도 모릅니다."[97]라고 답했다.

(2) 성학(聖學)과 이단을 구분하며 근본을 바로잡고 근원을 정화하고자 했다. 홍대용은 육비에게 보낸 편지에서 "양명(陽明)이 주자(朱子)를 거스른 주된 이유는 격물치지(格物致知)에 있다.", "양명의 고결함은 장주(莊周)에 비견되나, 그 학문적 차이는 결국 이단으로 귀결된다."라고 주장했다. 이처럼 홍대용은 이단 배척의 중요성을 강조하며, "학문에 뜻을 둔 유학자들은 이단을 배격함으로써 인도(人道)의 첫걸음을 내디뎌야 한다."라고 말했다. 손유의도 홍대용에게 보낸 편지에서 이단이 사람을 잘못 이끄는 해악을 상세히 논술했다. 양측이 편지에서 유·불·도의 공통점과 차이점을 분석하고, 서학을 배척한 것은 유학의 정통성을 강조하기 위함이었다.

홍대용이 반정균에게 『천학초함(天學初函)』을 찾아달라고 부탁했을 때, 반정균은 편지에서 서학을 엄하게 질책하며 "사설(邪說)"이라 단정 짓고, 예수지학(耶穌之學)을 전파하는 자들이 음흉한 마음을 품고 있다고 비판하였다. 반정균은 홍대용이 그 학설에 빠질까 우려하여, 완곡하게 권유하며 "그대가 그 책을 찾고자 하는 것은 단지 박식함을 기르고, 오락거리로 삼으려는 데 불과할 것입니다."[98]라고 말하였다. 또한, 입신치학(立身治學)의 유가의 올바른 길에 대해 서로 자신의 의견을 거침없이 피력하며 솔직하게 논의하였다. 홍대용은 입신(立身)이 학문에 정진하는 바른 자세임을 강조하며, 어느 한쪽으로 치우치지 않는 지행합일(知行合一)을 제시하면서 "먼저 알고 난 후에 행하는 것은 고금의 공통된 도리입니다. 비록 그렇다 하더라도 아는 것으로 반을 이루면, 반드시 행함으로써 나머지 반을 완성할 수 있습니다."[99]라고 말하였다.

또한, 홍대용이 "고금의 인품은 여섯 등급으로 나뉜다.", "다섯 가지 폐단"[100]을 제기한 것도

96) 홍대용, 「與孫蓉洲書」, 위의 책, 제124쪽. "且其《家訓》一篇尤是日用之指南, 但語意或傷淺促絶, 不類大賢口氣, 盛意如何？"

97) 손유의, 「孫有義與洪大容書」, 『中士寄洪大容手札帖』 3, 제168쪽. "《朱子家訓》真僞難考, 其淺促處, 或欲使下等人之易曉, 未可知也。"

98) 반정균 「潘庭筠與洪大容書」, 『中士寄洪大容手札帖』4, 제221쪽. "足下欲覓其書, 亦不過資博聞供遊藝而已。"

99) 홍대용, 「與鐵橋書」, 홍대용, 『담헌서』 외집 권1 『항전척독』, 『한국문집총간』 제248책, 제108쪽. "先知而後行, 此古今之通義也。雖然, 知得半分, 必繼以行得半分。"

100) 홍대용, 「九月十日與鐵橋」(大容頓首白 : 初秋一書……), 주문조 편 『일하제금집(日下題襟集)』 「홍고사(洪高

엄성이 수신구학(修身求學) 과정에서 잘못된 길에 빠지지 않고, 올바른 길을 선택해 도를 따를 수 있도록 하기 위함이었다.

이를 통해 홍대용은 유가의 정통적 지위를 수호하는 데 자신만의 독자적인 깊은 사유를 갖고 있었음을 알 수 있다. 그는 유학의 본질을 명확히 하며 이단을 구별했고, 학문과 실천을 병행하며 이를 통해 학문을 심화할 것을 강조했다. 이러한 점은 그가 유가의 도를 진정으로 따르고 있음을 잘 보여준다.

(3) 의례와 풍속에 대한 질의를 통해 유학적 관심을 표출하였다. 홍대용과 손유의가 주고받은 서신의 별지에는 양국의 풍속에 관한 교류가 여러 차례 등장한다. 예를 들어, "의자에 걸터앉는 법은 언제부터 시작되었습니까?"[101], "중국이 숟가락을 쓰지 않는 것은 어느 시대부터 시작되었습니까?"[102] 등이 있다. 청나라 문인들은 조선 땅을 직접 밟을 기회가 드물었기 때문에 조선의 다양한 의례와 풍습에 대해 관심을 보였다. 청나라 친구들의 요청에 따라 홍대용은 서신에서 조선의 상황을 상세히 묘사하기도 했는데, 편지에 동봉된 『동국기략(東國記略)』의 한 문단이 그 예이다. 의례는 유가 사상을 실생활에서 실천하는 구체적인 준칙이기 때문에, 양측이 서로의 예법 제도와 풍속에 대해 묻는 목적은 단순히 이해를 넘어 모범적인 양식을 찾기 위함이기도 했다. 그들이 근본을 추구하고 기원을 묻는 과정에서 제기한 질문들은 유가의 예법이 요구하는 기준에 부합하는지 아닌지를 검증하려는 의도가 담겨 있다.

3.2. 자신의 학술 배경과 학술 지향에 대한 소개

양측은 서신 왕래를 통해 의도적으로 각자의 학술 배경과 학술 지향을 소개하며, 문학과 학술 전문성, 연구 분야 및 가치 지향 등을 드러내려 했다. 이를 통해 문학 및 학술 교류를 더욱 깊이 있게 진행하기를 희망하였다. 이러한 표현은 두 가지 방식으로 나타났다.

첫째, 직접 자신의 스승과 학문적 계보를 밝혔다. 홍대용은 엄성과 반정균에게 "저의 스승은 청음 선생의 현손으로, 나이 예순다섯에 유일(遺逸)로 국자좨주(國子祭酒)에 임명되었으나, 여러 번 불러도 나아가지 않고 한가롭게 지내며 가르침을 펼쳤습니다. 배우는 이들은 그를 미호(渼湖)

士)」, 엄성 찬, 주문조 편, 『철교전집(鐵橋全集)』 제5책을 참조. "古今人品分六等"、"爲學五種之弊"

101) 홍대용, 「與孫蓉洲書」, 홍대용, 『담헌서』 외집 권1 『항전척독』, 『한국문집총간』 제248책, 제124쪽. "椅橙踞坐之法, 始於何時？"

102) 위의 책. "中國之不用匙, 始自何代？"

선생이라 불렀습니다."[103]라고 소개했다. 또한 엄성과 반정균이 미호 김원행(金元行)의 학술적 종지를 이해할 수 있도록 김원행의 『논성서』를 편지에 함께 보내기도 했다.

둘째, 시문을 주고받으며 자신의 학문적 특징과 가치관을 상대방이 더 깊이 이해하도록 하였다. 홍대용이 육비에게 전한 『농수각혼천의기사』를 통해 육비는 그가 천문을 좋아하며, 혼의지제(渾儀之制)에 정통하였음을 알게 되었다. 홍대용이 손유의에게 보낸 편지 끝에 붙인 시의 마지막에 "버려짐은 곧 하늘의 뜻이요, 순수한 마음은 또한 느긋함이라. 근심과 즐거움은 끝이 없으니, 사물의 본성이 나를 어찌하겠는가."[104]라고 적었는데, 이는 고상하면서도 담담하며 세상과 다투지 않는 자신의 마음을 표현한 것이다. 이러한 시문 증여는 상대방이 자신을 깊이 이해하는 데 효과적인 수단으로 작용하였다. 등사민은 홍대용에게서 받은 『벗에게 보내는 편지(與友書)』를 읽고, "두 편의 글 속에서 수백 마디의 말을 반복하면서도 근본을 중시하고 말단을 누르는 점이 눈에 띄었습니다. 진실한 기량과 학문의 내용과 형식이 조화를 이루어 도도하게 끝없이 흘러나오니, 한유와 유종원의 유파라 할 만합니다."[105]라고 평가했다. 이로써 홍대용의 학문 방향과 글의 미학적 특징이 이를 통해 등사민에게 명확하게 전달되었음을 알 수 있다.

3.3. 시와 서발문 교환을 통한 문학 교류

이들의 편지에는 서발문을 주고받고, 한시를 지어 나누는 모습이 자주 보인다. 반정균은 홍대용을 위해 『담헌기(湛軒記)』를 지어 편지와 함께 보냈고, 엄성은 김재행을 위해 『양허당기(養虛堂記)』를 작성했다. 또한, 육비는 홍대용을 위해 『농수각기(籠水閣記)』를 썼으며, 홍대용은 육비를 위해 『충천묘화벽기(忠天廟畫壁記)』를 지었다. 이러한 서발(序跋)들은 양측이 깊은 교류를 나눈 뒤에 탄생한 것으로, 이역의 친구에 대한 깊은 이해를 전달할 수 있을 뿐만 아니라 자신의 내면적 취향과 성정(性靈)을 친구에게 직접 전할 수 있어서 서로의 정서적 거리를 좁히는 데 크게 기여하였다.

---

103) 홍대용, 「洪大容與嚴誠、潘庭筠書」, 홍대용, 『담헌서』 외집 권2 『건정동필담』, 『한국문집총간』 제248책, 제129쪽. "弟之師門是清陰玄孫, 而年六十五, 以遺逸見任國子祭酒而累徵不起, 閑居教授, 學者宗之爲渼湖先生。"

104) 『항전척독』, 『진신적독(搢紳赤牘)』에 수록된 편지는 모두 이 시를 싣지 않았다. 홍대용의 「건곤일초정제영(乾坤一草亭題咏)」(홍대용, 『담헌서』 내집 권3, 『한국문집총간』 제248책)에 의거하여 「與蓉洲書」(蓉洲足下 : 某年已四十三矣……)를 보충하였다. 棄置固天放, 素心或虛徐. 憂樂無了時, 物性奈如予.

105) 등사민, 「鄧師閔與洪大容書」, 『中士寄洪大容手札帖』2, 제118쪽. "《與友書》兩篇, 反覆數百言, 具見重本抑末。眞實本領, 眞實學問, 其情文相生, 滔滔不盡, 則又韓柳遺派也。"

대표적인 예로 "애오려(愛吾廬)" 8경과 "담원"이라는 주제를 중심으로 한중 문인들이 지은 제영(題咏)을 들 수 있다. 홍대용은 청나라 친구들에게 "애오려" 8경 제영을 부탁했으며, 그들에게 보낸 편지에서도 계속 글을 써 줄 것을 재촉하였다. 그러나 작업이 더디게 진행되자, 등사민은 홍대용에게 보내는 편지에서 사과의 뜻과 미안함을 표하면서 "『애오려팔경시(愛吾廬八景詩)』는 이미 여러 벗들에게 각자 제목을 붙여 지어 줄 것을 부탁했으나, 아직 모두 모으지 못한 상태입니다. 제가 마음이 복잡하여 아직 쓸 만한 구절이 떠오르지 않습니다. 내년에 다른 분들의 시를 모아 한꺼번에 답장을 드리겠습니다. 늦어진 점은 형님께서 너그러이 용서해 주시길 바랍니다."[106]라고 말하였다. 등사민은 홍대용에게 보낸 편지에서 조선의 명사들을 청해 그의 친구 곽집환(郭執桓)의 담원제영(澹園題咏)을 해 줄 것을 재차 부탁하였다. 이러한 시문 창화(唱酬)의 목적은 문학적 미담을 만들어내기 위함이었는데, 등사민은 홍대용에게 보낸 편지에서 "내년에 공사(貢使)를 통해 한 부를 보내어 계속 간행할 수 있도록 하면, 해외 명류(名流)들의 성씨를 기록하여 훗날 아름다운 이야기로 남길 수 있을 것입니다."[107]라고 말했다.

짚고 넘어갈 점은 대면으로 이뤄지는 한시 창화는 흥을 돋우거나 시예를 겨루는 데 초점이 맞춰져 있는 반면, 편지에 첨부된 한시는 정감을 드러내어 이역 친구들의 이해를 도모하는 데 초점이 맞춰져 있다는 점이다.

등사민은 홍대용의 시초를 읽고 난 후에 "형님의 시초(詩抄)를 대략 몇 수 읽어보니, 웅건하고 노련하며 의미가 깊고 원대함을 느꼈습니다. 저는 그 시를 읽고, 형님의 인품을 알 수 있었습니다."[108]라고 말했다. 이후의 편지에서도 "형님의 시고(詩稿)를 비롯한 작품을 자세히 읽어보니, 그 깊은 의미와 탁월한 표현에서 형님이 평소 쌓아온 경지가 보통이 아님을 알 수 있었습니다. 이로써 형님의 인품과 학문을 엿볼 수 있었으니, 단순히 음율의 아름다움뿐만이 아니었습니다."[109]라고 덧붙였다. 한편, 이 시들은 친구들을 권면하는 역할을 하기도 했는데, 홍대용이 육비에게 보낸 편지에서 "어제 보내주신 두 편의 시와 그림은 백 개의 보화와도 같으며, 특히 「영죽(咏

106) 등사민, 「鄧師閔與洪大容書」, 『中士寄洪大容手札帖』3, 제165~166쪽. "愛吾廬八景詩, 已曾遍囑同人各爲題贈, 目下尚未會齊。弟因心思矛盾, 竟仍無句可答。統容來歲同所徵諸公詩, 一總覆命可也。遲延之罪, 惟吾兄宥諒爲幸。"

107) 등사민, 「答湛軒書」(辛卯歲三月間……), 후지즈카 치카시(藤塚鄰) 鈔校 『연항시독(燕杭詩牘)』. "來年附貢使捎回一部以便續刻, 庶部列海外名流姓字, 將來作一番佳話也。"

108) 등사민, 「鄧師閔與洪大容書」, 『中士寄洪大容手札帖』 3, 제160쪽. "吾兄詩抄, 粗讀數首, 雄健老到, 寓意深遠。吾讀其詩, 吾知其人也。"

109) 등사민, 「鄧師閔與洪大容書」, 위의 책, 제164~165쪽. "吾兄詩稿等作, 業已詳讀, 旨深筆超, 宿積不凡, 人品學術即此可見, 不僅在聲調之美也。"

竹)」의 한 구절에서는 훈계와 가르침을 깊이 느꼈습니다. 감히 반성하고 스스로 힘쓰지 않겠습니까?"[110]라고 말한 것도 이와 같은 목적에서 비롯되었다.

또한, 편지 속의 증여시들은 대부분 철학적 의미를 많이 담고 있는데, 홍대용이 엄성에게 보낸 편지에 첨부한 사언시 아홉 장을 대표적인 예로 들 수 있다. 홍대용은 시에서 "성도(聖道)가 비록 멀기는 하지만, 어려움을 말하지 마십시오. 오직 선(善)을 권하고, 오직 사악함을 막을 뿐입니다."[111]라고 읊었다. 이 구절은 유가의 시에서 강조하는 사람의 성정을 다스리고 바른길로 이끄는 효용을 모두 담고 있으며, 권계의 의미도 뚜렷하게 담겨 있다. 이에 대해 엄성은 답신에서 "『비조(飛鳥)』 아홉 장은 고아함이 으뜸이며, 진실로 위진(魏晋) 시대의 유음입니다."[112]라고 평했다. 이는 위진(魏晋) 현언시(玄言詩)와 유사하면서도 이치를 설명함에 뛰어난 특징을 지적한 것이다.

3.4. 학술 교류

(1) 자국의 학술과 문단에 대한 소개

첫째, 양측은 서로의 학계와 문단의 상황에 대해 깊은 관심을 보였으며, 이러한 소개는 주로 대표적인 작가들을 중심으로 이루어졌다. 홍대용은 「추루에게 보내는 편지[與秋庫書]」에서 "우리나라의 시는 신라의 최고운과 고려의 이백운(李白雲)을 대가로 꼽습니다. …… 조선 이래로는 읍취헌(挹翠軒) 박은과 소재(穌齋) 노수신(盧守愼)을 흔히 우리나라의 이백과 두보라고 부릅니다. …… 오직 석주(石洲) 권필(權韠)만이 익숙하게 다듬고 정교하여 소릉(少陵)의 여운을 깊이 깨우쳐 조선 중엽의 정종(正宗)으로 성대하게 자리매김했으나, 고상하고 시원한 풍모는 읍취헌(挹翠軒)에 미치지 못하고, 힘차고 굳센 기운은 소재(穌齋)에 미치지 못하며, 국초(國初)의 시인들과 비교해 유려하고 간결하며 담박한 풍격 또한 뒤떨어집니다. 이는 모두 선배들의 정론입니다."[113]라고

---

110) 홍대용, 「洪大容與陸飛書」, 위의 책, 제233쪽. (홍대용, 『건정필담』, 『연행록전집』 제43책, 제233쪽.) "昨惠兩便面詩畫, 不啻百朋, 且《咏竹》一節, 益見諷誨之意, 敢不時省而自勉焉。"

111) 홍대용, 「九月十日與鐵橋」(大容頓首白 : 初秋一書……), 주문조 편 『일하제금집(日下題襟集)』 「홍고사(洪高士)」, 엄성 찬, 주문조 편, 『철교전집(鐵橋全集)』 제5책. "聖道雖遠, 莫云其艱。惟善是勸, 惟邪是閑。"

112) 엄성, 「嚴誠與洪大容書」, 『中士寄洪大容手札帖』 5, 제280쪽. "《飛鳥》九章, 古雅絶倫, 真乃魏晋遺音。"

113) 홍대용, 「與秋庫書」, 홍대용, 『담헌서』 외집 권1 『항전척독』, 『한국문집총간』 제248책, 제109쪽. "東方之詩, 新羅之崔孤雲、高麗之李白雲號爲大家, ……。本國以來, 如朴挹翠、盧蘇齋俗稱東方李杜。……惟權石洲之鍊達精確, 深得乎少陵餘韻, 蔚然爲中葉之正宗, 而高爽不及挹翠, 遒勁不及蘇齋, 悠揚簡澹之風又不能不遜於國初

말했다. 홍대용은 한반도 문학사의 대가로 꼽히는 최치원(崔致遠), 이규보(李奎報), 박은(朴誾), 노수신(盧守慎), 권필(權韠) 등 다섯 명을 거론하며, 이들의 한시가 성조(聲調), 조어(造語), 운격(韻格) 등 여러 면에서 각기 다른 풍격을 지니고 서로 차이가 있음을 언급했다. 이는 반정균에게 조선 한시의 전체적인 발전 흐름을 알려 준 것이라 할 수 있다.

둘째, 문단의 현상과 풍조에 대해 논의하였다. 조욱종(趙煜宗)은 홍대용에게 보내는 편지에서 "그러나 성대한 조정은 실학(實學)을 숭상하여, 부화(浮華)한 것을 배척하는 데 힘썼지만, 초야에서 읊조리는 이들은 '과장에서 짧은 시간 동안 시험을 치러 선발되지 못하면, 평생 다양한 갈래길에서 바른길을 찾는 것이 결코 쉽지 않다.'라고 했다."[114]라고 지적했다. 이를 통해 18세기 후기 청나라에서 한학 훈고의 풍조가 성행했다는 사실을 알 수 있다.

셋째, 특정 문체에 대해 토론하였다. 등사민은 홍대용에게 보내는 편지에서 고체시, 근체시의 창작에 대한 견해를 언급하며, "시(詩)는 성정(性情)을 말하는 것으로, 『시경(詩經)』 삼백 편 이후에는 한(漢)과 진(晋) 시대의 시가 가장 높이 평가받았는데, 그 이유는 옛스러움에 있었습니다. 당(唐)나라 사람들은 평측(平仄)에 제한된 근체시(近體詩)를 지었으나, 당나라도 여전히 높은 평가를 받았습니다. 그러나 그 흐름이 점차 화려한 꾸밈과 경박한 표현으로 이어져 후대에 이르러서는 나약하고 유약한 폐단을 초래하였습니다. 근체시 자체가 나쁜 것은 아니지만, 만약 가슴 속에 담을 내용이 없이 오직 성조만을 중시한다면, 보기에도 눈에 들어오지 않고 읽어도 귀에 들어오지 않을 것입니다."[115]라고 말했다. 등사민은 당나라 이후의 근체시 창작이 성조와 형식에 치중한 나머지 내재된 사상과 감정의 충실함에 대한 것은 소홀히 했기 때문에 주제의 범위가 제한되어 쉽게 나약하면서도 경박한 미미지음(靡靡之音)으로 선락하였고, 결국에는 고체시의 고상하고 고풍스러운 격조와는 거리가 멀어졌다고 보았다. 이를 통해 등사민은 근체시 창작에 있어 고체시의 장점을 본받아 외형적 형식에만 치우치는 것을 경계해야 한다는 주장을 펼쳤음을 알 수 있다.

이와 같은 자국의 학단이나 문단에 대한 소개는 청나라 전기 중한 문인들의 서신에서는 볼 수 없었던 주제로 이는 중한 문인들의 학술 교류가 더욱 심화되었음을 나타내는 지표라고 볼 수 있겠다.

諸人, 此皆先輩定論。"

114) 조욱종, 「趙煜宗與洪大容書」, 『中士寄洪大容手札帖』 1, 제50쪽. "第盛朝崇尚實學, 務絀浮華, 而草茅誦法非見擧于風圍寸晷之中, 决難徵生平歧趨之正。"

115) 등사민, 「鄧師閔與洪大容書」, 『中士寄洪大容手札帖』3, 제185쪽.

(2) 중국 서적의 조선사실(朝鮮史實) 오기(誤記)에 대한 변증

명대(明代)부터 조선은 중국 역사서에 기술된 조선 관련 기록에 대해 각별한 주의를 기울였고, 이에 오류를 발견하면 막대한 대가를 들여서라도 변무(辨誣)를 진행하였다. 이는 조선의 유가 예교 질서를 바로잡아 자국의 유학적 정통성을 수호하기 위한 것임과 동시에 중국과의 종번 관계를 공고히 하기 위한 것이 상호 작용한 결과였다. 홍대용은 청나라 문사들에게 조선의 역사적 진실을 적극적으로 소개하면서 주린(朱璘)의 『명기집략(明紀輯略)』에서 발견된 조선의 역사 관련 오류를 지적하였다. 그는 이러한 와전이 조선에 불리한 영향을 미친다고 판단하여 특별히 「명기집략변설[明記輯略辨說]」을 저술하여 반정균에게 보내는 편지에 동봉하였다.

홍대용은 청나라 벗들이 이 글을 광범위하게 전파하여, 중국 문인들의 잘못된 인식이 바로잡히기를 기대하였다. 그는 『명기집략』에서 잘못 기재된 열 한 가지 내용을 구체적이면서도 상세히 열거하며, "조선왕 모모가 술에 빠져 방비를 소홀히 했다.", "병신년 칠월에 폐신(嬖臣) 이덕형(李德馨)의 말을 들었다."[116] 등의 오류를 지적하였고, 사실 증거를 바탕으로 주린의 주장을 일일이 반박하였다. 이 부분에서는 국가와 역사에 대해 강한 책임감을 지닌 조선 사대부의 모습이 선명하면서도 감동적으로 독자 앞에 펼쳐진다.

(3) 서적과 서예 작품 교류

첫째, 서로 관련 서적을 찾아달라고 부탁하거나 문의한 경우이다. 이처럼 책을 요청하는 경우는 대부분 역사나 학문 등에 대한 관심에서 비롯된 것이다. 홍대용이 반정균에게 왕사정의 『지북우담』을 요청한 것 역시 이 책이 조선을 변호하는 내용을 담고 있기 때문이었다.

홍대용은 주자학설과 관련된 서적을 볼 수 있기를 희망하며, 반정균에게 보낸 편지에서 "동방의 조공 사절들이 줄을 이어오며 중국 서적들이 상당수 전해졌지만, 『황만재집(黃勉齋集)』은 겨우 네다섯 권의 소본만 전해졌습니다. 전집에는 예(禮)에 관한 논의가 많이 실려 있어 읽어볼 만하다고 하는데, 매년 북경의 서점가에서 구해도 끝내 얻지 못했습니다. 또한 『소자전서(邵子全書)』와 『천문(학)류(초)함(天文類函)』[117] 두 책은 평소 꼭 읽고 싶었지만, 그 권질이 적지 않아서 염려됩니다. 설령 이 책들을 구할 수 있다 해도 어떻게 멀리까지 보낼 수 있겠습니까?"[118]라고

---

116) 홍대용, 「與秋庫書」, 홍대용, 『담헌서』 외집 권1 『항전척독』, 『한국문집총간』 제248책, 제109쪽. "朝鮮王諱沉湎於酒, 弛備云云""丙申七月條聽嬖臣李德馨言云云"

117) 반정균, 「潘庭筠與洪大容書」(庭筠頓首再拜啓湛軒先生足下 : 判袂以來……)에 의하면 『천문유함(天文類函)』은 『천학초함(天學初函)』의 오기이다.

말했다. 홍대용은 주희(朱熹)의 문하생이자 사위인 황간(黃幹)의 『면제집(勉齋集)』을 읽을 수 있기를 희망하였고, 아울러 주희의 추앙을 받은 소옹(邵雍)의 저서도 얻을 수 있기를 기대하였다. 『천학초함(天學初函)』은 서학에 속하는데, 그 내용은 대체로 유학에 위배되는 것으로 홍대용이 이를 읽고자 했던 이유는 아마도 비판적 목적과 관련이 있었을 것이라고 추측할 수 있다.

둘째, 서로 서적의 내용이나 가치를 품평했다. 반정균은 홍대용에게 보낸 편지에서 "또한 위탁하여 요청하신 『천학초함(天學初函)』은 후반부만 얻었습니다. 그 중 『산지(算指)』, 『수법(水法)』, 『천문략(天問略)』 등 몇 종은 읽을 만한 가치가 있습니다. 그러나 그 말이 성리(性理)를 초월한 부분은 지나치고, 특히 예수(耶穌)의 일화는 더욱 황당했습니다."[119]라고 말했다.

셋째, 서로 서적 등을 주고받으며, 편지 끝에 선물한 책의 목록을 적기도 했다. 이들이 책을 선물한 이유는 다양하지만, 대략 다음의 몇 가지로 나눌 수 있다.

(1) 자신의 학문적 입장을 밝히며, 이역의 지인에게 유학의 정통을 추구할 것을 독려하였다. 엄성은 홍대용에게 보낸 편지에서 "앞서 받은 서책 속의 덕행(德行)과 문예(文藝), 그리고 덕성과 학문에 관한 말씀은 정곡을 찌르는 내용이었기에, 삼가 곁에 두고 평생 간직하려고 합니다. 이에 감사드리지 않을 수 없습니다."[120]라고 말했는데, 이러한 독서의 효과는 다른 한편으로는 책을 선물하게 된 이유도 말해주고 있다. 또 반정균(潘庭筠)은 홍대용에게 건륭제(乾隆帝)의 명령으로 편찬된 『시의절중(詩義折中)』을 선물하며 "후에 우리 황제께서 편찬하신 『시의절중(詩義折中)』을 공경히 읽으니, 성인으로서 성경(聖經)을 주석하셨고, 그 정밀함과 깊이가 자공(子貢)과 자하(子夏)도 미치지 못할 바이며, 모공(毛公)과 정현(鄭玄)도 알지 못했던 부분을 깨우쳐 주셨습니다. 삼가 책을 한 권 부치오니, 그대께서 마음을 다해 깊이 음미하시어 선입견을 바로잡고, 『파경(葩經)』의 핵심을 얻으시길 바랍니다. 도(道)는 반드시 왕을 높이고, 말은 반드시 성인을 근본으로 하니, 동방의 유학자로서 이를 위해 힘쓰시길 기원합니다"[121]라고 말했다. 이는 반정균이 건륭 황제의 칙명으로 저술한 『시경(詩經)』을 정통으로 삼아 유학의 올바른 길로 이끌려는

118) 홍대용, 「與秋庫書」, 홍대용, 『담헌서』 외집 권1 『항전척독』, 『한국문집총간』 제248책, 제109쪽. "東方貢使相望, 中國書籍頗有流傳, 惟《黃勉齋集》祇有四五卷小本。聞有全集中有論禮書多可觀, 每年購諸京市, 終未得之。其他如《邵子全書》及《天文(學)類(初)函》兩書, 平生願見, 而諒其卷秩不少。設或有見在者, 何可遠寄耶？"《天文類函》, 據潘庭筠與洪大容書(庭筠頓首再拜, 啓湛軒先生足下：判袂以來……), 當爲《天學初函》之誤。

119) 반정균, 「潘庭筠與洪大容書」, 『中士寄洪大容手札帖』4, 제220쪽. "又委覓《天學初函》一書, 後得半部, 其中算指、水法、天問略數種稍可存。至其言超性處, 語多不經, 至耶穌事蹟尤多荒誕。"

120) 엄성, 「嚴誠與洪大容書」, 홍대용, 『乾浄筆譚』, 『연행록전집』 제43책, 제146쪽.

121) 반정균, 「潘庭筠與洪大容書」, 『中士寄洪大容手札帖』 5, 제294쪽.

의도를 분명히 드러내고 있다.

(2) 이들은 본국의 학술적 정수가 해외에 전파되어 이를 접한 이들이 자신들의 학문적 식견을 넓히길 기대하였다. 홍대용은 엄성에게 보낸 편지에서 "집에서 소장하고 있던 구본(舊本)을 인편을 통해 보내드립니다. 역암(力闇)께서는 차분히 음미하시어, 그 뜻을 깊이 이해하고 힘써 실천하시길 바랍니다. 또한 이를 바탕으로 목판을 새겨 천하에 널리 전파하신다면, 우리나라의 영광이자 큰 행운이 되지 않겠습니까?"[122]라고 말했다. 반정균(潘庭筠)은 홍대용에게 『국조시(國朝詩)』 총 6책을 홍대응(洪大應)에게 전할 것을 부탁했는데, 이는 청나라 시단(詩壇)을 소개하려는 의도에서 비롯된 것이다.

홍대용은 엄과에게 『농암잡지(農岩雜識)』, 『삼연잡록(三淵雜錄)』, 『성악집요(聖學輯要)』를 전하며 편지에서 "구봉(九峰)께서 받아 보시고, 널리 들음에 조금이나마 도움이 되길 바랍니다."[123]라고 말했다. 반정균은 홍대용이 보낸 『동사총요(東事總要)』, 『복거론(卜居論)』을 받고, "『동사총요(東事總要)』, 『복거론(卜居論)』 두 책을 보내 주셨으니 참으로 기쁜 일입니다. 널리 들음에 크게 도움이 되며, 좋은 말을 기록하는 데에도 유익할 것입니다."[124]라고 답했다. 또한 등사민은 홍대용에게 「회성원(繪聲園)」 시 세 부를 건네며, "친구의 정원에서 함께 나누어 읊은 시들을 모은 것입니다. 『당시법(唐詩法)』 세 권은 또한 친구가 집필한 것으로, 비록 대작은 아니지만 전하여 후학들에게 이롭게 할 만합니다."[125]라고 설명했다. 상술한 여러 인용문의 "견문을 넓히는 데 일조하였다.", "좋은 말을 기록하는 데에도 유익할 것이다.", "후학을 이롭게 하다."라는 표현은 이 책들을 선물한 목적이 책의 전파와 영향력의 확대에 있음을 분명하게 드러내고 있다.

(3) 이들은 책을 선물하며 오랫동안 교류하고 싶다는 마음을 전달하였다. 이처럼 책을 선물하는 행위는 그 자체로 이국 간의 우정이 쌓였다는 증거가 된다. 이들은 교류한 시문(詩文)과 필담 등을 정리하여 책으로 간행하고 서로 선물하며, 우정이 영원히 지속될 것이라는 기대를

122) 홍대용, 「與鐵橋書」, 홍대용, 『담헌서』 외집 권1 『항전척독』, 『한국문집총간』 제248책, 제108쪽. "玆以家藏舊本仍便呈去。望力闇平心熟看, 深體而力行之, 且仍此轉付剞劂, 流布天下, 豈非東方之榮且幸耶？"

123) 홍대용, 「與九峰書」(孤子洪大容稽顙再拜, 上九峰先生足下：今首夏貢使自京還……), 주문조 편 『일하제금집(日下題襟集)』 「홍고사(洪高士)」, 엄성 찬, 주문조 편, 『철교전집(鐵橋全集)』 제5책. "望九峰收領, 或爲多聞之一助。"

124) 반정균, 「潘庭筠與洪大容書」, 『中士寄洪大容手札帖』5, 제303쪽. "承惠《東事總要》、《卜居論》二册, 甚善, 可資廣聽, 足備摭言。"

125) 등사민, 「鄧師閔與洪大容書」 (戊子、丁亥兩函及珍物……) , 『계남척독(薊南尺牘)』. "係敝友之園同人分咏者。《唐詩法》三本, 亦係友人所著, 雖非大觀, 傳之足利後學。"

표현하였다.

육비가 홍대용에게 보낸 편지에서 "『고항문헌(古杭文獻)』과 『회우록(會友錄)』은 모두 옛 친구를 잊지 못하게 한다."126)라고 말했다. 또한 홍대용은 엄과(嚴果)에게 철교의 시찰등본(詩札謄本) 한 권을 전했고, 엄과는 홍대용에게 『철교유집(鐵橋遺集)』 5권, 유조(遺照) 서화첩 1권, 신구 답서 4통을 보냈다. 홍대용은 주문조에게 『건정필담(乾净筆談)』 세 권 등을 선물하였다. 이는 모두 영원히 잊지 않겠다는 마음을 보여준 것이라고 할 수 있겠다.

(4) 이들은 선물한 책을 통해 상대방이 자신의 나라와 고향의 아름다움, 문화 등을 이해하길 바랐다. 반정균은 홍대용과 김재행에게 보낸 편지에서 "편지를 마치고 나서 『호산편람(湖山便覽)』 두 책, 총 열두 권을 얻었는데, 서호(西湖)의 명소가 대략 모두 담겨 있습니다. 삼가 이를 보내오니, 형님들께서 나누어 보시길 바랍니다."127)라고 썼다. 또한 엄성과 반정균은 홍대용에게 『비래봉화본(飛來峰畫本)』을 선물했는데, 이는 그림으로 고향의 경치와 명소를 보여주려는 의도가 자명하다.

(5) 이들은 일부 희귀본을 입수하여 서로 선물하였다. 반정균이 홍대용에게 보낸 편지에서 "상자 속에 『한예자원(漢隷字源)』 한 질 총 여섯 책이 있습니다. 중국에서도 구하기 어려운 책이라, 삼가 이를 담헌재(湛軒齋)에 보내어 맑은 감상의 재료로 삼으시길 바랍니다."128)라고 말했다.

서화 작품을 주고받는 일은 홍대용과 청나라 문인들 간의 편지 왕래에서도 비교적 흔히 나타나는데, 이는 문인들이 교류하며 고상한 물건을 선물하는 전통과 관련이 있다. 홍대용이 반정균에게 선물한 서예 작품에는 "송사행(宋士行)의 예서체, 황 태사(黃太史)의 글 여덟 장", "이원령(李元靈)의 전서체 글 두 장"129) 등이 포함되었다. 등사민은 홍대용에게 『자백론서(子白論書)』 세 권을 선물하며, "하남(河南) 준현(濬縣) 장석송(張石松)이 쓴 것인데, 이 사람은 이미 작고했지만, 서예는 가장 강건합니다."130)라고 말하였다. 이들이 선물한 서화 작품들은 주로 명가의 글씨가

126) 육비, 「陸飛與洪大容書」, 『中士寄洪大容手札帖』5, 제312쪽. "所云《古杭文獻》及《會友錄》具見不忘故人。"

127) 반정균, 「潘庭筠與洪大容、金在行書」, 『中士寄洪大容手札帖』5, 제264쪽. "封札畢, 復得《湖山便覽》兩册, 計十二本, 西湖名勝約略俱備。謹以奉寄, 僉兄分領如何？"

128) 반정균, 「潘庭筠與洪大容書」, 홍대용, 『담헌서』 외집 권2 『건정동필담』, 『한국문집총간』 제248책, 제129쪽. "篋中有《漢隷字源》一部共六本, 在中國不易購。敢致之湛軒齋中, 以供清賞。"

129) 홍대용, 「與秋庫書」, 홍대용, 『담헌서』 외집 권1 『항전척독』, 『한국문집총간』 제248책, 제109쪽. "宋士行隷體, 黃太史語八頁。""李元靈篆體二頁。"

130) 등사민, 「鄧師閔與洪大容書」(戊子、丁亥兩函及珍物……), 『계남척독(薊南尺牘)』. "係河南濬縣張石松所書, 此人業已作故而書法最爲遒勁也。"

많았지만, 친지나 지인의 작품도 포함되었는데, 그 의도는 소장 가치가 있거나, 친구를 격려하거나, 물건을 통해 감회를 느끼게 하려는 등 다양했다.

3.5. 과거제도와 팔고문에 대한 소개

과거제도는 양국 문인 사회에서 모두 높은 중시를 받은 제도로 중하층 사대부들에게 관직 진출이라는 안정적이면서도 상대적으로 개방적인 길을 제공하였다. 이에 과거제도는 자연스럽게 한중 문인 간 서신 교류의 주요 논의 주제로 부각되었다. 대표적으로 홍대용이 손유의에게 보낸 서신에서는 중국 과거제도의 운영 방식과 관련된 기초적 정보를 상세히 문의하는 내용이 확인되는데, "공거법(貢擧法)에는 동생(童生), 공생(貢生), 수재(秀才), 거인(擧人)의 구별이 있습니다. 그 제도를 듣고 싶습니다. 성(省), 부(府)와 주(州), 현(縣)은 매년 얼마나 많은 문사를 선발합니까? 선발하는 방법은 각각 며칠이 소요됩니까? 시험에서 다루는 시문(詩文)의 체제(體制)는 무엇입니까? 시문(時文)을 팔고(八股)라고 부르는 것은 무슨 뜻입니까?"131)라고 물었다. 손유의는 이 문제에 대해 상세하게 답변을 작성하였으며, 그 글자 수가 천여 자에 달하였다.

과거의 문체 선정에 있어서 두 나라는 뚜렷한 차이를 보였다. 청나라의 과거에서 사용한 팔고문(八股文) 체재는 조선의 과거에는 없는 것이어서 조선 문인들의 주요 관심사로 자리 잡았다. 조선 문인들은 과거를 문의하는 동시에 팔고문의 기본 상황에 대해 자주 물었는데, 이에 손유의는 서신을 통해 홍대용에게 팔고문의 기본 체제와 특징을 설명해 주었다.

청나라 사람들은 조선의 과거에 대해 잘 알지 못했기 때문에 신선한 느낌을 받으며, 종종 기본적인 사항을 묻곤 하였다. 손유의는 홍대용에게 보낸 편지에서 "귀국에서 문사를 뽑을 때 대과(大科), 소과(小科)라는 명칭이 있다는 말을 일찍이 들었습니다. 두 과의 합격 답안지를 한두 가지 보내주시어 깨우침을 주실 수 있겠습니까?"132)라고 물었다. 등사민 역시 홍대용에게 보낸 편지에서 "동방에서 문사를 선발하는 법을 상세히 들을 수 있겠습니까?"133)라고 질문

131) 홍대용, 「與孫蓉洲書」, 홍대용, 『담헌서』 외집 권1 『항전척독』, 『한국문집총간』 제248책, 제125쪽. "貢擧法, 有童生、貢生、秀才、擧人之別, 願聞其制。省府州縣每年選士幾人？選之之法, 各用幾日？所試詩文, 其體幾何？時文號以八股, 是何義也？"

132) 손유의, 「孫有義與洪大容書」, 『中士寄洪大容手札帖』2, 제110쪽. "貴邦取士有大小科之號, 夙聞命矣。不識兩科中式之卷, 可寄覽一二, 以開毛塞否？"

133) 등사민, 「鄧師閔與洪大容書」, 『中士寄洪大容手札帖』 3, 제184쪽. "東邦取士之法, 其詳可得聞乎？"

하였다.

홍대용은 편지에 동봉한 『동국기략』에서 조선의 과거 과정, 과거 시험 내용, 합격 인원수, 진로 등을 비교적 상세하게 소개하였으며, 아울러 중국 과거의 여러 방면과 비교하였다.

제3절 홍대용과 청나라 문인 교류의 의미

홍대용과 교류했던 청나라 문사는 최소 37명에 이른다. 그는 중국 사행 당시 엄성, 반정균, 육비 등 청나라 문사들과 인연을 맺었다. 귀국 후에도 서신을 통해 청나라 문사들과 꾸준히 소통했으며, 현재까지 남아 있는 편지만 91통에 달한다. 양측의 교류 기간은 상당히 길었는데, 1765년(을유년) 중국 사행을 시작으로 1780년(경자년) 마지막 서신까지 무려 15년간 이어졌다. 홍대용과 청나라 문인들은 폭넓고 깊이 있는 교류를 가졌으며, 그 의의도 상당히 크다.

(1) 홍대용과 '절항삼사'의 교류는 중한 문인 교류의 본보기가 되었으며, 이후 양국 문인 교류에 풍부한 경험을 제공하였다. 홍대용이 귀국한 후, 이들의 왕래는 많은 조선 문사들에게 널리 알려졌다. 이는 먼저 홍대용이 자발적으로 친구들에게 교류 과정을 소개했기 때문이다. 엄성과 반정균과의 필담 중, 그는 "귀국 후 이 대화록을 정리하여 교류 중 나눈 말들을 기록하려 합니다. 이는 생전에 추억을 간직하기 위함이며, 동료들에게 보여주고 후손들에게 전하기 위함입니다."[134] 라고 밝혔다. 그는 필담을 동년배들에게 전할 준비를 했고, 교류의 행적이 후세에 미담으로 남기를 기대하였다. 귀국 후 그는 실제로 이를 실천에 옮겼다.

그는 「해동시선발(海東詩選跋)」에서 "단구(丹丘) 선생 민순지(閔順之)는 아버지의 벗으로 마침 여강(灑江)에서 오셨다. 그분은 내가 북쪽에 갔을 때 중국의 고명한 문사들과 교류한 일을 듣고, 그 일에 대해 자세히 물었다."[135]라고 기록하였다. 다음으로 홍대용과 청나라 문인들 사이에 오간 척독, 한시, 필담 등이 세상에 알려지며 조선 학자들에게 영향을 미쳤다. 이덕무는 그들의 왕래를 담은 시독(詩牘)을 『천애지기서(天涯知己書)』에 정리하며, "이제 여러 필담첩을 보니, 서로

134) 홍대용, 『湛軒書』 외집 권2 「건정동필담」, 『한국문집총간』 제248권, 제152쪽. "歸後以此錄出問答之語, 以爲生前睹思之資, 且以示之儕流, 傳之後孫耳。"

135) 홍대용, 『담헌서(湛軒書)』 내집 권3, 위의 책, 제75쪽. 저자 주: "쇄(灑)"는 "려(麗)"의 오기로 의심된다. "丹丘先生閔順之氏, 父友也, 適自灑江來, 聞余北行與中國高士交, 叩其事甚悉。"

화답하며 나눈 즐거움은 고인들에 부끄럽지 않을 정도로 깊었고, 감동적이어서 눈물을 자아내는 대목들이 곳곳에 있었다. 이에 그들의 편지와 시문 초록을 정리하고, 필담을 산삭하여, 『천애지기서』라는 이름을 붙였다. 이는 우정의 도리를 소홀하게 여기는 이들을 반성시키기 위함이다."[136] 라고 말했다.

박지원은 "우리나라 홍대용은 건륭 병술년에 공사(貢使)를 따라 도성에 들어가 반정균을 만났다. 그 후에도 계속 교류하였는데, 나는 직접 만나보지 못하였으나, 그 정신과 뜻이 통하였다."[137] 라고 말했다. 박지원이 북경에 들어가기 전부터 반정균과 "그 정신과 뜻이 통하였다."라고 한 것은 홍대용과의 교유 내용이 전해진 것과 밀접한 관련이 있다. 특히 홍대용과 '절항삼사' 간의 감동적인 교류 사례는 박지원, 이덕무, 박제가 등의 큰 관심을 끌었으며, 이들은 이를 계기로 청나라 문인들과의 인맥을 넓히며 지속적인 교류를 이어갔다.[138]

(2) 홍대용과 청나라 문인 간의 교류는 그가 청나라의 정치, 학술, 문인 등에 대해 새로운 인식을 가질 수 있게 이끌었다. 특히 청나라 문인들과의 깊은 교류를 통해 홍대용은 청나라 사회의 현상을 정확히 파악하게 되었는데, 필담 후에는 민심의 향배(向背)에 대한 명확한 이해가 생기면서 의혹이 풀렸다. 이는 『건정동필담』에 다음과 같이 기록되어 있다.

> 나는 말했다. "들리는 바에 의하면 중국에는 재이(灾異)가 많고 민심이 흉흉하다는데, 실제 상황은 어떤지 궁금합니다." 역암(力闇)이 말했다. "그런 말은 전혀 사실이 없습니다." 난공(蘭公)도 말했다. "그런 일은 전혀 없습니다. 수년 전에 회부(回部)가 반란을 일으켰지만 3년 만에 진압되었습니다."
>
> 역암이 이어 말했다. "지금은 태평성대라, 설사 하찮은 무리들이 잠시 소동을 일으켜도 즉시 토벌됩니다. ……민심에 관해서는 천하가 모두 감복하고 있을 뿐 소란스럽다는 말은 없습니다. 특히 강절(江浙) 지방은 더욱 그러한데, 조세를 면제받고 은혜를 입은 적이 많기 때문입니다."[139]

---

136) 이덕무, 『천애지기서(天涯知己書)』, 이덕무, 『청장관전서(青莊館全書)』 권63, 『한국문집총간』 제259책, 제123쪽. "今觀其諸帖, 輸寫相和之樂, 不愧古人, 往往感激有可涕者。錄其尺牘及詩文抄, 刪筆談, 名曰天涯知己書, 以刺薄於朋友之倫者焉。"

137) 박지원, 『열하일기』, 제265쪽. "敝邦洪大容, 乾隆丙戌隨貢使入都, 遇潘(庭筠), 其後繼有相交者。僕雖未見, 神情默契。"

138) 일본 학자 夫馬進는 『洪大容燕行的目的以及對國內的衝擊』에서 박지원, 이덕무, 박제가 세 사람이 연행에서 받은 홍대용의 영향에 대해 비교적 상세하게 논했기 때문에 이 절에서는 더이상 언급하지 않겠다. 夫馬進 저, 伍躍 역, 『朝鮮燕行使與朝鮮通信使』, 제167쪽.

139) 홍대용, 『담헌서(湛軒書)』 외집 권2 「건정동필담」, 『한국문집총간』 제248책, 제143쪽. "并無騷動"은 원작에

한편, 홍대용이 청나라 학술의 특징에 대해 재인식하게 된 것은 청나라 문인들과 학술적 대화를 통해 사유의 깊이가 더해진 결과이다. 그는 절항삼사와 주희, 육상산의 공통점과 차이점, 주자의 『시경』 주(注)에 대한 견해를 여러 차례 교환한 끝에, 주자학(朱子學)에 대한 관점을 정립하였다.

> 동쪽의 유학자들이 주자를 숭배하는 것은 실로 중국이 미치지 못하는 바이다. 그러나 그들은 단지 숭배하는 것이 고귀하다는 것만 알고, 경전의 의미에서 의심스럽거나 논의할 만한 부분에 대해서는 부화뇌동하여 무조건 덮어놓고 보호하려 하며, 세상의 입을 틀어막으려 한다. 이는 마치 향원(鄕原)의 마음으로 주자를 바라보는 것과 같아, 내가 은연중에 이를 병통으로 여겼다. 절강(浙江) 지방 사람들의 논의를 듣고 보니, 그 또한 지나친 면이 있기는 하나, 동방의 나쁜 습관을 단번에 씻어내어 사람들의 마음을 탁 트이게 하였다.[140]

청나라 사람들은 주자를 맹목적으로 추종하지 않고, 경전의 의심스러운 점을 과감히 지적하며 자신의 의견을 서슴없이 제시했는데, 이는 바로 조선 문인들에게는 부족했던 모습이다. 홍대용은 청나라 문인에 대해 새로운 인식을 갖게 되었는데, 이는 바로 청나라의 유교 문화가 완전히 사라진 것이 아니며, 청나라 문인 중 뛰어난 이들은 여전히 깊은 학문적 저력을 지니고 있다는 것이다. 「건정록(乾净錄) 후어(後語)」에서 그는 엄성, 반정균, 육비를 다음과 같이 평하였다.

> 세 사람은 비록 머리를 짧게 자르고 오랑캐의 복식을 입고 있어 만주족과 다를 바 없지만, 실은 중화 명문가의 후예이다. 우리 비록 소매가 넓고 관(冠)을 쓰며 스스로 기뻐하지만, 실은 바다 밖의 오랑캐일 뿐이다. 그 귀천의 차이가 어찌 자로 재어 헤아릴 수 있겠는가? 우리의 습성으로 하여금 그들과 처지를 바꾸어 놓는다면, 그들을 천하고 하찮게 여겨 괄시하는 것이 어찌 단지 노복에 그치겠는가? 그러나 이 세 사람이 몇 번 만났을 뿐인데도 옛 친구처럼 마음을 다해

서 "并獻騷動之說"라고 하였는데, 오기이며, 홍대용의 『건정필담(乾净筆譚)』에 의거하여 수정하였다. 『연행록전집』 제43책, 제91쪽. 余曰 : "聞說中國多灾異, 民心多動, 未知實狀如何 ? "力闇曰 : "此說實在無之。"蘭公曰 : "並無此事。"數年前, 回部抗逆三年而滅。力闇曰 : "此時太平極盛之世, 即有小醜無聊竊發, 皆是即時勦滅。……至于民心, 則普天之下, 無不感戴, 並無騷動之說。江浙尤甚, 屢蒙蠲租, 賜復之恩故也。"

140) 홍대용, 『담헌서(湛軒書)』 외집 권3 「『건정록(乾净錄)』 후어(後語)」, 『한국문집총간』 제248책, 제174쪽. 東儒之崇奉朱子, 實非中國之所及。雖然, 惟知崇奉之爲貴, 而其於經義之可疑、可議, 望風雷同, 一味掩護, 思以箝一世之口焉, 是以鄕原之心望朱子也, 余竊嘗病之。及聞浙人之論, 亦其過則過矣, 惟一洗東人之陋習, 則令人胸次灑然也。

서로 호형호제하며, 이를 다하기를 두려워하지 않았으니, 이 기상은 이미 우리가 미칠 바가 아니다.[141]

홍대용은 이 세 사람이 비록 오랑캐의 복식을 입었지만, 중국의 우수한 문화를 온전히 계승했다고 평했다. 그들의 개방적이고 진솔한 태도는 일반적인 조선 문사들이 도저히 따를 수 없는 경지라고 평가하였다.

(3) 홍대용과 '절항삼사'가 필담과 서신을 주고받은 것은 중한 양국 간의 문화 및 학술 교류가 더욱 심화되었음을 상징한다.

이들의 교류 내용을 살펴보면, 홍대용은 청나라 학문을 자발적으로 이해하고자 한 것 외에도 몇 가지 쟁점에 대해 청나라 문인들과 토론하고, 동시에 조선의 학술 사상도 적극적으로 소개하였다. 이는 이전의 중한 문인 교류에서는 볼 수 없었던 새로운 현상이다. 이들의 교류 형식을 살펴보면, 필담, 서신, 증문, 창화, 제사, 평점, 선물 교환 등으로 중한 문인 교류에서 사용되는 다양하고 전형적인 형식들을 모두 갖추었다. 이는 중한 문사들의 교류가 더욱 심화되었음을 반영하는 것이라 할 수 있으며, 이들의 심도 있는 교류는 다음 세 가지 측면에서 두드러지게 나타난다.

① 홍대용은 학술적 쟁점을 두고 활발한 토론을 벌였다. 북경에 머물던 기간 동안, 그는 절항삼사와 필담 및 서신을 통해 양명학과 주자의 시 해석 등에 관해 깊이 있는 논쟁을 반복했다. 귀국 후에도 그는 서신 교류를 통해 엄성과 유·불·도 삼교의 유사점과 차이점을 논의하였으며, 고금의 인품을 여섯 가지 등급으로 나누었고, 학문하는 데 있어 동방의 선배들이 경계한 '오심' 이론을 피할 것을 제안하며 논의를 이어갔다. 또한 그는『중용』제33장을 해석한 글을 엄성에게 보내 함께 토론하였다. 또한, 그는 유학과 대립되는 이단의 학설에 대해 등사민과 논의하기를 희망했고, 엄성과 조욱종(趙煜宗)에게는 자신의 독서법을 제시한 적이 있다. 홍대용이 귀국 후에 청나라 문인들에게 보낸 편지의 내용은 주로 학술 문제의 토론과 관련이 있었다. 이러한 학문적 탐구에 대한 그의 열정은 청나라 문인들과 나눈 교류 전반을 관통하고 있다고 해도 과언이 아니다.

② 홍대용은 조선 문화의 정수와 연구 성과를 청나라 지인들에게 적극적으로 소개했다. 그는

141) 위의 책, 제174쪽. 三人者, 雖斷髮胡服, 與滿洲無別, 乃中華故家之裔也。吾輩雖闊袖大冠, 沾沾然自喜, 乃海上之夷人也。其貴賤之相距也, 何可以尺寸計哉？以吾輩習氣, 苟易地而處之, 則其鄙賤而輘轢之, 豈啻如奴僕而已哉？然則三人者之數面如舊, 傾心輸腸, 呼兄稱弟。如恐不及者, 即此氣味, 已非吾輩所及也。

엄성과 반정균이 조선의 전반적인 상황을 이해할 수 있도록 『동국기략(東國記略)』을 지어 선물했다. 또한 청나라 사람들이 조선의 "심성설"을 제대로 알 수 있도록 김원행의 『논성서(論性書)』를 엄성과 반정균에게 추천했다. 귀국 후에는 반정균에게 자신의 『「명기집략(明記輯略)」변설(辨說)』, 『홍화포주청일록약(洪花浦奏請日錄略)』을 소개하며, 중국 전적에 기록된 오류를 바로잡고 역사적 진실을 회복하려 했다. 또한 홍대용은 연행사절단을 통해 엄성에게 이이의 『성학집요(聖學輯要)』를 전달했고, 반정균에게는 『해동시선(海東詩選)』, 『동사총요(東事總要)』, 『복거론(卜居論)』, 그리고 형인 홍대응의 시집 한 권을 보냈다. 엄과에게는 『농암잡지(農岩雜識)』, 『삼연잡록(三淵雜錄)』을, 주문조에게는 수십 편의 시문을 전하며 조선의 학문을 널리 알렸다.

한편 홍대용도 청나라 지인들로부터 다양한 서적을 선물 받았다. 그가 옛것을 좋아하는 것을 알고, 반정균은 자신의 『한예자원(漢隸字源)』 한 부와 『호산편람(湖山便覽)』 두 부를 보냈다. 또한, 손유의는 그에게 『시운(詩韻)』 한 권을, 등사민은 「회성원(繪聲園)」 시 세 부를 선물했으며, 엄과는 철교(鐵橋)의 시문과 『일하제금집(日下題襟集)』을 홍대용에게 주었다.

③ 교류 주제의 다양성은 이들의 관계가 심화되었음을 보여주는 또 다른 증거이다. 이들은 책과 서화, 문학과 문인, 감상과 평론, 철학과 예술, 음운과 훈고, 과장과 공거(貢擧), 관직과 작위, 의복과 음식, 혼인과 제사, 지역의 형세, 종교와 신앙, 점성술과 술수, 화약과 인쇄, 음식과 조리, 바느질과 방직, 주거와 행동 습과, 무릎 꿇고 앉기의 예절, 입학과 계몽, 서양의 학문(泰西之學) 등의 다양한 주제를 섭렵하였다. 『건정동필담』에 기록된 제4차 필담에서 반정균은 홍대용에게 『청음집』의 권수와 『기아(箕雅)』에 근래 시인의 작품이 수록되어 있는지를 물었다. 홍대용은 반정균에게 『여만촌문집(呂晩村文集)』과 『「독례통고(讀禮通考)」속편』의 구매를 부탁하며, "항산루(響山樓)에 소장된 책이 몇천 권인지에 대해서도 질문했다.

(4) 홍대용과 '절항삼사'의 교류, 특히 엄성과의 생사지교는 "세상에 나를 알아주는 지기가 있다면 하늘 끝에 있어도 가까운 이웃과 같다.", "두 사람의 감정이 영원히 변하지 않는다면 굳이 아침저녁으로 함께 있을 필요가 있겠는가?"라는 교유의 진리를 보여준다. 또한, 유가 문화라는 큰 배경에서 18세기 중후반 양국 문인들이 공유한 교유(交遊)의 가치관을 반영하고 있다. 이를 통해 이들이 지음(知音)과 지심(知心)을 바탕으로 죽어도 변치 않을 우정을 세웠음을 알 수 있다.

역사적으로 홍대용과 엄성의 교류는 중한 문인 교류사의 미담으로 두 사람이 보여준 피를 나눈 혈육보다 더 애틋한 감정은 그 당시와 이후의 수많은 중한 문인들에게 감동을 주었다. 엄성이 병으로 세상을 떠난 후, "반정균(潘庭筠)이 덕보(德保)에게 부고를 알렸다. 덕보는 애사(哀

辭)를 짓고 향과 폐백을 마련하여 용주(蓉洲)에 보냈고, 그것이 전달되어 전당(錢塘)으로 들어갔는데, 바로 그날 저녁이 대상(大祥)이었다. 제사에 참석한 사람들은 서호(西湖)를 둘러싼 여러 군(郡)에서 모였는데, 모든 이가 놀라며 탄복했다."[142]라고 전해진다. 엄성은 임종 직전에도 옛정을 잊지 않고, 홍대용이 선물한 오래된 먹의 향기를 맡았는데, 이에 대해 조선 말기의 저명한 문인 김택영은 "전당의 열사 철교 옹, 먹을 무덤에 함께 묻은 기담(奇談) 해동(海東)에 가득하네."[143]라고 시로 칭송하였다. 청나라 사람들 역시 이들의 고상한 우정을 높이 평가했는데, 저명한 학자 오영방(吴颖芳) 역시 시를 통해 "자미(紫薇) 북도(北都)에서 한번 논의하니, 인파 속에 몸 담그고 누가 나를 찾아주리? 친구 얻은 때는 순음(純陰) 곤(坤)의 때, 만 리의 조정 성대한 모임에서 수레 달려오네. 떠들썩한 시장에서 이야기하며 교제를 맺고, 동해(東海)에 문장의 존귀함이 알려지네. 한 명의 지기(知己) 얻으면 죽어도 한이 없으니, 천고에 시인의 혼이 웃음 짓는구나."[144]라고 찬양했다. 이처럼 홍대용과 엄성의 우정은 여러 문인들로부터 높은 평가를 받았다.

이상의 내용에서 알 수 있듯이, 홍대용과 청나라 문인들의 교류, 특히 엄성, 반정균, 육비와의 관계는 18세기 중한 문인 교류의 전형적인 사례로 평가된다. 그 의의는 단순히 홍대용과 엄성의 생사를 넘나드는 우정이 주는 강렬한 감동에만 있는 것이 아니라 다음과 같은 개창의 의미를 지닌다. 우선, 양국 간 문화적 이해를 심화시켰고, 둘째, 이후 조선과 청나라 문인 교류를 위한 정보와 경험을 제공했다. 이를 통해 당시 두 나라 문인들이 서로의 문화를 깊이 있게 이해하고, 소통할 수 있는 기반을 마련했다.

이를 바탕으로 박지원, 이덕무, 박제가, 유득공 등은 청나라에 대한 인식을 새롭게 하고, 중화 전통문화의 지속성과 역동성을 깨달으며, 전례 없는 열정으로 청나라 문인들과의 교류를 확대하고 강화하였다. 이를 통해 18세기 말 양국 문인 교류는 성대한 양상을 띠게 되었다. 결과적으로 홍대용과 청나라 문인 간의 교류는 그 내용과 방식 모두에서 과거를 크게 뛰어넘으며, 중요한 학술적 가치와 역사적 의의를 지니게 되었다.

142) 박지원, 『홍덕보묘지명(洪德保墓志銘)』, 박지원, 『연암집(燕岩集)』 권2, 『한국문집총간』 제252책, 제53쪽. "潘庭筠爲書赴德保。德保作哀辭, 具香幣, 寄蓉洲, 轉入錢塘, 乃其夕將大祥也。會祭者環西湖數郡, 莫不驚嘆"。

143) 김택영, 『寄浙江蔣孟潔(瑞藻)』, 김택영, 『소호당집(韶濩堂集)』 「韶濩堂詩集定本」 권6, 『한국문집총간』 제347책, 제221쪽. 錢塘烈士鐵橋翁, 殉墨奇談滿海東

144) 오영방(吴颖芳), 『戊子人日, 瓣香吟會, 用杜工部「追酬故高蜀州人日見寄」韵, 哭輓鐵橋二兄」, 엄성 찬, 주문조 편, 『철교전집(鐵橋全集)』 제3책. 紫薇北都方一論, 厕身人海誰過存？得朋正在純陰坤, 萬里王會車來奔。立談結交闤闠門, 東海知有文章尊。得一知己死不恨, 千古含笑騷人魂

제5장

연암학파와 청나라 문인의 교류

연암학파는 18세기 후반 박지원을 중심으로 박제가, 유득공, 이덕무 등이 사승관계(師承關係)와 실학사상을 공유하며 형성된 학문공동체이다. 특히 박제가, 유득공, 이덕무 3인은 시문 창작과 시학 논의를 통해 긴밀한 학문적 유대를 구축하였다. 유득공은 "나와 무관(懋官), 차수(次修)는 조계 백탑 서쪽에서 결발(結髮)하고 시를 읊었다. 당송원명(唐宋元明)을 가리지 않았으니, 백가의 정화를 탐구하고자 함이었다."[1]라고 말했다.

박지원은 이들의 스승이자 벗으로 중국에 출사했을 때, 청나라 문인들에게 그들과의 관계를 소개한 바 있다. 『열하일기』에 따르면, 청나라 사람 임고(林皐)가 박제가와 이덕무를 "청렴하고 뛰어난 문사[淸廣高妙之士]"라 칭찬하자, 박지원은 "이 모두 나의 문하생들로 보잘것없는 재주를 가졌으니, 어찌 충분하다고 말할 수 있겠는가?"[2]라고 답했다. 박지원은 특히 유득공과는 무려 50년에 걸친 깊은 교류를 이어갔다. 창강 김택영 역시 "당시 문학계의 영재들인 이덕무, 유득공, 박제가 및 재상 이서구 등은 모두 그(박지원)를 흠모하며 스승과 벗으로 삼았다."[3]라고 말했다. 연암학파는 당시 조선 문단에 미친 영향력이 컸다. 성해응(成海應)은 「유혜보 애사[柳惠甫哀辭]」에서 "이형암(李炯庵), 박초정(朴楚亭)이 모두 고문사(古文詞)를 제창하였다. 고요한 곳에서 스스로 즐거워하였는데, 박공을 만나 곧바로 막역해졌다. 이형암은 박학다식하여 고금의 난해한 문제에 대해 메아리처럼 자연스럽게 대답했고, 박초정은 날카로운 성격으로 술자리 논쟁에 칼날 같은 언변을 펼쳤다. 한편 박공은 유유자적하며 고아하고 우아한 풍모로 대화를 이끌었다. 세 사람이 만나면 시를 지어 쌓인 감정을 토로했고, 문사들은 그들의 시를 전하며 '신성(新聲)'이라 불렀다."[4]라고 하였다. 이들은 한국 문학사에서 사상적 성취와 문학적 성취 모두에서 매우 뛰어난 성과를 이뤘다.

18세기 후반 중한 문인 교류는 전례 없이 활발하게 이루어졌는데, 이는 연암학파와 밀접한 관련이 있다. 이들이 없었다면 당시 중한 문인 교류의 번영은 이루어지기 어려웠을 것이다.

---

1) 유득공의 『고운당필기(古芸堂筆記)』 권4 「檢書體」, 『栖碧外史海外蒐佚本』 제10권, 아시아문화사 1986년, 제399쪽. "余與懋官、次修結髮稱詩於曹溪白塔之西。唐宋元明無適無莫, 意在縱觀百家, 掇拾精華而已。"

2) 박지원, 『열하일기』, 제95쪽. "是皆吾之門生, 雕蟲小技, 安足道哉？"

3) 김택영(金澤榮), 『朴燕岩先生傳』, 『소호당집(韶濩堂集)』 「소호당문집정본(韶濩堂文集定本)」 권9, 『한국문집총간』 제347책, 제339쪽. "一時文學之英, 如李德懋、柳得恭、朴齊家及李相書九之倫, 皆傾慕而師友之。"

4) 성해응(成海應), 『연경재전집(研經齋全集)』 권11, 『한국문집총간』 제273책, 제236쪽. "時李炯庵、朴楚亭皆倡爲古文詞。自娛於寂寞之濱, 見公即莫逆也。炯庵長於淹博, 談古今疑難, 叩之如響, 纚纚然不絶。楚亭性警拔, 每酒酣放論, 廉利鋒鍔, 若不可犯。公又從容談笑, 秀麗都雅, 藻彩蔭映。三子者相會, 淋漓爲歌詩以舒其鬱, 士皆傳誦, 謂之新聲。"

특히 조선의 북학파 문인들이 청나라 사행 과정에서 자발적으로 청나라 문인들과 폭넓은 관계를 맺으며 활발히 교류한 점은 큰 의의를 지닌다. 이러한 교류는 중한 양국의 학술, 문학 분야에서 상호 이해 관계를 증진시키면서 18세기 초중기의 교류와는 또 다른 특징을 보여주었다. 특히 청나라 조정 문인과의 활발한 교류, 교류 과정에서 조선 문화의 주체의식 강조, 저명한 청나라 문인들과의 지속적인 학술적 관계 유지 등의 특징이 두드러진다. 이에 이 장에서는 18세기 후반 중한 문인 교류의 성황과 특징을 살펴보고, 그 의의를 탐구하기 위해 연암학파와 청나라 문인의 교유를 고찰하고자 한다.

제1절 박지원과 청나라 문인의 교류

박지원(1737-1805)은 조선 후기 대표적인 실학자 겸 사상가로서 '북학파'의 중심인물 중 한 명이다. 그의 자는 중미(仲美) 또는 미중(美仲)이고, 호는 연암(燕岩) 또는 연상(烟湘), 열상외사(洌上外史) 등을 사용하였으며, 본관은 반남(潘南)이다. 한양의 명문 세가인 박필균(朴弼均)의 손자이자 금양위 박미(朴瀰)의 오대손으로 태어났다. 그는 호방한 성격으로 속박을 싫어했고, 권세와 과거를 경멸하며 평생 낙척불우(落拓不遇)한 삶을 살았다. 만년에 양양부사(襄陽府使)에 임명되었으나 건강이 악화되어 귀향하였고, 69세로 생을 마감하였다.

1780년(건륭 45년), 박지원은 사촌 박명원(朴明源)이 조선 사행단 정사로 임명되어 건륭황제의 칠순 탄신을 축하하기 위해 중국으로 떠날 때 수행원으로 동행하였다. 그는 사행 중 북경과 열하에서 청나라 문인들과 활발히 교류하며, 중한 문인 교류사에 중요한 족적을 남겼다.

박지원은 18세기 조선 문인 중 박제가와 유득공에 이어 청나라 문인들과 가장 활발히 교류한 인물로, 홍대용의 뒤를 이어 양국 간 필담에서 양적·질적 성과를 모두 달성한 조선의 대표적인 학자이다. 그의 교류사적 성과는 다음과 같이 요약된다. 첫째, 18세기 청나라 문인들과 광범위하게 교류한 최초의 조선 문인이다. 둘째, 조선 학술과 문인 정보를 체계적으로 해외에 소개하며 선구자적 역할을 수행하였다. 더욱이 그는 양국 문인 교류에 대해 깊이 성찰하고, 경험에 대한 체계적인 정리를 시도한 유일한 조선 문인이다. 이에 이들의 교류는 이들만의 독창적인 특징을 갖게 되었다.

1 박지원의 중국 사행과 청나라 문인과의 교류 준비

박지원의 중국 사행은 약 3개월 동안 진행되었으며, 그동안 그는 심양, 북경, 열하 등지를 여행하였다. 기존에 중국 사행을 떠났던 조선 문인들과는 달리, 박지원은 상당량의 중국 관련 자료를 섭렵한 후 중국으로 향하였다.

(1) 선배와 벗으로부터 청나라 정보를 수집하였다.

박지원은 사행을 떠나기 전부터 선배와 친구들의 『연행록』, 필담 자료, 그리고 대화를 통해 중국에 대한 정보를 체계적으로 수집하였다. 특히 중국 사행 경험이 있던 홍대용, 이덕무, 유득공 등은 그의 절친한 친구들이었기 때문에 박지원에게 간접적으로 중국을 이해할 수 있는 기회를 제공하였다. 『열하일기』에는 이를 뒷받침하는 여러 기록이 남아있다. 「관내정사(關內程史)」에는 이덕무가 박지원에게 청나라의 인물과 사건을 소개한 내용이 있는데, "유리창에 들어서니, 처음 마주한 거리에는 '오류거(五柳居)'라는 세 글자가 쓰여 있었다. 이곳은 도옥(屠鈺)의 책방이다. 지난해 덕무와 같은 이들이 이곳에서 책을 많이 사 갔고, 오류거에 대해 흥미롭게 이야기하곤 했다. 이제 이곳을 지나니 오랜 친구를 만난 듯했다. 덕무가 떠나기 전에 또 이르기를, '만약 당원항(唐鴛港) 낙우(樂宇)를 찾는다면, 먼저 선월루(先月樓)에 가시오. 그곳에서 남쪽으로 작은 골목을 돌면 두 번째 문이 당씨의 집입니다.'라고 하였다."5)라는 기록이다. 또 「동란섭필(銅蘭涉筆)」에서는 "건륭 병술년 봄에 엄성과 반정균이 연경에 왔을 때, 홍덕보(洪德保)와 건정동 골목에서 교류하였다. 『회우록(會友錄)』이 있는데, 내가 서문을 썼다."6)라고 기록하였다. 박지원이 『회우록』에 서문을 쓴 사실로 미루어 보아, 그는 홍대용과 '절항삼사'의 교류에 대해 상세히 알고 있었다. 한편 「도강록(渡江錄)」에는 다음과 같은 기록이 있다.7)

홍분루에서 막추와 작별하고	紅粉樓中別莫愁
가을바람에 몇몇 기병이 변방을 떠나네.	秋風數騎出邊頭
그림배에 실은 퉁소 장고 어이하여 소식 없나	畵船簫鼓無消息
애끊고 추억할 제 우리 청남 첫째 골을	腸斷淸南第一州

5) 박지원, 『열하일기』, 110쪽. "入琉璃廠, 初街有'五柳居'三字題, 此屠鈺册肆也。前歲懋官輩多貿此肆, 津津說五柳居, 今過此中, 如逢故人。懋官臨別又言, 若尋唐鴛港樂宇, 先至先月樓, 其南轉小衚衕第二門即唐宅云。"

6) 박지원, 『열하일기』, 368쪽. "乾隆丙戌春與嚴誠、潘庭筠來燕京, 洪德保證交乾净胡同, 有《會友録》, 余曾有序。"

7) 박지원, 『열하일기』, 3쪽.

이는 유혜풍(柳惠風) 영재가 심양에 들어갈 때 지은 시이다.

상술한 내용들을 통해, 사행 전 박지원은 청나라의 인물과 사건을 '수염과 눈썹을 세듯이' 면밀하게 파악하고 있었음[8]을 알 수 있다.

(2) 고전 문헌을 통해 중국 정보를 수집하였다.

사행 전, 박지원은 방대한 고전 문헌을 섭렵함으로써 중국 역사에 대한 해박한 지식을 축적하였다. 그의 『열하일기』에는 중국 고전이 다수 인용되어 있다. 『열하일기』 권1 「도강록」부터 권2 「태학유관록」까지 총 40여 종의 서적과 문장을 언급했는데, 『사기』, 『한서』 등의 역사서, 『산해경』, 『지리통석』 등의 지리서, 『주역』, 『시경』 등의 유학 경전, 유향의 『별록』과 같은 목록학 서적, 『채풍록』, 『명시종』 등의 문학 총집, 『월령』, 『전보』 등의 계보류 문헌 등 다양한 문헌이 포함되어 있다. 이를 통해 박지원이 중국 전통 문화에 정통했음을 확인할 수 있다. 이에 1780년(경자) 이전, 박지원은 비록 직접 중국을 방문한 경험은 없었지만, 방대한 중국 고전을 섭렵함으로써 연행 전 필요한 지식을 이미 확보하고 있었던 것을 알 수 있다.

(3) 청나라 문인과의 필담 교류를 위해 미리 준비를 갖추었다.

청나라 문인들과의 만남에 앞서, 박지원은 필담을 위한 철저한 준비를 마쳤다. 『열하일기』에서는 그가 매일 필담 주제에 대해 깊이 고심하던 상황을 다음과 같이 기록하였다.

> 수도를 떠난 지 벌써 8일이 되었고, 황주에 이르렀다. 말 위에서 나는 스스로 생각하길, 나의 학식으로는 중원에 입문할 만한 바탕이 없으니, 만약 중원의 대학자를 만난다면, 무엇을 가지고 그와 대화하여 질문할 것인가? 이로 인해 번뇌와 억울함이 생겨, 옛날에 들었던 이야기에서 지전(地轉)과 월세(月世) 등의 학설을 찾아내었다. 매번 말고삐를 잡고 안장에 기대어, 잠자리에서도 이를 추론하고 설명하니, 수십만 자에 달하는 글이 쌓이게 되었다. 가슴속에 아직 쓰지 못한 책과 허공 속에 소리 없는 글자들이 매일 여러 권씩 떠오르니, 비록 말은 근거가 없더라도 이치는 곳곳에 있다. 그러나 말안장 위에서 척척 피로가 쌓이고, 붓과 벼루를 잡을 틈도 없어, 특별한 생각들은 밤새도록 머릿속을 떠돌았다.[9]

8) 박지원, 『열하일기』, 264쪽. "疑其爲潘庭筠、李調元、祝德麟、郭執桓諸名士也。此諸人者, 有先余交遊者, 故名芬牙頰, 若數鬚眉。

9) 박지원, 『열하일기』, 243쪽. 余離我京八日, 至黃州, 仍於馬上自念, 學識固無藉手入中州者, 如逢中州大儒, 將何以扣質? 以此煩冤, 遂於舊聞中討出地轉、月世等說, 每執轡據鞍, 和睡演繹, 累累數十萬言, 胸中不字之書, 空裏無音之文, 日可數卷。言雖無稽, 理亦隨寓, 而鞍馬增憊, 筆硯無暇, 奇思經宿。

이를 통해 박지원이 청나라 지식인들과의 필담 교류에서 다룬 지전(地轉) 및 월세(月世) 등의 학설은 그가 심혈을 기울여 준비한 결과물이었음을 알 수 있다. 그의 저술은 단순히 방대한 분량을 자랑하는 수십만 자에 달하는 글에 그치지 않고, 독창적인 사유와 깊이 있는 이치를 담고 있었다. 그가 직접 언급한 바와 같이, 그의 논의 속에는 '기발한 사고'와 '사유의 깊이'가 곳곳에 배어 있었다. 이러한 철저한 학문적 준비 덕분에, 그의 필담 논의는 청나라 지식인들에게 높은 인정을 받을 수 있었다. 「곡정필담」에는 "지정이 '신사언'부터 '쇄쇄소성'까지 무수히 표시하며, 학정은 이를 두고 '기발하면서도 통쾌한 논의로, 이전의 어느 누구도 밝혀내지 못한 것을 드러내었다.'라고 하였다."[10]라는 기록이 있는데, 이를 통해 박지원이 이러한 칭찬을 받으며 상당히 만족스러워했음을 알 수 있다.

2 박지원과 청나라 문인 교류의 특징

박지원은 중국에 머물던 기간은 물론 귀국 후에도 필담 및 시문 교류를 통해 다수의 청 문인들과 지속적인 교류를 이어갔다. 『연암집』과 『열하일기』에 따르면, 그와 교류한 청나라 문인은 총 50명에 달하는데, 강용태(康永太), 통원보(通遠堡)의 민가 주인, 부도삼격(富圖三格), 요양성(遼陽城) 외곽의 만주 소년 2명, 요동(遼東)의 만주인 수재, 전사가(田仕可), 이귀몽(李龜蒙), 오복(吳復), 비치(費穉), 배관(裴寬), 십삼산(十三山)의 노인 섭(謝)씨, 사효수(謝孝壽), 등주(登州) 여관의 이선생(李先生), 동관역(東關驛)의 노인 축(祝)씨, 호응권(胡應權), 서초분(徐苕芬), 임고(林皋), 호형항(胡迥恒), 심유붕(沈由朋), 진경(秦璟), 박명(博明), 유세기(俞世琦), 능야(凌野), 고역생(高域生), 초팽령(初彭齡), 왕성(王晟), 풍병건(馮秉健), 서황(徐璜), 진정훈(陳庭訓), 왕민호(王民皥), 왕나한(王羅漢), 윤가전(尹嘉銓), 경순미(敬旬彌), 추사시(鄒舍是), 기풍액(奇豐額), 왕삼빈(王三賓), 왕신(汪新), 누일왕(屢一旺), 파로회회도(破老回回圖), 조수선(曹秀先), 조광련(趙光連), 서대용(徐大榕), 육가초(陸可樵), 이면(李冕), 국자감(國子監)의 조교 구양(歐陽)씨, 국경 밖의 나그네, 곽집환(郭執桓), 손유의(孫有義) 등을 포함한다. 이중 박지원은 곽집환, 손유의와는 직접 만난 적이 없지만, 서신과 시문을 통해 지속적으로 교류하였다. 이들의 교류 양상은 다음과 같은 특징을 보인다.

10) 박지원, 『열하일기』, 224쪽. "志亭自'信斯言'至'瑣瑣小星'亂圈之, 鵠汀甚稱'奇論快論, 發前人所未發'。"

(1) 박지원은 명확한 목적의식을 가지고 있었다.

박지원은 청나라 사회 전반을 깊이 있게 이해하기 위해 각계각층의 문인들과 적극적으로 교류했다. 박지원의 이러한 교류 방식은 18세기 중국을 방문한 다른 조선 문인들에게서는 찾아볼 수 없는 독특한 특징이라고 할 수 있다. 대체로 당시의 조선 문사들은 현자나 반청 지식인과의 교류를 선호했으며, 일반적인 청나라 문인들과 깊은 관계를 맺는 것에는 비교적 소극적이었다.

박지원의 교유 방식은 두 가지 특징을 보인다.

첫째, 박지원은 상대의 학문적 수준, 사회적 지위, 연령 등을 구분하지 않는 것은 물론이고, 만주인이든 몽골인이든 민족에도 차별을 두지 않고, 가능한 모든 기회를 활용하여 적극적으로 교류했다.

둘째, 박지원은 동시대 사람과 벗으로 사귀고자 했다. 「회성원집발(繪聲園集跋)」에서 "천고 앞의 옛사람을 벗 삼는다."라는 전통적 교유관에 대해 "누가 우울하게 천고 이전으로 거슬러 올라가거나, 답답하게 천년 뒤를 기다리겠는가? 이로써 보건대, 벗이란 반드시 지금 현세에서 구해야 하는 것이 분명하다."[11]라고 주장하며, 향촌, 시장, 도시를 막론하고 자발적 교류가 가능한 사인들을 적극적으로 찾아다녔다. 이처럼 광범위한 교유의 궁극적인 목적은 청나라의 '시정 득실'과 '민정 향배'를 파악하기 위한 것이었다. 교류 과정에서 그가 "조리가 없고 번잡하며 중복된다는 의심을 피하지 않고, 고의로 이와 같은 황당무계한 질문을 하였다."[12]라고 말한 것도 바로 현재 청나라의 모든 면을 이해하기 위해서였다.

(2) 박지원의 교류 대상은 아주 광범위했다.

박지원의 적극적인 교류 태도는 청나라 문인들과의 교류 범위를 자연스럽게 넓혔고, 이는 필담 내용의 풍부함으로 이어졌다. 박지원과 교류한 청나라 문인 중 문헌에서 확인된 사람만 총 50명으로, 이는 박지원 이전에 중국에 파견된 홍대용이 교류한 문인 37명을 넘어서는 수치이다. 그의 교류 대상은 한족, 만주족, 몽골족 등 다양한 민족과 사회 계층을 아우른다. 구체적으로는 한족 출신의 젊은 문사 강영태(康永太), 만주족 출신의 나이든 향촌 수재 부도삼격(富圖三格), 골동품 상인 전사가(田仕可), 그리고 청나라 정부의 고위 관료인 윤가전(尹嘉銓) 등이 포함된다. 특히, 박지원은 한족에만 국한하지 않고, 만주족인 기풍액과 몽골족인 박명과도 활발히 교류하였

11) 박지원, 『연암집(燕岩集)』 권3, 『한국문집총간』 제252책, 제70쪽. "孰能鬱鬱然上溯千古之前, 昧昧乎遲待千歲之後哉？由是觀之, 友之必求於現在之當世也明矣"

12) 위의 책, 제218쪽. "不避其支離煩複之嫌, 而故爲此迂闊誕漫之問"

다. 또한, 그는 소주(蘇州)의 한족 문사 심유붕(沈由朋), 기인(旗人) 왕나한(王羅漢) 등 사회 각계각층의 인물들과도 관계를 맺었다. 특히 주목할 점은 박지원이 청나라의 거인과 조정의 문인들, 그리고 강희제의 외손자인 파로회회도(破老回回圖)와도 교류를 나누었다는 점이다.

박지원은 18세기 조선 문인 중 청나라 거인(擧人) 및 관료 문인들과 적극적으로 교류한 첫 번째 문인이다. 박지원이 중국에 출사하기 이전, 청나라 문인들과 활발히 접촉한 조선 문인으로는 김창업, 이기지(李器之), 이상봉(李商鳳), 홍대용, 이덕무 등이 있다.

김창업이 교류한 청나라 문인은 대부분 민간 문인이었으며, 스스로를 수재로 자처하는 이들이 주류를 이루었다. 그중 가장 높은 지위를 가진 인물은 『일통지(一統志)』의 편집관 이원영(李元英)과 심부랑중(瀋部郎中) 조화(趙華)였다.

이기지는 청나라의 진사(進士) 정유(鄭愉), 호세도(胡世圖), 성경예부(盛京禮部) 교관(敎官) 관석선(關碩善), 심부랑중(瀋部郎中) 조화(趙華), 한림원(翰林院) 검토관(檢討官) 진법(陳法) 등 상위층 문인 다섯 명과 교류했지만, 그 외 접촉한 청나라 문인들의 지위는 대부분 낮았다.

이상봉이 교류한 청나라 문인 중에는 현교유(縣敎諭) 설문유(薛文儒), 국자감(國子監) 교습(敎習) 반상(潘相), 거인(擧人) 호소일(胡少逸), 유지현(劉知縣) 등 비교적 높은 지위를 가진 문사들이 있었지만, 나머지는 수재(秀才) 출신의 일반 문인들이었다.

홍대용과 교류한 청나라 문인 중에는 한림학사(翰林學士) 오상(吳湘), 팽관(彭冠), 선양부학(瀋陽府學) 조교(助敎) 납영수(拉永壽), 강희제(康熙帝)의 증손(曾孫) 양혼(兩渾) 등 높은 지위의 문사들이 있었지만, 그 외는 벼슬이 없는 일반 문인들이었다.

이덕무와 교류한 관료 문인으로는 이정원(李鼎元), 황도경(黃道煚), 이헌교(李憲喬), 당낙우(唐樂宇), 반정균(潘庭筠), 이기원(李驥元), 축덕린(祝德麟), 배진(裴振) 등이 있었는데, 그 수는 증가했지만, 박지원에 미치지는 못했다.

박지원과 교류한 청나라 거인과 관료 문인은 모두 18명으로 왕민호(王民皞), 산동도사(山東都司)를 역임한 학성(郝成), 대리시경(大理寺卿) 윤가전(尹嘉銓), 강관(講官) 경순미(敬旬彌), 추사시(鄒舍是), 귀주안찰사(貴州按察使) 기풍액(奇豐額), 광동안찰사(廣東按察使) 왕신(汪新), 강관(講官) 파로회회도(破老回回圖), 예부상서(禮部尚書) 조수선(曹秀先), 호부주사(户部主事) 서대용(徐大榕), 병부원외랑(兵部員外郎) 박명(博明), 유세기(俞世琦), 능야(淩野), 태사(太史) 고역생(高棫生), 한림(翰林) 초팽령(初彭齡), 한림 왕성(王晟), 풍병건(馮秉健), 국자감 조교(國子監助教) 구양(歐陽)씨 등이 포함된다. 이 중 서문포(徐文圃) 황(璜)과 진입재(陳立齋) 정훈(庭訓)은 "가사(佳士)"로 불렸으며, 거인이나 조정 관리로 추정된다. 일반적으로 이들의 학문 수준은 보통의 문인들을 능가했기 때문에 박지원과 이들의 교류는 더욱 세밀화되고, 심화되었으며, 동시에 이들의 교류가 갖는 학술적 가치도 더욱 높아지게 되었다.

박지원이 청나라 조정의 문인 및 거인들과 활발히 교류한 데는 주관적, 객관적 요인이 공존한다. 주관적으로는 적극적인 인간관계를 형성하고자 하는 의지가 있었으며, 객관적으로는 다음의 세 가지 요인이 작용했다.

첫째, 열하에 있는 태학에서의 체류가 주요 계기가 되었는데, 당시 이곳은 만수절에 참석하려는 청나라 거인들의 집결 장소였기 때문이다. 박지원은 『열하일기』에서 "태학을 숙소로 삼아 들어가니 이미 많은 중원 사대부들이 황제의 생신 축하를 위해 머물고 있었다. 같은 건물에 거처하며 밤낮으로 서로 어울리면서, 피차 모두 나그네로 서로의 주객이 되면서 엿새 만에 흩어졌다."[13]라고 기록했다. 이 기간 그는 왕민호, 학성, 윤가전, 기풍액, 추사시, 왕신 등과 교류하며, 열하의 태학을 청문인들과의 주요 교류 장소로 자리매김하게 만들었다.

둘째, 청나라 거인 유세기의 적극적인 추천이 박지원의 교류 범위를 넓히는 데 중요한 역할을 했다. 『열하일기』에는 "내가 처음으로 유황포(兪黃圃) 세기(世琦)를 유리창(琉璃廠)에서 만났으니, 자는 식한(式韓)이고 거인(擧人)이었다. 열하(熱河)에서 황성(皇城)으로 돌아오자마자 곧 황포와 양매서가(楊梅書街)에서 만나 이야기를 나누었는데, 모두 일곱 번이었다. 황포는 해내(海內)의 명사들을 많이 끌어들였으니, 거인 능야(凌野), 태사(太史) 고역생(高域生), 한림(翰林) 초팽령(初彭齡), 한림(翰林) 왕성(王晟), 거인 풍병건(馮秉健) 등이 모두 재주가 높고 품격이 맑았다."[14]라고 기록하였다. 유세기는 능야, 고역생, 초팽령, 왕성, 풍병건 등 당대 뛰어난 문사들을 박지원에게 소개하며, 교류의 기회를 제공했다. 이에 북경 유리창의 양매 서점 거리는 박지원이 청나라 문인들과 교류하는 또 하나의 핵심 장소가 될 수 있었다.

셋째, 박지원은 청나라 문인들과 원활한 소통을 위해 한어 구어를 어느 정도 익혔다. 『열하일기』에서 그는 동관역에서 만난 두 만주족 소년에게 "대략 말로 대답하였다."라고 기록했으며[15], 열하로 이동 중 합밀왕(哈密王)과 번왕(蕃王)을 만났을 때는 중국어로 "합밀왕은 나이가 어떻게 되시오?"라고 직접 물었다. 이에 번왕은 "한화를 잘하십니다."[16]라며 박지원의 언어 능력을

13) 박지원, 『열하일기』, 제161쪽. 既入太學爲寓館, 則中原士大夫亦多先寓太學者, 爲參賀班來也。同寓一館, 晝宵相從, 彼此羈旅, 互爲客主, 凡六日而散。"

14) 위의 책, 284쪽. "余初遇俞黃圃世琦於琉璃廠中, 字式韓, 擧人也。既自熱河還皇城, 即約黃圃會話於楊梅書街, 凡七遭。黃圃多引海内名士, 如凌擧人野、高太史域生、初翰林彭齡、王翰林晟、馮擧人秉健, 皆才高韻清。"

15) 위의 책, 79쪽. "略以言語酬酢"

칭찬하기도 했다. 일정 수준의 중국어 능력은 박지원과 교류 대상과의 심리적 거리를 좁히는 데 기여했으며, 이는 청나라 사람들과 폭넓게 소통할 수 있는 장점으로 작용했다.

(3) 필담은 내용이 풍부하고 독창적이었다.

박지원의 교류는 그 대상과 내용 모두 매우 광범위하고 풍부하였다. 성경에서는 전사가(田仕可), 이귀몽(李龜蒙), 목춘(穆春) 등과 더불어 속세의 세상사를 논했고[17], 열하(熱河)에서는 학성(郝成), 추사시(鄒舍是), 왕민호(王民皞), 파노회회도(破老回回圖), 윤가전(尹嘉銓), 기풍액(奇豐額) 등과 함께 황교(黃教), 반선(班禪), 불교 등 종교적 주제에 대해 논하였다.[18] 또한 왕민호, 학성 등과는 과거제, 혼가(婚嫁), 의관(衣冠), 전족(裹脚), 흡연 등 풍습에 대해 논의했으며,[19] 기풍액과는 천문학적 주제인 달의 세계와 지전설(地轉)에 대해 교류하였다.[20] 유리창 서점에서는 유세기, 서황, 진정훈, 초팽령, 고역생, 풍병건 등과 시문을 논했고, 서황과는 실용적인 주제인 장서의 좀을 물리치는 방법에 대해 대화를 나누었다.[21] 사막 북쪽에서는 윤가전과 근세 의서(醫書)에 대해 교류했으며,[22] 윤가전의 처소에서는 왕민호와 함께 "악률(樂律)은 고금이 서로 다르다."[23]라는 주제로 논의를 벌이기도 하였다.

박지원은 홍대용 이후 청나라 문인과 가장 빈번하고 심도 있는 필담을 나눈 조선시대 학자이다. 그의 필담 내용은 기하학, 식기, 천문, 서교(西教), 불교, 유도경의(儒道經義), 역사, 시사, 음조, 악률, 의약 등 다양한 분야를 아우르며, 「성경잡지」의 「속재필담」, 「상루필담」, 「태학유관록」, 「경개록」, 「황교문답」, 「반선시말」, 「망양록」, 「곡정필담」, 「피서록」 등에 상세히 기록되어 있다. 이에 박지원의 『열하일기』는 18세기 가장 광범위한 필담을 수록한 사행(使行) 일기로 자리매김하게 되었다.

박지원의 필담은 독특한 특성을 갖고 있다. 특히 반선(班禪), 티베트와 관련된 방대한 필담은 다른 연행록에서는 찾아보기 어려운 내용이다. 박지원과 청나라 문인의 필담이 주목받는 이유는

16) 위의 책, 298쪽. "尤善漢話"

17) 위의 책, 제39~48쪽.

18) 위의 책, 제165~179쪽.

19) 위의 책, 제131~133쪽.

20) 박지원, 『열하일기』, 제141~142쪽.

21) 위의 책, 제352쪽.

22) 위의 책, 제374쪽.

23) 위의 책, 제193~210쪽. "樂律古今同異"

다음의 두 가지로 요약된다.

첫째, 만수절(萬壽節)에 건륭황제가 반선을 초대하여 조선 사신들도 반선을 만날 수 있었다. 반선을 직접 만나는 것은 극히 이례적인 일이며, 반선은 외부인들에게 항상 신비로운 이미지로 인식되어 있었다. 박지원은 "열하에 머무르는 동안 청나라 조정의 고위 관리들도 반선의 모습에 대해 수차례 물었다. 황족, 부마(額駙), 그리고 조선의 사자 외에는 반선을 만날 수 없었기 때문이다."[24]라고 언급했다. 학성(郝成)도 "활불(活佛)은 삼엄한 곳에 거주하여 누구나 볼 수 있는 존재가 아니다."[25]라고 설명했다.

둘째, 박지원은 열하에 온 후 천하의 형세에 대해 깊이 생각하였다. 그는 "내가 열하에 이르러, 천하의 형세를 자세히 헤아려보니 다섯 가지가 있다. 황제께서 해마다 열하에 머무시는데, 열하는 장성 밖의 쓸쓸하고 황폐한 땅이다. 천자께서 어찌하여 이처럼 변방의 황량한 땅에 거처하시는가? 겉으로는 더위를 피한다 하시나, 실은 천자께서 몸소 변방을 지키시니, 이로써 몽골이 강함을 알 만하도다. 황제께서 서번(티베트)의 승려 왕을 스승으로 맞아 황금전을 지어 거처하게 하시니, 천자께서 어찌하여 이처럼 지나치게 사치스러운 예를 베푸시는가? 겉으로는 스승을 대접한다 하시나, 실은 그를 궁전에 가두어 하루의 평안을 빌고자 하시니, 이로써 서번이 몽골보다 더 강함을 알 만하도다. 이 두 가지로 보아 황제의 마음이 이미 괴로우시니……."[26]라고 말했다.

이처럼 반선은 직접 보기 어려웠으며, "서번이 몽골보다 강하다."라는 점은 중원에 위협이 되었기 때문에 반선과 티베트는 자연스럽게 그와 청문인과의 필담에서 주요 주제가 되었다. 「황교문답(黃教問答)」과 「반선시말(班禪始末)」에 수록된 글은 이들의 필담 중 일부에 불과하다. 그는 이전에 "지금 타고 남은 잔편(殘片)에서 반선과 관련된 자질구레한 이야기를 모아 기록한 것이 「황교문답」이다."[27]라고 언급한 바 있다. 현재 우리가 볼 수 있는 「황교문답」이 비록 "타다 남은 자질구레한 이야기"로 치부될지라도 박지원은 열하에서 학성, 추사시, 왕민호, 파로회회도, 윤가전, 기풍액 등과 황교, 반선, 불교의 여러 가지 일에 대해 논한 필담을 8000자 정도로 상세하

24) 위의 책, 제183쪽. "在熱河時, 雖朝貴, 反問余班禪狀貌。蓋非親王、額駙及朝鮮使者, 未之得見故也。"

25) 위의 책, 제166쪽. "活佛居在深嚴, 非人人所可得見。"

26) 위의 책, 제165쪽. "余至熱河, 有以默審天下之勢者五：皇帝年年駐蹕熱河, 熱河乃長城外荒僻之地也, 天子何苦而居此塞裔荒僻之地乎？名爲避暑, 而其實天子身自備邊, 然則蒙古之强可知也。皇帝迎西番僧王爲師, 建黃金殿以居其王, 天子何苦而爲此非常僭侈之禮乎？名爲待師, 而其實囚之金殿之中, 以祈一日之無事, 然則西番之尤强於蒙古, 可知也。此二者, 皇帝之心已苦矣……"

27) 위의 책, 제166쪽. "今錄其燼餘談屑之係班禪者, 爲'黃教問答'。"

게 기록하였다.

열하에서 북경으로 돌아온 후에도 황교와 반선은 여전히 박지원과 청문인의 주요 필담 주제로 언급되었다. 박지원은 「반선시말」에 왕성, 유세기, 진정훈 등과 나눈 반선 관련 필담을 기술하면서 열하에서 경순미로부터 들은 황교의 역사와 발전 과정에 대한 요약도 함께 수록하였다. 만약에 필담의 원고 전체가 남아있다면 그 내용은 더욱 풍부해졌을 것임을 짐작할 수 있다.

(4) 박지원은 왕민호(王民皞)와 돈독한 관계를 맺었다.

청나라 문인 가운데 왕민호는 박지원과 가장 친했다. 박지원은 "왕민호는 강소(江蘇) 사람이다. 그때 나이 54세로 성품이 순박하고 꾸밈이 적었다. …… 왕군장(君長)의 호는 곡정(鵠汀)이며, 별도로 『곡정필담(鵠汀筆談)』과 『망양록(忘羊錄)』을 지었다. 키가 7척 남짓하고, 꽤 궁색하며 우울한 모습이었는데, 앉아서는 잦은 한숨을 내쉬었다."[28]라고 했다. 박지원(朴源源)의 손자 박규수(朴珪壽)는 「중복 심병성에게 보내는 편지[與沈仲復秉成]」에서 "선왕부(先王父)께서 연경에서 나날이 교유하신 조지산(曹地山), 윤형산(尹亨山), 초이원(初頤園) 등은 모두 해내(海內)에 명성이 자자하신 분들이셨다. 그중 거인(擧人) 왕민호로 불리는 호(號)가 곡정(鵠汀)인 자가 있었는데, 가장 친밀하게 지내셨습니다."[29]라고 말했다. 중국에 있는 동안 박지원은 왕민호와 가장 오랫동안 교제하였다. 박지원은 이후에 "나와 곡정이 나눈 대화가 가장 많았다. 6일 간 창가를 마주하며 밤을 새워 이야기를 나누었기에 여유롭게 대화할 수 있었다. 곡정은 학문이 깊고 뛰어난 인물이었으나 말이 가로 세로로 오락가락하며 자주 번복하였다."[30]라고 회고하였다.

두 사람이 절친해진 데는 두 가지 이유가 있다.

첫째, 재능과 학식을 서로 흠모했다. 왕민호는 박지원의 박식함에 감탄하며, 그를 '바다 위의 이인(異人)'이라 불렀다. 그는 박지원을 진심을 털어놓을 수 있는 유일한 친우로 여겼다. 『열하일기』에는 왕민호가 박지원에게 심경을 털어놓으며 "이 깨달음을 임금께 바칠 수도, 자손에게 전할 수도, 동료에게 억지로 말할 수도 없었습니다. 이제 바다 위의 이인을 만났으니, 다시는

28) 박지원, 『열하일기』, 제161쪽. "王民皞江蘇人也。時年五十四, 爲人淳質少文。……王君長者, 號鵠汀, 别有'鵠汀筆談'、'忘羊錄'。身長七尺餘, 頗有窮愁之態, 坐間頻發嘆息之聲。"

29) 박규수(朴珪壽), 『환재집(瓛齋集)』 권10, 『한국문집총간』 제312책, 민족문화추진회(民族文化推進會) 2003년, 484쪽. 先王父日下交遊, 如曹地山、尹亨山、初頤園諸公, 皆聞望著於海內者。而其中有王擧人名民皞號鵠汀者, 最爲至交。"

30) 박지원, 『열하일기』, 제243쪽. "余與鵠汀談最多, 蓋六日對窗通宵會話, 故能從容, 彼固宏儒魁杰, 然多縱横反覆。"

재회할 수 없을 터, 이찌 내 마음이 격동하지 않겠습니까?"라고 말한 후에 눈물을 흘렸다리는 기록이 있다.[31)]

왕민호는 박지원과 같은 지기를 만나 기뻐하면서도 앞으로 더 이상 교류할 수 없음을 슬퍼하였다. 두 사람이 마지막으로 이별할 때, 왕민호는 눈물을 흘리며 진심 어린 감정을 드러냈다. 박지원은 『열하일기』에 "왕곡정과 이별할 때, 곡정은 눈물을 흘리며 '천고의 이별을 고하는 것이 이 밤에 이루어지니, 하물며 내일 밤 밝은 달은 어찌합니까?'라고 말했는데, 그저께 15일 추석날 밤에 명륜당(明倫堂)에서 만나 이야기하기로 약속했기 때문이다."[32)]라고 기록하였다.

박지원 또한 왕민호의 문재(文才)에 감탄하며 그를 "뛰어난 유학자이자 걸출한 인물[宏儒魁杰]"[33)]이라고 칭찬하였다. 「경개록(傾蓋錄)」에서 박지원은 왕민호를 자신과 교류했던 청문인 명단의 첫머리에 두며 "순진하고 꾸밈이 적다[淳質少文]"[34)]라고 평가하였고, 또한 그는 왕민호를 극찬하며 다음과 같이 말했다.

> 곡정(鵠汀)은 대답에 민첩하여 종이를 잡자마자 수천 자를 내려놓았고, 종횡으로 자유롭고 광활하게 펼쳐 천고(千古)를 논평하였다. 경사자집(經史子集)을 손쉽게 인용하고, 좋은 문장과 묘한 구절을 입에서 바로 만들어내었는데, 모두 조리가 분명하며 흐름이 어지럽지 않았다. 때로는 동쪽을 가리키며 서쪽을 치기도 하고, 때로는 집요하게 말하며 나의 행동거지를 살피고, 나의 반응을 살피며 나를 이끌어 말하게 하였다. 그는 학식이 넓고, 변론을 잘하는 문사라 할 수 있으나, 백발이 되어 변방에 갇혀 결국 흙으로 돌아가니, 참으로 슬픈 일이다.[35)]

박지원은 왕민호를 박식한 달변가라고 말하며 재능과 사고력이 민첩하고, 글쓰기가 유창하며, 그 내용이 종횡무진하여 천년의 시간을 초월할 것이라고 평가했다. 특히 경전을 인용할 때는 좋은 구절이 자연스럽게 이어지며 맥락이 분명하다고 칭찬하였다. 박지원은 이러한 재주와 학문

---

31) 위의 책, 제239쪽. "此等區區自得, 不可獻諸君上, 不可傳與子孫, 不可輒向同窗强辨。今逢海上異人, 畢生無再會之地, 又安得不激我衷情 ?"

32) 위의 책, 제147쪽. "轉辭王鵠汀, 鵠汀流涕曰 : '千古訣別, 祗在此宵。況奈來夜月明何 ?'蓋前日約十五日中秋月夕會話明倫堂故也。"

33) 위의 책, 제243쪽. 蓋鵠汀敏於酬答, 操紙輒下數千言, 縱橫宏肆, 揚扢千古, 經史子集隨手拈來, 佳句妙偈順口輒成, 皆有條貫, 不亂脉絡。或有指東擊西, 或有執堅謂白, 以觀吾俯仰, 以導余使言。可謂宏博好辯之士, 而白頭窮邊, 將歸草木, 誠可悲也。

34) 위의 책, 제161쪽.

35) 위의 책, 제243쪽.

을 지닌 왕민호가 백발이 된 것을 안타까워하며 "정말 슬프구나!"라고 탄식하였다.

학문적으로 서로를 존경했던 두 사람은 더욱더 많은 교류가 이루어지기를 희망했는데, 이는 만남을 가질 때마다 양측 모두 깊은 여운을 느꼈기 때문이다. 「곡정필담(鵠汀筆談)」에는 다음과 같은 내용이 기록되어 있다.

> 어제 윤공(尹公)의 처소에서 이야기를 나누었는데, 어느새 온종일이 되어 버렸다. 윤공은 자주 졸면서 머리로 병풍을 박았다. 내가 "윤대인께서 고단하시니 물러가겠습니다."라고 말하니, 곡정이 "졸린 사람은 자고, 말하는 사람은 말하니, 서로 방해되지 않습니다." 윤공이 곡정의 말을 희미하게 듣고는, 곡정을 향해 몇 마디를 했고, 곡정이 고개를 끄덕이며 이야기 초안을 정리하고는, 내게 절을 하며 함께 나왔다. 사실 윤공은 노인이기 때문에 내가 아침 일찍 찾아갔고, 오후에는 나를 접대하느라 피곤해져서 잠이 든 것은 당연한 일이다. 곡정이 다음날 아침 식사를 함께 하자고 했고, 내가 말했다. "매번 이야기할 때마다 시간이 부족하다는 걸 느끼니, 내일은 일찍 가겠습니다." 곡정은 연신 고개를 끄덕였다. 다음날 새벽 다섯 시, 사신들이 일어나 조회에 가는데 나도 함께 일어나, 곡정을 찾아갔다. 우리는 촛불을 켜고 이야기를 나누었고, 도사(都司) 학성(郝成)이 와서 만났는데, 윤공은 새벽에 이미 조회에 나갔다. 우리는 식사를 하며 이야기를 나누었고, 서른 장의 종이를 쓰며, 인시부터 유시까지 여덟 시간을 보냈고, 학공은 저녁 약속 때문에 먼저 갔다.[36]

첫날 박지원과 왕민호의 필담은 흥미진진하여 온종일 이어졌는데, 동석한 윤가전(尹嘉銓)이 졸음에 빠져 잠이 들었다. 윤가전은 두 사람에게 완곡히 필담 중단을 권했고, 박지원은 "담화를 나눌 때마다 시간이 부족함을 느끼니, 내일은 일찍 오겠다."라고 말했다. 다음날 새벽, 박지원은 서둘러 왕민호와 필담을 이어갔고, 두 사람의 대화는 다시 8시간 동안 지속되었다. 이들이 필담을 나눌 때, 뒤늦게 도착했던 학성(郝成)은 먼저 자리를 떴다. 이러한 인물 간의 비교를 통해 필담에 몰입하고 있던 두 사람의 모습을 생생하게 그려볼 수 있다. 이들이 자주 필담을 나누었기 때문에 「열하일기」에도 이들의 필담이 가장 많이 실렸는데, 각각 「곡정필담(鵠汀筆談)」, 「망양록(忘羊錄)」,

36) 박지원, 『열하일기』, 제220쪽. 昨日語尹公所, 不覺竟日。尹公時時睡, 以頭觸屏。余曰 : "尹大人倦矣, 請退。"鵠汀曰 : "睡者睡, 語者語, 不相干。"尹公微聞其語, 向鵠汀數轉云云, 鵠汀首肯, 即收談草, 揖余同出。蓋尹公老人, 因余早起, 過午酬酢, 其昏倦思睡無足怪也。鵠汀約明日設朝饌, 要余共飯, 余曰 : "每談席常苦日短, 明當早赴。"鵠汀唯唯。次日五更, 使臣起趨班, 余同起, 因赴鵠汀, 明燭而語。郝都司成相會, 而尹公曉已赴朝也。且飯且語, 易數三十紙, 自寅至酉凡八時, 而郝公晚會先罷。

「황교문답(黃教問答)」, 「태학유관록(太學留館錄)」 등에 나뉘어 수록되었다.

둘째, 왕민호는 박지원과의 교류에서 금기시되는 화제에 대해 이야기했다. 그가 알려준 정보는 다른 문인에게서는 얻기 어려운 것이었기 때문에 박지원은 그와 친밀하게 지내며 많은 대화를 나누고자 했다. 왕민호는 청나라의 풍습에 대한 불만을 종종 토로했다. 박지원이 한족 여자(漢女)의 전족을 보고, "모양도 고상하지 않고, 보행도 불편한데 어떤 이유에서 그렇게 하는 것입니까?"라고 물었을 때, 왕민호는 "만주족 여자(韃女)를 수치스럽게 여겨서입니다."라고 말하더니 바로 지우고 또 "죽어도 변하지 않습니다."[37]라고 말한 후에 다시 "삼액(三厄)"을 설명하였다. 명나라 홍무(洪武) 연간에 고황제(高皇帝)가 명을 내려서 도사의 망건 묶는 방법을 천하 사람들에게 따르라고 한 것을 언급하면서 "이후 점차 말총 망건으로 실타래를 대신하게 되었고, 심하게 얽어맨 자국이 난자하게 남았습니다. 호좌건(虎坐巾)은 앞이 높고 뒤가 낮아 호랑이가 쭈그리고 앉아있는 것 같다고 해서 일명 수건(囚巾)이라고도 합니다. 당시에 비웃는 사람들도 있었는데, 천하 사람들의 이마가 그물망에 다 들어갔다고 말했으니 대체로 불편함이 많아서일 것입니다."라고 말하고는 붓으로 박지원의 이마를 가리키며 "이것은 두액(頭厄)입니다."라고 말했다. 박지원이 웃으면서 이마를 가리키고는 "이 빛나는 머리는 또한 무슨 액입니까?"라고 물으니, 왕민호가 참담하게 고개를 끄덕이면서 곧바로 "천하 사람들의 이마(天下頭額)" 이하의 글자를 깊게 칠하였다.[38] 이를 통해 왕민호는 마음속으로 만한(滿漢)을 엄격히 구분하고 있으면서도 중화의 전통 풍습이 상실된 것에 대해서는 한탄하며 죄책감을 느끼고 있음을 알 수 있다. 박지원은 그와의 교류에서 역사 변천과 왕조 교체에 대한 그의 상실감을 읽어내며 "비록 입에 침이 마르도록 청나라가 천명을 받아 나라를 세워 정당하다고 칭송했지만, 이야기를 주고받을 때 때때로 본심을 드러내며, 특히 역대의 역적과 충신의 성패를 빌려서 비분강개해하는 모습을 드러냈다."[39]라고 기록했다.

박지원 역시 청나라 사람이 중원에 입성해 중국 문화의 변천과 몰락을 초래한 것에 대해서 가슴 아파했는데, 『열하일기』 첫머리에 "청나라 사람이 중국에 입성하니 선왕의 제도가 오랑캐의 것으로 바뀌었다. 동토 수천 리를 둘러싸고 압록강을 경계로 나라를 이루면서 홀로 선왕의 제도를 지키고 있는데, 이는 오히려 명나라 황실이 압록강 동쪽에 남아 있음을 밝히고 있는

37) 위의 책, 제132쪽. "貌樣不雅, 行步不便, 何故若是", 王民皞曰 : "耻混韃女。"即抹去, 又曰 : "抵死不變也。"

38) 위의 책, 제132쪽. "其後漸以鬃網代絲, 緊箍狠纏, 瘡痕狼藉, 名虎坐巾, 謂其前高後低如虎蹲踞, 又名囚巾。當時亦有譏之者, 謂天下頭額盡入網羅, 蓋多不便之矣。"

39) 박지원, 『열하일기』, 제237쪽. "雖極口每誦清得國之正, 談説之際, 時露本情, 特借歷代逆順成敗之迹以俯仰感慨。"

것이다. 비록 우리의 힘이 부족하여 융적(戎狄)을 물리치고, 중원을 숙청하여 선왕의 옛 모습을 빛내고 되찾을 수는 없지만, 모두가 숭정(崇禎)이라는 연호를 숭배하여 중국을 보존하려 한다."[40] 라고 말했다. 박지원과 왕민호는 중국의 문화와 풍습의 변화에 대해 마음속으로 깊이 공감하고 있었으며, 이에 두 사람의 정서적 거리는 다른 누구보다 더 친밀할 수밖에 없었다는 것은 의심의 여지가 없다.

왕민호는 박지원에게 금서처럼 사회적으로 금기시되는 주제에 대해서도 매우 흥미롭게 이야기하였다. 이중 자신의 친구인 개휴연(介休然) 선생이 책을 숨겼던 일화가 대표적이다. 박지원이 이방인이었기 때문에 왕민호는 그에게 개휴연이 청나라에서 벼슬에 나가는 것을 원하지 않았다는 것과 헌서(獻書)를 꺼려했다는 사실을 허심탄회하게 털어놓을 수 있었다. 왕민호는 박지원에게 청나라의 금서 300여 종을 알려주고, 『후한서·당고전서(後漢書·黨錮傳序)』에 수록된 "팔고(八顧)", "팔주(八厨)"의 전고를 들어 이들 서적이 청나라의 압박에 항거하는 작품임을 설명하며, 고염무, 모기령, 전겸익 등의 문집을 소개했다. 박지원이 『사고전서(四庫全書)』의 편찬에 대해서 "사람의 머리를 희게 만들며, 붓이 쉴 틈을 주지 않는다.[賺人頭白無暇閑筆]"라는 문제점을 지적하자, 왕민호는 빨리 덧칠하여 감추면서 암암리에 인정한다는 뜻을 보여줬으며, 아울러 그는 겉으로는 청나라 문화를 칭송하면서 문금(文禁)에 대한 불만을 드러내기도 하였다.[41] 또한, 금서 문제에 대해서도 다른 청문인들과는 상반되는 태도를 보였는데, 『열하일기』에 다음과 같은 기록이 있다.

> 내가 또 "책을 보고 눈물 흘리니 천년이라는 긴 세월을 물들이고, 물가에 임한 시인은 끝없이 근심하네. 확사(碻士)가 편집한 시는 너무 허술하여, 만약 『치청전집(豸青全集)』이라도 구할 수 있다면"이라고 썼다. 황포(黄圃)는 손사래를 치면서 붓으로 『치청전집(豸青全集)』을 가리키며, "금서입니다. 철군(鐵君)의 조상은 귀국 사람이었습니다."라고 말했다. 내가 "어떤 연유로 금서가 되었습니까?"라고 물었지만, 황포는 답하지 않았다.[42]

박지원이 『치청전집(豸青全集)』이라는 글을 써서 보여주자 유세기는 즉시 거부 반응을 보이며

40) 위의 책, 제1쪽. 清人入主中國, 而先王之制度變而爲胡。環東土數千里畫江而爲國, 獨守先王之制度, 是明明室猶存于鴨水以東也。雖力不足以攘除戎狄, 肅清中原, 以光復先王之舊, 然皆能尊崇禎以存中國也。"

41) 『열하일기』, 제226쪽.

42) 박지원, 『열하일기』, 제264쪽. 余又寫"看書泪下染千秋, 臨水騷人無限愁。碻士編詩嫌草草, 豸青全集若爲求。" 黄圃摇手, 筆指"豸青全集"曰 : "有禁。鐵君祖係貴國人。"余問 : "緣何有禁 ? "黄圃不答。

'금서'라고 말했고, 박지원이 이유를 묻자 그는 침묵했다. 이는 유세기가 청나라의 금서에 대해 신중한 태도를 취했음을 보여준다. 이러한 유세기의 언행은 왕민호의 적극적인 언행과는 선명한 대조를 이루고 있다. 이처럼 박지원이 왕민호 이외의 청문인들에게 금기 사안에 대한 구체적인 정보를 얻는 것은 비교적 어려운 일이었다. 그러나 왕민호는 생각하는 대로 마음껏 발언하는 성격이었기 때문에 박지원은 그와 교류할 때 시휘(時諱)에 관한 민감한 문제도 망설임 없이 질문했다. 예를 들어, "명나라의 건국 과정은 어떠했는가?"[43] 또는 "당시 천하를 예친왕(睿親王)이 모두 차지했음에도 왜 스스로 천자가 되려는 뜻을 이루지 못했는가?"[44]와 같은 질문을 던졌다. 이러한 대화는 또 다른 방면에서 두 사람이 깊은 "지교(至交)"의 관계였음을 증명해 주고 있다.

3 박지원과 청나라 문인 교류의 의의

(1) 박지원은 조선 문인들의 청나라 문화에 대한 인식을 개선하였다.

박지원은 청나라 문인과의 교류를 통해 '존화양이'의 기존 사상에서 벗어나는 전환점을 가져왔을 뿐만 아니라 조선 문인들이 청나라에 대한 새로운 시선을 갖게 하는 중요한 계기를 마련하였다. 그는 청나라 사회를 세심하게 관찰함과 동시에 청나라 문인들과의 소통을 통해 자신이 미처 몰랐던 부분을 보완하고자 노력하면서 "매일 모르던 것을 알게 되었다."[45]라고 말했다. 이에 그는 점점 청나라의 문화는 중국 전통 문화의 연속이며, 낯선 것만은 아니라는 인식을 갖게 되었고, 다음과 같이 말했다.

> 그러나 주나라를 존중하는 것은 주나라를 존중하는 것이고, 이적(夷狄)은 이적(夷狄)이다. 중화의 성곽, 궁궐, 백성들은 여전히 존재하며, 정덕(正德), 이용(利用), 후생(厚生)의 도구들은 여전히 제자리에 있다. 최씨, 노씨, 왕씨, 사씨 등의 가문은 여전히 쇠퇴하지 않았고, 주돈이, 장재, 정씨 형제, 주희의 학문 또한 사라지지 않았다. 삼대(三代) 이래로 성제(聖帝)와 명왕(明王) 그리고 한나라, 당나라, 송나라, 명나라의 훌륭한 법률과 아름다운 제도는 변함없이 유지되고 있다. 저 오랑

43) 위의 책, 제233쪽. "明朝立國何如"

44) 위의 책, 제238쪽. "是時天下都是睿親王得之, 何不遂自做天子"

45) 위의 책, 제218쪽. "日知其所不識。"

> 캐들은 정말로 중국의 이점을 알고 오랫동안 누릴 수 있다면, 그것을 빼앗아 차지할 것이고, 마치 원래부터 자신들의 것처럼 여길 것이다.[46]

박지원은 조선의 "북벌론"이 갖는 공허함을 명확히 깨달았고, 이후 청나라를 일방적으로 부정하던 기존의 사상을 버리는 한편, "화(華)와 이(夷)는 본래 하나이다(華夷一也)", "이적의 기술을 배워 이적을 제압한다(師夷制夷)" 등의 북학 사상을 적극적으로 주창하며 다음과 같이 말했다.

> 그러므로 지금 사람들이 참으로 오랑캐를 막고자 한다면, 중국의 옛 법을 다 배우는 것보다 더 나은 것이 없으니, 먼저 우리 풍속의 투박함을 고치고, 농사와 누에치기, 도자기 만들기로부터 공업과 상업에 이르기까지 배우지 않음이 없어야 할 것이다. 남이 열을 하거든 나는 백을 하여, 먼저 우리 백성에게 이로움을 주고, 우리 백성으로 하여금 막대기를 만드나 그들의 견고한 갑옷과 날카로운 무기를 치기에 족하게 한 연후에야 비로소 중국에 볼 것이 없다고 말할 수 있을 것이다.[47]

박지원은 자신의 개혁 사상을 널리 알리기 위해 그는 청나라 문인들과의 교류 내용을 『열하일기』에 일일이 기록하였다. 이 책이 조선에서 널리 전파됨에 따라 조선인들은 청나라에 대한 올바른 인식을 갖게 되었는데, 이는 어쩌면 필연적인 결과라 할 수 있겠다. 또한, 조선의 문사들이 중국의 경세치용 실학에 대해 관심을 갖게 되면서 이를 점점 더 중시하게 되었다.

(2) 박지원은 조선이 청대 문단과 학술을 객관적으로 이해하는 데 기여하였다.

박지원은 청나라 문인들과의 깊은 교류를 통해 당시 청나라 사람들과 그 학술에 대해 객관적인 인식을 확립하였다. 이는 다른 조선 문인들이 청나라 사람들을 단순히 오랑캐로 치부하며 "볼 만한 가치가 없다."라고 단정 지은 것과는 차이를 보인다. 그의 견해에 따르면, 당대의 수많은 청나라 문인들은 "박아(博雅)"라는 학술적 특성을 지니고 있었다. 이에 대해 『열하일기』에서

---

46) 위의 책, 제61쪽. "然而尊周自尊周也, 夷狄自夷狄也。中華之城郭、宮室、人民固自在也, 正德、利用、厚生之具固自如也, 崔、盧、王、謝之氏族固不廢也, 周、張、程、朱之學問固未泯也, 三代以降聖帝明王、漢唐宋明之良法美制固不變也。彼胡虜者, 誠知中國之可利而足以久享, 則至於奪而據之, 若固有之。"

47) 박지원, 『열하일기』, 제61쪽. 故今之人誠欲攘夷也, 莫如盡學中華之遺法, 先變我俗之椎魯, 自耕蠶陶冶以至通工惠商, 莫不學焉。人十己百, 先利吾民, 使吾民制梃而足以撻彼之堅甲利兵, 然後謂中國無可觀可也。

“유식한의 『구당록(球堂錄)』이 『일지록』을 인용하여 동국 사서로 증명된 『서대전』을 빌어 이 시의 “홍가”라는 오류를 변론하니, 중주(中州)의 문사들은 고증과 변석에 힘써 박아(博雅)함을 나타냄이 대개 이와 같다.”[48]라고 말했다. 박지원은 유식한의 『구당록』을 읽고, 청나라 문사들이 “고증과 변석에 부지런하며 박아(博雅)를 중시”하는 학문적 특성을 갖고 있다고 지적했다. 「심세편(審勢篇)」에서는 “중원의 문사들은 자랑하기를 좋아하고, 학문의 폭넓음과 정교함을 중시하며, 경전과 역사를 넘나들며 담론을 펼친다.”[49]라고 평하였다. 왕성과의 필담에서 박지원은 “필담이 유창하고, 박아를 충분히 보여주며, 역사적 고증은 실록에 가깝다.”[50]라고 평했다. 박지원은 18세기 조선 문사 가운데 첫 번째로 ‘박아’라는 청대 학술의 특징을 제시하였다.

짚고 넘어갈 점은 박지원이 18세기 중한 문인 교류에 대해 깊이 성찰하고, 경험을 종합적으로 결산한 유일한 조선 문사라는 점이다. 그는 청나라 문인들의 학술적 공통점을 명확히 이해한 뒤, 과거 조선의 문인들과 청나라 문사들의 교류에 대한 문제점을 지적하며 교류 전략을 제안했는데, 다음과 같다.

> 중주의 문사들은 자랑하기를 좋아하며, 학문은 광범위하고 깊이 있는 것을 귀히 여기고, 경서와 역사를 자유자재로 다루며, 말을 풍부하게 구사한다. 그러나 우리나라 사람들은 대부분 말솜씨가 서툴거나, 급하게 어려운 문제를 들추어내 당대의 일을 곧바로 논하거나, 우리의 의관을 자랑하며 상대방이 부끄러워하는 모습을 보기를 원하거나, 직접 한나라를 그리워하는 마음을 물어 상대방을 어리둥절하게 한다. 이러한 것들은 그들이 꺼리는 일일 뿐만 아니라 우리에게도 잘못이 적지 않다.
>
> 그러므로 그들의 마음을 얻으려면, 반드시 대국의 교화를 교묘히 칭찬하여 먼저 그들의 마음을 안정시키고, 중화와 우리가 하나임을 부지런히 보여주어 그들의 의심을 멀리해야 한다. 한편으로는 예악에 뜻을 두고, 스스로 점잖은 태도를 취하며, 다른 한편으로는 역대의 역사를 언급하면서도 현안을 직접 건드리지 않아야 한다. 또한 배우려는 겸손한 자세를 보이며, 그들이 마음껏 이야기하도록 이끌고, 겉으로는 모르는 듯이 하여 그들의 속마음을 드러나게 한다면, 눈짓과 표정 사이에서 진심과 거짓을 구별할 수 있고, 담소 속에서 그들의 진실된 의도를 파악할 수 있다. 이것이 바로 내가 글 속에서 그들의 영향력을 어렴풋이 깨달은 이유이다.[51]

48) 박지원, 『열하일기』, 第267쪽. “而俞式韓《球堂錄》引《日知錄》用東史所證《書大傳》以辨此詩鴻嘉之誤。中州之士勤於考據辨析, 以爲博雅, 類多如是。”

49) 박지원, 『열하일기』, 218쪽. “蓋中州之士, 性喜矜誇, 學貴該洽, 出經入史, 揮麈風發。”

50) 박지원, 『열하일기』, 180쪽. “筆語如流, 頗示博雅。然考據史傳, 此似爲實錄。”

박지원은 청인과의 교류 시 먼저 상대의 마음을 안정시키고, 경계심을 해소할 것을 강조하였다. 이에 더해 적절한 주제를 선택한 후 겸손한 태도로 대화를 이끌어가야 한다고 주장하였다. 이러한 접근 방식은 청나라 문인들의 진솔한 마음을 파악하는 데 효과적이었다. 그의 경험담은 이후 중한 문인 간 원활한 교류를 위한 실질적인 지침을 제시한 것으로 평가될 수 있다.

(3) 박지원은 양국 학문 및 문화 교류 촉진에 기여하였다.

18세기 박지원은 청나라 문인들에게 조선의 학문을 대량으로 소개한 최초의 조선 문인이다. 이러한 교류는 청인들이 조선 문화와 학문을 이해하는 데 도움을 주었을 뿐만 아니라 조선 문사들의 명성을 중국에 전파하는 데도 기여하였다. 『열하일기』에는 박지원이 소개한 여러 가지 내용과 이로 인한 영향 등이 기록되어 있다. 박지원은 학성(郝成)에게 조선 문인들을 소개하였고, 학성은 이들의 소전(小傳)을 작성하여 관련된 시 작품들과 함께 자신의 시화(詩話)인 『용재소사(榕齋小史)』에 수록하였다. 수록된 작품으로는 김이도(金履度)의 「연경으로 떠나는 연암을 삼가 배웅하며(奉別燕岩朝京城)」, 손남수(孫南壽)의 「증행(贈行)」, 이재성(李在誠)의 「증행(贈行)」, 한석호(韓錫祜)의 「연암이 연경으로 떠나는 것을 배웅하며(送燕岩朝京)」, 「춘원세우(春院細雨)」, 양상회(梁尙晦)의 「연암이 연경으로 떠나는 것을 배웅하며(送燕岩朝京)」, 이행작(李行綽)의 「송별(送別)」 등이 있다.[52] 또한, 박지원은 유세기(俞世琦)와의 필담에서 조선의 홍대용과 청나라 반정균(潘庭筠)의 시문 교류 및 유득공의 시 작품에 대해 논의하였다. 필담을 마친 후, 유세기는 그 종이를 품 안에 넣으며, "나는 지금 『구당시화(球堂詩話)』를 기록 중인데, 다행히도 좋은 이야기를 얻었다."[53]라고 말했다.

박지원이 중국에 사신으로 가기 전에 친구 나중흥(羅仲興)의 시 작품을 행낭에 넣어 가지고 갔고, 중국에 도착한 후에는 나중흥의 「우연히 이루다(偶成)」, 「잠들지 못하니(不寐)」, 「낮잠 베개(午枕)」 등의 시를 기풍액에게 소개했는데, 기풍액은 "강건하고 침울하여 그 필력이 두보(杜甫)에 비견된다."[54]라고 평했다. 박지원은 조선 문인과 문학을 소개하는 것 외에도 조선의 유명한

51) 박지원, 『열하일기』, 218쪽. 蓋中州之士, 性喜矜詩, 學貴該洽, 出經入史, 揮麈風發。然我人類多未閑辭令, 或急於質難, 逕談當世；或自誇衣冠, 觀其愧服；或直問思漢, 使人臆塞。此等非但彼所忌諱, 在我疏失亦自不細。故將要得其歡心, 必曲贊大國之聲教, 先安其心；勤示中外之一體, 務遠其嫌。一則寄意禮樂, 自附典雅；一則揚扢歷代, 毋逼近境。遜志願學, 導之縱談, 陽若未曉, 使鬱其心, 則眉睫之間誠僞可見, 談笑之際情實可探。此余所以略得其影響於紙墨之外也。

52) 박지원, 『열하일기』, 278-280쪽.

53) 박지원, 『열하일기』, 265쪽. "僕方錄《球堂詩話》, 幸得一段佳話。"

학설을 적극적으로 소개했다.

박지원은 기풍액(奇豐額), 왕민호(王民皥), 학성(郝成) 등에게 조선의 김석문(金錫文)의 "세 개의 거대한 구체(球體)가 공중에 떠 있다는 설(三大丸浮空之說)"[55], 홍대용의 "지전설" 그리고 자신의 달에 대한 견해를 소개했는데, 이를 통해 청나라 문인들이 지구에 대한 새로운 인식을 갖게 만들었다. 기풍액은 그의 이론을 "기이한 논설"이라 칭하며, 태서(泰西) 사람들이 발견하지 못한 지구에 대한 이론이라고 평가했다.[56] 왕민호는 "지금 선생님께서 말씀하신 것도 서양인들이 처음 주장한 바가 아니라면, 제가 감히 곧바로 옳다고 믿을 수도 없고, 또 함부로 그르다고 말할 수도 없습니다. 막연하여 고증하기 어렵지만, 선생님의 변론은 정밀하기가 마치 고려 시대의 승려 가사(磨衲)처럼 바늘구멍과 실오라기가 하나하나 투명하게 드러나 보이는 듯합니다."[57]라고 말했다. 이러한 조선의 근세 학술에 대한 소개는 청나라 문사들이 조선 학술의 창의성과 혁신성을 알게 하여, 조선 문인의 위상을 높이는 데도 기여하였다.

박지원은 조선의 문인과 학술을 적극적으로 소개하는 한편, 청나라 문인들과 교류하며 중국 문헌의 조선 관련 오류를 바로잡아 와전(訛傳)을 방지하였다. 그는 윤가전(尹嘉銓)에게 『명시종(明詩綜)』에 누락된 자신의 선조에 대한 정보를 소개하면서 "다만 우리 선조의 자호(字號)와 관직이 누락된 것뿐만 아니라 소전(小傳)이 있는 경우에도 오류가 없지 않았습니다. 나의 오대조(五世祖) 휘(諱)는 미(瀰), 자(字)는 중연(仲淵), 호는 분서(汾西)로 문집 4권이 세상에 유포되었습니다. 명나라 만력(萬曆) 연간 사람으로 소경왕(昭敬王)의 부마(駙馬)인 금양군(錦陽君)이며, 시호는 문정공(文貞公)입니다."[58]라고 말했다. 또한 『시종(詩綜)』에서는 이달(李達)의 호 손곡(蓀谷)을 다른 시인으로 잘못 기록해 이달과 나란히 배열한 오류를 지적했다. 또한 『시종』에서 이정귀(李廷龜)의 호를 율곡(栗谷)으로 잘못 기록한 점과 월산대군(月山大君)을 여자로 오인한 점을 지적했으며, 아울러 『허난설헌소전(許蘭雪軒小傳)』에 대한 것도 바로잡았다.[59] 후에 다른 자리에서 기풍

54) 박지원, 『열하일기』, 272쪽. "蒼健沉鬱, 其格力真似老杜云。"

55) 역주: 해, 달, 지구가 하늘에 떠있으며 지구도 달처럼 회전한다는 조선시대의 우주론. 삼환설을 말한다.

56) 박지원, 『열하일기』, 14쪽. "奇公大笑曰 : '奇論, 奇論 ! 地球之說, 泰西人始言之, 而不言地轉。先生是說, 自理會歟, 抑有師承否 ? '"

57) 박지원, 『열하일기』, 224쪽. 今先生所論亦非西人所發, 則吾不敢遽信爲然, 亦不敢遽斥爲非, 要之渺茫難稽, 而先生辯說甚精, 如高麗磨衲, 鍼孔綫蹊, 一一明透。"

58) 박지원, 『열하일기』, 127쪽. "非特僕之先人闕漏字號官爵, 其有小傳者還不免訛謬。僕之五世祖諱瀰, 字仲淵, 號汾西, 有文集四卷行於方内。明萬曆時人, 昭敬王駙馬錦陽君, 謚文貞公。"

59) 박지원, 『열하일기』, 261-262쪽.

액(奇豐額)과 윤가전(尹嘉銓)에게 우동(尤侗) 회암(悔庵)의 『외국죽지사(外國竹枝詞)』에 실린 '경범(景樊)의 허위 기록'을 지적하며, 우동이 허난설헌에 대해 잘못 단 주해들을 일일이 정정하였다. 또한 그는 왕민호(王民皥)가 말한 "고려공안(高麗公案)", 즉 『동파지림(東坡志林)』에 실린 송나라 소식(蘇軾)의 고려 조공 상소문에서 "이익은 털끝도 없고, 해만 다섯 가지 있다."라고 한 주장을 반박하며 "이는 참으로 억울한 일이니, 동방(東方)에서 중화(中華)를 사모함이 곧 그 천성(天性)입니다.", "이는 고려공안(高麗公案)이 아니라 고려원안(高麗冤案)입니다."[60] 등을 말했다.

박지원은 중국 문헌의 조선 관련 오류를 정정해 청나라 문인들이 조선에 대해 깊게 이해할 수 있도록 만들었고, 조선의 문화와 학술에 대한 정확한 정보가 중국에 전파될 수 있게 만들었다. 박지원이 오류를 고칠 때, 청나라 문인들이 올바른 내용을 필사하면 그는 마음속으로 크게 기뻐하면서 "윤가전과 기풍액 두 사람이 나누어 필사하여 간직하니, 중원의 명사들이 반드시 이를 또 하나의 저술 소재로 삼을 것이다."[61]라고 말했는데, 그의 말에서 기쁨이 잘 드러나고 있다.

이상의 분석을 통해, 『열하일기』의 박지원과 청나라 문사의 교류 기록은 중한이 서로에 대한 고정관념을 전환하게 만든 데에 있어 중요한 사회적·역사적 의미를 지녔다고 할 수 있다.

제2절 이덕무와 청나라 문인의 교류

이덕무(1741-1793)는 자가 무관(懋官), 초자는 명숙(明叔), 호는 청장관(青莊館)이며, 선귤당(蟬橘堂)·형암(炯庵)·단좌헌(端坐軒)·주충어제(注蟲魚齋)·학초목당(學草木堂)·향초원(香草園)·매탕(梅宕) 등으로도 불렸고, 만년에는 아정(雅亭)이라 하였으며, 완산(完山) 사람이다. 남공철은 그의 인품에 대해 "겉으로는 검소하나 속은 깨끗하여 이익에 휘둘리지 않았다. 박학다식하여 고금을 꿰뚫었다."[62]라고 평가했다. 정조 초 규장각 검서관으로 유득공·박제가·서이수와 함께 '사검서(四檢書)'라 불렸다. 그는 재능이 뛰어났지만, 서자 출신이라 벼슬은 적성현감(積城縣監)에 그쳤다. 1778년(무술) 3월 사은겸진주사단(謝恩兼陳奏使團)을 따라 중국에 갔다.

60) 박지원, 『열하일기』, 213쪽. "是誠冤枉, 東方慕華即其天性也", "此非高麗公案, 乃高麗冤案"

61) 박지원, 『열하일기』, 261-262쪽. "尹、奇兩人俱爲分錄收藏。中州名士當又以此事爲一番著書之資"

62) 남공철(南公轍), 『금릉집(金陵集)』 권18, 『한국문집총간』 제272책, 제348쪽.

1 연행 전 이덕무와 청나라 문인의 관계

(1) 이덕무는 중화 문명에 대한 동경으로 연행 이전부터 청나라 문인들을 이해하고자 노력하였다. 그는 주로 세 가지 방식으로 청나라 문인에 대한 이해를 심화하였다.

① 미리 연행록을 읽었다. 조선의 『연행록』 중 가장 뛰어난 것은 "가재(稼齋) 김씨, 담헌(湛軒) 홍씨, 연암(燕岩) 박씨의 작품이다. 역사 서술의 관례에 비추면 가재는 편년체에 가까우며 평실하고 조리 있게 서술했고, 담헌은 기사본말체를 따라 고아하고 치밀했으며, 연암은 인물 전기체와 유사하게 화려하고 방대했다. 모두 저마다 일가를 이루며 각기 장점을 갖추었다."[63]라는 기록이 있다. 상술한 내용 중 가재 김씨는 김창업, 담헌 홍씨는 홍대용을 가리킨다. 박지원의 연행은 이덕무 이후의 일이므로 논외로 한다. 이덕무는 연경에 가기 전 김창업과 홍대용의 연행록을 꼼꼼히 읽었는데, 이는 문헌으로도 확인할 수 있다. 그는 특히 『입연기』와 『노가재연행일기』의 내용을 자주 인용했다.

> 김가재(金稼齋)가 연경에 들어가 이광지(李光地)를 만났는데, (그는) 한쪽 눈이 멀었고, 당시의 각로였다.[64]
>
> 가재는 이것을 동명왕이 축조한 것으로 여겨 안시성(安市城)이 아니라고 했다.[65]
>
> 가재가 연경(燕京)에서 돌아올 때 이 길을 거쳐 도화동(桃花洞)으로 들어갔다.[66]
>
> 70여 년 후 계사년에 증손자 가재가 연경에 들어가 양징(楊澄)과 만나 교류를 증명하였고, 용촌(榕村) 이광지를 멀리서 봤다.[67]

이덕무는 홍대용과 청나라 문인 간의 교유 상황을 세세히 꿰뚫고 있었다. 홍대용과 절항삼사(浙杭三士)의 왕래 기록을 읽은 그는 양측의 애틋한 감정에 감동받아 『천애지기서(天涯知己書)』를 집필하였고, 『회우록(會友錄)』에 필담 자료를 정리하며 평론을 첨가하였다. 특히 그는 『천애지기

63) 김경선(金景善), 「燕轅直指序」, 『연행록전집』 제70책, 제246쪽. "稼齋金氏、湛軒洪氏、燕岩朴氏也。以史例, 則稼近於編年而平實條暢, 洪沿乎紀事而典雅縝密, 朴類夫立傳而贍麗閎博, 皆自成一家, 而各擅其長"

64) 이덕무, 『천애지기서(天涯知己書)』, 이덕무, 『청장관전서(青莊館全書)』 권63, 『한국문집총간』 제259책, 제130쪽. 金稼齋入燕, 見李光地, 一目眇, 蓋其時閣老。

65) 이덕무, 『입연기(入燕記)』, 『연행록전집』 제57책, 제216쪽. 老稼齋以爲此東明所築, 非安市城。

66) 위의 책, 제243쪽. 老稼齋自燕京歸時, 路由此入桃花洞。

67) 이덕무, 『청비록(清脾錄)』 권4, 제252쪽. 後七十餘年癸巳, 曾孫稼齋入燕, 逢楊澄證交, 望見李榕村光地。

서(天涯知己書)』의 소서(小序)에서 다음과 같이 언급하였다.

> 이제 그 주고받은 척독을 살펴보면, 서로 화답하며 나눈 즐거움이 옛사람들에게 부끄럽지 않을 만큼 감동적이어서 눈물을 자아내는 경우가 많다. 이에 나는 척독과 시문을 정리하고 필담을 산삭하여 『천애지기서(天涯知己書)』라 이름 붙였으니, 이는 친구 간의 우의를 가볍게 여기는 이들을 경계하기 위함이다.[68]

또 필담 기록에는 다음과 같은 내용이 보인다.

> 이제 『회우록(會友錄)』 비본(秘本)에서 발췌하고, 내 평어를 덧붙여 이편을 완성하였다. 장엄한 말과 해학적인 말이 겹쳐 나오니, 참으로 기이한 책이고 특이한 일이다. 서간(書簡)에도 나의 평어가 있으나, 기록하지 못한 것이 한스럽다.[69]

이덕무가 편찬한 『천애지기서(天涯知己書)』와 정리한 『회우록(會友錄)』 및 평어는 『청장관전서(青莊館全書)』 권63에 수록되어 있다.

② 이덕무는 동시대 청나라 문인의 저술을 읽었다. 그는 이조원(李調元)에게 보내는 편지에서 다음과 같이 적었다.

> 오늘 『월동황화집(粵東皇華集)』을 읽으니, 그 뜻이 깊고 광범위하며 아름다웠으나, 이는 단지 겉으로 드러난 일에 불과하였습니다. 나는 마음속으로 이를 통해 선생님의 학문과 덕행을 조금이라도 엿볼 수 있으리라 생각했습니다.[70]

또 이덕무는 『입연기(入燕記)』에 다음과 같이 기록하였다.

> 그의 종형 우촌(雨村) 조원(調元)은 자가 갱당(羹堂)이다. 이부원외랑(吏部員外郎)으로 있다가

68) 이덕무, 『청장관전서(青莊館全書)』 권63, 『한국문집총간』, 제259책, 제123쪽. 今觀其諸帖, 輸寫相和之樂不愧古人, 往往感激有可涕者。錄其尺牘及詩文抄刪筆談, 名曰《天涯知己書》, 以刺薄於朋友之倫者焉。

69) 이덕무, 『필담(筆談)』, 위의 책, 제137쪽. 今撮《會友錄》秘本, 並載不佞評語, 爲此篇。莊語諧語層見疊出, 真奇書也, 異事也。書牘亦有不佞評語, 而恨不抄載。

70) 이덕무, 『청장관전서(青莊館全書)』 권19, 『한국문집총간』 제257책, 제266쪽. 今讀《粵東皇華集》, 淵博韶穎, 乃其餘事。竊自庶幾想像先生之萬一也。

광동학정(廣東學政)으로 나갔다. 저술에 능하고 시를 잘 지어, 시로 세상에 이름을 떨쳤다. 그의 시권(詩卷)을 보니, 학식이 넓고 기상이 크니, 그 인품을 짐작할 수 있다.71)

③ 벗의 소개를 통해 청나라 문단에 대한 인식을 심화하였다. 이덕무의 「반정균에게 보내는 편지[與潘庭筠書]」에는 홍대용과의 교류를 통해 홍대용과 엄성, 반정균, 육비의 진실한 우정, 반정균의 처인 상부인(湘夫人)의 문학적 재능 등을 알게 되었다고 기록하고 있는데, 그 내용은 다음과 같다.

> 담헌(湛軒) 홍대용(洪大容) 선생은 기이한 문사이다. 연경(燕京)에 다녀온 후, 늘 소음(篠飮), 철교(鐵橋), 추루 세 선생의 풍류와 문물이 강좌(江左) 지역에 빛났다고 말하며, 그들의 담록(談錄)과 시문(詩文)의 필적을 보여주곤 하셨다. 나는 기쁨에 춤추고 싶다가도 슬픔에 눈물을 흘리곤 하였으니, 그 친구 간의 정이 고스란히 전해져 저절로 그러함을 억제할 수 없었기 때문이다.72)

일전에 담헌(湛軒)을 통해 들으니, 선생님의 현부인 상부인(湘夫人)께서 『구월루집(舊月樓集)』을 지으셨다 하였습니다. 규방 안에서 서로 화답하며 지내시니 참으로 세상에 드문 아름다운 일입니다. 그 시품(詩品)은 동성(桐城)의 방부인(方夫人)과 회계(會稽)의 서소화(徐昭華)와 비교하여 어떻습니까? 간행본이 있을 듯하니, 한 부를 주시면 영원한 보배로 간직하고자 합니다.73)

(2) 이덕무는 연행 이전부터 일부 청나라 학자들에게 이름이 알려져 있었다. 조선의 홍려(鴻臚) 이정석이 사신으로 중국을 방문했을 때, 이덕무의 『선귤당농소(蟬橘堂濃笑)』를 반정균에게 전달한 바 있다. 이 사실은 반정균과 홍대용 간의 서신에 기록되어 있어서 확인할 수 있다.

> 이전에 만났던 홍려(鴻臚) 이백석(李白石)74) 선생께서 편지를 보내오셨는데, 함께 형암(炯庵)

71) 이덕무, 『입연기(入燕記)』, 『연행록전집』 제57책, 제291~292쪽. 其從兄雨村調元, 字羹堂。以吏部員外郎出爲廣東學政。著書工詩, 詩有名於世。見其詩卷, 贍博宏達, 可想其爲人。

72) 이덕무, 『청장관전서(青莊館全書)』 권19, 『한국문집총간』 제257책, 제262쪽. 湛軒洪先生, 奇士也, 遊燕而歸, 每說篠飮、鐵橋、秋三先生風流文物, 照耀江左, 仍示其談錄及詩文墨迹。不佞欣然欲起舞, 凄然又泣下, 以其朋友之感, 藹然觸發, 自不覺其如此也。

73) 위의 책, 제264쪽. 前因湛軒聞先生賢閤湘夫人有《舊月樓集》。閨庭之內, 載唱載和, 真稀世之樂事。詩品與桐城方夫人、會稽徐昭華, 何如也？似有刊本, 願賜一通, 留爲永寶。

이덕무의 저작 『선귤당농소(蟬橘堂濃笑)』 한 권을 함께 보내주셨습니다. 그러나 형암이 어떠한 인물인지는 알 수 없는데, 혹시 면식이 있으신가요? 책 속에는 고상하고 심오한 말씀이 많아, 은둔한 군자라는 생각이 듭니다.[75]

1775년(건륭 40년, 을미년) 유금이 중국에 사신으로 갈 때, 이덕무의 『청장관집』 등이 수록된 『한객건연집』을 가지고 가서 청나라 학자들에게 소개하였다. 이조원과 반정균이 서문과 발문을 쓰고, 청나라에서 간행하였다. 이에 이덕무는 중국 사행 전부터 일부 청나라 문인들에게 명성을 알렸고, 이는 이후 그들과 깊은 교류를 나누는 기반이 되었다. 실제로 그는 북경 도착 후 다수의 상류층 문인들과 활발히 교류하였으며, 이러한 사실은 남공철의 「적성현감 겸 규장각 검서관 이군 묘표(積城縣監兼奎章閣檢書官李君墓表)」에 기록되어 있다.

(이덕무는) 친우(親友)들과 문장에 대한 애정은 천성에서 우러난 것이었다. 일찍이 심학사(沈學士) 염조(念祖)를 따라 연경을 유람할 때, 복건과 절강 지방에서 유관(遊宦)하러 온 문인들과 시인들과 더불어 날마다 술을 마시고, 시를 지으며 즐거움으로 삼았다.[76]

2 이덕무와 청나라 문인의 교류 내용 및 특징

이덕무는 1778년(무술년) 박제가 등과 함께 조선 사은진주사절단을 따라 중국에 갔다. 이를 통해 그는 "중원에 한번 가보고 싶다. [願欲一見中原]"라는 "남아의 사방지지[男兒四方之志]"를 실현하였으며, 『입연기(入燕記)』에서 이에 대해 다음과 같이 기록하였다.

나와 재선(在先) 박제가는 중원을 한번 가보고 싶었으나 뜻을 이루지 못했다. 그러다가 함재(涵齋) 심염조가 사은진주사의 서장관으로 임명되면서, 나와 친분이 있는 그가 나에게 동행해 줄 것을 요청했다. 박제가 또한 상사 채제공(蔡濟恭)을 따라 함께 갔다. 함께 옷자락을 나란히 하고

74) 이백석(李白石)은 조선 문사 이정석(李廷奭)이며, 호는 백석(白石)이고, 우봉(牛峰) 사람으로 이상적(李尚迪)의 숙부이다.

75) 반정균, 「潘庭筠與洪大容書」, 『中士寄洪大容手札帖』 5, 제306쪽.

76) 남공철(南公轍), 『금릉집(金陵集)』 권18, 『한국문집총간』 제272책, 제348쪽. 其(指李德懋)於友朋文章, 蓋天性也。間嘗從沈學士念祖遊燕京, 日與閩浙間騷人墨客之來遊宦者, 飮酒賦詩以爲樂。

말고삐를 나란히 하며 만 리의 먼 길을 가는 것은 우정을 돈독하게 하는 풍아한 일이었을 뿐만 아니라, 남아로서의 사방지지(四方之志)를 저버리지 않는 일이기도 했다.77)

이번 사행에서 이덕무가 교류한 청나라 문인은 공생(貢生) 왕발(王綍), 공자서원(孔子書院)의 제생 김과예(金科豫), 『사고전서(四庫全書)』 등록관(謄錄官) 서소신(徐紹薪), 서길사(庶吉士) 이정원(李鼎元), 『사고전서(四庫全書)』 등록관(謄錄官) 거인(擧人) 황도경(黃道煚), 이헌교(李憲喬), 호부원외랑(户部員外郞) 당낙우(唐樂宇), 서점 오류거(五柳居) 주인 도정상(陶正祥), 서길사(庶吉士) 반정균, 소주부(蘇州府) 수재(秀才) 심영(沈瀛), 사조복(査祖馥), 이기원(李驥元), 절강(浙江)의 제생 마조(馬照), 편수(編修) 축덕린(祝德麟), 해녕(海寧)의 제생 심심순(沈心醇), 손유의(孫有義), 심양서원(瀋陽書院)의 배진(裵振) 등이 있다. 이외에 그는 일면식도 없는 이조원(李調元)과 서신을 교환하고, 한시를 창수하면서 교류 관계를 유지했다. 이들의 교류 내용과 특징은 다음과 같다.

(1) 이덕무는 청나라 문인과의 교류에서 적극적인 교류 의지를 보였으며, 이는 그의 대청 교류 관계의 주요 특징이다.

① 북경에 머무는 동안 이덕무는 적극적으로 청나라 문사를 찾아가 교류했다. 『입연기』에 따르면, 그는 북경에 도착한 지 사흘째인 5월 17일 박제가와 함께 『사고전서』 등교관(謄校官) 서소신(徐紹薪)을 방문했다. 이후 5월 23일에는 "재선(在先)과 함께 이정원(李鼎元), 반정균(潘庭筠)을 만나기 위해 반정균의 집을 찾았다.", 5월 25일에는 "재선과 함께 당 원외랑(員外郞)의 관청에서 악(樂)에 대해 논의했고", 5월 27일에는 "반추루를 방문해 잠시 필담을 나누었다.", 5월 28일에는 "재선과 함께 이묵장(李墨莊)을 찾았으나" 만나지 못하였고, 그가 축덕린(祝德麟) 집에 있다는 소식을 듣고, 두 사람은 "곧장 축덕린의 집으로 향했다.", 당시 축덕린은 모친상을 당해 손님 접대가 어려운 상황이었지만, 이덕무는 "묵장과 필담을 나누고 주인을 만날 수 있게 청하였다."라고 기록되어 있다.

6월 2일에는 "오류거(五柳居) 도생(陶生)의 서점을 방문했고", 6월 3일에는 소주부(蘇州府)의 수재(秀才) 심영(沈瀛)을 찾아갔다. 6월 5일 비가 내려 관에 머물면서, "사람을 사천(四川) 서회관(西會館)으로 보냈는데, 이곳은 묵장(墨莊)이 거처하던 곳이었다.", 6월 6일에는 "반난타(潘蘭垞)

77) 이덕무, 『입연기(入燕記)』, 『연행록전집』 제57책, 제190~191쪽. 余與朴在先齊家願欲一見中原, 賫志未果。至是, 沈蕉齋念祖充謝恩陳奏使書狀官, 與余有雅, 要余偕行。在先亦隨上使蔡公濟恭而入焉。連袂並轡, 萬里跋涉, 足爲友朋之韵事, 亦不負男兒四方之志也。

의 관청을 방문했고", 6월 8일에는 "재선(在先)과 함께 묵장을 찾아갔으나 만나지 못하고, 그의 동생 기원(驥元)과 필담을 나누었다."라고 기록되어 있다. 또한 "당원항(唐鴛港)의 집을 찾아갔으나, 그는 원명원에 가서 돌아오지 않았다. 다만 그의 친척 마조(馬照)를 만나 내일 다시 방문하기로 약속했다.", 이후 "마조를 방문했는데, 그의 자는 청전(青田), 호는 학정(鶴汀)이며 절강(浙江)의 서생이었다.", 6월 9일에는 "재선과 함께 당원항과 축지당(祝芷塘)을 방문했고", 6월 11일에는 "재선과 함께 반향조(潘香祖)와의 약속을 위해 갔으며", 6월 13일에는 "재선과 함께 당원항과의 약속을 위해 찾아갔다.", 6월 15일에는 "재선과 함께 축지당의 집에서 작별인사를 나누었다."[78] 라고 기록되어 있다.

이덕무는 북경에 머문 기간인 5월 15일부터 6월 15일까지 한 달 동안 청나라 사람들과 자주 만나며 적극적인 교우 자세를 보였다. 그는 혼자 있는 날이면 바늘방석에 앉은 듯 몹시 괴로워하며 "삼천 칠십여 리를 더위 속에 달려온 끝에 숙소에 머문 지 또 나흘에서 닷새가 되니, 참으로 타향에 갇힌 포로 신세구나."[79]라고 탄식했다. 이를 통해 청인과의 교류를 간절히 원하는 그의 적극적인 태도를 엿볼 수 있다.

② 이덕무는 조선 문학을 적극적으로 소개하면서 북학파 문인들의 저술을 추천하였다. 무술년 중국으로 갈 때, 그는 자신의 저서인 『청비록』과 유득공의 『이십일도회고시(二十一都懷古詩)』, 『열상주선집(洌上周旋集)』 등 많은 북학파 동료들의 시문집을 다수 가지고 갔다. 그가 책을 들고 연경을 방문한 행적은 조선의 문헌에 많이 기록되어 있는데, 유득공은 「제『이십일도 회고시』題<二十一都懷古詩>」에서 이를 언급하며 다음과 같이 말했다.

> 무술년(戊戌年)을 돌이켜보면,……그때 『동국지지(東國地志)』를 읽으며, 한 수를 얻을 때마다 골똘히 음미하니, 어린 자식과 종들마저 듣고는 읊조리곤 했는데, 나의 마음 씀이 깊었음을 알 수 있다. 그해에 무관(懋官)과 차수(次修)가 연경에 들어갈 때 직접 한 부를 베껴서 서상(庶常) 반향조(潘香祖)에게 보냈다. 반향조는 그 글을 보고 크게 감탄하며, 이 작품은 죽지(竹枝)와 영사

78) 이 단락의 인용문은 이덕무의 『입연기(入燕記)』, 『연행록전집』 57책, 277쪽, 291쪽, 294쪽, 297쪽, 298~299쪽, 301쪽, 302쪽, 305쪽, 306쪽, 309~310쪽, 310쪽, 313쪽, 316쪽, 319쪽에 각각 실려있다. 六月初六日"往潘蘭垞之館"。六月初八日"與在先, 訪墨莊不遇, 仍與其弟驥元筆話", 又"轉至唐鴛港家, 唐往圓明園, 不來, 祗與其戚人馬照約以明日又訪", 後又"訪照, 字青田, 號鶴汀, 浙江諸生"。六月初九日"與在先訪唐鴛港、祝芷塘"。六月十一日"同在先赴潘香祖之約"。六月十三日"同在先赴唐鴛港之約"。六月十五日"同在先往祝芷塘家叙別"

79) 이덕무, 『입연기(入燕記)』, 『연행록전집』 제57책, 제278쪽. 三千七十餘里, 炎天驅馳之餘, 留館又四五日, 真如南冠楚囚。

(詠史), 궁사(宮詞) 등의 장점을 모두 갖추어 반드시 전해질 명작이라 했다. 이묵장(李墨莊)은 한 수의 시를 지어 화답했고, 편수 축덕린은 따로 한 부를 청하였다. 먼 타지에서도 같은 마음으로 화답하니, 그 즐거움이 더해질 뿐, 후세에 전해지느냐 마느냐는 논할 필요가 없었다.[80)]

이를 통해 이덕무가 북경에 왔을 때, 유득공의 『이십일도 회고시』를 반정균에게 추천하였고, 이후 이정원(李鼎元)과 축덕린(祝德麟)도 이를 읽었음을 알 수 있다. 그는 이조원에게 보내는 편지에서 『청비록(清脾錄)』을 북경에 가지고 와서 청나라 사람들에게 소개한 기본 상황에 대해 기록하였는데, 그 내용은 다음과 같다.

> 제가 지은 『청비록』을 가지고 왔습니다. 이 책은 고금 시화를 담아 이채로운 이야기들이 많으나, 처음엔 임의로 쓴 글이라 편집이 어수선하였습니다. 이에 추루(秋庫)의 산정하고, 지당(芷塘) 선생께서 서문을 쓰셨습니다. 이후 묵장(墨莊)을 통해 먼 곳에 계신 선생께 부치니, 선생님께서도 저를 위해 서문을 쓰셔서 조선으로 부쳐주시면, 영원히 전해질 만한 작품이 될 것입니다.[81)]

『청비록』이라는 책에 대해 이덕무는 반정균에게 첨삭을 요청하였고, 축덕린에게는 서문을 부탁하였으며, 아울러 이정원을 통해 이 책을 이조원에게 보내며, 그에게도 서문을 써 줄 것을 다시 요청하였다. 또한, 유득공의 『난양록』 권2에는 다음과 같은 내용이 기록되어 있다.

> 반정균은 자는 향조(香祖), 호는 추루(秋庫)이며, 절강 전당(錢塘) 출신으로 섬서도감찰어사(陝西道監察御史)를 지냈다. 정유년 봄, 숙부님이 연경에 갔을 때 『건연집(巾衍集)』의 서문을 썼다. 무술년 여름, 무관과 차수가 연경에 갔을 때는 교유를 나누며 『열상주선집(洌上周旋集)』의 서문을 썼고, 마침내 나에게 그 책을 보내왔다.[82)]

80) 유득공, 『영재집(泠齋集) 권8, 『한국문집총간』 제260책, 118쪽. 憶戊戌年間, ……時閱《東國地志》, 得一首輒苦吟, 稚子童婢皆聞而誦之, 可知其用心不淺也。是歲, 懋官､次修入燕, 手抄一本, 寄潘香祖庶常。及見潘書, 大加嗟賞, 以爲兼竹枝､咏史､宮詞諸體之勝, 必傳之作。李墨莊爲題一絶, 祝編修另求一本。異地同聲, 差可爲樂, 傳不傳不須論也。

81) 이덕무가 이조원에게 보내는 편지, 이덕무, 『청장관전서(青莊館全書)』 권19, 『한국문집총간』 제257책, 제269쪽. 鄙人携來自著《清脾錄》皆古今詩話, 頗多異聞。但其隨腕漫筆, 編次乖當, 已經秋 刪訂, 芷塘弁卷。因囑墨莊遥寄先生, 先生亦爲之序之, 因便東寄, 有足不朽。

82) 유득공, 『난양록(灤陽錄)』 권2, 제56쪽. 潘庭筠, 字香祖, 號秋庫, 浙江錢塘人, 陝西道監察御史。丁酉春, 家叔父入燕時, 序《巾衍集》。戊戌夏, 懋官､次修入燕定交, 又序《洌上周旋集》, 遂致書於余。

이 기록을 통해 무술년 여름, 이덕무와 박제가가 연경으로 들어가면서 『열상주선집』을 가지고 갔고, 이를 반정균에게 소개하였으며, 반정균이 이 책에 서문을 썼다는 사실을 확인할 수 있다.

이처럼 이덕무는 청나라 문인들에게 직접 조선의 학술 등을 소개한 것 외에 서신을 통해서도 조선의 문화를 청나라 사람들에게 널리 전파하였다. 그는 특히 조선의 대학자인 이이(李珥)의 학문을 높이 숭상했기 때문에 이조원에게 보내는 편지에서 자신의 저서인 『잡찬(雜纂)』과 이이의 『성학집요(聖學輯要)』 등을 『오악총서(五嶽叢書)』에 수록해 달라고 요청하였다. 또한, 편지를 통해 반정균에게 『성학집요』의 간행을 도와달라고 부탁하기도 했다.[83] 이러한 이덕무의 행동에서 자국 문화를 널리 알리고자 하는 진지하면서도 절박한 마음을 읽을 수 있다.

이덕무가 자국의 학술을 소개하면서 심층적으로 사고했다는 것을 짚고 넘어갈 필요가 있다. 그는 기존의 조선 문인들이 자국의 문화를 단편적으로 소개했던 방식과는 다르게 조선의 문화를 포괄적이면서도 정교하게 소개하려고 노력하였다. 그는 홍대용과 '절항삼사'의 필담을 비평하며, 홍대용이 조선의 문화를 소개했을 때 미흡했던 점에 대해 지적하였다. 홍대용은 다음과 같이 말하였다.

> 우리나라 문장으로는 신라 시대의 최고운(崔孤雲), 고려 시대의 이규보(李奎報)와 이목은(李牧隱)이 있으며, 조선 이래로는 읍취헌(挹翠軒) 박은(朴誾), 소재(穌齋) 노수신(盧守愼), 간이(簡易) 최립, 차오산(車五山), 석주(石洲) 권필(權韠)이 있다.[84]

이덕무는 이에 대해 다음과 같이 논평하였다.

> 점필재(佔畢齋)와 삼연옹(三淵翁)을 빠뜨린 건 아쉬운 점이라고 할 수 있다. 또한 별도의 항목을 설정하여 동봉(東峰) 김시습, 문강(文康) 서경덕, 충무(忠武) 이순신, 문열(文烈) 조헌 등 몇 사람을 기록한 것이 좋을 듯하다.[85]

그는 홍대용이 문학 분야를 소개할 때, 조선을 대표하는 인물인 점필재 김종직, 삼연옹 김창흡

---

83) 이덕무가 반정균에게 보낸 편지를 참조하였다. 이덕무, 『청장관전서』 권19, 『한국문집총간』 제257책, 제265쪽. 我國文章, 新羅有崔孤雲, 高麗有李奎報、李牧隱。本國朴挹翠軒、盧蘇齋、崔簡易、車五山、權石洲。

84) 이덕무, 『천애지기서(天涯知己書)』, 이덕무, 『청장관전서(青莊館全書)』 권63, 『한국문집총간』 제259책, 제137쪽. 我國文章, 新羅有崔孤雲, 高麗有李奎報、李牧隱。本國朴挹翠軒、盧蘇齋、崔簡易、車五山、權石洲。

85) 위의 책. 漏佔畢齋及三淵翁, 可謂缺典。又別立門目, 書金東峰、徐文康、李忠武、趙文烈數人, 似好矣。

을 언급하지 않은 것에 대해 미흡하다고 지적하였다. 또, 조선 문화의 다른 분야에서 빛나는 인물인 동봉 김시습, 문강 서경덕, 충무 이순신, 문열 조헌을 청나라 인사들에게 소개했더라면 더욱 좋았을 것이라고 말했다. 이덕무가 언급한 이 네 인물은 모두 조선의 명사로 김시습과 서경덕은 역사적으로 유명한 사상가이며, 이순신과 조헌은 임진왜란에서 두각을 나타낸 항왜 명장이다. 이를 통해 이덕무가 문학, 사상, 군사 등 다양한 분야에서 조선의 대표 인물을 포괄적으로 소개하고자 했음을 알 수 있다. 이는 그가 조선 문화의 전파에 대해 깊이 고민하고 있었음을 보여준다. 또 이덕무는 조선의 시문학적 성취와 자신의 시학적 관점을 종합적으로 소개하기 위해서 자신의 저서인 『청비록』과 북학파 동료들의 문집을 의도적으로 북경에 가지고 간 것으로 보인다.

③ 이덕무의 적극적인 교류 태도는 중국 문헌에 수록된 조선에 대한 관련 기록의 오류를 청나라 문인들에게 명확하게 지적한 사례에서도 확인된다. 『열하일기』 「피서록(避暑錄)」에서 박지원은 다음과 같이 말했다.

> 난설헌(蘭雪軒) 허씨의 시는 『열조시집(列朝詩集)』과 『명시종(明詩綜)』에 실렸는데, 이름이나 호 모두 경번(景樊)으로 기록되어 있다. 나는 일찍이 「청비록서」에서 이를 자세히 논변한 바 있다. 무관(懋官)이 연경에 있을 때, 이를 한림(翰林) 축덕린, 낭중(郎中) 당낙우(唐樂宇), 사인(舍人) 반정균에게 보였는데, 이 세 사람은 돌아가며 읽으며 찬사를 보냈다고 한다.86)

이덕무는 오류 정정을 강하게 염두해 두고 있었기 때문에 청나라의 저명한 문인들 앞에서도 전혀 거리낌 없는 모습을 보였다. 이조원을 만나기 전, 이덕무는 그에게 보낸 첫 번째 편지에서 중국의 문인들이 "외국에 대해 저술할 때마다 반박하는" 현상을 지적하며, 이조원에게 "조선에 대해 더욱 정밀하고 세밀하게 기록해 주시길 바랍니다."87)라고 당부했다. 연경에서 귀국한 후, 이조원에게 보낸 편지에서는 이조원의 시구 "주몽의 선귤 노인에게 말하니[寄語朱蒙蟬橘老]"에서 주몽을 국호로 삼은 점을 두고 "매우 황당하며 잘못된 것"이라고 직설적으로 지적하며, 다음과 같이 말했다.

86) 박지원, 『열하일기』, 제261쪽. 蘭雪軒許氏詩載《列朝詩集》及《明詩綜》, 或名或號, 俱以景樊載錄。余嘗著《<清脾錄>序》詳辨之。懋官之在燕, 以示祝翰林德麟、唐郎中樂宇、潘舍人庭筠, 三人者輪讀贊許云。

87) 이덕무, 「李德懋與李調元書」, 이덕무, 『청장관전서』 권19, 『한국문집총간』 제257책, 제267쪽. "十分精詳於朝鮮, 則尤爲加意也"

> 대체로 중국의 책들은 해외의 일에 대해서는 오류가 많습니다. 『열조시집』과 『명시종』의 동국 소전(小傳) 또한 고증이 소홀하지 않았음에도 불구하고 많은 오류가 있으니, 이는 본디 피할 수 없는 일입니다. 선생님의 학문은 땅이 지고 바다가 싣는 듯 방대하며, 저술한 책도 짐바리에 실을 정도로 많아 탐구가 매우 광범위합니다. 만약 동국의 옛 사적을 다루신다면 저에게 서찰을 보내 질문해 주시길 바랍니다. 그러면 이전의 오류를 바로잡을 수 있을 뿐만 아니라, 동방(東方)의 영예 또한 크게 될 것입니다. 선생님께서 이 점을 깊이 생각해 주시길 간청합니다.[88]

이덕무는 이조원(李調元)에게 시문 창작 과정에서 동국의 옛 사적을 언급할 경우, 반드시 그에게 편지를 보내 자문을 구할 것을 건의하였다. 그는 이렇게 하면 저술 중의 지식 오류를 피할 수 있을 뿐만 아니라 중국 전적(典籍)의 기록 오류도 바로잡을 수 있다고 여긴 듯하다.

(2) 이덕무는 청나라 문인들과의 교류에서 문학과 경학(經學)에 대한 대화를 중시하였으며, 중국의 서적 수집에도 깊은 관심을 기울였다.

18세기 조선 문인 이덕무는 청나라 문인들과 문학·학술 방면의 교류를 가장 활발하게 이룬 최초의 인물이다. 특히 사행 이전부터 그는 이조원과 반정균에게 서신을 통해 다양한 학문적 질문을 제기했는데, 그 내용도 매우 광범위하다. 주요 질문 사항으로는 천일각(天一閣) 장서의 귀속 상황, 『사례통고』의 간행 여부, 『청시별재집(淸詩別裁集)』에서 이어(李漁)가 누락된 이유, 고염무와 견줄 만한 인물 탐색, 『오대시토(五代詩討)』의 한시 수록 범위, 육구연과 왕양명 학설의 전파 상황, 중국에서 출판된 조선의 도서 목록 등이 포함된다.[89] 이러한 학문적 탐구는 이덕무가 청나라의 학술에 대한 깊은 이해와 진정성을 지니고 있었음을 보여준다.

북경에 머무는 동안 이덕무는 청나라 문인들과의 만남을 적극 활용해 시문과 음악 등 다양한 주제를 거듭 논의했다. 그는 이조원에게 보내는 편지에서 "이번 봄에 군복으로 갈아입고, 유학자의 고루한 기질을 물리치며, 사은사(謝恩使)를 따라 출발하였습니다. 먼저 묵장(墨莊)과 부당(鳧塘)을 찾아가 악수를 나누었는데, 선생님을 뵌 것 같이 정겨웠습니다. 또 추루(秋庫), 지당(芷塘), 원항(鴛港), 포존(匏尊) 등 여러 선배들을 만났습니다. 이분들은 모두 선생님의 가까운 벗들이셨는

88) 위의 책, 제268쪽. 大抵中國之書於海外之事, 每患紕繆。《列朝詩集》、《明詩綜》東國小傳, 考證非不該洽, 而亦多顚錯, 勢所固然。先生之學地負海涵, 著書汗牛, 搜討極博。若及東國故迹, 須當移書質問於不佞, 則可以一正從前之訛舛, 其於東方榮亦大矣。先生其圖之。

89) 이덕무, 「李德懋與李調元書」, 이덕무, 『청장관전서(青莊館全書)』 권19, 『한국문집총간』 제257책, 제266~267쪽, 제268~269쪽, 李德懋與潘庭筠書], 『청장관전서(青莊館全書)』 권19, 『한국문집총간』 제257책, 제263~265쪽.

데, 맑은 가슴으로 분예를 논의하니 마치 오래된 친구와 같았습니다."[90]라고 말했다. 『입연기(入燕記)』에는 이덕무와 이조원(李調元), 당낙우(唐樂宇), 축덕린(祝德麟), 반정균(潘庭筠), 심심순(沈心醇) 등의 학술 교류가 상세히 기록되어 있다. 구체적으로 당낙우와는 탕현조(湯顯祖)의 『모란정기(牡丹亭記)』와 음악에 대해 논의했고, 축덕린 및 심심순과는 시운(詩韵)을 주제로 토론을 진행했다. 또한, 반정균과는 시문(詩文)에 대해 깊이 있는 대화를 나누었다.

이덕무는 북경에 머물던 기간 중 조선에서 보기 힘든 희귀 서적 수집에도 힘썼다. 북경 도착 3일째인 5월 17일 그는 "유리창(琉璃廠) 시장에서 책, 그림, 정이(鼎彝), 고옥(古玉), 금단(錦緞) 등을 살펴보았다."[91], 5월 19일에는 박제가와 함께 유리창을 다시 찾아 숭수당(嵩秀堂), 문수당(文粹堂), 문성당(文盛堂), 경유당(經腴堂), 취성당(聚星堂), 대초당(帶草堂), 욱문당(郁文堂), 문무당(文茂堂), 영화당(英華堂), 문환재(文煥齋) 등 여러 서점을 둘러보며 조선에는 없는 희귀본 서목 130여 종을 베껴 적었다. 5월 25일에는 유리창을 지나며 미처 방문하지 못했던 서너 곳의 서점을 추가로 탐방했고, 오류거(五柳居)에서 서목을 옮겨 적으며 "내가 일생 동안 추구한 것이 모두 여기에 있음을 알게 되었다. 천하에 기이한 문헌이 많다는 것을 깨달았고, 이를 통해 강소(江蘇)와 절강(浙江)이 서적의 보고(寶庫)임을 비로소 깨달았다."라고 감탄하기도 했다. 또한, 5월 28일 서장관을 도와 선본(善本)인 주이존(朱彝尊)의 『경해(經解)』와 마숙(馬驌)의 『역사(繹史)』를 구입했다. 6월 2일 오류거 도생(陶生)의 서방(書坊)에서 『경해(經解)』 60갑을 열람하였고, 6월 4일에는 오류거를 방문해 서장관이 구입한 서적을 검토한 뒤 포장했다. 6월 21일에는 도씨 서생에게 금서인 『정림집(亭林集)』의 구입을 의뢰했다. 훗날 그는 스스로 이날을 회고하며 "덕무(德懋)가 무술년(戊戌年)에 연시(燕市)를 방문했을 때, 서점에서 『도서집성(圖書集成)』의 흩어진 책장을 발견하니, 마치 길광편우(吉光片羽)를 얻은 듯하여 이를 기이한 광경이라 여겼다. 이제 성지(聖旨)를 받들어 직접 오천여 권을 넘게 열람하니, 진실로 평생의 안목을 저버리지 않았다."[92]라고 말했다. 이러한 기록을 통해 이덕무는 18세기 연경의 유리창에 각별한 관심을 가졌었던 조선 문인이자, 중국에서 가장 많은 서적 목록을 필사한 조선 문인이었음을 알 수 있다.

90) 이덕무, 「李德懋與李調元書」, 이덕무, 『청장관전서(青莊館全書)』 권19, 『한국문집총간』 제257책, 제269쪽. "今春换著戎裝, 一洗儒酸, 随謝恩使。先訪墨莊、㟧塘, 握手殷勤如見先生。又相逢秋庫、芷塘、鴛港、匏尊諸先輩。兹皆先生執友, 晴匃談藝, 有若舊交。"

91) 위의 책, 제277쪽. "歷觀琉璃廠市書籍畫愼鼎彝古玉錦緞之屬"

92) 이덕무, 『도서집성(圖書集成)』, 이덕무, 『청장관전서(青莊館全書)』 권57, 『한국문집총간』 제259책, 제9쪽. 德懋戊戌遊燕市, 於書坊得見《圖書集成》散帙者, 如獲吉光片羽, 詑以爲奇觀。今奉聖旨, 手自翻閱五千餘册, 眞不負平生之眼。

(3) 이정원은 이덕무가 청나라 문인과 교류하는 과정에 중요한 중개자 역할을 하였다. 특히 북경에 머물던 시기에 두 사람은 가장 자주 만나며 깊은 친분을 쌓았다. 이덕무의 『입연기(入燕記)』 기록에 의하면, 이덕무와 이정원과의 만남은 총 7회인데, 당낙우(唐樂宇)와 5회, 반정균(潘庭筠)과 5회, 서상 도정상(陶正祥)과 4회, 이기원(李驥元)과는 3회에 그쳤으며, 그 외 청나라 문인들과의 만남은 한두 번에 불과했다. 이정원은 이덕무가 축덕린(祝德麟), 당낙우, 이기원, 심심순(沈心醇) 등 청나라 저명한 문인들과 교류할 수 있도록 적극적으로 도왔는데, 이러한 이정원의 관대한 배려에 대해 이덕무는 깊은 감사를 표하며 편지에서 다음과 같이 말했다.

> 저 같은 하찮은 사람이 감히 동오(東吳)의 명사와 어깨를 나란히 하고, 서촉(西蜀)의 뛰어난 문사와 벗하며, 지당(芷塘)의 집에서 문예를 논하고, 원항(鴛港)의 당(堂)에서 교유를 맺게 되었으니, 이는 모두 우리 묵장(墨莊)이 앞장서서 소개해 주고 알려 준 덕분입니다. 깃털을 자랑하고 먼지를 씻어내듯 저를 세상에 알려주신 그 은혜에 대한 감사함을 어찌 말로 다 표현할 수 있겠습니까?[93]

이정원은 이덕무를 지원하기 위해 두 가지 방법을 활용했다. 첫째, 친구들에게 이덕무를 적극적으로 추천한 것인데, 이는 바로 인용문에서 "깃털을 자랑한다."라고 말한 것이고, 둘째, 친구들을 모아 이덕무를 초대한 것인데, 이는 인용문에서 "먼지를 씻어내다."라고 표현한 것이다. 현존하는 문헌을 살펴보면, 이정원이 이덕무를 추천함에 있어 전력을 다했음을 확인할 수 있다. 『입연기』에는 이정원이 축덕린에게 이덕무를 소개하는 과정이 기록되어 있는데, 다음과 같다.

> 재선과 함께 이묵장(李墨莊)을 방문하려 했는데, 묵장은 위염(魏染) 골목에 있는 편수(編修) 축덕린의 집에 있었다. 그래서 곧장 축씨 집으로 갔는데, 과연 묵장이 그곳에 있었다. 당시 축씨는 모친 상중에 있었다. 며칠 전 묵장을 통해 나와 재선(在先)의 시를 보고 크게 칭찬했으며, 나에 대해서는 "풍부하고 활달하다."라고 평했고, 재선에 대해서는 "우아하면서도 윤택하다."라고 평했다. 묵장과 필담을 나눈 뒤, 주인을 만나기를 청했다. 주인은 한참을 머뭇거리다가 마침내 나왔다.[94]

93) 이덕무, 「李德懋與李調元書」『청장관전서(青莊館全書)』 권19, 『한국문집총간』 제257책, 제269쪽. 不佞下土鯫生, 乃敢接武東吳之名士, 拍肩西蜀之勝流, 談藝於芷塘之室, 訂交於鴛港之堂。吹噓羽毛, 洗濯塵垢, 莫非我墨莊爲之先容, 爲之紹介。其爲感幸, 可勝言哉?

94) 이덕무, 『입연기』, 『연행록전집』 제57책, 제298~299쪽. 同在先訪李墨莊, 墨莊在魏染衚衕祝編修德麟家。直往

이덕무와 축덕린이 만나기 전, 이정원은 이미 축덕린에게 이덕무와 박제가의 시를 추천한 상태였다. 28일 이덕무가 갑자기 축덕린의 집을 방문했을 때에도 이정원과의 관계 덕분에 상중(喪中)에 있던 축덕린을 만날 수 있었다. 유득공은 「숙부 기하 선생의 묘지명[叔父幾何先生墓志銘]」에서 이덕무 등이 청문인을 만나는 과정에서 이정원이 적극적으로 중개자 역할을 했다고 언급하며 다음과 같이 기록했다.

> 벗 이덕무와 뜻을 함께하는 몇 사람이 연경(燕京)에 이어 들어가 이부(吏部)의 동생인 중서사인(中書舍人) 정원(鼎元)을 통해 이부의 벗인 당대의 대학자 기윤, 축덕린(祝德麟), 옹방강(翁方綱), 반정균(潘庭筠), 철보(鐵保) 등과 어울려 풍아(風雅)를 논하며 교류하였다.[95]

이정원의 추천 덕분에 이덕무는 "동오(東吳)의 명사와 만나고, 서촉(西蜀)의 명류(勝流)와 친밀하게 교류하며" 축덕린, 당낙우 등 청나라의 저명한 문사들과 폭넓은 교유를 이어갈 수 있었다.

이정원은 이조원의 종제(從弟)로서 이덕무와 이조원의 교류를 중개하는 핵심적인 역할을 했다. 이조원은 촉(蜀) 땅에 오래 머물렀는데, 이덕무의 서신, 서적, 선물 등이 대부분 이정원을 통해 이조원에게 전달되었다. 이덕무는 이조원에게 보내는 편지에서 "오면서 편지를 써서 선생님께 전하려 했습니다. 지금은 묵장(墨莊)을 통해 부탁드렸으니, 그가 직접 가져갈 것입니다. 소인(鄙人)이 직접 쓴 『청비록』을 가지고 왔는데…… 묵장에게 부탁하여 멀리 계신 선생님께 보내드리도록 하였습니다."[96]라고 말했다.

(4) 이덕무는 청나라 지인 중 이조원을 가장 존경하였다. 비록 두 사람이 직접 만난 적은 없지만, 서신과 한시 교환 등을 통해 꾸준히 긴밀한 관계를 이어갔다. 이덕무가 이조원에 대해 품은 존경심은 주로 다음과 같은 방식으로 드러났다.

① 이덕무는 이조원에게 자발적으로 편지를 보내면서 그의 도움에 감사를 표하기도 하고, 그와의 신교(神交)를 염원하는 마음을 드러내기도 했다. 이덕무는 편지에서 다음과 같이 밝혔다.

祝家, 墨莊果在焉。祝時方居母憂。前日因墨莊見余及在先詩, 大加稱賞, 評余曰"贍而肆", 在先曰"蒼而潤"。與墨莊筆話, 因請見主人。主人趑趄良久, 始出。

95) 유득공, 『영재집(泠齋集)』 권6, 『한국문집총간』 제260책, 제108쪽. 友人李德懋及同志數輩踵入燕, 因吏部之弟中書舍人鼎元, 以遊乎吏部之友——當世鴻儒紀昀、祝德麟、翁方綱、潘庭筠、鐵保諸人之間, 與之揚扢風雅。

96) 이덕무, 「李德懋與李調元書」, 이덕무, 『청장관전서(青莊館全書)』 권19, 위의 책, 제269쪽. "來時付書以致先生。今托墨莊, 想當自去。鄙人携來自著《清脾錄》, ……因囑墨莊, 遥寄先生。"

이와 같은 교류는 세상에 드물며, 글로서 하고, 예물로 하지 않으며, 마음으로 하고, 안면으로 하지 않습니다. 편지가 오가며 한마디 말로도 서로 통하고, 붉은 마음을 드러내어 순수함을 보이니, 만 리 떨어져 있어도 멀지 않았습니다. 이것은 아첨하지 않는 진심 어린 감정이며, 선생님 역시 진심으로 대하고 있음을 봤기 때문입니다.[97]

이러한 교류는 서로의 진심이 담긴 교유 관계라고 할 수 있으며, 이러한 신뢰 관계는 상호 존중과 인정을 바탕으로 형성되었다.

② 주고받은 편지에서는 서로에 대한 존경의 마음이 자주 묘사되었다. 특히 이조원에게 보낸 첫 편지에서 그의 "학식이 깊고 해박"한 점에 대한 존경심을 표현하며, 편지 끝에 학술적인 문제 일곱 가지에 대해 자문을 구하였다. 이덕무는 이조원의 답장을 받은 후, 기쁘고 흥분되었던 마음을 생생하게 묘사하며 "선생님의 편지가 날아와 손에 닿았습니다. 손을 깨끗이 씻고 정성스레 읽으니, 글자마다 눈이 번쩍 뜨이고, 말마다 가슴 깊이 스며들었습니다. 기쁨이 극에 달하여 어찔 줄을 몰랐고, 감동이 깊어 눈물이 흘러내렸습니다."라고 말하였다. 이덕무는 이조원에 대해 "물음에 대한 그의 답변은 어리석음을 깨우쳐주기에 충분했다. 편액은 그의 마음을 보여주고, 당기(堂記)에는 풍자를 담아두었다. 학문을 하는 인생에서 우아하고 바른 것이 더없이 귀중하다." 라고 평했다. 또 이조원이 이입(李笠)을 논한 말을 평가하며, "'문인의 행실이 어찌 소중하지 않으랴.' 이 한 마디로 선생님의 심경을 엿볼 수 있으며, 이는 당대의 귀감이 될 만하다. 더 나아가 이를 깊이 사랑하고, 존경하는 마음으로 받아들여 좌우명으로 삼겠다."[98]라고 밝혔다. 이를 통해 이덕무의 편지 속에는 이조원에 대한 깊은 존경심이 배어있음을 알 수 있다.

③ 이미 청나라 문인이 지어 준 『청비록』의 서문을 받았음에도 불구하고, 이덕무는 이정원을 통해 이조원에게 『청비록』을 전달하며 서문을 다시 부탁하였다. 이덕무가 이조원에게 보낸 두 번째 편지에는 다음과 같은 내용이 담겨 있다.

올 때 편지를 보내어 선생님께 전해달라고 묵장에게 부탁했는데, 당연히 잘 도착할 거라고

97) 이덕무, 「李德懋與李調元書」, 이덕무, 『청장관전서(青莊館全書)』 권19, 『한국문집총간』 제257책, 제267쪽. 如此交道, 開闢所稀, 以文而不以幣, 以心而不以面。尺書去來, 片言相契。披丹見素, 萬里匪遥。此係不佞至誠之攸感, 亦見先生真心之相向。

98) 이덕무, 「李德懋與李調元書」, 위의 책, 제267쪽. "先生清翰翩翩飛墜。盥手莊誦, 字字醒眼, 言言沁肺。喜極欲狂, 感深而涕。""問目之答, 足發蔀蒙。扁額示其心畫, 堂記寓其規諷。人生爲學, 可貴雅正"。"'文人之行, 顧不重耶。' 惟此一言, 可以見先生之心事, 亦足爲當世之表準, 彌益愛敬, 以代座銘。"

생각됩니다. 제가 지은 『청비록』을 가지고 왔습니다. 이 책은 고금 시화를 담아 이채로운 이야기들이 많으나, 다만 제가 임의로 붓을 놀려 기록한 탓에 편차가 다소 부족한 점이 있습니다. 이에 추루(秋庫)의 산삭과 정리를 거쳤고, 지당(芷塘) 선생께서 서문을 쓰셨습니다. 이에 묵장을 통해 먼 곳에 계신 선생님께 보내니, 선생님 또한 서문을 써 주시길 부탁드립니다. 이 기회에 조선으로 부쳐주시면 후세에 전해질 작품이 될 것입니다.[99]

이때 이덕무의 『청비록』은 반정균의 첨삭과 축덕린의 서문이 완료된 상태였다. 주목할 점은 청나라의 명가로서 조선 문단에서도 명성을 누리던 이 두 인물의 첨삭과 서문에 만족하지 않고, 이덕무가 이조원에게도 추가로 서문을 부탁했다는 점이다. 이는 이덕무가 이조원을 학문적으로 높이 평가하고 있었음을 보여주는 것으로 그가 편지에서 표현한 존경심이 단순한 인사치레가 아니었음을 입증하고 있다. 또한 이덕무는 이조원에 대한 존경을 담아 '선귤당(蟬橘堂)'이라는 세 글자를 써 줄 것을 부탁했으며, 이외에도 「청장관집서」, 『선귤당기(蟬橘堂記)』, 『단좌헌기(端坐軒記)』, 『석노장가(石砮長歌)』 등 다양한 글을 써 달라고 부탁하였다.[100]

3 이덕무와 청나라 문인 교류의 의의

이덕무는 18세기 중한 문학 교류에서 중요한 가교 역할을 한 조선 문사로 양국의 학술, 특히 양국의 시학이 상호 전파되는데 크게 기여하였다.

(1) 이덕무는 18세기 청나라 사람들에게 조선의 시단을 전면적이면서도 체계적으로 소개한 최초의 조선 문인이다.

이덕무는 조선의 문학과 학술을 적극적으로 홍보하며, 청나라 문인들이 조선의 시단을 이해하는 데 크게 기여하였다. 그의 저서인 『청비록』이 중국에 전파되어 청나라에서 간행된 것은 중대한 의의를 지닌다. 당시 대다수의 청나라 사람들은 조선에 대해 무지했는데, 이들은 조선이 시로 밀접한 관계 속에 있는 이웃 나라임에도 불구하고 오히려 낯설어했다. 청나라 문인인 엄성

99) 이덕무, 「李德懋與李調元書」 위의 책, 제269쪽. 來時付書, 以致先生, 今托墨莊, 想當自去。鄙人携來自著《清脾錄》, 皆古今詩話, 頗多異聞, 但其隨腕漫筆, 編次乖當, 已經秋庫 刪訂, 芷塘弁卷。因囑墨莊遥寄先生, 先生亦爲之序之, 因便東寄, 有足不朽

100) 이덕무, 「李德懋與李調元書」, 이덕무, 『청장관전서』 권19. 『한국문집총간』 제257책, 제266쪽, 제268쪽.

과 반정균은 전통 학문에 깊은 조예를 갖고 있었지만, 이들 역시 조선의 역사와 현황에 대해서는 거의 아는 바가 없었다. 이에 홍대용은 그들에게 조선의 대략적인 상황을 알리기 위해 『동국기략』을 지어 전달하였다.[101] 유득공 또한 『고운당필기』에서 자신의 경험담을 이야기하며, 청나라 인사들이 조선의 문화에 무관심하여 당혹스러운 질문을 많이 던졌다고 지적하였다.[102]

이러한 배경 속에서 『청비록』의 중국 전파는 청나라 문인들이 조선의 시학 상황에 대해 보다 포괄적으로 이해하는 데 계몽적인 역할을 했으며, 이에 『청비록』의 중국 전파는 과거의 어떤 중한 교류 사건과도 대체할 수 없는 독보적인 의미를 지니게 되었다.

더 나아가 『청비록』이 조선의 시학을 포괄적으로 전파할 수 있었던 이유는 풍부한 내용 및 객관적인 평가 등과 밀접한 관련이 있다. 유득공은 일찍이 『청비록』에 수록된 조선 시학의 방대함을 언급하며 다음과 같이 말하였다.

> 승국(勝國)에서 본조(本朝)에 이르기까지 오백 년에서 육백 년간의 시를 수집해 네 권으로 엮었다. 영롱한 꽃잎을 머금고, 품에 풀잎을 지닌 듯 아름다운 시구를 가려 품평을 타당하게 하였으니, 창랑(滄浪)이나 초계(苕溪)를 더 논할 필요도 없겠다. 아마 이 글을 읽는 이들은 웃음을 참기 어려울 것이다. 다만 동국(東國)의 시만을 취한 것은 정 대부가 시를 읊을 때, 정나라를 벗어나지 않았던 것과 같은 이치이다. 여기엔 이름난 유학자와 뛰어난 보좌관, 뜻있는 문사와 고매한 인물들의 심오한 작품들이 실려있다. 풍교(風教)와 관련된 것은 하나도 빠짐없이 칭송하였으니 그 정성이 남다르다. 또한 한 쪽에 치우치지 않고, 각자의 장점을 취했기에 고정관념에 갇히지 않았으니, 옛 성현들이 시를 논한 뜻에 거의 가깝다고 할 수 있다. 이는 가히 시화 중의 으뜸으로 꼽을 만하다.[103]

이덕무는 「자서(自序)」에서 "일찍이 이목이 미치는 한에서 고금의 시구를 손수 기록하며, 이를 변정(辨訂), 소해(疏解), 평품(評品), 기사(記事)로 나누었다."[104]라고 밝히고 있다. 실제로, 조선본

101) 홍대용의 『담헌서(湛軒書)』 외집 권2 「건정동필담」을 참조하였다. 『한국문집총간』 제248책, 제145쪽.

102) 유득공, 『고운당필기(古芸堂筆記)』 권4 「서벽외사해외수일본(栖碧外史海外蒐佚本)」 10을 참조하였다. 아시아문화사(亞細亞文化社) 1986년, 제405쪽.

103) 유득공, 「『청비록』 서」, 이덕무, 『청비록』, 제153~154쪽. 勝國至本朝五六百年之間, 采爲四編。含英佩苕, 題品乎允。滄浪、苕溪, 又何足道哉？覽之者, 其將解頤之不暇矣。專取東詩者, 鄭大夫賦詩, 不出鄭志之義也。名儒碩輔、志士高人之作, 托興深遠。關乎風教者, 莫不表揚, 惓惓致意。又不執徧見, 取其所長, 無固哉之譏, 庶幾乎古聖賢說詩之旨, 可謂詩話之選也。

104) 이덕무, 『청장관전서(青莊館全書)』 권32, 『한국문집총간』 제258책, 제5쪽. "嘗手錄耳目所到古今詩句, 有辨

『청비록』 4권은 이덕무가 언급한 이 네 가지를 177개의 조목으로 나누어 고려부터 조선 오백여 년에 걸친 조선의 시와 시학, 나아가 자신의 시학적 견해를 소개하고 있는데, 이에 대한 구체적인 내용은 다음의 표와 같다.

분류	항목
1. 변정	권1 이제묘(夷齊廟), 망해루(望海樓), 접취(蝶醉), 부용당(芙蓉堂), 『용성록(龍城錄)』, 동파비무(東坡紕繆), 당태종묘목(唐太宗眇目), 무영전취진반(武英殿聚珍版) 권2 임유정집구(林惟正集句), 유평국(劉平國), 영추시(咏秋詩), 은요번(殷堯藩), 여(麗), 왜시지시(倭詩之始), 원앙합(鴛鴦榼), 시유관용자(詩有慣用字), 주자휘송자(朱子諱松字),、漯沝泳 권3 『조선시선(朝鮮詩選)』, 곽박기(郭璞墓), 시용조어사(詩用助語辭), 지기지음(知己知音), 원려묘경(元呂妙境), 정자고학(鄭鷓鴣學), 황학루(黃鶴樓)』 권4 서보마시(徐寶摩詩), 지봉시파원국(芝峰詩播遠國), 신역탄(新曆嘆), 袠
2. 소해	권1 사십쌍(四十雙), 송고(松羔), 월사아도여마(月似蛾桃如馬), 누선헌공(樓宣獻公), 작어해운(雀語諧韵), 중(蚛), 홍정(紅丁), 우문허중(宇文虛中) 권2 섬(暹), 승시증포은(僧詩贈圃隱) 권3 䲔, 소충제취(小蟲諸趣), 주충어학초목(注蟲魚學草木) 권4 소옹(邵翁)
3. 평품	권1 양응시(楊凝詩), 영어부(咏漁父), 이효칙(李孝則), 원왕시(袁王詩), 경어(經語), 복낭(福娘), 여황이시(黎黃二詩), 어무적(魚無迹), 일본(日本) 『난정집(蘭亭集)』, 구세아시(九歲兒詩), 이계윤진(李炷尹鎭), 귀시(鬼詩), 금고성부실(金高城副室), 성탄평이초왕시(聖嘆評李楚望詩), 계조해화(鷄潮蟹火), 명충간도신(鳴蟲懇到晨), 와국보의군용(蝸國步蟻軍容), 진신월본색산(真身月本色山), 유예시(劉豫詩), 조문민축지산(趙文敏祝枝山), 환범재(換凡齋), 감각도장(堪刻圖章), 고어주합(古語湊合), 강위임포(江爲林逋), 사천(槎川) 『매화시(梅花詩)』, 광해군시(光海君詩)

訂, 有疏解, 有評品, 有記事。"

분류	항목
	권2 이용촌(李榕村), 정민교(鄭敏僑), 대장정연(對仗精煉), 『만촌집(晩村集)』, 월간(月澗), 진염사(陳髥詞), 관복암(觀復庵), 사천선학송(槎川善學宋), 모서하(毛西河), 운강소실(雲江小室), 『출세편(出世篇)』, 『피금정제(披襟亭題)』, 이춘경(李春卿), 심계(心溪), 이지봉(李芝峰), 시기(詩妓), 사월천기(四月天氣), 자허(子虛) 『취한집(翠寒集)』, 고화망경다(高花望更多), 노동(盧同), 허중(何中) 권3 이익재(李益齋), 양왕시문쾌활(兩王詩文快活), 흑(黑), 조비(鳥飛), 율도(律陶), 기광갑색(旗光甲色), 윤암(綸庵), 응재(凝齋), 봉록(鳳麓), 『편양정시(偏凉亭詩)』, 홍서주(洪西洲), 한화몽중낙(閑花夢中落), 규인아정(閨人雅正), 험구(險句), 최두기대인시(崔杜機大人詩), 부운자재청산만(浮雲自在青山晩), 단양가절(端陽佳節), 연암(燕岩), 신석북(申石北), 이진사(李進士), 공무시(功懋詩), 추일시(秋日詩) 권4 서초(西樵), 송경문(宋景文) 『엽시(獵詩)』, 별시묘절(別詩妙絶), 강산(薑山), 현산옹(玄川翁) 『영주자(咏朱子)』, 이길옹(李吉翁), 원자재(袁子才), 임용촌(林龍村), 심계(心溪) 『추회시(秋懷詩)』, 이목당(李穆堂) 『경인원조(庚寅元朝)』, 노어향(鱸魚香), 조천시(篠川詩), 공어체물(工於體物), 초정(楚亭), 정호당(丁湖堂), 유희경(劉希慶), 능호관(凌壺館), 이학제선생시(理學諸先生詩), 승취미(僧翠微), 혜환(惠寰)
4. 기사	권1 최간역당(崔簡易堂), 위백자(魏伯子), 겸가당(蒹葭堂), 선연동(嬋娟洞), 예주허목은(倪朱許牧隱), 윤월정(尹月汀), 제(題)『황작도(黃雀圖)』, 치천담예(穉川談藝), 『강산추제도(江山秋霽圖)』, 치청산인(豸青山人), 계성사유(鷄聲似柳), 어양논시(漁洋論詩), 육소음(陸篠飮), 『중주집(中州集)』 영고려(咏高麗) 권2 최두기(崔杜機), 현포(玄圃), 태백불희맹자(泰伯不喜孟子), 이미(李美), 엄철교(嚴鐵橋), 유취설(柳醉雪) 권3 현순노인시(懸鶉老人詩), 이우상(李虞裳), 고려규인시기일수(高麗閨人詩祇一首), 한송정곡(寒松亭曲), 양근초부(楊根樵夫), 왕원정(王阮亭), 반추루(潘秋庫), 변일민(邊逸民), 동방자(東方子) 권4 농암삼연모중국(農岩三淵慕中國), 영재(泠齋), 곽규(郭取圭), 이우촌(李雨村), 사천시입중국(槎川詩入中國), 『영관창(咏觀漲)』, 최양포(崔楊浦), 매화칠림(梅花漆林), 윤희매(輪回梅), 일지홍(一枝紅), 사시화(四時花), 소위정(所謂亭), 『청령국시선(蜻蛉國詩選)』

이덕무는 조선의 시인 119명을 모두 상세히 소개했는데, 그중에서도 선대의 유명한 시인인 박은(1479-1504)에 대해 "읍취헌 박은의 시를 세상에서 동방의 두보라고 추앙하였다."[105]라고

105) 이덕무, 『청비록(清脾錄)』 권1 「이효칙(李孝則)」, 제156~157쪽. 挹翠軒朴誾詩, 世推爲東方杜甫

평가하였다. 또한 낭대의 유명한 시인이었던 이광려(1720-1783)에 대해서는 "그의 시는 우아하고 깊이가 있으며 깨끗하여, 명성이 온 나라에 가득하였는데, 어떤 이는 '그의 시가 당대 제일이다.'라고 평하였다."[106]라고 하였다. 또한, 이덕무는 기녀와 어린이 등을 포함하여 알려지지 않은 일반 문인들도 다수 소개하였는데, 이를 통해 『청비록』에 소개된 조선 시인들의 층위가 비교적 다양하고 광범위했음을 알 수 있다.

시평의 기준을 보면, 이덕무는 공평성과 학문적 깊이를 중시하면서 "멀리 있는 사람을 지나치게 높이는 태도(貴遠賤近)"와 "허명만을 좇는 경향(向聲背實)"을 반대했다. 그는 『청비록』에서 "왕어양(王漁洋)은 『논시절구(論詩絶句)』에서 '철애(鐵厓) 양유정(楊維楨)의 악부는 힘이 넘치고, 연영(淵穎) 오래(吳萊)의 가행(歌行)은 격조가 모두 기이하다. 남의 말만 믿는 자들은 개보(開寶) 시기를 이야기하지만, 몇 사람이나 송원(宋元)의 시를 직접 보았는가?'라고 했는데, 나는 이 시의 공평함과 박학함, 그리고 고아함을 늘 사랑해왔다."[107]라고 평했다. 이덕무는 왕세정이 개원(開元)과 천보(天寶) 시기의 시(詩)를 맹목적으로 숭상하는 사회 풍조를 지양하고, 실사구시하며, 송원의 시를 공정하게 품평하는 태도에 감탄하였다. 또한 그는 시인을 평가하는 공평한 마음과 객관적인 태도를 『청비록』 전반에 걸쳐 관통하며 "오직 한위(漢魏)의 문장만을 추구하면 진심을 해치게 되니, 나는 지금 사람으로서 현재의 것을 좋아한다."[108], "시를 고를 때는 관직(官職)을 고르듯 해서는 안 되며, 시(詩)를 논할 때는 그 사람을 논하면 안 된다."[109]라는 신념을 굳게 지켰다. 이에 훌륭한 시편이나 시구(詩句)라면 작자의 시대나 신분을 막론하고, 모두 발췌하여 칭송하였다.

이는 『청비록』에 일반 작가들의 훌륭한 시구가 대거 수록될 수 있었던 이유기도 하다. 한편, 이덕무는 당시 시명이 높았던 조선 문사들의 시작에 대해 무조건 칭송만 한 것이 아니라 적절하면서도 타당한 평가를 내렸다. 『청비록』 권2 「이춘경(李春卿)」에서 이규보에 대한 그의 평가를 보면, "춘경의 시명은 당대에 매우 유명했는데, 그 명성이 지금까지 사라지지 않았으며, 중국의 시선에도 실렸다."라는 점을 언급하면서도 이에 휩쓸리지 않고, 이규보의 시에 대해 "경쾌하고

106) 이덕무, 『청비록(清脾錄)』 권3 「이진사(李進士)」, 제246쪽. 詩雅重深潔, 名滿一國, 或云詩爲當世第一

107) 이덕무, 『청비록(清脾錄)』 권1 「어양논시(漁洋論詩)」, 제177쪽. "王漁洋《論詩絶句》: '鐵厓樂府氣淋漓, 淵穎歌行格盡奇。耳食紛紛説開寶, 幾人眼見宋元詩？'余嘗愛此詩之公平博雅。"

108) 이덕무, 『題香祖評批詩卷』, 이덕무, 『청장관전서』 권11, 『한국문집총간』 제257책, 제189쪽. 専門漢魏損真心, 我是今人亦嗜今

109) 이덕무, 『청비록(清脾錄)』 권2 「유평국(劉平國)」, 제191쪽. 選詩非選官, 論詩非論人

날카로운 맛이 없어 거칠고 산만하며, 명성이 실질과 부합하지 못한다."라고 비판적으로 평하였다.

또한, 한편으로는 농암 김창협이 "근래 호곡(壺谷)이 편찬한 『기아』를 보고, 이규보의 문장을 동국의 으뜸이라 칭하였으나, 나는 이 논평이 매우 옳지 않다고 생각한다. 그의 학식은 비루하고, 기상은 저속하며, 격조는 낮고 잡스러우며, 말은 자질구레하고, 뜻은 천박하다."라는 평가를 인용하며 자신의 견해를 뒷받침하였다. 다른 한편으로는 이규보가 자신의 시작이 후대에 전해지지 않을 것을 염려한 점을 통해 그의 시가 산만하고 지루하다는 것을 지적하였다. 그러나 문장의 마지막에서 이덕무는 이규보의 시를 전반적으로 부정하지 않고, 그의 절구 시 「하일(夏日)」은 충분히 선정될 가치가 있다고 평가하였다.[110] 이를 통해 이덕무의 이규보에 대한 평가는 이치와 근거가 분명하여 적절하면서도 타당했음을 알 수 있다.

요약하자면, 『청비록』은 그 내용의 풍부함과 품평의 객관성 덕분에 청나라로 전파되어 간행될 수 있었으며, 이에 청나라 사람들은 한국의 고대 시학에 대해 더욱더 사실적이면서도 포괄적으로 이해할 수 있게 되었다.

이덕무는 『청비록』에서 일본의 한시 기원과 발전, 주요 시인 및 시집 등을 상세히 소개했는데, 이는 18세기 중한 문인 교류에서 주목할 만한 특이한 현상이다. 『청비록』 권2 「왜시의 시초(倭詩之始)」에서 왕인(王仁)이 『천자문』을 가지고 일본에 간 뒤, "도아(道雅) 또한 그를 스승으로 섬기면서 유교가 비로소 행해지게 되었다."라고 하면서 다음과 같이 기록하였다.

> (왕)인은 한고제(漢高帝)의 후예로 『난파진가(難波津歌)』, 『인덕보조송(仁德寶祚頌)』을 지어 가부(歌父)라고 불리었고, 육오의 송녀가 『갈성왕가(陸奧宋女奉葛城王歌)』를 바쳐서 가모(歌母)라고도 불리었다. 천무천황(天武天皇)의 둘째 아들인 대우(大友)와 동생 대진(大津)은 재학이 뛰어났는데, 시부(詩賦)의 흥기는 이들로부터 시작되었다. 오언시는 대우, 칠언시는 대진에서 비롯되었고, 오언 십구는 기마려(紀麻呂), 칠언 장편은 기고마려(紀古麻呂), 칠언 사구는 기남인(紀男人)에서 시작되었다. 군주의 시는 문무천황(文武天皇), 승려의 시는 지장(智藏), 그리고 여자의 시는 대반희(大伴姬)에서 비롯되었다. 임도춘(林道春)은 "등태정(藤太政)이 바로 담해공(淡海公)이다. 본조의 화운(和韻)이 이로부터 처음 나타났으며, 원진(元稹), 백거이(白居易), 유우석(劉禹錫)이 서로 화답하기 이전으로 기이하다고 할 만하다."라고 말하였다.[111]

110) 이덕무, 『청비록(淸脾錄)』 권2 「이춘경(李春卿)」, 제207~208쪽. 近見壺谷所編《箕雅》, 稱李奎報文章爲東國之冠, 余意此論殊不然。其學識鄙陋, 氣象庸下, 格卑而調雜, 語瑣而意淺"

위의 인용문에서 이덕무는 시부(詩賦)가 흥기한 시대를 명확히 지적하면서 일본의 오언시, 칠언시, 군주의 시, 스님의 시, 그리고 여인의 시 등의 기원을 구체적으로 제시하였다. 『청비록』 권1 「일본 난정집(蘭亭集)」 조에서는 일본의 시인 타카노 코레카(高野惟馨)와 그의 문집 『난정집(蘭亭集)』을 소개하였다. 권1 「겸가당(蒹葭堂)」 조에서는 일본의 시인 키 히로야스(木弘恭)와 조선의 문인 성대중(成大中)이 일본에 출사했을 때 키 히로야스(木弘恭)에게 『아집도(雅集圖)』를 부탁한 일을 중점적으로 소개하였다. 권4 「청령국시선(蜻蛉國詩選)」 조에서는 이서구(李書九)가 편찬한 일본의 한시집(漢詩集) 『청령국시선(蜻蛉國詩選)』을 소개했는데, 그중 중점을 둔 일본의 한시(漢詩) 작자는 고우리(合離), 오카다 요시마리(岡田宜生), 토미노 요시타네(富野義胤), 쿠사 야스요(草安世), 토쿠다(德田), 나와 시소(那波師曾), 오카다 유슈(岡田惟周), 모리야 모토야스(守屋元泰), 미야타 아키라(宮田明), 이 빈쿄(井敏卿), 미나모토 타다(源忠), 미나모토 쿠모(源雲) 등이다.112) 이를 통해 이덕무의 『청비록』에는 일본 시단에 대한 소개가 상당히 상세하게 기술되어 있음을 알 수 있다. 『청비록』은 이덕무에 의해 청나라 지인들에게 전달되었는데, 이는 당시 청나라와 일본이 쇄국 정책을 펴고 있던 상황에서 청나라 문인들이 일본 문단의 역사와 현황을 이해하는 데 크게 기여하였다.

상술한 바와 같이, 『청비록』은 그 내용의 풍부함과 품평의 공정성 등으로 인해 18세기 청나라 문단에 조선과 일본의 시학을 보다 포괄적이면서도 객관적으로 소개하는 중요한 역할을 담당했다. 더 나아가, 18세기 중한 문인 간의 필담이나 서신 교류 등에서 논의된 조선 시학의 폭과 깊이, 진정성 등이 모두 『청비록』과 견줄 수 없다 해도 과언이 아니다.

『청비록』은 중국에 전파되는 과정에서 이조원, 이정원, 반정균, 축덕린 등 청나라 문인들의 높은 학술적 평가를 받았다. 특히 축덕린은 『청비록』의 서문을 직접 저술하며, 그 가치를 인정했고, 이정원은 "조각난 보물을 모으고, 숨겨진 덕과 미묘한 아름다움을 드러냈네. 중국이 비록 비슷하더라도, 공자의 정자는 낡아가고, 작산(鵲山)은 황량하구나."113)라며 찬사를 보냈다. 이조

111) 이덕무, 『청비록(清脾錄)』 권2 「倭詩之始」, 제281~282쪽. (王)仁本漢高帝之後, 作《難波津歌》、《仁德寶祚頌》, 謂之歌父；陸奥宋女奉《葛城王歌》, 謂之歌母。天武天皇第二子曰大友, 其弟曰大津, 有才學, 詩賦之興自此始。五言詩昉於大友, 七言詩昉於大津, 五言十句昉於紀麻呂, 七言長篇昉於紀古麻呂, 七言四句昉於紀男人, 人君詩昉於文武天皇, 釋氏詩昉於智藏, 女子詩昉於大伴姬。林道春曰："藤太政者, 淡海公也。本朝和韵, 於此始見之, 且在元、白、劉酬和之前, 則可謂奇也。"

112) 이상의 세 가지 예문은 이덕무의 『청비록』 권1 「日本《蘭亭集》」, 제161~162쪽, 권1 「겸가당(蒹葭堂)」, 제166~167쪽, 권4 「청령국시선(蜻蛉國詩選)」, 제281~282쪽을 각각 참조하였다.

113) 이정원(李鼎元), 「題清脾錄」, 유득공, 『병세집(並世集)』 권1, 『연행록전집』, 제60책, 제95쪽. 零金碎粉間收拾,

원은 『청비록』을 자신의 저서인 『함해(函海)』 및 『속 함해(續函海)』에 실었으며[114], 그 내용을 『우촌시화(雨村詩話)』에 인용할 정도로 『청비록』을 중시했다. 이를 통해 『청비록』이 당시 지식인 사회에서 널리 인정받았음을 확인할 수 있다.

한편, 『청비록』이 청나라에서 간행되기 시작하면서 북경의 서점[115]은 물론 사천, 강서, 강남, 절강 등지에도 널리 퍼지게 되었다.[116] 이에 이덕무와 북학파 문인들의 문학적 명성은 청나라에서 크게 알려졌다. 이후 수십 년간 이덕무와 직접적인 교류가 없었던 청문인들도 그와 북학파 문인들의 작품에 주목하기 시작했다. 1828년(무자년) 연경에 출사한 박사호(朴思浩)는 『심전고(心田稿)』에서 청나라 문인 오숭량(吳嵩梁)과의 대화를 기록하며 이덕무와 북학파의 영향력에 대해 다음과 같이 말했다.

> (오숭량이) 물었다. "『청비록』은 가져온 간행본이 있습니까?" (박사호가) 대답했다. "가을에 산수를 유람하며 사행 준비에 시간이 촉박하여 책을 가져오지 못했습니다."……(오숭량이) 『영재집』 한 권을 꺼내며 말했다. "이는 귀국 유득공의 시집입니다. 그의 회고시는 산수와 인물을 모두 잘 묘사했습니다." (박사호가) 이어 말했다. "혜풍(유득공의 호)의 이 시는 시사(詩史)라 할 만합니다. 그리고 이해정(이덕무)의 『청비록』은 보셨습니까?" (오숭량이) 답했다. "그 책은 사천 이조원이 간행본에 채록한 바가 있습니다."[117]

潛德幽微亦表揚。中國即令雖比似，夫子亭老鵲山荒。

114) 『청비록』 대소본이 중국에서 간행되어 전해지는 것에 대해 장보웨이(張伯偉) 선생이 『청대시화동전약논고(清代詩話東傳略論稿)』라는 책에서 이미 충분히 상세한 변증을 했기 때문에 여기에서는 간략하게 서술하였다. 105~110쪽.

115) 이조원 저, 첨항륜(詹杭倫), 심시용(沈時蓉) 교정 「『우촌시화(雨村詩話)』 교정」 권11에서 이조원은 "내 동생이 경시(京市)에서 우연히 조선의 무관 이덕무가 저술한 『청비록』 4권을 보고는 사서 나에게 보여주었다. 당관휴의 시 '건곤의 맑은 기운이 있어, 시인의 비장을 적시네.'를 취해 이름을 지었는데, 모두 조선 사람의 시화(詩話)지만, 간혹 중국인의 것도 수록하였다."라고 말했다. 제254쪽.

116) 이규경(李圭景)의 「『청비록』 대소각본변증설(大小刻本辨證說)」에서 "대본과 소본은 중국의 촉중(蜀中)과 강서(江西), 강남(江南), 절강(浙江) 등지에서 간행되었다."라고 말했다. 이규경, 『오주연문장전산고(五洲衍文長箋散稿)』 권2, 제622쪽.

117) 박사호(朴思浩), 『심전고(心田稿)』, 『연행록전집』 제86책, 제53~54쪽. (吳)曰："《清脾錄》有持來刻本否？"(朴)曰："僕秋間遊海嶽之間，臨使行不多日啓發，故書册未曾帶來。"……(吳)出《泠齋集》一卷曰："此貴國柳公得恭詩也。其懷古詩，山水人物皆可以備掌。"(朴)故答："惠風此詩，詩史也。又有李雅亭《清脾錄》，覽否？"答："此書，四川李君調元曾采入刻本。"

또 운객(雲客) 웅앙벽(熊昂碧)과는 다음과 같은 대화를 나누었다.

> (웅앙벽이) 말했다. "동국에 기인들이 많다는 것을 잘 알고 있습니다. 근래의 박정유(朴貞蕤), 유혜풍(柳惠風) 두 선생 또한 뛰어남이 일반 사람과는 달랐습니다. 『패해(稗海)』에서 네 학자의 저술과 『청비록』 등을 보았는데, 혹시 행장에 그중 일부라도 가지고 오셨는지요?" (박사호가)대답했다. "유혜풍과 박정유 두 분의 시문은 동국에서도 귀중히 여기며, 『청비록』은 아정 이덕무가 지은 것입니다. 이번에는 가져오지 못했습니다."118)

청나라 문인 오숭량(吳嵩梁)과 웅앙벽(熊昂碧)은 박사호(朴思浩)와의 만남에서 이덕무의 『청비록』을 구하며, 북학파 시인 박제가와 유득공 등에 대해 언급했다. 이는 『청비록』이 당시 청나라 문단에 상당한 영향력을 미치고 있었음을 보여준다. 유득공은 『연대재유록(燕臺再遊錄)』에서 북학파 문인들이 청나라에서 명성을 얻게 된 것은 이덕무의 『청비록』이 청나라에서 간행된 덕분이라고 지적하며, 다음과 같이 말했다.

> 『우촌시화(雨村詩話)』 4권을 숙소로 가져와 살펴보니, 근년의 일을 특히 상세히 기록하였으며, 이무관(李懋官)의 『청비록(清脾錄)』과 내가 예전에 지은 『가상루고(歌商樓稿)』(혹은 『가상루집』)도 많이 수록되어 있었다. 중주(中州) 사람들이 동국의 문사를 만나면 곧장 우리들의 성명을 거론하는 까닭이 바로 이 때문이다.119)

(2) 연암학파의 문인 중에서 이덕무와 박제가가 가장 먼저 청을 방문하였다. 이덕무와 청나라 문인들과의 교류는 이후 박지원과 유득공의 중국 방문에 중요한 영향을 미쳤다. 박지원과 유득공은 이덕무에게서 중국의 문화와 문인에 관련된 다양한 정보를 수집할 수 있었는데, 이는 그들의 북경 방문을 위한 토대가 되었다. 예를 들어, 유득공은 이덕무에게 청나라 문인인 심손련(沈孫璉), 심심순(沈心醇), 채증원(蔡曾源) 등에 대해 질문한 적이 있는데, 이덕무는 답장에서 "심손련(沈孫璉)은 자가 노사(蘆士)이며, 전당(錢塘) 사람이다. 심심순(沈心醇)은 자가 고준(翔樽)이고, 해녕(海

118) 박사호(朴思浩), 『심전고(心田稿)』, 『연행록전집』 제86책, 제58~59쪽. (熊)曰："東國多畸人, 向所深悉。近如朴貞蕤、柳惠風二先生亦復矯矯不群。前見《稗海》裁四家所著及《清脾錄》云云。未稔行篋中亦有帶來一二種乎？"(朴)曰："柳、朴兩公詩文, 東國之所重, 而《清脾錄》李雅亭德懋所著也, 未曾帶來。"

119) 유득공, 『연대재유록(燕臺再遊錄)』, 제12쪽. 《雨村詩話》四卷, 携歸館中, 見之記近事特詳, 李懋官《清脾錄》及余舊著《歌商樓稿(集)》亦多收入。中州人遇東士, 輒舉吾輩姓名者, 蓋以此也。

寧) 사람이다. 채증원(蔡曾源)은 자가 여교(呂橋)이고, 나강(羅江) 사람이다. 중원 사람들은 모두 자를 호로 삼는데, 이 세 사람에게 다른 호가 있는지는 듣지 못했다. 노사(蘆士)는 편수(編修) 벼슬을 지냈고, 심심순과 채증원은 모두 거인(擧人)이었다."[120]라고 말하였다. 심심순과 채증원은 이덕무가 북경에 머물 당시 교류했던 청나라 문인들이며, 유득공 역시 이덕무의 소개를 통해 이 세 문인에 대해 처음 알게 되었다.

한편, 중국에 방문하기 전 박지원은 이덕무의 소개를 통해 청나라 문인에 관한 정보를 많이 입수하였다. 그는 『열하일기』에서 이덕무가 북경에 머물 당시의 교유 행적에 대해 자세히 언급하며 "전년에 무관(懋官) 일행이 이 가게에서 자주 물건을 샀다면서 오류거(五柳居)에 대한 이야기를 흥미롭게 나누던 모습이 떠오른다. 지금 이곳을 지나니 마치 옛 친구를 만난 듯하다. 무관은 작별 시에 당원항(樂宇)을 찾으려면 먼저 선월루(先月樓)로 가서 그 남쪽으로 돌아가는 작은 골목의 두 번째 문이 바로 당씨 집이라고 일러주었다."[121]라고 하였다.

이덕무는 박지원에게 북경 유리창의 "오류거(五柳居)" 서점과 당낙우(唐樂宇)의 북경 거주지를 상세히 설명해 주었다. 박지원은 『열하일기』에서 "내가 일찍이 지은 「청비록서」에서 이를 자세히 논증한 바 있다. 무관(懋官)이 연경(燕京)에 있을 때 이 글을 한림 축덕린(祝德麟), 낭중 당낙우(唐樂宇), 사인 반정균(潘庭筠)에게 보였더니, 세 사람이 돌아가며 읽으며 칭찬하였다.", "재작년에 이무관(李懋官)이 이 사찰을 유람했을 때는 장날이어서 내각학사 숭귀(嵩貴)를 만났다."[122]라고 기록하였다. 이를 통해 박지원은 이덕무를 통해 이덕무와 청 문인들의 교류 상황을 파악했음을 알 수 있다.

(3) 이덕무는 청나라 문인들과의 교류를 통해 중국에 대한 정보를 더욱 많이 알게 되었다. 귀국 후 그는 청나라 문화를 지인들에게 적극적으로 소개했는데, 이는 조선 문인들의 청나라 문단에 대한 이해를 넓혀주었을 뿐만 아니라 중국 문화가 조선에 전파되는 데에도 크게 기여하였다.

이덕무는 다음의 두 가지 방법으로 청나라 문화를 전파하였다. 첫째, 지인들과의 교류를 통해 청 문단과 문인들을 소개하였다. 서형수의 「기효람에게 보내는 편지(與紀曉嵐)」에는 이덕무로부

---

120) 이덕무, 「李德懋與李調元書」, 이덕무, 『청장관전서』 권19, 『한국문집총간』 제257책, 제253쪽. "沈孫璉字蘆士, 錢塘人。沈心醇字匏樽, 海寧人。蔡曾源字呂橋, 羅江人。中原人擧皆以字爲號, 三子另有他號, 未之聞也。蘆士, 官編修。沈、蔡俱擧人。"

121) 박지원, 『열하일기』, 제110쪽. "前歲懋官輩多貿此肆, 津津說五柳居。今過此中, 如逢故人。懋官臨別, 又言若尋唐鴛港(樂宇), 先至先月樓, 其南轉小衚衕第二門, 即唐宅云。"

122) 위의 책, 제261쪽, 제346쪽. "余嘗著《<清脾錄>序》詳辨之。懋官之在燕, 以示祝翰林德麟、唐郎中樂宇、潘舍人庭筠, 三人者輪讀贊許云。""前年李懋官遊此寺, 值市日, 逢內閣學士嵩貴。"

터 기윤의 학문을 접했다는 기록이 있는데, “이무관을 통해 선생께서 경위를 설계하고, 학문의 정수를 축적하셨다는 이야기를 들었습니다. 이는 참다운 문장이라 하겠으며, 천하에 걸출한 인물이라 할 만합니다.”123)라고 말했다. 또한, 그의 벗 이서구는 시에서 “이무관이 연경에서 절강과 촉 지방의 문사들을 만났다. 돌아온 후 그들을 떠올리며, 이야기 중에 우연히 언급되기에 감회를 담아 시를 지었다.”라고 적었다. 이를 통해 이덕무가 이서구에게 절강과 촉 지역 문사들과의 교류를 소개했음을 확인할 수 있다. 이덕무의 친구 남공철도 청나라 문사 반정균, 이조원, 이정원 등과의 교류를 전해 듣고는 “무관과 차수 모두 문장가로서 연경에 들어가 추루, 우촌, 묵장 등 유명 문사들과 교유했다.”124)라고 말했다. 둘째, 이덕무는 회인시를 지어 청나라 문인들과의 교류를 널리 알렸다. 귀국 후 그는 「이묵장을 생각하며[有懷李墨莊]」, 「당원항을 생각하며[有懷唐鴛港]」, 「이부당을 생각하며[有懷李鼌塘]」, 「소음, 우촌, 난타, 강산, 영재, 초정을 생각하며[論詩絶句有懷篠飮, 雨村, 蘭坨, 薑山, 泠齋, 楚亭]」 등 다수의 회인시를 남겼다. 이 시들 속에 담긴 이조원, 이정원, 당낙우, 반정균, 이기원 등 청나라 문인들의 이야기는 이들의 명성이 조선에 전파되는 데 기여했다.

(4) 이덕무는 청나라 문인과의 교류와 유리창의 서점 탐방을 통해 자신의 문학적 시야를 크게 확장하여 조선 최초로 동아시아 시단을 꿰뚫어 볼 수 있는 인물이 되었다.

『청비록』에 수록된 시학의 내용을 보면, 그는 조선의 고대 시학에 정통했을 뿐만 아니라 일본 한시의 역사와 상황까지도 깊게 이해하고 있음을 알 수 있다. 아울러 청나라 문인들과의 필담 및 서신 교류를 통해 청나라 시단에 대한 해박한 지식과 깊은 이해를 갖게 되었다. 18세기 조선 문인 중 이덕무만큼 한·중·일 삼국의 시단에 대해 이토록 깊이 있게 통찰한 인물은 없었다. 그는 이를 바탕으로 당시 중한의 문학 상황을 비교·평가하며, 「소음, 우촌, 난타, 강산, 영재, 초정을 생각하며」와 같은 시를 지었다.

구절은 연못의 바람과 대나무 이슬의 맑음을 이어받고,	句襲荷風竹露清
시로써 그림을 깨달아 모두 정수를 얻었네.	因詩悟畫總精英
어느 해에 낙양에 들어왔길래 재명(才名)이 자자한가?	何年入洛才名盛？

123) 서형수(徐瀅修), 「與紀曉嵐」, 서형수, 『명고전집(明皐全集)』 권6, 『한국문집총간』 제261책, 113쪽. “又因李懋官諸人聞閣下經緯之門路, 儲峙之菁華。斯可謂真文章, 而天下果有人矣。”

124) 남공철(南公轍), 「寄所軸跋」 남공철, 『금릉집(金陵集)』 권13, 『한국문집총간』 제272책, 제239쪽. “而懋官、次修俱以文章入燕京, 與秋庫、雨村、墨莊諸名士遊者也。”

저절로 구름 사이의 육사형(陸士衡)이 되리라.　　自是雲間陸士衡。

촉 땅은 오래전부터 뛰어난 인물들을 낳았으니,　　蜀産伊來足勝流
양웅과 이백 또한 그대의 벗이라네.　　楊雲太白亦君儔
말을 다스림에 진정 시인의 마음을 얻었으니,　　命辭真得詩人意
초목과 새, 벌레가 그대 붓 아래 모두 담겼네.　　卉木禽蟲筆底收

연영루 위에 옛 달이 걸려 있으니,　　聯咏樓頭舊月懸
상부인(湘夫人)은 상부련(想夫憐)을 부르네.　　湘夫人唱想夫憐
비경(飛卿)의 이름과 안인(安仁)의 성을 가졌으니,　　飛卿名字安仁姓
어찌 그 시구가 묘하고 아름답지 않으리오?　　詩句如何不妙姸？

강산(薑山)은 밝고 담담(明澹)하고 아름답고 슬프니,　　薑山明澹且妍哀
위작의 시가는 또 다른 재주를 보여준다네.　　僞體詩家別有裁
눈썹 위로 학문의 기운이 오르니,　　眉宇上升書卷氣
어양(漁洋)의 유파가 해동에 이르렀네.　　漁洋流派海東來
시가 영재(泠齋)에 이르면 삭제할 수 없으니,　　詩到泠齋不可删
어찌 머리 속에 글자가 안정되지 않을 수 있으랴?　　頭頭寧有字難安？
이는 참으로 문봉의 진실한 말이라,　　此真文鳳非虛語,
지록(芝麓), 매촌(梅村)과 서로 어깨를 나란히 하네.　　芝麓梅村伯仲間。

초정(楚亭)은 쓸쓸하게 색다른 문을 여니,　　楚亭瑟颯別開門
재기(才氣)를 모두 갖춘 사람은 옛날에도 드물었네.　　才氣雙全古罕聞
시품을 여러 부처에 비유한다면　　詩品如將諸佛喩
우리나라에 온 제일의 달마(達摩) 존자라네.　　東來第一達摩尊

각자의 꿈은 상관없이 한 침상을 공유하니,　　各夢無干共一床
사람은 두보도 이백도 아니고, 시대도 당나라가 아니네.　　人非甫白代非唐
나의 시는 나의 얼굴과 같음을 믿으니,　　吾詩自信如吾面
모방한 옷차림을 보고서는 곽랑(郭郎)을 비웃네.　　依樣衣冠笑郭郎

여섯 명의 이름을 듣고 직접 만나 알게 되었으니,　　六子聞名見面知

재주 없는 나 또한 운 좋게 같은 시대를 살아간다네.	不才如我幸同時
사람을 만날 때마다 흥미롭게 이야기 나누니,	津津到處逢人語
단순한 호기심이 아님을 깨닫네.	結習非徒浪好奇
강산(薑山), 영재, 초정은 모두 정묘함에 들어갔으니,	薑山冷楚入精微
하늘 위에서는 모르겠지만, 땅 위에서는 드문 일이네.	天上不知地上稀
늙은 나도 때때로 시를 논하는 자리에 참석하니,	老子時參談藝席
자석이 철을 끌어당기듯 결국에는 같은 길을 가네.	如磁引鐵竟同歸
백 년의 우정은 마치 말과 소의 바람과 같네,	百年交契馬牛風
향조(香祖)와 성원(醒園), 그리고 소옹(篠翁)이 함께하네.	香祖醒園暨篠翁
칠자의 시단이 다시 세워진다면	七子詩壇如更築
누가 이반룡(李攀龍)이 될지 알 수 없네.	不知誰是李攀龍

이 시에서 이덕무는 조선의 이서구, 유득공, 박제가와 자신을 포함한 네 사람, 그리고 청나라의 육비(陸飛), 이조원, 반정균 이렇게 세 사람을 함께 거론하며 이들을 "명나라 칠자(明代七子)"에 견줄 만하다고 평가했다. 특히 "칠자의 시단(詩壇)을 다시 쌓는다면 누가 이반룡이 될지 알 수 없네."라고 언급하며, 이들의 위상을 강조했다. 이어서 육비는 위진(魏晋) 시기의 대표적인 시인 육기(陸機)에 비유하고, 이조원은 양웅(揚雄, 자운)과 이백(李白, 태백), 반정균은 반악(潘岳, 안인)에 각각 견주었다. 또한 이서구를 '해동어양(海東漁洋)'이라 칭하며 왕사정(王士禛)과 동등한 위치에 놓았고, 유득공은 '강좌삼대가(江左三大家)' 중 공정자(龔鼎孳, 지록), 오위업(吳偉業, 매촌)과 함께 논했다. 박제가는 시단의 '보리달마(菩提達摩)'에 비유하며, 그 독보적인 위치를 강조했다.

이덕무는 고대 중국 시인들과의 비교를 통해, 이들의 시적 특징을 간결하게 규명하였다. 육비는 재기가 넘치고, 이조원은 풍류가 있으며, 반정균은 섬세하며 유연하다. 이서구는 맑으면서도 아름답고 애절하며, 유득공은 간결하고 정밀하다. 박제가는 재기와 능력을 겸비했고, 이덕무는 진정성과 자신감이 돋보인다고 평했다. 주목할 만한 점은 이들 일곱 명의 시인은 조선과 청나라에서 각기 태어났으며, 원래는 직접적인 연관이 없는 인물들이었다는 점이다. 이는 이덕무가 시구에서 "마우풍(馬牛風)"이라고 표현한 것과 같다. 그러나 이덕무는 이들을 하나로 묶어 논의하고, 고대 중국의 유명한 시인들과 비교하며, 개별적인 평가와 종합적인 평가를 모두 내렸다.

이는 그가 중한 양국의 시학에 대한 깊은 이해를 바탕으로 동아시아 시단을 포괄적으로 조망할 수 있었기 때문이며, 이 시집은 자연스럽게 그의 시학에 대한 높은 통찰력을 확인할 수 있는 중요한 증거가 되었다.

第3절 박제가의 4차례 연행과 청나라 문인과의 교류

박제가(1750-1805)는 조선의 저명한 시인이자 학자로 자는 차수(次修)·재선(在先)·수기(修其), 호는 초정(楚亭)·정유(貞蕤)·위항도인(葦杭道人)이며, 본관은 밀양이다. 정조 시기에 규장각 검서관과 승문원 이문학관을 역임했고, 내각검서관으로 재직한 십여 년간 여러 관료들의 신임을 받았다. 이덕무, 유득공, 서이수와 함께 명성을 떨쳤으며, 이후 진잠(鎭岑) 현감, 오위장, 영평(永平) 현령 등을 지냈다. 시문에 뛰어나 맑고 경이로운 시풍을 보였으며, 『북학의(北學議)』, 『명농초고(明農草稿)』, 『정유시고(貞蕤詩稿)』, 『정유집』 등의 저서를 남겼다.

1 박제가의 4차례 연행 및 교류한 청나라 문인들

문헌 기록에 따르면 박제가는 중국에 총 네 차례 출사하였다.

1778년(건륭 43년, 무술년) 3월, 박제가는 이덕무와 함께 정사 채제공이 이끄는 사은사절단을 따라 처음으로 중국을 방문했다. 『정조실록』에 따르면, 이 사절단의 목적은 "천조(天朝)의 은혜로운 보호를 찬양함과 동시에 우리 작은 나라의 잘못된 허물을 반성하고자 하는 것"[125)]이었다.

1790년(건륭 55년, 경술년) 5월, 박제가가 유득공과 함께 정사 황인점(黃仁點)이 이끄는 성절겸사은사절단(聖節兼謝恩使團)을 따라 중국에 출사한 것이 두 번째 방문이다.

1790년(건륭 55년, 경술년) 10월, 박제가가 정사 김기성(金箕性)이 이끄는 동지사절단을 따라

125) 『정조실록(正祖實錄)』 권5 「2년 3월 3일」에 따르면, 청나라 통치자들이 정유년(1777) 진주사(陳奏使) 하은군(河恩君) 이광(李垙)이 이끄는 조선사절단(朝鮮使團)이 올린 주문에서 "저군(儲君), 사위(嗣位) 등의 글자를 부적절하게 사용하였다."라고 지적하여, 무술년(1778) 조선에서 채제공(蔡濟恭)을 정사로 한 사절단을 청나라에 파견하여 잘못에 대해 사죄하였다. "一以頌天朝曲庇之寵, 一以追小邦謬妄之罪焉。"

중국에 출사한 것이 세 번째 방문이다. 이때 조선 정조는 그에게 건륭제가 나라의 경사를 축하해 준 것에 대한 감사의 뜻을 전하라고 명했다.

1801년(가경 6년, 신유년) 2월, 박제가가 유득공과 함께 조상진(趙尚鎮)의 사은사절단을 따라 중국에 출사한 것이 네 번째 방문이다. 이 사절단의 주요 임무는 정조의 죽음과 순조의 즉위를 알리는 것이었다.

필자의 고증에 따르면, 박제가는 중국에 네 차례 출사하는 동안 다음과 같은 청나라 문인들과 교류했다.

(1) 1778년(무술년) 제1차 사행 당시 박제가가 교류한 청나라 문인들은 다음과 같다. 김과예(金科豫), 김과정(金科正), 김정(金渟), 이점(李點), 위곤(魏錕), 곽유한(郭維翰), 박명(博明), 곽문환(郭文焕), 왕여(王如), 왕얼열(王爾烈), 선총(宣聰), 허녕(何寧), 서소분(徐紹芬), 서소신(徐紹薪), 임고(林皋), 호형항(胡迥恒), 이정원(李鼎元), 이기원(李驥元), 반정균(潘庭筠), 축덕린(祝德麟), 당낙우(唐樂宇), 채증원(蔡曾源), 심심순(沈心醇), 포자경(鮑紫卿), 손유의(孫有義), 철보(鐵保)와 교류했다.

(2) 1790년(경술년) 제2차 사행 당시 박제가가 교류한 청나라 문인들은 다음과 같다. 이정원(李鼎元), 반정균(潘庭筠), 축덕린(祝德麟), 당낙우(唐樂宇), 기윤, 오성흠(吳省欽), 나빙(羅聘), 장도악(張道渥), 장화(蔣和), 장문도(張問陶), 웅방수(熊方受), 석온옥(石韞玉), 장상지(蔣祥墀지), 완안괴륜(完顏魁倫), 신종익(辛從益), 추등표(鄒登標), 옥보(玉保), 장후(章煦), 파충(巴忠), 담윤당(湛潤堂), 문모(文某, 이름 미상), 어모(魚某, 이름 미상), 철보(鐵保)와 교류했다.

(3) 1790년(경술년)부터 1791년(신해년) 사이의 제3차 사행 기간에 박제가는 다음의 청나라 문인들과 교류하였다. 반정균(潘庭筠), 나빙(羅聘), 옹방강(翁方綱), 이병수(伊秉綬), 공협(龔協), 왕단광(汪端光), 강덕량(江德量), 홍양길(洪亮吉), 송명가(宋鳴珂), 오정섭(吳廷燮), 오조(吳照), 장문도(張問陶), 증욱(曾燠), 장복단(莊復旦), 왕조가(王肇嘉), 전동벽(錢東壁), 손형(孫衡), 제패련(齊佩蓮), 철보(鐵保) 등과 교류하였다.

(4) 1801년(신유년) 네 번째 사행에서는 박제가는 다음의 청나라 문인들과 교류하였다. 전대흔(錢大昕), 전동원(錢東垣), 완원(阮元), 진전(陳鱣), 황성(黃成), 언조표(言朝標), 언가초(言可樵), 하문도(夏文燾), 수기룡(殳夔龍), 진삼(陳森), 우형(虞衡), 최기(崔琦), 성학도(盛學度), 황비열(黃丕烈), 반욱(潘煜), 구용(裘鏞), 주호(朱鎬), 모조승(毛祖勝), 손기(孫琪), 조강(曹江), 팽혜지(彭蕙支), 장섭(張燮), 류환지(劉鐶之), 왕제(王霽), 장옥기(張玉麒), 유대관(劉大觀), 당성(唐晟), 양사원(楊嗣沅), 섭정책(葉廷策), 이연휘(李聯輝), 부응벽(傅應壁), 강개(康愷), 육경훈(陸慶勛), 주송년(周松年), 왕란(王蘭), 진호(陳蒿), 왕지침(汪之琛), 손전(孫銓), 왕언박(汪彦博), 심강(沈剛), 동계부(董桂敷), 화즙(華

楫), 저통경(褚通經), 심유(沈酉), 오이곡(吴詒谷), 진문술(陳文述), 오형조(吴衡照) 등 다수의 문인들과 교류를 이어갔다.

박제가와 교류한 청문인 중 몇 번째 사행에서 만났는지 명확하지 않은 인물로는 팽원서(彭元瑞), 오성란(吳省蘭), 진숭본(陳崇本), 손성연(孫星衍), 만응형(萬應馨), 풍응류(馮應榴), 육비지(陸費墀), 조진용(曹振鏞), 혜승군(嵇承群), 송보순(宋葆醇), 왕영부(王寧焯) 등이 포함된다. 더불어 반유위(潘有爲), 장백괴(張伯魁), 성책(成策), 홍서(興瑞), 풍신은덕(豐紳殷德), 갈명양(葛鳴陽), 왕도(王濤), 채염림(蔡炎林), 영태(寧泰), 탕조상(湯兆祥), 탕반(湯潘), 악시(鄂時), 주악(周鄂) 등 다수의 청문인들과도 교류한 사실이 기록으로 남아 있다. 또한 진희렴(陳希濂), 조일영(曹日瑛), 소진함(邵晉涵), 진주(陳澍), 유용(劉墉), 양심용(楊心鎔), 양소공(楊紹恭), 여국관(余國觀), 여유한(余維翰), 주승환(周升桓) 등과의 교류도 확인되며, 오명황(吴明煌), 오명언(吴明彦), 오명지(吴鳴篪), 오작(吴焯) 등 오씨 가문 인물들과의 교류도 이어졌다. 특히 서원(徐元), 임요광(林瑶光), 탕석지(湯錫智), 주유성(周有聲), 왕매(王枚), 이병예(李秉睿), 이추환(李樞煥) 등과의 교류는 당시 조청 간 문인 교류의 활발함을 보여준다. 그리고 장학렴(章學濂), 부태교(符泰交), 주문한(朱文翰), 장문행(張問行), 정종(程樅), 고종태(顧宗泰), 엄울(嚴蔚) 등도 박제가와 교류한 주요 청문인들로 기록되어 있다. 아울러 진회(陳淮), 요우암(姚雨岩), 주이갱액(朱爾賡額), 회회왕자(回回王子), 조예(曹銳), 장회기(莊會琦) 등 다양한 계층에 속하는 청 문인들과의 교류도 확인할 수 있다. 박장암은 이들을 『호저집(縞紵集)』 권2 「경술(庚戌), 신해(辛亥)」편에 기록해 두었다.

한편, 박제가와 직접 만나지는 않았지만, 서신이나 시문을 통해 연락을 주고받은 청나라 문인으로는 곽집환(郭執桓), 이조원(李調元), 엄익(嚴翼)이 있다.

앞서 언급한 바와 같이 박제가가 다수의 청나라 문인들과 교류할 수 있었던 것은 총 4차례의 중국 사행 경험과 깊은 연관이 있다. 박제가가 총 4차례에 걸친 중국 사행에서 교류한 청나라 문인은 총 174명으로 시인, 화가, 학자, 고위 관료 등 다양한 계층을 아우른다. 제1차 사행 때, 교류한 인물 중 고증 가능한 청 문인은 26명, 제2차는 23명, 제3차는 19명, 제4차는 48명이다. 박제가가 몇 번째 사행에서 교류했는지 불분명한 58명의 문인에 대해서는 추가 고증이 필요하다. 또한 편지나 시문으로만 소통한 청문인 3명이 더 있다. 중복 인명을 제외하면 박제가와 교류한 청나라 인사(서신·시문으로 연락한 3명 포함)는 총 168명으로 박제가는 18세기 가장 많은 청나라 문인과 교류한 조선 문인이라고 할 수 있다.

2 박제가와 청나라 문인 교류의 특징

(1) 박제가는 18세기 조선 문인 중 청나라 문인과의 교류 규모가 독보적으로 큰 문인이다. 홍대용(37명),[126] 박지원(50명),[127] 유득공(99명)[128] 등 당대 주요 문인들조차 박제가의 기록(168명)에는 미치지 못했다. 이 같은 폭넓은 교류는 박제가의 독보적인 중국 사행 경험(4회)에서 비롯되었는데, 당시 조선 문인의 일반적인 사행 횟수(1-2회)를 크게 상회하는 수치이다. 박제가가 자주 사행을 나가게 된 배경에는 다음과 같은 요인들이 작용했다.

① 박제가는 뛰어난 재능으로 조선 정조의 특별한 총애를 받았다. 이에 대해 성해응(成海應)은 "정조는 그 재주를 아껴 늘 우대하며 영예를 내렸으니, 이는 일반적인 규격을 훨씬 뛰어넘는 대우였다."[129]라고 평했다.

② 박제가는 중국 문화에 대한 깊은 동경으로 인해 청나라 현사들과의 교류를 간절히 원했다. 그는 시 「기하 유공(柳公)이 연저(燕邸)에서 돌아와 그 협실(夾室)에 쓰다[幾何柳公歸自燕邸, 書其夾室]」에서 "집은 작고 마당은 넓어 오히려 적막한데, 흙담에 햇빛 비추고 바람에 배추꽃이 흔들리네. 그대 덕분에 유연의 꿈을 세세히 풀어보지만, 연기처럼 스르르 사라지는 것과 같네."[130]라며 중국을 동경하는 자신의 꿈이 담배 연기처럼 끊임없이 피어오름을 표현했다. 또한 그의 시 「연경으로 가는 부사 윤방을 전송하며[奉送尹副使(坊)之燕]」에서도 "오직 풍경이 어제와 같길 바라노니, 꿈속에서도 늘 옥하의 먼지가 마음에 오르내리네."[131]라고 읊으며, 중국에 대한 그리움을 절절히 드러냈다.

③ 박제가는 뛰어난 논변력과 율시 작시 능력으로 외교 접대에서 유리한 위치를 선점했다. 성해응은 "재선만이 고학을 계승하며, 그 격률과 성조가 모두 본받을 만하여, 동인들의 누습을 씻어내었으니, 장차 후세에 전해질 것이다. 재선은 이미 높은 재주를 지녔으면서도 남에게 몸을

---

126) 본서 제1부 제4장 제3절 「홍대용과 청나라 문인 교류의 의미」를 참조.

127) 박지원이 『연암집(燕岩集)』, 『열하일기』 등의 통계에 따르면, 박지원과 교류한 행적이 있는 청문사는 50명에 이르며, 곽집환(郭執桓), 손유의(孫有義)와는 만나지 않고 시문만 오갔다.

128) 이 장의 제4절 「유득공의 3차례 연행 및 청나라 문인과의 교류」를 참조.

129) 성해응(成海應), 『박재선시집서(朴在先詩集序)』, 성해응, 『연경재전집(研經齋全集)』 권9, 『한국문집총간(韓國文集叢刊)』 제273책, 제184쪽. 正廟惜其材, 常優容而榮耀, 迥出常格.

130) 박제가, 「幾何柳公歸自燕邸, 書其夾室」, 박제가, 『정유각집(貞蕤閣集)』 「정유각초집(貞蕤閣初集)」, 『한국문집총간』 제261책, 제460쪽. 屋小庭多轉寂寥, 土垣風日菜花搖. 憑君細繹幽燕夢, 争似香烟冉冉消

131) 박제가, 「奉送尹副使(坊)之燕」, 위의 책, 제477쪽. "秖爲風光如昨日, 夢魂長繞玉河塵."

굽히기를 거부하고, 진실함을 지키며 스스로 깨달음을 얻어, 발언이 바람처럼 생동하며, 그의 날카로움은 범접하기 어려웠다. 그를 어렵게 하는 자가 있으면 반드시 꺾어 눌렀다."132)라고 평했다.

(2) 박제가와 교류한 청나라 문인들 중에는 당시 청 문단에서 활약하는 뛰어난 인재가 다수 포함되어 있었다. 성대중은 박제가에 대해 "연경에 세 번 들어가 모두 영웅호걸과 교제하며, 한때 명성을 떨쳤다."133)라고 했다. 『천죽재차록(天竹齋劄錄)』에서도 "(그는) 당대의 모든 명사들과 두루 학문적 교유를 나누었다."134)라고 언급한 바 있다. 그가 교류한 명사로는 기윤, 이정원(李鼎元), 이기원(李驥元), 축덕린(祝德麟), 손성연(孫星衍), 전동원(錢東垣), 홍양길(洪亮吉), 육비지(陸費墀), 소진함(邵晋涵) 등이 있다. 박제가와 교류한 청나라 문인들의 문단에서의 지위는 다음의 기록을 통해 확인할 수 있다.

① 기윤(紀昀): 유득공은 『난양록(灤陽錄)』에서 "예부상서로 사림의 종장(宗匠)으로 추대되었다."라고 했고, 서형수(徐瀅修)는 『명고전집(明皐全集)』 권14에서 "길에서 관인이나 거인 등 글을 조금 아는 이들을 만나면 늘 경술과 문장으로 천하제일인 자를 물었는데, 모두 효람(曉嵐)을 추천했다."라고 했다.

② 이정원(李鼎元): 박장암은 『호저집』에서 "건륭(乾隆) 무술년에 삼갑(三甲)중 한 명의 진사로 선발되어 서길사(庶吉士)로 전임되었으며, 검토(檢討)에 제수된 후, 현재 병부주사(兵部主事)로 재직 중이다."라고 했으며, 서형수(徐瀅修)는 『명고전집(明皐全集)』 권14 「이묵장전(李墨莊傳)」에서 "묵장은 우촌(雨村)의 동생으로 과거에서 뛰어나 한림원에 들어갔고, 당시 유명한 명사였다."라고 했다.

③ 이기원(李驥元): 박장암은 『호저집』에서 이기원에 대해 "호는 부당(鳧塘)이며, 건륭 갑진년에 진사로 급제하여 편수(編修)에 제수되었고, 기효람의 문하에서 배출되었다."라고 소개했다. 또한 왕술암(王述庵)은 이기원에 대해 "서천(西川)의 문인으로 옛날에는 비차도(費此度)가 있었고, 근래에는 팽낙재(彭樂齋)가 있었으나, 그 누구도 그의 경지에 미치지는 못한다. 그는 촉(蜀)

132) 성해응, 「박재선시집서(朴在先詩集序)」, 성해응, 『연경재전집(研經齋全集)』 권9, 『한국문집총간(韓國文集叢刊)』 제273책, 제184쪽. "在先獨能追古學, 其格律聲調皆足師法, 一洗東人之陋, 要當見知於後世乎。在先既負高才, 不肯隨人俯仰, 任真自得, 發言風生, 鋒鍔殆不可犯。人有難者, 必務挫折。"

133) 성대중(成大中), 「送朴在先赴任永平序」, 성대중(成大中), 『청성집(青城集)』 권6, 『한국문집총간(韓國文集叢刊)』 제248책, 제451쪽. "入燕都者三, 盡與其英豪交結, 名聲照爛一時"

134) 오세창(吴世昌) 편저, 『槿域書畫徵』 권5 「박제가」, 학자원(學資苑), 2015년, 제201쪽. "與當時名士, 莫不證交。"

땅의 대표적 명가(名家)라 할 만하다."라고 평했다.

④ 축덕린(祝德麟): 박장암은 『호저집』에서 축덕린에 대해 "열네 살 때인 건륭 25년 경진년(庚辰年)에 거인(擧人)에 합격해 신동으로 이름을 떨쳤다. …… 건륭 28년 계미년(癸未年)에 진사(進士)에 급제했을 때 나이는 겨우 열일곱이었다. 스무 살에 한림원에 들어가 조운송(趙雲松) 문하에서 공부했다."라고 평했다.

⑤ 손성연(孫星衍): 박장암은 『호저집』에서 손성연에 대해 "창산(倉山) 원매(袁枚)가 자주 연여(淵如)에게 말하길, '천하에 청재(淸才)는 많으나 기재(奇才)는 드물다. 그대는 천하의 기재이다.' 라고 하였다."라고 말했다.

⑥ 전동원(錢東垣): 유득공은 『연대재유록(燕臺再遊錄)』에서 전동원에 대해 "효람(曉嵐)이 '그 집안의 가학(家學)을 이어갈 수 있는 인물'이라 칭한 자이다."라고 하였다.

⑦ 홍양길(洪亮吉): 박장암은 『호저집』에서 홍양길에 대해 "시는 한유와 두보에 가까웠고, 황경인(黃景仁)과 함께 명성을 얻어 홍황(洪黃)으로 불렸다. 또한 형부(刑部) 손성연(孫星衍)과 학문을 나란히 하여 손홍(孫洪)으로도 불렸다. ……약관(弱冠) 전에 상서(尚書) 문민공(文敏公) 전유성(錢維城)이 그의 악부 백 수를 보고, 직접 걸어 찾아와 만난 뒤, 명성을 크게 떨치게 되었다."라고 하였다.

⑧ 육비지(陸費墀): 이덕무의 『청장관전서(靑莊館全書)』에 따르면, "우촌(雨村)이 말하길, '…… 이부주사(吏部主事) 정진방(程晋芳), 학사 육석웅(陸錫熊), 기윤(저자주: 기윤과 육석웅은 『사고전서(四庫全書)』의 총찬자(總纂者)이다), 육비지(陸費墀), 서길사(庶吉士) 왕여조(汪如藻), 소첨정장(少詹廷璋)은 모두 오늘날의 박학한 학자이다.'"라고 하였다.

⑨ 소진함(邵晋涵): 박장암은 『호저집』에서 소진함에 대해 "건륭 신묘년에 장원급제하여 한림원(翰林院)에 들어갔다. …… 『사고(四庫)』관의 찬교(纂校) 중에서 박학(博學)함으로 첫째로 꼽혔다."135)라고 말하였다.

(3) 박제가는 청나라 문인들과 한시와 시론(詩論)에 대한 견해를 교환하며 교류를 이어갔다. 그는 18세기 청나라 문인들과 가장 빈번하게 시문을 주고받은 조선 문인이다.

박지원은 『열하일기』에서 "오늘날 해내의 명사들로는 양국치(梁國治), 팽원서(彭元瑞), 효람

135) 이상 9조의 내용은 각각 1. 『난양록(灤陽錄)』, 제53쪽, 『한국문집총간』 제261책, 제300쪽, 2. 『호저집(縞紵集)』 제24쪽, 『한국문집총간』 제261책, 제303쪽. 3. 『호저집(縞紵集)』 제29-30쪽, 4. 『호저집(縞紵集)』 제46쪽, 5. 『호저집(縞紵集)』 제79쪽, 6. 『연대재유록(燕臺再遊錄)』(廣文書局, 1967년) 제25쪽, 7. 『호저집(縞紵集)』 제80쪽, 8. 『한국문집총간』 제258책, 제59쪽, 9. 『호저집(縞紵集)』 제112쪽을 참조하였다.

기윤, 오성흠(吳聖欽)[136], 대구형(戴衢亨)과 그의 형 심형(心亨) 등이 있는데, 모두 오(吳) 지역 출신이다. 축덕린, 이조원은 모두 촉(蜀) 면죽(綿竹) 출신이다."[137]라고 하였다. 이들 8명의 청나라 명사 중 양국치(梁國治)와 대심형(戴心亨)은 박제가와의 교류 여부가 확인되지 않지만, 나머지 6명은 모두 박제가와 교류한 기록이 있다. 이처럼 박제가가 교류한 청나라 문인 중 다수는 당대의 유명한 문인이었다.

박제가가 북경으로 떠나기 전, 이조원, 반정균, 축덕린 등 일부 청나라 문인들은 이미 그의 시를 접한 바 있었다. 정유년, 유금은 『한객건연집』을 가지고 북경에 들어가 이조원과 교류하였다. 이조원은 유금을 통해 박제가를 처음 알게 되었고, 『한객건연집』에 수록된 박제가의 시를 살펴보았다. 또한 이조원은 이 시집의 서문을 쓰기도 하였다. 같은 해, 반정균과 축덕린도 이조원의 소개로 박제가의 시를 읽었으며, 두 사람은 각각 『한객건연집』의 서문과 발문을 남겼다.

반정균은 「한객건연집서」에서 "어제 이부(吏部) 이우촌(李雨村)의 서재에서 탄소(彈素) 유금(柳琴)이 기록한 해동(海東) 네 시인의 시를 읽을 기회가 있었다. ……비록 나는 이 네 사람의 생애를 자세히 알지는 못하지만, 그들의 시를 통해 인품을 상상해 보니, 대개 고결하고 담담한 문사들임을 알 수 있었다."[138]라고 하였다. 축덕린은 「열상주선집서」에서 "정유년 4월, 동갑내기인 이우촌(李雨村) 이부(吏部)가 유탄소(柳彈素)가 편집한 『한객건연집』을 가지고 와 나에게 보여주었다. 이를 통해 이형암(李炯庵), 박초정(朴楚亭), 유혜풍(柳惠風), 이강산(李薑山) 등 네 시인의 시를 모두 읽을 수 있었다."[139]라고 기록했다.

박제가는 네 차례에 걸친 중국 사행 기간 동안 청나라 문인들과 활발한 한시 교류를 진행했으며, 다음과 같은 특징을 보인다.

첫째, 시론(詩論)을 중심으로 한 학술적 대화가 활발히 이루어졌다. 1778년(무술년) 이덕무와 함께 축덕린을 방문한 일을 꼽을 수 있다. 축덕린은 두 사람의 시를 읽고, 『패문재시운(佩文齋詩

136) 오성흠(吳聖欽)은 "오성흠(吳省欽)"을 잘못 쓴 것으로 의심되는데, "聖(성)"과 "省(성)"의 음이 가까워 혼동했을 수 있다. 18세기 중한 문인의 교류 기록에 오성흠(吳聖欽)이라는 사람은 없고, 저자는 박지원의 『열하일기』에서 "오성흠(吳省欽)"이라는 이름이 기록된 것을 보았다.

137) 박지원, 『열하일기』, 제292쪽. 當今海内名士：梁國治、彭元瑞、紀昀字曉嵐、吳聖欽 、戴衢亨、其兄心亨, 俱吳人。祝德麟、李調元並蜀綿竹人。

138) 박지원, 『열하일기』, 제292쪽. 當今海内名士：梁國治、彭元瑞、紀昀字曉嵐、吳聖欽 、戴衢亨、其兄心亨, 俱吳人。祝德麟、李調元並蜀綿竹人。

139) 박장암(朴長馣), 『호저집(縞紵集)』 하, 권1, 제213쪽. "丁酉四月, 同年李雨村吏部携柳彈素所纂《韓客巾衍集》示予, 既得, 盡讀李炯庵、朴楚亭、柳惠風、李薑山四家之詩矣。"

韻)』과 소장형(邵長蘅)의 『운략(韻略)』을 추천했다.[140] 같은 해, 박제가는 당낙우(唐樂宇)와 악률(樂律)에 대해 논의했다. 그는 이를 회상하며, "당낙우는 원항(鴛港)이라는 호를 쓰며……, 무술년에 나와 교류를 시작했다. 그의 집은 선월루(先月樓) 남쪽에 있었고, 나와는 악률에 대해 수천 자에 달하는 문답을 주고받았다."[141]라고 말했다.

1790년(경술년), 박제가는 유득공과 함께 자주 조선사관(朝鮮使館) 옆 서상관(庶常館)을 찾아 청나라 한림 웅방수(熊方受), 장상지(蔣祥墀) 등과 한시를 논했다. 유득공은 『난양록(灤陽錄)』 권2에서 "옥하관(玉河館) 서쪽 벽에는 서상관이 있었는데, 나와 차수(次修)는 그곳에 자주 가서 시를 논했다."[142]라고 기록했다. 또한 열하에 머물던 당시, 박제가는 철보(鐵保)와 시를 논하였으며, 시 「열하에서 시랑 철보가 보낸 시에 차운하며[熱河次鐵侍郎(保)寄示韻]」에서 "속이 후련하게 시를 거침없이 논하며, 말에 날렵하게 올라 기세가 당당하네."[143]라고 읊었다.

박제가는 경술년 또는 신해년에 장백괴(張伯魁)와 시에 대해 논한 적이 있는데, 그의 시 「회인시는 심여 장사전을 본받았다[懷人詩仿蔣心餘]」 중 「춘계(春溪) 장백괴」에서 "장군(張君)은 과거시험에 묶여있으나, 시를 논하니 말솜씨 당당하네."[144]라고 읊었다. 신유년(1801) 북경에서 박제가는 성학도(盛學度), 주호(朱鎬) 등과 시를 감별하며 교류했다. 성학도는 박제가를 송별하며 "술잔 기울이며 시를 논하니 붓끝이 기운차고, 동국에서 온 사신이 재주가 빼어나구나."[145]라고 읊었고, 주호(朱鎬)는 "시단에서 시를 논한 그 후로, 푸른 갈대의 탄식, 거슬러 흐르는 강물 같구나."[146]라며 박제가를 칭송했다. 또한 최기(崔琦)는 박제가의 시적 재능을 찬양하며 「적선재(謫仙才)」에서 "연대에 머물며 제영시를 두루 읊조리니, 용이 춤추고 뱀이 날아가는 듯, 신선의 재주 빛나누나."[147]라고 했다.

140) 이덕무, 『입연기(入燕記)』, 『연행록전집』 제57책, 310~311쪽.

141) 박장암(朴長馣), 『호저집(縞紵集)』 상, 권1, 제47쪽. "樂宇號鴛港……, 戊戌與余訂交。家在琉璃廠之先月樓南, 與余有樂律問答數千言。"

142) 유득공, 『난양록(灤陽錄)』 권2, 제66쪽.

143) 박제가, 『정유각집(貞蕤閣集)』 「정유각삼집(貞蕤閣三集)」, 『한국문집총간』 제261책, 제515쪽. 落落談詩快, 翩翩上馬雄.

144) 박제가, 『정유각집(貞蕤閣集)』 「정유각삼집(貞蕤閣三集)」, 『한국문집총간』 제261책, 제531쪽. 張君困公車, 談詩語頗壯.

145) 성학도, 「辛酉余計偕入都, 遇朝鮮使臣朴, 柳二君於五柳居書肆, ……聞其歸國在即, 作此贈之, 兼以志別.」, 박장암(朴長馣), 『호저집(縞紵集)』 하, 권3, 제335쪽. 把酒論詩漲墨豪, 東來節使擅才高.

146) 주호(朱鎬), 「嘉慶六年四月廿三日偶成二絶錄奉古芸, 貞蕤兩詞伯斧正」(2수), 위의 책, 339쪽. 自從壇坫論詩後, 不盡蒼葭嘆溯洄.

둘째, 박제가와 청나라 문인 간의 교류는 증시(贈詩)와 창화시를 통해 활발히 이루어졌다. 팽온찬(彭蘊璨)은 『역대화사회전(歷代畫史彙傳)』 권6에 "박제가는 자가 수기(修其)이며, ……여러 번 사신으로 북경에 와서, 중국의 사대부들과 많은 창화시를 주고받았다."[148]라고 기록하였다. 특히, 박제가가 중국에 처음 출사했을 때, 심양의 태학에서 김과예(金科豫), 김과정(金科正), 김정(金渟), 이점(李點), 위곤(魏錕), 곽유한(郭維翰) 등과 한시로 화답한 일을 대표적인 예로 들 수 있다. 당시 여러 문인들은 박제가의 원운시 「담(談) 자 운을 써서 김과예에게 주다[分談字贈金科豫]」에 화답하여 「초정의 원운에 차운하다[次楚亭元韻]」를 지었는데, 이 시는 박제가의 『정유각집(貞蕤閣集)』, 박장암의 『호저집』에 수록되어 있다. 이후 세 차례의 출사 과정에서 박제가는 기윤, 옹방강(翁方綱), 나빙(羅聘), 이병수(伊秉綬), 공협(龔協), 송명가(宋鳴珂), 장화(蔣和) 등 수많은 청나라 문인과 시문을 주고받으며 교류를 지속하였다. 필자의 통계에 따르면, 18세기에 박제가가 청나라 문인에게 지어준 한시는 총 138수(1800년 이후에 지은 2수 제외)이며, 반대로 청나라 문인이 박제가에게 지어준 한시는 총 61수(1800년 이후 지어진 42수 제외)로 나타났다. 양측이 교환한 창수시는 총 24조으로 확인되었다.[149]

3 박제가와 청나라 문인 교류의 의의

(1) 박제가는 청나라의 시인과 작품을 조선에 소개하였고, 동시에 조선의 시인과 작품을 중국에 전파하며, 18세기 중한 문학 교류에 크게 기여하였다.

먼저 박제가는 조선에서 유명한 청나라 문인들을 "회인시(懷人詩)" 형식으로 소개함으로써 조선 문인들이 청나라 시단(詩壇)을 이해하는 데 기여하였다. 그가 지은 「왕어양의 「세모회인(歲暮懷人)」을 흉내내다[戱仿王漁洋「歲暮懷人」]」(60수)에서는 이조원, 육비(陸飛), 반정균, 철보(鐵保), 박명(博明), 오영방(吳穎芳), 심초(沈初), 원매(袁枚) 등 총 7명의 청나라 문인을 평가하였다. 박제가는 청나라 문인들과 교류한 후, 조시(組詩) 형식의 회인시를 많이 지었는데, 이는 다수의 청나라 문인들의 명성이 조선에 전파되는 계기가 되었다. 그는 18세기 조선 문인 중 당대의 청나라

147) 최기(崔琦), 「句奉貞蕤先生斧正」, 위의 책, 제334쪽. 卜得燕臺題咏遍, 龍蛇飛舞謫仙才

148) 팽온찬(彭蘊璨), 『歷代畫史彙傳』 권64 「釋氏門」, 清道光刻本. "朴齊家, 字修其, ……屢奉使來京師, 與中朝士大夫多酬倡之作。"

149) 본서의 제1장 제4절 『중한 문인 교류의 형식』 참조

문인들을 조시(組詩) 형식으로 소개한 유일한 인물이며, 그가 평론한 청나라 문인의 수도 당시 조선 문집 중 가장 많았다. 박제가는 자신의 「회인시 심여 장사전을 모방하다[懷人詩仿蔣心餘]」에서 "내가 재주 없음에도 세 번이나 연경(燕京)에 들어가니, 조정의 문사들이 업신여기지 않고, 나와 친밀하게 교류하며 감탄하였다. 연경에서 돌아온 후, 마음속에 깊이 남은 감회를 더듬어 옛일을 추억하며 50명의 이름난 이들을 기록하게 되었다."150)라고 밝혔다.

박제가가 평론한 청나라 문인 50인은 팽원서(彭元瑞), 기윤, 옹방강, 철보, 옥보(玉保), 오성흠(吳省欽), 오성란(吳省蘭), 진숭본(陳崇本), 이조원(李調元), 축덕린(祝德麟), 반정균(潘庭筠), 이정원(李鼎元), 나빙(羅聘), 손성연(孫星衍), 홍양길(洪亮吉), 이병수(伊秉綬), 공협(龔協), 왕단광(汪端光), 만응형(萬應馨), 풍응류(馮應榴), 강덕량(江德量), 육비지(陸費墀), 송명가(宋鳴珂), 오정섭(吳廷燮), 오조(吳照), 장도악(張道渥), 장화(蔣和), 갈명양(葛鳴陽), 손형(孫衡), 장문도(張問陶), 웅방수(熊方受), 석온옥(石韞玉), 장상지(蔣祥墀), 왕학호(王學浩), 증욱(曾燠), 조진용(曹振鏞), 혜승군(嵇承群), 송보순(宋葆淳), 왕녕부(王寧焯), 장후(章煦), 심심순(沈心醇), 장복단(莊復旦), 성책(成策), 흥서(興瑞), 회회왕자(回回王子), 왕조가(王肇嘉), 풍신은덕(豐紳殷德), 완안괴륜(完顏魁倫), 전동벽(錢東壁), 장백괴(張伯魁) 등이다.

또한 박제가는 「속회인시」에서 18명의 청나라 문인을 평론했는데, 이는 팽원서, 기윤, 옹방강, 나빙, 장도악, 철보, 진숭본, 손형, 공협, 이병수, 홍양길, 손성연, 반정균, 강덕량, 장문도, 장화, 오조, 왕녕부이다. 그리고 「연경잡영, 임은수 자형에게 작별을 고하며 추억을 따라 붓을 놀려, 모두 140수를 얻다[燕京雜絶, 贈別任恩叟姊兄, 追憶信筆, 凡得一百四十首]」 중 17수의 한시에서는 기윤, 옹방강, 철보, 이병수, 진숭본, 공협, 왕단광, 장화, 손형, 장문도, 장도악, 이정원, 오조, 웅방수, 반정균, 이조원, 반유위, 강덕량 등 18명의 문인을 평론했다. 이중 중복된 문인을 제외하면 박제가의 회인시 4조에 등장한 청나라 문인은 총 56명으로 이들은 모두 18세기 중후반 청나라 문단에서 명성을 떨쳤던 문인들이다.

박제가는 시를 통해 청나라 문인들을 성공적으로 소개했다고 평가할 수 있다. 그는 청나라 시인들을 명확히 소개하기 위해서 회인시(懷人詩)를 지을 때, 일반적인 시와는 다른 독특한 기법을 활용했다. 그중 가장 두드러진 특징은 각각의 시가 생동감 넘치는 교류 기록이며, 뚜렷한 사실성을 지닌다는 점이다. 이덕무의 『청비록(清脾錄)』에는 "초정(楚亭)의 시는 재능이 뛰어나고 기운이 강하며, 문장과 의미가 명확하고 사실을 잘 기록한다. 그는 왕사정의 『회인절구(懷人絶句)』

150) 박제가, 『정유각집(貞蕤閣集)』 「정유각삼집(貞蕤閣三集)」, 『한국문집총간』 第261책, 第527쪽.

를 본떠 당대의 명사와 현인들을 대상으로 50여 편의 절구를 지었는데, 각자의 장점을 잘 포착하여 적절히 찬미했다."[151]라는 기록이 있다. 이 문장은 박제가의 시가 '사실을 잘 기록하는' 특징을 갖고 있음을 강조한 것이다. 「회인시(懷人詩) - 장심여(蔣心餘)를 본받아[懷人詩仿蔣心餘]」 연작 중 「효람 기윤(紀曉嵐昀)」 한 수를 살펴보면 다음과 같다.

효람(曉嵐)은 이제 용문(龍門)과 같아,	曉嵐今龍門
가슴엔 사고전서의 풍요로움이 가득하네.	胸涵四庫富
난양(灤陽)에서 귀신 이야기를 꺼내니,	灤陽説鬼棊
귀신조차 고루한 서생을 비웃는구나.	鬼亦嘲學究
그는 대진(戴震)을 적극 추천하며,	推轂戴東原
나를 위해 유고(遺稿)를 구해주었도다.	遺書爲我購[152]

박제가는 객관적인 서술을 통해 기윤을 다각적으로 소개하였고, 시에 담긴 내용도 매우 풍부했다. 첫째, 기윤의 높은 명성을 강조했고, 둘째, 『사고전서』의 편찬을 주도한 그의 탁월한 학식을 조명했다. 셋째, 그의 저술 『난양소하록(灤陽消夏錄)』이 귀신과 인물 이야기를 중심으로 구성되었음을 설명했고, 마지막으로 기윤이 대진(戴震)을 추천하고, 부탁한 책을 구해준 사례를 소개했다. 이에 기윤의 박학다식함은 물론 깊은 정과 훌륭한 인품이 동시에 생동감 있게 묘사되었다.

이외에 「연경잡절. 임은수 자형에게 작별을 고하며 추억에 따라 붓을 놀려, 모두 140수를 얻다.[燕京雜絶贈別任恩叟姊兄, 追憶信筆, 凡得一百四十首]」 중에 청나라 문인을 평가한 17편의 시에는 시인 자신이 직접 쓴 주석이 포함되어 있다. 이 주석은 간단명료한 내용으로 청 문인의 자와 호, 특징 등을 소개하면서 아울러 그들과의 교류 일화를 기록했다. 손형(孫衡)을 평가한 시의 주석에는 "사인(舍人) 손형의 자(字)는 운록(雲麓)이며, 총독(總督) 사의(士毅)의 아들이다. 그가 나의 아내가 세상을 떠났다는 소식을 듣고 애도하며, 만시를 보내왔다. 옛날 안인(安仁)은 애도문을 잘 지었으나, 지금은 봉천(奉倩)이 몰래 슬퍼하네."[153]라고 적혀 있다. 이는 손형의 자를 밝히는 동시에, 박제가의 아내가 세상을 떠났을 때 손형이 조의를 보냈던 일을 담고

151) 이덕무, 『청비록(清脾錄)』 권4 「초정(楚亭)」, 제273쪽. "楚亭之詩, 才超而氣勁, 詞理明白, 亦能記實。嘗仿漁洋山人《懷人絶句》例, 爲當世所見聞名流賢士作五十餘絶句, 各取所長, 贊美停當。"

152) 박제가, 『정유각집(貞蕤閣集)』 「정유각삼집(貞蕤閣三集)」, 『한국문집총간』 제261책, 제528쪽.

153) 박제가, 『정유각집(貞蕤閣集)』 「정유각사집(貞蕤閣四集)」, 위의 책, 제550쪽. 孫舍人衡字雲麓, 總督士毅之子。聞余喪婦, 寄輓曰:'自昔安仁工製誄, 如今奉倩暗傷神。'"

있다. 이외의 다른 주석들 역시 명확하고 이해하기 쉽게 작성되어 있다. 당시 조선에서 박제가는 높은 시명(詩名)을 갖고 있던 문인으로 그의 이러한 회인시(懷人詩)는 조선 문인들의 청나라 문인에 대한 이해를 더욱 심화시키는 데 기여했다.

박제가는 조선의 문학을 청나라 문인들에게 적극적으로 소개하여 조선 시인의 명성을 확산시키는 한편 청나라 학자들의 조선 문화에 대한 이해를 높이는 데에도 기여하였다.

1777년(정유년) 박제가는 자신이 편찬한 시집을 이조원에게 보내면서 "제가 올해 시집을 한 권 지었습니다. 보내드리니 가르침을 구합니다."[154]라는 편지를 함께 전했다. 이듬해 1778년(무술년) 중국에 처음 출사한 박제가는 조선 문인의 시집인 『열상주선집』을 이정원, 축덕린 등 청나라 문인들에게 선물하였다.[155]

1790년(경술년) 5월, 두 번째로 중국을 방문했을 때는 유득공의 『영재집』을 기윤에게 추천하였다. 이에 관한 기록은 유득공의 『난양록(灤陽錄)』 권2에 실려있는데, 기윤은 "박차수가 『영재집』을 가져와 이미 읽어보았다."[156]라고 전했다.

1790년(경술년) 10월, 박제가가 세 번째로 중국을 방문했을 때는 자신의 시집을 공협(龔協)에게 선물했는데, 공협은 박제가에게 보내는 편지에서 "헤어진 지 벌써 일 년이 되었는데, 이 마음은 홀연히 마치 무엇인가를 잃어버린 것 같습니다. 그대가 생각날 때마다, 그대가 보내준 책을 펼쳐 들고, 거듭거듭 들여다보곤 합니다."[157]라고 적었다.

1801년(신유년) 2월, 박제가가 네 번째로 중국을 방문했을 때는 자신의 저서 『정유고략(貞蕤稿略)』을 진전(陳鱣), 하문도(夏文燾), 황비열(黃丕烈)에게 선물했다. 청나라 문인들의 시문에는 박제가가 책을 선물한 일이 자주 등장한다. 진전(陳鱣)은 「정유고략서(貞蕤稿略序)」에서 "얼마 후, 박제가가 한 권의 책을 꺼내 보여주며 『정유고략』이라 했는데, 모두 그의 옛 작품이었다."[158]라고 기록했다. 하문도는 시에서 "한 권의 책을 직접 선물 받았는데, 그 감동은 아름다운 옥보다 더 크다."라고 회상하며 주석에서 "그가 원고를 내게 보내주었다."라고 적었다.[159] 황비열(黃丕

154) 박제가, 「朴齊家與李調元書」(齊家啓 : 入秋以來, 側耳搔首……], 박장암(朴長馣), 『호저집(縞紵集)』 상, 권1, 제37쪽. "弊集今年作一卷, 乞賜教。"

155) 축덕린(祝德麟), 「洌上周旋集序」를 참고하였다, 박장암(朴長馣), 『호저집(縞紵集)』 하, 권1, 제213쪽.

156) 유득공, 『난양록(灤陽錄)』 권2, 제53~54쪽. "朴次修携《泠齋集》到, 已拜讀矣。"

157) 龔協與朴齊家書, (愚弟龔協再拜……)], 박장암(朴長馣), 『호저집(縞紵集)』 하, 권2, 제261쪽. "別來倐已一年, 此心忽忽如有所失。每一念及, 輒展足下所示書册, 往復觀玩。"

158) 진전(陳鱣), 「貞蕤稿略序」, 박제가, 『정유각집(貞蕤閣集)』 「정유각집서(貞蕤閣集序)」, 『한국문집총간』 제261책, 제596쪽. "有頃, 檢書手一編出示曰《貞蕤稿略》, 皆其舊作。"

烈)은 시에서 “한 편의 저술 정유라고 이름하니, 웅장한 글이 첫머리를 장식하였네.”160)라고 했다.

이외에 박제가는 『기전설(箕田說)』 등 조선의 서적을 청나라 문인들에게 보냈다. 장문도(張問陶)는 「박노야께 보내는 편지[與朴老爺書]」에서 “『기전설(箕田說)』은 여분이 있으면 한 권 더 내려주시길 부탁드립니다.”161)라고 하였다.

박제가는 청나라 문인들과의 교류에서 자주 서적을 선물했던 것으로 확인된다. 이러한 서적 교환은 청나라 문인들이 조선의 문학계를 이해하는 데 중요한 자료로 활용되었다. 실제로 일부 청나라 문인들은 자신의 저술에서 박제가가 제공한 서적의 내용을 인용했는데, 이는 박제가가 청나라 지식인들의 조선에 대한 이해를 심화하는 데 기여했음을 입증하는 것이라고 볼 수 있다.

청나라 장초백(蔣超伯)의 『남순고어(南漘楛語)』 권4 「거리(衕衕)」 조와 권5 「금강봉(金剛峰)」 조에서는 각각 박제가의 「도시 전체를 그리라는 임금의 명에 응하며[城市全圖應令]」에서 “오성의 골목길을 차례대로 정리하고, 대도 궁궐의 기원을 상세히 밝혔네.”라는 시구와 「금강산 만 이천 봉우리를 다시 그리라는 임금의 명에 응하며[金剛一萬二千峰, 再試應令]」에서 “근해에 아득한 원기 쌓여있고, 하늘 가득 흰 봉우리들이 빽빽하네.”라는 시구를 인용하여 중요한 학술적 근거로 활용하였다.162) 장초백이 참고한 이 두 시는 박제가가 청인에게 선물한 시집 『정유고략(貞蕤稿略)』에 수록된 첫 번째 시와 두 번째 시이다.163)

(2) 현존하는 청대 문헌을 분석한 결과, 박제가는 18세기 청나라 시단에서 가장 높은 평가를 받은 조선 시인이다. 박제가는 네 차례의 중국 사행 기간 중 청나라의 유수 문인들과 활발한 시문 창화(唱和)를 진행하였다. 그의 인품과 시문은 청나라 문인들의 극찬을 받았으며, 특히 이조원(李調元)은 『우촌시화(雨村詩話)』에 그의 시를 수록할 정도로 높게 평가하였다. 이후에

159) 하문도(夏文燾), 「辛酉春應禮部試, 被黜留都下肄業, ……識朝鮮檢書朴修其先生. 於其歸也, 作此詩送之」, 박장암(朴長馣), 『호저집(縞紵集)』 하, 권3, 제332쪽. “一編親見贈, 感佩勝璚琚。” “君出大稿見贈。”

160) 황비열(黄丕烈), 「余與五柳居主人爲莫逆交, 至都每觀書, 至其肆. 時遇朴貞蕤, 柳惠風二公, ……」, 박장암(朴長馣), 『호저집(縞紵集)』 하, 권3, 제336쪽. 一編稿略號貞蕤, 洋洋大篇冠諸首.

161) 장문도(張問陶), 「與朴老爺書」, 박장암(朴長馣), 『호저집(縞紵集)』 하, 권2, 제283쪽. “《箕田說》, 槖中如有餘者, 祈再惠一卷。”

162) 장초백(蔣超伯), 『남순고어(南漘楛語)』, 『속수사고전서(續修四庫全書) 자부잡가류(子部雜家類), 제1161책, 상해고적출판사(上海古籍出版社), 2002년, 제311쪽, 제331쪽. “五城衕衕列次第, 大都宮殿疏源委.” “近海蒼茫元氣積, 滿空飛舞素峰稠.”

163) 박제가의 『정유고략(貞蕤稿略)』은 한국국립중앙도서관(韓國國立中央圖書館) 소장본을 참고하였다.

박제가의 시집 『정유고략(貞蕤閣略)』이 청나라에서 간행되어 널리 유통되면서 그의 중국 내 명성은 더욱 높아졌고, 중국 시단에서의 위상도 더욱 공고해졌다.

청나라 문인들은 박제가를 대거 극찬하였다. 이병수(伊秉綬)는 "글은 뜻이 통하고, 시는 내 소리를 이어가네."[164]라는 시구로 그를 찬양하였으며, 절친한 친구인 반정균은 "십 년간 시명(詩名)이 중국 땅에 널리 퍼지고, 근래에는 조공사(朝貢使)로 다시 천자(天子)를 찾았네. 중국 조정의 높은 관원들이 서로 칭송하며, 청음 선생의 후학(後學)으로 빛나네."[165]라고 말하며 박제가를 청나라 문단에서 오랫동안 명성을 떨친 조선의 청음 김상헌과 견주었다. 또한, 법식선(法式善)은 박제가의 「나봉 선생의 『귀취도』 두루마리에 제하다 [題羅峰先生『鬼趣圖』卷]」를 읽고, "그 풍자와 교훈이 심오하다."[166]라고 극찬하였다.

후대의 청나라 문인들 역시 박제가의 시문을 읽은 후에 칭찬을 아끼지 않았다. 장상하(張祥河)는 "박제가는 호가 정유거사(貞蕤居士)이다. 무진년에 도성에서 그의 시와 고문(古文)을 얻어 읽었는데, 뛰어나게 이름난 문인임을 알 수 있었다."[167]라고 칭송하였다. 또한, 장유병(張維屛)은 박제가를 특히 높이 평가하며, "조선 『사가시(四家詩)』의 네 사람은 낙서(洛瑞) 이서구(李書九), 혜풍(惠風) 유득공, 차수(次修) 박제가, 무관(懋官) 이덕무이다. 『우촌시화』에는 이들의 시가 수록되어 있는데, 네 사람 중 박제가의 이름이 특히 유명하다."[168]라고 말했다. 박제가는 청나라 사람들에게 박식한 조선의 시인으로 인식되었는데, 진문술(陳文述)은 시에서 "오직 정유 노거사(貞蕤老居士)에게 물어야 하니, 근래에 그와 같은 이가 또 있는가."[169]라고 하였다. 이처럼 청나라의 시화에 기록된 박제가에 대한 언급은 그의 명성을 널리 알리는 데 중요한 역할을 하였다.

164) 이병수(伊秉綬), 「送高麗朴檢書齊家歸國」, 이병수(伊秉綬), 『유춘초당시초(留春草堂詩鈔)』 권2, 청 가경(嘉慶) 19년 秋水園刻本. "文能通繹語, 詩解繼吾聲."

165) 반정균(潘庭筠), 「重晤次修先生, 率成一絶, 並存没口號三首, 奉政」, 박장암(朴長馣), 『호저집(縞紵集)』 하, 권1, 제191쪽. "十載詩名日下傳, 近充貢使又朝天. 中朝卿士多相譽, 輝映清陰作後先."

166) 법식선(法式善) 저, 장인팽(張寅彭), 張迪藝 편교, 『오문시화(梧門詩話)』 합교(合校)』 권7, 제223쪽. "其諷諭者深矣."

167) 장상하(張祥河), 『소중산방사전집(小重山房詩詞全集)』 「시령시록(詩舲詩錄)」 권3, 청도광각(清道光刻) 광서증수본(光緒增修本). "朴齊家號貞蕤居士。戊辰在都下得其詩、古文, 讀之卓然名家。"

168) 장유병(張維屛) 편집, 『국조시인징략(國朝詩人徵略)』 권40, 청(清) 도광(道光) 10년 각본(刻本). "朝鮮《四家詩》四家者, 李書九洛瑞、柳得恭惠風、朴齊家次修、李德懋懋官也。《雨村詩話》采其詩, 四家中朴齊家之名尤著。"

169) 진문술(陳文述), 「조선 여사 허난설(경번) 시집에 제하다 [題朝鮮女士許蘭雪(景樊)詩集]」, 진문술(陳文述), 『이도당집(頤道堂集)』 「시외집(詩外集)」, 권7, 청(清) 가경(嘉慶) 12년 각(刻), 도광증수본(道光增修本). "爲問貞蕤老居士, 年來更有此人無."

이조원은 『우촌시화』에서 박제가의 『잠유집(暫遊集)』에 대해 소개했는데, 「동노하에서 산동의 독무 하유성의 배를 만나다[東潞河見山東督撫何裕城船]」, 「복초 이광석의 심계초당에서 묵다[宿李光錫復初心溪草堂]」, 「이의암의 시에 차운하다[次李宜庵韻]」라는 세 편의 한시를 수록하면서 찬사의 뜻을 전하였다.[170] 황청배(黃清培)의 『향석시화(香石詩話)』 권4에서는 박제가의 시어에 대해 "시에 능하다[能詩]"라고 평가하였고, 「중양절에 이문원에서 숙직하다[重陽直摛文院]」의 시 전체와 「내각에서 숙직하다[內閣直中]」의 "맑은 땅에 학은 외로이 서 있고, 청명한 하늘 아래 백화가 곱게 피네."라는 두 구절을 "둘 다 좋다[並佳]"라고 칭송하였다.[171] 홍양길(洪亮吉)은 『북강시화(北江詩話)』 권5에서 "박제가는 시와 그림에 능했다.[朴齊家工詩及畫]"[172]라고 평했으며, 오건(吳騫)은 『배경루시화(拜經樓詩話) 속편』 권2에서 "(박제가)의 『정유고략』을 중어(仲魚)가 도성에서 간행하였다.[(朴齊家)著『貞蕤稿略』, 仲魚爲刻于都門]"라고 말하였다.[173] 18세기 조선 문인 중 박제가는 현존하는 청나라 문헌에서 가장 많이 언급된 인물인 동시에 청나라 문인들의 품평이 동시대 시인 중 가장 많은 인물이기도 하다.

『정유고략』이 청나라에서 간행된 일은 중한 문학 교류사에서 중요한 사건으로 손꼽힌다. 명나라 이후 조선 문집의 중국 전파는 극히 드문 일이었기 때문에 『정유고략』의 청나라 유통은 그 의미가 매우 크다.

기윤은 『사고전서(四庫全書)』의 총괄 편찬관으로서 조선 시문학의 중국 전파 상황에 대해서 서술한 적이 있는데, "신라의 시는 당(唐)에서 처음 소개되었으며, 『계림상해(鷄林商海)』에 수록된 백거이(白香山)의 시에 대한 해설 또한 당대 자료에서 확인된다. 그 이후로 명편(名篇)과 뛰어난 구절(句節)은 여러 책에서 산견(散見)되었으나, 중국에 유입된 조선 시인의 전집(全集)은 극히 드물다. 내가 『사고전서(四庫全書)』를 교정하면서 확인한 바에 따르면, 명대(明代) 이후 작품으로는 서경덕의 『화계집(花溪集)』만 수록되어 있다."[174]라고 말했다. 당시 청나라 문인들이 동시대

170) 이조원(李調元) 저, 첨항륜(詹杭倫), 심시용(沈時蓉) 교정, 『우촌시화(雨村詩話)』 교정 권16, 제370~371쪽.

171) 황청배(黃清培), 『향석시화(香石詩話)』, 『속수사고전서(續修四庫全書)』 제1706책, 상해고적출판사(上海古籍出版社), 2002년, 제170쪽. "地潔明孤鶴, 天清煦百花."

172) 홍양길(洪亮吉), 『북강시화(北江詩話)』 권5, 청(清) 광서(光緒) 수경당각(授經堂刻) 『홍부강전집(洪北江全集)』본. 저자주: 인민문학출판사(人民文學出版社) 1983년 본 『북강시화(北江詩話)』에는 「박제가」조가 실려 있지 않아서 청광서본(清光緒本)을 채용.

173) 吳騫, 『배경루시화속편(拜經樓詩話續編))』, 청초본(清鈔本).

174) 기윤, 「李參奉詩鈔序」, 기윤 찬, 손치중(孫致中) 등 교점, 『기효람문집(紀曉嵐文集)』 제1책, 제211~212쪽. 考新羅之詩, 初見於唐 ;《鷄林相解》辨白香山詩亦見於唐。自是以後, 名章雋句, 多散見於諸書, 而全集傳於中

의 조선 시문학을 거의 접하지 못했던 상황에서 박제가의 『정유고략』의 전래와 간행은 이들이 조선 문학을 체계적으로 이해할 수 있는 길을 열어주었다. 또한 박제가의 시명(詩名)은 당대와 이후의 청나라 문단에 널리 알려졌는데, 이는 다음과 같은 네 가지 측면에서 나타난다.

첫째, 청나라 문인들은 『정유고략』에 대한 찬사를 시문으로 남겼다. 법식선(法式善)은 "박제가의 정유각(貞蕤閣) 시가 사대부들 사이에서 회자되었다."[175]라고 평했고, 원창(袁昶)은 "예전엔 『정유고』에서 풍속을 채집하더니, 이제는 『화적도(畫荻圖)』로 학문을 전하네."[176]라는 시구로 칭송했다.

둘째, 청대의 주요 문헌에 수록되었다. 박제가의 『정유고략』은 이조원의 『함해』, 오성란의 『예해주진』에 각각 수록되었으며, 이상적은 "박초정(朴楚亭)은 세 차례 연경(燕臺)을 유람하였으며, 저술로는 『정유고략(貞蕤稿略)』이 있다. 진중어(陳仲魚)가 서문을 쓰고 간행하였으며, 이우촌(李雨村)의 『함해(函海)』와 오천(吴泉)의 『예해주진(藝海珠塵)』 등 여러 문헌에 실렸다."[177]라고 기록했다.

셋째, 청대의 주요 서목(書目)에도 수록되었다. 유금조(劉錦藻)의 『청속문헌통고』 권270에는 "『정유고략』 2권, 조선 박제가의 저서"[178]라는 기록이 있으며, 항주 정씨(杭州丁氏)의 『팔천권루서목(八千卷樓書目)』 권17에서는 보다 상세하게 "『정유고략(貞蕤稿略)』 2권, 조선의 박제가가 찬하였으며, 『예해주진(藝海珠塵)』 본이다."[179]라고 기록하였다.

넷째, 청나라 문인들은 박제가의 시구(詩句)를 한시에 직접 차용하였다. 손원상(孫原湘)의 "술에 달, 옷에 구름으로도 창수(唱酬)에 족하니.[酒月衣雲足唱酬]"는 박제가의 원시(原詩) "고요한 옷섶에 구름이 앉아 있고, 밝은 술잔에 달빛이 떠다니네."[180]에서 차용한 것이다.

19세기 중국에 파견된 조선 사신들은 청나라에서 박제가가 누린 명성을 직접 목격하며 실감할

國者, 則世罕見。余典校《四庫》, 自明以來, 著錄者惟徐敬德《花溪集》而已。

175) 법식선(法式善) 저, 장인팽(張寅彭), 장적예(張迪藝) 편교, 『오문시화(梧門詩話)』 합교(合校) 권9, 제278쪽.

176) 원창(袁昶), 「題朝鮮金梅隱母朴氏<授經圖>後」, 원창(袁昶), 『절서촌인초집(浙西村人初集)』 시(詩)11, 청광서각본(清光緒刻本). "采風昔見貞蕤稿, 講肄今傳「畫荻圖」"

177) 이상적(李尚迪), 『은송당집(恩誦堂集)』 속집시(續集詩) 권5의 시 「江都 符南樵(葆森)孝廉輯<國朝正雅集>略載東國人詩, 拙作亦在其中. 題絶句五首]」의 注, 『한국문집총간』 제312책, 제278쪽. 朴楚亭嘗三遊燕臺, 而所著有《貞蕤稿略》, 陳仲魚爲序而刻之。李雨村《函海》及吴泉之《藝海珠塵》諸書並有收錄。

178) 유금조(劉錦藻), 『청속문헌통고(清續文獻通考)』 권270, 절강고적출판사(浙江古籍出版社), 2000년, 제43쪽.

179) 杭州 丁氏, 『팔천권루서목(八千卷樓書目)』 권17, 민국본(民國本).

180) 孫原湘, 「朝鮮使臣申紫霞尚書(緯)詩爲周菊人學博(達)題」의 주(注). 손원상(孫原湘), 『천진각집(天真閣集)』 권31, 청(清) 가경(嘉慶) 5년 각(刻) 증수본(增修本). "人静雲從衣上住, 窗虛月在酒中行"

수 있었다. 중국을 여섯 차례나 방문한 조수삼은 시에서 "지난해 연경의 거리에서 만나는 이마다 초정(楚亭)을 이야기했다."[181]라고 읊었다. 중국을 열두 차례나 오간 이상적도 시에서 "세 번 수도에 들어가니 널리 알려져, 지금까지도 사람들이 박정유를 이야기한다. 촉과 오의 명사들이 다투어 그의 신작 시를 목판에 새겨 출판했다."[182]라고 전했다. 조수삼과 이상적은 시구(詩句)에서 청나라 사람들을 만날 때마다 박제가를 언급하여 절로 자부심이 생겼다고 읊었다.

요약하자면, 박제가는 청나라 문인들과의 폭넓은 교류를 통해 청나라 시단에서 높은 명성을 떨쳤다. 청나라 문인 진문술(陳文述)은 시 「조선의 사신 박제가의 『정유고략』에 제하다[題朝鮮使臣朴齊家『貞蕤稿略』]」를 통해 청나라에서의 박제가의 위상과 문학적 영향력을 다음과 같이 생동감 있게 묘사하였다.

번후(藩侯)를 보필하는 충성이 지극하여,	能達藩侯翊戴誠
기러기 날듯 가볍게 떠돌며 구름처럼 떠다니네.	雁程來往片雲輕
중원(中朝)의 명사들과 두루 알고 지내며,	中朝人物都相識
동국(東國)의 시문으로 오랫동안 이름을 떨쳤네.	東國聲詩舊擅名
압록강 줄기찬 가을 물은 넓고도 차갑고,	鴨綠江寒秋水闊
용만관(龍灣館) 가까이 밝은 달빛이 비치네.	龍灣館近月華明
책 속 『소아(宵雅)』 참으로 익힐 만하니,	卷中宵雅真堪肄
사모(四牡)와 황화(皇華)로 일생을 보내리라.	四牡皇華過一生.[183]

(3) 박제가는 청나라 문인들과의 활발한 교류를 통해 청나라를 더욱 명확하게 인식하게 되었고, 이를 바탕으로 북학 사상의 필요성을 더욱 확신하게 되었다. 당시 조선은 매년 중국으로 사절단을 파견하기는 했지만, '존화양이(尊華攘夷)' 사상에 얽매여 대다수 문인들이 청나라에 대해 편향된 시각을 고수하고 있었다. 이에 18세기 조선의 지식인들은 청나라 사람들에 대한 오만과 경멸을 지나칠 정도로 드러냈다. 박지원은 『열하일기』에서 "또한 우리 동방의 사대부들은 태어날 때부터 신분이 극히 엄격하니, 대국 사람들을 보면 만주족이든 한족이든 가리지 않고

181) 조수삼(趙秀三), 「哭朴楚亭」, 조수삼(趙秀三), 『추재집(秋齋集)』 권3, 『한국문집총간』 제271책, 제410쪽. "往歲遊燕市, 逢人説楚亭"

182) 이상적(李尚迪), 『은송당집(恩誦堂集)』 속집시(續集詩) 권5, 『한국문집총간』 제312책, 제278쪽. 三入春明遍所知, 至今人說朴貞蕤. 蜀中吳下諸名輩, 爭采新詩付棗梨.

183) 진문술(陳文述), 「題朝鮮使臣朴齊家『貞蕤稿略』」, 진문술(陳文述), 『이도당집(頤道堂集)』 「시선(詩選)」 권5.

모두 오랑캐로 여기며 거만하게 군림하고 스스로를 중히 여기니, 이는 본디 우리 풍속이 그러하다. 그들이 어떤 오랑캐인지, 어떤 관직인지를 살피지도 않아서 결국 정중히 대접할 이유가 없었다. 비록 서로 만나더라도 반드시 개나 양처럼 대했을 것이며, 그들도 나를 중요하게 여기지 않았을 것이다."[184]라고 말했다.

또한, 대다수 조선 문인들은 청나라의 문화와 풍속에 대해 여전히 눈을 감고 귀를 막으며 외면하였다. 박제가는 『북학변(北學辨)』에서 "낮은 수준의 문사는 오곡을 보면 중국에도 이것이 있는지 묻고, 중간 수준의 문사는 중국의 문장이 우리만 못하다고 말하며, 높은 수준의 문사는 중국에 이학(理學)이 없다고 말한다."[185]라고 논했다. 박제가가 번성하고 발전된 청나라 사회를 사실 그대로 소개하자, 그를 찾아온 조선 인사들은 "모두 믿지 못 하는 듯 어리둥절해하며 실망한 채 돌아갔고, 오랑캐의 편을 든다고 여겼다."[186]라고 말했다. 또 그가 "'중국의 학문에는 퇴계(退溪)와 같은 이가 있고, 글에는 간이(簡易)와 같은 이가 있으며, 명필(名筆)에는 한호(韓濩)보다 나은 이가 있다.'라고 하면, 반드시 발끈하면서 안색을 바꾸며 '어찌 그럴 수 있겠습니까?'라고 하며, 심지어 그 말을 한 사람을 벌하려 하였다.", 이에 박제가는 조선 문인들의 청나라 인식에 대해 일침을 가하며, "지금 사람들은 단지 '호(胡)'라는 글자 하나로 천하를 매도하고 있다."[187]라고 지적하였다.

박제가는 당시 조선 문인들의 청나라를 향한 편향된 견해에 대해 명확하게 인식하고 있었는데, 이는 바로 네 차례의 중국 사행을 통해 청나라의 긍정적인 문화를 접하면서 깊이 반성한 결과이다. 그는 조선인들의 편견을 바로잡는 것을 자신의 의무로 여겼으며, 첫 사행 직후 『북학의』를 저술해 정치, 경제, 사회, 문화 등 다양한 측면에서 청나라의 유용한 학문을 수용해야 한다는 사상을 적극적으로 펼쳤다. 그의 「북학의 서(北學議序)」에는 다음과 같은 내용이 담겨 있다.

---

184) 박지원, 『열하일기, 제127쪽. "且我東大夫生貴甚矣, 見大國人, 無滿､漢一例以胡虜視之, 驕倨自重, 本自鄕俗然也, 當不察彼是何許胡人, 何等官階, 而必無款接之理。雖相接, 必以犬羊待之。亦必以我爲不緊矣。"

185) 박제가, 『북학변(北學辨)』, 박장암(朴長馣), 『호저집(縞紵集)』, 제535쪽. "下士見五穀, 則問中國之有無 ; 中士以文章不如我也 ; 上士謂中國無理學。"

186) 박제가, 『북학변(北學辨)』, 박장암(朴長馣), 『호저집(縞紵集)』, 제537쪽. "皆茫然不信, 失所望而去, 以爲右袒於胡也"

187) 박제가, 『북학변(北學辨)』, 박장암(朴長馣), 『호저집(縞紵集)』, 제538~539쪽. 試言於人曰 : '中國之學問有如退溪者, 文章有如簡易者, 名筆有勝於韓濩者。'必怫然變色直曰 : '豈有是理 ? '甚者, 至欲罪其人焉""今人正以一胡字抹殺天下。"

올해 여름, 진주 사절단이 파견되었을 때, 저는 청장 이덕무와 함께 수행하며 연경과 계주의 들판을 자유롭게 누볐고, 오나라와 촉나라의 문사들과 교류하였다. 몇 달 동안 머물며 더욱 듣지 못했던 것을 알아가며, 옛 풍속이 아직 남아 있고 선배들이 나를 속이지 않았다는 것에 감탄했다. 그 가운데 본국에서도 시행할 수 있는 일상에 유익한 풍속들을 기록하여 책으로 남겼으며, 이를 실천할 때의 이점과 소홀할 때의 폐단을 설명하여 덧붙였다.188)

박제가는 "주나라를 존중함은 주나라를 존중하는 것이고, 오랑캐는 그저 오랑캐일 뿐이다. 주나라와 오랑캐 사이에는 반드시 구별이 존재한다. 오랑캐가 중화를 어지럽혔다 해서 주나라의 옛 전통까지 함께 배척한다는 말은 들어본 적이 없다."189)라는 인식을 바탕으로 『북학의』에서 북학의 의미를 긍정적 측면과 부정적 측면에서 분석하였다.

지금 당당한 천승(千乘)의 나라로 천하에 대의를 펼치고자 하나, 중국의 법을 한 가지도 배우지 않고, 중국의 문사와 한 사람도 교류하지 않아 백성들이 수고만 하고 성과 없이 궁핍과 굶주림 속에서 스스로 무너지고 있다. 백배의 이익을 버려두고도 아무도 실천하려 하지 않으니, 중국의 오랑캐를 물리치기도 전에 동국의 오랑캐가 먼저 변하지 않을까 두렵다. 그러므로 오랑캐를 막고자 한다면 먼저 오랑캐가 누구인지 알아야 하며, 중국을 섬기고자 한다면 그 법을 모두 실천하는 것이 곧 섬기는 것이다. 이전 명나라의 원한을 갚고 치욕을 씻고자 한다면, 중국의 학문을 열심히 배운 뒤 20년 후에 함께 논의해도 늦지 않을 것이다.190)

박제가는 『북학의』를 통해 북학 사상을 선양한 것을 넘어, "회인시(懷人詩)"와 다양한 교류 방식을 활용해 당대 청(清) 문화의 긍정적인 가치를 적극적으로 강조하였다. 그는 청나라의 서법을 학습하고, 청나라의 서적에 관심을 기울여야 한다고 주장하며, 다음과 같이 주장하였다.

188) 박제가, 「北學議序」, 박장암(朴長馣), 『호저집(縞紵集)』, 제417~418쪽. 今年夏, 有陳奏之使, 余與青莊李君從焉, 得以縱觀乎燕薊之野, 周旋于吴蜀之士。留連數月, 益聞其所不聞, 嘆其古俗之猶存而前人之不余欺也。輒隨其俗之可以行於本國, 便於日用者, 筆之於書, 並附其爲之之利與不爲之弊而爲説也。

189) 박제가, 『존주론(尊周論)』, 박장암(朴長馣), 『호저집(縞紵集)』, 제559쪽.

190) 위의 책, 제561~562쪽. 今也以堂堂千乘之國, 欲伸大義於天下, 而不學中國之一法, 不交中國之一士, 使吾民勞苦而無功, 窮餓而自廢。棄百倍之利而莫之行, 吾恐中國之夷未可攘, 而東國之夷未盡變也。故今之人欲攘夷也, 莫如先知夷之爲誰；欲尊中國也, 莫如盡行其法, 之爲逾尊也。若復爲前明復仇雪耻之事, 力學中國二十年後, 共議之, 未晚也。

오늘날 서예가들은 종종 종요(鍾繇)와 왕희지(王羲之)를 인용하며, 당나라 이후의 서체에는 대체로 관심을 두지 않는다. 나는 일찍이 "위진(魏晋) 시대의 서체를 배우는 것보다 송명(宋明) 시대 사람들의 서체를 배우는 것이 낫고, 송명 시대의 서체를 배우는 것보다 지금 중국 사람들의 서체를 직접 배우는 것이 더 낫다."라고 말한 적이 있다. 중국 시장의 장부를 시험 삼아 가져다 보면, 솜씨의 차이를 막론하고 그 풍격이 현저히 달라서, 동국(東國)의 여러 문사들이 평생 공부해도 도달할 수 없는 경지가 있다. 먼저 이 관문을 통과한 후에야 시대를 논할 수 있으며, 더구나 책은 오래될수록 그 진위를 판별하기 어렵다. 더욱이 외진 바닷가에 위치해 견문이 넓지 못한 상황에서, 어떻게 하나하나의 진위를 가릴 수 있겠는가?[191]

상술한 바와 같이 박제가는 네 차례의 사행을 통해 청나라 문사들과의 교류가 점점 더 밀접해졌고, 그의 북학 사상에 대한 신념도 더욱 공고해졌다. 이러한 그의 입장은 "중화(中華)와 가까워진 것을 기쁘게 여기나, 입을 다물고 당대의 사람들에게 이를 자랑하지 않는다."[192]라는 시에서도 드러난다.

(4) 박제가와 청나라 문인의 교류는 19세기에 김정희와 청나라 문인들의 깊이 있는 교류를 위한 토대가 되었다.

김정희는 19세기 북학파를 대표하는 인물로 18세기 조선 실학파의 영향을 많이 받았다. 특히 김정희는 박제가와 밀접한 관계를 맺으면서 그의 영향을 가장 많이 받았는데, 김정희가 어렸을 때, 박제가는 그의 재능을 높이 평가하며, "내가 가르쳐 이루게 하리라."[193]라고 다짐하기도 했다.

김정희는 성인이 된 뒤에도 박제가와 계속해서 긴밀한 관계를 유지하였다. 박제가의 『정유각집』「정유각문집」 권4에는 박제가가 김정희에게 보낸 편지가 실려 있어서 이를 확인할 수 있다. 또한 김정희는 박제가의 아들 소유(小蕤) 박장암과도 활발하게 시문을 주고받았는데, 이는 「이묵장의 독행소조에 제하며, 소유 박군에게 부치는 시(2수)[題李墨莊「獨行小照」, 即寄贈小蕤朴君者也

191) 박제가, 「有旨書進屏風一事, 柳寮爲作長歌, 遂和其意。時壬寅四月二十日也」, 박제가, 『정유각집(貞蕤閣集)』 「정유각이집(貞蕤閣二集)」, 『한국문집총간』 제261책, 제489쪽. 今書家動引鍾、王, 唐以後則概乎不欲觀也。余嘗謂學魏晋書不若學宋明人書, 宋明人書不若直學中國今人書。試取中國市肆帳簿視之, 無論工拙, 皆風氣迥殊絕矣, 有非東國諸公終身習學者所可幾及。先透此關, 然後可論時代, 又況書籍愈古愈失其真。既僻左海外, 見聞不廣, 安能一一辨其真贋?

192) 박제가, 「有旨書進屏風一事, 柳寮爲作長歌, 遂和其意。時壬寅四月二十日也」, 박제가, 『정유각집(貞蕤閣集)』 「정유각이집(貞蕤閣二集)」, 『한국문집총간』 제261책, 제489쪽. 沾沾自喜近中華, 掩口不向時人誇.

193) 崔完秀, 『김추사연구초(金秋史研究草)』, 지식산업사, 1976년, 제12쪽. "吾將教而成之.

(二首)]」 등으로 확인할 수 있다. 김정희도 박제가의 시문을 많이 읽었는데, 김정희의 오언시 「회인시체를 모방하여, 옛이야기를 차례로 읊어 일본 가는 배에 부치어, 대판과 낭화 사이의 명승들을 전하니, 반드시 아는 이가 있으리라[仿懷人詩體, 歷敍舊聞, 轉寄和舶, 大板浪華間諸名勝, 當有知之者]」[194] 10수 및 주석은 박제가의 「회인시 심여 장사전을 모방하다[懷人詩仿蔣心餘]」의 시 형식을 충실히 계승하였다.

박제가와 청나라 문인들의 교류는 김정희의 인생에 지대한 영향을 미쳤다. 김정희는 젊은 시절 청나라의 저명한 문사들과의 교류를 동경했는데, 그의 시 "비장하게 이별을 생각하며, 세상에 지기를 맺노라. 마음이 통하는 사람을 얻는다면, 그를 위해 죽음도 마다치 않으리. 황성에 뛰어난 이들이 많아, 부러움을 감출 길 없더라."[195]의 시구에는 그의 간절한 마음이 선명하게 표현되어 있다. 김정희 연구의 권위자인 일본 학자 후지츠카 치카시(藤塚鄰)는 『청조 문화 동전(東傳) 연구—가경(嘉慶) · 도광(道光) 학단과 이조(李朝)의 김완당(金阮堂)』에서 박제가가 김정희에게 미친 영향에 대해 다음과 같이 분석했다.

> 김정희의 천재적인 재능은 초정(楚亭) 박제가의 인정을 받으며 더욱 꽃피었다. 박초정은 당대 최고의 박학다식한 인물로 청나라 문화에 대한 깊은 이해로 조선 문사 중에서도 청나라를 가장 잘 이해한 인물로 평가받았다. 그는 자신의 새로운 지식을 김정희에게 전수하며 그를 끊임없이 격려하고 고무하였다. 특히 세 번의 연경 방문 경험과 북경 학계의 최신 소식을 김정희에게 상세히 전하며 그를 크게 자극하였다. 박초정이 세 번째로 연경에서 돌아왔을 당시 김정희는 16세의 소년이었다. 박초정은 그를 통해 제2의 박제가를 이루고자 했다.[196]

후지츠카 치카시(藤塚鄰)는 위의 글에서 박제가가 김정희의 학문적 성장을 위해 심혈을 기울였음을 강조하며, 그는 자신이 알고 있던 청나라 문화와 문인에 관한 정보를 꾸준히 전수하여 김정희가 청나라 문인과의 교류를 이어가기를 희망한다고 밝혔다. 실제로 1809년(기사년) 김정

194) 김정희(金正喜), 『완당전집(阮堂全集)』 권9, 『한국문집총간』 제301책, 제162쪽. "慨然起別想, 四海結知己。如得契心人, 可以爲一死。日下多名士, 艷羨不自已."

195) 藤塚鄰 저, 藤塚明直 편, 『清朝文化東傳の研究——嘉慶 · 道光學壇と李朝の金阮堂』 제1연행편 제1장 『김완당의 가계와 소년 시절 [金阮堂の家系と年少時]』, 국서간행회(國書刊行會), 1975년, 제78쪽.

196) 일본어 원문은 藤塚鄰 저, 藤塚明直 편, 『청나라 문화의 동쪽 전파 연구-가경 · 도광 학단과 이조의 김완당[清朝文化東傳の研究——嘉慶 · 道光學壇と李朝の金阮堂]』 제1연행편 제1장 『김완당의 가계와 소년 시절[金阮堂の家系と年少時]』, 제78쪽.

희가 처음 연경에 갔을 때, 그는 교류할 청나라 문인을 신중히 선택했는데, 그 대상은 조강(曹江), 옹방강(翁方綱), 완원(阮元) 등 박제가와 교류했던 문인들이었다. 김정희는 이들의 탁월한 학식과 의리를 깊이 존경하며, 연경에 남아 있던 청나라 문인들을 적극적으로 찾아다녔다. 후지츠카 치카시(藤塚鄰)는 다음과 같이 말하였다.

> 반도의 기린아(麒麟兒) 완당이 연경에 첫발을 디뎠을 때 그의 시선을 사로잡은 것은 우뚝 솟은 성벽이나 화려한 궁전 누각이 아니라 그의 지적 열망을 만족시켜줄 청나라 석학들과 홍유들이었다. 동국 사신들이 즐겨 찾는 명소들은 그에게는 단순한 유희에 불과했다. 그는 누구를 먼저 방문할 지부터 고민했다. 박초정, 유혜풍과 교류했던 명사들 대부분은 이미 세상을 떠났거나 혹은 흩어져 연경에 남은 이가 드물었다. 기효람(紀曉嵐), 나양봉(羅兩峰), 홍치존(洪稚存), 송지산(宋芝山), 강추사(江秋史)는 이미 고인이 되었고, 손연여(孫淵如), 진중어(陳仲魚), 황계포(黃蕘圃)는 남쪽으로 이주했다. 다행히 옹담계(翁覃溪)는 여전히 학계를 이끌고 있었고, 철야정(鐵冶亭), 이묵장(李墨莊), 법오문(法梧門), 조옥수(曹玉水) 등도 건재했으며, 특히 완운대(阮芸臺)도 이때 북경에 머물고 있었다. 김정희는 초정과 혜풍을 통해 이들의 이름을 귀에 익히 들으며 오랫동안 흠모해 왔다. 연경에 온 목적이 이들과 만나는 데 있었기에 그는 전력을 다해 여러 집을 방문했는데, 그중 제일 먼저 찾아간 문사는 조옥수인 것 같다.[197]

이처럼 박제가가 북학을 주창하며, 청 문인들과의 교류에 전심전력을 다했던 정신의 인도하에 김정희는 다수의 청나라 석학들과 폭넓고, 깊이 있는 학술 교류를 이어갈 수 있었다. 민규호(閔奎鎬)는 『완당김공소전(阮堂金公小傳)』에서 김정희와 완원(阮元), 옹방강(翁方綱) 사이의 두터운 학문적 유대에 대해 다음과 같이 설명하였다.

> 판서공(判書公)이 연경으로 사행을 떠나자, 공도 따라 들어갔는데, 그때 그의 나이는 스물네 살이었다. 당시 완원(阮元)과 옹방강(翁方綱)은 모두 청나라의 대학자로 천하에 명성을 떨쳤고, 지위 또한 높아 쉽게 타인을 접견하지 않았으나, 공을 한번 보고는 막역해졌다. 경학의 의미를 논할 때도 서로 우위를 다투며 쉽사리 양보하지 않았다. 이 때문에 완원이 『경해(經解)』를 저술할 때, 천하의 여러 대가들보다 공에게 먼저 초고를 보내주었다.[198]

197) 藤塚鄰 저, 藤塚明直 편, 『清朝文化東傳の研究——嘉慶·道光學壇と李朝の金阮堂』 제1연행편 제1장 『金阮堂の家系と年少時』, 제79쪽을 참고하였다.

198) 민규호(閔奎鎬), 『완단김공소전(阮堂金公小傳), 김정희, 『완당전집(阮堂全集)』 권수, 『한국문집총간』 제301

김정희는 옹방강, 완원과의 교류를 통해 많은 영감을 얻었다. 그는 "실사구시"와 "훈고에대한 깊은 탐구"를 학문의 태도로 삼아야 한다고 강력히 주장하며, "이 말이 학문의 가장 근본적인 원리"[199]라고 강조했다. 이러한 사상의 등장은 조선의 학술 사상 발전사에서 중대한 의미를 지니는데, 이에 대해 후지츠카 치카시는 다음과 같이 평했다.

> 특히 김정희는 박제가의 제자로 조선 500년 역사 속에서 보기 드문 영재였다. 그는 중국으로 사행을 떠나 옹방강과 완원이라는 당대 최고의 경학 대가를 만났고, 여러 명사들과 교류하며, 청나라 학문의 핵심을 깊이 이해한 후에 귀국하였다. 이후 조선의 학계는 신속히 실사구시(實事求学)의 학풍을 채택하여 500년 만에 새로운 면모를 보여주었다.[200]

종합하면, 박제가는 청나라 문사들과의 학술적 연계망을 구축하여 김정희가 그들과 깊이 있게 교류할 수 있는 길을 열어주었다. 박제가와 김정희는 모두 청나라 학술로부터 많은 영감을 얻어 조선의 학술적 시야 확대와 당시의 학풍 전환 등에 크게 기여하였다.

앞서 논의한 네 가지 방면에서 확인할 수 있듯이 박제가와 청나라 문인 간 교류의 가장 큰 의의는 그가 중한 양국 간의 문화 사절 역할을 적극적으로 수행했다는 점이다. 그는 양국의 시문을 소개하며 중한 문인 간의 문학 창작에 대한 이해를 심화시켰고, 상호 대등한 입장에서 활발한 문학 교류를 끌어냈다. 동시에 그의 시적 명성이 청나라에서도 널리 알려지게 되었다. 박제가와 청나라 문인의 문학 교류는 18세기 후반 중한 문인 교류의 모범이 되었으며, 당시 및 이후의 중한 문인 교류에 커다란 영향을 미쳤다. 이는 19세기에 김정희를 비롯한 많은 조선의 문사들이 청나라 문인들과 계속해서 깊이 있는 교류를 이어갈 수 있는 토대가 되었다.

책, 제7쪽. 先是判書公使于燕, 公隨而入, 時年二十四。阮閣老元、翁鴻臚方綱皆當世鴻儒, 大名震海內, 位且顯, 不輕與人接, 一見公莫逆也, 辨論經義, 旗鼓當不肯相下。是以阮元撰《經解》, 海內諸大家莫之見, 而特先寄公抄本也。

199) 김정희(金正喜),『實事求是説』, 김정희(金正喜),『완당전집(阮堂全集)』권1, 위의 책, 제21쪽. "必精求訓詁者" "此語乃學問最要之道"

200) 藤塚鄰 저, 藤塚明直 편,『清朝文化東傳の研究——嘉慶·道光學壇と李朝の金阮堂]』도언(導言), 제4쪽.

제4절 유득공의 3차례 연행과 청나라 문인과의 교류

유득공(1748-1807)은 자가 혜보(惠甫)·혜풍(惠風), 호는 영재(泠齋)·영암(泠庵)·고운당(古芸堂)이며, 조선의 문인이다. 규장각 검서관을 지냈으며, 세간에서 '4대 검서관' 중 한 사람으로 불렸다.[201] 그의 문학적 성취는 매우 높이 평가받아 이덕무, 박제가, 이서구와 함께 조선의 한문학사에서 '조선 후기 사가(四家)'라는 명성을 갖고 있다.

1 유득공의 3차례 중국 사행

문헌 기록에 따르면, 유득공은 중국에 세 차례 출사했다. 그 중 첫 번째는 1778년(건륭 43년, 정조 2년) 윤6월, 문안사절단을 따라 중국으로 떠난 것이다. 서형수(徐瀅修)의 「유혜풍을 심양에 보내며 쓴 서문[送柳惠風之瀋陽序]」에 "유혜풍(柳惠風)이 문안사절단의 서장관 학사(學士) 남학문(南鶴聞)을 따라 심양으로 떠나게 되자, 내게 찾아와 조언을 구하였다."[202]라는 기록이 있다. 남학문의 심양 파견은 『정조실록』 권5에 상세히 기록되어 있는데, 정조 2년 4월 15일 서명선을 심양 사행의 문안 정사로, 남학문을 서장관으로 임명하였고, 같은 해 6월 11일 서명선을 이은(李溵)으로 교체하였다. 이후 윤6월 26일, 정조는 심양 문안 정사 이은(李溵)과 서장관 남학문을 불러 하직 인사를 받았다.[203]

유득공은 1790년(건륭 55년, 정조 14년) 5월 두 번째 사행을 떠났다. 박제가와 함께 진하겸사은사절의 검서관 신분으로 건륭제의 팔순 생일을 축하하기 위해 열하와 북경을 방문하였다. 유득공은 『난양록』에서 "경술년에 진하부사(進賀副使)로 임명된 규장각 원임직제학 서공(徐公)이 연석에서 계청하여 검서관(檢書官) 두 명을 종관(從官)으로 삼았으니, 바로 나와 차수였다."[204]라고

201) 안종화(安鍾和) 회찬(會纂), 『국조인물지(國朝人物志)』 「유득공」, 제299쪽.

202) 서형수(徐瀅修), 「送柳惠風之瀋陽序」, 서형수(徐瀅修), 『명고전집(明皋全集)』 권7, 『한국문집총간』, 제261책, 제153쪽. "柳子惠風從問安書狀官南學士鶴聞, 將之瀋陽, 造余請余言。"

203) 『정조실록(正祖實錄)』 권5 정조 2년 6월 26일(二年六月二十六日).

204) 유득공, 『난양록(灤陽錄)』 권1, 대만광문서국(臺灣廣文書局), 1968년, 제7쪽, 이 판본의 내용은 『연행록전집』 제60권 중의 「열하기행시(熱河紀行詩)」보다 더 상세하기 때문에 저자는 이 판본을 사용하였다. "庚戌, 進賀副使, 奎章閣原任直學徐公筵稟辟檢書二員爲從官, 余與次修也。"

기록하였다. 이 사행에서 유득공은 사행 일기 『난양록』을 집필하여 여정을 상세히 기록으로 남겼다.

유득공의 세 번째 사행은 1801년(가경 6년, 순조 1년) 2월로 이번에도 박제가와 함께 사은사절의 검서관으로 중국에 다시 파견되었다. 그는 『연대재유록』에 "신유년 정월 22일, 풍천부사에서 물러나 한가로이 지내던 중 28일 내각의 통지를 받아 사은사 일행을 따라 연경에 가서 『주자서』의 선본을 구입하게 되었다. 2월 15일 차비문에서 출발할 때는 노문(路文)을 소지하고 역마를 이용하였다."라고 기록하였다.[205] 이번 사행에서 그는 『연대재유록』을 저술하였다.

2 유득공과 청나라 문인 교류의 특징

(1) 중국 사행 전부터 유득공은 청나라 문단을 주시하며, 저명한 문인들에 대한 지식을 쌓았는데, 이는 현지에서 청나라 문인들과의 교류에 중요한 기반이 되었다.

유득공은 『중주십일가시선(中州十一家詩選)』을 편찬하여 육비(陸飛), 엄성, 반정균(潘庭筠), 이조원(李調元), 이정원(李鼎元), 축덕린(祝德麟), 박명(博明), 주후원(周厚轅), 곽집환(郭執桓), 이미(李美), 손유의 등 청나라 문인 11명과 그들의 시 127수를 수록하였다. 『중주십일가시선』에 수록된 시는 유득공이 본 한시의 일부분에 지나지 않는다. 그는 이 책의 서문에 "시를 지으면서도 그 근본을 알지 못한다면, 어찌 옳겠는가? 이에 동국(東國)에 전해지는 그들의 시를 기록하여 직접 교정을 가하고, 각각 간단한 전기를 붙여 한 권으로 엮어, 우리 몇몇 동료들과 함께 나누고자 한다. 정유년 중양절 이틀 뒤, 유득공이 쓴다."[206]라고 기재하였는데, 실제로 그가 접한 청나라 문인과 시 작품은 이보다 훨씬 더 많았다. 그는 중국을 다녀온 박지원, 이덕무 등의 조선 지인들과 청나라 문단의 동향을 공유하며, 정유년(1777) 전후로 상당수 청나라 문인들을 알게 되었다. 이는 그가 북경에서 그들과 원활히 교류할 수 있는 중요한 토대가 되었다.

(2) 18세기 조선 문인 중 박제가에 이어 유득공은 청나라 문인들과의 직접적 교류 빈도가 두 번째로 높은 인물이었다. 그의 교류 기록은 이 책의 제2부에서 상세하게 소개했으며, 세 차례의 중국 사행을 통해서 만나 교류한 청나라 문인들은 다음의 표와 같다.

---

205) 유득공, 『연대재유록(燕臺再遊錄)』, 대만광문서국(臺灣廣文書局), 1968년, 제3쪽.

206) 유득공, 「中州十一家詩選序」, 『중주십일가시선(中州十一家詩選)』. 爲詩而不知所宗, 其可乎？輒錄其詩之流傳東土者, 手自點定, 各有小傳, 爲一卷, 與吾黨二三子共之。……丁酉重陽後二日, 柳得恭書."

중국에 간 시기	교류한 청나라 문인과 그들의 신분
무술년(1778)	裴振(瀋陽書院教授)、張燮(秀才)、孫鎬(奉天府治中)、王瑗、沈映宸、王志騏、金科豫、姜文玉、沈映楓、王志鰲、王琮、魏琨、于恒、金渟、劉景何、王如、郭維翰、白永敏(以上爲瀋陽書院監生)、趙學淦(遼陽秀才)。
경술년(1790)	紀昀(禮部尚書)、潘庭筠(陝西道觀察御史)、李鼎元(翰林侍讀)、李驥元(編修)、孔憲培(孔子七十二孫,衍聖公)、羅聘(無官職、畫家、文人)、張道渥(兩淮鹽務分司通州)、吴照(無官職、文人)、莊復朝(中書舍人)、莊會琦(莊復朝弟)、阮元(翰林編修)、劉鐶之(翰林檢討)、熊方受(翰林庶吉士)、蔣祥墀(翰林庶吉士)、鐵保(禮部侍郎)、完顏魁倫(福建將軍)、玉保(内閣學士)、章煦(翰林)、巴忠(理藩院侍郎)、湛潤堂(理藩院員外郎)、文某(中書舍人)、魚某(中書舍人)、瑚圖靈額(蒙古中書)、張經由(漢中書)、陶正祥(琉璃廠書商)。
신유년(1801)	八十太、明文、雅隆阿、覺羅富坤、于潒、王開緒、吴化鵬、温岱、徐祥霖、董理、馮天良、王潔儒、金尚絅(以上爲瀋陽書院書生)、胡迥恒(豐潤縣吏目)之子、沙流河站一老翁、紀昀(禮部尚書)、李鼎元(中書舍人)、彭惠支(孝廉)、王霽(孝廉)、蒲文甲(舉人)、奚大壯(舉人)、楊鼎才(舉人)、張智瑩(舉人)、張玉麒(進士)、張問彤(張問陶從弟)、曹江(大理評事)、唐晟(曹江館師)、陸慶勛(以舉人充實錄謄錄官)、沈剛(孝廉)、康愷(舉人)、陳鱣(孝廉)、錢東垣(舉人)、黄丕烈(布衣)、黄成、盛學度(舉人)、吴紹泉(舉人)、顧晋采(舉人)、陳希濂(布衣)、夏文燾、章寶蓮、顧蒓、湯錫智、趙曾、王寧埠(考功)、王寧埏、朱鎬(文公十八世孫, 布衣)、袭鏞(布衣)、孫琪(布衣)、毛祖勝(布衣)、崔琦(文商)、陶生(文商)、陳森(布衣)、倉斯升(户部主事)、莫瞻菉(工部侍郎)、劉大觀(寧遠知州)、劉大均(廩生)
비대면으로 교류한 청문인	李調元(進士)、祝德麟(進士)

이 표에 따르면 유득공이 제1차 사행에서 교류한 청나라 문인은 19명, 제2차 사행에서는 25명, 제3차 사행에서는 56명이었다. 그와 직접 만나지는 않았지만, 서신으로 교류한 문인도 2명이 있다. 중복되는 인물을 제외하면 세 차례의 사행 기간 중 교류한 청나라 문인은 총 99명에 이른다. 유득공은 18세기 청나라 문인들과 가장 활발히 교류한 조선 문인 중 한 명이다.

(3) 유득공이 세 차례의 중국 사행에서 교류한 청나라 문인은 시기별로 뚜렷한 특징을 보인다. 1778년 제1차 사행에서는 주로 심양서원의 젊은 수재들과 교류했고, 1780년 제2차 사행에서는 청 조정의 저명한 문인들과 활발히 교류하였다. 1790년 제3차 사행에서는 청나라 거인들과 광범위하세 교류하였나.

1798년(무술년) 심양 사행 때, 유득공이 교류한 청나라 문인은 주로 심양서원의 수재들이었다. 『난양록(灤陽錄)』 권1 「심양서원」 조에 "무술년 가을, 나는 심양 서원에 머물며 봉천부(奉天府) 치소에 있었던 서경(西京) 손호(孫鎬), 서경의 사위 장섭(張燮), 교수 배진(裴振), 감생(監生) 심영신(沈映宸), 심영풍(沈映楓) 형제, 김과예(金科豫), 왕원(王瑗), 왕지기(王志騏) 등과 교유했다. 이별을 앞두고, 모두 열일곱 명이 시를 지어 주었으며, 나에게 화답을 요청하면서 언제 다시 오는지를 물었다. ……일찍이 서원을 방문한 적이 있어 요양(遼陽)과 심양 지역의 수재들을 많이 알았지만, 일부는 기억에서 잊힌 이도 있었다."207)라고 기록하였다.

이번 사행에서 유득공은 청나라 문인들과 주로 한시 창화를 진행하였다. 교류 대상의 다수가 문학적 재능이 특출하지 않은 평범한 문인들이었기 때문에 귀국 후에 지속적으로 교류하지는 않았다. 이번 사행은 한시 창화를 통해 청나라 일반 생원층의 문학 수준과 일상적인 삶을 관찰하고, 청의 태평성대 분위기를 체험했다는 점에서 의미를 지닌다. 유득공은 「읍루여필서(挹婁旅筆序)」에서 "내가 심양에 머물며 교유한 이들은 대부분 기인(旗人)이었으나, 모두 시서(詩書)를 익혀 우아하고 단정하여 사군자(士君子)의 풍모가 있었다. …… 흥경(興京)은 아직 가보지 못했으나, 성경의 문사들은 만났고, 아직 천하가 변할 조짐은 보이지 않았다."208)라고 하였다.

1790년(경술년) 제2차 사행에서 유득공은 주로 청나라 조정 관리들과 교류하며 친분을 쌓았다. 그중에는 기윤, 반정균, 이정원, 공헌배(孔憲培) 등 당대 유명 문인들이 포함되어 있다. 조선 사절단의 이번 사행은 건륭황제의 80세 생신 축하가 주요 목적이었다. 당시 축하 행사가 열리는 열하에는 행사에 참석하기 위해서 청나라 전역의 문인들이 운집하였고, 유득공은 다수의 유명 인사들과 인연을 맺으면서 활발한 교류를 이어갈 수 있었다. 그 후 유득공이 열하에서 북경으로 이동한 점도 그가 청나라의 상층 문인들과 교류하는 데 긍정적인 요인으로 작용하였다.

1801년(신유년) 제3차 사행에서 유득공은 청나라 거인들을 대거 접촉할 수 있었는데, 그 이유는 다음과 같다.

첫째, 이 해는 마침 3년에 한 번 열리는 회시(會試)의 해였다. 이에 중국 전역의 거인들이 북경에 모여 유리창을 방문하였고, 이는 유득공에게 자연스러운 교류 기회를 제공하였다. 유득공은 『연대재유록』에서 "회시가 있던 해에 여러 성의 거인들이 북경에 모여들어 유리창을 자주 오갔다. 이들과 이야기를 나누다 보면 마음이 통하는 이들을 종종 만날 수 있었고, 때로는 무리지어 이름과 고향을 묻고는 떠들썩하게 흩어지기도 했다."209)라고 기록하였다.

---

207) 유득공, 『난양록(灤陽錄)』 권1, 제8~9쪽. 戊戌秋, 余在瀋陽書院, 與奉天府治中孫西京鎬、西京女婿張燮、教授裴振、監生沈映宸、映楓兄弟、金科豫、王瑗、王志騏輩遊。臨別, 贈詩者凡十七人, 屬余和之, 且問何時復來。……曾遊書院, 多識遼瀋間秀才, 或有遺忘者。

208) 유득공, 「挹婁旅筆序」, 유득공, 『영재집(泠齋集)』 권7, 『한국문집총간』 제260책, 제112쪽. 余之客瀋陽也, 所與遊者, 旗下人乎, 皆學習詩書, 魚魚雅雅, 有士君子之風。……興京吾未之遊焉, 而盛京之士吾見之矣, 吾未知天下有變。

209) 유득공, 『연대재유록(燕臺再遊錄)』, 제29~30쪽. 係大比之年, 各省舉人雲集都門, 多遊廠中。與之言, 往往有投合者, 或群輩沓至, 問答姓名鄉縣, 擾擾而散。

둘째, 유득공과 오랜 교류를 이어온 청나라 조정의 지인들이 세상을 떠났거나 흩어져 북경에 없었다. 청나라 지인 중 이기원, 공헌배, 나빙(羅聘), 옥보(玉保)는 경술년에 세상을 떠났고, 완원은 절강으로 파견되어 북경을 떠난 상태였으며, 반정균은 은거 중이었다. 이 외에도 유득공은 익숙한 문인들과 인사를 나누고 싶었으나 여러 사정으로 인해 만나지 못했다.

유득공은 신유년에 기윤과 교류하며, 이조원, 옹방강, 손성연 등에 대해 문의했다. 기윤은 이조원에 대해 "사천에서 가수를 불러 모으고, 기녀를 선발하여 함께 산수를 유람하며, 시화 몇 권을 지어 만족해하고 있습니다."라고 전했고, 옹방강에 대해서는 "옹공께서는 이미 홍루(鴻臚)에서 동릉(東陵)을 모시는 직책을 맡고 계십니다."라고 답했다. 또한 손성연에 대해서는 "연여(淵如)는 외부로 전임하여 도원(道員)이 되었고, 현재 부모상 중에 있습니다."[210]라고 알려주었다. 이에 유득공은 이번 연행에서 북경에 머물면서도 청나라 조정의 상층 문인들과 거의 만나지 못했다.

(4) 유득공은 청나라 문인 중 이정원(李鼎元), 나빙(羅聘), 진전(陳鱣)과의 친분이 특히 깊었다.

제2차 중국 사행 전부터 유득공은 이미 이정원과 안정적인 관계를 유지하고 있었다. 『난양록(灤陽錄)』 권2에서 이정원과 이기원(李驥元) 형제에 대해 "우촌(雨村)의 사촌으로 10여 년간 소식을 주고받은 천애의 옛 지인"[211]이라고 말했다. 1790년(경술년) 북경에서 유득공은 이정원 형제를 더욱 자주 방문했는데, 『병세집(並世集)』에서 "연경에 머물 때 차수(次修)와 함께 그들을 여러 차례 방문했으며, 묵장(墨莊)과 부당(鳧塘)은 함께 사천회관(四川會館)에 머물고 있었다."[212]라고 말했다.

1801년(신유년) 북경에 머물렀을 때, 유득공은 "이묵장(李墨莊) 사인(舍人) 정원(鼎元)을 찾아 옛일을 회고하였다."[213]라고 말했다. 이후에도 이정원과 여러 차례 만나 대화를 나누었는데, 『병세집(並世集)』에서 "신유년에 연경에 다시 들렀을 때 묵장은 유구(琉球)의 부가(副价)를 지내다가 돌아와 중서사인 벼슬을 하고 있었고, 유리창 서점에서 자주 마주치며 만났다."[214]라고

210) 유득공, 『연대재유록(燕臺再遊錄)』, 제6~7쪽. "徵歌選妓, 玩水遊山, 兼作詩話若干卷, 甚得意也。""翁公已以鴻臚奉祠東陵。""淵如外轉道員, 現在丁憂。"

211) 유득공, 『난양록(灤陽錄)』 권2, 제56쪽. "雨村從父弟, 十餘年來信息相聞, 天涯舊識也"

212) 유득공, 『병세집(並世集)』 권1, 『연행록전집』 제60책, 제94쪽. "余在燕時, 亦與次修一再訪之, 墨莊、鳧塘同寓四川會館。"

213) 유득공, 『연대재유록(燕臺再遊錄)』 제9쪽. "訪李墨莊舍人鼎元敘舊"

214) 유득공, 『병세집(並世集)』 권1, 제94쪽. "辛酉再入燕, 墨莊以副价册封琉球而歸, 官中書舍人, 數與相會于琉璃廠書肆。"

기록했다. 『연대재유록(燕臺再遊錄)』에는 신유년(辛酉年)에 진행된 두 차례의 교류 상황이 상세히 기술되어 있다. 이는 현존하는 유득공과 청나라 문인 간의 필담 중 가장 구체적인 기록으로 두 사람의 친밀한 관계를 잘 보여준다.

나빙과 유득공의 관계 또한 매우 친밀하였다. 경술년(1790) 유득공은 북경에서 나빙과 알게 된 후, 자주 그의 집을 방문하며 두터운 우의를 쌓았다. 유득공은 『난양록』 권2 「나양봉(羅兩峰)」에 "나와 차수(次修)는 여러 차례 양봉(兩峰)을 방문하였다. 어쩌다 며칠 가지 않았더니 나의 초상화를 그리고, 옆에 「절지매(折枝梅)」를 그려 '역로(驛路)에 매화 그림자가 거꾸로 드리우니, 이별의 정이 그리움에 묶여있구나. 옛 친구는 요즘 나를 완전히 소홀히 하는데, 이 매화 가지는 누구에게 줄까나?'라고 적었다. 나는 소정방(蘇定方)이 백제를 평정한 비문(蘇定方平百濟)과 유인원(劉仁願)이 공을 세운 비문(劉仁願紀功)을 주며 감사의 뜻을 전했다. 양봉(兩峰)은 크게 기뻐하며 즉시 화공에게 장식을 맡겼다."[215]라고 기록했다. 유득공이 자주 나빙을 방문한 행적과 더불어 나빙이 유득공의 초상을 제작하고, 「절지매(折枝梅)」 등의 작품을 통해 그리움을 표현한 사실로 미루어 볼 때, 두 사람은 짧은 교류 기간에도 불구하고 처음부터 돈독한 우의가 형성되었음을 확인할 수 있다. 이후 나빙은 유득공을 오조(吴照), 장도악(張道渥) 등 당대의 저명한 청 문인들에게 소개하였다. 이와 관련하여 유득공은 『난양록』 권2에 "나양봉이 내 이름을 말해주니 (오조)가 『설문편방고(說文偏旁考)』를 보내주었고, 이후 서로 교류하게 되었다."라고 기록하였고, 장도악에 대해서도 "양봉의 처소에서 서로 알게 되었다."[216]라고 기재하였다.

1801년(신유년) 유득공은 청나라 문인 진전과도 긴밀히 교류했다. 이 해 북경에서 두 사람은 다른 청나라 문인들보다 자주 만나면서 더욱 깊고 세밀한 대화를 나눴다. 유리창 서점에서 처음 만났을 때부터 이미 허물없는 오랜 친구처럼 육서, 조선 지리, 음운 변화, 당대 시인 등 다양한 주제를 두고 열띤 토론을 벌였다.[217] 첫 만남 이후에도 두 사람은 "연일 오류거(五柳居)에서 약속을 잡고 만나서"[218]사천과 호북 지역의 도적 소동, 청나라 정국의 상황 등을 논의했는데, 그중에는 명나라 유민들이 만주 복식을 부끄러워했던 일화도 포함되어 있었다.[219]

---

215) 유득공, 『난양록(灤陽錄)』 권2, 제60쪽. "余與次修屢過兩峰。偶數日未往, 寫余小照, 旁寫《折枝梅》, 題云 : '驛路梅花影倒垂, 離情別緒繫相思。故人近日全疏我, 持一枝兒贈與誰 ? '余以蘇定方平百濟、劉仁願紀功二碑謝之。兩峰大喜, 即付裝潢。"

216) 위의 책, 제62쪽, 제61쪽. "羅兩峰爲道余姓名, (吴照)便寄《<說文>偏旁考》, 後遂相識。" "兩峰處相識"

217) 유득공의 『연대재유록(燕臺再遊錄)』 제20~23쪽.

218) 위의 책, 제23쪽. "連日約會于五柳居"

219) 위의 책, 제23~24쪽.

유득공은 "연일 만났다.", "필담 초안이 중어(仲魚, 陳鱣)에 의해 훼손되어 기록하지 못한 것이 아쉽다."220)라고 말했는데, 이에 따르면 두 사람의 필담 내용은 『연대재유록』에 기록된 내용보다 더 풍부했을 것임을 짐작할 수 있으며, 이는 두 사람의 교류가 그만큼 활발하게 이루어졌다는 것을 반영하는 것이기도 하다.

(5) 유득공은 청나라 문인들과 주로 문학·학술 방면에 대한 교류를 진행했는데, 그들의 교류는 다음의 세 가지 특징을 보인다.

① 유득공은 청나라 문인들과 한시 창화(唱和) 및 한시 평론 활동을 활발히 전개하였다. 그는 이조원, 나빙, 기윤, 완원 등 34명에게 30수 이상의 시를 지어 주었고, 나빙, 장택산, 옹방수, 이정원 등으로부터 46수의 시를 받았다. 또한 이조원, 기윤, 철보 등과 자주 한시로 창수했으며, 현존하는 한시만 해도 11조 48수에 이른다. 이 중에는 원구를 확인할 수 없는 유대관(劉大觀)의 「주소인이 그린 백합꽃(朱素人畵百合花)」도 포함되어 있다. 또, 1790년(경술년) 북경에 머물던 기간에 유득공은 옹방수, 장상지(蔣祥墀) 등 청나라 벗들과 시를 품평하고 논하였다. 유득공은 "옥하관 서쪽 벽은 서상관이다. 나와 차수(次修)는 종종 이곳을 찾아 시에 대한 이야기를 나누었다."221)라고 말했으며, 아울러 이때를 회상하면서 "창 너머 다부(茶瓿)에서 솔바람 같은 향기가 퍼지니, 한가한 날에 두 한림원 학자와 시를 논하네."222)라고 읊기도 했다.

② 유득공은 기윤, 이정원, 진전 등과 활발한 학술 교류를 진행하였다. 특히 1790년(경술년) 유득공은 기윤과의 필담에서 중국과 조선의 요·금·원·명사(遼金元明史), 『청일통지(淸一統志)』, 서경덕의 『화담집』, 유득공의 『영재집』 등 다양한 전문 서적을 중심으로 논의를 펼쳤다. 같은 해 이정원과의 필담에서는 이조원의 『함해(函海)』 간행 과정과 그 내용에 대한 대화를 나누었다.223) 한편 1801년(신유년) 기윤과의 필담에서는 주자의 저술 현황과 소주칠자(蘇州七子)의 학문적 특징 등에 대해 논의하였다.224)

같은 해 이정원과의 필담에서는 대진(戴震)의 학문적 성과에 대해 논평하였으며, 특히 "표(嫖)"라는 단어의 의미에 대해 논의하였다.225) 또한 진전(陳鱣)과의 지속적인 교류에서는 육서(六書)의

220) 유득공, 『연대재유록(燕臺再遊錄)』, 『연행록전집』 제60책, 제297쪽. "連日約會"、"談草爲仲魚所毁, 不能記其名, 可恨"

221) 유득공, 『난양록(灤陽錄)』 권2, 제66쪽. "玉河館西壁爲庶常館。余與次修屢往談詩。"

222) 유득공, 「熊、蔣二庶常」, 유득공, 『난양록『灤陽錄)』 권2, 제65쪽. "隔窗茶瓿松風似, 暇日論詩二庶常."

223) 유득공, 『난양록(灤陽錄)』 권2, 제53~54쪽.

224) 유득공, 『연대재유록(燕臺再遊錄)』, 제6~7쪽. 1

학문적 중요성, 척산(斥山)과 불함산(不咸山)의 지리적 위치에 대한 고증, 그리고 시대 변천에 따른 음운(語音)의 변화 등 다양한 학술적 주제를 다루었다. 특히 양측은 고염무(顧炎武), 원매(袁枚), 장사전(蔣士銓) 등 학자들에 대한 평가를 교환하였다.[226]

③ 유득공은 청나라 문인들과의 교류 과정에서 서적을 적극적으로 소개하며 상호 교환하였다. 그는 청 문인들에게 자신과 조선 지인들의 작품을 적극적으로 알렸는데, 그 대표적인 예로 1778년(무술년) 중국을 처음 방문하기 전, 유득공은 자신이 지은 『이십일도회고시(二十一都懷古詩)』를 직접 필사하여, 이덕무와 박제가를 통해 반정균에게 전달하도록 부탁한 일이 있다. 그는 「제이십일도회고시(題二十一都懷古詩)」에 "무술년(1778)을 회상하면, ……이 해에 무관(懋官)과 차수가 연경에 들어가는 길에 손수 필사한 한 책을 반상조(潘香祖) 서길사에게 보냈다. 반상조가 그 글을 보고는 크게 감탄하고 칭송하면서 '이는 죽지(竹枝), 영사(咏史), 궁사(宮詞) 등 각 문체의 장점을 겸비하여 반드시 전해져야 할 명작이다.'라고 평하였다."[227]라고 기록하였다. 경술년(1790) 이전에 유득공은 이정원에게도 『세시기(歲時記)』를 소개하였다. 『난양록』 권2 「이묵장, 부당 두 태사[李墨莊、鳧塘二太史]」에는 이정원이 유득공에게 "최근에 『세시기(歲時記)』와 같은 저작이 있습니까?"[228]라고 물어본 기록이 있다.

제2차와 제3차 사행에서 유득공은 청나라 벗들에게 자신과 동료들의 작품을 적극적으로 소개하였다. 1790년(경술년) 제2차 사행 때에 유득공은 기윤에게 「이십일도회고시주(二十一都懷古詩注)」를 전달했는데, 『난양록』 권2 「기효람(紀曉嵐) 대종백(大宗伯)」에는 유득공이 "나는 「이십일도회고시주(二十一都懷古詩注)」를 그에게 주었다."[229]라고 기록되어 있다. 또한, 나빙에게 「이십일도회고시(二十一都懷古詩)」를 보여주었는데, 『난양록』 권2 「나양봉」에 "(나빙은) 나의 「회고시」를 보고 기뻐하며 말하길, '포이문(鮑以文)과는 절친한 친구 사이입니다. 그가 현재 『지부족재총서(知不足齋叢書)』를 계속 간행하고 있으니, 한 권을 그에게 남겨두면 반드시 간행할 것입니다.'라고 하였다. 그런데 이미 기효람 상서에게 선물한 뒤라 더 이상 드릴 것이 없었다."[230]라고 기재하였

225) 위의 책, 제14~15쪽.

226) 위의 책, 제20~23쪽.

227) 유득공, 『영재집(泠齋集)』 권8, 「한국문집총간」 제260책, 제118쪽. "憶戊戌年間, ……是歲懋官次修入燕, 手抄一本寄潘香祖庶常。及見潘書, 大加嗟賞, 以爲兼竹枝、咏史、宮詞諸體之勝, 必傳之作。"

228) 유득공, 『난양록(灤陽錄)』 권2, 제58쪽. "近有著作如《歲時記》之類否？"

229) 위의 책, 제54쪽. "余更以《<二十一都懷古詩>注》贈之。"

230) 유득공, 『난양록(灤陽錄)』 권2, 제60쪽. "(羅聘)見余懷古詩而喜之, 云 : '與鮑以文爲密友。他方續刻《知不足齋叢書》, 留下一本與他, 自無不刻之理。'余已贈紀曉嵐尚書, 更無以贈也。"

다. 1801년(신유년) 제3차 사행에서 유득공은 자신의 최근 작품을 기윤에게 전달하였다. 『연대재유록(燕臺再遊錄)』에 기록된 기윤과의 필담에서 유득공이 "최근의 작품 두 권을 올리니 가르침을 청합니다."라고 말하니, 기효람이 "삼가 배독하겠습니다. 이 며칠 동안은 의례가 과중하니 책봉 의식을 마친 후에야 잠시 겨를이 생길 듯합니다."[231]라고 답하였다.

유득공과 교류한 청나라 문인들도 그에게 전적(典籍)을 선물하며 수많은 저작을 적극적으로 소개하였다. 1790년(경술년) 기윤은 김일추(金日追)의 『의례정와(儀禮正訛)』 17권을 유득공에게 전달하였다.[232] 같은 해, 공헌배(孔憲培)는 조방(趙汸)의 『춘추금쇄시(春秋金鎖匙)』 1권, 대진(戴震)의 『고공기도(考工記圖)』 2권, 『성운고(聲韻考)』 4권을 유득공에게 건네주었다.[233] 또한, 1790년(경술년) 열하에 머무를 당시, 철보는 유득공에게 자신의 저작 『용대집(容臺集)』을 보여주었다.[234] 1801년(신유년) 청나라 학자들은 유득공에게 다양한 학술 서적과 시문집을 소개하였다. 정동원(錢東垣)은 그에게 『시고훈(詩古訓)』 12권, 『이아석문보(爾雅釋文補)』 3권, 『광아소의(廣雅疏義)』 20권 등 가려(可廬)가 집필한 서적 10종을 보여주었으며, 이어서 자신이 저술한 『맹자해의(孟子解誼)』 14권, 『소이아교증(小爾雅校證)』 2권 등 8종의 저작을 소개하였다.[235] 같은 해, 학문을 논하는 과정에서 진전은 유득공에게 자신의 저서 『설문해자정의(說文解字正義)』 30권, 『논어고훈(論語古訓)』 10권 등을 소개하였다.[236] 진희렴(陳希濂)은 자신의 저술 『연대음고(燕臺吟稿)』 1권을 유득공에게 보여주었다.[237] 기윤은 또 조부의 문집 『화왕각승고(花王閣剩稿)』 1권을 유득공에게 소개하였다.[238]

유득공은 일부 상황에서 중국어를 사용해 청나라 사람들과 구두로 소통하였다. 이는 18세기 중한 문인 간의 교류에서는 비교적 보기 드문 현상이다. 1790년(경술년), 그는 연성공(衍聖公) 공헌배(孔憲培)와 중국어로 교류하였다. 공헌배는 놀라면서 "중국에 처음 들어왔는데 어떻게 중국어로 말할 수 있습니까?"라고 물었다. 유득공은 "조금 압니다."라고 답했다.[239] 『연대재유록』

231) 유득공, 『연대재유록(燕臺再遊錄)』, 제8쪽. "近作二卷請教。" "謹當拜讀。此數日内, 典禮繁重, 須至册立禮成, 方稍暇也。"

232) 유득공, 『난양록(灤陽錄)』 권2, 제54쪽.

233) 위의 책, 제59쪽. "初入中國能作漢語, 何也？" "略解之。"

234) 유득공, 『병세집(並世集)』 권2, 제172쪽.

235) 유득공, 『연대재유록(燕臺再遊錄)』, 제25쪽.

236) 위의 책, 제22쪽, 제24쪽.

237) 위의 책, 제28쪽.

238) 위의 책, 제8쪽.

에서도 그는 진전과 문답을 하며 "주로 중국어로 이야기하였고, 간혹 필담을 했다."[240]라고 기록하였다. 청나라 사람들과 일정 수준의 구두 소통이 가능했다는 점은 유득공이 다수의 청나라 문인들과 원활하게 교류할 수 있었던 중요한 요인 중 하나로 추정된다.

3 유득공과 청나라 문인 교류의 의의

유득공은 중국에 세 차례 출사하며 필담과 한시 창화 등을 통해 99명의 청나라 문인과 문학·학술 등 방면에서 폭넓은 교류를 했는데, 이는 두 가지 측면에서 큰 의미를 지닌다.

(1) 유득공은 청나라 문인들과의 교류를 통해 당대 청나라 문단의 동향과 학문적 성과를 파악하였다. 특히 그는 조선의 문단이 청나라 문학과 유리된 현실을 명확히 인식하고, 사행(使行)을 계기로 청나라의 최신 학문 동향과 저명 학자들을 조선에 대대적으로 소개하기 시작했는데, 이는 조선 문단의 청나라 문단에 대한 이해를 증진하는 데 기여하였다.

유득공은 중한 문인들의 창화시를 모아 『병세집』 두 권을 편찬하였다. 이 책은 유명한 청나라 문사인 원매(袁枚), 이조원(李調元), 정진방(程晋芳), 기윤 등을 소개했을 뿐만 아니라 심양서원(瀋陽書院)의 서생 김과예(金科豫), 심영신(沈映宸), 왕원(王瑗) 등 교류를 맺은 일반 청나라 문인들도 소개했는데, 소개된 청나라 문인은 총 71명에 달한다. 그는 또한 사행 일기인 『난양록』과 『연대재유록』에 자신과 교류했던 일부 청나라 문인들의 경력을 상세히 기록하여, 조선 문단에 그들의 존재를 알리는 데 기여하였다. 아울러 회인시(懷人詩)를 통해 청나라 문인들을 조선 문단에 소개하는 작업을 이어갔다. 이조원을 기리는 시로 「낙화생가(落花生歌)를 지어 이부(吏部) 이우촌(李雨村)에게 부치다[落花生歌, 寄李雨村吏部]」, 「면주에 여우롭게 거주하는 이우촌에게 부치다[寄李雨村綿州閑居]」, 「우촌의 기하가(幾何歌)에 차운하다[次雨村幾何歌韵]」 등을 남겼다. 이러한 문학 교류 방식은 중한 문단 간의 관계를 한층 더 심화시키며, 양국 문학 교류의 발전을 성공적으로 견인하였다.

(2) 청나라 문인들과의 활발한 교류를 통해 유득공의 명성이 점차 널리 알려졌고, 그의 작품 『이십일도회고시』도 중국에서 정식으로 출간될 수 있었다. 이는 청나라 문단이 조선 문학을

239) 유득공, 『난양록(灤陽錄)』 권2, 제59쪽.

240) 유득공, 『연대재유록(燕臺再遊錄)』, 제23쪽. "多用漢言, 或有談草"

이해하는 데 기여했을 뿐만 아니라 조선 문사들의 위상 제고에도 일조했다.

당시 청나라의 저명한 문인인 기윤, 이기원(李驥元), 조강(曹江) 등은 유득공의 시를 자세히 읽고 높이 평가했다. 기윤은 "옛날 계림(鷄林)에 재상이 있어 백거이의 시를 잘 알았다네. 풍속이 시를 읊기에 익숙했고, 그대는 더욱 문장에 뛰어났다네. 「삼도부(三都賦)」에 서문 쓰기를 사양하니, 한 글자의 스승이 되기에 부끄럽다네."[241]라고 말하며, 유득공이 이전의 조선 시인들보다 문채가 뛰어나다고 칭송했다. 또한 그는 유득공의 작품을 좌사(左思)의 「삼도부(三都賦)」와 견주어 논하며, 그의 재능과 학문을 크게 인정했다.

이기원은 유득공의 『이십일도회고시』를 읽고, "스물한 고도에 스민 옛 정경을 회상하며, 높은 노래는 구름을 가로막을 듯 힘차다."라며 칭찬했다. 그는 유득공을 남조의 시인 사조에 비유하며 "가을바람과 가을비가 만나는 밤, 놀라운 사조의 시편을 다시 읽는다."[242]라고 표현했다. 조강도 "명망이 중국 조정에까지 알려지고, 새로운 시는 옛 역참을 넘어 전해지네."[243]라며 유득공의 시를 높이 평가했다. 이를 통해 유득공의 시명은 조선뿐만 아니라 청나라에서도 널리 알려졌음을 알 수 있다.

이조원은 유득공의 『가상루집(歌商樓集)』에 있는 「송지산(宋芝山)과 옛일을 이야기하며 회포를 풀다[同宋芝山話舊述懷]」, 「송경잡절(松京雜絶)」 등의 시를 『우촌시화(雨村詩話)』에 수록하며, 그의 작품을 소개했다.[244] 이후 청나라의 문인들도 유득공의 재능을 높이 평가했는데, 법식선(法式善)은 "고려 사람들의 시는 장편이 드물었으나, 근래에 유혜풍의 『영재집』을 보니 뛰어나다. 다만 고체시는 근체시만큼 정교하지 못하다."[245]라고 평했다. 그 후에 법식선은 시화에 유득공의 「김덕형(金德亨)의 물새 그림에 제(題)하다(題金德亨畫水禽)」, 「견성잡영(堅城雜咏)」, 「비 오기 전(將雨)」, 「남강요(南江謠)」 등 근체시를 수록하며 칭송했다.[246] 또한, 서세창(徐世昌)이 편찬한 『만청이시회(晩晴簃詩匯)』 권200에 유득공의 「송천잡시(松泉雜詩)」 두 수를 수록한 것은 유득공

---

241) 기윤, 「庚戌秋, 送惠風檢理東歸」, 유득공, 『병세집(並世集)』 권2, 『연행록전집』 제60책, 제132~133쪽. "古有鷄林相, 能知白傅詩。俗原嫻賦咏, 君更富文詞。序謝《三都賦》, 才慚一字師。"

242) 이기원(李驥元), 「次惠風郡守寄雨村兄韵」, 유득공, 『병세집(並世集)』 권1, 위의 책, 제98쪽. "二十一都懷古情, 高歌似欲遏雲行." "秋風秋雨相逢夜, 又讀驚人謝朓篇"

243) 「曹江贈柳得恭詩(雅望中朝著)」, 유득공, 『연대재유록(燕臺再遊錄)』, 제18쪽.

244) 이조원(李調元) 저, 詹杭倫, 沈時蓉 교정, 『雨村詩話校正』 권16, 제370쪽. [雅望中朝著, 新詩古驛傳]

245) 법식선(法式善) 저, 장인팽(張寅彭), 장적예(張迪藝) 편교(編校), 『『어문시화(梧門詩話)』 합교(合校)』 권9, 제270쪽. "高麗人詩向少長篇, 近見柳惠風(得恭)《泠齋集》可謂杰出。然古詩究不若近體之工。"

246) 법식선(法式善) 저, 장인팽(張寅彭), 장적예(張迪藝) 편교(編校), 『梧門詩話合校』 권9, 제270쪽.

의 근체시에 대한 성과를 인정한 것으로 볼 수 있다.

한편 유득공의『이십일도회고시』가 청나라 문단에 전해지고 출판된 것은 그의 시가 중국 시단에서도 높은 평가를 받았음을 말해준다. 이 시집은 함풍 연간의 거인 조지겸(趙之謙)이 『학재총서(鶴齋叢書)』 초집(初集)에 수록해 출판했으며,[247] 정립중(丁立中)의 『팔천권루서목(八千卷樓書目)』 「집부」에는 "조선의 유득공이 저술했으며, 천칠백이십구 학재본을 추앙한다."[248]라는 주석과 함께 수록되었다.

『이십일도회고시』는 청나라에서 간행된 몇 안 되는 18세기 조선 문인의 시집 중 하나인데, 이는 청나라 문인들이 그의 시를 매우 중시했음을 보여준다. 이 시집에는 단군조선부터 고려 말 신우(辛禑) 재위 시기까지의 역사를 순차적으로 담은 43수의 시가 수록되어 있다. 시인은 날카로운 안목으로 각 역사 단계의 특징을 정확하게 짚어내며, 독자들에게 깊은 예술적 감동을 선사하였는데, 이 시들은 충분히 서사시(史詩)에 버금가는 작품이라 할 수 있다.

이 시집의 중국 전파와 간행은 청나라 지식인들이 조선의 역사를 더 깊이 이해하는 데 크게 기여했다. 또한 1930년대 김육불(金毓紱)이 유득공의 『난양록』과 『연대재유록』을 『요해총서(遼海叢書)』에 수록한 것은 그의 문학 작품이 중국 문단에서 지속적인 영향력을 유지하고 있었음을 말해준다. 유득공과 청나라 문인들의 깊은 교류는 그의 문학적 성과가 중국 문단에서 인정받을 수 있도록 만들었고, 동시에 조선 문학이 청나라 문단에서 차지하는 위상을 한층 더 격상시켜주었다. 이는 유득공과 청나라 문인들의 교류가 지닌 가장 큰 의의라 할 수 있다.

---

247) 유금조(劉錦藻), 『청속문헌통고(清續文獻通考)』 권273, 제81쪽.

248) 정입중(丁立中) 편, 『팔천권루서목(八千卷樓書目)』 권18 「집부(集部)」, 민국본(民國本). 朝鮮柳得恭撰,仰視千七百二十九鶴齋本.

제2부

18세기 중한 문인 교류 개관

18세기 조선과 청 문인 간의 교류는 중한 문화 교류사에서 중요한 부분을 차지한다. 현존하는 양국 문인들의 교류와 관련된 문헌들을 통해 이 시기 양국 문인 간 관계의 전후 맥락을 파악할 수 있다.

1. 18세기 중국에 사신으로 파견된 조선 문인들이 기록한 사행일기 자료집인 『연행록』이 있다. 대표적인 현대 간행본으로는 임기중 교수가 편집한 『연행록전집』(한국 동국대학교 출판부, 2001)이 있다. 이 책에는 총 63종의 연행록이 수록되어 있다. 또한 필자가 수집한 자료 중에는 아직 단행본으로 출간되지 않은 연행록도 있는데, 대표적으로 이기지(李器之)의 『연행시』가 있다. 이 작품은 이기지의 문집 『일암집(一庵集)』에 실려 있으며, 『한국문집총간』(속) 제70책에서 확인할 수 있다.

2. 중국 문인이 조선에 사신으로 파견되어 작성한 사행일기로는 아극돈(阿克敦)의 『동유집(東遊集)』이 대표적이다. 이 사행록은 은몽하(殷夢霞)와 우호(于浩)가 편집한 『사조선록(使朝鮮錄)』(『중한관계사료총간(中韓關係史料叢刊)』, 북경도서관출판사, 2003)에 수록되어 있다.

3. 조선시대의 역사 문헌으로는 『숙종실록』, 『경종실록』, 『영조실록』, 『정조실록』 등의 왕조실록과 『승정원일기』, 『비변사등록』, 『통문관지』 등의 관방 기록이 있다.

4. 18세기 중한 문인 간의 교류집으로 창수집과 척독집이 있으며, 이중 『중사기홍대용수찰첩』(숭실대학교 한국기독교박물관 소장)이 대표적이다.

5. 18세기 중국에 사신으로 파견된 조선 문인의 문집, 조선 문인과 교류한 청나라 문인의 문집, 양국 문인 교류를 기록한 문집, 자료편, 연구서 등이 있다. 조선 문인의 문집으로는 김창집의 『몽와집(夢窩集)』, 청나라 문인의 문집으로는 규서(揆叙)의 『익계당시집(益戒堂詩集)』(청 옹정 각본)이 대표적이다. 양국 문인의 교류 기록으로는 청대 오진역(吴振棫)의 『양길재총록(養吉齋叢録)』(중화서국, 2005) 등이 있다.

18세기 중한 문인의 교류 기록은 초기(1701년~1730년), 중기(1731년~1770년), 후기(1771년~1800년)의 세 시기로 나누어 정리하였다. 조선 사절단이 파견된 순서대로 배열하면서 『조선왕조실록』 등의 자료를 참고하고, 확인하였다. 인물 별로 정리한 다음의 기록에는 중한 문인 간의 시문 창화, 필담, 서신 교환, 문학 비평 등의 교류 내용이 담겨 있다.

제1장

18세기 전반 중한 문인 교류 개관

1701년(강희 40년, 숙종 27년)

조선의 문사 맹만택(孟萬澤)과 강현(姜鋧)은 각각 부고사절단(告訃使團)과 삼절년공사절단(三節年貢使團)의 일원으로 청나라에 파견되어 지방 관원 및 문인들과 교류하였다. 이들의 활동은 맹만택의 『한한당연행록(閑閑堂燕行錄)』과 강현의 『간양록(看羊錄)』에 기록되어 있다.

맹만택은 요동(遼東) 신청(新城)에서 통관(通官) 문봉(文鳳)에게 황제의 사냥 일정에 대해 문의하였다. 문봉은 "당장은 계획이 없으며 선달 초에 짧은 사냥을 나갈 예정"이라고 답하였다. 심양에서는 봉천(奉天) 호부관(户部官) 연씨를 통해 황제가 이미 22일과 23일 만리장성에서 사냥을 마쳤음을 확인하였다. 11월 6일 영원현(寧遠縣) 찰원(察院)에서 맹만택은 자칭 교수(教授)인 한인(漢人)과 대화하며 벽간에 걸린 공자(孔子)의 신위(神位) 목패(木牌)를 발견하였다. 또한 현지 지부(知府)가 장건책(張建策)임을 파악하였다. 11월 9일 산해관(山海關)에서는 수재(秀才) 장련(張練)과 교류하였는데, 장련은 육품관(六品官)으로 이미 일 년간 현지에서 근무하고 있었다. 11월 12일 쌍망보(雙望堡) 성내에서는 수방(守防)의 아들과 대화하며 성의 상황을 파악하였다. 11월 14일 풍윤현(豊潤縣)에서는 곡응태의 조카를 만나 곡씨 가문이 부유하며, 대저택을 소유하고 있음을 확인하였다. 11월 23일 청나라 이사(吏司) 주객(主客) 두 명이 조선 사절단에게 조선 왕비의 사망 상황을 질문하였다. 이 모든 내용은 맹만택의 『한한당연행록』에 기록되어 있다.

강현(姜鋧)은 연행 중 강남 출신의 문인 축개(祝愷)와 한시를 주고받았다. 축개가 보낸 칠언율시에 대한 화답시를 지었으며, 풍윤(豊潤) 곡씨(曲氏)와도 시 창화를 나누며 그가 보낸 시 두 수에 각각 화답하였다. 또한 산동 출신 채호(蔡瑚)에게는 오언절구시 한 수를 받았다. 현재 강현의 칠언율시 화답시만 『간양록(看羊錄)』에 전하며, 축개의 칠언절구와 채호의 오언절구는 전하지 않는다.

1703년(강희 42년, 숙종 29년)

청나라의 문신 규서(揆叙)가 조선에 사신으로 파견되어 조선 관리들과 시문(詩文)을 주고받았다. 규서는 만주 정황기(正黃旗) 출신으로 호는 유실거사(惟實居士)이며, 좌도어사(左都御史)를 지낸 인물이다. 상칙(上敕)은 조선 재상에게 송덕시(頌德詩)를 지어 병풍에 쓰게 하였고, 부칙(副敕)은 고시(古詩) 작성을 요구하였다. 조선의 관리들은 부담스러워하며 시를 짓지 않으려고 했지만, 결국 정원(政院)은 시편을 작성하여 올렸다. 이에 규서는 칠언절구(七言絶句) 두 수를 지어 화답하였는데, 그 시제(詩題)는 「조선의 여러 군자께서 시를 지어주셨으나 제가 모두 화답할 겨를이 없어 두 수의 절구로 답례하다[朝鮮諸君子有詩見贈, 予未暇遍和, 賦二絶句酬之]」이다. 이 시는 규서의 문집 『익계당시집(益戒堂詩集)』(청 옹정 간행본) 제8권에 수록되어 있다.

1704년(강희 43년, 숙종 30)

조선의 문신 이이명(李頤命)은 삼절사(三節使) 정사 자격으로 청나라를 방문하여 영원위(寧遠衛)에서 수재 장적성(張赤城)과 시문 교류를 가졌다. 이이명이 창작한 화답시 「학문을 논함에 잡된 말이 없다[論文無雜語]」는 그의 문집 『연행시(燕行詩)』에 수록되어 전해지고 있다.

1705년(강희 44년, 숙종 31년)

조선의 문신 정재륜(鄭載崙)은 사은겸삼절년공사(謝恩兼三節年貢使) 정사로 1712년 청나라에 파견되었을 때, 청나라의 저명한 학자이자 역술가인 백수채(白受采)와 학문적 교류를 가졌다. 강호부의 『상봉록(桑蓬錄)』에 따르면, 백수채와 정재륜은 깊은 우의를 나누었으며, 정재륜의 죽음을 애도하는 시를 지었다고 기록되어 있다. 정재륜의 자(字)는 수원(秀遠), 호(號)는 죽헌(竹軒)이며, 『동평기문(東平記聞)』 등 여러 저술을 남겼다.

1709년(강희 48년, 숙종 35년)

청나라의 내각 학사(內閣學士) 연갱요(年羹堯)는 부칙사신(副敕使臣)으로 조선에 파견되었다. 조선에 머물렀을 때, 연갱요는 뛰어난 문학적 재능과 서예 실력으로 조선 사대부들의 찬사를 받았으며, 조선 문인들은 그에게 글씨를 요청하기도 하였다. 이에 관한 기록은 『숙종실록』 권47에 실려 있다.

1710년(강희 49년, 숙종 36년)

조선의 역관 김지남(金指南)은 심양에서 현지의 청나라 관리 송주(松柱)와 수일간 교류를 가졌다. 김지남은 이 자리에서 조선 왕실의 신중한 대청(對淸) 외교 방침을 상세히 설명하였고, 송주는 이후 상국(相國)으로 승진해 이 내용을 청 황제에게 보고하였다. 이에 청나라 조정은 조선에 대해 더욱 관대한 정책을 펼치게 되었고, 이 사건은 『비변사등록』에 기록되어 있다.

1711년(강희 50년, 숙종 37년)

조선의 문신 조태동(趙泰東)은 참핵사(參覈使)로 청나라에 출사하며, 봉황성에서 수재 소년 한 명과 인연을 맺었지만, 이후의 교유 기록은 확인되지 않는다. 이 내용은 민진원(閔鎭遠)의 『연행록』에 간략하게 기록되어 있다.

1712년(강희 51년, 숙종 38년)

조선의 문신 민진원(閔鎭遠)은 사은사절단 부사로 청나라에 방문하였다. 그의 『연행록』에는 청나라 문사·관리들과의 교유 기록이 상세히 수록되어 있다. 3월 20일 봉황성에서 민진원은 자칭 수재라 일컫는 소년 명씨를 만났다. 소년은 경서에 능통했으나 『시전』의 주해 부분은 일부러 피하는 듯한 태도를 보였다. 소년은 조선의 '조 선생'을 아는지를 물었고, 민진원은 이 사람이 지난해 사행을 다녀간 조태동을 가리킨다고 추측하였다. 3월 25일 낭자산(狼子山)에서 주호(主胡)의 조카와 청나라의 과거제도 현황에 대해 논의했는데, 조카는 "뇌물 없이는 관직 진출이 어렵다."라고 하며, 당시의 부패상을 지적하였다. 4월 6일 대릉하(大淩河)에서 성명 미상의 수재와 과장의 시책 규정 및 지방의 조세 제도에 대해 논의하였다.

4월 26일 북경의 지화사(智化寺)에서 민진원은 청인 이대균(李大均)과 이정기(李廷基)를 만났다. 이대균은 16세의 어린 나이에 장경(章京)이라는 직위를 맡아 주목을 받았다. 5월 25일 지화사에서 민진원은 예부(禮部) 서반(序班) 반덕여(潘德輿)와 난정(蘭亭) 연회의 변천에 대해 논하였다. 5월 26일 주중장(周仲章)이 민진원에게 『범충정집(范忠貞集)』을 선물하여 민진원은 복어(鰒魚) 등으로 답례했다. 같은 날 반덕여는 사절단에게 청 황제와 명나라 후예들의 생활상 등을 설명하였다. 6월 8일 계주(薊州)에서 민진원은 공생(貢生) 정함장(丁含章)과 필담(筆談)을 나누었는데, 정함장은 스스로를 명나라 황족의 후예라고 말했다. 이 두 사람은 현재의 정세와 복식 문제 등에 대해 논의했다. 6월 9일 옥전현(玉田縣)에서 민진원은 수재 왕위(王緯)에게 아동을 가르치는 서적의 순서와 내용에 대해 문의했는데, 이를 통해 주희(朱熹)의 『소학(小學)』에 대한 청나라의 견해와 정책을 파악하게 되었다. 이 밖에도 조선 사은사절단의 일원인 유술(柳述), 윤지인(尹趾仁), 노세하(盧世夏) 등이 청나라 현지인들과 교류하였다. 유술은 산해관에서 정씨(井氏)와 조선 사절단의 의복 제도에 대해 논의했으며, 윤지인과 노세하는 신민둔(新民屯)에서 곽조서(郭朝瑞)와 문답(問答)을 나누었다. 곽조서가 과거에 오삼계(吳三桂) 휘하의 부장(部將)이었다는 사실은 주목할 만하다. 이 모든 기록은 민진원(閔鎭遠)의 『연행록』에 수록되어 있다.

같은 해 김창업은 북경에 머물면서 문화교류 활동을 전개했다. 이에 관한 상세한 기록은 그의 『노가재연행일기』에 수록되어 있다. 12월 4일 영안사(永安寺)에서 승려 숭혜(崇慧)와 교유하였다. 12월 10일부터 12일까지 소흑산(小黑山)의 찰원(察院)에서 청인 고승(高陞)과 독서의 참된 목적에 대해 논하였고, 이어 십삼산(十三山)에서 장기모(張奇謨)와 고대의 의관 제도 및 가족 제도에 대해 논의하였다. 12월 13일 김창업은 대릉하(大陵河)에서 수재 왕준공(王俊公)을 만났다. 그는 해적 평강왕(平康王)의 난에 대해 설명하며 예물을 요구하는 등 특이한 행적을 보였다. 12월 14일 고교포(高橋鋪)에서는 주인 유씨(劉氏)와 해적 문제 및 조선의 의복 제도에 대해 논했다. 12월 15일 영원위(寧遠衛)에서는 유생 왕영반(王寧潘)을 만나 해적 활동과 수장 조대수(祖大壽) 등 관련 인물에 대한 정보를 얻었다.

12월 18일 산해관에서 김창업은 늠상생 곽여백(郭如柏)을 만났다. 이 자리에서 김창업은 자작시인 칠언절구 「동해에서 연경으로 가는 나그네[客從東海向燕京]」를 보여줬고, 곽여백은 화답시 「문물과 의관은 경사만 못하네[文物衣冠莫如京]」를 지었다. 이후 김창업은 귀국 길에 차운시 「유관(榆關)의 곽거인(郭擧人) 여백(如柏)이 「돌아가는 기러기를 바라보는 초상화[目送歸鴻小像]」 시를 보내며 화답을 청하므로, 그 운을 따르다(무술년)[榆關郭擧人如柏以「目送歸鴻小像」詩遣示求和, 遂次其韻(戊戌)]」를 지었으며, 이 작품은 『노가재집』 권5에 수록되어 있다.

12월 19일 유관(榆關)에서 김창업은 한인 영종(榮琮)과 필담하며 황태자 폐위 사건과 몽골 부족의 조공 문제에 대해 논의했다. 12월 20일 영평부(永平府)에서는 수재 오정기(吳廷璣)와 독서 문제를 토론하였다. 12월 22일 진자점(榛子店)에서 김창업은 강우(江右) 출신의 여성 계문란(季文蘭)의 제벽시(題壁詩)를 보고 감동해 화답시 「강남 여인 붉은 화장을 지우다[江南女子洗紅妝]」를 지었다.

12월 26일, 최덕중(崔德中)은 통주에서 한인 손심유(孫心維)와 필담을 하면서 한족과 만주족의 장례 풍습, 언어 사용 등의 차이점에 대해 논의하였다. 이 일은 최덕중의 『연행록』에 수록되어 있다.

1713년(강희 52년, 숙종 39년)

이해, 조선 문인들의 청나라에서의 교류 활동은 일부 연행록에 상세히 기록되어 있다.

이해, 김창업은 북경에서 다수의 청나라 학자들과 활발히 교류하였다. 이 같은 내용은 김창업의 『노가재연행일기』에 수록되어 있다. 정월 3일, 그는 영원백(寧遠伯) 이성량(李成梁)의 후손들과 조정의 주요 인물 및 사안에 대해 심도 있게 논의하였다. 정월 10일, 그는 『일통지(一統志)』의 찬수관(纂修官) 이원영(李元英)과 시문과 서적을 자주 교환하며 교류하였다. 김창업은 이원영의 시운에 화답하여 「이원영의 운에 차하다[次李元英韻]」를 지었으며, 이 시는 김창집의 『연행훈지록(燕行塤篪錄)』에 전해진다. 19일에는 사류하(沙流河)에서 수재 왕화(王化)와 과거 시험 문제를 논의하였고, 21일에는 영평부(永平府)에서 수재 이영소(李永紹) 및 양대(楊大)와 만났지만, 구체적인 교류 내용은 확인되지 않는다. 22일에는 이원영이 김창집을 방문하여 조선 의관을 직접 착용해 보는 등 문화 체험을 하였다. 김창업은 마유병(馬維屛), 조화(趙華), 왕지계(王之啓) 등과 문학 및 서화 예술을 주제로 폭넓게 교류하였는데, 특히 조화와는 각별한 관계를 맺어 북경에서 작별한 후에도 서신 교류를 이어갔다. 23일에는 각산사(角山寺)에서 청년 수재 정홍(程洪)을 만나 문학에 관한 담론을 펼쳤으며, 귀국 후에도 서신 교류를 이어갔다. 3월 4일 곽민둔(郭民屯)에서는 곽원(郭垣)과 필담으로 시사 및 학술 문제를 논의했고, 7일 천산(千山)에서는 도사 유홍허(劉弘虛)와 도교 관련 담론을 나누었다. 이때의 필담 내용은 주로 도관의 선사 영상(影像)과 유홍허의 출가 배경 등에 집중되었다. 3월 8일 천산 용천사(龍泉寺)에서는 승려 두 명과 문학 창작에 대해 교류하였으며, 김창업은 정진(精進) 스님에게 「산동의 북쪽을 두루 밟다[踏遍山東北]」와 「돌부채로 초지를 열다[石扇啓初地]」 두 편의 시를 지어 헌정하였다. 이 시들은 김창업의 『노가재집』 권5에 수록되어 전한다.

2월 3일, 최덕중(崔德中)은 북경에서 주(周)씨 성의 서반(序班)과 만나 교류하였다. 이 자리에서는 주로 몽골 문제, 청나라 황제의 자녀 현황, 태자가 유폐된 장소, 황제의 평상시 거처, 그리고 남방 지역의 물자 부족 상황 등이 논의되었다. 이 내용은 최덕중의 『연행록』에 기록되어 있다. 2월 4일부터 6일까지, 청나라 강희제는 조선에서 가져온 서적을 열람하고자 모든 서적을 검토하겠다는 뜻을 밝혔다. 조선 사절단은 협의 끝에 『사서(四書)』와 『오경(五經)』 등 주요 경전을 바치기로 결정했다. 강희제는 이에 만족하며, 앞으로도 더 많은 서적을 가져와서 직접 열람할 수 있도록 해 달라고 당부하였다. 이 기록은 김창업의 『노가재연행일기』에 전해진다.

2월 14일, 조선의 어의(御醫) 김덕삼(金德三)은 북경에서 오언율시 「버들 아직 꺾을 수 없네[楊柳未堪折]」 한 수를 받았다. 이 시는 병세를 문의했던 호인(胡人)으로부터 받은 것으로 김덕삼과의 이별을 아쉬워하는 내용을 담고 있다. 이 일화는 김창업의 『노가재연행일기』에 수록되어 있다.

2월 17일, 최덕중은 계주(薊州)에서 수재 한 명과 역사 관련 담론을 나누었다. 논의 주제는 관음각(觀音閣) 하단의 '태백(太白)' 각자(刻字), 와불(臥佛)의 상징성, 어양성경(漁陽聖景)에 담긴 철학적 의미, 그리고 안록산(安祿山)의 난(亂)이 일어났을 당시의 역사적 정황 등을 아울렀다. 이 내용은 최덕중의 『연행록』에 수록되어 있다. 2월 20일, 최덕중은 사하역(沙河驛) 성문 밖의 삼황사(三皇寺)에서 90세 노승(老僧)을 만났다. 이 자리에서 그는 명조(明朝) 말엽의 회고담과 청조(清朝) 초기에 강제로 시행되었던 삭발령에 대한 민간의 반응 등을 집중적으로 문의하였다. 이 담화 내용은 『연행록』에 상세히 기술되었다.

2월 21일, 최덕중은 영평부(永平府)에서 문인 전(田)씨와 만나 과거제도의 시험 과정, 출제 내용, 합격자의 규모, 그리고 농경지에 뽕나무를 재배하는 목적 등에 대해 논의하였다. 이 기록은 최덕중의 『연행록』에 수록되어 있다. 12월 4일, 조선의 문사 한지(韓祉)는 낭산(狼山)에서 청나라의 젊은 유생을 만났다. 유생이 한지에게 서예 작품을 청하자, 양측은 서로의 서체(書體)를 교환하며 필묵(筆墨) 교류를 나누었다. 이 기록은 한지의 『연행일록(燕行日錄)』에 전한다.

1715년(강희 54년, 숙종 41년)

이해, 조선의 서장관 윤양래(尹陽來)는 신요동촌(新遼東村)에서 오삼계의 옛 부하인 담온유(談韞瑜)와 만나 이야기를 나누었다. 윤양래의 자는 계형(季亨)이고, 호는 회와(晦窩)이며, 효성공(孝成公) 인경(仁鏡)의 육대손으로 부윤(府尹) 윤이(尹理)의 아들이다.

유척기(俞拓基)의 『연행록』에 따르면, 담온유는 일찍이 오삼계를 도우면서 포정사(布政使)를 맡았으나, 오삼계가 패망한 후 담온유는 이곳으로 좌천되어 정착하였다고 한다. 이 내용은 유척기의 『연행록』에 기록되어 있다.

1719년(강희 58년, 숙종 45년)

조선의 문신 조영복(趙榮福)은 삼절년공사절단(三節年貢使團)의 부사(副使)로 중국에 출사하였다. 조영복은 조선의 문사로 자는 석오(錫五), 호는 이지당(二知堂)이며, 본관은 함안(咸安)이다. 저서로는 『연행일록(燕行日錄)』 등이 있다.

12월 18일, 조영복과 청나라의 수재 곽여백(郭如柏)은 산해관에서 만나 필담을 나누었다. 조영복은 곽여백에게 만주어와 한어에 능통한지 등을 물었다. 조영복은 동작기와벼루(銅雀瓦硯)를 구매할 의향이 있었지만, 목춘원(穆春元)이 이미 벼루를 가지고 간 사실을 알게 되었다. 이후에 그는 곽여백의 책상 위에 놓인 고서화의 판매 여부를 물었고, 곽여백은 직접적으로 대답하지는 않았지만, 조영복은 그 가치가 적지 않음을 깨달았다. 조영복이 서쪽에서 일어난 전쟁에 대해 물었지만, 곽여백의 아들은 문인이 국가 대사에 과도하게 관여하면 안 된다는 이유로 완곡하게 거절하였다. 조영복의 곽씨 부자에 대한 평가는 높지 않은데, 이는 그들이 성실하지 않다고 여겼기 때문이며, 대답도 만족스럽지 않았기 때문이다.

이듬해 2월 23일, 조영복이 연경에서 산해관으로 돌아왔을 때 곽여백은 넷째 아들을 데리고 방문하여 서화를 선물하면서 조영복에게 작품 한 점을 선물해 주기를 부탁하였다. 조영복은 부채로 답례하였다. 이들의 구체적인 대화 내용은 알 수 없지만, 조영복은 곽씨 부자에 대해 여전히 경멸하는 태도를 보였다. 이상의 사건은 모두 조영복의 『연행일록』에 기록되어 있다.

1720년(숙종 46년, 강희 59년)

2월 17일, 조선의 문사 조영복은 반산(盤山)의 한 사찰에서 우연히 청나라의 학자인 전조예(錢兆豫)와 왕순(王詢)을 만났다. 전조예는 강남 상주부(常州府) 무진현(武進縣) 출신이며, 왕순은 직예(直隸) 순천부(順天府) 보저현(寶坻縣) 출신이다.

이 자리에서 조영복은 전조예와 깊이 있는 필담을 나누었다. 이들의 대화는 청나라가 과거제도를 시행한 연도, 전씨 가문의 관직 이력, 조선의 의복 문화, 조선 팔도(八道)의 행정 구획과 절도사 제도 등을 아울렀다. 특히 조영복은 전조예가 지은 『사서의(四書義)』 중 다섯 편의 글을 높이 평가하며, 과거에 급제할 만한 뛰어난 문장력을 지녔다고 칭송하였다. 교류 중 전조예는 조영복에게 글씨를 청하였고, 조영복은 여러 번 사양하였으나 결국 한 편을 써주었다. 또한 전조예는 자작시인 칠언율시 4수를 보여주었는데, 「근처에 거주하며 읊은 시, 도성으로 떠나기 전 동학들에게 작별을 고하다[梗居近詠, 將赴都門留別同學諸子]」라는 제목의 시였으며, 이 시는 현재 전하지 않는다. 조영복은 필묵(筆墨)과 종이 묶음을 선물하였고, 전조예는 정교한 종이에 쓴 조자앙(趙子昂)의 『전적벽부(前赤壁賦)』 일곱 폭과 기타 서예 작품 두 폭으로 답례하였다. 이 모든 교류 내용은 조영복의 『연행일록』에 상세히 기록되어 있다.

같은 해, 조선의 문신 이의현(李宜顯)은 삼절년공사절단(三節年貢使團)의 정사(正使)로 중국에 파견되었다. 이의현은 자가 덕재(德哉), 호는 도곡(陶谷)이며, 시호는 문간(文簡)을 받았고, 본관은 용인(龍仁)이다. 『도곡집(陶谷集)』 등의 저술을 남겼다.

진자점(榛子店)에서 이의현은 청나라 수재 마탁(馬倬)과 만났다. 이의현이 계문란(季文蘭)의 제벽시에 대해 묻자, 마탁은 정확히 알지 못한다고 답했다. 조선 사신단의 의관에 대한 논의에서 마탁은 약간의 난처함과 부끄러움을 나타내며 "우리도 일찍이 흠모하지 않은 바는 아니나, 다만 시대를 따를 뿐입니다."라고 필담으로 전했다. 이 대화는 이의현의 『경자연행잡지(庚子燕行雜識)』에 상세히 기록되어 있다.

같은 해 7월 27일, 조선의 문사 이기지(李器之)는 정사의 자제 군관 신분으로 중국에 파견되어 중국에서의 문화 교류를 시작하게 되었다. 이기지는 자가 사안(士安), 호는 일암(一庵)이며, 전주(全州) 출신으로 『일암집』과 『일암연기』 등의 저술로 유명하다. 8월 28일 쌍가자(雙家子)에서 이기지는 성경 예부 교관 관석선(關碩善)과 만나 필담을 나누고 서적을 교환하였다. 9월 1일에는 이추(李樞)와 함께 이도정(二道井)의 강남 출신 문인 장천(蔣晨)을 방문했다. 장천은 오삼계의 서기(書記)였으며, 이들과 필담을 나누었다. 9월 2일 감로암(甘露庵)에서는 스님 수행(秀行)과 교류했는데, 주로 김창업의 시에 대해 논의하였다.

9월 5일, 이기지는 고교포(高橋鋪)에서 수재 송미성(宋美成)을 방문하여 팔고문(八股文)의 창작 기법 등에 대해 깊이 논의하였다. 9월 7일 칠리포(七里坡)에서는 수재 장서(張瑞)와 그의 동자(童子)들을 만나 교류하며 자신의 서예 작품을 선보였다. 이들의 교류 내용은 모두 『일암연기(一庵燕記)』 권1에 상세히 기록되어 있다. 9월 12일에는 『명사기사본말(明史紀事本末)』 등의 서적을 구입한 후, 풍윤현(豐潤縣)의 곡거(谷磲)와 필담을 나누며 곡씨 가문의 내력을 알게 되었다. 9월 14일 옥전현(玉田縣)에서는 진사(進士) 정유(鄭愉)와 양생술(養生術) 및 조선의 인재 등용 제도에 대해 논의하고, 정유로부터 과거 시험지 등사본(謄印本)을 전달받았다. 9월 15일 송가성(宋家城)에서는 송가욱(宋珂郁)과 그의 조카 송중번(宋重藩)을 만나 필담을 나눈 후, 이들을 위해 시를 지어주었다. 송가욱에게는 「송가의 정자 흰 구름 가운데에서[宋家亭子白雲中]」라는 절구 한 수, 송중번에게는 「종군행(從軍行)」 한 수를 지어주었는데, 이 「종군행」은 『일암집』 권1에 「출새행(出塞行)(병신)」이라는 제목으로 수록되어 있다.

9월 15일, 계주에서 이기지는 수재 진징(陳徵)과 서로 알게 되어 시문을 주고받기 시작하였다. 이기지는 「풍윤현에서 진수재를 기다렸으나 만나지 못하다[豐潤縣, 期陳秀才不遇]」를 지었고, 이기지의 『일암집』 권1에는 진징의 화답시 「시정의 누각 어디에서 그대의 방을 찾는가[市樓何處覓君房]」)가 실려 있다.

9월 16일, 이기지는 반산(盤山)의 운조사(雲照寺)에서 만주 출신 문인 호세도(胡世圖)와 필담을 나누며 그의 시를 감상했는데, 이 시는 전하지 않는다. 같은 날 삼하현(三河縣)에서는 현학(縣學) 교회(教誨) 곡일주(谷一柱)와 교류하며, 현지의 학술 동향을 파악하였다. 9월 17일 통주(通州)의 백하(白河)에서는 강서(江西) 상인 만천형(萬天衡)과 필담을 나누며, 강서 지방의 풍속과 민정에 대해 논의하였다. 9월 24일부터 25일까지 북경의 법장사(法藏寺)에서는 문승(文僧) 벽행(壁行)과 깊이 있는 대화를 나누었고, 현지 승려인 부창(孚蒼)과는 한시로 교류하였다. 이 모든 교류 내용은 『일암연기(一庵燕記)』 권2에 상세히 기록되어 있다.

9월 27일부터 11월 24일까지, 이기지는 북경에서 양징(楊澄), 조화(趙華)와 여러 차례 필담을 나누면서 문학, 예술, 시정(時政) 등에 대해 논의하였다. 이기지와 양징은 시를 수차례나 주고받았다. 9월 27일 양징은 칠언율시 「가재 김공을 기억하며[憶稼齋金公]」를 지어 보였고, 이에 화답하여 이기지는 「연관에 가을바람 부니 왕래가 끊겼네[燕館秋風斷往來]」라는 시를 지었다. 이 시문 교류의 상세한 내용은 『일암연기(一庵燕記)』 권3에 수록되어 있다.

10월 2일, 이기지는 절의 승려 천연(天然)을 위해 부채에 시 「나비도 불성이 없다네[蝶也無佛性]」를 써 주었다. 이 일은 이기지의 『일암연기』 권3에 실려 있다. 이기지의 『일암집』 권1에도 이 시가 실려 있는데, 제목은 「법화사, 스님 천연이 부채를 가지고 와 시를 구하였는데, 부채에 꽃과 나비가 그려져 있었다[法華寺, 僧天然持扇求詩, 扇面畫花叢蝶蝶]」이다. 10월 3일, 북경의 백운관(白雲觀)에서 이기지는 도사 이원강(李元堈)과 필담을 나누면서 도교 문화에 대해 논의하였다. 이 일은 이기지의 『일암연기』 권3에 실려 있다.

같은 해, 북경의 법화사(法華寺)에서 이이명(李頤命)과 이기지는 문승 영청(永清)과 교류하였다. 이 일은 이기지의 『일암연기』 권3과 이이명의 『연행잡지(燕行雜識)』에 실려 있다. 10월 5일, 이기지는 한림(翰林)의 검토관(檢討) 진법(陳法)을 방문하여 조선의 과제(科制)와 장서(藏書) 현황 등에 대해 깊이 있는 대화를 나누었다. 이 교류 내용은 『일암연기(一庵燕記)』 권3에 기록되어 있다. 10월 23일, 진법(陳法)이 이기지를 방문하여 붓, 먹, 차 등을 선물하였다. 25일, 진법이 또 서화를 보내오니, 이기지는 답례로 『동인시집(東人詩集)』을 송부하겠다고 하였다. 이상의 내용은 이기지의 『일암연기』 권4에 실려 있다.

1721년(강희 60년, 경종 원년)

조선의 사신 이정신(李正臣), 유척기(俞拓基), 이건명(李健命) 등은 중국에서 문화교류 활동을 진행하였다. 이정신은 조선 문인으로 자는 아언(我彦), 호는 송벽당(松蘗堂)이며, 사은사절단의 부사 신분으로 중국에 파견되었다. 중우소촌(中右所村)에서 수재 곽사괴(郭士魁)를 만나 그의 요청으로 오언절구(시는 미상) 한 수와 "위선최낙(爲善最樂)", "쌍석성촌(雙石城村)"이라는 글씨를 써서 주었다. 이 일은 이정신의 『연행록』에 기록되어 있다.

6월 3일, 이정신은 사덕보(沙德保)와 한 살 어린 수재에게 서예 작품을 선물했다. 사덕보는 일등 공신의 자손이었고, 다른 청년은 공부(工部) 원외랑(員外郞) 양오(陽烏)의 아들이었다. 이 일은 이정신의 『역옹유고(櫟翁遺稿)』에 기록되어 있다.

유척기는 조선의 문사로 자는 전보(展甫), 호는 지수재(知守齋)이며, 진주주청 겸 삼절년공사절단의 서장관 신분으로 중국에 파견되었다. 사행 도중 유척기는 어린아이 장인책(張寅策)을 만났는데, 그의 어머니 장옥정(張玉亭)의 시(시는 미상)를 보고는 유척기가 시구 중 "참으로 아름다워 읊을 만한 시구[楚楚可詠之句]"라는 구절을 칭찬하자, 장옥정은 자신의 시에 대해 "새장 속의 새가 사람의 말을 흉내 내는 것에 불과하다[籠中之鳥仿佛人言]"라고 겸손하게 말하였다. 유척기는 『연행록』에서 장복련(張福蓮, 장옥정)이 『수여집』 두 권을 가지고 있었지만, 간행하지는 않았다고 기록하였다. 이 일은 유척기의 『연행록』에 실려 있다.

이건명(李健命)은 조선의 문사로 자는 중강(仲剛), 호는 한포재(寒圃齋)와 제월재(霽月齋)이며, 진주주청 겸 삼절년공사절단의 정사 신분으로 중국에 파견되었다. 12월 26일 삼하현에서 그는 현(縣)의 교수 곡경천(谷擎天)을 만났다. 곡경천은 자신이 곡응태(谷應泰)의 아들이라고 주장했지만, 아버지의 사망 연도를 잘못 대답해 이건명의 의심을 받았다. 12월 30일 북경에서 이건명은 청나라 문사 우보(虞甫), 육광악(陸光岳)과 필담을 나누었다. 육광악은 만수과 진사 출신으로 당시 우보의 손님이었다. 그들은 이건명과 문자로 문답을 주고받으며 서로 선물도 교환하였다. 이상의 내용은 이건명의 『한포재사행일기』에 기록되어 있다.

1722년(강희 61년, 경종 2년)

이해, 이건명(李健命)은 중국 체류를 이어갔다. 정월 15일 북경에서 청나라의 한림교습 황월(黃越)이 그를 방문했다. 황월은 호광(湖廣) 사람으로 당시 65세였고, 신축년(辛丑年)에 진사가 되었으며, 당시 한림 교습을 맡고 있었다. 이건명은 그의 『한포재사행일기(寒圃齋使行日記)』에 이번 만남을 기록했지만, 구체적인 교류 내용은 미상이다.

같은 해 3월, 유척기(俞拓基)는 통주(通州)에서 북경으로 과거시험을 보러 가는 보저현(寶坻縣)의 수험생 팽탄(彭坦)과 팽성(彭城)을 만났다. 필담을 나누며 유척기는 청나라의 정치 상황, 명나라 제도의 보존 현황, 지방의 풍작과 치안, 황제의 통치 능력, 전통 문화의 계승 문제, 의례의 개혁 방향, 한인들의 명나라 향수 등의 다양한 주제에 대해 논의하였다. 이에 팽탄은 조선에 전해진 『악경(樂經)』의 보존 여부와 조선·중국 서적의 차이점을 질문한 후, 유척기에게 서예 작품을 청하였다. 유척기는 시 「악양루(岳陽樓)」를 쓰고, 시 「임인년 삼월, 해동으로 돌아가는 사람이 수재 팽탄에게 드리다[壬寅三月, 海東歸人書奉彭坦秀才]」를 첨부하여 주었다. 이 기록은 유척기의 『연행록』에 수록되어 전해진다.

1723년(옹정 원년, 경종 3년)

이해, 조선의 시인 홍세태(洪世泰)는 사운시(四韻詩) 한 수를 지어 조선에 출사한 청나라 상칙(上敕) 도란(圖蘭)에게 바쳤다. 도란은 청나라의 통정사(通政使)로 정사(正使) 신분으로 조선에 파견되었다. 홍세태는 자가 도장(道長), 호는 유하(柳下)·창랑(滄浪)이며, 남양(南陽) 출신으로 문학적 성취가 뛰어났다. 『경종실록(景宗實錄)』의 기록에 따르면, 이번 청나라 사절단은 이전과 달리 스스로를 엄격히 단속하며 연회와 선물을 사양하는 등 청렴한 모습을 보였다고 전해진다. 7월 11일, 도란은 홍세태에게 특별히 자신의 청렴함을 시로 표현해 줄 것을 요청하였다. 이 내용은 『경종실록』 권13에 수록되어 있다.

7월 20일, 옹정황제는 조선의 국왕에게 『어찬주역절중(御纂周易折中)』과 『어찬주자전서(御纂朱子全書)』이라는 두 서적을 하사하였으며, 이는 『통문관지』 권10에 기록되어 있다.

9월 21일, 조선 사절단이 영평부(永平府)에 도착했을 때, 조선의 문사 황정(黃晸)은 수재 한 명과 필담을 나누면서 가세(家世), 시국(時局), 연사(年事) 등에 관해 논의하였다. 황정은 자가 양보(陽甫)이며, 장수(長水) 황씨로, 『계묘연행록(癸卯燕行錄)』 등의 저술을 남겼다. 황정은 수재의 인품이 평범하다고 판단하여 붓과 먹만을 교환하였다.

10월 24일, 황정(黃晸)은 풍윤현(豐潤縣)의 위(魏)씨 성을 가진 수재 집에서 머물며 교류하였다. 수재 위씨는 자신을 명나라 구가(舊家)의 후예로 소개하며, 집안의 벽에 걸린 비파(琵琶)가 신종(神宗) 황제의 하사품이라고 설명하였다. 이 기록은 황정의 『계묘연행록(癸卯燕行錄)』에 수록되어 있다.

1724년(옹정 2년, 경종 4년)

이해, 조선의 사신 김상규(金尚奎)는 심양(瀋陽)의 만수사(萬壽寺)에서 한 젊은 스님과 교류하였다. 이 스님은 박학다식하였고, 안한자적(安閑自適)한 품격을 지니고 있었다. 김상규는 자가 사창(士昌)이고, 김시환(金始煥)의 아들이다. 그는 『갑진계하(甲辰啓下)』에 이 만남을 기록하며 스님의 학식과 정성을 높이 평가하였다.

12월 2일, 상명(常明)이 북경에서 조선 사절단에게 문안을 표하였다. 상명은 성이 김(金)이고 의주(義州) 출신이며, 그의 증조부 삼달(三達)은 만주인의 후예로 포로 신분이 되지 않고 중국인으로 정착하였다. 상명은 강희(康熙) 연간부터 청나라의 총애를 받았으며, 조선 사절단이 방문할 때마다 문안을 보내왔다. 김상규는 『갑진계하』에서 이날 사절단이 행주(行厨)의 요리로 상명의 사자를 대접하고, 과거의 보살핌에 대한 감사의 뜻으로 필묵과 부채를 선물한 사실을 상세히 기록하였다.

이해 겨울, 위원추(魏元樞)는 조선 사절단의 정사(正使) 이직(李樴), 중승(中丞) 김상규(金尚奎)와 필담을 나누었다. 위원추는 자가 연휘(聯輝), 호는 구암(臯庵)이며, 풍윤(豐潤) 출신으로 산서(山西)의 분주부(汾州府) 지부(知府)를 역임한 인물이다. 그는 저서 『여아주선집(與我周旋集)』에 조선 사절단과의 교류를 기록하며, 정사의 위엄 있는 풍모와 중승 김상규의 탁월한 학식에 대해 찬사를 표하였다. 다만 구체적인 필담 내용은 전해지지 않는다.

위원추는 김 중승에게 시 「귀국하는 조선의 김 중승과 이별하며(贈別朝鮮金中丞歸國)」를 지어 주었다. 이 시에서 그는 조선을 '문장이 번성한 땅'으로 칭송하며, 김 중승의 가문이 대대로 훌륭한 인재를 배출한 명문임을 강조하였다.

이해 겨울, 위원추(魏元樞)는 조선 사절단의 문인 한 명과도 시문(詩文)으로 교류하였다. 그의 문집 『여아주선집(與我周旋集)』에 수록된 「고려 사신의 「계주 독락사 누각에 올라」에 화답하며(和高麗使臣「登薊州獨樂寺閣」)」에는 사신이 계주 독락사(獨樂寺)의 누각에 오르는 모습, 불교의 명승지에 대한 찬사, 조선 사신에 대한 경의, 양국의 우호 관계에 대한 위원추의 기대 등이 담겨 있다. 이상의 내용은 위원추의 『여아주선집』에 실려 있다.

1725년(옹정 3년, 영조 원년)

이해, 조선의 문신 조문명(趙文命)은 서장관(書狀官)으로 중국에 파견되어 송미성(宋美成), 정홍(程洪) 등 중국 문인들과 활발한 문화 교류를 전개하였다. 조문명은 자가 숙장(叔章), 호는 학암(鶴巖)이며, 시호는 문충(文忠), 본관은 풍양(豊壤)이다. 저서로는 『학암집』 등을 남겼다.

소흑산(小黑山) 찰원(察院)에서 조문명은 수재 송미성과 조선의 복식에 관한 담론을 나누며, 그에게 "공자가 지은 『춘추』론"이라는 제목의 글을 즉석에서 지을 것을 요청하였다. 송미성의 글은 훌륭하기는 하지만, 당시의 화이(華夷) 관념에 따른 차이점을 언급하지 않았다는 평가를 받았다. 신광녕(新廣寧)에서는 오삼계의 옛 부하 장수 전생기(田生畸)와의 필담을 통해 명말(明末)의 정세와 오삼계의 행적에 대한 중요한 정보를 얻었다. 조문명은 이 경험에 대한 감회를 담아 「전생기에게 드리다(贈田生畸)」라는 시를 지어 주었는데, 이 작품은 『학암집』의 「연행록」에 수록되어 전해지고 있다.

산해관에서 조문명은 수재 정홍과 '천하제일관(天下第一關)'의 글씨에 대해 논의하며, 그의 점잖은 인품을 칭송하는 시를 지어주었다. 풍윤현에서는 위 수재의 집에 머물면서 그의 숙부원추(元樞)의 시고(詩稿)를 감상한 후에 이에 대한 시를 지어 위 수재에게 주었다. 옥전현에서는 수재 이씨의 옥림서당(玉林書堂)을 방문하여 시화를 주제로 즐거운 대화를 나누었다. 조문명은 「문 수재 덕형에게 써 주다[書贈文秀才德馨]」에서 함께 고화를 감상하고 신작 시를 읽는 장면을 묘사하며, 수재 이씨의 뛰어난 재능을 찬양하였다. 이 모든 증시는 『학암집』의 「연행록」에 수록되어 있다.

1727년(옹정 5년, 영조 3년)

이해, 조선의 문사 강호부는 사은겸삼절년공사절단(謝恩兼三節年貢使團)의 부사 이세근(李世瑾)을 따라 중국에 파견되어 청나라 문인들과 폭넓은 문화교류를 하였다. 12월 4일, 강호부는 소석령(小石嶺)의 정백기(正白旗) 왕홍(王弘)의 집에서 자칭 수재라고 일컫는 소년을 만났다. 강호부는 그에게 「멀리 기자국에서[遠從箕子國]」라는 시를 지어주며 지나치게 친밀한 관계는 원하지 않음을 전했고, 소년은 시를 읽고 머리를 조아리며 떠났다. 이 내용은 강호부의 『상봉록』 권2에 기록되어 있다.

12월 11일, 강호부는 이도정(二道井)에서 수재 정환(程瑍)을 만나 필담을 나누었으며, 앞길에 있는 가게에서 다시 만나기로 약속하였다. 12월 12일, 정환은 강호부를 찾아와 유상(儒商)의 구분, 빈부의 차이, 유학의 수준, 청나라 문인의 복식 등에 관해 논하였다. 이 내용은 『상봉록』 권3에 실려 있다.

12월 16일, 영원성(寧遠城)에서 수재 오종주(吳宗周)가 강호부를 찾아왔다. 강호부는 그에게 나이는 몇 살인지, 어떤 책을 얼마나 읽었는지, 현재 어떤 공부를 하고 있는지, 성안에 있는 수재는 몇 명이나 되는지, 그중에서도 특히 글을 잘 쓰기로 유명한 사람은 누구인지 등에 대한 질문을 던졌다. 이 대화 내용은 강호부의 『상봉록』 권3에 기록되어 있다.

12월 17일부터 20일까지 4일간, 강호부는 정환, 백수채 등과 함께 산해관 일대에서 여러 차례 만났다. 이들은 진사과 시험, 관상과 운명을 보는 기술, 청나라의 서쪽 정벌 전쟁 등 다양한 주제에 대해 깊이 있는 토론을 나누었고, 이후에도 편지를 주고받으며 교류를 이어갔다. 이 모든 내용은 『상봉록』 권3과 권4에 상세히 적혀 있다.

12월 21일, 강호부는 영평부(永平府)에서 수재 이개(李開)와 상세한 필담을 나누며, 문인들이 국사를 말할 수 있는지 등에 대해 토론하였다. 이는 강호부의 『상봉록』 권5에 실려 있다.

12월 23일, 강호부는 풍윤현(豐潤縣)에서 수재 곡가성(谷可成)과 이야기를 나누었고, 그의 학식에 대해 실망하는 모습을 보였다. 이는 강호부의 『상봉록』 권5에 실려 있다.

1728년(옹정 6년, 영조 4년)

이해, 조선의 여러 문사들은 사절단을 따라 중국을 방문해 현지의 문인 학자들과 폭넓은 교류를 나누었다. 심육(沈錥)은 아버지를 따라 중국으로 떠나는 길에 거문고를 든 문사 손책(孫策)을 만나 시 「저촌이 밤에 참선하는데, 홀연히 거문고를 안고 온 자가 있어 물으니 손책이라 하였다. 그를 위해 세 수의 단편을 지었다[樗村夜坐, 忽有抱琴而至者, 問之, 孫策其名也, 爲賦三篇短律]」를 지어주었다. 이 시에서 그는 손책과 나눈 대화의 즐거움과 고금의 음악에 대한 공감을 표현했다. 이 시는 심육의 『무신연행시』에 수록되어 있다.

같은 해, 윤순(尹淳)은 삼절년공사절단의 정사로 중국을 방문해 반산에서 스님들과 교류했다. 이 내용은 이덕수의 『연행록』에 기록되어 있다. 또한 윤순은 무녕현에서 서학년(徐鶴年)을 만났는데, 서학년의 정성 어린 환대로 인해 그의 집은 조선 사절단에게 깊은 인상을 남겼다. 이 일화는 박지원의 『열하일기』에 실려 있다.

이시항(李時恒)은 조선의 학자로 사절단을 따라 중국을 방문했다. 봉성에서 그는 호결(扈潔)과 이영룡(李令龍)을 만나 교류하며 두 사람에게 시를 지어주었다. 이 시에서 이시항은 그들의 기상을 칭송하는 한편, 그들에 대한 존경의 마음도 함께 표현하였다. 이 시는 그의 문집 『화은집』 제3권에 수록되어 있다. 또한 풍윤현에서는 위(魏)씨 성의 인물과 과거 시험에 관련된 글에 대해 논한 것으로 전해지지만, 구체적인 내용은 알려지지 않았다.

1729년(옹정 7년, 영조 5년)

이해, 조선의 문사 김순협(金順協)은 사은사절단을 따라 중국을 방문하던 중에 청나라의 소년 문인을 만났다. 소년은 문천상(文天祥)의 충의에 경의를 표하며, 그를 문산사(文山祠)까지 안내해 주었다. 이 일은 김순협의 『연행록』에 기록되어 있다. 같은 해, 옹정황제는 조선의 국왕에게 『강희자전』을 비롯한 네 종류의 서적을 하사하였다. 이는 『통문관지』에 수록된 사실이다.

1730년(옹정 8년, 영조 6년)

이해 8월, 조선의 문사 남태량(南泰良)은 고부사절단(告訃使團)의 서장관으로 중국을 방문했다. 주유하(周流河)에서 그는 생원 정가군(鄭家珺)을 찾아가 유교 문화와 예절에 대해 깊이 있는 대화를 나누었다.

남태량의 『연행잡고』에는 이때의 감회를 담은 시 한 수가 실려 있다. 시의 제목은 「주유하에 이르러 정가군의 학사에서 유숙하였는데, 그 사람은 마을에서 『사서』를 가르치는 이로 그 방에 들어가니 감개무량하여 지었다 [行抵周流河, 止宿生員鄭家珺學舍, 其人以『四書』教授鄉里, 入其室, 慨然有作]」로 학문적 교류에서 느낀 감동을 잘 보여주고 있다.

제2장

18세기 중반 중한 문인 교류 개관

1731년 (옹정 9년, 영조 7년)

이해, 조상경(趙尙絅)은 사은 겸 삼절년공사절단의 부사로 이일제(李日躋)는 서장관으로 함께 중국에 사신으로 파견되었다. 영평부에서 지현 백석(白錫)이 명함을 보내며 두 종류의 과일을 선물하자, 조상경과 이일제는 각각 시를 지어 이 일을 기록하였다. 조상경은 시 「포도(葡萄)」와 「설리(雪梨)」에서 그 맛을 묘사하며 백석 지현에 대한 감사를 표현했고, 이일제의 동제시(同題詩)에도 유사한 내용이 담겨 있다. 이 시들은 조상경의 『연사록(燕槎錄)』에 수록되어 있다. 무녕현에서 조상경과 이일제는 문인 서씨를 방문했고, 양측은 조선의 의관과 문학 등에 대해 이야기를 나누었다. 조상경은 시 「서씨 집안을 수차 방문하며[歷訪徐家]」에서 서씨 가문의 성대한 환대에 감사하는 마음을 표현했고, 이일제는 시에서 서씨 가문의 한적한 생활 환경과 조선의 문화에 대한 공감을 표현하였다. 이 시들 역시 『연사록』에 실려 있다.

이일제(李日躋)는 심양에서 청나라의 문인 임본유(林本裕)와 오삼계(吳三桂)의 난과 그에 대한 평가를 주제로 필담을 나누었다. 또한 임본유의 아들 임석(林奭)과도 서신 교류를 가졌는데, 이에 대한 구체적인 내용은 전해지지 않는다. 임석은 이일제에게 시 한 수를 지어 바치며, 조선 사신단에 대한 깊은 존경을 표했는데, 이 시는 후대에 이전수(李田秀)의 『농은입심기』에 수록되어 전해지고 있다.

1732년(옹정 10년, 영조 8년)

이해, 조선의 문신 이의현(李宜顯)은 진하사겸사은사 정사로 중국에 출사하였다. 십삼산의 갑군 조련성의 집에서 그는 현지의 역승(驛丞)인 임개(林玠)와 인장의 조각에 대해 깊이 있는 대화를 나누었다. 이의현이 인장의 인본을 보여주자 임개가 이를 평가하였다. 후에 임개는 특별히 이의현의 이름이 새겨진 인장을 이의현이 귀국할 때 선물로 전달했는데, 이에 감동한 이의현은 「전각에 능한 임개에게 드리다[贈善篆人林玠]」라는 시를 지어 답례하였다. 이 시는 이의현의 문집 『도곡집』 제3권에 수록되어 있으며, 이 일화는 그의 연행록 『임자연행잡지』에도 상세히 기록되어 있다.

북경에서 천주당(天主堂)의 문인 비(費)씨가 이의현(李宜顯)에게 서양의 학문과 도술을 다룬 『삼산론학기(三山論學記)』와 『주제군징(主制群徵)』을 선물하였다. 이들의 학문적 교류는 이의현의 연행록 『임자연행잡지(壬子燕行雜識)』에 상세히 기록되어 있다.

풍윤(豊潤)으로 돌아온 이의현은 곡람(谷礛)의 집에서 머물렀다. 곡람은 정성스레 준비한 차와 과일, 그리고 미리 담근 술로 그를 대접하였다. 이에 감사한 이의현은 「풍윤 곡가에 돌아오니 집을 수리하여 머물게 하고, 술을 준비하고 또 차와 과일로 대접해주니, 그 의로움을 높이 사서 시를 짓다[還到豐潤谷家, 修屋許處, 預釀酒以待, 又餉茶果. 其義可尙, 遂贈以詩]」라는 제목의 시 두 수를 지어 답례로 전했다. 이에 곡람은 『염일사탄사(廿一史彈詞)』 두 권을 이의현에게 선물하였다. 이 시문 교환과 관련된 일화는 이의현의 문집 『도곡집(陶谷集)』과 연행록 『임자연행잡지』에 실려 있다.

또한 이의현은 풍윤현(豊潤縣)의 생원 왕천수(王天壽)와 필담을 나누었다. 왕천수는 이의현의 조선 의관(衣冠)을 찬양하며, 술과 고기를 선물로 주었다. 이의현은 종이와 납약(臘藥)을 답례로 전달하였다. 이 일은 이의현의 『임자연행잡지』에 기록되어 있다.

1736년(건륭 1년, 영조 12년)

이해, 조선의 문사 이덕수(李德壽)는 사은겸삼절년공사단(謝恩兼三節年貢使團)의 부사(副使)로 중국을 방문하였다. 정월 초하루, 이덕수는 조방(朝房)에서 예부랑(禮部郞, 이름 미상)과 예부상서(禮部尙書) 삼태(三泰)를 만나 교류하였다. 정월 초닷새에는 각로(閣老) 상명(常明)이 사람을 보내 조선 사신단을 위문하였고, 이덕수에게 병과와 과실을 하사하였다. 다음 날인 정월 초엿새에는 풍성액(豊盛額)이 직접 방문하여 성지(聖旨)를 전달하며 관심을 표하였다.

2월 22일에는 조선 사신단의 수역(首譯) 정태현(鄭泰賢)과 최수명(崔壽溟)이 십이왕(十二王)의 초청을 받아 예부(禮部)를 방문하였다. 그곳에서 이들은 조선의 예의(禮儀)와 직품(職品) 등에 관한 질문을 받았다.

3월 5일, 이덕수는 반산(盤山)에서 원법사(遠法師)와 만나 교류하며 「반산에서 원법사에게 드리다[盤山贈遠法師]」라는 시를 지었다. 이 시는 이덕수의 문집인 『서당사재(西堂私載)』 권2에 수록되어 있다. 이상의 기록은 이덕수의 『연행록』에서도 확인할 수 있다.

1737년(건륭 2년, 영조 13년)

이해 조선의 문사 이철보(李喆輔)는 진숙겸주청사단(陳奏兼奏請使團)의 서장관(書狀官)으로 중국을 방문하였으며, 여정 중 다양한 인물들과 깊이 있는 교류를 가졌다. 9월 6일 봉황성(鳳凰城)에서는 17세의 소년 안민(安民)을 만났다. 안민은 어린 나이였지만, 이미 사서(四書)에 정통했을 뿐만 아니라 과문(科文) 실력도 뛰어났다. 9월 10일 단수점(甜水店)에서는 점주 고진상(顧進相)과 교류하였다. 고진상은 군대를 따라 서쪽으로 원정한 경험이 있었으며, 이후 상업으로 생계를 이어가고 있었다. 같은 날, 만주인 조학령(趙鶴嶺)과는 필담(筆談)을 통해 만주인의 성씨(姓氏), 관직 생활, 관외(關外)의 민역(民役) 등에 대해 자세히 논의하였다. 9월 13일 십리보(十里堡)의 이가장(李家莊)에서는 이성벽(李成璧), 이성옥(李成玉) 형제를 만나 과거의 시문에 대해 논의하였다. 이철보는 그들의 과문 수준에 대해 실망감을 표출하기도 했다.

9월 14일, 이철보는 백탑보(白塔堡)에서 부씨(符姓), 왕씨(王姓) 두 수재(秀才)와 청나라의 과거 제도 및 문묘(文廟)의 관리 현황에 대해 필담을 나누었다. 9월 15일, 이철보는 심양에서 오삼계(吳三桂)의 막빈(幕賓) 임본유(林本裕)와 만나 청나라 성경(盛京)의 관제(官制), 황제에 대한 견해, 예제(禮制)의 준수 상황 등에 대해 논의하였다. 윤9월 3일, 이철보는 송가장(宋家莊)에서 송씨(宋氏)의 4대 손자와 교류하며 송가성(宋家城)의 규모와 주민의 생활상에 대해 필담을 나누었다. 같은 해 겨울, 조선의 해흥군(海興君) 이강(李橿)이 중국으로 가던 중 임본유와 만나 필담을 나누었고, 임본유는 이강에게 칠언절구(七言絶句) 한 수를 지어주었다. 다만 이 시와 필담의 구체적인 내용은 전해지지 않는다. 이상의 일화는 이철보의 『정사연행일기(丁巳燕行日記)』에 수록되어 있다.

1738년(건륭 3년, 영조 14년)

이해, 청나라의 건륭 황제가 수정판 『명사(明史)·조선열전(朝鮮列傳)』을 조선의 국왕 영조(英祖)에게 하사하였다. 이 일은 『영조실록』 권117에 기록되어 있다.

1740년(건륭 5년, 영조 16년)

이해, 조선의 문신 이광덕(李匡德)은 북경에서 여러 문인들과 필담 및 시문 창수를 나누었다.

이광덕은 공생(貢生) 장위열(張偉烈)과 서신 및 시문을 교류하였다. 이때 주고받은 편지 중 「장 공생 위열에게 보내는 편지(경신년에 연경에 사신으로 갔을 때)[與張貢生(偉烈)書(庚申使燕時)]」에서는 장위열과의 교류를 회상하며, 더 깊이 사귀지 못한 아쉬움을 토로하였다. 이 편지는 이광덕의 문집 『관양집(冠陽集)』 권14에 수록되어 있다.

이광덕은 또 「나는 해동(海東)에 있으면서 대강(大江) 이남의 아름다운 산천과 인물을 늘 듣고 동경해왔습니다. 연도(燕都)에 와서 태학(太學)을 우연히 방문했을 때, 향진사(鄕進士) 행헌(杏軒) 장군(偉烈)의 풍류와 박아(博雅)함을 보고 진정 강남의 선비라 여겼습니다. …… 장군께서 장편 율시 한 수를 보내주셨는데, …… 이를 음미하며 감상하던 차에, 내가 서툰 화운(和韻)을 지어 올리니, 이를 유별(留別)의 정으로 삼고자 합니다[僕在海東樂聞大江以南山川人物之美, 夢想欣慕者久矣. 及來燕都, 偶遊太學, 得鄕進士杏軒張君(偉烈)風流博雅, 真江南人也. ……張君贈示長律一首, ……諷賞之餘, 遂忘拙和呈, 因用留別]」라는 시를 지었다. 이 시는 이광덕의 『관양집(冠陽集)』 권1에 실려 있다.

같은 해, 이광덕은 강남(江南) 출신의 진사(進士) 능춘(凌春)과도 교류하였다. 이광덕은 「진사 강남 능군 춘에게 드리다[與進士江南凌君(春)]」라는 서신에서 옛 문화와 정전제도(井田制度)에 대해 논의하며, 중국의 전통 문화에 대한 그의 깊은 관심을 드러냈다. 또한 그는 능춘의 시에 화답하며 시 두 수를 짓고, 「진사 강남 능군 춘의 시에 화운하다(和進士江南淩君春)」라는 제목을 붙이면서 능춘에 대한 존경과 중국의 문명에 대한 경의를 표현하였다. 이 편지는 『관양집(冠陽集)』 권14, 시는 『관양집(冠陽集)』 권1에 수록되어 있다.

북경에서 이광덕은 은공생(恩貢生) 백세창(白世昌)에게 시를 지어주었는데, 이 시는 『관양집(冠陽集)』 권1에 수록된 「백공사 세창의 운에 화답하다[和白貢士世昌韻]」이다. 시에서는 주로 백세창의 박학다재함을 찬양하였다. 이해, 조선의 문인 익겸(益謙) 김일진(金日進)은 청나라의 문인 치청산인(豸青山人) 이개(李鍇)와 교류하였다. 김일진이 연경(燕京)에서 이개를 만났을 때, 두 사람은 첫 대면부터 의기투합하며 지기(知己)가 되었다. 특히 김일진은 이개의 시작 「추산구작(秋山舊作)」에 깊은 공감을 표했는데, 이 기록은 이덕무의 『청장관전서(青莊館全書)』 권35에 전한다.

1743년(건륭 8년, 영조 19년)

조선의 문사 조현명(趙顯命)은 중국에 사신으로 갔을 때, 심양에서 수재(秀才) 공육귀(孔毓貴), 위정희(魏廷熙)와 문묘 교수(文廟 教授) 고훤(高晅)을 만나 시문 교류를 하였다. 조현명은 「심양에서 공육귀를 만났는데, 자신이 성인의 후예인데 이를 이어받지 못함을 말하니, 글을 지어 그에게 주다[瀋陽遇孔毓貴, 自以爲以聖人之後, 不能繼述云, 故書以贈之]」와 「공 수재 육귀에게 주며 이별하다[贈別孔秀才毓貴]」, 「위수재 정희에게 드리다[贈魏秀才廷熙]」, 「문묘(文廟)를 참배하고 교수 고훤에게 주다[謁文廟, 贈教授高晅]」 등의 시를 지었다. 이 시들은 조현명의 『연행록』과 조현명의 『귀록집(歸鹿集)』에 실려 있다.

1746년(건륭 11년, 영조 22년)

조선의 문신(文臣) 윤급(尹汲)은 사은겸삼절년공사단(謝恩兼三節年貢使團)의 부사(副使)로 청나라에 출사하였다. 그는 백탑보(白塔堡), 의무려산(醫巫閭山), 무녕현(撫寧縣) 등지에서 현지의 수재 및 공사(貢士)들과 학문 교류를 진행하였다. 윤급은 자신의 『연행일기(燕行日記)』에 공수재(孔秀才), 이천일(李天一), 서승립(徐升立) 등 세 학자와의 필담 내용과 당시 중국 학계의 저명 인사 및 고적(古蹟)에 대한 기록을 상세하게 남겼다. 이 모든 내용은 윤급의 『연행일기』에 수록되어 전한다.

1748년(건륭 13년, 영조 24년)

조선의 문신(文臣) 이이장(李彝章)은 진하사은겸삼절년공사단(進賀謝恩兼三節年貢使團)의 서장관(書狀官)으로 청나라에 파견되었다. 북경에서 이이장은 청나라 학자인 박명(博明)과 깊은 학문적 교류를 나누었다. 박명은 만주 양람기(鑲藍旗) 출신으로 경사(經史)와 시문(詩文), 서화(書畫)에 모두 정통했을 뿐만 아니라 문자에도 능통한 박학다식한 인물이었다. 이 두 사람은 첫 만남부터 의기투합하여 수일 동안 학문을 논하였다. 이이장은 『대청회전(大清會典)』 한 질을 구입하였고, 아울러 다른 중국 문헌도 폭넓게 수집하였다. 이 기록은 남태제(南泰齊)의 『초자록(椒蔗錄)』에 전한다.

1751년(건륭 16년, 영조 27년)

이해 조선의 문인 윤현동(尹顯東)은 부친인 진하겸사은사단(進賀兼謝恩使團)의 부사 윤득화(尹得和)를 수행하여 청나라에 출사하였다. 그는 청나라 문인인 위원추(魏元樞)와 시가 창화 및 필담을 나누었는데, 위원추는 「화조선공사 윤산관 운에 화운하다(신미년 겨울)[和朝鮮貢使尹散官韻, 辛未冬月]」라는 시를 지어주었다. 이 두 사람은 필담을 통해 중한 역사상의 문인 교류 상황, 유종원(柳宗元)의 『강아첩(姜芽帖)』이 조선에 남아있는 상황 등에 대해 상세히 논의하였다. 이튿날 윤현동은 위원추에게 서한을 보냈으며, 위원추는 또한 윤득화를 위해 「사휴거사(四休居士) 윤총재(尹塚宰)에게 지어주다[賦贈朝鮮貢使四休居士尹塚宰]」라는 시를 지어주었다. 이 시들은 위원추의 문집 『여아주선집(與我周旋集)』 제12권에 수록되어 있다.

1752년(건륭 17년, 영조 28년)

이해 조선의 문신(文臣) 남태제(南泰齊)는 삼절년공겸사은사단(三節年貢兼謝恩使團) 부사(副使)로 청나라에 파견되어 사행 기간 중 다양한 문화 교류 활동을 전개하였다. 12월 황성(凰城)에서는 서당의 훈장 호상(扈湘)과의 필담을 통해 양국의 교육제도, 과거제도, 문풍(文風) 및 조선의 의관(衣冠) 제도에 대해 논의하였다. 송참(松站)에서는 산서 태원(山西 太原)의 상인 이성인(李成仁)과 교류하며 산서 지역의 상황 및 청나라 서부 변경의 군사 배치 상황을 탐문하였다. 십삼산(十三山)에서는 역장(驛長) 이화(李華)에게 역참(驛站)의 설치 현황에 대해 질문하는 등 행정 제도를 확인하였다. 무녕현(撫寧縣)에서는 서진사(徐進士)의 두 아들이 초청하여 그들의 저택에서 소장하고 있던 고서화(古書畫)를 감상하는 등의 문화 교류를 가졌다.

풍윤현(豐潤縣)에서는 곡응태(谷應泰)의 증손자(曾孫)와 친밀한 교류를 가지면서 성대한 대접을 받았다. 또 풍윤 근처에서 정씨(鄭氏) 성을 가진 한 문인과 간단히 교류하며, 현지 지식인의 고충과 우려를 알게 되었다. 이상의 사행 기록은 남태제의 『초자록(椒蔗錄)』에 상세히 수록되어 전한다.

1753년(건륭 18년, 영조 29년)

이해, 조선 사절단의 부사 남태제는 북경에서 여러 학자들과 폭넓은 교류를 진행하였다. 정월 20일, 남태제는 태학(太學)에서 광동 출신 황관청(黃觀清), 호남 출신 곽준(郭焌)과 상세한 필담을 나누며, 태학생의 수, 관원 현황, 주희(朱熹)의 배향 시기 등을 질문하였다. 23일, 남태제는 박명(博明)과 처음 만나 필담을 교환하며, 한림원(翰林院)의 직무, 문장가, 『대청회전(大清會典)』의 편찬 상황 등에 대해 논의하였다. 같은 해, 남태제는 한림원의 서길사 용욱민(龍煜岷), 거인(擧人) 염씨(閻氏)와도 필담을 나누며 조선의 과제와 육부(六部)의 직제 순서 등을 논의하였다. 2월 3일, 남태제는 통역관 최역(崔譯)을 통해 서길사에게 한림원의 과시(課試) 문장을 빌려보았는데, 문풍의 쇠약함을 발견하였다. 2월 6일, 남태제는 한림원에서 황홍각(黃鴻閣)과 황비(黃啚) 두 거인을 만나 교류하며, 그들의 과거 시험 경험과 조선의 명신 남곤(南袞)에 대한 평가를 물었다. 이 내용은 남태제의 『초자록(椒蔗錄)』에 상세히 기록되어 있다.

1755년(건륭 20년, 영조 31년)

이해, 이기경(李基敬)과 정광충(鄭光忠)은 삼절년공겸사은사단(三節年貢兼謝恩使團)의 부사(副使)와 서장관(書狀官)으로 중국에 사신으로 파견되었다. 11월, 이들은 각기 다른 지역에서 현지인들과 깊이 있는 교류를 나누었다. 이기경은 심양에서 숙소의 주인인 유씨(劉氏)와 젊은이 주윤(朱潤)을 만나 교류하며, 주윤의 신상과 현지의 현인(賢人)에 대해 물었다. 이후 주윤은 성요장(盛堯

章)과 함께 이기경을 찾아왔고, 팔고문(八股文)과 청나라의 의관(衣冠) 제도 등에 대해 필담을 나누었다. 한편, 정광충은 신광녕(新廣寧)에서 유씨(柳氏)와 교류하며, 조선의 문인인 동명(東溟)의 문장에 대해 논의하였다. 이상의 내용은 이기경의 『음빙행정력(飮氷行程曆)』에 수록되어 있다. 또한 정광충은 무녕(撫寧)의 서진사(徐進士) 저택을 방문하여, 그의 자손들과 우호적인 대화를 나누었다. 이 일은 정광충의 『연행일록(燕行日錄)』에 기록되어 있다.

1756년(건륭 21년, 영조 32년)

이해, 조선 사신단의 일원인 이기경은 북경과 무녕현(撫寧縣)에서 여러 청나라 학자들과 깊이 있는 문화 교류를 진행하였다. 1월 17일, 이기경은 북경 문묘(文廟)에서 조표(趙標), 엄병강(嚴秉鋼), 염방예(冉芳譽) 등 공생(貢生)들과 학술적 필담을 나누며, 경학(經學), 과거(科擧)제도 등에 대해 논의했고, 재야의 학자들에 대해서도 탐문하였다. 같은 날, 이기경은 강남 서주부(徐州府) 소현(蕭縣)의 맹육형(孟毓衡)과 사천 순경부(順慶府) 영산현(營山縣)의 송시헌(宋時憲)을 만나서 경학 연구와 여유량(呂留良)의 학문적 영향에 대해 심도 있는 대화를 나누었다. 2월 23일, 이기경은 무녕현에서 서진사(徐進士)와 교류하며 그가 소장하고 있던 희귀 서화 작품들을 감상하였다. 이 내용은 이기경의 『음빙행정력(飮氷行程曆)』에 상세히 기록되어 있다.

1760년(건륭 25년, 영조 36년)

이해, 조선 사절단 소속의 문인들은 중국 연행 기간 중 중국의 관료 및 다수의 문인과 학문 교류를 펼쳤으며, 이상의 교류 내용은 서명신(徐命臣)의 『경진연행록(庚辰燕行錄)』과 이상봉(李商鳳)의 『북원록(北轅錄)』에 기록되어 있다.

9월 22일, 서명신은 심양에서 만주족 청년 다섯 명과 만나 그들의 학업에 대한 열정을 탐문하였다. 10월 4일, 서명신은 양수하(兩水河)의 숙소 주인과 교류하며, 한족(漢族)과 만주족의 혼인제도 등에 대해 정교한 필담을 나누었다. 10월 5일, 서명신은 산해관에서 주승천녀(主僧天女)와 꽃에 대해 담론을 진행하였다. 10월 7일, 서명신과 서장관(書狀官) 조숙은 무녕현(撫寧縣)에서 서학년(徐鶴年)과 교류했지만, 상세한 교류 내용은 전해지지 않는다. 10월 19일, 예부시랑(禮部侍郎) 김덕영(金德瑛)은 서명신에게 친필 서예 작품을 증정하였다.

11월 1일, 서명신은 북경에서 화가 임사남(任思南)과 만나 그의 신상과 기예 수준을 알아보았다. 11월 17일, 김재현(金在鉉)과 조정설(趙鼎說)은 청나라의 성친왕(誠親王)과 교류하면서 친왕의 두 아들에게 자작시 "석씨□□□"를 증정하였다. 11월 21일, 조숙은 태학조교(太學助教) 장원관(張元觀)과 청대 이학(淸代理學)의 발전 상황에 대해 논의하였다.

11월 21일부터 27일까지 조숙과 그의 조카 조정설(趙鼎說)은 국자조교(國子助教) 장원관(張元觀)과 총 7차례에 걸친 필담을 진행하였다. 교류 기간 중 조정설은 장원관에게 서책, 지선 등을 선물했고, 장원관의 회신은 서체가 정교하고 문장이 간결하였다. 또한 이들은 진세관(陳世倌), 라마교(喇嘛教), 천주교(天主教) 등에 대해서도 필담을 나누었다. 이상의 내용은 서명신의 『경진연행록』에 기록되어 있다.

같은 해 11월 30일, 이상봉(李商鳳)은 봉황성에서 수재(秀才) 주(周)씨에게 주렴계(周濂溪)의 생애와 학문에 관해 질문하였다. 12월 7일, 이상봉은 심양에서 교서선생(校書先生) 소(蘇)씨와 고문학에 대한 학술적 필담을 나누었다. 12월 12일, 이상봉은 소흑산(小黑山)에서 수재 이지영(李芝英)과 함께 문학과 과거제도에 대해 토론하였다. 12월 17일, 이상봉과 이휘중(李徽中)은 동관역승(東關驛丞)의 관사에서 장풍서(張豐緒), 오산원(吳山源), 섭빈(葉彬) 세 문인(文人)과 만나 소주의 지리적 특징과 인문경관에 대해 담론을 나누었다. 12월 20일, 이상봉은 유관(榆關)에서 수재 진희평(陳希平)에게 지역의 문화 관습을 질문하였다. 이상의 기록은 이상봉의 『북원록』 제2권에 수록되어 있다. 12월 20일, 이상봉과 이휘중은 무녕현(撫寧縣)에서 서부년(徐阜年)의 저택을 방문하여 서씨 가문의 가세(家勢) 및 현지의 문인들에 대해 알아보았다. 이 내용은 이상봉의 『북원록』 제3권에 기록되어 있다. 12월 20일, 이상봉과 이휘중은 풍윤현 사하역(沙河驛)에서 나이 든 수재 이배(李斐)를 만나 그의 가계(家系) 및 문학 작품 등에 관해 질문하였다. 이 기록은 이상봉의 『북원록』 제5권에 전한다.

12월 20일, 이상봉과 이휘중(李徽中)은 풍윤현에서 곡생(谷生)을 만나 현지의 문화, 역사, 유명 인사 등에 대해 질문하였다. 12월 25일, 이상봉은 옥전현(玉田县)에서 거인(舉人) 유비정(劉秘正)의 집을 방문했지만, 구체적인 대화 내용은 전해지지 않는다. 같은 날, 이상봉과 이휘중은 송가장(宋家庄)에서 송영(宋瑛)을 찾아가 서적 수집과 가족 문화 등에 대해 이야기를 나누었다. 또한 12월 25일, 이상봉은 삼하현(三河县)에서 현의 교유(教谕) 설문유(薛文儒)를 만나 예절과 음악, 교육 문제 등에 대해 필담으로 의견을 교환하였다. 이상의 기록은 이상봉의 『북원록』 제3권에 수록되어 있다.

1761년(건륭 26년, 영조 37년)

이해 이상봉(李商鳳)과 이휘중(李徽中) 부자, 그리고 이봉환(李鳳煥) 등은 국자감(國子監) 유구관학(琉球官學) 교습을 지낸 반상(潘相)을 알게 되었다. 반상은 이들 부자에게 자신이 순천향시(順天鄕試)에 합격할 때 쓴 팔고문과 「평준격이송(平準格爾頌)」 등의 작품을 보여주었다. 이들은 필담을 통해 중국의 과거제도와 청나라 문학계의 대가들에 대해 의견을 나누었다. 특히 반상은 이상봉에게 「해국의 명신은 예의를 중요시하네[海國名臣重禮儀]」라는 시를 지어주었다. 이 내용은 이상봉의 『북원록(北轅錄)』 제4권에 기록되어 있다. 1월 11일, 이상봉과 이휘중 부자는 북경에서 청나라의 거인(擧人) 호소일(胡少逸)을 만났다. 이들이 나눈 필담의 구체적인 내용은 전해지지 않지만, 학문적 교류가 있었음은 분명하다. 1월 22일, 호소일은 이휘중, 이상봉, 조영진(趙榮進)에게 자신의 시를 보여주었다. 이들은 필담으로 청나라의 예절과 관습 등에 대해 깊이 있는 대화를 나누었다. 또한 서로 시를 주고받으며, 각자의 문학적 재능을 칭송하고, 앞으로의 학문적 교류에 대한 기대를 표명하였다.

1월 28일, 이휘중은 호소일에게 「뗏목이라는 칠 수의 시를 읊어 호 거인 소일에게 드리다[作槎, 諳韻七篇贈胡擧人少逸]」를 선물했다. 이상의 시문은 모두 이상봉의 『북원록』 권4에 실려 있다.

2월 2일, 호소일은 이휘중을 방문하여 「송별서(送別序)」와 화답시 7수를 지어주었다. 이휘중은 즉흥적으로 시 「봄물은 새로이 흐르는데, 낡은 낚싯배는 여전하네.[春水方生舊釣槎]」를 지어 화답했다. 이 두 사람은 청나라의 과거제도, 호소일의 가문 배경, 훗날 조선에 사신으로 가고 싶은 희망 등에 대해 깊이 있는 필담을 나누었다. 2월 3일, 이휘중은 호소일에게 편지를 보내 근황을 물으며 『광여지(廣輿志)』를 보내 달라고 요청했다.

2월 4일, 이휘중은 『광여지』의 조선 관련 기술에서 여러 오류를 발견하여 소서를 써서 정정하였고, 시 「길을 열던 그때의 천조의 사신의 나룻배[織路當時天使槎]」를 지어 호소일에게 주며 조선의 풍습에 대한 오해에 유감을 표했다. 편지를 받은 후, 이상봉은 호소일에게 작별을 고하는 편지를 보내며 시 「사람은 부평초요, 세상을 떠다니는 나룻배[人似浮萍世似槎]」, 「먼 곳에서 만나니 전생의 약속 같더라[殊方邂逅似前諳]」 두 수를 지어주었다.

2월 5일, 호소일은 이상봉에게 답장을 보내 감사의 뜻을 전하며, 시 「만리길 사신의 배를 따르다[萬里追隨奉使槎]」를 지어 그의 재능과 우정을 칭송했다. 이상봉 역시 답서를 보내며, 『두시잠주(杜詩箋注)』 등의 서적을 언급했다. 이후, 이상봉과 이봉환은 호소일을 방문하여 조선의 과거제도, 역사 인물, 청나라의 문화 등에 대해 깊이 있는 필담을 나누었다. 이상의 일은 모두 이상봉의 『북원록』 권4에 기록되어 있다.

2월 6일, 호소일은 이휘중에게 편지를 보내며 시 「떠도는 인생 허망함이 꺾인 뗏목 같네[可笑浮生類斷槎]」를 지어 이상봉에게 작별을 고했다.

2월 7일, 호소일은 조선 사신단의 숙소를 방문해 이휘중 부자(父子) 등과 작별을 나누며 긴 필담을 나누었는데, 당시 금기시되던 주제에 대해 많은 논의를 했다. 2월 8일, 호소일은 '사(槎)' 자를 운자로 삼은 시(槎字韻詩)를 지어주었다. 2월 9일, 호소일은 재차 조선 사신들을 찾아 작별 인사를 전했으며, 양측은 이별의 아쉬움을 토로했다. 2월 10일, 조선 사신단의 홍계희와 이휘중은 광혜암에서 문승(文僧) 석사(石師)를 만나 한시를 주고받았다. 이휘중은 특별히 작별 시를 지어 선물로 건넸다. 2월 11일, 호일중이 조선 사신들을 방문해 이휘중과 필담을 나누었고, 이휘중은 그를 위해 시를 지어주었지만, 그 내용은 전해지지 않는다. 같은 날, 기주에서 맹정서가 조선의 사신 이상봉을 찾아와 대화를 나누었는데, 이상봉은 그의 장서 현황에 대해 물었고, 아울러 직접 그의 저택을 방문해 장서를 열람했다. 이때 이상봉은 『옥해찬』과 『다보탑비』를 구매할 의향이 있음을 넌지시 비췄고, 맹정서도 처음에는 관대하게 응대했지만, 사례금이 부족하다는 이유로 정중하게 거절하면서 이상봉은 크게 실망했다.

2월 16일, 유관(楡關)의 현령 유(劉)씨가 이휘중을 방문하여 어제의 방문에 대한 감사를 표했다. 유 현령은 70세가 넘은 노인이었지만, 조선의 문화에 대해 깊은 관심과 존경심을 갖고 있었다.

2월 23일, 이상봉은 여양역(閭陽驛)의 진무묘(鎮武廟)에서 강남 강녕(江南 江寧) 출신의 생원 막여작(莫如爵)을 만났다. 이 두 사람은 필담을 나누었고, 막여작은 자신의 교육 배경과 학문적 관심사를 소개했다. 이상의 모든 일화는 이상봉의 『북원록』 권5에 상세히 기록되어 있다.

1763년(건륭 28년, 영조 39년)

12월 26일, 옥전현 지현 우이간(于易簡)이 조선 사신단과 서신을 교환했다. 우이간은 편지에서 사신단의 국경 통과에 대해 예를 표하며 안전을 기원하였고, 사신단은 답서와 함께 지선과 환약을 답례품으로 전달해 감사의 뜻을 표했다. 이 기록은 이헌묵(李憲默)의 『연행일록(燕行日錄)』에 수록되어 있다.

1764년(건륭 29년, 영조 40년)

2월 21일, 조선 사신단의 이헌묵은 북경 태학에서 학관 장원관(張元觀)과 필담을 나누었다. 절강 출신인 장원관은 자신이 재상 장거정(張居正)의 육대손임을 밝히며, 이미 10년간 학관 직책을 수행해 왔다고 설명했다. 또한 그는 올해 예부로 전임되면 가족과 함께 고향으로 돌아갈 계획이라고 덧붙였다. 이 대화 내용 역시 이헌묵의 『연행일록』에 상세히 기록되어 있다.

1766년(건륭 31년, 영조 42년)

이해 조선 사신단의 문인들은 북경에서 청나라의 여러 문인들과 문화 교류를 하였다. 김재행은 태학의 조교인 장원관과 여러 차례 교류했지만, 구체적인 내용은 알려지지 않았다. 이 일은 홍대용의『건정동필담』에 실려 있다. 같은 해 김복서(金復瑞)는 자신이 무후(武侯)의 30여 대손이라고 주장하는 문인 갈씨(葛氏)와 동아시아의 풍속과 중국의 의관 등에 대해 필담을 나누었다. 이 일은 홍대용의『담헌연기』에 실려 있다.

같은 해 조선의 문인 순의군 이훤은 엄성, 반정균, 육비와 한시 및 서신을 교환하였다. 이훤과 엄성이 주고받은 시로는 이훤의「앵무시 두 수[鸚鵡詩二首]」,「김부사의 운을 차운하여 철교에게 드리다[次金副使韻, 呈鐵橋]」, 엄성의「차운하여 화답한 시[次韻答詩]」,「차운하다(2수)(次韻二首)」등이 있다. 이훤의 시「부채에 써서 추루에게 드리다」, 서신「철교와 추루에게」두 통은 반정균에게 보낸 것이며, 이상의 시와 서신은『일하제금집』에 실려 있다.『연항시독』에는 반정균의「수은 이대인의 <앵무시>에 삼가 차운하다(2수)[奉和睡隱李大人<鸚鵡詩>二首]」」가 실려 있다. 이훤과 육비가 주고받은 시로는 이훤의「부채에 써서 소음에게 드리다(2수)[題扇贈篠飮二首]」, 육소음(陸篠飮)의「차운하여 화답한 시[次韻答詩]」등이 있다. 이 시들은『철교전집』제4권에 실려 있다.

같은 해, 조선의 예조판서 김선행(金善行)은 청나라 문인 엄성, 반정균, 육비 등과 시문 및 필담을 주고받았지만, 필담 내용은 현재 전하지 않는다.

김선행이 엄성과 반정균에게 지어 준 시로는「엄철교, 반추루에게 드리다(贈嚴鐵橋、潘秋庫)」,「주자의 구를 모아 철교, 추루에게 이별하며 드리다(集朱子句, 留別鐵橋、秋庫)」등이 있다. 이에 대한 화답으로 엄성은「차운하여 화답한 시(次韻答詩)」,「차운하여 화답한 시 네 수(次韻答詩四首)」등을 지었다. 또한 김선행은 이들에게 총 6통의 편지를 보냈다.

김선행과 육비 간의 시문 교류로는 김선행이 지은「소음의 증조부 소미 선생의 충천묵 벽화에 제하여 쓴 시[題篠飮曾祖少微先生忠天廟畫壁詩]」와 육비의「소나무 부채에 쓰고 김승상에게 드리다[題畫松扇, 贈金丞相]」등이 대표적이다. 이 시문과 편지들은 모두『일하제금집(日下題襟集)』에 수록되어 전한다.

같은 해, 서장관 홍억(洪檍)은 엄성(嚴誠), 반정균(潘庭筠), 육비(陸飛) 등과 교류하며 서신과 시문을 주고받았다. 특히 홍억은 엄성, 반정균과 서호(西湖)의 유적, 남방의 악기, 의관(衣冠) 제도, 전조(前朝)의 사적 등에 관해 필담을 나누었는데, 이 내용은 홍대용의『건정동필담(乾淨同筆談)』에 상세히 기록되어 있다.

홍익과 엄성이 주고받은 시로는 홍익의 「간철교(簡鐵橋)」, 「철교의 그림을 구하다(索鐵橋畫)」, 엄성의 「비래봉도(飛來峰圖)를 그려 홍유직(洪幼直)에게 주며, 즉시 그가 청한 화운(畫韻)을 따라 그림 위에 쓰다[畫飛來峰圖遺洪幼直, 即次索畫韻, 題于上方]」 등이 있다. 이상의 시는 『후지츠카 치카시 기증 추사자료전Ⅲ──후지츠카 치카시의 추사 연구 자료(藤塚鄰寄贈的秋史資料展Ⅲ──藤塚鄰的秋史研究資料)』에 실려 있다. 반정균은 홍익에게 화답시 「삼가 원운에 화답하다(절구 2수)[敬和原韻(二絶)]」를 지어주었으며, 이 시는 『연항시독(燕杭詩牘)』에 실려 있다. 육비는 홍익에게 「서호 경치를 부채에 그려 홍집의(洪執義)에게 드리다[畫西湖景扇送洪執義]」라는 시를 지어주었으며, 이 시는 『철교전집(鐵橋全集)』 제4권에 실려 있다.

같은 해, 조선의 문인 김재행은 청나라 문사 엄성, 반정균, 육비 등과 시문(詩文)을 주고받으며 교유하였다. 홍대용의 『건정동필담』에는 북경에서 김재행과 '절항삼사'가 교류한 내용이 실려 있다. 기록에 따르면, 2월 3일 김재행은 홍대용, 이기성(李基成)과 함께 건정동의 천승점(天陞店)을 방문하여 엄성, 반정균과 만났으며, 이 자리에서 시가 창화(詩唱和)를 통해 문예(文藝)를 겨루었다.

2월 4일, 엄성, 반정균 두 사람이 옥하관을 방문하여 홍대용과 김재행을 만났다. 김재행은 엄성과 반정균에게 자신의 양허당(養虛堂)을 위해 시와 글을 지어 줄 것을 청하였다. 2월 7일, 엄성은 김재행에게 「청음(淸陰) 선생의 운을 이어받아 양허(養虛) 존형께 화답하며, 아울러 가르침을 청하다[承次淸陰先生韻, 和答養虛尊兄, 兼請敎定]」라는 시를 지어주었으며, 이 시는 『중조학사서한』에 수록되어 있다. 2월 8일, 김재행은 홍대용과 함께 천승점(天陞店)을 찾아 엄성과 반정균을 만나 필담을 나누었다. 2월 14일, 김재행은 엄성과 반정균을 만나지 못했지만, 홍대용은 반정균이 부탁한 서첩을 전달하였고, 여기에는 김재행의 시 「서첩에 써서 난공(蘭公)에게 드리다[題冊贈蘭公]」가 실려 있었는데, 이 시는 『일하제금집(日下題襟集)』에 전한다. 2월 16일, 김재행은 천승점을 방문하여 엄성, 반정균과 만났으며, 이들의 필담 내용은 주로 시론(詩論)과 문장론, 그리고 처세(處世)의 도리에 관한 것이었다. 2월 19일, 엄성은 「양허당기(養虛堂記)」를 지어 김재행에게 보냈다. 2월 23일, 김재행과 홍대용이 엄성, 반정균을 찾았는데, 반정균은 육비가 이미 북경에 도착했다고 말했고, 엄성은 육비의 편지를 보여주었다. 이후 육비가 와서 다섯 사람이 필담을 나누었다. 이날 김재행은 「난공과 작별하며 드리다[贈別蘭公]」라는 시를 지었으며, 이 시 역시 『일하제금집』에 실려 있다. 2월 26일, 김재행과 홍대용은 엄성, 반정균, 육비를 다시 만났다. 필담 중 김재행은 엄성과 『양허기』의 "주(酒)"자에 대해 논의하였다. 이후 김재행은 "대략 교만을 경계하라는 뜻[大意以驕字爲戒]"이라는 글을 지어 여러 사람에게 나누어 주었으며, 이 일화는

『건정동필담』에 기록되어 있다.

이해, 김재행은 엄성, 반정균, 육비와 시를 주고받았다. 김재행은 엄성에게 시 「청음(淸陰) 선생의 운(韻)을 따라 철교(鐵橋)에게 드리다[用從高祖淸陰先生韻, 贈鐵橋]」를 지어주었으며, 이 시는 『일하제금집』에 실려 있다. 엄성은 화답시 「청음(淸陰) 선생의 운(韻)을 이어받아 양허(養虛) 존형(尊兄)께 화답하며, 아울러 가르침을 청하다[承次淸陰先生韻, 和答養虛尊兄, 兼請教定]」를 지었으며, 이 시는 『중조학사서한』에 실려 있다. 김재행은 반정균에게 「서첩에 제하여 난공에게 드리다[題册贈蘭公]」, 「난공과 작별하며 드리다[贈別蘭公]」 등의 시를 지어주었으며, 이 시들은 『일하제금집』에 실려 있다. 반정균은 화답시 「남성(南城) 댁사(邸舍)에서 철교(鐵橋)와 난공(蘭公)을 방문하고, 즉석에서 짓다[訪鐵橋、蘭公於南城邸舍, 即席有作]」를 지었으며, 이 시는 유득공의 『병세집(並世集)』 제1권에 실려 있다. 시 「그림에 쓰며 양허(養虛)에게 드리다 2수[題畫贈養虛二首]」는 『연항시독(燕杭詩牘)』에 실려 있다. 김재행은 육비에게 시 「접선(摺扇)에 그린 연꽃을 양허(養虛)에게 드리다[便面荷花贈養虛]」를 지어주었는데, 이 시는 유득공의 『병세집』 제1권에 실려 있다.

1767년(건륭 32년, 영조 43년)

조선 사절단의 일원인 이심원(李心源)은 연경으로 가는 길에 청나라 인사들과 여러 차례 만났다. 11월 8일에는 여정 중 머무르던 곳에서 주인에게 청나라의 징병 제도에 대해 질문했다. 11월 19일, 이심원은 무녕현(撫寧縣)에 있는 서학년(徐鶴年)의 집을 방문했고, 그의 아들 서소분(徐紹芬)은 아버지의 『학년문집(鶴年文集)』을 보여주었다. 같은 날, 서장관 이수대(李壽岱)는 청나라 사람 요가(姚哥)와 필담을 나누며, 농경 방법, 수확량, 세금 제도 등에 관한 대화를 나누었다. 이러한 교류 내용은 모두 이심원의 사행 기록인 『정해연사록(丁亥燕槎錄)』에 상세히 기록되어 있다.

1768년(건륭 33년, 영조 44년)

『연항시독』에 수록된 반정균의 「이백석(李白石)에게 보낸 답신[答李白石書]」에 따르면, 이해 이정석(李廷奭, 호는 백석)은 북경에서 반정균과 교류했다고 전해지지만, 구체적인 교류 내용은 알려지지 않았다.

제3장

홍대용과 청나라 문인의 교류 개관

1765년(건륭 30년, 영조 41년)

조선의 문사 홍대용은 이해에 심양에서 현지의 부학 조교 납영수(拉永壽)와 교류하였다. 12월 8일, 홍대용은 먼저 납영수의 장남과 독서의 효용에 대해 필담을 나눈 후, 납영수 본인과는 조선의 과거제도, 공무 처리 방식, 그리고 외번(外藩)의 행태 등에 관해 깊이 있는 대화를 나누었다. 이듬해 3월 22일에는 납영수를 다시 방문하여 심양의 군사 방어 체계와 무기, 혼례 비용 등에 관한 담론을 이어갔다. 12월 26일에는 영원위(寧遠衛)에서 청나라 문인 두 명과 만났는데, 그중 한 명은 거인(擧人) 왕위(王渭)였다. 이 자리에서 홍대용은 그들과 도학(道學)의 종주(宗主) 문제, 과거 시험에서 만주족과 한족의 응시생 비율, 그리고 조대수(祖大壽) 형제의 근황 등에 대해 필담을 나누었다. 청나라의 두 문인은 조대수 형제에 관한 이야기가 당시의 금기 사항임을 알고 더 이상의 설명을 삼갔다. 홍대용은 또 산해관 출신인 임본유(林本裕)의 소식에 대해서도 물었지만, 자세한 답변을 얻지 못했다. 이해 12월에는 사하(沙河)에서 우연히 곽생(郭生)을 만나 독서의 효용에 관한 담론을 나누기도 했다. 이 모든 교류 내용은 홍대용의 『담헌연기(湛軒燕記)』에 상세히 기록되어 있다.

1766년(건륭 31년, 영조 42년)

정월 초하루, 홍대용은 북경의 단문(端門) 밖에서 한림원의 오상(吳湘), 팽관(彭冠)과 친분을 쌓게 되었다. 홍대용은 그들과 의관 제도, 과거제도, 그리고 여유량(呂留良)과 오삼계(吳三桂)에 대해 필담을 나누었다. 이후 며칠 동안 계속해서 공자의 후손, 사례지의(四禮之儀), 조선의 연호 등에 대해서도 논의했다. 정월 초나흘, 홍대용은 북경에서 송거인과 공자의 고향과 후예 등에 대해 필담을 주고받았다. 정월 10일, 홍대용은 북경의 진 씨 가게에서 양혼(兩渾)을 알게 되었다. 양혼은 종친 유군왕(愉郡王)의 막내아들로 강희 황제의 증손이다. 이들은 서로 선물을 교환했으며, 홍대용은 양혼의 서예를 크게 칭송했다. 이후 두 사람은 꽤 많은 서신을 주고받았다. 정월 13일, 홍대용은 악사 이익화(李瀷和)와 함께 유리창에 있는 태상영관(太常伶官) 유생(劉生)을 방문해 음악에 관해 필담을 나누었다. 이상의 내용은 모두 홍대용의 『담헌연기』에 기록되어 있다.

이해, 홍대용은 북경에서 엄성, 반정균(潘庭筠), 육비(陸飛)와 자주 교류하였다. 2월 1일, 홍대용과 비장(裨將) 이기성은 원시 안경을 구매하기 위해 거리를 나섰다가 유리창에서 우연히 엄성과 반정균을 만났다. 3일, 홍대용은 이기성, 김재행과 함께 엄성과 반정균을 방문하여 과거제도, 문학, 항주 풍속 등에 대해 필담을 나누었다. 이때 엄성은 『감구집(感舊集)』을 홍대용에게 선물하였다. 초4일, 엄성과 반정균은 홍대용을 답방하여 조선의 의관(衣冠)과 중국의 예제에 대해 필담을 진행하였다. 홍대용은 그들에게 자신의 '애오려(愛吾廬)' 팔경(八景)을 위해 시를 지어서 적어 달라고 부탁했다. 5일과 6일에 홍대용과 엄성, 반정균은 서신을 주고받았다. 7일에 엄성과 반정균은 홍대용과 다시 서신을 교환했는데, 엄성은 「십일 전부터 귀로에 오른다는 말을 듣고 놀랐네[驚心十日返行旌]」라는 시를 지어주었고, 반정균은 홍대용에게 『한예자원(漢隸字源)』 한 부와 「하늘은 높고 바람은 거세니 두 깃발이 나부끼네[日高風勁送雙旌]」라는 시를 선물하였다.

8일, 홍대용과 김재행은 엄성, 반정균을 방문하여 여류시인과 오영방(吴穎芳) 선생의 덕행 등에 대해 필담을 나누었다. 9일부터 11일 사이에 홍대용과 엄성, 반정균은 서신을 주고받았다. 12일, 홍대용은 엄성, 반정균을 찾아가 교류를 진행했는데, 주로 청나라 사람의 의관과 여성들의 전족 등에 관한 내용이었다. 14일, 홍대용은 엄성, 반정균에게 서신을 보냈고, 김재행은 「이역에 흉금을 터놓을 친구가 있으니[異域開襟有友生]」라는 시를 지어주었다. 15일, 홍대용과 엄성, 반정균은 다시 서신을 교환했으며, 이때 홍대용은 『동국기략(東國記略)』을 그들에게 선물했다. 17일, 홍대용이 엄성, 반정균을 방문했을 때, 엄성은 「팔영(八詠)」이라는 시를 보여주었고, 이들은 필담을 통해 과거제도와 의복 등에 대해 논의했다. 19일, 홍대용과 엄성, 반정균은 또다시 서신을 주고받았으며, 반정균은 「담헌기(湛軒記)」를 지어 홍대용에게 전했다. 21일과 22일, 홍대용과 엄성, 반정균은 서신을 교환하였고, 23일, 홍대용과 김재행이 엄성, 반정균을 방문했는데, 이날 육비도 함께 참여하여 다섯 명이 학술과 문학을 주제로 대화를 나누었다. 이 자리에서 홍대용은 엄성, 반정균에게 작별 시를 지어주었고, 김재행은 「난공과 작별하며 주다[贈別蘭公]」를 써주었다.

24일, 홍대용은 엄성, 반정균, 육비와 서신을 교환하며 「농수각 혼천의 기사(籠水閣渾天儀記事)」를 전달했다. 25일에도 이들과의 서신 교류가 계속 이어졌다. 26일, 홍대용과 김재행은 엄성, 반정균, 육비를 방문해 문학과 학술을 주제로 필담을 나누었으며, 27일에는 홍대용이 세 사람에게 서신을 보냈고, 이에 육비가 답장과 함께 「농수각기(籠水閣記)」를 첨부해서 보내주었다. 28일, 홍대용과 엄성, 반정균, 육비는 서신 교류를 이어갔다. 이날 육비는 「이별의 그리움은 영원하니[參商萬古總悠悠]」라는 시를 지어 홍대용에게 주며 이별의 정을 표했다. 29일, 홍대용은 서신을 보내 작별을 고했다.

그 후에도 홍대용은 이들과의 시문 교류를 계속 이어갔는데, 홍대용의 『담헌서』 내집 3권에 의하면, 홍대용은 세 사람에게 각각 시 「엄 철교 성에게 부치다[寄嚴鐵橋誠]」, 「또 추루에게 부치다[又寄秋庫]」, 「육 소음 비에게 부치다[寄陸篠飮飛]」를 지어주었다. 또한 『중사기홍대용수찰첩(中士寄洪大容手劄帖)』 권5에는 엄성이 민남(閩南) 객사에서 지어 담헌(홍대용)에게 보낸 시 두 수 「민남 객사에서 담헌께 드리는 시 2수[南閩寓館簡寄湛軒二首]」가 실려 있다. 한편, 반정균은 홍대용의 부친 홍역(洪櫟)의 죽음을 애도하며 지은 제시(祭詩) 「치적이 공수(龔遂) 및 황패(黃霸)와 어깨를 나란히 하네[治績並龔黃]」를 보냈으며, 이는 『담헌서』 내집 4권에 수록되어 있다.

2월 24일, 홍대용은 홍억·김선행과 함께 북경의 태학을 방문하여 조교 장원관(張元觀)과 교류했다. 이때 김선행은 장원관을 통해 육비의 인품에 대해 알아보았다. 같은 해, 홍대용은 장본(蔣本)·주응문(周應文) 등과 유리창의 서점 '미경재(味經齋)'에서 필담을 나누며 팔고문(八股文)·음식·궁실 등에 대해 논의했고, 『대학』의 첫 장인 「명덕(明德)」의 의미에 대해 함께 토론했다. 또한 흠천감(欽天監) 박사 장경(張經)과는 역법(曆法)에 관해 서신을 주고받았으며, 3월 2일에는 등사민(鄧師閔)과 삼하(三河)에서 만나 그의 선조 등백도(鄧伯道)와 조선의 의복에 관해 이야기했다. 등사민은 이 자리에서 홍대용에게 서첩 두 권을 선물했다. 이 내용은 모두 홍대용의 『담헌연기(湛軒燕記)』에 기록되어 있다. 3월 2일, 손유의(孫有義)와 조욱종(趙煜宗)은 삼하진(三河鎮)에서 홍대용과 그의 숙부 홍억을 방문했다. 홍대용은 손유의에게 과거 시험의 경의(經義)와 장례 음악의 예법을 물었고, 조욱종은 조선인의 서예는 누구의 필체를 모방하는지를 물었다. 이외에 손유의는 홍억에게 시를 요청하였고, 홍억은 연경에서 남방의 거인과 이별할 때 지었던 시 「동해삼천리(東海三千里)」를 보여주었다. 손유의는 즉시 "문학의 경지 일찍 이뤄 동년배 뛰어넘네[夙企文風邁等倫]"라는 절구로 화답하며, 이후에도 홍대용과 서신 교류를 이어가기로 약속했다. 이 역시 『담헌연기』에 수록되어 있다.

홍대용과 손유의, 조욱종은 헤어진 후에도 시와 서신을 주고받으며, 계속해서 교류를 이어갔다. 홍대용은 「반 추루 정균에게 전하는 말, 삼하 귀로에서 지은 시[寄潘秋庫庭筠語, 三河歸路逢人酬詩]」를 지어 손유의에게 보냈는데, 이 시는 『담헌서(湛軒書)』 내집 제3권에 수록되어 있다. 손유의 또한 「담헌 존형께 삼가 답하며 가르침을 청하다[更奉答湛軒尊兄, 兼祈教正]」라는 시를 홍대용에게 보냈으며, 이는 『계남척독(薊南尺牘)』에 기록되어 있다. 홍대용은 또 조욱종에게 「조 매헌 욱종에게 부치다[寄趙梅軒煜宗]」라는 시를 보냈는데, 이 역시 『담헌서』 내집 제3권에 실려 있다. 같은 해 3월 4일, 홍대용은 송가성(宋家城)에서 서생 송씨와 만나 그들의 관직과 성채의 파손 정도에 대해 질문했다. 3월 7일에는 숙부 홍억, 부사 김선행과 함께 영평부(永平府)에서 하남한관(河南漢官)의 지방관리 가희(賈熙)를 만나 필담으로 지현의 녹봉에 대해 논의했다.

3월 9일, 홍대용은 팔리포(八里鋪)에서 손진사(孫進士)와 만나 관직 제도와 품급, 조선의 과거제도, 숭상하는 문체 등에 대해 논의했다. 손진사의 정확한 성명은 확인되지 않지만, 홍대용은 그에게 현지의 명승고적과 관문의 유래 등에 대해서도 질문했다. 3월 22일, 홍대용은 심양 납영수의 집에서 주학구와 교류하며 『역경(易经)』과 『시경(诗经)』 등의 경전 해석 방법에 대해 필담으로 논의했다. 3월 27일, 홍대용은 첨수점(甜水店)에서 산서 출신 공생(貢生) 백씨를 만났다. 백씨는 서예 작품을 요청했고, 홍대용은 복사꽃을 소재로 시를 지어달라고 요청했다. 이에 백씨는 오언절구 「말을 채찍질하여 변방으로 달려가다[策馬赴邊關]」와 칠언율시 「조선을 거쳐 상구로 직행하다[取道朝鮮直上溝]」를 각각 한 수씩 지어주었다.

4월 1일, 홍대용은 책문(柵門)에서 심양의 호부 원외랑(員外郎) 희(希)씨와 필담을 나누며 조선 왕실의 성씨 문제 등을 논의했다. 희씨는 특히 조선의 과거제도, 풍속 습관, 서화 예술의 경향 등에 깊은 관심을 보였다. 이상의 교류 내용은 모두 홍대용의 『담헌연기』에 상세히 기록되어 있다.

1767년(건륭 32년, 영조 43년)

홍대용은 서광정(徐光庭)과 직접 만나지는 못했지만, 같은 해 서신을 보내 엄성과 반정균에게 서적을 전달해 줄 것을 부탁하였다. 서광정은 자가 요감(堯鑒), 호가 낭정(朗亭)이며, 항주의 거인으로 반정균의 사촌형이다. 그러나 서광정은 서신 왕래를 내켜하지 않았고, 두 사람의 서신 교류는 오래 지속되지 못하였다. 홍대용의 첫 번째 편지는 『항전척독(杭傳尺牘)』에 수록되어 있다. 현재 서광정이 홍대용에게 보낸 편지 두 통은 『연항시독(燕杭詩牘)』에 수록되어 전해지고 있다. 같은 해, 등사민(鄧師閔)은 홍억(洪檍)에게 편지를 보냈다. 이 두 사람은 삼하(三河)에서 알게 되었는데, 등사민은 편지에서 홍억과의 만남을 회상하며 「정축년 새해 19일, 구하(泃河)가의 퇴일보거(退一步居)에서 쓰고, 유로(幼老) 선생님께 공손히 올려 고견을 청하다[丁丑新正十九日, 書於臨泃退一步居中, 恭呈幼老先生斧政]」라는 시로 이별의 정을 표현하였다. 이 편지는 『중사기홍대용수찰첩』에 실려 전한다.

1768년(건륭 33년, 영조 44년)

이해에 홍대용은 주문조(朱文藻)와 교류하였다. 정월 25일, 주문조는 홍대용에게 보낸 서신에서 「철교(鐵橋) 둘째 형의 시운(詩韻)을 따라 차운(次韻)하여, 담헌(湛軒) 선생님께 삼가 올리다[追次鐵橋二兄韻奉寄湛軒先生]」라는 시를 전했다. 이 서신은 『중사기홍대용수찰첩(中士寄洪大容手劄帖)』 권6에 수록되어 전한다. 홍대용은 서신을 받은 후 경자년(庚子年)에 주문조에게 답장을 보냈는데, 이 내용은 홍대용의 『항전척독(杭傳尺牘)』에 기록되어 있다. 홍대용은 엄성(嚴誠)의 부친 및 그의 아들 엄앙(嚴昂)과는 직접 만나지 못했지만, 같은 해 엄앙에게 서신을 보내 엄성의 죽음을 애도하는 한편, “부친을 영원히 추모하며 그의 뜻을 계승해 나가기를” 권하였다. 「엄 어르신께 드리는 편지[與嚴老先生書]」는 『항전척독』과 『일하제금집』에 수록되어 있다. 1774년(갑오년) 엄앙이 홍대용에게 보낸 편지는 『중사기홍대용수찰첩』 권6에 실려 있으며, 1778년(무술년) 홍대용이 엄앙에게 보낸 서신은 『항전척독』에 실려 있다.

1769년(건륭 34년, 영조 45년)

이해에 주덕홰(朱德翽)와 적윤덕(翟允德)이 홍대용에게 보낸 서신은 『계남척독』에 수록되어 있다. 서신 내용으로 미루어 볼 때, 이 두 사람은 삼하(三河)의 관염점(官鹽店)에서 일하던 인물로 추정되며, 홍대용과의 추가적인 교류 여부는 정확히 확인되지 않는다.

1770년(건륭 35년, 영조46년)

이해에 홍대용은 반기상(潘其祥)에게 서신을 보냈으며, 이는 『일하제금집(日下題襟集)』의 「홍고사(洪高士)」 편에 수록되어 있다. 반기상의 생애에 관해서는 상세한 기록이 남아있지 않아 고증이 필요하지만, 삼하(三河) 관염점(官鹽店)과 관련된 인물로 추측된다. 이 서신의 내용으로 미루어 볼 때, 두 사람은 홍대용이 중국에서 머물던 시절에 알게 된 것으로 보인다. 다만 추가적인 교류가 있었는지에 대해서는 확인할 수 없다.

1775년(건륭 40년, 영조51년)

이해에 주보선(朱葆善)이 홍대용에게 보낸 서신은 『중사기홍대용수찰첩』 권3에 수록되어 있다. 주보선의 생애에 관해서는 현재 확인되는 바가 없지만, 역시 삼하(三河) 관염점(官鹽店)과 관련된 인물로 추측된다. 이 두 사람 사이의 추가적인 교류 사실에 대해서는 상세한 기록이 남아있지 않다.

약 1777년(건륭 42년, 정조 원년)

이해에 서충(徐忠)이 홍대용에게 보낸 편지는 『중사기홍대용수찰첩』 권4에 실려 있다. 이 편지의 내용을 통해 서충이 손유의(孫有義)의 문하생이라는 것은 확인할 수 있지만, 두 사람 간에 다른 왕래가 있었는지에 대해서는 알 수 없다.

제4장

18세기 후반 중한 문인 교류 개관

1772년(건륭 37년, 영조 48년)

이해에 조선의 역관 이언용(李彦容)은 청나라 한림(翰林)의 주후원(周厚轅)과 필담을 나누었다. 주후원은 「이언용에게 드리다[贈李彦容]」라는 시를 지었으며, 이 시는 유득공(柳得恭)의 『중주십일가시선(中州十一家詩選)』에 수록되어 있다. 유득공의 『병세집(並世集)』 권1에도 동일한 시가 실려 있지만, 제목은 「서상관(庶常館)에서 조선객(朝鮮客)에게 드리다[庶常館, 贈朝鮮客]」로 기록되어 있다.

1773년(건륭 38년, 영조 49년)

이해에 조선의 문신 이서구(李書九)와 청나라의 문인 곽집환(郭執桓)은 서로 직접 대면한 적은 없지만, 홍대용(洪大容)의 소개로 인연을 맺게 되었다. 이 인연으로 이서구는 곽집환을 위해 여러 수의 시를 지었는데, 그중에는 「임분(臨汾) 출신 곽정근(郭廷覲) 집환의 담원(澹園)에서 홍담헌(洪湛軒)을 위해 지은 시 3수[臨汾郭廷覲(執桓)澹園詩爲洪湛軒(大容)作三首]」도 있다. 이 시들은 이서구의 문집 『강산전서·강산초집(薑山全書·薑山初集)』 권1에 실려 전해지고 있다.

1774년(건륭 39년, 영조 50년)

이해에 조선의 문신 엄숙(嚴璹)과 임희간(任希簡)은 사절단의 일원으로 북경에 출사하였다. 2월 2일, 이 두 사람은 청나라의 서길사 구정융(邱庭漋), 허조춘(許兆椿)과 필담을 나누며, 『사고전서(四庫全書)』의 편찬 작업과 『영락대전(永樂大典)』의 교정 상황 등에 대해 논의했다. 이후 한림(翰林)의 평서(平恕)가 합류하여 과거의 은과(恩科) 제도와 『고금도서집성(古今図書集成)』의 간행 현황 등에 대한 담론을 이어갔다. 이 교류의 내용은 엄숙의 『연행록』에 기록되어 전한다.

1776년(건륭 41년, 영조 52년)

이해 겨울, 조선의 문신 채제공(蔡濟恭)은 청나라의 부칙(副勅) 숭귀(嵩貴)가 연행 도중 지은 시를 평론하였다. 숭귀(嵩貴)는 귀국 직전 채제공에게 『도시본의(陶詩本義)』를 선물로 주었는데, 이 일은 채제공의 문집 『번암집(樊岩集)』 권56에 수록된 「청나라 사신이 선물해준 <도시본의>에 부치는 글[題清使所贈<陶詩本義>後]」을 통해 확인할 수 있다.

1777년(건륭 42년, 정조 원년)

이해 유금(柳琴)과 이조원(李調元)이 교류하였다. 정월에 유금은 이조원을 방문해 최근에 지은 저술을 요구한 적이 있는데, 이 일은 이조원의 「한객건연집서(韓客巾衍集序)」에 기록되어 있다. 첫 만남에서 유금은 이조원에게 『한객건연집』의 서문을 부탁했고, 이 서문은 박제영(朴濟永)이 주(注)를 달고 백두용(白斗鏞)이 교감한 『전주사가시(箋注四家詩)』에 수록되어 있다. 이 두 사람은 시를 주고받았는데, 이조원은 「기하(幾何) 유공(柳公)이 방문하다[幾何柳公來訪]」를 지었으며, 이 시는 유득공의 『병세집』 권1에 수록되어 있다. 유금은 생일시 「오늘 밤은 어떤 밤인가[今夕是何夕]」를 지어 이조원에게 선물했고, 이 시는 이조원의 『우촌시화(雨村詩話) 교정(校正)』 권16에 전한다. 또한 이 두 사람은 서신도 교환했는데, 현재 『동화필화집(東華筆話集)』에는 이조원이 유금에게 보낸 편지 4통이 실려 있다.

이해에 서호수(徐浩修)와 이조원은 직접 만나지는 못했지만, 서신과 시, 책을 교환하며 교류했다. 이조원은 서호수의 "견일정(見一亭)"을 위해 「견일정(見一亭)에 제한 시, 서부사(徐副使) 호수(浩修)의 견일정(見一亭)에 부치다(2수), 서문을 함께 짓다[寄題徐副使浩修見一亭二首, 並序]」를 지었으며, 이 시는 이조원의 『동산집(童山集)』 권19에 수록되어 있다. 서호수는 이조원에게 답신을 보냈고, 이는 이조원의 『월동황화집(粵東皇華集)』 첫머리에 실려 있다. 이조원은 『간운루집(看雲樓集)』과 『향시록(鄉試錄)』을 서호수에게 선물했으며, 자신이 쓴 「성원을 추억하다[憶醒園]」라는 시를 함께 보냈다. 이 일은 이조원의 답신에 기록되어 있으며, 그 답신은 『동문신교(同文神交)』에 실려 있다.

이해 유금(柳琴)은 북경에서 이정원(李鼎元)과 만나 교류했는데, 이는 이정원이 유금에게 보낸 편지 「가형(家兄)께서 약속을 정하셨는지 알 수 없습니다……[未知家兄約定否……]」에 기록되어 있다. 또한 이 편지에는 두 사람의 만남을 묘사한 시도 수록되어 있는데, 그 제목은 「작은 시를 지어 탄소 선생께 바치며, 곧바로 가르침을 청합니다. 나강 이정원 묵장 화희[小詩奉贈彈素先生, 即請大教。羅江李鼎元墨莊和禧]」이다. 이 편지는 『동화필화집(東華筆話集)』에 실려 있고, 시는 유득공(柳得恭)의 『병세집(並世集)』 제1권에 「기하 주인에게 드리다[贈幾何主人]」라는 제목으로 수록되어 있다. 현재 이 두 사람이 주고받은 편지 중 이정원이 유금에게 보낸 편지 4통이 『동화필화집』에 보존되어 있다.

이해 유금(柳琴)은 연경(燕京)에 들어가 이조원(李調元)을 통해 반정균(潘庭筠)에게 『한객건연집(韓客巾衍集)』을 전달했지만, 직접 만나지는 못하였다. 반정균은 『한객건연집』 서문을 작성하였다. 같은 해 북경에서 반정균은 유금에게 편지를 보냈고, 이는 반정균의 「한객건연집서(韓客巾衍集序)」에 기록되어 있다. 이후 두 사람은 계속 서신을 교환했으며, 이 편지들은 『동화필화집(東華筆話集)』에 수록되어 있다. 같은 해 유금은 청나라 영평부(永平府)의 수재(秀才) 이미(李美)와 문학 교류를 나누었다. 이미는 시집 한 권을 유득공(柳得恭)에게 선물했고, 이는 유득공의 『중주십일가시선(中州十一家詩選)』에 기록되어 있다.

이해 유금이 연경에 머무는 동안 축덕린(祝德麟)은 그에게 문집을 선물하였다. 이 일화는 유득공(柳得恭)의 『중주십일가시선(中州十一家詩選)』과 이덕무(李德懋)의 『청장관전서(青莊館全書)』 제54권 모두에 수록되어 있다. 또, 북경에서 유금은 박명(博明)과 필담을 나누며 국가 전고와 군현제도(郡縣制度)의 변천 등을 논의하였다. 이때 박명은 팔분서체(八分書)로 "기하실(幾何室)"이라는 편액을 써서 유금에게 선물했고, 이 일화는 『중주십일가시선』에서 확인할 수 있다. 이와 별도로 유금은 이조원(李調元) 가문의 문학 시종(侍從)인 호종(胡琮)과도 교류하였다. 현재 호종이 유금에게 보낸 친필 서한 한 통이 『동화필화집(東華筆話集)』에 수록되어 전해지고 있다.

이해 나걸(羅杰)은 중국에 출사하여 북경에서 박명과 교류하며, 필담을 나누었는데, 그 내용은 공비(碩妃) 사건에 관한 것이다. 이는 이덕무의 『청장관전서』 제60권에 기록되어 있다.

이서구는 이조원, 반정균, 축덕린 등과는 직접 만나지 못했지만, 이해부터 이들 사이에 문학적 교류가 이루어졌다. 이해 유금은 『한객건연집』을 가지고 연경에 들어갔고, 이에 이조원은 이서구의 시를 읽어 볼 수 있었다. 이들은 이서구의 『강산집』에 서문, 발문, 평론 등을 작성하였고, 이는 『전주사가시(箋注四家詩)』에 기록되어 있다. 또 이들은 이서구와 시문을 주고받았는데, 이조원, 반정균, 축덕린은 각각 이서구의 『강산초집(薑山初集)』에 서문을 작성하였으며, 이 서문들은 이서구의 『강산초집』에 수록되어 있다. 이서구는 이조원과 반정균에게 「이 우촌 조원을 그리워하다, 3수(懷李雨村調元三首)」, 반 추루 정균(庭筠)의 정유년(丁酉) 원석(元夕) 운을 빌려 회포를 부치다[用潘秋庫庭筠丁酉元夕韵寄懷]」 등의 시를 보냈고, 이 시들은 이서구의 『강산초집』에 실려 있다.

1778년(건륭 43년, 정조 2년)

이해 5월 8일, 조선의 문신 채제공(蔡濟恭), 이덕무, 박제가 등은 무녕현(撫寧縣)에서 서학년(徐鶴年)을 방문하여 필담을 나누었지만, 자세한 필담 내용은 알 수 없다. 이 일화는 이덕무의 『입연기(入燕記)』에 기록되어 있다. 채제공은 「서진사 댁을 방문하다[訪徐進士家]」라는 제목의 칠언절구 5수를 지었으며, 이 시는 『번암집(樊岩集)』 권13에 수록되어 있다. 이덕무 또한 「무녕현 서소분 가문에 제하다[題撫寧縣徐紹芬家]」라는 시를 지었는데, 이 작품은 『청장관전서(青莊館全書)』 권11에 실려 있다.

5월 10일, 풍윤현에서 심염조(沈念祖)는 수재 동영기(董榮圻), 동월곤(董越堃) 형제와 교류하였다. 심염조는 이들의 경의(經義)에 대한 글을 평론하였다. 같은 날, 그는 풍윤현에서 곡응태(谷應泰)의 5대손과 필담을 나누었는데, 그 내용은 곡응태 가문이 겪은 박해의 역사에 관한 것이다. 5월 12일, 심염조는 옥전현(玉田縣)에서 수재 주술증(朱述曾)에게 자신의 초상을 그리게 하였다. 이 일화는 이덕무의 『입연기(入燕記)』에 기록되어 있다.

이해에 채제공은 북경의 법장사(法藏寺)에서 이정원, 반정균과 필담을 나누었다. 이별을 앞두고 채제공은 「주초장가(走草長歌) - 반정균·이정원과 이별하며[走草長歌, 贈潘庭筠、李鼎元爲別]」이라는 시를 지었는데, 이 작품은 『번암집(樊岩集)』 권13에 수록되어 있다. 같은 해, 그는 무녕현의 서진사(徐進士) 집을 방문하여 「서진사 댁을 방문하다[訪徐進士家]」라는 시를 지었으며, 이 시는 그의 『함인록(含忍錄)』에 전한다.

이해 6월, 반정균(潘庭筠)은 조선 문사 홍대응(洪大應)의 『대동풍아(大東風雅)』의 서문을 지었으며, 이는 『후지츠카 치카시 기증 추사자료전Ⅲ(藤塚鄰寄贈 秋史資料展Ⅲ)』에 수록되어 있다. 또한 그는 「담헌 선생 예석(湛軒先生禮席)」이라는 서한을 홍대응에게 보냈는데, 이 편지는 『중사기홍대용수찰첩(中士寄洪大容手札帖)』 권5에 전한다. 이서구(李書九)는 이정원(李鼎元), 심심순(沈心醇)과 직접 만나지는 못했지만, 이때부터 이덕무(李德懋)가 가져온 『열상주선집(洌上周旋集)』과 이서구의 『강산초집(薑山初集)』을 통해 이정원, 심심순 이 두 사람은 이서구의 시를 접할 수 있었다. 이정원은 「강산 시집 뒤에 제하다[題薑山詩集後]」라는 시를 지었으며, 심심순은 「시집 중의 명구(名句)는 내가 포존시화(匏尊詩話)에 이미 수록한 바 있어 이를 제목으로 삼다[集中名句余已采入匏尊詩話因題]」라는 시를 지었다. 이 두 작품은 모두 이서구의 『강산초집(薑山初集)』에 수록되어 있다.

1780년(건륭 45년, 정조 4년)

이해 8월, 노이점(盧以漸)은 병부원외랑(兵部員外郎) 박명(博明)과 북경에서 만나 여러 차례 필담을 나누었다. 8월 10일과 22일에는 중국 유학의 발전과 변화, 청나라의 과거제도 등에 대해 논의하였으며, 8월 14일과 9월 1일에는 서신으로 율시를 주고받았다. 다만 이 시들의 구체적인 내용은 확인할 수 없다. 이상의 모든 교류 내용은 노이점의 『수사록(隨槎錄)』에 상세히 기록되어 있다.

1782년(건륭 47년, 정조 6년)

이해 홍양호는 청나라에 사신으로 파견되어 한림(翰林)의 대구형(戴衢亨)과 직접 만나지는 못했지만, 시문과 서신을 교환하였다. 이 편지는 『이계집』 제15권에 수록되어 있다. 대구형이 회답과 함께 첨부한 전행시(餞行詩) 「압록강 가에 봄물이 차오르니[鴨綠江頭春水生]」는 『동문신교(同文神交)』에 실려 있다. 이후에도 두 사람은 계속 서신을 교환하였으며, 이 교류 기록 역시 『동문신교』에 기록되어 있다.

이해, 홍양호는 무녕현(撫寧縣)에서 진사(進士) 서소신(徐紹薪)을 방문하고 「무녕현에서 서진사 소신을 방문하여, 함께 회심정에 올라 시를 남기다[撫寧縣, 訪徐進士紹薪. 携登會心亭, 留贈]」라는 시를 지었다. 이 시는 홍양호의 『이계집』 제6권에 수록되어 있다. 서소신은 「석춘사 4수(惜春詞四首)」로 답례하였으며, 이 작품은 『동문신교(同文神交)』에 전해진다.

이해, 『연행기저(燕行記著)』의 저자(익명)는 청나라의 승려 체찬(體燦)에게 「체찬에게 드리다[贈體燦]」라는 시를 지어주었다. 이 시는 『연행기저(燕行記著)』에 수록되어 있다.

1783년(건륭 48년, 정조 7년)

이해, 홍양호(洪良浩)는 북경에서 예부상서(禮部尙書) 덕보(德保)와 시문을 주고받았다. 홍양호는 시 「예부상서 덕보가 궐에 입조할 때 정중히 청하며… 시를 구하니 이에 써 드리다[禮部尙書德保致款於詣闕時…求詩筆, 書此以贈]」를 지었으며, 이 시는 『이계홍양호전서』 제6권에 수록되어 있다. 덕보는 「예부상서가 차운하다[禮部尙書次韻]」로 화답하였는데, 이 작품은 『동문신교』에 전한다.

또한 홍양호는 「서재 박명이 응제 운을 지어 보이니, 이에 화운하여 주다[西齋博明次應制韻以示, 遂和以贈]」를 지었으며, 이 시 역시 『이계홍양호전서』 제6권에 실려 있다. 『동문신교』에는 박명(博明)의 원운(原韻) 원고가 수록되어 있는데, 그 제목은 「봄날 조선 사신의 응제 원운에 화답하다[春日, 和朝鮮使者應制元韻]」이다. 같은 해 홍양호는 「원명원에서 응제하다[圓明園應制]」를 지어 청나라 건륭황제의 시에 화답하였으며, 이 작품도 『이계홍양호전서』에 전해진다.

이해, 호부시랑(戶部侍郎) 김간(金簡)이 초원 소상첩(蕉園小像帖) 『녹천도(綠天圖)』를 보내주어 홍양호는 이를 보고 긴 글을 지어 첨부하였다. 이 시는 홍양호의 『이계집』 제6권 「연운기행(燕雲紀行)」에 실려 있다.

이해, 유관(楡關)에서 홍양호(洪良浩)는 제패련(齊佩蓮)과 교류하였으며, 홍양호는 「유관에서 제 선생 패련에게 주다(榆關贈齊秀才佩蓮)」라는 시를 지었다. 이 시는 홍양호의 『이계홍양호전서(耳溪洪良浩全書)』 제6권에 실려 있다. 홍양호는 또한 제패련의 시집에 평을 남기기도 했지만, 그 내용은 확인되지 않는다. 이 일은 이재학(李在學)의 『계축연행시(癸丑燕行詩)』에 실린 시 「유관의 여관에서 제패련 선생의 시운에 차운하다[榆關店舍, 次齊秀才佩蓮見贈韵]」의 주석에 기록되어 있다.

이해, 고죽성(孤竹城)에서 홍양호는 이미(李美)와 만났고, 이미는 자신의 처지와 고죽의 고적(古蹟) 등에 대해 이야기하였다. 이 일은 홍양호의 『이계집(耳溪集)』 제16권 「한창려가 쓴 백이·숙제 독서대 현판에 제하다[題韓昌黎書夷齊讀書處大字]」에 기록되어 있다.

이해, 정존겸(鄭存謙)은 동지겸사은정사(冬至兼謝恩正使), 홍양호는 부사(副使)로 참여한 조선 사절단은 청나라의 건륭황제에게 시를 바쳤다. 이 일은 『정조실록(正祖實錄)』에 기록되어 있다.

이해, 이전수(李田秀)는 성절겸문안사절단(聖節兼問安使團)으로 심양에 갔다. 7월 20일 그는 책문(柵門) 앞에서 왕씨(王氏)와 복식을 논의했고, 다음날 봉성학당(鳳城學堂)에서 문인 고씨(高氏)와 학문에 대해 논의했다. 7월 29일 이만수(李晩秀)와 관제묘(關帝廟)에서 구품사관(九品史官)을 만나 그가 그린 부채의 시구(詩句)를 칭찬했다. 8월 들어 이전수의 학문 교류는 더욱 활발해졌다. 8월 3일 청나라의 4품 관원 네 명과 정사를 논의했고, 8일 이만수와 함께 선총(宣聰)의 집을 방문했다. 선총을 만나진 못했지만, 그의 동생과 필담을 나누며 선총의 관직과 배경을 알게 되었다. 18일 봉천부(奉天府) 효자사(孝子祠)에서 한족 수재 세 명과 시문을 주고받았고, 다음날 수재 양씨(楊氏)와 장씨(張氏)가 찾아와 과거제도에 대해 논의했다. 9월 14일 수재 양씨(楊氏)와 장씨(張氏)가 방문해 청나라 황제의 과거 설치와 사동(查桐)의 근황을 전했다. 이전수는 해주(海州) 단생(單生)과 교류하며 『매헌유초(梅軒遺草)』를 감상했고, 주금(周錦)을 찾아 필담을 나눈 뒤, 단생에게 「부채에 제하다[題扇面]」라는 시를 주었다.

8월 23일 심양에서 이전수는 유극유(劉克柔)와 그의 신상에 관해 필담을 나누었다. 후에 그는 만인(滿人) 칠극탕아(七克湯阿)와 함께 유극유 집을 방문해 조선 국명의 의미에 대해 논의했다. 28일 이전수와 이만수는 다시 유극유 집을 찾았지만, 필담 내용은 알려지지 않았다. 이상의 모든 일화는 이전수의 『농은입심기(農隱入瀋記)』에 기록되어 있다.

이해, 이전수와 이만수는 심양에서 청나라 문인 장우령(張又齡)과 필담을 나누었고, 시문과 서신을 주고받으며 교류했다. 이들의 교류는 8월 23일부터 9월 22일까지 이어졌다. 또한 이들의 우정은 학문적 토론으로 가득한 한 차례의 필담에서 시작되었는데, 『명시종』의 조선 시에 대한 주석 오류, 청나라의 과거제도 현황, 문인의 어려움, 선학(禪學)의 정교함 등을 논의하였다. 이후 서로 방문하며 주로 전겸익과 왕사정 같은 명청 초기 명사들의 학문적 성과, 심덕잠(沈德潛)의 『설시수어(說詩晬語)』와 중국 시의 압운 기법 등에 대해 깊이 있게 논의했다. 이씨 형제와 장우령의 교류가 갈수록 깊어지면서 이들은 『시우산집(施愚山集)』 등의 서적을 교환함은 물론 조선의 의관과 중국 여성의 전족 풍습 등 문화적 차이에 대해서도 토론했다. 장우령은 소장한 서화를 꺼내 이씨 형제에게 시를 지어 줄 것을 청하기도 했다. 작별을 앞두고 장우령은 「두 이 군의 동쪽으로의 귀환에 드리는 서문[贈李二君東歸序]」을 선물했고, 이전수는 진찬(眞贊)과 제후문(題後文) 한 편으로 답례했다. 이 일은 이전수의 『농은입심기』에 기록되어 있다.

이해, 심양에서 조선의 정사 이복원(李福源), 부사 오재순(吳載純), 서장관 윤확(尹矆) 등은 건륭황제의 시에 화답시를 지었다. 건륭황제의 시 「옥백(玉帛)이 자주 계유(薊幽)로 들어가네[玉帛尋常入薊幽]」에 대해 정사 이복원은 「곧바로 북쪽 요봉(堯封) 고대 기유(冀幽)라네[直北堯封古冀幽]」, 서장관 윤확은 「해마다 피폐(皮幣)가 연유(燕幽)로 들어가네[年年皮幣走燕幽]」, 유경명(柳景明)은 「곧바로 북쪽 연산(燕山) 적세(磧勢) 유묘(幽渺)하도다[直北燕山磧勢幽]」, 이전수는 「압록강 물결 넓고 홀산(鶻山) 유유(幽幽)하네[鴨江波闊鶻山幽]」, 이학원(李學源)은 「향연(香煙)에 싸인 구중유(九重幽) 가득하도다[香煙攏滿九重幽]」를 지었다. 부사 오재순과 이만수 등의 화답시는 전해지지 않는다. 이 시들은 이전수의 『농은입심기(農隱入瀋記)』 "부록"에 수록되어 있다.

9월, 성경(盛京)에서 청나라 건륭황제는 「임금을 맞이하며 장수 빌고 신하의 예우를 다하다[迎鑾祝壽陪臣价]」라는 시를 지어 조선의 국왕에게 선물했다. 이 시는 『청고종실록(清高宗實錄)』 권1188에 실려 있다. 정사 이복원은 화답시 「가을의 아름다운 날, 풍요로운 땅에서[蓐收佳節岐豐地]」, 부사 오재순은 「상서로운 빛이 황도에 비추니, 임금의 수레가 이르네[瑞暉黃道鑾轡至]」를 지었다. 상술한 시와 일화는 이전수의 『농은입심기(農隱入瀋記)』에 기록되어 있다.

이해, 서형수(徐瀅修)는 진숭본(陳崇本)과 직접 만나지는 못했지만, 두 사람은 교류를 나누었다. 계묘년(癸卯年), 진숭본은 서형수의 『학도관(學道關)』 서문을 작성했고, 이 서문은 서형수의 『명고전집(明皐全集)』에 실려 있다. 이후 두 사람은 서신을 주고받았으며, 서형수는 「진 편수 숭본에게 드리다[與陳編修(崇本)]」를 지었다. 이는 『명고전집(明皐全集)』 권5에 수록되어 있다.

이해, 이희경(李喜經)은 중국에 사신으로 가서 대구형(戴衢亨)을 알게 되었고, 필담과 시문 교류 등을 나누었다. 대구형은 이희경의 『윤암집(綸庵集)』 서문을 작성했다. 이 일은 대구형의 『「윤암집」 서(綸庵集序)』와 이희경의 『윤암집(綸庵集)』에 실려 있다.

이해, 홍인모(洪仁謨)는 아버지 홍낙성(洪樂性)을 따라 중국에 사신으로 갔고, 북경에 도착한 후 방유한(方維翰), 노훤(盧烜) 등과 교류를 가졌다. 이 일은 홍석주(洪奭周)의 「선고 우부승지증

영의정 부군 가장(先考右副承旨贈領議政府君家狀)」과 홍석주 『연천집(淵泉集)』 권35에 기록되어 있다. 홍인모와 노휜은 필담을 나누었는데, 주로 홍인모의 상황 등과 관련된 내용이었다. 이 일은 청나라 사람 유교(俞蛟)가 쓴 『몽창잡저(夢廠雜著)』 권2에 실려 있다.

1784년(건륭 49년, 정조 8년)

이해, 조선의 문사 홍낙성은 영평부에서 청나라 문인 이미와 교류했는데, 이미는 "이제독서처(夷齊讀書處)" 다섯 글자와 『가정각고적비(嘉靖刻古迹碑)』 한 권을 선물하면서 「유산기(遊山記)」를 첨부하였다. 이 일은 홍양호의 『이계집』 권16의 「한창려가 쓴 백이·숙제 독서대 현판에 제하다[題韓昌黎書夷齊讀書處大字]」에 기록되어 있다.

같은 해, 조회옥은 조선 문사 이희명(李喜明), 이승훈(李承薰)에게 시를 지어주었는데, 제목은 「서호부 대용재에서 고려의 기록관 이희명과 진사 이승훈을 만났다. 그들이 시를 청하니 각각 한 편씩 지어 주었다[徐戶部大榕齋中, 晤高麗記室李(喜明), 進士李(承薰). 索詩, 各贈一首]」이다. 이 시는 조회옥의 『역유생재집시(亦有生齋集·詩)』 권9에 실려 있다.

이해, 대심형은 홍양호의 연행시 작품을 읽고 평을 남겼는데, 이는 홍양호의 『이계집』 권6에 기록되어 있다. 대심형과 홍양호 이 두 사람은 직접 만나지 못해서 서신을 주고받았으며, 이들의 서신 두 통은 『동문신교(同文神交)』에 실려 있다. 이 두 사람은 서로 물건도 선물했는데, 홍양호는 동지(東紙), 고첩(古帖) 등을 보냈고, 대심형은 『부자묘당비(夫子廟堂碑)』 탁본, 묵연(墨硯) 등을 보냈다.

이해 12월 5일, 조선의 정조는 이복원과 홍양호에게 청나라 부칙(副勅)에게 화답하는 시 "온 천하가 모두 황제의 덕과 인에 귀의하니[率普咸歸帝德仁]"와 청나라 상칙에게 드리는 시 "작은 조공국이 어진 통치의 은혜를 과도하게 입어[藩服偏蒙字小仁]"를 각각 지어, 청나라의 사신 서명(西明)과 아숙(阿肅)의 시에 화답하도록 하였다. 이 시와 일화는 『승정원일기(承政院日記)』 「정조 8년 12월 5일」 조에 기록되어 있다.

1785년(건륭 50년, 정조 9년)

이해, 영평부(永平府)에서 김조(金照)는 청나라 문인 이미(李美)와 필담을 나누면서 한창려(韓昌黎)의 독서처(讀書處) 등에 대해 이야기하였다. 같은 해, 북경에서 김조(金照)는 청나라 문인 서대용(徐大榕), 주경귀(朱景貴)와 필담을 나누면서 중국의 특산물(特産物), 북경의 유리창(琉璃廠) 등에 대해 이야기하였다. 같은 해, 북평점(北平店)에서 김조(金照)는 무과 거인(擧人) 계원룡(桂元龍)과 만나 필담과 시를 주고받았지만, 시는 상세하지 않으며, 필담에서는 산해관(山海關), 장성(長城)의 역사적 연원(淵源) 등에 대해 이야기하였다. 이 일화는 김조의 『연행록(燕行錄)』에 기록되어 있다.

2월 6일, 북경에서 사은 사절단의 서장관(書狀官) 이정운(李鼎運)은 아숙(阿肅)과 필담을 나누었다. 이때 아숙(阿肅)은 조선에 사신으로 갔을 때 국왕의 배려에 감사를 표했고, 이정운(李鼎運)은 아숙(阿肅)이 귀국 후에 조선 국왕의 시(詩)를 청 황제(淸皇帝)에게 바친 것에 대해 감사의 뜻을 표하였다. 이 일은 『정조실록』 권19에 기록되어 있다.

같은 해, 조선 사절단의 박명원, 윤승열 등은 덕보(德保)와 시를 주고받았는데, 시의 내용은 상세하지 않다. 박명원, 윤승열은 또한 강남 사람 적상(狄翔), 강서 사람 대균원(戴均元)과 필담을 나누었는데, 필담의 내용은 모두 아숙의 상황과 관련이 있는 내용이었다. 이 일은 『정조실록(正祖實錄)』 권19 「9년 2월 14일」 조에 기록되어 있다.

같은 해, 강세황은 청나라의 예부상서 덕보(德保)와 시를 주고받았다. 강세황은 「갑진년에 부사(副使)로 연경에 들어가 예부상서 덕보의 시에 화답하다, 3수[甲辰拜副使入燕京, 和禮部尚書德保三首]」 등의 시를 지었는데, 이는 강세황의 『표암고(豹庵稿)』 권2에 실려 있다. 덕보는 「조선(朝鮮) 강 부사(姜副使)의 『천수연(千叟宴)을 공경히 기록한 시(恭紀千叟宴詩)』 원운(元韵)에 삼가 화운하다[奉和朝鮮姜副使恭紀千叟宴詩元韵]」 등의 시를 지었다. 이휘지도 덕보와 시를 주고받았는데, 덕보는 「조선(朝鮮) 이 정사(李正使)의 『천수연(千叟宴)을 공경히 기록한 시(恭紀千叟宴詩)』 원운(元韵)에 삼가 화운하다[奉和朝鮮李正使恭紀千叟宴詩元韵]」라는 시를 지었고, 이는 후지츠카 치카시가 저술하고, 후지츠카 아키나오가 편찬한 『청조 문화 동전의 연구(清朝文化東傳の研究)』에 실려 있다.

같은 해, 건륭황제는 친필로 「어제천수연시(御製千叟宴詩)」를 지어 조선 사절단의 정사 이휘지, 부사 강세황에게 각각 한 장씩 증정하였다. 이 시는 『청조 문화 동전의 연구(清朝文化東傳の研究)』에 실려 있다. 강세황은 「천수연 시에 봉화하여 올리다(和進千叟宴詩)」를 지었는데, 이는 강세황의 『표암고(豹庵稿)』 권2에 실려 있다.

같은 해, 이휘지는 청나라의 이부상서 김간(金簡)과 만나 서신을 주고받았다. 김간은 『흠정중각순화각태석문(欽定重刻淳化閣帖釋文)』 전함 등을 이휘지에게 선물하였는데, 이 일은 『청조 문화 동전의 연구(清朝文化東傳の研究)』에 기록되어 있다. 이휘지는 또 박명(博明)과 교류하였다. 박명은 이휘지의 시에 화답한 시를 지었는데, 시제는 「노포 스승의 시구에 삼가 화답하다[奉和老浦師

相元韵]」이며, 한국 과천시문화원에 소장되어 있다.

같은 해, 강세황은 김간에게 시를 선물하였는데, 제목은 「정사의 운에 차운하며, 김상서에게 올리다[次正使韵, 呈金尚書简]」이다. 강세황은 병부원외랑 박명(博明), 화림(和琳)과 시를 주고받았으며, 강세황은 「박 서재 명이 주신 운에 차운하다[次博西齋明見贈韵]」, 「화 낭중 림에게 드리다[贈和郎中琳]」 등의 시를 지었는데, 이 시들은 모두 강세황의 『표암고(豹庵稿)』 권2에 실려 있다.

1786년(건륭 51년, 정조 10년)

이해, 심낙수(沈樂洙)는 청인과 교류하였다. 6월 21일, 그는 수재 백수(白琇)와 책문에서 필담을 나누며 중국의 부세 법과 조정의 인재 등용 방법에 대해 논의하였다. 7월 10일, 심낙수는 무녕현에서 진사 서소신(徐紹薪)을 방문하였고, 두 사람은 오석기(吳錫祺), 여집(余集) 등 중국에서 문장으로 이름을 떨친 인물들에 대해 이야기하였다. 윤7월, 심낙수는 귀국길에 다시 서소신을 방문하여 심덕잠(沈德潛)과 전겸익(錢謙益)의 서적이 금지된 사건에 대해 논의하였다. 윤7월 1일, 심낙수는 국자감에서 감관 경문(景文)과 필담을 나누며 쌍방의 신분과 석고(石鼓)의 이전 등에 관해 이야기하였다. 북경에서 심낙수는 거인 진목(陳木), 진사 우유광(虞友光)과 밀접하게 교류하였으며, 거인과 진사의 벼슬길 및 조선 문인 김재련(金載璉)의 근황에 대해 논의하였다. 심낙수는 또한 진목, 우유광과 서신을 주고받았지만, 그 내용은 알려지지 않았다. 9일, 심낙수는 우유광의 집을 방문하여 우유광의 형제와 아버지, 그리고 진목과 필담을 나누었는데, 경산 교습의 직책, 조선의 관직, 그리고 송나라 장준(張浚)의 후손 상황 등에 대해 이야기하였다. 이상의 일은 심낙수의 『연행일승(燕行日乘)』에 수록되어 있다.

홍양호와 서대용(徐大榕)은 한 번도 만난 적이 없지만, 이해 서대용은 홍양호 시집의 서문을 작성하였다. 이 서문은 『동문신교(同文神交)』에 실려 있다.

이해, 이희경(李喜經)은 두 번째로 중국에 출사하여 서대용과 만났다. 이 기간에 이희경은 서대용에게 홍양호 시집의 서문을 부탁하였고, 서문은 『동문신교』에 실려 있다. 서문의 내용에 따르면, 1786년(병오년) 이전에 서대용과 이희명(李喜明)은 만난 적이 있었음을 추측할 수 있다. 서대용은 이희경에게 「이 사천과 더불어 술을 마시며, 그에게 주다[與李驧泉會飲, 贈之]」라는 시를 지어주었다. 이 시는 유득공의 『병세집(幷世集)』 제2권에 수록되어 있다.

1788년(건륭 53년, 정조 12년)

이해, 무녕현에서 어석정(魚錫定)은 서소련(徐紹蓮)의 집에 머물면서 교류하였다. 어석정은 「서소련의 집에 들어가다(入徐紹蓮家)」라는 시를 지었으며, 이 시는 어석정의 『연행록』에 수록되어 있다.

이해 무렵, 북경에서 이명규(李命圭)는 노훤, 유교(俞蛟)와 교류하였다. 노훤은 이명규에게 '화려한 붓끝의 아름다운 글귀를 빨리 보기를 바라며, 옛 친구를 생각하다 새로운 친구를 얻네.(快睹綵毫傳麗句, 偶懷舊雨得新知)'라는 대련을 주었고, 유교는 이명규에게 「명을 받들어 자금성에 조공하러 오다 [銜命梯航覲紫宸]」라는 시를 지어주었다. 이상의 시와 일화는 유교의 『몽창잡저(夢廠雜著)』 제2권에 수록되어 있다.

1790년(건륭 55년, 정조 14년)

이해, 이성원(李性源)과 조종현(趙宗鉉)은 각각 진하사겸삼절년공사단의 정사와 부사로 북경에 출사하였다. 이 두 사람은 모두 「폐하께서 조선·유구·안남 사신들에게 내리신 어제시에 공경히 화답하다[恭和御製賜朝鮮琉球安南諸國使臣詩]」라는 화답시를 한 수씩 지었다. 이 일화와 시는 서세창(徐世昌)이 엮은 『만청의시회(晩晴簃詩匯)』 제200권에 수록되어 있다.

이해, 조선의 문사 서호수(徐浩修)는 북경에서 다수의 문인 관료들과 문화 교류를 하였다. 7월 16일, 서호수는 황인점(黃仁點)과 함께 열하에서 청나라 관료들과 『해동비사(海東秘史)』 등의 서적에 대해 논의하였다. 이후 서호수는 철보(鐵保)와 북경에서 밀접하게 교류하였고, 서로 시평, 필담 및 시를 주고받았으며, 서호수는 『혼개통헌도설(渾蓋通憲圖說)』 집전을 선물하였다. 서호수의 『연행기(燕行記)』에는 그가 철보와 주고받은 서신과 회유성에서 혜황(嵇璜)과 나눈 교류가 기록되어 있다. 7월 30일, 서호수는 원명원에서 기윤 등과 만나 『명사(明史)』 등의 서적에 대해 논의하고, 서로 선물을 주고받았다. 또한 서호수는 왕걸(王傑)과 서적 교류를 하면서 조선에는 『동국비사(東國秘史)』 등의 서적이 없음을 알렸다. 공헌배(孔憲培)와의 교류에서 서호수는 시와 문화 물품을 선물로 받았다. 이상의 일화는 서호수의 『연행기』에 수록되어 있다.

이해, 조선의 시인 조수삼(趙秀三)은 연행 도중 거인 마희(馬喜)와 교류하였다. 조수삼은 「영수사에서 마석장 거인에게 쓰다[映水寺書贈馬石莊舉人]」라는 시를 지었으며, 이 시는 조수삼의 『추재집(秋齋集)』 제1권에 수록되어 있다. 같은 해, 조수삼은 진사 고왕림(顧王霖)과 교류하며 「고왕림 용당 중서에게 주다[贈顧王霖容堂中書]」라는 시를 지어주었다. 같은 해, 조수삼은 내각 중서사인 주문한(朱文翰)과도 교류하였다. 주문한은 조수삼의 『추재집』 서문을 작성해 주었으며, 이 서문은 조수삼의 『추재집』에 실려 있다. 이 두 사람은 또한 서로 시도 주고받았는데, 조수삼은 「주문한 창미 사인의 위항서옥(葦航書屋)에 제하다[題朱文翰滄湄舍人葦航書屋]」 등의 시를 지었다.

같은 해, 조수삼은 진사 정진갑(程振甲)과도 교류하였다. 조수삼은 「정음전 진갑 내한의 예원에서 술을 마시다[飮程音田振甲內翰也園]」(2수) 등의 시를 지었다. 같은 해, 조수삼은 중서사인 강련(江漣)과도 교류하였다.

이해, 이희경(李喜經)과 장문도(張問陶)는 술을 마시며 시로 화답하였다. 이희경은 시 「한림 장문도 선산에게 연회 석상에서 부채에 글을 써 선물하다[張翰林(問陶船山)席上, 題扇以贈]」를 지었는데, 이희경의 『윤암집(綸庵集)』 권2에 보인다.

이해 12월 초4일, 백경현(白景炫), 박제가, 김종환(金宗煥) 등은 유관(榆關)에서 제패련(齊佩蓮)과 필담 및 시가로 화답하였다. 백경현의 시 「만리 먼 길을 찾아 온 손님[萬里來遊客]」은 백경현의 『연행록』 제2권에 보인다. 이해, 백경현, 김종환, 박제가 등은 나빙(羅聘)과도 교유하였다. 2월 15일, 세 사람이 나빙을 방문했을 때 나빙이 백경현에게 시문을 쓰도록 청하였으나 백경현은 문장이 서툴다며 사양하였다. 이 일화는 백경현의 『연행록』 제4권에 보인다.

이해 10월, 박종선(朴宗善)과 윤인태(尹仁泰)는 동지겸사은사(冬至兼謝恩使) 사절단을 따라 중국에 출사하였고, 북경에서 장문도, 나빙 등과 문학 교류를 하였다. 예를 들어, 장문도는 「정월 18일, 조선 박검서 종선이 나양봉 산인의 거처에서 시를 보내와……그 운을 빌어 장난삼아 한 수의 절구를 지어 이를 기록하다[正月十八日, 朝鮮朴檢書宗善從羅兩峰山人處投詩於予曰……戲用其韻, 作一絶句志之]」 등의 시를 지었다. 이 시는 『선산시초(船山詩草)』 「보유(補遺)」 권4에 보인다. 이해, 박종선은 풍신은덕(豐紳殷德)과도 교류했는데, 풍신은덕이 박종선에게 풍총 한 자루를 보여주었다. 이 일화는 이규경의 『오주연문장전산고(五洲衍文長箋散稿)』에 보인다.

이해, 조선의 문사 김기성(金箕性)은 동지겸사은 정사(冬至兼謝恩正使)로 중국에 출사하였다. 12월 19일, 김기성은 공부상서 김간(金簡)의 생일을 축하하기 위해 홍명복(洪命福)과 김종환을 그의 집으로 보내 선물과 시를 전달하였다. 26일, 김기성은 김간과 대화를 나누면서 조선 국왕이 김간에게 감사의 마음을 표현한 것과 청 황제가 조선 사신을 예우했던 것 등에 대해 이야기했다. 정월 21일, 김간은 김기성에게 책과 필묵 등을 답례품으로 주었다. 이 내용은 김기성의 『연행일기(燕行日記)』에 보인다.

1791년(건륭 56년 정조 15년)

이해 정월 19일, 김기성은 아계(阿桂)와 북경에서 교류하였다. 이해, 김기성은 부마 풍신은덕, 소년 부씨와 교류하면서 쌍방의 성명과 관직 등에 대해 이야기했다. 이 내용은 김기성의 『연행일기』에 보인다.

이해 정월 초하루, 백경현은 예부낭중 장씨(張氏)와 대화를 나누었다. 정월 24일, 백경현은 「한인 심언휘(沈彦輝)와 작별을 나누며[與漢人沈彦輝話別]」라는 시를 지어 선물하였다. 이 일화는 백경현의 『연행록』 제3권에 보인다.

이해 12월 19일, 윤인태는 청인 이무명(李無名)과 옥전현(玉田縣)에서 교류하였다. 이무명이 윤인태에게 『이거주전(李莒州傳)』을 보여주었고, 두 사람은 필담을 나누었다. 이 일화는 신위(申緯)의 『경수당전고(警修堂全稿)』 책9에 보인다.

이해, 김이도(金履度)와 김정중(金正中)은 장도악(張道渥)과 북경에서 교유하였다. 12월 27일, 김이도는 유리창에서 장도악을 만났다. 임자년(1792) 정월 초6일, 김이도는 장도악을 다시 방문했지만, 대화 내용은 알려지지 않았다. 정월 초10일부터 26일까지 두 사람은 자주 교류하며 시문과 필담을 주고받았다. 이 일화는 김정중의 『연행록』에 보인다.

이해, 김이도는 주경귀(朱景貴), 주서춘(朱瑞椿)의 숙질과 북경에서 만나 여러 차례 교류하였다. 12월 28일, 29일, 김이도는 주씨를 방문했지만, 대화 내용은 알려지지 않았다. 정월 초7일, 김이도는 주씨를 방문한 후에 주씨 숙질의 시고(詩稿)를 가지고 돌아왔지만, 시의 내용은 알려지지 않았다. 이 일화는 김정중의 『연행록』에 보인다.

이해, 김정중은 유리창에서 "취호재(聚好齋)"의 주인 정가현(程嘉賢), 호보서(胡寶書)와 만나 여러 차례 교류하였다. 12월 30일, 양측은 처음 만나서 간단한 대화를 나누었다. 다음 해 정월 초3일부터 26일까지 양측은 자주 필담을 나누면서 조선의 정전(井田), 청나라의 과거, 화주산(化州産) 진피(陳皮)의 효능 등에 대해 이야기하였다. 또한 시문을 주고받았는데, 김정중의 시로는 「부상의 한 나무 아래에서[一樹扶桑下]」, 정가현의 시로는 「평생 교유를 중히 여기네[平生重交遊]」 등이 있다. 이 일화는 김재중(金在中)의 『연행록』에 보인다.

이해, 공협(龔協)은 육아선사(六娥仙史)와 신교(神交)를 나누었다. 정월 22일, 공협은 「육아선사에게 보내는 편지(書奉六娥仙史硯北)」를 썼는데, 이 편지는 박장암(朴長馣)의 『호저집(縞紵集)』 하에 보인다.

1792년 (건륭 57년, 정조 16년)

이해 초봄, 김이도(金履度)는 이병수(伊秉綬)와 교류하였다. 이별할 때, 이병수가 「장수옥(張水屋) 자사(刺史) 도악(道渥)의 화책(畵冊)에 제(題)하고, 고려 김이도(金履度) 화산(華山)의 귀국을 전송하며……[題張水屋刺史道渥畵册, 送高麗金履度(華山)歸國……]」라는 시를 지어주었고, 이 시는 박장암(朴長馣)의 『호저집(縞紵集)』 하권에 실려 있다.

정월 4일, 서상원(庶常院)에서 김정중(金正中)은 주서춘(朱瑞椿)과 문인 장씨를 만나 교류하면서 주로 주희(朱熹)의 후대에 미친 영향 등에 관해 논하였다. 정월 8일, 김정중과 김이도 등은 '취호재(聚好齋)'에서 절강(浙江)의 거인(擧人) 노훤(盧烜)을 만나 필담을 나누었지만, 상세한 대화 내용은 알려지지 않았다. 정월 10일, 김정중은 '취호재'에서 산서(山西)의 거인 풍성(馮晟)을 만나 술자리를 가졌으며, 주로 인사말을 나누었다. 이 일화는 김정중의 『연행록』에 기록되어 있다.

이해, 김이도는 옹수배(翁樹培)와 교류하였다. 정월 11일, 김이도는 그와 필담을 나누었지만, 자세한 필담 내용은 전해지지 않으며, 김정중의 『연행록』에 관련 내용이 수록되어 있다. 이해, 김이도는 유석오(劉錫五)와 교류하며 많은 시를 주고받았다. 유석오는 「조선 삼사신(三使臣)에게 주다[贈朝鮮三使臣]」, 「김이도(金履度)의 시 <대보름 전야에 달을 보며 추억하다>에 차운하다[次韵和金履度<元宵前夜看月相憶>]」 등을 지었고, 이 시들은 유석오의 『수사서옥시집(隨俟書屋詩集)』 제9권에 실려 있다. 이별할 때, 양측은 서로 선물과 시를 주고받았다. 유석오는 「장수옥(張水屋)이 그린 오중산수(吳中山水)에 김이도(金履度)를 위해 제하며, 그의 귀국을 송별하다[張水屋所畫吳中山水爲金履度題, 即送其歸國]」 등의 시를 지었고, 이 시들은 유석오의 『수사서옥시집(隨俟書屋詩集)』 제9권에 실려 있다.

이해, 조선의 정사(正使) 김이소(金履素)와 부사(副使) 이조원(李祖源)은 청나라 건륭제와 화답시를 지었다. 정월 20일, 건륭제는 「연경(燕京)에서 며칠 동안 몽골 왕과 회부(回部) 입근관(入覲官) 및 외번(外蕃) 연공사신(年貢使臣) 등과 함께 등을 구경하며 짓다[燕幾日同蒙古王回部入覲官及外蕃年貢使臣等觀燈有作]」라는 시를 지었고, 정사 김이소는 화답시 「조포(朝袍) 새로 향로의 향기를 묻혔다[朝袍新惹滿爐香]」, 부사 이조원은 화답시 「소국 사랑하는 은혜 동해 가에 깊으니[字小恩深左海濱]」를 지었다. 이해, 정월 21일과 23일, 북경의 서상관(庶常館)에서 김이도는 신종익(辛從益), 변운룡(卞雲龍), 방사관(龐士冠), 섭대관(葉大觀) 등과 필담을 나누었다. 이들의 상세한 대화 내용은 미상이며, 이 일화는 김정중의 『연행록』에 기록되어 있다.

이해, 북경에서 김정중은 호북(湖北) 출신의 도수재(屠秀才)와 교류하였다. 정월 23일, 두 사람은 한 주점에서 만나 술을 마시며 도수재의 가정사에 대해 논하였다. 도수재가 김정중에게 한 편의 글을 선물로 주었다. 24일, 도수재가 심부름꾼을 보내 김정중에게 시를 요청하여 시를 선물했지만, 자세한 내용은 알 수 없다. 이날 두 사람은 서신을 주고받았다. 2월 5일, 영평부(永平府)에서 김정중과 김이도는 촌야(村野)의 나이 든 훈장 석씨를 만났는데, 나이는 58세로 제자들을 가르치고 있었다. 그와 필담을 나누기는 했지만, 글의 뜻이 잘 통하지는 않았다. 김정중은 시 「여창(旅窓)이 글 읽는 책상에 가까우니[旅窗偏近讀書床]」를 지어 그의 제자 손진영(孫振榮)에게 주었다. 2월 5일, 유관(榆關)에서 산서(山西)의 수재(秀才) 제패련(齊佩蓮)이 조선 사절단을 방문하여 김정중이 그와 대화를 나누었지만, 이들의 상세한 대화 내용은 미상이다. 이상의 일화는 김정중의 『연행록』에 기록되어 있다.

이해 정월 5일, 공협(龔協)은 북경에서 조선의 원조헌(遠照軒) 윤인태(尹仁泰)와 처음 만났다. 공협은 시 「졸구(拙句)를 받들어 원조헌(遠照軒) 사장(詞丈)께 드리며 가르침을 청하다[拙句奉贈遠照軒詞丈并正]」를 지었다. 이 시는 박장암(朴長馣)의 『호저집(縞紵集)』 하권 제2권에 실려 있다.

이해, 조선의 원조헌 윤인태는 유석오(劉錫五)와 교류하였다. 이 일은 유석오의 「원조헌 윤군(遠照軒尹君)」과 박장암의 『호저집』 하권에 기록되어 있다. 이해, 이지원(李祉源)은 유석오(劉錫五)와 교류하였다. 유석오가 「조선 삼사신(三使臣)에게 드리다[贈朝鮮三使臣]」 등의 시를 지어주었다. 이 시들은 유석오의 『수사서옥시집(隨俟書屋詩集)』 제9권에 실려 있다.

1793년(건륭 58년, 정조 17년)

이해, 김조순(金祖淳)은 중국에 출사하여 장도악(張道渥)과 교류하며 정식으로 친교를 맺었다. 김조순은 시 「붓을 달려 장도악(張道渥) 자사(刺史)에게 주다[走筆贈水屋張刺史道渥]」를 지었고, 이 시는 김조순의 『풍고집(楓皐集)』에 실려 있다. 귀국 후, 두 사람은 계속해서 서신을 주고받았다. 김조순은 「장수옥(張水屋) 도악(道渥)에게 드리다[與張水屋道渥]」라는 편지를 썼고, 이 편지는 김조순의 『풍고집』 제10권에 수록되어 있다.

12월 15일, 유관(榆關)에서 제패련(齊佩蓮)이 조선 사절단을 방문하여 이재학(李在學)과 필담을 나누었지만, 상세한 필담 내용은 알 수 없다. 제패련은 시 「왕도(王道)의 깃발이 머무른다는 소식을 듣다[聞道旌旗駐]」를 지었고, 이재학은 화답시 「관산(關山)에서 손님을 만나다[關山逢客處]」를 지었다. 이 시들은 이재학의 『계축연행시(癸丑燕行詩)』에 실려 있다.

1794년(건륭 59년, 정조 18년)

이해, 김종길(金宗吉)은 정월 초하룻날 예부상서(禮部尙書) 기윤(紀昀)을 방문하여 필담을 나누었다. 다만, 이들의 상세한 대화 내용은 알 수 없다. 이 일은 이재학의 『연행기사(燕行記事)』에 기록되어 있다.

이해, 이재학은 수재(秀才) 손형(孫衡)과 교류하였다. 정월 28일, 이 두 사람은 서로 손수 쓴 글씨와 손글씨로 쓴 장지 등을 선물로 주고받았다. 2월 1일, 이재학과 정동관(鄭東觀)은 북경의 남천주당(南天主堂)에서 강남(江南) 사람 부씨(傅氏)와 필담을 나누었다. 다만, 이들의 상세한 대화 내용은 알 수 없다. 이 일은 이재학의 『연행기사』에 기록되어 있다.

이해 봄, 기윤은 조선의 공사 통문관 교수 김성중(金成中)의 『이참봉시초(李參奉詩鈔)』의 서문을 썼다. 이 일은 기윤이 저술하고, 손치중(孫致中) 등이 교점(校點)한 『기효람문집(紀曉嵐文集)』에서 확인할 수 있다.

이해, 홍희준(洪羲俊)은 유관(榆關)에서 수재 제패련(齊佩蓮)과 교류하였다. 홍희준은 「유관의 제 수재 패련에게 보내는 편지[與榆關齊秀才佩蓮書]」를 썼다. 귀국 후에는 「유관의 제 수재 패련에게 부치다[寄榆關齊秀才佩蓮]」라는 시를 지었다. 이는 홍희준의 『전구(傳舊)』에서 확인할 수 있다.

1795년(건륭 60년, 정조 19년)

이해, 조선의 사신 홍양호는 북경에 도착하였다. 홍양호는 예부시랑 철보(鐵保)와 교류하며 시를 주고받았다. 철보는 시 「건륭 을묘년 정월 초아흐레에 조선 등 각국 공사(貢使)를 배석시켜 북해(北海)의 여러 명승지를 유람하게 하신 것을 공경히 기록하다[乾隆乙卯正月九日詔陪朝鮮各國貢使遊北海諸勝恭紀]」를 지었고, 홍양호는 화운시 「야정(冶亭) 철시랑(鐵侍郎)이 보여준 '북해 배유(陪遊)의 은혜를 기록한 시'에 운을 따라 화답하다[冶亭鐵侍郎書示北海陪遊記恩詩,依韵和之]」를 지었다. 이는 홍양호의 『이계집』 권7 「연운속영(燕雲續詠)」에서 확인할 수 있다. 이해, 홍양호는 청 건륭 황제의 시 「원명원에서 등불을 구경하며 응제시를 짓다[圓明園觀燈應制]」에 답하는 화운시를 지었다. 이는 홍양호의 『이계홍양호전서(耳溪洪良浩全書)』 권8 「연운속영」에서 확인할 수 있다. 이해, 홍양호는 이정원(李鼎元)과 교류하였다. 이정원은 홍양호에게 『등대도(登岱圖)』 한 첩을 선물하였고, 홍양호는 『태산고가(泰山高歌)』 한 편으로 응답하였다. 이는 홍양호의 『이계집』 권7 「연운속영」에서 확인할 수 있다. 이해, 홍양호는 시 「북진묘(北鎮廟)로 돌아가 의무려산(醫巫閭山)의 전경을 두루 보고, 수승(守僧)인 광(廣) 스님에게 써 주다[轉向北鎮廟縱觀醫巫閭全面,書贈守僧廣老和尚]」를 지었다. 이는 홍양호의 『이계집』 권7 「연운속영」에서 확인할 수 있다.

이해, 조선의 사신 홍희준은 아버지 홍양호를 따라 북경에 도착하였다. 홍희준은 이정원과 알게 되어 시를 주고받았다. 홍희준은 「이묵장(李墨莊) 정원(鼎元)에게 보내는 편지[與李墨莊鼎元書]」와 「이묵장에게 드리다[留贈李墨莊]」 등의 시를 지었다. 같은 해 북경에서 홍희준은 나빙(羅聘)과 교류하면서 홍희준은 시 「나양봉 빙에게 드리다[贈羅兩峰(聘)]」를 지었고, 나빙의 아들 나윤소(羅允紹)에게는 시 「나개인(羅介人) 윤소(允紹)의 <매화 그림> 첩에 쓰다[題羅介人允紹<畫梅>帖]」를 지어주었다. 또 한림의 웅방수(熊方受), 시독 주승총(朱承寵)과도 교류하며 「웅몽암(熊夢庵) 한림 방수(方受)에게 드리다[有贈熊夢庵翰林方受]」를 지었으며, 주승총의 『해시도(海市圖)』

첩에 「주시독(朱侍讀) 승총(承寵)의 <해시도(海市圖)> 첩에 쓰다[題朱侍讀承寵<海市圖>帖]」를 남겼다. 이 시는 홍희준의 『전구』 권2에 실려 있다.

이해, 북경에서 홍희준은 기윤과 알게 되어 교류하였다. 홍희준은 기윤과 세 번 만났다. 이 일은 홍양호의 「태사씨자서(太史氏自序)」, 『이계집』 권18에서 확인할 수 있다. 이해, 홍희준은 귀국한 지 반년이 지난 후에도 여전히 기윤과 서신 및 시를 주고받았다. 그는 「효람(曉嵐) 기상서(紀尙書)에게 올리다[奉寄曉嵐紀尙書]」 등의 시를 지었다. 이해 2월 6일, 삼하현(三河縣)에서 홍희준은 영산사의 주지 운광(雲光)과 교류하였고, 홍희준은 시 「초6일 현 북쪽 15리에 영산사가 있다고 들어 찾아가 주승 운광에게 드리다[初六日聞縣北十五里有靈山寺, 往遊書贈主僧雲光]」를 지었다. 이 시는 홍희준의 『전구』 권2에서 확인할 수 있다. 그해 봄, 홍희준은 진사 장시(蔣詩)와 기윤의 집에서 만났다. 이 일은 홍석모(洪錫謨)의 『도애시집(陶厓詩集)』과 홍석모의 『유연고(遊燕稿)』에서 확인할 수 있다.

1796년(가경 원년, 정조 20년)

이해, 이정원은 동쪽으로 돌아가는 조선 문인을 위해 시 「동쪽으로 돌아가는 손님을 보내며 2수[送客東歸二首]」를 지었다. 조선 문인의 이름은 아직 확인되지 않는다. 이 시는 이정원의 『사죽재집(師竹齋集)』 권9에서 확인할 수 있다.

1798년(가경 3년, 정조 22년)

이해, 이광직(李光稷)은 조선 사절단을 따라 청나라에 출사하였고, 진문술(陳文述)과 시를 주고받았다. 이 일은 왕담(王曇)이 진문술에게 준 시의 주석과 진문술의 『이도당집(頤道堂集)』에서 확인할 수 있다. 진문술은 또 「헌 책장에서 조선 이기사의 화답시 '늙은 소나무'를 발견하고, 원작과 증시를 함께 보존하다[從故紙中得朝鮮李書記見和老松之作,因并原作及贈詩存之]」 등의 시를 지었다. 이 시는 진문술의 『이도당집』 「시선」에서 확인할 수 있다.

이해 12월 16일, 옥천현(玉泉縣)에서 서유문(徐有聞)은 현령(縣令)과 청나라의 복식, 여자의 족두리, 남자의 변발 등에 대해 필담을 나누었다. 이는 서유문의 『무오연행록(戊午燕行錄)』에서 확인할 수 있다.

1799년(가경 4년, 정조 23년)

이해 정월 초이틀, 북경에서 조선인 치형(致馨, 성씨는 아직 확인되지 않음)은 청나라 사람이양(李陽)과 필담을 나누었다. 이들은 청나라 진사의 갑·을·병 세 과의 선발 현황, 한사 가 과거에 합격하기 어려운 현황, 새 황제가 정사를 알 수 없는 상황 등에 대해 이야기하였다. 이는 서유문의 『무오연행록』에서 확인할 수 있다.

이해 북경에서 서유문(徐有聞)은 예부상서(禮部尙書) 기윤(紀昀)의 아들 기여사(紀汝似)와 알게 되어 교류를 나누었다. 정월 26일, 기여사가 조선 사절단을 방문하자 서장(書狀) 서유문은 그에게 당시 황제와 황태자의 상황 등을 질문하였다. 오후에는 기여사가 조카 한 명을 대동하고, 다시 조선 사절단을 찾아왔다. 2월 1일, 서유문은 기여사에게 「대명의 빛나는 명신에게(大明寅亮屬名臣)」라는 시를 지어주었다. 이튿날인 2월 2일에는 청나라 호부(戶部)의 왕낭중(王郞中)이 서유문을 방문하여 필담을 나누었는데, 필담 내용에는 곽향차(藿香茶), 조선의 의복 제도, 태상황제(太上皇帝)의 장례 일정 등이 포함되었다. 2월 13일 서유문은 풍윤현(豐潤縣)에서 수재(秀才) 곡연흥(谷延興)과 필담을 나누면서 양국의 아동에 대한 교육법의 차이, 청나라 과거제도의 운영 방식, 수재와 공생(貢生)의 지위 차이 등에 대해 논의하였다. 2월 29일 백기보(白旗堡)에서 장가(蔣哥)에게 중국의 상복 제도에 관해서 질문하기도 했다. 이 모든 일화는 서유문의 『무오연행록(戊午燕行錄)』에 상세히 수록되어 있다.

정월 27일, 이광식(李光植)은 청나라 남방의 문사 이운(李雲)과 섭등교(葉登喬), 그리고 한인(漢人) 몇몇과 함께 술자리에서 시를 주고받으며 필담을 나눈 뒤 돌아왔다. 이날 필담의 내용은 대부분 술자리에서 나누는 흥겹고 가벼운 대화들이었다. 이날 이광식은 시 「오늘 우연히 천하의 명사를 만나다[今日偶逢天下士]」를 지었고, 이운과 섭등교는 각각 시 「동남에서 주인과 손님 나뉘어 술잔을 겨루니[東南賓主鬥分曹]」와 「석양에 황금 술잔으로 귀빈을 초대하네[落日金樽邀上客]」를 지었다.

2월 1일, 치형(致馨)은 이운과 섭등교로부터 시를 전달받았다. 섭등교의 시는 「옅은 구름 가랑비에 외로운 절이로다[淡雲微雨莆孤寺]」, 이운의 시는 「서쪽 성 백 척 높이 책상 앞에서[百尺西城棐几前]」였다. 이듬해 2월 3일, 부역(副譯) 정자현(鄭子玄)은 기윤(紀昀)과 만나 고종순황제(高宗順皇帝)의 묘호(廟号) 문제까지 논하는 등 깊은 대화를 나누었다. 이 모든 일화는 서유문의 『무오연행록(戊午燕行錄)』에 상세히 실려 있다.

이해 서형수(徐瀅修)는 진하겸사은부사(進賀兼謝恩副使)의 신분으로 청나라에 출사했는데, 이때 유대관(劉大觀)과 교류하였다. 이들의 교류 기록은 다음과 같다. 서형수는 영원(寧遠)에서 유대관을 처음 만났으며, 이후 영원을 두 번 지나가게 되었는데, 두 번 모두 그와 필담을 나누었다. 첫 번째 필담에서는 청나라와 조선의 문물 풍속을 논했고, 두 번째 필담에서는 기윤의 박학다식함과 왕사정(王士禛), 여유량(呂留良)에 관한 이야기를 주고받았다. 서형수와 유대관은 서로 한시도 주고받았는데, 서형수는 「영원 지주 유송람 대관에게 드리다 (2수)[奉贈寧遠知州劉松嵐(大觀)二首]」 등의 시를 지었고, 유대관은 「역사를 주조하고 경전을 녹인 세월을 묻노라[鑄史鎔經問幾秋]」라는 시를 지었다. 이는 서형수의 『명고전집(明皐全集)』 권2에 수록되어 있다. 이별할 때, 유대관은 자신의 시집 한 권을 선물하였다. 이 일화는 유득공(柳得恭)의 『은휘당필기(恩暉堂筆記)』 권6에 보인다.

이해, 서형수는 이정원(李鼎元)과 직접 만나지는 못했지만, 연경에 들어가기 전에 이정원과 서신 및 한시 등을 주고받았다. 이 두 사람이 주고받은 편지는 현재 단 한 통만 보인다. 이정원은 편지에서 조선의 시문 수집을 도와달라고 부탁했다. 이 일화는 서형수의 『명고전집(明皐全集)』 권14에 보인다. 서형수의 시 「이 한림 정원이 유구국 사신으로 떠나는 길에[奉贈李翰林(鼎元)琉球奉使之行]」는 서형수의 『명고전집(明皐全集)』 권2에 보인다.

이해, 북경에서 서형수는 기윤과 교류를 나누었다. 이들의 교류 내용은 다음과 같다. 서형수는 먼저 기윤에게 서신을 보내 예의를 표하면서 정성스럽게 필사한 자신의 시문을 보내 기윤에게 가르침을 청하였다. 다음에는 직접 기윤을 방문하여 면담을 청하였는데, 이 일화는 『명고전집(明皐全集)』 「기효람전(紀曉嵐傳)」에 상세히 수록되어 있다. 서형수는 또 기윤에게 「기효람 윤에게 드리는 편지[與紀曉嵐 (匀) 書]」를 보냈고, 이는 『명고전집』에 전해진다. 기윤은 서형수의 요청으로 그의 문집에 「명고문집서(明皐文集序)」를 지어주었으며, 이 서문 역시 『명고전집(明皐全集)』에 실려 있다.

두 사람은 만나서 깊은 필담을 나누었으며, 대화 내용은 당시의 문풍(文風) 등에까지 미쳤다. 이 기간에 서형수는 기윤(紀昀)에게 주자서(朱子書)와 전후 『한서(漢書)』를 대신 구입해 줄 것을 부탁한 적이 있다. 이 내용은 『명고전집(明皐全集)』 「기효람전(紀曉嵐傳)」에 기록되어 있다. 이들은 꾸준히 서신을 교환하였다. 서형수가 북경에 머무는 동안 기윤과 주고받았던 편지 중에는 「기효람(紀曉嵐) 윤에게 보내는 편지[與紀曉嵐(匀)書]」 등이 있으며, 이 역시 『명고전집(明皐全集)』에 수록되어 있다.

이해 북경에 머무는 동안 서형수(徐瀅修)는 옹방강(翁方綱)에게 내각서(內閣書)를 비롯한 각종 서적의 목록을 여러 차례 문의하였다. 이 일화는 서형수의 「사은사 <문견잡사>에 제하다[題奏謝恩使<聞見雜事>]」와 『명고전집(明皐全集)』 권10에 수록되어 있다. 같은 해 북경에서 이희경(李喜經)은 기윤(紀昀), 옹방강과 학문적인 교류를 가졌다. 이희경은 기효람(紀效嵐)에게 서적 구입을 부탁하기도 했는데, 이 내용은 그의 『설구외사(雪岫外史)』에 상세히 기록되어 있다. 김재찬(金載

瓚)은 진하겸사은정사(進賀兼謝恩正使)로 중국을 방문하여 소주(蘇州)의 문사 주생(朱生, 이름 미상)과 교류하며 시 「소주 선비 주생에게 주다[贈蘇州士人朱生]」를 지었다. 또한 그는 유대관(劉大觀)과의 만남에서는 시 「영원에서 주지 유대관에게 주다[寧遠贈知州劉大觀]」를 지었고, 서승서(徐承緖, 유대관의 사위)와의 교류에서는 시 「강소 공사 서승서에게 주다[贈江蘇貢士徐承緖]」를 지었다. 이상의 모든 시편들은 김재찬의 『해석유고(海石遺稿)』 권4에 실려 전한다.

제5장

연암학파와 청나라 문인 교류 개관

1 이덕무와 청나라 문인 간의 교류 개관

1773년(건륭 38년, 영조 49년)

이덕무(李德懋)는 곽집환(郭執桓)과 만난 적은 없지만, 이해 그는 곽집환의 『회성원시집(繪聲園詩集)』을 평론하고 서문을 써주었다. 이와 관련된 일화는 이광규(李光葵)의 「선고 적성현감 부군연보(先考積城縣監府君年譜)」에 기록되어 있다. 또한 이덕무의 『청장관전서(青莊館全書)』 권10에는 곽집환의 「담원팔영(澹園八咏)」에 화답한 시가 수록되어 있지만, 창작 시기는 불분명하다.

1777년(건륭 42년, 정조 원년)

이해, 이덕무(李德懋)는 유금(柳琴)을 통해 『한객건연집(韓客巾衍集)』(이덕무의 『청장관집(青莊館集)』이 포함되어 있다)을 북경으로 보내면서 이조원(李調元)에게 서문을 요청했다. 이때부터 두 사람의 문학적 대화가 시작되었다. 이해, 이덕무는 처음으로 이조원에게 직접 서신을 보내 그가 이룩한 문학적 성과에 대해 경의를 표하고, 아울러 이조원에게 "선귤당(蟬橘堂)"이라는 세 글자를 써 줄 것을 부탁했다. 또한, 이덕무는 자기가 지은 시를 함께 넣어 보내면서 시를 통한 교류가 이어지기를 원한다는 의사를 밝혔다. 이에 이조원도 답장을 보냈으며, 이후 두 사람이 주고받은 서신에서 이덕무는 이조원에게 자신의 작품 『청비록(清脾錄)』에 서문을 써 줄 것을 요청했을 뿐만 아니라 「단좌헌기(端坐軒記)」를 써 줄 것을 부탁했다. 또한 이덕무는 이조원이 자신이 근래에 지은 시가 작품에 대해서도 평가해 주기를 바랐다. 이조원 역시 이덕무의 작품을 높이 평가하며 그의 작품을 중국에서 간행하였다. 한편 이들은 한시도 자주 주고받았는데, 이조원의 「차운하여 이형암에게 보내다[次韻寄李炯庵]」 등의 작품은 유득공(柳得恭)의 『병세집(並世集)』 권1에 수록되어 있으며, 이덕무의 「소나무 아래에서 책을 보는 운룡산인의 화상에 제하다[題雲龍山人小影松下看書]」 등의 작품은 그의 『청장관전서(青莊館全書)』 권11에 수록되어 있다.

1778년(건륭 43년, 정조 2년)

이해, 조선의 문신 이덕무는 북경에서 청나라 문인들과 활발한 문화 교류를 가졌다. 2월 14일, 봉황성(鳳凰城)에서 공생 왕발(王紨)과 필담을 나누었지만, 그 내용은 전해지지 않는다. 4월 21일, 심양의 공자서원에서는 김과예(金科豫)를 비롯한 7인과 교류했지만, 구체적인 필담 내용은 미상이다. 5월 17일, 북경 유리창의 북불암(北佛庵)에서 이덕무는 『사고전서』의 등교관(謄校官) 서소신(徐紹薪)을 만났지만, 두 사람이 주고받은 필담 내용 역시 미상이다.

이해 북경에서 이덕무와 이정원(李鼎元)은 함께 문학을 논하며 시문을 주고받았다. 5월 20일부터 6월 15일까지 이들은 자주 교류하였다. 이덕무가 유리창(琉璃廠)을 방문했을 때는 운주(鄆州) 출신의 거인(擧人) 황도경(黃道煚)과 이헌교(李憲喬)를 만나 교류하기도 했다. 같은 해, 북경에서 이덕무와 박제가는 당낙우(唐樂宇)와 교유하였다. 5월 24일부터 6월 15일까지 이들은 자주 만나며, 주로 음악 등에 관한 필담을 나누었다. 또한 이덕무는 오류거(五柳居)의 주인인 문상(文商) 도정상(陶正祥)과도 교류하며, 그에게 300여 종의 금서 구매를 부탁하기도 하였다. 이해, 북경에서 이덕무와 반정균(潘庭筠)은 처음 만나 교유하였다. 5월 23일부터 6월 11일까지 이들은 자주 만나며 문학과 서적 등에 관해 필담으로 깊이 있는 대화를 나누었다. 이해 이덕무와 박제가는 이정원을 통해 축덕린(祝德麟)과 만났고, 압운법 등에 대해 필담을 나누었다. 축덕린은 이덕무의 시를 평론하며 운서를 추천해주기도 했다. 6월 16일 그는 통주(通州)에서 손유의(孫有義)와 만났으며, 『철교유집(鐵橋遺集)』과 그의 초상을 선물로 받았다. 윤6월 5일에는 심양서원(瀋陽書院)을 방문하여 교관 배진(裴振)과 필담을 나누며 오국성(五國城) 등에 대해 논의하였다. 같은 해에 이덕무는 심영(沈瀛), 사조복(查祖馥), 이기원(李驥元), 마조(馬照) 등과도 교류하며 문학과 역사를 비롯한 다양한 주제에 대해 논하였다. 이상의 일화는 이덕무의 『입연기(入燕記)』에서 확인할 수 있다.

이해 이덕무는 사와보(沙窩堡)에서 노인 가씨(賈氏)와 교류하며 『초산집(椒山集)』과 백개자(白芥子)를 선물로 받았다. 이에 감명받은 그는 「사와보 가씨 노인의 노래[沙窩堡賈老人歌]」를 지었으며, 이 시는 후에 그의 문집 『청장관전서(青莊館全書)』 제11권에 수록되었다.

같은 해, 단정(單鼎)은 이덕무에게 시 한 수를 지어주었는데, 「조선 시인 이형암(李炯庵) 수재(秀才)에게 주는 시[贈朝鮮詩人李炯庵秀才]」로 알려진 이 작품은 후대에 편찬된 『(민국) 고밀현지(高密縣志)』 제15권에서 확인할 수 있다.

2 박제가와 청나라 문인의 교류 개관

1773년(건륭 38년, 영조 49년)

이해 박제가는 곽집환(郭執桓)과 서신 및 시문 교류를 시작하였다. 박제가가 처음으로 곽집환에게 보낸 편지는 『정유각집(貞蕤閣集)』「정유각문집」 제4권에 수록되어 있으며, 제목은 「곽담원에게 주다[與郭澹園]」이다. 상술한 문헌에는 곽집환의 답장도 함께 실려 있다. 또한 이 두 통의 편지는 박장암(朴長馣)의 『호저집(縞紵集)』 하권 제1편에도 수록되어 있다.

박제가는 곽집환에게 「담원팔영(澹園八咏)」이라는 시를 지어주었는데, 현재 이 시의 상세한 내용은 전해지지 않고 있다. 곽집환이 세상을 떠난 후, 박제가는 그의 죽음을 애도하며 「담원 곽씨가 도산에 들어갔다는 소식을 듣고[聞澹園郭氏入道山]」라는 시를 지었는데, 이 작품은 박장암의 『호저집』 권수 부분 「곽집환」 조항에 기록되어 있다.

1777년(건륭 42년, 정조 원년)

이해 박제가는 이조원(李調元)과 직접 만나지는 못했지만, 이 두 사람은 이미 서신을 통한 교류를 시작한 사이였다. 같은 해, 유금(柳琴)이 『한객건연집(韓客巾衍集)』을 가지고 연경(燕京)으로 들어갔을 때, 이조원은 이 문집에 실린 박제가의 시를 읽고 서문을 써주었다. 이 사실은 박장암의 『호저집(縞紵集)』 하권에 기록되어 있다. 이조원은 박제가의 문집 『명농초고(明農初稿)』에도 서문을 써주었는데, 이 역시 『호저집』 하권에 수록되었다. 이 두 사람의 교류는 서신과 시문을 통해 꾸준하게 이어졌으며, 박제가가 이조원에게 보낸 편지와 이조원의 답장은 『호저집』 하권 권1에서 확인할 수 있다. 이후 박제가가 다시 회신한 내용은 『호저집』 상권 권1 「이조원」 조항에 실려 있다. 박제가는 이조원을 향해 「우촌에게 부치다[寄雨村]」, 「우촌을 그리워하다[懷雨村]」 등의 시를 지었으며, 이 작품들은 모두 『호저집』 상권 제1편에 실려 있다. 또한 박제가는 이조원의 생일을 축하하며 「기하실에 소장된 운룡산인의 소조에 제하다[題幾何室所藏雲龍山人小照]」를 지었는데, 이 시는 박제가의 문집 『정유각집』에 수록되어 있다. 이에 화답하여 이조원이 지은 「박초정에게 화답하여 부치다[和寄朴楚亭]」는 그의 시집 『병세집』 권1에서 찾아볼 수 있다.

1778년(건륭 43년, 정조 2년)

이해 박제가는 포자경(鮑紫卿)과 교류하였다. 이 두 사람은 5월 14일 통주에서 처음 만났으며, 이 사실은 이덕무의 『입연기(入燕記)』에 기록되어 있다. 박제가가 지은 「동로하에서 포자경에게 드리다[東潞河贈鮑紫卿]」는 그의 문집 『정유각집』 중 『정유각초집(貞蕤閣初集)』에 수록되어 있다.

같은 해, 박제가는 심양에서 김과예(金科豫), 김과정(金科正), 김정(金渟), 이점(李點), 위곤(魏錕), 곽유한(郭維翰) 등과 교류하였다. 이들은 함께 시 「초정의 원시에 차운하여 올리다[奉次楚亭元韵]」

를 지었으며, 이 작품은 박장암의 『호저집』 하권에서 확인할 수 있다. 또한 박제가는 박명(博明)과도 시문을 주고받으며 교류했는데, 이 기록 역시 『호저집』 하권에 전한다.

이해, 박제가는 서소분(徐紹芬), 서소신(徐紹薪) 형제와 필담을 나누었다. 이 기록은 박장암의 『호저집』 하권에 수록되어 있지만, 구체적인 내용은 미상이다. 5월 17일, 박제가와 이덕무는 북경 유리창의 북불암에 가서 서소신과 함께 필담을 나누었는데, 이는 이덕무의 『입연기』에 상세히 기술되어 있다.

이해, 박제가는 이정원(李鼎元)을 알게 되었고, 시문을 통한 문학적 교류를 진행하였다. 5월 23일부터 6월 15일 사이에 박제가는 이정원을 자주 방문했는데, 이는 이덕무의 『입연기』에 기록되어 있다. 이와 관련하여 이정원이 쓴 「열상주선집에 쓰다(題洌上周旋集)」는 박장암의 『호저집』 하권에 실려 있다. 이 두 사람이 주고받은 서신도 박장암의 『호저집』 하권에 실려 있다. 박제가의 사망 소식을 들은 이정원은 비통한 마음을 담아 「곡초정(哭楚亭)」을 지었으며, 이 역시 박장암의 『호저집』 하권에 실려 있다.

이해 박제가는 이기원(李驥元)과도 교류를 이어갔다. 6월 13일 그는 당낙우와 모임에 참석해 이기원 등과 함께 식사하며 문학에 대해 논의했는데, 이상의 교류 상황은 이덕무의 『입연기』에 상세히 기록되어 있다. 이 두 사람은 헤어진 후에도 서신을 주고받았고, 그 서신과 시문들은 박장암의 『호저집』 하권에 실려 있다.

이해 박제가는 북경에서 반정균(潘庭筠)과 처음 만났다. 이 두 사람은 세 번의 중요한 만남을 가졌고, 주로 문학과 선학(禪學)에 대해 논의하며, 시를 주고받았다. 반정균은 시 「다시 만난 차수 선생에게 즉흥적으로 절구 한 수를 지어 드리고, 이름 없는 시 세 수를 함께 올려 드리다[重晤次修先生, 率成一絶, 並存沒口號三首奉政]」를 지었는데, 이상의 일화는 박장암의 『호저집』 상권 제1책에 기록되어 있다. 경신년(庚申年)부터 신해년(辛亥年) 사이에 박제가는 「추루에게 부치다」라는 시를 지었으며, 이 작품 역시 『호저집』 상권 제1책에 수록되어 있다. 박제가는 또 시 「난타의 원석 시에 차운하다[次蘭垞元夕]」를 지었는데, 이 시는 박장암의 『호저집』 하권 제1책에 실려 있다. 반정균도 박제가를 위해 그의 『명농초고(明農初稿)』의 서문을 썼으며, 특히 박제가의 「술회 4수(述懷四首)」를 높이 평가하였다. 이는 박장암의 『호저집』 상권 제1책에 실려 있다.

이해, 박제가는 북경에서 이정원(李鼎元)을 통해 축덕린(祝德麟)을 알게 되었다. 6월 9일, 박제가와 이덕무는 북경에서 축덕린을 방문하여 시의 율격에 대해 논하였다. 6월 15일, 박제가와 이덕무 두 사람은 다시 축덕린을 찾아가 작별 인사를 나누었고, 이 일화는 이덕무의 『입연기』에 기록되어 있다. 경술년(庚戌年)에 박제가와 축덕린은 북경에서 다시 만났으며, 축덕린은 박제가에게 시집을 선물했다. 이 시집에는 「북평영사(北平詠史)」와 「문소각에 오르다[登文溯閣]」 등의 시 15수가 실려 있었으며, 이는 박장암의 『호저집』 하권 제1책에 수록되어 있다.

이해, 박제가는 포자경(鮑紫卿)과 교류하였다. 박제가는 시 「자경에게 드리다[贈紫卿]」를 지었는데, 이 시는 박장암의 『호저집』 하권에 실려 있다.

박제가는 중국에 총 네 차례 출사했는데, 처음 세 차례의 중국 출사 기간 중 박제가와 철보(鐵保)는 모두 교류를 나누었다. 무술년(1778년), 처음 중국에 출사한 박제가는 철보와 필담을 나누었고, 이 일은 박장암의 『호저집』 상권에 기록되어 있다. 경술년 5월, 두 번째로 중국에 출사한 박제가는 북경에 도착한 후 철보에게 근래에 지은 작품을 보여 달라고 청하였고, 철보는 「집에 부치다[寄內]」와 「길에서 짓다[道中作]」 등 여러 시를 선물하였다. 철보도 박제가에게 편지를 보냈는데, 이 편지는 박장암의 『호저집』 하권 제2책에 실려 있다. 경술년 10월, 세 번째로 중국에 출사한 박제가는 또다시 철보와 연락을 하며 많은 시를 주고받았다. 철보는 「박제가, 유득공 두 군이 어렸을 적 내가 지은 허한당의 시를 이야기함에 감사하여 율시 두 수를 짓노라[朴、柳二君述予童時所作虛閑堂詩感賦二律]」 등의 시를 지었는데, 이는 박장암의 『호저집』 하권에 수록되어 있다.

1790년(건륭 55년, 정조 14년)

이해, 박제가는 두 번째로 중국에 출사하여 북경에서 기윤과 필담을 나눴으며, 이 일은 『병세집(并世集)』 권2에 기록되어 있다. 작별할 때, 기윤은 박제가에게 「사기고이(史記考异)」를 선물하였고, 아울러 이들은 시도 주고받았는데, 시는 박장암(朴長馣)의 『호저집 (縞紵集)』 하권에 실려 있다.

이해, 박제가는 세 번째로 중국에 출사하여 담계(覃溪) 옹방강(翁方綱)과 시, 서화 등을 주고받았다. 박제가는 소식(蘇軾)의 생일을 맞아 소재(蘇齋)에서 소식의 초상화와 명가들의 진적(真迹) 등을 감상했다. 옹방강은 「정유 검서가 소장한 노주설안도(蘆洲雪雁图)에 제하다[题貞蕤检书所藏蘆洲雪雁图]」를 지었으며, 이 시는 유득공의 『병세집(并世集)』 권2에 실려 있다.

이해, 제2차 사행 기간 중 박제가는 오성흠(吳省欽)에게 서문을 청하였고, 오성흠은 박제가에게 시문을 청하였다. 이 두 사람은 주로 편지를 통해 교류했으며, 현재 오성흠의 편지 세 통이 박장암(朴長馣)의 『호저집(縞紵集)』 하권에 실려 있다.

박제가와 나빙(羅聘)은 일찍이 북경에서 두 번에 걸친 교류가 있었다. 경술년(1790년) 5월, 박제가가 두 번째로 중국에 출사했을 때, 북경에서 나빙과 두 번 교류했다. 박제가는 「나양봉 선생의 <귀취도>권에 제하다[题罗两峰先生<鬼趣图>卷]」를 지었으며, 시는 박제가의 『정유각집(貞蕤閣集)』에 실려 있다. 나빙은 「차수 검서가 조선으로 돌아갈 때, <묵매(墨梅)>를 지어주며, 전별의 뜻을 표하다[次修檢書將歸朝鮮, 作<墨梅>奉贈, 以當折柳]」 등을 지었으며, 이는 유득공의 『병세집(并世集)』 권2에 실려 있다. 같은 해 10월, 박제가가 세 번째로 중국에 출사했을 때, 북경에서 나빙(羅聘)과 다시 만나 교류하였다. 신해년(1791년) 초봄, 북경을 떠나기 직전 나빙은 박제가에게 시가 적힌 부채를 선물했으며, 서로 시문도 주고받았다. 이 일화는 백경현(白景炫)의 『연행록』에 수록되어 있으며, 시문은 박장암(朴長馣)의 『호저집(縞紵集)』 하권에 수록되어 있다. 임자년(1792년) 인일(人日)에 박제가는 「나양봉의 인일 생일에 시를 쓰다[羅兩峰人日生日]」를 지었는데, 이 시는 그의 문집 『정려각집(貞蕤閣集)』에 전한다. 같은 해 봄, 나빙이 박제가에게 보낸 편지 또한 『호저집』 하권에 실려 있다.

경술년(1790년) 10월, 박제가는 세 번째로 중국에 출사하여 이병수(伊秉綬)와 북경에서 교류했는데, 서로 시와 서화를 청하였다. 신해년(1791년) 정월, 박제가는 이병수와 함께 공협(龔協)의 집에 모여 예술을 논하며, 필법을 펼쳤다. 작별할 때, 이병수는 「고려 박검서의 귀국을 송별하며[送高麗朴檢書齊家歸國]」를 지어 선물했으며, 이 시는 박장암(朴長馣)의 『호저집(縞紵集)』 하권에 실려 있다. 임자년(1792년) 이병수는 편지, 시문, 문집 등을 박제가에게 보냈다. 이때의 편지는 박장암(朴長馣)의 『호저집(縞紵集)』 하권 권2에 실려 있다.

이해, 박제가는 세 번째로 중국에 출사하여 공협과 많은 시문 및 편지를 주고받았다. 신해년(1791년) 정월, 박제가는 이병수 등과 공협의 집에 모여서 예술에 대해 논했다. 작별할 때, 공협은 「정유 선생의 동쪽으로 귀국을 송별하며…신해년 정월 이십이일[貞蕤先生東歸, 詩以送之…辛亥月正二十二日]」을 지어 선물했다. 작별 후에도 두 사람은 계속 편지를 주고받으며 시고와 서적 등을 선물하기도 했다. 이 일화는 박장암(朴長馣)의 『호저집(縞紵集)』 하권에 실려 있다.

이해, 박제가는 세 번째로 중국에 출사하여 왕단광(汪端光)과 많은 시문을 주고받았다. 왕단광은 「겨울철 교외 나들이 나갔다가, 공형장의 거처를 지나며, 시 한 수를 지어주고 차수 선생의 가르침을 구하다[冬日郊行, 過龔荇莊寓居, 留贈一首, 次修先生雅教]」를 지어 선물했는데, 이 시는 박제가의 『호저집(縞紵集)』 하권에 실려 있다.

이해, 박제가와 손성연(孫星衍)은 북경에서 교류했다. 박제가가 손성연을 방문했을 때, 손성연은 당나라 때 판각한 『석경(石經)』을 선물하고, 박제가를 위해 "문자당(問字堂)"이라는 세 글자를 써주었으며, 아울러 감사의 시를 지어주었다. 이 일화는 장소남(張紹南)이 편찬한 『손연여 선생 연보(孫淵如先生年譜)』 상권에 기록되어 있다.

이해, 박제가는 홍양길(洪亮吉)과 교류했는데, 홍양길은 박제가에게 『권시각을집(卷施閣乙集)』 등을 선물했다. 이 일은 박장암의 『호저집(縞紵集)』 상권에 기록되어 있다.

이해, 박제가는 강덕량(江德量)과 함께 옹방강의 집에서 여러 번 만났으며, 이후에 박제가는 「강 추사에게 부치다[寄贈江秋史]」를 지었다. 이 시는 박장암(朴長馣)의 『호저집(縞紵集)』 상권에 실려 있다.

이해, 박제가는 송명가(宋鳴珂)와 교류했고, 송명가는 「조선의 차수 군기사에게 드리며 가르침을 구하다[贈朝鮮次修军器寺正教]」를 지었다. 이 시는 박장암(朴長馣)의 『호저집』 하권에 실려 있다.

이해, 박제가는 오정섭(吳廷燮)과 교류했으며, 오정섭은 자신이 이전에 지은 작품을 들고 와 박제가에게 보여주면서 조언을 구하였다. 이 두 사람은 서로 서신도 주고받았는데, 이들의 교류 일화와 서신은 모두 박장암의 『호저집(縞紵集)』 하권에 실려 있다.

이해, 박제가는 오조(吳照)와 교류했으며, 오조는 박제가에게 그의 「석호도(石湖图)」에 글씨를 써 줄 것을 요청했다. 오조는 「정유 검서가 그린 죽석 부채에 장난삼아 제시를 쓰다[戲爲貞蕤檢書題自畫竹石小扇]」를 지었으며, 이 시는 박장암(朴長馣)의 『호저집(縞紵集)』 하권에 실려 있다.

이해, 박제가는 장도악(張道渥)과 교류했다. 장도악은 박제가에게 그의 시문 「경자년(1780년) 2월 천진에서 도성으로 가며 읊다[庚子二月自津門赴都, 即事寫情……]」, 「내가 그린 그림 부채에 제시를 쓰다[自題畫扇]」 등을 보여주면서 조언을 구하였고, 이 시들은 박장암의 『호저집(縞紵集)』 하권에 실려 있다.

이해, 박제가는 장화(蔣和)와 교류했으며, 장화는 「건륭 경술년(1790년) 8월, 만수절에 …시를 지어 문형의 가르침을 바라며 화답을 요청하다[乾隆庚戌八月, 恭逢萬壽,…錄請詞壇教正并索和章]」를 지었다. 이 시는 박장암(朴長馣)의 『호저집(縞紵集)』 하권에 실려 있다.

같은 해, 박제가는 장문도(張問陶)와 교류하며 많은 시문을 주고받았다. 장문도는 시 「차수 검서가 하사받은 그림 부채에 제하다, 건륭 경술년 8월 8일[題次修檢書内賜畫扇即正, 乾隆庚戌八月八日]」을 지었으며, 이 시는 박장암(朴長馣)의 『호저집(縞紵集)』 하권에 실려 있다. 박제가는 시 「선산(船山)이 써 준 부채에 제하다[題船山書扇見贈]」를 지었는데, 이 시는 박장암의 『호저집』 상권에 실려 있다.

같은 해, 박제가는 웅방수(熊方受)와 교류하였다. 웅방수는 「졸구(拙句)를 지어 차수 검서(次修檢書)에게 바치며 바로잡아 주길 바란다[拙句奉贈次修检书并正]」 등의 시를 지었다. 박제가는 「웅 한림 방수와 효렴 방훈 형제에게 주며 이별을 고하다[贈別熊翰林方受、孝廉方訓兄弟]」 등의 시를 지었는데, 이 시들은 박장암의 『호저집』 상권과 하권에 실려 있다.

같은 해, 박제가는 장상지(蔣祥墀)와 교류하였다. 박제가는 「단림서상(丹林庶常)을 위해 그 어른의 설동시(雪洞詩) 운(韵)에 차운하다[爲丹林庶常, 次其大人雪洞詩韵]」라는 시를 지었고, 이 시는 박장암의 『호저집』 상권에 실려 있다.

같은 해, 박제가는 증욱(曾燠)과 교류하였다. 박제가는 「빈곡(賓谷)의 <서계어은도(西溪漁隱圖)>에 제하다[題賓谷<西溪漁隱圖>]」라는 시를 지었고, 이 시는 박장암의 『호저집』 상권에 실려 있다.

같은 해, 박제가는 장후(章煦)와 알게 되었다. 박제가는 「동문(桐門)의 <어맥도(魚麥圖)>에 제하다[題賓谷<西溪漁隱圖>]」라는 시를 지었고, 이 시는 박장암의 『호저집』 상권에 실려 있다.

같은 해, 박제가는 장복단(庄复旦)과 교류하였다. 장복단은 박제가에게 편지를 보냈고, 이 편지는 박장암의 『호저집』 하권에 실려 있다.

같은 해, 박제가는 왕조가(王肇嘉)와 교류하였다. 왕조가는 「졸구 4수(拙句 四首)를 지어 차수 선생(次修先生)께서 조선으로 돌아가시는 길에 드리다. 건륭 신해년 정월 이십이일[拙句四首書贈次修先生歸朝鮮, 時乾隆辛亥春正月廿二日]」이라는 시를 지었는데, 이 시는 박장암의 『호저집』 하권에 실려 있다.

같은 해, 박제가는 전동벽(錢東壁)과 알게 되었다. 박제가는 「나양봉(羅兩峰)의 매화 부채 그림에 제하며 전수재(錢秀才) 동벽(東壁)에게 가정(嘉定)으로 돌아가시는 길에 드리다[題羅兩峰畫梅扇面, 贈錢秀才東壁歸嘉定]」라는 시를 지었고, 이 시는 박장암의 『호저집』 상권에 실려 있다.

같은 해, 박제가는 손형(孫衡)과 알게 되었으며, 필담을 나누었다. 이 기록은 박장암의 『호저집』 상권에 실려 있다. 신해년(1791), 박제가는 북경에 도착한 후에 손형과 교류하였다. 손형은 「건륭 56년……차수 선생(次修先生)께서 영예롭게 귀국하는 길에 바치며 바로잡아 주길 바란다[乾隆五十六年……奉送次修先生榮歸并請正句]」라는 시를 지었고, 이 시는 박장암의 『호저집』 하권에 실려 있다.

같은 해, 박제가는 완안괴륜(完顏魁倫)을 만났다. 완안괴륜은 박제가를 위해 부채에 「가경 6년 8월, 우연히 물감으로 장난하며 기름 노래를 지어 부채 면의 여백을 채우다[時嘉慶六年八月, 偶爲染指之戲, 并作油歌以足箑面之餘紙]」라는 제목의 시를 써 주었는데, 이 시는 박장암의 『호저집』 하권에 실려 있다.

같은 해, 박제가는 신종익(辛從益)과 교류하였다. 신종익은 「졸구(拙句)를 지어 박 어르신께서 동쪽로 돌아가시는 길에 드리다[拙句奉送朴老先生东归]」라는 시를 지었고, 박제가도 화답시를 지었는데, 이 시들은 박장암의 『호저집』 하권에 실려 있다.

같은 해, 박제가는 추등표(鄒登標)와 교류하였다. 추등표는 「경술년 9월 가을, 차수선생(次修先生)을 만나게 되어 기뻐서 이 시를 지어 떠나시는 길에 드리며 바로잡아 주길 바란다[庚戌九秋喜识次修先生, 賦此贈行即正]」라는 시를 지었는데, 이 시는 박장암의 『호저집』에 실려 있다.

같은 해, 박제가는 유관(榆關)에서 제패련(齊佩蓮)과 필담 및 시문을 주고받았으며, 이 기록은 백경현(白景炫)의 『연행록』에 실려 있다. 제패련은 「속언을 박노야(朴老爺)의 원창(原唱)에 삼가 부치다[俚句谨寄朴老爷原唱]」라는 시를 지었는데, 이 시는 박장암의 『호저집』 하권에 실려 있다.

경술년부터 신해년 사이(1790-1791)

박제가는 팽원서(彭元瑞)와 시문 교류를 나누었으며, 박제가는 「운미에게 올리다[呈雲楣]」라는 시를 지었다. 이 시는 박장암(朴長馣)의 『호저집(縞紵集)』 상권에 수록되어 있다.

박제가는 송보순(宋葆醇)과 교류하면서 시문을 주고받고 서적을 교환하였다. 송보순는 「수기 검서 노형을 기쁘게 만나서 읊어 드리다[喜晤修其檢書老兄, 口占奉贈]」라는 시를 지었다. 이 시는 박장암(朴長馣)의 『호저집(縞紵集)』 하권에 수록되어 있다.

박제가는 장백괴(張伯魁)와 시문을 주고받았다. 장백괴는 「밤에 앉아 동료들과의 작은 술자리에서 감회를 느끼며, 겸하여 제가(齊家) 검서(檢書)께 드려 가르침을 구하다[夜坐同人小飮感懷, 兼呈齊家檢書正之]」라는 시를 지었다. 이 시는 박장암(朴長馣)의 『호저집(縞紵集)』 하권에 수록되어 있다.

박제가는 최경칭(崔景偁)과 교류하였다. 박제가는 시 「최경칭의 <죽루도(竹樓圖)> 화권에 제하다[題崔景偁<竹樓圖>卷]」를 지었으며, 최경칭은 시 「수기 검서의 동쪽 귀향을 배웅하며 적어 보내다[句送次修檢書東歸并政]」를 지었다. 이 시들은 박장암(朴長馣)의 『호저집(縞紵集)』 하권에 수록되어 있다. 또한 이 두 사람은 필담도 나누었는데, 필담 내용은 박장암(朴長馣)의 『호저집(縞紵集)』 상권에 실려 있다.

박제가는 풍신은덕(豐紳殷德)과 교류하였다. 풍신은덕은 박제가에게 「상주후문귀(尙主侯門貴)」라는 시를 지어주었고, 이 시는 박장암(朴長馣)의 『호저집(縞紵集)』 하권에 수록되어 있다.

박제가는 왕도(王濤)와도 교류하였다. 왕도는 시 「속된 말로 지은 시 두 수를 차수 선생님의 귀향을 맞아 바치며, 아울러 존서를 보내주시기를 구하다[俚言二首奉贈次修先生旋歸, 并請郢呈兼乞尊書]」를 지었는데, 이 시는 박장암(朴長馣)의 『호저집(縞紵集)』 하권에 수록되어 있다.

박제가는 채염림(蔡炎林)과 교류하였다. 박제가는 근래에 지은 시 「가산의 시희 육아가 시를 청하니 붓을 달려 쓰다[嘉山詩姬六娥索詩走筆]」를 보여주었고, 채염림은 화답시를 지었다. 이 시들은 『정유각집(貞蕤閣集)』에 수록되어 있다.

박제가는 탕조상(湯兆祥)과 교류하였다. 탕조상은 시 「작은 시를 지어 헤어짐을 기록하며 화답을 바라다[小詩志別幷望和章]」를 지었고, 이 시는 박장암(朴長馣)의 『호저집(縞紵集)』 하권에 수록되어 있다.

3 유득공과 청나라 문인의 교류 개관

1773년(건륭 38년 영조 49년)

유득공과 곽집환(郭執桓)은 서로 직접 만나지는 못했지만, 이해 유득공은 곽집환의 「단원팔영(澹園八咏)」 시에 차운한 적이 있으며, 이 시는 유득공의 『영재집』 권1에 수록되어 있다. 곽집환(郭執桓)이 세상을 떠난 후, 유득공은 「분하 곽봉규를 애도하다[輓汾河郭封圭]」라는 시를 지었고, 이 시는 유득공의 『영재집(泠齋集)』 권2에 수록되어 있다.

1777년(건륭 42년 정조 원년)

유득공은 이조원(李調元)과 직접 만나지는 못했지만, 이해부터 두 사람은 문학 교류를 시작했다. 정유년(1777)에 유금(柳琴)은 『한객건연집(韓客巾衍集)』을 가지고 연경에 들어와 이조원(李調元)과 교류했다. 이조원은 『한객건연집』에 수록된 유득공의 시를 보고 『한객건연집』의 서문을 썼다. 이 일화는 박장암(朴長馣)의 『호저집(縞紵集)』 하권에 기록되어 있다. 이조원과 유득공은 서로 시로 화답했다. 이조원은 「바다를 나는 듯이 수레 타고 건너온 손님이 있으니[有客飛乘過海車]」 등의 시를 지었고, 이 시들은 『병세집(幷世集)』 권1에 수록되어 있다. 유득공은 「우촌(雨村)이 내 여섯 수 절구에 화답하여 부치니, 다시 그 운을 따르다[雨村和余六首絶句見寄, 復次其韻]」 등의 시를 지었고, 이 시들은 유득공의 『영재집(泠齋集)』 권2에 수록되어 있다.

이해에 유득공은 축덕린(祝德麟)과 직접 만나지는 못했지만, 두 사람은 이미 시를 통해 교류하면서 서로에 대해 알고 있었다. 정유년(1777)에 축덕린은 이미 『한객건연집(韓客巾衍集)』에 수록된 유득공의 시를 읽었다. 무술년(1778)에 축덕린은 또다시 『열상주선집(洌上周旋集)』에 수록된 유득공의 시를 읽었고, 6월 8일에 『열상주선집』의 서문을 써주었다. 이 일은 『호저집(縞紵集)』 하권 권1에 기록되어 있다. 같은 해, 축덕린은 이덕무와 박제가가 청나라에 가지고 온 『이십일도회고시(二十一都懷古詩)』를 읽은 후에 사람을 통해 유득공에게 따로 한 권을 부탁하였다. 이 일화는 유득공의 『영재집(泠齋集)』 권8에 기록되어 있다.

이해에 심심순(沈心醇)은 유득공의 『가상루집(歌商樓集)』을 읽고, 「유혜풍의 가상루집에 제하다[題柳惠風<歌商樓集>]」라는 시를 지었다. 이 시는 유득공의 『병세집(并世集)』 권1에 수록되어 있으며, 이 일화는 축덕린의 「열상주선집서」에 기록되어 있다.

1778년(건륭 43년 정조 2년)

이해, 유득공은 교수 배진(裵振)과 심양서원(瀋陽書院)에서 만나 교류하였다. 이는 유득공의 『난양록(灤陽錄)』 권1 「심양서원」 조에 기록되어 있다. 이별할 때, 배진은 시 「유혜풍 진사의 동국으로 돌아감을 전별하다[別柳惠風進士東歸]」를 남겼는데, 이는 유득공의 『병세집(并世集)』 권1에 실려 있다.

이해 가을, 유득공은 심양에서 강남의 수재 장섭(張燮)과 만나 교류했으며, 이 일화는 유득공의 『병세집』 권1에 기록되어 있다.

이해 가을, 유득공은 심양에서 손호(孫鎬)와 교류하였다. 손호는 「중추 삼일에 그림에 제하여 유혜풍에게 드리다[仲秋三日題畫贈柳惠風]」 등의 시를 남겼으며, 이는 유득공의 『병세집』 권1에 실려 있다.

이해, 유득공은 심양서원의 수재 왕원(王瑗), 심영신(沈映宸), 왕지기(王志騏), 김과예(金科豫), 강문옥(姜文玉), 심영풍(沈映楓), 왕지오(王志鰲), 왕종(王琮), 위곤(魏琨), 우항(于恒), 김정(金渟), 유경하(劉景何), 왕여(王如), 곽유한(郭維翰), 백영민(白永敏) 등 17명과 교류하였다. 이별할 때, 여러 수재들은 유득공에게 시를 지어주었고, 유득공도 화답시를 남겼는데, 이는 유득공의 『난양록』 권1에 기록되어 있다. 왕원 등의 「유혜풍 진사가 동국으로 돌아감을 전별하다[別柳惠風進士東歸]」라는 시들은 유득공의 『병세집』 권1에 실려 있다. 유득공의 화답시 「서원의 여러 수재들과 작별하다[別書院諸秀才]」는 『영재집』 권3에 실려 있다.

이해, 유득공은 요양(遼陽)의 수재 조학감(趙學淦)과 필담을 나누었으며, 조학감은 「먼 길을 바라보다[望遠行]」라는 송별사를 남겼지만, 자세한 필담 내용은 알려지지 않았다. 이 시는 유득공의 『고운당필기(古芸堂筆記)』 권5에 실려 있다.

1790년(건륭 55년 정조 14년)

이해, 유득공은 기윤과 만나 필담을 나누었으며, 대화는 요(遼), 금(金), 원(元), 명(明)의 역사 및 『일통지(一統志)』 등에 관한 내용이었다. 며칠 후, 기윤은 조선 사절단의 숙소를 방문해 유득공과 박제가를 만나고자 했지만, 만나지 못했다. 이는 『난양록』 권2에 기록되어 있다. 이별할 때, 양측은 서로 송별시와 선물을 주고받았다. 기윤은 「경술년 가을에 귀로에 오른 혜풍을 전송하다[庚戌秋送惠風檢理東歸]」라는 시를 남겼으며, 이는 유득공의 『병세집』 권2에 실려 있다. 유득공은 「기효람 상서에게 화운하여 드리다[和贈紀曉嵐尚書]」라는 시를 남겼으며, 이는 『영재집』 권4에 실려 있다.

이해 8월, 유득공은 반정균(潘庭筠)과 오문(午門) 앞에서 처음 만났다. 이 두 사람이 만남을 갖기 전에 반정균은 이미 유득공의 시를 읽고 『한객건연집(韓客巾衍集)』과 『열상주선집(洌上周旋集)』의 서문을 써 준 적이 있으며, 유득공에게 편지를 보낸 적도 있었다. 이는 『난양록』 권2에 기록되어 있다. 무술년, 유득공은 이덕무와 박제가에게 자신이 직접 필사한 『이십일도회고시(二十一都懷古詩)』를 반정균에게 전해달라고 부탁하였다. 이는 『영재집』 권8에 기록되어 있다. 반정균은 원석(元夕) 시를 유득공에게 보냈고, 유득공은 「중서 반추루의 <원석> 시에 차운하다(次潘秋庫 中書元夕韻)」라는 시를 지었으며, 이는 『영재집』 권2에 실려 있다.

이해, 유득공은 이정원(李鼎元), 이기원(李驥元) 형제와 북경에서 만나 교유하였다. 경술년(庚戌年) 이전, 유득공은 이정원, 이기원 형제와 직접 만난 적은 없었지만, 시와 서신 등을 주고받으며 교류하였다. 무술년(戊戌年), 이정원은 유득공의 『이십일도회고시(二十一都懷古詩)』를 읽고, 절구 「삼한 옛 나라를 누가 나누고 합하였는가[三韓舊國誰分合]」를 지었다. 같은 해, 이정원은 「<열상주선집>에 제하다[題<洌上周旋集>]」를 지었는데, 이 시는 박장암(朴長馣)의 『호저집(縞紵集)』 하권에 실려 있다. 유득공은 이정원과 『사가집(四家集)』 등에 관한 필담도 나누었는데, 이 일화는 『난양록(灤陽錄)』 권2에 실려 있다. 이기원은 「혜풍 군수가 우촌형(雨村兄)에게 부친 운을 받아 차운하다[次惠風郡守寄雨村兄韻]」를 지었고, 이 시는 유득공의 『병세집(幷世集)』 권1에 실려 있다.

이해, 유득공은 공헌배(孔憲培)와 알게 되어 교유하였으며, 이 일화는 유득공의 『난양록(灤陽錄)』 권2에 실려 있다. 유득공은 시 「연성공에게 드리다[贈衍聖公]」를 지었는데, 이 시는 유득공의 『영재집』 권4에 실려 있다. 이 두 사람은 짧은 필담을 나누기도 했는데, 주로 유득공이 한어(漢語)를 할 수 있는지 없는지 등에 관한 것이었으며, 이는 『난양록(灤陽錄)』 권2에 실려 있다.

이해, 유득공은 나빙(羅聘)과 알게 되어 시와 그림을 교류하며 자주 만났다. 나빙은 유득공에게

「매화 가지를 꺾다[折枝梅]」라는 시를 지어주었다. 나빙은 또한 유득공의 『이십일도회고시(二十一都懷古詩)』가 중국에서 간행될 수 있도록 노력하기도 하였다. 이 시와 일화는 『난양록(灤陽錄)』 권2에 실려 있다. 이별을 앞두고 나빙은 「영재 소조에 절구 세 수를 지어 송별하다[冷齋小照三絶送歸]」라는 시를 지었는데, 이 시는 유득공의 『병세집(并世集)』 권2에 실려 있다.

이해, 유득공은 나빙의 집에서 장도악(張道渥)과 알게 되어 서로 교류하였다. 이해, 유득공은 나빙의 소개로 오조(吳照)와도 알게 되어 교류하였다. 이 일화는 유득공의 『난양록(灤陽錄)』 권2에 실려 있다.

이해, 유득공은 장택산(莊澤珊), 장회기(莊會琦) 형제를 알게 되었다. 장택산은 「혜풍 검서(惠風檢書)가 방문했으나 나와 만나지 못하고, 동생과 반나절을 이야기했다. 다음 날 두 수의 율시를 지어 드리다[惠風檢書枉顧不值, 遂與舍弟作半日談, 次日率成二律奉贈]」라는 시를 지었고, 장회기는 「공원에서 국화를 감상하며, 혜풍 검서에게 지어 보내다[孔園看菊, 寄示惠風檢書]」를 지었다. 이 시들은 『병세집(并世集)』 권2에 실려 있다.

이해, 유득공은 완원(阮元), 유환지(劉鐶之)와 북경의 옥화관(玉和館)에서 만나 필담을 나누었는데, 주로 지난해 사신의 방문 여부 등에 관한 것이었다. 이 일화는 유득공의 『난양록(灤陽錄)』 권2에 실려 있다.

이해, 유득공은 웅방수(熊方受), 장상지(蔣祥墀)와 시문을 주고받았다. 이별을 앞두고 웅방수는 「혜풍 검서가 동국으로 돌아감에 드리다[贈惠風檢書東歸]」를 지었고, 이 시는 유득공의 『병세집(并世集)』 권2에 실려 있다.

이해, 유득공은 열하에서 철보(鐵保)와 처음 만났으며, 이후에 서로 시를 주고받았다. 이 사실은 유득공의 『병세집(并世集)』 권2에 실려 있다. 철보는 시 「유영재(柳冷齋)와 박명농(朴明農) 두 선생이 나의 젊은 시절 작품 <허한당고(虛閑堂稿)>를 언급하니, 감회를 느껴 두 수의 율시를 지어 바치고 가르침을 구하다[柳冷齋、朴明農兩先生述余幼作<虛閑堂稿>, 感賦二律并正]」를 지었고, 이 시는 유득공의 『병세집(并世集)』 권2에 실려 있다. 유득공은 화답시 「열하관에서 야정시랑(冶亭侍郎)에게 드리다[熱河館中和贈冶亭侍郎]」를 지었고, 이 시는 『영재집(冷齋集)』 권4에 실려 있다. 정사년(1797), 유득공은 조선 사신단을 통해 철보의 『매암시초(梅庵詩鈔)』를 얻었다. 이 일화는 유득공의 『은휘당필기(恩暉堂筆記)』 권6에 실려 있다.

이해, 유득공은 열하의 조방(朝房)에서 만주인 완안괴륜(完顏魁倫)과 알게 되었고, 완안괴륜은 시 「꽃을 감상하니 향기가 옷에 배였네라는 시 한 수를 지어 조선 검서 유혜풍 선생에게 제하여 주다.[弄花香滿衣一首, 題贈朝鮮檢書柳惠風先生]」를 지었는데, 이 시는 유득공의 『병세집(并世集)』

권2에 실려 있다.

4 박지원과 청나라 문인의 교류 개관

1773년(건륭 38년, 영조 49년)

박지원과 곽집환(郭執桓)은 직접 만난 적은 없었지만, 이해에 박지원은 곽집환의 『회성원시집(繪聲園詩集)』의 발문(跋文)을 써주었고, 그의 『담원팔영(澹園八咏)』 시에 화답하는 시를 지어주기도 했다. 이 일화는 유득공의 『중주십일가시선(中州十一家詩選)』에 기록되어 있고, 발문은 『연암집(燕岩集)』 권3에 실려 있으며, 차운한 시는 박지원의 『열하일기』에 수록되어 있다.

1780년(건륭 45년, 정조 4년)

이해에 조선의 문사 박지원은 여러 청나라 문인들과 광범위한 문화 교류를 진행하였다.

6월 28일, 박지원은 봉성에서 한인(漢人) 강영태(康永太)와 교류하였다. 박지원은 강영태가 양금(洋琴)을 칠 줄 알고, 사서(四書)를 읽었다는 것을 알게 되었다.

7월 2일, 박지원은 통원보(通遠堡)에서 사신단이 숙박한 민가(民家)의 주인과 교류하면서 민가 주인의 가정 상황 등에 대해 이야기를 나누었다.

7월 3일, 박지원은 만주인 부도삼격(富圖三格)의 소장서인 "명성당(鳴盛堂)"의 일부 목록을 필사하였다.

7월 8일, 박지원은 요양성 밖의 백탑 아래에서 만주 소년 두 명과 고본 『상서(尙書)』 등에 대해 이야기를 나누었다.

7월 박지원은 요동(遼東)에서 이름이 알려지지 않은 만주 출신 수재(秀才)와 광우사(廣祐寺) 등에 대해 이야기를 나누었다.

이상의 일화는 모두 박지원의 『열하일기』 중 「도강록(渡江錄)」에 기록되어 있다.

7월 10일, 성경(盛京)의 한 골동품 가게와 비단 가게에서 박지원은 수재 전사가(田仕可), 이귀몽(李龜蒙), 오복(吳復), 비치(費穉), 배관(裴寬) 등과 만나 밤에 필담(筆談)을 나누기로 약속하였다. 이들이 나눈 필담 내용은 주로 두 나라의 교육 방식의 특징, 촉도(蜀道)의 육로와 수로가 모두 어려운 상황 등에 관한 것이었다. 이 교류 내용은 『속재필담(粟齋筆談)』에 상세히 기록되어 있다.

7월 11일, 예속재(藝粟齋)에서 박지원은 전사가(田仕可), 이귀몽(李龜蒙)을 만났다. 그는 전사가와 골동품들의 진위를 어떻게 식별하는지 등에 관해 상세한 필담을 나누었다. 같은 날 밤, 박지원은 또 배관(裵寬) 호부(褐夫), 이귀몽(李龜蒙) 동야(東野) 등과 상루(商樓)에서 노래를 부르며 담소를 나누었다. 이들은 와자(訛字)에 대한 견해, 복녕(福寧)과 현재 각로(閣老) 중에서 명망이 높은 인물, 여정 중 방문할 수 있는 고사(高士)의 이름 등에 대해 이야기하였다. 이 교류 내용은 『상루필담(商樓筆談)』에 상세히 기록되어 있다.

7월 12일, 박지원은 전사가(田仕可)에게 자신을 대신해 여러 공(公)에게 작별 인사를 전해 달라고 부탁하였다. 전사가는 그에게 두 통의 편지를 주었는데, 한 통은 골동품 목록인 『고동록(古董錄)』을 기록한 것이고, 다른 한 통은 박지원을 북경의 허태사(許太史) 대촌(台村) 선생에게 소개하는 내용이었다.

이상의 일들은 모두 박지원의 『열하일기』 「성경잡지(盛京雜識)」에 기록되어 있다.

7월 16일, 십삼산(十三山) 부근에서 박지원은 노인 사씨(謝氏), 그의 손자 사효수(謝孝壽)와 교류를 나누었다. 박지원은 아홉 살인 사효수에게 읽은 책에 대해 물었다. 7월 21일, 동관역(東關驛)에서 박지원은 등주(登州) 사람 이 선생과 교류했다. 이씨는 박지원에게 상을 보는 방법과 수명을 추정하는 방법을 자랑했다. 7월 21일, 박지원은 동관역에 머물며 노인 축씨(祝氏)와 주로 조선과 중국 부인들의 계복(髻服) 제도에 대해 이야기를 나누었다. 박지원은 노인이 필사한 근세 시화(詩話)의 일부 내용을 기록했다. 이상의 일화는 모두 박지원의 『열하일기』 「일신수필(馹汛隨筆)」에 실려 있다.

7월 25일, 영평부(永平府)에서 박지원은 소주(蘇州) 사람 호응권(胡應權)이 가져온 그림에 작가의 명호(名號)를 써주었다. 이 그림의 제목과 작가에 대해서는 『열하일기』 「관내정사(關內程史)」에 자세히 실려 있으며, 제목은 「열상화보(洌上畫譜)」이다. 같은 날, 박지원은 부영현(撫寧縣)의 진사(進士) 서학년(徐鶴年)의 집을 방문했다. 7월 27일, 풍윤성(豐潤城)에서 박지원은 임고(林皐), 호형항(胡逈恒)과 필담(筆談)을 나누면서 주로 이형암(李炯庵)과 박초정(朴楚亭)의 근황 등에 대해 이야기했다. 7월 28일, 옥전현(玉田縣)의 한 가게에서 박지원, 정진사(鄭進士)는 소주(蘇州) 사람 심유붕(沈由朋)과 교류를 나누었다. 이들은 주로 벽상(壁上)의 기문(奇文) 「호질(虎叱)」의 작가와 연유 등에 대해 이야기했다. 이상의 일화는 모두 박지원의 『열하일기』 「관내정사」에 실려 있다.

박지원은 손유의(孫有義)와 직접 만난 적은 없지만, 두 사람은 편지를 통해 교류하였다. 7월 30일, 박지원은 담헌의 편지와 예물을 주렴 앞에 두고 떠났다. 이 일화는 박지원의 『열하일기』 「관내정사」에 실려 있다. 1783년(계묘년), 홍대용이 사망한 이해에 박지원은 손유의에게 서신(건륭 계묘 월일……)을 보내 홍대용의 죽음을 알렸다. 이 일은 『담헌서(湛軒書)』「부록(附錄)」에 나와 있다.

8월 1일, 노하(潞河)의 배 안에서 부사(副使) 정원시(鄭元始)는 한림수찬(翰林修撰) 자진경(子秦璟)과 상례 제도 등에 관한 필담을 나누었다. 이 일은 박지원의 『열하일기』「관내정사」에 실려 있다.

같은 해, 박지원은 박명(博明)과 알게 되어 교류를 나누었다. 박지원은 그에게 괴수(怪獸)에 대해 물었고, 이 일은 박지원의 『열하일기』「산장잡기(山莊雜記)」에 실려 있다. 8월 22일, 북경에서 박명은 노이점(盧以漸)을 방문했고, 박지원도 뒤따라와 박명과 함께 필담을 나누었다. 이들의 필담의 내용은 알려지지 않았지만, 이 일화는 노이점의 『수사록(隨槎錄)』에 실려 있다.

같은 해, 북경에서 박지원은 유세기(俞世琦)와 교유하며 모두 여덟 차례의 필담을 나누었다. 『열하일기』「피서록(避暑錄)」에는 박지원과 유세기가 나눈 첫 번째 필담이 상세하게 기록되어 있는데, 이들은 주로 유득공의 시작(詩作), 시인 곽집환(郭執桓) 등에 대해 이야기했다. 이 일은 『열하일기』「양매시화(楊梅詩話)」에 실려 있다.

8월 3일, 박지원은 북경에서 낙우(樂宇) 당원항(唐鴛港)의 집을 방문했다가 유황포(俞黃圃), 서문포(徐文圃), 진립재(陳立齋)를 만나서 후에 다시 만날 것을 약속했지만, 만나지 못했다. 이 일은 박지원의 『열하일기』「관내정사」에 실려 있다. 이후 박지원은 열하(熱河)에서 연경으로 돌아와 황포, 진립재 등과 모두 일곱 차례의 필담을 나누었다. 이와 관련하여 『열하일기』에는 산발적인 기록만이 남아 있는데, 예를 들어 「산장잡기」에는 황포가 박지원에게 막북(漠北)의 이색적인 광경 등을 묻는 내용이 실려 있다.

같은 해, 북경에서 박지원은 유세기(俞世琦)의 소개로 고역생(高棫生), 풍병건(馮秉健), 능야(凌野), 초팽령(初彭齡), 왕성(王晟) 등과 교류하였다. 『열하일기』「피서록(避暑錄)」에 따르면, 박지원은 고역생(高棫生)이 있는 자리에서 반정균(潘庭筠)의 시 「왕추사 한류에 차운하다[次王秋史寒柳]」를 읊었고, 박지원은 여러 사람들에게 만주족인 기풍액(奇豐額)의 직무에 대해 물었다. 『열하일기』「반선시말(班禪始末)」에는 박지원이 고역생(高棫生), 왕성(王晟)과 반선(班禪)에 대해 이야기한 내용이 기록되어 있다. 『열하일기』「황도기략(黃圖紀略)」에는 박지원이 고역생(高棫생), 능야(凌野)와 함께 황금대(黃金臺)를 방문한 내용이 기록되어 있다. 『열하일기』「동란섭필(銅蘭涉筆)」에는 박지원이 초팽령(初彭齡), 고역생(高棫生)과 「시소서(詩小序)」, 서역에서 양의 배꼽을 심는 일 등에 대해 논의한 내용이 기록되어 있다. 『열하일기』「앙엽기(盎葉記)」에는 박지원이 초팽령(初彭齡)과 함께 명인사(明因寺)를 유람한 내용이 기록되어 있다.

같은 해, 북경에서 박지원은 서황(徐璜), 진정훈(陳庭訓)과 자주 교류하였다. 『열하일기』「반선시말(班禪始末)」에는 박지원이 그들에게 반선(班禪)에 대해 질문했던 내용이 기록되어 있다. 또한 『열하일기』「동란섭필(銅蘭涉筆)」에는 박지원이 서황(徐璜)에게 자신이 구입한 먹의 품질에 대해 물어봤을 때 서황이 장서(藏書)의 좀벌레 방지법과 붓 관리법 등을 알려준 내용이 기록되어 있다.

이해, 열하의 태학에서 박지원은 왕민호(王民皞)와 알게 되어 교류하였다. 8월 9일, 이 두 사람은 조선의 개황과 역사, 풍습 등에 대해 이야기했다. 8월 10일, 박지원은 다시 왕민호(王民皞), 학성(郝成)과 만나 조선의 과거제도, 혼례 등에 대해 이야기했다. 8월 11일, 박지원은 다시 왕민호(王民皞)를 방문했고, 왕민호는 「구정시집서(球亭詩集序)」 한 편을 보여주었다. 이상의 일화는 모두 『열하일기』「태학유관록(太學留館錄)」에 기록되어 있다. 8월 14일, 박지원은 윤형산(尹亨山)을 방문한 후에 다시 왕민호(王民皞)를 방문하였다. 돌아온 후에는 윤가전(尹嘉銓)의 집에서 필담을 나누었는데, 이때 왕민호(王民皞)도 함께 있었다. 이들은 고금의 악률(樂律), 역대 치란(治亂) 등에 대해 논의했다. 이 일은 『열하일기』「망양록(忘羊錄)」에 기록되어 있다. 이날 밤, 박지원은 왕민호(王民皞)와 작별했으며, 이 일은 『열하일기』「태학유관록(太學留館錄)」에 기록되어 있다. 이외에 두 사람이 열하에서 교류한 내용, 예를 들어 달의 세계, 지구 둥글기와 지구 자전설 등에 대한 필담은 『열하일기』「경개록(傾蓋錄)」, 「황교문답(黃教問答)」, 「곡정필담(鵠汀筆談)」, 「동란섭필(銅蘭涉筆)」 등에 나뉘어 기록되어 있다.

이해, 박지원은 열하의 태학에서 학성(郝成)과 알게 되어 교류하였다. 8월 10일, 박지원은 왕민호(王民皞), 학성(郝成)과 만나 조선의 과거제도, 혼인 전통 등에 대해 이야기했다. 이 일은 『열하일기』「태학유관록(太學留館錄)」에 기록되어 있다. 11일, 박지원은 학지정(郝志亭)의 집에서 술을 마셨고, 두 사람은 활불 조담경(活佛照膽鏡), 활불의 내력 등에 대해 이야기했다. 이 일은 『열하일기』「황교문답(黃教問答)」에 기록되어 있다. 이외에 두 사람이 열하에서 교류한 내용, 예를 들어 추생(鄒生)의 광기, 조선의 묘제(寢墓之制) 등에 대한 필담은 『열하일기』「황교문답(黃教問答)」, 「피서록(避暑錄)」 등에 나뉘어 기록되어 있다.

이해, 박지원은 열하에서 윤가전(尹嘉銓)과 알게 되어 교류하였다. 8월 9일, 이 두 사람이 필담을 나눌 때, 기풍액(奇豐額)과 왕민호(王民皞)도 자리에 있었다. 이들은 박지원의 출신, 조선의 지역 상황 등에 대해 논하였다. 10일, 식사 후 박지원은 윤가전을 방문했고, 윤공과 기공은 『악경(樂經)』과 『안부자서(顔夫子書)』 두 책이 조선에 보존되어 있다고 하는 소문의 진실 여부에 대해 물었다. 이상의 일화들은 『열하일기(热河日记)』「태학유관록(太學留館錄)」에 실려 있다. 14일, 박지원은 윤가전을 방문한 후에 이어서 왕민호도 방문하였다. 윤가전과의 대화 내용은 상세하지 않다. 이상의 일화는 『열하일기』「태학유관록」에 실려 있다. 돌아온 후에 윤가전의 집에서 상세한 필담을 나누었는데, 이 자리에 왕민호도 있었다. 이들은 고금의 음율, 역대의 치란 등에 대해 논하였고, 이때의 필담 내용은 『열하일기』「망양록(忘羊錄)」에 실려 있다. 이외에 두 사람이 열하에서 교류한 내용, 예를 들어 "법왕의 환생이 윤회와 무엇이 다른가?" 등의 문제를 필담으로 논하였는데, 이는 『열하일기』의 「황교문답(黃教問答)」, 「피서록(避暑錄)」 등에 나뉘어 실려 있다.

이해, 열하에서 박지원은 경순미(敬旬彌)와 알게 되어 교류하였다. 이 두 사람은 황교의 기원과 발전, 승명이 도실인 승려에 대한 논의 등의 이야기를 나누었다. 이 일은 『열하일기』의 「반선시말(班禪始末)」, 「황교문답」에 실려 있다.

이해, 열하의 태학에서 박지원은 왕민호의 소개로 추사시(鄒舍是)를 만났다. 이 두 사람은 필담을 나누며, 유교와 불교의 공통점과 차이점 등에 대해 이야기하였다. 이 일은 『열하일기』「황교문답」에 실려 있다.

8월 9일, 박지원은 열하의 태학에서 기풍액(호는 여천)과 처음 만났는데, 이때 윤가전과 왕민호도 자리하고 있었다. 이들은 서로 이야기를 나누며, 박지원의 출신과 조선의 개황 등에 대해 논하였다. 이 일은 『열하일기』「피서록」에 실려 있다. 13일, 박지원은 밤에 기풍액을 방문하여 밤새도록 필담을 나누었다. 이들은 주로 "지전설(地轉說)"에 대해 논하였고, 아울러 달의 세계에 대해서도 논하였으며, 기공은 불교를 깊이 비판하기도 하였다. 이 일은 『열하일기』「태학유관록」에 실려 있다. 박지원과 기풍액의 교류는 『열하일기』「황교문답」, 「태학유관록」 등에 나뉘어 실려 있다.

이해, 박지원은 열하에서 왕삼빈(王三賓)과 알게 되어 교류하였다. 이들은 "등나무 수액과 광물을 혼합하여 한약재를 만드는 일[藤汁膠石]"에 대해 이야기하였다. 이 일은 『열하일기』「구외이문(口外異聞)」에 실려 있다.

이해, 박지원은 열하의 태학에서 왕신(汪新)과 처음 만나 필담을 나누었다. 이들은 주로 오영방(吳穎芳)과 육비의 근황에 대해 이야기했다. 이 필담은 『열하일기』「경개록(傾蓋錄)」에 실려 있다.

이해, 열하의 한 주점에서 박지원은 몽골 사람 파로회회도(破老回回圖)와 만나 상세한 필담을 나누었다. 박지원은 그에게 박명, 반정균 이 두 사람의 근황과 몽골에서는 어떤 종교를 숭상하는지 등을 물었으며, 이 일화는 『열하일기』「황교문답(黃教問答)」과 「경개록」에 기록되어 있다.

이해 8월, 박지원은 열하에서 예부상서 조수선(曹秀先)과 만나 필담을 나누었다. 조수선은 그에게 조선의 과거제도와 대비(大比)과에서 몇 명을 뽑는지 등을 물었다. 이는 『열하일기』「경개록」에 실려 있다.

이해, 박지원은 열하에서 홍려사(鴻臚寺)의 소경(少卿) 조광연(趙光連)과 환희(幻戲)를 관람하면서 환희에 대한 소감을 나누었다. 이 일은 『열하일기』 「환희기(幻戲記)」에 기록되어 있다.

이해, 호주 출신의 호부 주사 서대용(徐大榕)은 박지원에게 「바다 밖에 경을 전한 이름 높은 그 부자(海外傳經名父子)」라는 시를 지어주었다. 이 시는 『열하일기』 「피서록(避暑錄)」에 실려 있다.

이해, 북경에서 구양 조교(歐陽助教)는 국자감(國子監) 내외의 학사 제도를 기록하여 박지원에게 주었다. 이는 『열하일기』 「알성퇴술(謁聖退述)」에 실려 있다.

ㄱ

ㅂ

18세기 중국과 조선의 문인들은 다채로운 교류를 꽃피웠다. 이는 한자라는 동아시아 공동의 문자가 있었기 때문에 가능한 일이었다. 연행의 길에서 조선 문인들은 많은 중국 문인들을 만났는데, 학문적으로 뛰어난 이들, 정보와 견문을 제공할 수 있는 이들, 조선 문인에게 우호적이었던 이들이 교류의 대상이었다. 한자라는 소통 수단을 매개로 중국과 조선의 문인들은 시를, 편지를, 필담을, 선물을 주고받았다. 이들의 교류는 한 번으로 끝나지 않고 혈연이나 지연을 토대로 오랫동안 이어지며 미담으로 남았다. 다각적으로 전개된 이들의 교류는 두 나라의 문화적 결속을 한층 더 공고히 하였다.

이 역서의 중국어 원서 『十八世纪中朝文人交流』는 2019년에 중화서국(中華書局)을 통해 간행되었다. 저자 쉬이(徐毅) 교수는 저명한 학자인 장보웨이(張伯偉) 교수의 제자로, 현재 난퉁대학교(南通大学) 문학원 교수로 재직하고 있으며, 동 대학교의 도서관 관장을 맡고 있다. 쉬이 교수는 이 책에서 방대한 역외한적(域外漢籍)을 바탕으로 18세기 중국과 조선 문인들이 교류하던 생동감 넘치는 현장을 입체적으로 재현하였다. 풍부한 문헌을 깊이 분석하고 정밀하게 고증하여 중한 문인 교류의 실상을 밝혀냈다.

이 역서는 2020년도 중국 국가사회과학기금 중화학술외역프로젝트(20WZWB005)의 성과물이다. 중국어 원서는 상·하 두 권으로 구성되어 있으며 총 90만 자에 달했으나, 프로젝트 요구에 따라 저자가 30만 자로 축약한 뒤 번역을 진행하였다. 축약은 주로 하책(번역서의 제2부)에서 이루어졌으며, 중국어 원서의 부록에 수록되었던 표 등은 모두 삭제되었다. 축약에 상당한 시간이 소요되었으나, 역자로서는 축약 과정에서 책의 전체 맥락이 흐려지고 앞뒤가 맞지 않는 부분이 발생한 점이 아쉬웠다. 이 역서는 저자가 제공한 축약본을 기준으로 이루어졌음을 밝혀 둔다. 번역 원고는 1차로 중화서국에서 지정한 두 명의 전문가의 검토를 받았고, 이후 국가사회과학기금의 2차 심사를 거쳐 출판 허가를 받았다. 두 차례의 심사는 중국어 축약본과 한국어 번역본을 엄격하게 대조하여 진행되었다.

프로젝트에 선정된 건 2021년 봄이었는데, 번역이 끝나기까지 수년이 걸렸다. 축약 작업과 두 차례 심사에 시간이 꽤 들긴 했지만, 그보다는 역자의 미숙과 게으름이 더 큰 이유였다. 또 한시 · 필담 · 척독 · 문학평론 등 방대한 고전 한문 원문을 하나하나 옮기는 데 시간이 소요되었다. 그 사이 역자가 직장을 옮기는 변화도 있었다. 그러나 시간이 걸린 만큼 오역을 줄이기 위해 노력했다. 역자의 소박한 바람은 이 역서의 출판이 현재 중국과 한국 국민 사이에 존재하는 역사에 대한 오해, 편견과 불신을 걷어내고 상호 이해를 증진시키며 우호적인 발전을 도모하는 데 조금이라도 보탬이 되는 것이다. 또, 이번 번역 작업이 역자로서의 역량을 키우는 것에 그치지 않고, 18~19세기 동아시아의 문화 교류를 직접 조망하는 작업의 토대가 되기를 기대한다. 앞으로도 안주하지 않고 꾸준히 노력하며 학문적 성장을 이어가고자 한다.

끝으로 은사이신 허경진 교수님께 감사의 마음을 전한다. 학문의 길에 선생님의 격려가 있어서 늘 든든하다. 이 역서를 출판해주신 도서출판 학고방에도 고마움을 전하고 싶다. 앞으로도 좋은 인연이 이어지길 바란다.

항저우杭州에서 최영화

2025년 12월 1일

| 지은이 소개 |

쉬이 徐毅

난퉁대학교南通大学 문학원 교수, 동 대학교 도서관 관장.

난징대학교南京大学 중문학과에서 박사 학위를 취득하였다. 역외한적域外漢籍 연구와 중국 고전문학 연구에 주력하고 있다. 대표 저서로는 『18세기 중한 문인 교류 연구十八世纪中朝文人交流研究』(2019, 중화서국)와 『성당시기 칠언율시 연구盛唐七律研究』(인민출판사)가 있으며, 편저로는 『청대 중한 문인 교류 연구清朝中朝文人交流研究』(난징대학출판사)가 있다. 연구책임자로 중국 교육부인문과학기금의 연구 과제와 국가사회과학기금의 연구 과제를 수행하였다.

| 옮긴이 소개 |

최영화 崔英花

저장공상대학교浙江工商大学 부교수.

연세대학교 국어국문학과에서 석사 및 박사 학위를 취득하였으며, 한국고전번역원 일반 과정을 수료하였다. 난퉁대학교南通大学 외국어대학 전임 강사와 부교수를 거쳐, 현재 저장공상대학교浙江工商大学 동서문명호감연구원东西文明互鉴研究院과 동아연구원东亚研究院의 부교수로 재직 중이다. 주요 연구 관심사는 17~19세기 동아시아 삼국의 해역을 둘러싼 교류와 문헌 교류이다. 저서로는 『조선후기 표해록 연구』(2018)가 있고, 역서로는 『문부성 소할목록』(2021)이 있다. 공동 저서로는 『동아시아 문화 교류와 이동의 기록』(2015)과 『경산 정원용 연구』(2019)가 있다. 연구책임자로 중국 교육부인문과학기금의 연구 과제와 국가사회과학기금 중화학술외역中华学术外译 프로젝트를 수행하였다.

18세기 중한 문인 교류 연구

초판 인쇄 2025년 12월 1일
초판 발행 2025년 12월 10일

지 은 이 | 쉬이 徐毅
옮 긴 이 | 최영화 崔英花
펴 낸 이 | 하운근
펴 낸 곳 | 學古房

주 소 | 경기도 고양시 덕양구 통일로 140 삼송테크노밸리 A동 B224
전 화 | (02)353-9908 편집부(02)356-9903
팩 스 | (02)6959-8234
홈페이지 | www.hakgobang.co.kr
전자우편 | hakgobang@naver.com
등록번호 | 제311-1994-000001호

ISBN 979-11-6995-704-5 93820

값 : 47,000원

이 도서는 중화인문사회과학기금의 지원을 받아 출판되었습니다.
This book is translated into Korean from the original《十八世纪中朝文人交流研究》with financial support from the Chinese Fund for the Humanities and Social Sciences.